Herzlich danke ich für alle Briefe

Barbara Zeitler

Herzlich danke ich für alle Briefe

Geistliche Begleitung nach Karin Johne

EVANGELISCHE VERLAGSANSTALT
Leipzig

Barbara Zeitler, Dr. theol., Jahrgang 1967, nach einer landwirtschaftlichen Ausbildung und dem Studium der Ev. Theologie in Bethel, Rostock, München und Bochum, Vikarin und von 1998–2008 Gemeindepfarrerin in der Evangelisch-Lutherischen Kirche in Bayern; beurlaubt zur Promotion in Leipzig von 2008 bis 2011; seit 1.9.2011 wissenschaftliche Assistentin im Projekt der Perikopenrevision von EKD, UEK und VELKD.

Für großzügige Druckkostenzuschüsse im Rahmen des jeweils Möglichen dankt die Autorin herzlich dem Verein der Pfarrer und Pfarrerinnen in der ELKB, der Evangelisch-Lutherischen Kirche in Bayern und der Evangelisch-Lutherischen Landeskirche Sachsens.

Die Arbeit wurde im Sommer 2011 von der Augustana Hochschule als Promotion angenommen und für die Veröffentlichung leicht überarbeitet.

Die Deutsche Bibliothek verzeichnet diese Publikation in der Deutschen Nationalbibliographie; detaillierte bibliographische Daten sind im Internet über ‹http://dnb.ddb.de› abrufbar.

Das Buch wurde auf alterungsbeständigem Papier gedruckt.

Cover: Zacharias Bähring, Leipzig
Coverbild: Karin Johne (© by Maria Johne)
Satz: Barbara Zeitler, Leipzig
Druck und Binden: Hubert & Co., Göttingen

ISBN 978-3-374-02994-5
www.eva-leipzig.de

Dank- und Vorwort

Im Gemeindedienst als Pfarrerin in Michelau in Oberfranken war mir im Rahmen des Ausbildungskurses zu geistlicher Begleitung die sächsische Theologin Karin Johne mit ihren nüchternen Meditationsanleitungen begegnet. Über diese Frau und ihren Beitrag zur evangelischen geistlichen Begleitung in der DDR und darüber hinaus zu forschen, habe ich keinen Tag bereut.

Schwester Anna-Maria aus der Wiesche verdanke ich den Kontakt zu Professor Dr. Klaus Raschzok, der mit großem Vertrauen, mit methodischer und inhaltlicher Übersicht, ermutigend und konstruktiv die Entstehung der Promotion begleitet hat. Das Koreferat übernahm dankenswerter Weise Professor Dr. Peter Zimmerling, der auch die hilfreiche Verbindung zur Leipziger Fakultät ermöglichte.

Karin Johne und ihr Mann Walter Johne haben freundlich und vielleicht auch ein wenig erstaunt mein Vorhaben und mich selbst aufgenommen. Bei verschiedenen Kaffee-Gesprächen durfte ich Einblick in ihr Denken und Leben nehmen.

Viele Gesprächspartner waren bereit, mir die Welt, in der Karin Johne gelebt und gearbeitet hat, näher zu bringen. Exemplarisch genannt seien die Pfarrer i.R. Christian Schreier und Dr. Gottfried Wolff, Oberkirchenrat i.R. Hermann Schleinitz und die Professoren (em.) Dr. Jürgen Ziemer und Dr. Wolfgang Ratzmann, aber auch der langjährige Leiter des Hauses der Stille in Grumbach bei Dresden, Pfarrer Heiner Bludau und der derzeit zuständige Oberkirchenrat, Frank del Chin. Prof. Dr. Klaus Fitschen und Anja Funke danke ich für Hinweise zum kirchenhistorischen Hintergrund.

Die Evangelisch-Lutherische Kirche in Bayern schuf sehr gute Arbeitsbedingungen mit der Beurlaubung im kirchlichen Interesse und einem Promotionsstipendium. Sie ermöglichte so auch ein glückliches Miteinander in Leipzig mit Ulrike Franke – nach knapp 16 Jahren Fernbeziehung. Für beides bin ich der ELKB und den daran beteiligten Menschen dankbar.

Julia Conrad und Ulrike Franke haben mir mit ihrer Kritik zu mehr Klarheit geholfen. Freundinnen und Freunde waren in den entscheidenden Tagen bereit, Korrektur zu lesen. Bella und Carlo, Hündin und Kater, erinnerten mich treu daran, dass die Arbeit niemals alles werden soll.

Von Herzen danke ich allen, die mir auf vielfältige Weise halfen. Dass diese Arbeit entstanden ist, gehört zu den Wundern Gottes in meinem Leben.

Inhalt

EINLEITUNG

Karin Johne, geb. Mogk, evangelische Theologin aus Leipzig, Jahrgang 1928, ist *die* Pionierin der geistlichen Begleitung in Briefen und Büchern im evangelischen deutschsprachigen Raum und damit eine Schlüsselgestalt der evangelischen geistlichen Begleitung im 20. Jahrhundert. Ihre Arbeit ist charakterisiert durch die Methodik der Meditation, eine durchgängige ökumenische Verbundenheit als Lernende und Lehrende und die protestantische Hochschätzung der Laiinnen und Laien[1].

Ziel dieser Arbeit ist es, den grundlegenden Beitrag Karin Johnes zur evangelischen geistlichen Begleitungsarbeit im deutschsprachigen Raum sichtbar zu machen und nach dessen Impulsen im Kontext gegenwärtiger geistlicher Begleitung zu fragen.

Begriffsbestimmung und Verortung in der Theologie. Geistliche Begleitung ist derzeit kein feststehender Begriff in der theologischen Landschaft

---

1 Die vorliegende Arbeit nutzt den Laienbegriff in Anlehnung an Silke Harms zur Bezeichnung für »diejenigen Gemeindechristen, die nicht als mit der Wortverkündgung und Sakramentsverwaltung betraute Pfarrerin oder Pfarrer oder aufgrund ihres Standes (z.B. Mitglieder eine Kommunität) geistliche Übungen praktizieren, sondern die als sogenannte ›Weltchristen‹ und Glieder einer Gemeinde ihr Leben und ihren Glauben gestalten. Im Unterschied zur katholischen Ekklesiologie wird damit aber kein *Wesens*unterschied zwischen Pfarrern, den in geistlichen Gemeinschaften Lebenden und ›normalen‹ Gemeindegliedern behauptet.« (Silke HARMS, Glauben üben. Grundlinien einer evangelischen Theologie der geistlichen Übung und ihre praktische Entfaltung am Beispiel der »Exerzitien im Alltag«, unveröffentlichtes Typoskript einer Inaugural-Dissertation, Tübingen/Zürich/Bursfelde 2010, 11; der Passus entfiel in der Buchveröffentlichung. Zur Diskussion um den Laienbegriff und seine systematische und praktisch-theologische Bewertung findet sich aber umfängliche Literatur; vgl. DIES., Glauben üben. Grundlinien einer evangelischen Theologie der geistlichen Übung und ihre praktische Entfaltung am Beispiel der »Exerzitien im Alltag«, Göttingen 2011, 11, Anm. 15). Um die Beteiligung von Frauen bewusst und sichtbar zu machen, nutze ich auch die sprachlich nicht unbedingt gebräuchliche, weibliche Form.

und wird vielleicht nie einer sein – aber sie ist im Gespräch.[2] Ist sie groß oder klein zu schreiben?[3] Bezeichnet sie etwas Eigenständiges oder doch ein – halb vergessenes – Feld innerhalb der Seelsorge, das von der Pastoralpsychologie abgedeckt wird? Ist sie eine weichgespülte »Seelenführung«, die Zweifelnde auf die feste Glaubenslinie führt? Kommt sie aus dem katholischen Bereich und muss durch die evangelische Theologie kritisch gereinigt werden?

Was »geistliche Begleitung« ist oder in Zukunft bezeichnen wird, fügt sich aus unterschiedlichen Sichtweisen und Beiträgen in diesen Jahren erst allmählich zusammen. Klemens Schaupp definiert geistliche Begleitung als »ein von Gott geschenktes Charisma, wodurch ein Mensch von Gott befähigt wird, andere zu unterstützen, die Gnade ihrer Taufe neu zu entdecken und ihr entsprechend zu leben. Konkret bedeutet dies: frei zu werden von allem, was von Gott trennt (Stichwort: Umkehr), frei zu werden für den Anruf Gottes (Stichwort: Berufung), fähig zu werden, Gottes Wirken im eigenen Leben wahrnehmen zu lernen (Stichwort: kontemplative Grundhaltung), um so am Aufbau des Reiches Gottes mitarbeiten zu können (Stichwort: Sendung). Gewöhnlich erstreckt sie sich über einen längeren Zeitraum und ist gekennzeichnet durch einen vereinbarten Rahmen, ein methodisches Vorgehen und ein gewisses Maß an Verbindlichkeit.«[4]

---

[2] Vgl. das Themenheft von Wege zum Menschen: »Geistliche Begleitung zwischen Pastoralpsychologie und Spiritualität« (WzM 60 [2008] 4) und Dietrich STOLLBERG: »Was ist die theologische Basis geistlicher Begleitung? Ein kritischer Zwischenruf« in: PT 99 (2010) 1, 39–57, sowie die Reaktionen von Ralf STOLINA, Erik THIESEN und Claudia KOHLI REICHENBACH in: PT 99 (2010) 7, sowie speziell in der Evangelisch-Lutherischen Landeskirche Bayerns die Beiträge von Christian ALBRECHT, Spiritualisierung und Professionalisierung. Die Geistliche Begleitung zeigt Strukturparallelen zur Seelsorgebewegung, in: Nachrichten der Evangelisch-Lutherischen Kirche in Bayern 63 (2008), 330f, und Gerson RAABE, Ein Sonderweg für eine kleine Schar, in: Nachrichten der Evangelisch-Lutherischen Kirche in Bayern 63 (2008), 327–329.

[3] In der vorliegenden Arbeit habe ich mich, mit Ausnahme von Zitaten, für das kleingeschriebene Adjektiv entschieden. Geistliche Begleitung ist derzeit nicht eindeutig durch Konzepte, Qualifikationen oder Regeln bestimmt, sondern wird in unterschiedlicher Weise praktiziert und theologisch diskutiert. Zur Unterscheidung von »geistlicher Begleitung« und »Geistlicher Begleitung« und ihrem Zusammenhang zur Praxis der Wüstenväter und -mütter vgl. auch Günther SCHULZ und Jürgen ZIEMER, Mit Wüstenvätern und Wüstenmüttern im Gespräch. Zugänge zur Welt des frühen Mönchtums in Ägypten, Göttingen 2010, 271–273.

[4] Klemens SCHAUPP, Was ist ›Geistliche Begleitung‹? in: Dorothea GREINER u.a. (Hg.), Wenn die Seele zu atmen beginnt .... Geistliche Begleitung in evangelischer Perspektive, Leipzig 2007, 19.

Mit dieser Definition sind wesentliche Kennzeichen geistlicher Begleitung erfasst, denen auch Karin Johnes Arbeit im Selbstverständnis entspricht: Geistliche Begleitung ist als Charisma ein unverfügbares Geschenk Gottes und keine erwerbbare Zusatzqualifikation. Sie unterstützt die begleitete Person auf dem eigenen Lebensweg, der aufgrund der von Gott geschenkten Versöhnung in einer lebendigen Gottesbeziehung geführt und von dieser geprägt wird.

Die evangelischen Forschungsarbeiten zur geistlichen Begleitung stehen erst am Anfang.[5] Sie sind der Praktischen Theologie und in ihr der

---

[5] Im Handbuch Praktische Theologie, herausgegeben von Wilhelm GRÄB und Birgit WEYEL (Gütersloh 2007) findet sich noch kein entsprechendes Stichwort, geschweige denn ein Artikel zum Thema. Unter dem Stichwort »Seelsorge« erwähnt dort Uta Pohl-Patalong unter der Überschrift »Geistliche Begleitung und Supervision Hauptamtlicher« die zunehmende Inanspruchnahme. (Uta POHL-PATALONG, Art. Seelsorge. Konzeptionen/Kontexte/Lebensgestaltung/Seelsorgegespräch, in: GRÄB/WEYEL, Handbuch Praktische Theologie, 675–686)
Erste grundlegende Orientierung gibt der Band »Wenn die Seele zu atmen beginnt ... Geistliche Begleitung in evangelischer Perspektive«, herausgegeben von Dorothea GREINER, Erich NOVENTA, Klaus RASCHZOK und Albrecht SCHÖDL. Weitere Forschungsarbeiten sind im Entstehen oder gerade abgeschlossen. Zu nennen sind Silke HARMS, Glauben üben; Claudia KOHLI REICHENBACH, »Gleichgestaltet dem Bild Christi. Kritische Untersuchungen zur Geistlichen Begleitung als Beitrag zum Spiritualitätsdiskurs«, angekündigt in PT 99 (2010), 312, Anm. 5. Mit systematisch-theologischem Hintergrund veröffentlicht Ralf STOLINA, vgl. die Angaben im Literaturverzeichnis als alleiniger Autor und als Herausgeber zusammen mit Michael PLATTIG. Einen eigenen Weg beschreibt Sabine BOBERT, »Jesus-Gebet und neue Mystik. Grundlagen einer christlichen Mystagogik«, Kiel 2010.
Auf katholischer Seite finden sich dagegen eine Reihe von Forschungsarbeiten in der Tradition der Exerzitienbegleitung und Seelenführung. So veröffentlicht der Echter-Verlag Würzburg mit »Ignatianische Impulse« eine ganze Reihe zur Exerzitien-Spiritualität. Mehrere katholische Autoren arbeiten zu dieser Thematik, z.T. auch in ökumenischer Offen- und Verbundenheit. Genannt seien Klemens SCHAUPP, Gott im Leben entdecken Einführung in die geistliche Begleitung, Kevelaer 2006, Michael PLATTIG OC, Geistliche Begleitung. Versuch einer Grundorientierung, in: Claudia LÜCKING-MICHEL und Josef WOHLMUTH (Hg.), Inspirationen. Beiträge zu Wissenschaft, Kunst, Gesellschaft und Spiritualität, Paderborn u.a. 2006, 293–304; Michael PLATTIG OC und Ralf STOLINA, Das Geheimnis Gottes und die Würde des Menschen. Spiritualität zu Beginn des Dritten Jahrtausends, Ostfildern 2008; sowie die Titel von Paul IMHOF und Klaus KIESSLING im Literaturverzeichnis. Grundlegende Literatur findet sich auch bei Autoren wie Karl Rahner, Josef Sudbrack, Willi Lambert (Vgl. die Bibliografie in: Georg M. EISENSTEIN, Art. Geistliche Begleitung, in: LThK Bd. 4, Freiburg/Basel/Rom/ Wien [3]1995, 385).
Auch im evangelisch-englischsprachigen Bereich findet sich unter Stichworten wie »Spiritual Direction« und »Spiritual Director« und »Spiritual Theology« umfangreichere Literatur. (Vgl. z.B. die entsprechenden Artikel mit bibliografischen Angaben in: Rodney J. HUNTER, (General Editor) u.a., Dictionary of Pastoral Care and Counseling, Nashville 1990)

Teildisziplin der Aszetik[6] zuzuordnen. »Diese stellt eine Querschnittswissenschaft dar, welche sich als Reflexion des Gesamtbereichs des geistlichen Lebens und des gestalteten Glaubens versteht und im Gespräch mit den übrigen theologischen Disziplinen diejenigen Lebensfelder und Frömmigkeitsformen erforscht, auf denen sich christliche Existenz konkretisiert.«[7] Aszetische Theologie ist damit die akademische Schwester einer geistlichen Theologie, die in die Glaubenserfahrung führt.[8]

Schaupp stellt die Konzeptionen geistlicher Begleitung aus dem Kontext der Episcopal Church nach Margaret Guenther, Pfarrerin, und Tilden Edwards, Pfarrer, vor (Klemens SCHAUPP, Konzeptionen Geistlicher Begleitung, in: GREINER u.a., Wenn die Seele, 101-127, dort auch weitere Literatur).
In eher evangelikal geprägten Gruppen hat sich der Begriff »geistliches Mentoring« etabliert. Inwieweit dieser deckungsgleich mit geistlicher Begleitung ist, müsste anhand einiger Konzeptionen, z.B. von Autoren wie Keith ANDERSON und Randy REESE (Geistliches Mentoring. Geistliche Patenschaften entwickeln, die persönliches Wachstum fördern, Asslar 2000), Tobias FAIX (Mentoring. Chancen für geistliches Leben und Persönlichkeitsprägung, Neukirchen-Vluyn 2000), Larry KREIDER (Authentisches geistliches Mentoring. Anderen helfen im Glauben zu reifen, Bruchsal 2009) oder Thorsten RIEWESELL (Mentoring. Geistlich wachsen und vorankommen, Kassel 2003) untersucht werden.

6 Klaus RASCHZOK beschreibt die theologische Verortung der geistlichen Begleitung im Feld der Aszetik in: DERS., Die Theologie mit dem Herzen verbinden. Eine Annäherung an die Voraussetzungen der Geistlichen Begleitung, in: GREINER u.a., Wenn die Seele, 179-214., hier 189-195, bes. 191f. Dort, wie auch in: DERS., Spiritualität als christliche Kernkompetenz im sozialen Unternehmen, in: Markus HORNEBER u.a. (Hg.), Dynamisch Leben gestalten. Perspektiven zukunftsorientierter Unternehmen in der Sozial- und Gesundheitswirtschaft, Stuttgart 2010, 49-78, (hier: 50), skizziert er die Entwicklung dieser Teildisziplin der Praktischen Theologie. Zur Geschichte vgl. Rudolf BOHREN, Praktische Theologie, in: DERS. (Hg.): Einführung in das Studium der evangelischen Theologie, München 1964, 9-32; Manfred SEITZ, Art. Askese IX. Praktisch-theologisch, in: TRE Bd. 4, 1979, 250-259; Friedrich WINTZER, Frömmigkeit als eine Grundperspektive der Praktischen Theologie, in: DERS., Frömmigkeit und Freiheit, Rheinbach-Merzbach 1995, 13-21; Christoph JOEST, Manfred Seitz und die Entwicklung einer evangelischen Aszetik, in: Geist und Leben 68 (1995), 196-212; Sabine BOBERT-STÜTZEL, Frömmigkeit und Symbolspiel. Ein pastoralpsychologischer Beitrag zu einer evangelischen Frömmigkeitstheorie, Göttingen 2000, darin: zur theologiegeschichtlichen Entwicklung 23-66 und 381-383, zu ihrem eigenen Entwurf vgl. 383ff; Albrecht SCHÖDL, ›Unsere Augen sehen nach dir‹. Dietrich Bonhoeffer im Kontext einer aszetischen Theologie, Leipzig 2006. Zu nennen ist auch Henning SCHRÖER, Inventur der Praktischen Theologie, zuerst veröffentlicht in: Deutsches Pfarrerblatt 69 (1969), 720-723, zitiert und ergänzt in: Gerhard Krause (Hg.), Praktische Theologie. Texte zum Werden und Selbstverständnis der Praktischen Disziplin der Evangelischen Theologie, Darmstadt 1972, dort 456f.

7 RASCHZOK, Spiritualität als christliche Kernkompetenz, 50.

8 Oswald Bayer differenziert analog »monastische und scholastische Theologie« und sieht Martin Luthers zentralen Beitrag darin, dass er beide Formen in seiner Arbeit miteinander verbindet und aufeinander bezieht, was nach seiner Einschätzung in der

Karin Johnes wesentlicher Beitrag liegt im letztgenannten Bereich der geistlichen Theologie im Unterschied zur akademischen Theologie. Wie ihr sächsischer Kollege, Pfarrer Dr. Gottfried Wolff, hat sie das Wort ergriffen und ihre Arbeit literarisch greifbar gemacht. Im Unterschied zu Wolff[9] verfolgt Karin Johne aber keinen akademischen Anspruch, sondern bietet vor allem Praxisliteratur sowie einige reflektierende Aufsätze. Sie ist daher auch nicht als akademische, sondern als geistliche Theologin kritisch zu würdigen.

Aufbau und Methodik. In der vorliegenden Untersuchung wird Karin Johnes Arbeit als Teil dieser geistlichen Theologie vorgestellt und unter aszetischer Fragestellung erschlossen. Karin Johnes Arbeit könnte auch aus religionspädagogischer Perspektive als Arbeit mit Jugendlichen und Erwachsenen untersucht oder als Element seelsorgerlicher oder missionarischer Arbeit oder als Teil der Kirchengeschichte in der DDR interpretiert werden. Alle diese Fragestellungen könnten aber Karin Johnes Werk im jeweiligen Teilbereich nur sehr eingeschränkt würdigen und ihre wesentliche Stärke nicht formulieren. Daher setzt diese Arbeit anders an. Die geistliche Begleitung der evangelischen Theologin Karin Johne vollzieht sich im Koordinatensystem von Seelsorge, Spiritualität und Pädagogik, das zu betreten diese Arbeit durch die Tür der Aszetik einlädt. Im Unterschied zur derzeit gebräuchlichen Verortung geistlicher Begleitung im Feld von Seelsorge und Spiritualität,[10] lenkt Karin Johnes Arbeit den Blick verstärkt auf pädagogisch-katechetische Elemente.[11]

---

evangelischen Theologiegeschichte nach der Reformationszeit immer weniger geschah. (Oswald Bayer, Monastische und scholastische Theologie, in: Rudolf Landau und Günter R. Schmidt, »Daß allen Menschen geholfen werde ...«. Theologische und anthropologische Beiträge für Manfred Seitz zum 65. Geburtstag, Stuttgart 1993, 11–15, bes. 12)

[9] Vgl. Gottfried Wolff, Zeiten mit Gott. Evangelische Exerzitien, Stuttgart 1980; und ders., Solus Christus. Wurzeln der Christusmystik bei Gerhard Tersteegen, Gießen 1989.

[10] Vgl. die scharfen Nachfragen von Stollberg, Zwischenruf, bes. aber auch die Selbstbeschreibung von Stolina: »Geistliche Begleitung ist eine wesentliche Dimension der Seelsorge, die sich in verschiedenen Situationen, Begegnungen und Gestalten ereignen kann.« (Ders., Das Lebens-Gespräch mit Gott. Zur theologischen Grundlegung geistlicher Begleitung, in: PTh 99 (2010), 288–305, Zitat: 288) Kießling kennzeichnet »Seelsorge« und »Geistliche Begleitung« als »im engsten Familienkreis« zusammengehörig und kann sagen: »Verstehe ich aber Seelsorge im Vollsinn ihres Wortes, [...] so erscheint auch Geistliche Begleitung als Seelsorge« (Klaus Kiessling, Konzeptioneller Zugang zu Geistlicher Begleitung, in: WzM 60 (2008), 313–322; Zitate 316 und 317).

[11] Einen pädagogischen Akzent setzt auch Sabine Bobert, bezeichnet diese besondere Form aber als »Mystagogik« (Sabine Bobert, Jesus-Gebet und neue Mystik. Grund-

Die vorliegende aszetisch-theologische Arbeit fragt nach dem Kontext, in dem Karin Johnes geistliche Theologie entstanden ist, stellt ihre wesentlichen Grundlagen und Methoden vor und würdigt kritisch deren Besonderheiten aus der Perspektive geistlicher Begleitung im derzeitigen Kontext.

---

lagen einer christlichen Mystagogik, Kiel 2010). Der Begriff »Mystagogik« scheint mir nicht hilfreich, weil er den scheinbaren Zusammenhang zum äußerst unscharfen Mystik-Begriff herstellt und in der Theologie mindestens zweifach besetzt ist, einerseits als Teil der Taufkatechese zur Zeit der Kirchenväter (so auch Niebergall, der mit »mystagogischem Unterricht« den Teil des Erwachsenenkatechumenats in der alten Kirche bezeichnet, der nach der Taufe in der Osternacht »die mit den heiligen Handlungen der Taufe und des Abendmahls zusammenhängenden Formeln und Bräuche« erschließt, was vor der Taufe aufgrund der Arkandisziplin nicht möglich ist; vgl. D. NIEBERGALL, Art. Katechetik (Katechisation), in: RGG Bd. 3, [1]1912, 974-982, hier: 978) also im liturgietheologischen Kontext; andererseits im Sinn Karl Rahners als »mystagogische Seelsorge«, die den Menschen auf seine Verbindung zu Gott aufmerksam macht (Franz-Peter TEBARTZ-VAN ELST, Art. Mystagogie/ Mystagogische Theologie III. Praktisch-theologisch, in: RGG Bd. 5, [4]2002, 1636f, hier: 1637). Zusätzlich erschwert wird die Verwendung durch die Verbindung mit dem Mystik-Begriff. Dieser hat in der protestantischen Theologie im ausgehenden 19. und im 20. Jahrhundert wenig positive Resonanz gefunden. »Nachdem A. Ritschl Mystik als ›prononcirte Stufe der katholischen Frömmigkeit‹ gebrandmarkt [...], nachdem sein Schüler A. v. Harnack dieses Urteil historisch gerechtfertigt [...] und vollends nachdem die dialektische Theologie es zu einem kirchenpolitischen Kampfmittel umgeformt hatte (E. BRUNNER, Die Mystik und das Wort, 1924), war jedes ernsthafte theologische oder gar religiöse Interesse an Mystik in der deutschsprachigen evangelischen Theologie von Ächtung bedroht.« (Ulrich KÖPF, Art. Mystik, 3. Christliche Mystik b) Mittelalter bis Neuzeit, in: RGG Bd. 5, [4]2002, 1663-1671, Zitat: 1670). Im ausgehenden 20. Jahrhundert wird der Mystik-Begriff positiv sowohl in einer populären Theologie wie bei Jörg Zink (vgl. z.B. Die goldene Schnur. Anleitung zu einem inneren Weg, Stuttgart o.J), als auch im wissenschaftlichen Raum, z.B. bei Dorothee SÖLLE (Vgl. Gesammelte Werke Bd. 6, »Du stilles Geschrei. Wege der Mystik«, Stuttgart o.J.) gebraucht. In Bezug auf Martin Luthers Theologie verändert sich die Sicht, wie Berndt Hamm und Volker Leppin gezeigt haben. Vgl. besonders Berndt Hamms Aufsatz, Wie mystisch war der Glaube Luthers?, in: Berndt HAMM und Volker LEPPIN (Hg.), Gottes Nähe unmittelbar erfahren. Mystik im Mittelalter und bei Martin Luther, Tübingen 2007, 237-287) Peter Zimmerling erkennt in dem Buch »eine Revolution in der deutschen Lutherforschung«. (ZIMMERLING, Überlegungen zu ›Gottes Nähe unmittelbar erfahren: Mystik im Mittelalter und bei Martin Luther; hrsg. von Berndt Hamm/Volker Leppin. Tübingen 2007‹, in: LuJ 75 (2008), 203-208, Zitat: 203)
Die kritische Sicht der »Mystik« in weiten Teilen der jüngeren Theologiegeschichte wäre also noch kein Grund, den Begriff abzulehnen. Weil »Mystik« als Container-Begriff aber an sich wenig erhellend ist und eine äußerst umfangreiche Definitions- und Abgrenzungsarbeit erfordert, wird er im Zusammenhang dieser Arbeit nur dann verwendet, wenn sich seine Bestimmung aus dem jeweiligen Kontext klar ergibt, z.B. im Zusammenhang von Paul Tillichs Mystik-Begriff vgl. Teil III 1.2.1.

Zur Verfügung stehendes Quellenmaterial. Karin Johnes Wirken bietet sich für diese Untersuchung aus verschiedenen Gründen an: Zum einen bildet ihre Arbeit ein abgeschlossenes Werk, denn Karin Johne, die im September 2011 ihren 83. Geburtstag feiern konnte, ist aus Altersgründen nicht mehr aktiv in der geistlichen Begleitung tätig. Zum anderen ist Karin Johnes geistliche Begleitungsarbeit in schriftlicher Form greifbar. Sie bildet damit einen seltenen Sonder- und Glücksfall für die wissenschaftliche Arbeit zur geistlichen Begleitung. Ein wesentlicher Teil ihres Wirkens ist in ihren als Büchern veröffentlichten Briefkursen zu finden, viele weitere Dokumente sind in Zeitschriften und im Internet veröffentlicht. Für ein theologisches Arbeitsfeld, in dem noch wenig schriftliche Dokumentationen und noch kaum empirische Studien[12] vorliegen, ist diese Zugänglichkeit ein wichtiger Aspekt. Die vorliegende Arbeit beschränkt sich für die Darstellung von Karin Johnes geistlicher Begleitung auf das schriftlich greifbare Material und verzichtet auf empirische Untersuchungen zur Wirkungsgeschichte.[13]

Seit Beginn der Arbeit im Jahr 2008 erlaubte und erlaubt Karin Johnes Gesundheitszustand keine Interviews, die Grundlage für eine wissenschaftliche Untersuchung sein könnten. Die mit ihr und ihrem Mann geführten Gespräche konnten daher nur ergänzend zum erhobenen Material herangezogen werden.

Archivalische Quellen standen nur rudimentär zur Verfügung. In Texte aus dem ungeordneten Haus-Archiv des Hauses der Stille der Evangelisch-Lutherischen Kirche Sachsens in Grumbach bei Dresden, konnte die Verfasserin 2009 mit dem Einverständnis des damaligen Leiters, Pfarrer Heiner Bludau, Einblick nehmen. Diese Texte werden als »Akten von Grum-

---

[12] Klaus KIESSLING und Hermann-Josef WAGENER, Empirischer Zugang zu Geistlicher Begleitung. Erste Ergebnisse qualitativer Forschung, in: WzM 60 (2008), 323–333, als erste vorläufige Auswertung 2008, ergänzt und ausgebaut 2010 in: KIESSLING, Klaus (Hg.), Geistliche Begleitung. Beiträge aus Pastoralpsychologie und Spiritualität, Göttingen 2010.

[13] Rudolf Bohren hält eine solche Beschränkung im Blick auf Briefe als schriftliche Beispiele der Seelsorge für äußerst sinnvoll. Er kann im Hinblick auf Hildegard von Bingen formulieren: »Ich glaube, Seelsorge ist lehrbar und lernbar am besten an Briefen [...]« (BOHREN, Große Seelsorger – große Heilige. edition bohren Bd. 6, hg. von Dietrich Stollberg. Von Jesus von Nazareth bis Hildegard von Bingen, Waltrop 2006, Zitat: 266) und er praktiziert dieses Lernen und Lehren eindrucksvoll am Seelsorgebrief einer Enkelin an ihren Großvater, der nur 14 Worte umfasst (DERS., Der Seelsorgebrief, in: LANDAU/SCHMIDT, »Daß allen Menschen geholfen werde ...«, 17–21).

bach« zitiert. Nachfragen im landeskirchlichen Archiv der Evangelisch-Lutherischen Landeskirche Sachsens in Dresden ergaben kein Ergebnis.[14]

Ein wesentlicher Teil der Geschichte der evangelischen geistlichen Begleitung im deutschsprachigen Raum hat seinen Ursprung in der DDR. In den bisher erschienenen Veröffentlichungen wird dieser Teil noch kaum wahrgenommen.[15] So fanden die ersten ökumenischen Kurse zur Ausbildung in geistlicher Begleitung im Süden der DDR statt. Dieser Teil der Geschichte geistlicher Begleitung und seine Bedingungen werden aufgezeigt.

Karin Johne ist eine der wesentlichen Protagonistinnen dieser evangelischen Geschichte geistlicher Begleitung.

Die vorliegende Arbeit ist ein Beitrag zur theologischen Frauenforschung, insofern sie zum ersten Mal eine Frau und ihr Wirken im deutschsprachigen Raum in der geistlichen Begleitung »zum Gegenstand der Forschung ohne methodische Festlegungen, politische Ziele und ohne die Festlegung, dass nur Frauen Subjekte solcher Untersuchungen sein könnten«[16] macht. An einigen wenigen Stellen gibt es Hinweise auf die – von Karin Johne nicht reflektierten – Erfahrungen, die sich aus ihrem Frau-Sein und ihrer genderspezifischen Rolle ergeben. Die Arbeit verfolgt je-

---

[14] Das Aktenmaterial ist nach Bescheiden von Kirchenrätin Schäfer vom 17.12.2008 und Archivarin Dr. Raddatz-Breitbach vom 19.09.2008 zu einem Teil noch nicht erschlossen, zum anderen Teil aus Datenschutzgründen noch nicht zugänglich (Personalakten) und zum dritten Teil (Protokolle des Seelsorge-Beirates) für die Fragestellung nicht aussagekräftig.

[15] Knapp hingewiesen wird auf die Geschichte in der Evangelisch-Lutherischen Landeskirche Sachsens in: Maria REICHEL und Hansjörg SCHEMANN: Ausbildungen zur Geistlichen Begleitung im Bereich der Evangelischen Kirche in Deutschland, in: GREINER u.a., Wenn die Seele, 243–260, hier: 256f; WOLFF, Im Schatten der atheistischen Macht. Exerzitien in der ehemaligen Deutschen Demokratischen Republik, in: Gerhard MÜNDERLEIN (Hg.), Aufmerksame Wege – Erfahrungen evangelischer Christen mit den Exerzitien des Ignatius von Loyola, München 1999, 167–177, hier: 173; HARMS, Glauben üben, 73-76.

[16] Diese Definition von Frauenforschung gibt Christiane BURBACH, Dimensionen des Gender Begriffes (WzM 56 [2004], 291–297), hier: 293f, und unterscheidet diese von Feministischer Forschung, die aus der Betroffenheit von Diskriminierungs-, Marginalisierungs-, Segregations- oder Vereinnahmungserfahrung geschehe und bei allem Wissenschaftsethos der Offenlegung dieser Tendenzen diene und das Ziel der Veränderung der Geschlechterverhältnisse zugunsten der Frauen verfolge. In der Feministischen Theologie werde besonders der Zusammenhang zur Befreiungstheologie hergestellt (a.a.O., 294). Zum Stand in der Praktischen Theologie vgl. Sybille BECKER, Praxisbezug und Interdisziplinarität. Feminismus und Gender-Forschung in der Praktischen Theologie, in: Irene DINGEL (Hg.), Feministische Theologie und Gender-Forschung, Leipzig 2003, 123–136. Zum Thema »Kirchengeschichte und Genderforschung« vgl. die gleichnamige Monografie von Ute GAUSE, Tübingen 2006.

doch keinen feministisch-theologischen Anspruch. Ein entsprechender Vergleich mit anderen evangelischen Persönlichkeiten, die die Landschaft der geistlichen Begleitung prägten oder prägen, ist derzeit nicht möglich, weil kaum entsprechende Studien vorliegen.[17]

In mehrfacher Hinsicht wird im Folgenden also Grundlagenforschung betrieben: Erstmals zeichnet die vorliegende Arbeit zu Karin Johne – als Teil theologischer Frauenforschung – anhand einer Persönlichkeit deren Beitrag zur geistlichen Begleitung im ausgehenden 20. Jahrhundert nach. Sie beleuchtet die bisher weitgehend unbeachteten Beiträge aus der Evangelisch-Lutherischen Kirche Sachsens und aus dem Bund der evangelischen Kirchen in der DDR für die Entwicklung der Begleitungsarbeit im deutschsprachigen Raum. Sie erschließt ein Stück evangelischer geistlicher Theologie aus aszetischer Perspektive und sie formuliert im Rahmen der sich entfaltenden aszetischen Theologie im Feld geistlicher Begleitung Impulse für die aktuelle Diskussion.

Die Arbeit gliedert sich in drei Teile. Der erste Teil, *Karin Johnes Werden und Wirken im Kontext des ostdeutschen Protestantismus*, skizziert zunächst Karin Johnes Biografie und hält einige Beobachtungen in biografischer und geistlicher Hinsicht fest. Ausführlicher wird dann der kirchliche Kontext dargestellt, in dem sich Karin Johnes geistliche Begleitungsarbeit entwickelt hat. Für den ersten, biografisch-historischen Teil standen als Quellen kirchenhistorische und praktisch-theologische Literatur, sowie biografisch-reflektierende Veröffentlichungen Karin Johnes zur Verfügung. In das so entstandene Bild fügen sich Informationen aus Gesprächen mit Karin und Walter Johne,[18] sowie aus Zeitzeugengesprächen[19] und schriftli-

---

[17] Zu denken wäre etwa an Personen wie Gerhard Ruhbach oder Manfred Seitz, die als akademische Lehrer allerdings nur mit einem kleinen Teil ihrer Arbeitskraft an entsprechenden Projekten beteiligt waren. Ähnlich angelegt ist die von Kerstin Voigt vorgelegte Arbeit zu Otto Haendlers Leben und Werk (Kerstin VOIGT, Otto Haendler – Leben und Werk, Frankfurt am Main 1993), wobei Meditation und Seelsorge im Sinn geistlicher Begleitung nur einen Teilaspekt im Werk des Theologen und Seelsorgers darstellen.

[18] Beim Beginn der Erstellung dieser Arbeit war Karin Johne mit 80 Jahren bereits hochbetagt. Ausführliche Interviews oder theologisch-reflektierende Gespräche waren aufgrund ihres Alter und ihrer gesundheitlichen Verfassung nicht möglich. Die Gespräche mit ihr und mit Kollegen aus der Retraitenarbeit dienten nicht der Biografie-Forschung oder »oral history« im klassischen, wissenschaftlichen Sinn. Monika MAASSEN, Biographie und Erfahrung von Frauen. Ein feministisch-theologischer Beitrag zur Relevanz der Biographieforschung für die Wiedergewinnung der Kategorie Erfahrung, Münster 1993, bietet einen Überblick und Literatur zur biografischen Forschung, 26–48 und zur »oral-history«, 49–53. Der Ansatz konnte für diese Arbeit aber nicht genutzt werden.

[19] Vgl. die Biogramme verschiedener, ausgewählter Gesprächspartner.

chen Zeugnissen[20] über Karin Johne ein. Neben dem kirchlichen wird auch der theologische Kontext beschrieben, in dem sich Karin Johnes Arbeit entwickelte. Anhand der drei in Ostdeutschland beheimateten Praktischen Theologen, Erich Hertzsch, Alfred Dedo Müller und Otto Haendler wird die damals vorhandene Einordnung der Meditation als Methodik in die Praktische Theologie dargestellt. Im letzten Kapitel des ersten Teils wird dann aus diesen persönlichen, kirchlichen und theologischen Kontexten heraus Karin Johnes Wirken beschrieben.

Der zweite Teil, *Karin Johnes Unterstützung im Lebens-Gespräch. »Meditation«[21] als Hör- und Sprachschule,* entfaltet die Grundlinien von Karin Johnes schriftlicher Begleitungsarbeit nicht chronologisch, sondern erarbeitet sie aszetisch-theologisch systematisierend aus ihrem umfangreichen Werk.[22] Für dieses Vorgehen spricht, dass es in Karin Johnes schriftlichem Werk keine signifikanten inhaltlichen Entwicklungen gibt. Ihre erste Buchveröffentlichung erfolgt zu einem biografisch relativ späten Zeitpunkt,[23] als die Grundgedanken ihrer Arbeit sich bereits entwickelt hatten. Diese entfaltet sie dann anhand verschiedener Themen. Vorgestellt wird Karin Johnes literarische geistliche Begleitung, wie sie sich praktisch in ihren als Bücher veröffentlichten Briefkursen und reflektiert in einigen Aufsätzen darstellt. Karin Johnes Arbeit lässt sich als unterstützende Begleitung im Lebens-Gespräch[24] mit Gott beschreiben, die die Methodik der »Meditation« nutzt. Die theologischen und psychologischen Grundlagen machen Karin Johnes Verbindung zur Theologie Paul Tillichs, aber auch zu den Psychologen Carl Gustav Jung und Erich Fromm sichtbar. Karin Johne unterstützt mit ihrer geistlichen Begleitung das Lebens-Gespräch an drei Lebens-Orten: im privaten Raum der »Meditation« in der Stille, im öffentlichen Raum (Alltag) und im ökumenischen Raum. Die Übungen, die Karin Johne anbietet und die sich den jeweiligen Räumen zuordnen lassen, werden ebenso beschrieben, wie die Voraussetzungen und Aufgaben des oder der geistlich Begleitenden.

---

[20] Die Zeugnisse über Karin Johne sind auf meine schriftliche Nachfrage entstanden und im hinteren Teil dieser Arbeit abgedruckt.

[21] Wo Karin Johnes offener Meditationsbegriff verwendet wird, ist dieser mit einfachen französischen Anführungszeichen als »Meditation« gekennzeichnet. Eine Präzisierung dessen, was mit »Meditation« gemeint ist, erfolgt in Teil II, 2.

[22] Vgl. das Werkverzeichnis der Schriften Karin Johnes.

[23] Bei der Veröffentlichung ihres ersten Buches, Ökumenische Meditationsbriefe (1977), ist sie bereits 49 Jahre alt.

[24] Den Begriff hat Ralf Stolina ins Gespräch gebracht. Vgl. STOLINA, Lebens-Gespräch, sowie DERS., Das Geheimnis Gottes und die Würde des Menschen, in: PLATTIG/STOLINA, Das Geheimnis Gottes, 10-37.

Der dritte Teil, *Karin Johnes Werk im Kontext gegenwärtiger geistlicher Begleitung,* lenkt den Blick auf Karin Johnes Funktion als Pionierin evangelischer geistlicher Begleitung, formuliert Impulse aus ihrem Werk und würdigt es kritisch im Kontext der heutigen Diskussion.

Geistliche Begleitung nach Karin Johne: Meditation als Hör- und Sprachschule im Lebens-Gespräch mit Gott formuliert thesenartig Zusammenfassung und Ertrag der vorliegenden Arbeit. Im Werkverzeichnis finden sich Karin Johnes schriftliche Arbeiten, die mit einer Ausnahme auch eingesehen und hinsichtlich der bibliografischen Angaben überprüft werden konnten.

I. Karin Johnes Werden und Wirken im Kontext des ostdeutschen Protestantismus

Karin Johne hat mit ihrer Arbeit einer großen Zahl von Menschen Türen und Wege für ihr geistliches Leben geöffnet: Ihre Kurse und ihre persönliche Begleitung[25] haben viele Menschen in der DDR und nach der Wende im deutschsprachigen Europa erreicht, zahlreiche ihrer Bücher[26] sind vor und nach der Wende in Ost- und Westdeutschland und in Österreich zum Teil mehrfach aufgelegt worden, und auf ihre Internetangebote griffen noch im Jahr 2008 täglich 30 bis 70 Menschen zu, obwohl die Seiten seit Mai 2007 nicht mehr von ihr aktualisiert werden.[27] Sie ist also eine der wenigen prägenden evangelischen Gestalten in diesem Bereich, auch wenn ihre Bekanntheit bei weitem nicht an einen Bestsellerautor wie beispielsweise Anselm Grün OSB heranreicht.

Der erste Teil der Forschungsarbeit besteht darin, Karin Johne in ihrem Werden und Wirken nachvollziehbar vorzustellen.

---

[25] Zwischen 1976 und 1998 verzeichnet die Kirchenzeitung »Der SONNTAG« über 80 Kursangebote von oder mit Karin Johne Vgl. [Der] SONNTAG. Gemeindeblatt der Ev.-Luth. Landeskirche Sachsens, 31–53 (1976–1998); von den Kursen in Österreich erzählten Karin Johne und ihr Ehemann im Gespräch vom 04.09.2008; persönlich begleitet hat Karin Johne während der Briefkurse, aber auch in persönlichen Gesprächen, von ihrer Begleitung durch Karin Johne berichteten mir zwei katholische Ordensfrauen der Missionarinnen Christi.

[26] Vgl. das Werkverzeichnis der Schriften Karin Johnes.

[27] Die Zahlen und Daten hat mir Andreas Götze, der Karin Johnes Website seit Mai 2007 betreut, in einem persönlichen Brief vom 5.10.2008 und einer persönlichen Mail vom 7.10.2008 mitgeteilt.

Einen ersten Überblick gibt eine biografische Skizze, die wesentliche Stationen in Karin Johnes Leben benennt. In diese Skizze sind Informationen über Karin Johnes geistlichen Weg eingefügt, die sie in verschiedenen Veröffentlichungen und in einigen Gesprächen öffentlich gemacht hat.[28] Im zweiten und dritten Schritt werden der kirchliche und der theologische Kontext vorgestellt, in dem Karin Johne ihre Arbeit entwickelt hat: Einerseits ist dies die DDR-Wirklichkeit, geprägt vom Druck des Staates auf die Kirchen, der Abschottungssituation und den ökumenischen Entwicklungen in der zweiten Hälfte des 20. Jahrhunderts, andererseits sind es prägende Gestalten der Praktischen Theologie. Im vierten Schritt wird Karin Johnes Wirken aus und in diesem Kontext dargestellt.

I. 1 Biografische Skizze

Karin Johne sage von sich selbst, sie habe »drei Leben« gehabt, berichtete ihr Mann Walter[29]: Als erstes sehe sie Kindheit, Jugend, Ausbildung, als zweites die Zeit als Pfarrfrau und Mutter und als drittes die Zeit in der Retraiten-Arbeit. Der letzte Bereich wird in der biografischen Skizze unterteilt in die Zeit, in der Karin Johne hauptamtlich und später, nach dem Eintritt in den Ruhestand, ehrenamtlich tätig war.

I. 1. 1 Kindheit, Jugend, Ausbildung: 1928–1953

Karin Johne, geb. Mogk, wurde am 25.9.1928 im Leipzig der Weimarer Republik geboren.[30] Ihre Mutter, Gertrud Mogk, geb. Lorbeer, unterrichtete an einer Oberschule Deutsch, Geschichte und Englisch. Ihr Vater, Helmut

---

[28] Karin Johne beschreibt selbst Stationen und Entwicklungen ihres persönlichen, geistlichen Lebens an verschiedenen Stellen ihrer schriftlichen Arbeiten aus zwei Gründen: Einmal aus der Überzeugung heraus, dass die Mitteilung dieser subjektiven Erfahrung das Vertrauen ermöglicht und fördert, das die Grundlage für offene Gespräche über ein persönliches Thema, wie den eigenen Glaubensweg, ist (Wortgebet und Schweigegebet, 29), zum anderen weil durch einen solchen Austausch die Fülle der Gegenwart Gottes in unterschiedlichsten Menschen sichtbar wird, in dem die Einzelerfahrung »... durchsichtig wird für das, was dahinter steht und was alle angeht«. (Angedeutet in: Meditation für Kranke, 10 und 72)
In den Anmerkungen wird auf Karin Johnes Arbeiten in der Erstveröffentlichung mit Kurztitel und Seitenangabe, bei nur im Internet veröffentlichten Texten auf Kurztitel und, wenn sinnvoll, den zitierten Abschnitt verwiesen.

[29] Gespräch am 22.04.2010.

[30] Vorgestellt: Karin Johne, 335f.

Mogk,[31] war Biologe und wissenschaftlicher Bibliothekar an der Universitätsbibliothek Leipzig.[32] Als Kind lebte Karin Johne selbstverständlich und ohne Zwang mit dem Abendgebet, das ihre Mutter täglich mit ihr hielt, indem sie einen kurzen Liedvers beteten. Die durch Liedverse geprägte Grundsprache des Glaubens nennt Karin Johne ein »Knochengerüst, um das sich das Fleisch meiner persönlichen Gebetsworte aufbaute«.[33] Die vorgeformten Worte ergänzte Karin Johne im Alter von vierzehn Jahren durch das »ganz unmittelbare, ungelernte und unreflektierte Sprechen mit Gott über alles, was mich bewegte«[34]. Dieses von Freude getragene Beten war für Karin Johne allerdings keine andauernde Erfahrung. Sie berichtet: »Perioden der Dürre und Trockenheit lösten diese erste Phase ab. Und da ich die anfängliche Freude beim Gebet nicht mehr fand, versickerte der spontane Strom des Gebetes mehr und mehr, bis ich nach einigen Jahren erschrocken feststellte: ›Ich kann ja nicht mehr beten.‹ Ich fand damals für mich keinen Menschen, der mir in diesen Fragen ein wegweisendes Wort hätte sagen können.«[35]

Im Elternhaus begegnete sie in schriftlicher Form auch den Gedanken von Meister Eckehart[36], die sie ihr ganzes Leben lang begleiteten.[37] Karin Johnes Mutter hatte über Meister Eckehart ihre Studienabschlussarbeit geschrieben.[38] Auch ihr Vater war offen für die christliche Mystik, wie die

[31] »Helmut Mogk wurde 1896 in Leipzig geboren als Sohne des Universitätsprofessors Prof. Dr. Eugen Mogk und seiner Frau Margarete geb. Scheer.« (Helmut Mogk. Ein kurzer Blick in sein Leben)

[32] Gespräch mit Karin Johne am 19.03.2009 und Website Helmut Mogk. Ein kurzer Blick in sein Leben. Die Eltern hatten sich über die Wandervogelbewegung kennengelernt und heirateten 1925. Karin Johne ist das einzige Kind.

[33] Wortgebet und Schweigegebet, 31.

[34] A.a.O., 30f.

[35] A.a.O., 31f.

[36] Nachdem der mittelalterliche Meister von Karin Johne mal als »Meister Eckehart« (z.B. im Buchtitel »Einübung in christliche Mystik. Ein Kursus mit Meister Eckehart«) mal als »Meister Eckhart« (z.B. im Buchtitel »Meister Eckhart. Ewigkeit inmitten dieser Zeit«) bezeichnet wird, habe ich mich – abgesehen von Zitaten – entschieden die Schreibweise »Eckehart« zu wählen.

[37] Zu Gedanken Eckeharts über das Gebet schreibt Karin Johne: »Als Jugendliche entdeckte ich eines Tages zufällig diese Eckehart-Worte im Bücherregal meiner Eltern - und sie ließen mich seitdem eigentlich nie wieder los [...]« Einübung in christliche Mystik, 101.

[38] Information von Herrn Johne im Gespräch vom 30.06.2008, von Karin Johne im Gespräch vom 19.03.2009 und Einübung in christliche Mystik, 101 und 177.

von ihm überlieferten Gedichte auf Karin Johnes Website zeigen.[39] Gestützt von seiner Glaubensüberzeugung trat er nicht in die NSDAP ein.[40]

Die Familie lebte zunächst in Leipzig-Stötteritz, wo Karin Johne auch zur Schule ging. Ihr Zuhause war für sie ein kostbarer Ort des Rückzugs.[41]

Konfirmandenunterricht und Konfirmation erlebte sie in der Thomaskirche, wo die Familie gelegentlich den Gottesdienst besuchte.[42] Karin Johne folgte als Konfirmandin und noch eine Reihe von Jahren danach der Aufforderung ihres Pfarrers, jeden Tag in der Bibel zu lesen, davor und danach zu beten und sich um entsprechendes Handeln zu bemühen.[43] Die biblischen Geschichten beschreibt sie als »taufrisch und neu« für sich, weil sie in der NS-Zeit keinen Religionsunterricht erlebte.[44] Sie nahm die biblischen Geschichten mit großer Offenheit und der Begeisterung »einer ersten Liebe« auf[45] und entdeckte vor allem im Passions- und Ostergeschehen eine große Unmittelbarkeit der biblischen Überlieferung: »Mit dreizehn

---

[39] Vgl. Karin Johne [ohne Datum]: »Helmut Mogk – Gedichte eines jungen Mystikers«, <www.karin-johne.de/mogk/gottesring_0_inhalt.html> und »Helmut Mogk – späte Gedichte«, <www.karin-johne.de/mogk/helmut_mogk_spaet.html> (10.11.2009).

[40] Vgl. Die Kraft des Glaubens, 118 und Karin Johne [ohne Datum]: »Helmut Mogk – Ein kurzer Blick in sein Leben«, <www.karin-johne.de/mogk/helmutmogk.html> (08.11.2010).

[41] Sie erzählt: »Es muß noch vor meinem vierzehnten Lebensjahr gewesen sein, weil wir damals noch nicht ausgebombt waren. Wir wohnten in einem Vorort von Leipzig, ich hatte vielerlei Aktivitäten in der Stadt - und ich überlegte mir eines Tages, weshalb ich lieber auch nur für eine halbe Stunde nach Hause käme und dann nochmals in die Stadt fuhr, anstatt mich dort irgendwo aufzuhalten. Da ging mir auf, daß ich mich zu Hause erholen konnte, ich konnte mich völlig entspannen und hatte dann wieder neue Kraft, um weiterzumachen.« So sinngemäß: Auf dem Weg zum Licht, 27; wörtlich auf der entsprechenden Website: Karin Johne [ohne Datum], »Adventsmeditationen. 1. Woche. Montag«, <www.karin-johne.de/meditationskurse/advent/adm-11.htm#anfang> (03.12.2008).

[42] Gespräch mit Karin Johne am 19.03.2009.

[43] Gebet und Meditation, 3 und Wortgebet und Schweigegebet, 32. In den Kurzangaben zur Person antwortet sie auf die Frage nach einer Bibelstelle oder einer biblischen Person, die sie besonders anspricht: »Was soll ich da antworten, wenn ich seit meinem 14. Lebensjahr täglich mit der Bibel lebe...«. (Vorgestellt: Karin Johne«, 335f)

[44] Dass der Religionsunterricht generell eingestellt wurde, kann ich aus der Literatur nicht nachvollziehen. »Religionsunterricht kam immer seltener auf der Stundentafel vor [...] dafür gab es Schikanen.« (Dieter STOODT, Art. Religionsunterricht, in: TRE Bd. 29, Berlin/New York 1998, 33–49, 39. Der Religionsunterricht wurde in bestimmten Regionen, z.B. im »Warthegau« verboten (Martin H. JUNG, Der Protestantismus in Deutschland von 1870 bis 1945, Leipzig 2002, 191f). Wegen des Kirchenkampfes und des Lehrermangels im Krieg ist eine weitgehende Einstellung des Religionsunterrichts gut vorstellbar.

[45] Wortgebet und Schweigegebet, 32.

Jahren hatte ich am Karfreitag erstmalig deutlich das Gefühl, das *Leidensgeschehen Jesu* sei *unmittelbar gegenwärtig.*«[46]

In dieser Zeit als Jugendliche entschloss sie sich Theologie zu studieren.[47]

Am 04.12.1942 wurde die Familie »beim ersten großen Bombenangriff auf Leipzig« ausgebombt und zog in ein neu errichtetes, kleines Haus am Rand von Threna, einem Ort im Südosten von Leipzig.[48] Karin Johne studierte ab September 1947 Evangelische Theologie an der Universität Leipzig. Praktische Theologie lehrte in dieser Zeit in Leipzig Alfred Dedo Müller. Albrecht Alt und Hans Bardtke vertraten das Alte Testament, Albrecht Oepke und Johannes Leipoldt lasen für das Neue Testament, Franz Lau lehrte als Professor für Kirchengeschichte, Ernst Sommerlath, Emil Fuchs und Hans Köhler dozierten in Systematik.[49] Das Studium selbst, die wissenschaftliche Auseinandersetzung mit der Bibel und die theologische Reflexion des Glaubens waren für Karin Johne zunächst nicht prägend im positiven Sinn: Sie beschreibt in den Adventsmeditationen an einer Stelle[50] die kritische Exegese für sich als hinderlich, ja »schädigend« bis ihr bewusst wurde, dass die wissenschaftliche Kritik die Bedeutsamkeit eines biblischen Bildes für das eigene Leben nicht hindert. An einer anderen Stelle der Adventsmeditationen erzählt sie von der Erleichterung, die sie erfasst, als ihr klar wird: »Man kann fromm sein - und braucht deshalb seinen Verstand nicht zu verraten.«[51] Diese Ambivalenz wird auch deutlich in Karin Johnes Antwort auf die Frage, welchen Einfluss das Studium auf ihre Arbeit hatte: »Eigentlich keinen.« Andererseits erklärt ihr Mann, sie habe ihr Zweites Examen erst nach einer Kinderpause abgelegt, dabei sei Griechisch für sie nicht schwierig gewesen, weil sie ihr Neues Testament

---

[46] Kreuz als Erlösung, 90; Hervorhebung im Original.

[47] Gespräch am 30.6.2008.

[48] Gespräch mit Karin Johne vom 30.06.2008 und Helmut Mogk. Ein kurzer Blick in sein Leben. Auf der Website wird angegeben, dass das Haus einem »jüdischen Freund« gehörte, der es »der Familie Mogk zur Betreuung vor seiner zum Glück gerade noch möglichen Ausreise nach Brasilien anvertraut hatte.«

[49] Markus HEIN und Helmar JUNGHANS (Hg.): Die Professoren und Dozenten der theologischen Fakultät der Universität Leipzig von 1409 bis 2009, Leipzig 2009, 336.

[50] »Für mich - durch das Studium und die damalige kritische Exegese geschädigt - war es wie ein neuer Einbruch, als mir bewusst wurde, dass ich diese Geschichte der Flucht nach Ägypten nicht einfach als unwissenschaftlich beiseite lassen brauchte, sondern dass mir auch die Bilder dieser Erzählung Wesentliches für mein geistliches Leben zu sagen hatten.« (Auf dem Weg zum Licht, 98)

[51] Auf dem Weg zum Licht, 116.

ohnehin immer auf Griechisch dabei hatte, und Hebräisch aufzufrischen, sei ihr auch so gelungen.[52]

Im Theologiestudium erlebte Karin Johne die gesungene Komplet nach der Alpirsbacher Weise als Neuentdeckung: Die Form des Gebetes führte sie in »die Weite und Fülle kirchlichen und biblischen Betens«. Sie empfand, dass hier ihr »kleines, bisher übliches Abendgebet relativiert und überstiegen wurde« und dass die gesungenen Gebete sich innerlich so tief verankerten, dass sie in ihr noch während der Nacht weiter klangen. Diese Erfahrung beschreibt sie mit den Worten: »dass es in mir weiterbetet«. Der kleine Kreis, der sich zur Komplet jeweils zusammen fand, löste sich wieder auf. Die Faszination für die Psalmen und ihre tief ergreifende, gesungene Form blieben Karin Johne im Gedächtnis.[53]

Als Mitstudenten lernte Karin Johne ihren späteren Mann, Walter Johne, kennen. Mit ihm gemeinsam verbrachte sie ein Studiensemester in Rostock und beendete ihr Studium im Mai 1952 in Leipzig mit dem Ersten Theologischen Examen.[54] Die Gründung der DDR am 7. Oktober 1949 fällt in ihre Studienzeit, wird aber in ihren greifbaren Erinnerungen ebenso wenig erwähnt, wie die politische Situation der Kriegs- und unmittelbaren Nachkriegszeit.[55] Nach den Untersuchungen von Friedemann Stengel waren die Studienjahre Karin Johnes noch weitgehend unbeeinflusst von ideologischen Auseinandersetzungen zwischen Staat und theologischen Fakultäten.[56]

---

[52] Beides im Gespräch vom 30.6.2008.

[53] Zitate und Inhalt in: Wort- und Schweigegebet, 33f. Der Text bezieht sich auf das gesungene Stundengebet, obwohl die Überschrift »Das persönliche Breviergebet« in eine etwas andere Richtung weist.

[54] Vgl. Vorgestellt: Karin Johne, 335f; sowie die Daten aus dem Haus der Stille, Grumbach, übermittelt durch Pfarrer Heiner Bludau auf Anregung von Oberkirchenrat Frank del Chin, Referent im Landeskirchenamt der Evangelisch-Lutherischen Kirche Sachsens in einer persönlichen E-Mail vom 27.11.2008.

[55] Klaus Fitschen sieht den Übergang für die Evangelisch-Lutherische Landeskirche Sachsens als fast bruchlos. Zu Beginn des 20. Jahrhunderts »kam das ›Rote Sachsen‹ mit seiner kirchenfeindlichen Politik, dann das braune Sachsen mit einer stark nationalsozialistisch geprägten Kirchenführung, schließlich die SED-Diktatur.« (Klaus FITSCHEN, Säkulares Reformationsland? Kirche, Religion und Gesellschaft in Sachsen, in: Konstantin HERMANN (Hg.), Sachsen seit der Friedlichen Revolution. Tradition, Wandel, Perspektiven, Beucha 2010, 199–209, hier: 199)

[56] Zur Situation der theologischen Fakultäten zu Karin Johnes Studienzeit vgl. zusammenfassend: Friedemann STENGEL, Die Theologischen Fakultäten in der DDR als Problem der Kirchen- und Hochschulpolitik des SED-Staates bis zu ihrer Umwandlung in Sektionen 1970/71, Leipzig 1998, 15f, ausführlich 15–76.

Ihr Vikariat absolvierte Karin Johne in Dresden bei der Landesstelle des Burckhardthauses im »Reisedienst der Oberschülerarbeit«.[57]

I. 1. 2 Pfarrfrau und Mutter: 1953–1972

1953, nach der Trauung, zog Karin Johne zu ihrem Mann Walter nach Rüsseina, der die dortige Pfarrstelle ein halbes Jahr zuvor übernommen hatte. Karin Johne berichtet, die Landeskirche habe das Paar »aufgefordert, doch bitte recht bald zu heiraten«, da das Pfarrhaus, das nur von der Witwe des Amtsvorgängers und deren Haushaltshilfe bewohnt wurde, angesichts der Wohnungsnot und der vielen Flüchtlinge sonst nicht zu halten sei.[58] Die nächsten Jahre waren wesentlich bestimmt vom Leben als Pfarrfrau und Mutter von fünf Kindern, die zwischen 1954 und 1965 geboren wurden. In Rüsseina erlebte Karin Johne an der Seite ihres Mannes die zunehmende Konfrontation mit staatlichen Stellen.[59] Streitpunkte waren in

---

[57] Vgl. Rückblick auf unsere ersten Dienstjahre; der Aufsatz liegt laut Auskunft des Pfarramtes Rüsseina nicht gedruckt vor. (E-Mail vom 16.12.2008 an mich) Das Burckhardthaus in der DDR arbeitete als freies Werk in engem Kontakt mit der Landeskirche. Vgl. Fritz DORGERLOH, Geschichte der evangelischen Jugendarbeit. Teil 1. Junge Gemeinde in der DDR, Hannover 1999, 27.
Karin Johne legte ihr Zweites Examen nicht im Anschluss an das Vikariat, sondern erst 1972 ab. Grund war vermutlich die geplante Heirat, die eine weitere Dienstausübung zu dieser Zeit ausschloss. Nach dem »Vikarinnengesetz« vom Mai 1952 galt zu dieser Zeit in der sächsischen Landeskirche, »dass sich der Dienst der Vikarin in Wortverkündigung, Seelsorge und Unterricht an Frauen, Jugendliche und Kinder richtet. Sie ›übt ihren Dienst nicht im Gemeindegottesdienst aus, auch das Amt der Gemeindeleitung wird von ihr nicht geführt. [...] Konfirmationen, Trauungen und Beerdigungen nimmt die Vikarin nicht vor.‹ Festgeschrieben war auch die sog. »Zölibatsklausel«. Sie besagte, dass die Pfarrvikarinnen bei einer Eheschließung aus dem Dienst ausschieden.« (FUNKE, Anja, Kanzelstürmerinnen. Die Geschichte der Frauenordination in der Ev.-Luth. Landeskriche Sachsens von 1945 bis 1970, Leipzig/Berlin 2011, 33f)

[58] Rückblick auf unsere ersten Dienstjahre.

[59] Der zunehmende Druck auf die Kirche durch die staatlichen Machthaber der DDR ist ausführlich dargestellt in: Detlef POLLACK, Kirche in der Organisationsgesellschaft, Stuttgart 1994, 113–175 und in: Rudolf MAU, Der Protestantismus im Osten Deutschlands (1945–1990), Leipzig 2005, 45–78 unter der Überschrift »Totalitäre Kulturrevolution. Angriff auf die volkskirchliche Tradition«.
Fitschen bezeichnet die 50er Jahre als »zweiten Kirchenkampf«, in den die sächsische Landeskirche, aus dem »ersten Kirchenkampf unter der nationalsozialistischen Diktatur einerseits mit einem Vorlauf an Erfahrung, andererseits geschwächt« ging. (FITSCHEN, Säkulares Reformationsland?, 199). Eine knappe chronologische Übersicht über die repressiven Maßnahmen der DDR-Innen- und Kirchenpolitik und die entsprechenden Kirchlichen Vorgänge bietet Rudolf MAU, Eingebunden in den Realsozialismus? Die Evangelische Kirche als Problem der SED, Göttingen1994, 187–208.

erster Linie die Auseinandersetzung um die Jungen Gemeinden,[60] aber auch um Jugendweihe oder Konfirmation und die Schwierigkeit, sich den jeweiligen politischen Wahlen zu verweigern.[61] Gleichzeitig entwickelte sich für das Ehepaar Johne durch diese Drucksituation eine gewisse Nähe und Vertrautheit zu katholischen Geistlichen und Gemeindegliedern.[62]

In der Zeit in Rüsseina, etwa 1957 oder 1958,[63] kam Karin Johne körperlich und innerlich an die Grenzen ihrer Kraft. Ihr regelmäßiges Gebet war verstummt, weil es ihr »ins Leere« zu gehen schien. Die körperliche Erkrankung sieht Karin Johne im Rückblick in Verbindung mit dieser Gebetsdürre.[64]

»Vor etwa 20 Jahren lag ich im Krankenhaus, ein völliger körperlicher Zusammenbruch war psychisch bedingt. Da kam ich mit einer katholischen Krankenschwester ins Gespräch, die gerade von Exerzitien zurückkam, und ich ließ mir genau davon berichten, weil mir diese Welt gänzlich unbekannt war. So sprachen wir bald auch über die Fragen des Gebetes, und sie sagte wie eine große Selbstverständlichkeit: ›Man muss halt so lange beten, bis der Kontakt hergestellt ist!‹ Was ›Kontakt‹ beim Beten war, das kannte ich aus eigener Erfahrung – aber ich hatte sie selten gemacht und blickte darauf zurück wie auf ein verlorenes Paradies. Jetzt war mir plötzlich der Weg gewiesen, der mir die Grenzen wieder öffnete.«[65]

Im Krankenhaus begegnete Karin Johne der katholische Krankenschwester Margaret, zu der sie Vertrauen fasste.[66] Karin Johne deutet die Erfahrungen dieser Zeit auch im ersten der Meditationsbriefe ihres ersten Briefkurses an:[67] In lebensbedrohlichen Krankheits- und noch tiefer gehen-

---

[60] Vgl. Ellen Ueberschär, Junge Gemeinde im Konflikt. Evangelische Jugendarbeit in SBZ und DDR 1945–1961, Stuttgart 2003; speziell für Sachsen vgl. Christine Koch, Die Junge Gemeinde der evangelischen Landeskirchen in Sachsen und Thüringen 1945–1953. Dargestellt unter der besonderen Berücksichtigung des Konfliktes zwischen Staat und kirchlicher Jugendarbeit, Regensburg 2000, 95–238.

[61] Zitat, Informationen und weitere anschauliche Berichte über das z.T. karge Leben in der Nachkriegszeit aus: Karin Johne [ohne Datum], »Rückblick auf unsere ersten Dienstjahre in Rüsseina 1953–1961«, <www.karin-johne.de/artikel/54_rue.html# anfang> (08.12.2008).

[62] Gespräch mit Karin Johne und ihrem Ehemann vom 30.6.2008.

[63] Die Datierung ergibt sich aus: Wege zum Wesentlichen, 10; und Meditation für Kranke, 10.

[64] Kreuz als Erlösung, 25.

[65] Meditieren als geistliche Hilfe, 59.

[66] Der Kontakt bestand auch noch im Jahr 2008. (Gespräche vom 04.09.2008 und vom 30.06.2008)

[67] Meditation für Kranke 10f. Depressionserfahrung und die Mühe, diese in der eigenen Glaubensbiografie anzunehmen, spricht sie auch im Aufsatz »Mitarbeit an

den, schweren Erfahrungen werden Gebet und Meditation für Karin Johne zu wichtigen Stützen. Sie lernt in existentieller Weise, dass »nicht nur das Helle, sondern auch gerade das Dunkle im Leben die Fülle in sich verborgen hat und dass Erfüllung und Sehnsucht nur verschiedene Wege zum gleichen Ziel sein können. [...] Schließlich erfuhr ich auch, dass man die Verbindung zu Gott nicht nur in besonderen Gnadenstunden, sondern immer mehr mitten im Alltagsleben beglückend erleben kann.« Diese Entwicklung – verbunden mit unterschiedlichen Formen geistlicher Übungen – und ihre Bewusstwerdung erstreckte sich über mehrere Jahre.[68]

Die geistliche Übungsform, mit der Karin Johne sich beschäftigt, ist zunächst das Brevier-Gebet, das ein katholischer Priester[69] ihr noch vor dem 2. Vatikanischen Konzil nahe brachte und das sich möglicherweise auch mit der erwähnten Schwester Margaret verbindet.[70] Hier begegnet ihr die Gebetstiefe der Psalmen, die sie aus dem Studium bereits kannte. Im Rückblick konstatiert Karin Johne die ambivalente Erfahrung mit dem Breviergebet, in dem die Worte der Psalmen sie einerseits »tief ergriffen und über mich hinaustrugen«, andererseits »erdrückte mich auch die Fülle der Worte und Bilder«, aus denen zu wählen sie – aufgrund einer »noch unerkannte(n) Zwanghaftigkeit« – sich nicht frei fühlte. So entstand ein »Leistungsdruck« und das Beten wurde »häufig mehr zu einer selbstauferlegten Pflicht als zu einer Begegnung mit Gott selbst.«[71] Trotz dieser Gefahr beschreibt Karin Johne das geformte Breviergebet mit seiner klaren, regelmäßigen Ordnung als Hilfe über »tote‹ Zeiten hinweg«. Als weiteren, positiven Effekt des Breviergebets erlebte sie, dass die so im Tageslauf frei gehaltene Zeit später auch durch andere Gebetsformen »gefüllt« werden konnte.[72]

1961 zog die Familie nach Markkleeberg, wo Karin Johnes Mann bis zu seinem Ruhestand als Pfarrer arbeitete. Die Familienarbeit und die gesamte Situation belasteten Karin Johne immer wieder psychisch und physisch, so dass sie in dieser Lebensphase mehrfach Zusammenbrüche erlebte.

---

der Schöpfung Gottes im Alltag« an. Dort schreibt sie: »Als ich zum ersten Mal in meinem Leben selbst erlebte, was eine Depression sein konnte, gelang mir nichts von dem, was einem Ja auch nur ähnelte.« (Mitarbeit an der Schöpfung Gottes, 155f)

68 Meditation für Kranke, 10f.

69 Wortgebet und Schweigegebet, 34.

70 Gespräch vom 30.06.2008.

71 Alle Zitate im Absatz: Wortgebet und Schweigegebet, 34. Dass sie die »innere Zwanghaftigkeit« bewusst bearbeitet hat, zeigt der Hinweis auf den »inneren Zensor« und dessen »Diktatur«. (Vgl. a.a.O., 37f)

72 Wortgebet und Schweigegebet, 34.

Mehrtägige Aufenthalte im Krankenhaus oder eine Woche Urlaub von der Familie gaben ihr wieder Kraft den Alltag zu bewältigen.[73]

Aus der eher gebundenen Form des Breviergebetes heraus ging Karin Johne auf ihrem geistlichen Weg Schritt für Schritt weiter. Sie berichtet:

»Während sich in den frühen sechziger Jahren in Leipzig eine kleine Gruppe von jungen evangelischen Theologen zusammenfand, die sich von katholischer Seite (und auch z.T. von Anglikanern) in die ersten Schritte der Exerzitien/Retraiten einführen ließ, musste ich mir meinen Weg zuerst selbst suchen. Frauen waren damals in dieser Arbeit noch nicht erwünscht. Das verhalf mir dazu, meinem eigenen dringenden Bedürfnis nach Stille auf andere Weise nachzukommen, indem ich mir mit einem guten geistlichen Buch, einem Einzelzimmer, einer nahen Kapelle – und einem großen Wald jeweils einige Tage ›Urlaub von der Familie‹ nahm.«[74]

In dieser Zeit musste Karin Johne sich ihren eigenen geistlichen Weg suchen, da sie als Frau bei den Anfang der 60er Jahre gerade beginnenden Angeboten für Exerzitien und Retraiten in Leipzig keinen Zutritt hatte.[75] So organisierte sich Karin Johne erste von ihr selbst noch unerkannte »Einzelexerzitien« mit Rückzug, Stille, Entspannung in der Natur und Hinwendung zu Gott im Gebet und vermittelt durch Texte vorreformatorischer, christlicher Mystiker.[76] Schriften und Worte von Meister Eckehart kannte Karin Johne bereits aus ihrer Jugend.

Die in diesen Jahren gemachten Gebetserfahrungen wurden Karin Johne so wichtig, dass sie sie gern auch mit anderen teilen wollte. Dabei erlebte sie, dass diese Erfahrungen für andere nicht wiederhol- oder nachvollziehbar, sondern persönlich gebunden waren.[77] Erst über die Meditationsbewegung entdeckte Karin Johne die Möglichkeit, anderen Impulse zu geben, die diese auf eigene geistliche Wege führen. Sie hatte diesen Kontakt bewusst gesucht[78] und in dem Oratorianerpriester[79] Helmut

---

[73] Gespräch mit Walter Johne am 22.04.2010.

[74] Vgl. Einkehrtage/Arbeit der Stille in der ehemaligen DDR.

[75] Ebd. Die Männer, die damals mit dieser Arbeit verbunden waren, erwähnen diese Exklusivität nicht. (Gespräche mit Pfarrer i.R. Christian Schreier am 15.05.2008, mit Professor em. Dr. Ulrich Kühn am 10.04.2008 und Pfarrer i.R. Dr. Gottfried Wolff am 24.04.2008). Nach Angaben von Pfarrer i.R. Dr. Gottfried Wolff war der Anlass für die Exerzitien die dadurch erhoffte Stärkung von Pfarrern in ihrem anstrengenden Gemeindedienst. Zu dieser Zielgruppe hätte Karin Johne als Pfarrfrau nicht gehört.

[76] Belege in: Karin Johne [ohne Datum], »Einkehrtage/Arbeit der Stille in der ehemaligen DDR – Erfahrungen mit Meditationstagen und Exerzitien« <www.karin-johne.de/artikel/94_4als.html> (09.12.2008).

[77] Wortgebet und Schweigegebet, 35.

[78] Im Gespräch vom 07.11.2008 erzählte Karin Johne, dass sie von Helmut Geiger gelesen hatte. Als sie eines Sonntag abends in Dresden war – wo Helmut Geiger lebte

Geiger einen ersten Lehrer gefunden, dem es Grundsatz war, nicht »dem anderen etwas ›vorzumeditieren‹, sondern [...] den Weg zu ebnen, dass er seine eigenen Erfahrungen machen kann.«[80] Karin Johne erlebte seine Arbeit zuerst bei einem Meditationskurs mit Schülern und einem Kurs für kirchliche Mitarbeiter mit.[81]

Eines ihrer ersten eigenen Angebote im Bereich der Meditations- und Retraitenarbeit war ein regelmäßiger Meditationskurs für drei bis vier Menschen mit körperlicher Behinderung in Markkleeberg, der Gemeinde ihres Mannes. Einigen anderen, die aufgrund ihrer Behinderung nicht teilnehmen konnte, brachte Karin Johne die Anleitungen der Woche in Briefform nach Hause. Johnes datieren dieses erste Angebot auf die zweite Hälfte der 60er Jahre.[82]

Das Zweite Theologische Examen legte Karin Johne 1972 ab, als die Familiensituation hierfür Zeit ließ. Die Ordination hat sie – nachdem die Frauenordination in Sachsen seit 1970 auch für verheiratete Theologinnen möglich wurde[83] – nicht angestrebt, sondern wählte den Dienst als »Pfarrvikarin«.[84]

– habe sie ihn angerufen, er habe sie eingeladen, gleich noch vorbeizukommen »und so haben wir uns kennen gelernt und sind dann sehr oft zusammen gewesen.«

79 Zum Oratorium als Priestergemeinschaft vgl. Siegfried FOELZ, Art. Oratorium III, in: LThK Bd. 7, Freiburg/Basel/Rom/Wien ³1998, 1088f; vom Leipziger Oratorium, das 1930 gegründet worden war, ging auch die Gründung des Dresdner Oratoriums aus, zu dem Helmut Geiger gehörte. Da der Una-Sancta-Kreis, zu dem Johnes gehörten, mit dem Leipziger Oratorium eng verbunden war, kann sie dort den Hinweis auf die Arbeit von Helmut Geiger bekommen und sich dann mit ihm in Verbindung gesetzt haben.
Die Arbeit der Una-Sancta-Kreise nach 1945 beschreibt Gerhard Voss: »In wachsendem Maße fanden sich vielerorts [...] evangelische und katholische Theologen, Pfarrer und Laien – Frauen wie Männer – in *Una-Sancta-Kreisen* zusammen, um in offener Aussprache und gemeinsamem Gebet konfessionelle Mißverständnisse und Vorurteile zu überwinden, das Gemeinsame des Glaubens bewußt zu machen und in einer Gesinnung der Buße auch zu einer neuen Demut und Ehrfurcht im Umgang miteinander zu kommen.« (Gerhard VOSS, Art. Una-Sancta-Bewegung, in: TRE Bd.34, Berlin/New York 2002, 265–267, 266)
Ausführliche Literaturangaben zu den Oratorianern auch bei Andreas POSCHMANN, Das Leipziger Oratorium. Liturgie als Mitte einer lebendigen Gemeinde, Leipzig 2001, 1.

80 Zitat in: Wortgebet und Schweigegebet, 35.

81 Gebet und Meditation, 4.

82 Gespräch mit dem Ehepaar Johne am 04.09.2008.

83 Anja Funke hat die Entwicklung in ihrer Examensarbeit zum Thema »Die Diskussion um die Einführung der Frauenordination in Sachsen seit 1945« untersucht und dargestellt. Die Arbeit soll 2011 veröffentlicht werden und liegt mir als Typoskript vor. Auf den Seiten 8–14 stellt Funke die Entwicklung zwischen 1945 und 1970 dar.

I. 1. 3 Hauptamtliches Engagement in der Retraitenarbeit: 1975–1988[85]

In Markkleeberg, ihrem Wohnort, begann Karin Johne mit ihrer spezifischen Arbeit der Einkehrtage, Meditations- und Exerzitienkurse. Diese Arbeit entfaltete sich immer weiter und führte schließlich zu einer landeskirchlichen Teilzeitanstellung von 1975 bis 1988. Die Dienstbezeichnung lautete »Pfarrvikarin in der Peterskirchgemeinde zu Leipzig unter Abordnung zur Dienstleistung im Arbeitskreis für Geistliche Einkehrtage der Ev.-Luth. Landeskirche Sachsens«. Der Dienstumfang betrug vom 01.03.1975 bis zum 31.12.1976 40 Prozent, danach bis zum 31.12.1983 60 Prozent und während der letzten vier aktiven Dienstjahre (1984–1988) 100 Prozent. Zum Engagement in der Retraitenarbeit gehörten auch gelegentliche Reisemöglichkeiten zu Tagungen in der Bundesrepublik, die Karin Johne als Mutter von fünf Kindern wegen der geringeren Fluchtgefahr möglicherweise leichter von den staatlichen Stellen zugestanden wurden, als z.B. dem unverheirateten Pfarrer Christian Schreier. Die Familie trat für Karin Johne bei den Retraiten in den Hintergrund. Ein Teilnehmer berichtet, er habe lange gedacht, Karin Johne sei ledig. Erst aus dem Internet habe er erfahren, dass Karin Johne Enkel habe. Ihren Mann, der sie oft

---

Mit der Gesetzgebung von 1970 (Amtsblatt der EVLKS 8/1970, A 33) war es für Karin Johne möglich, zwischen dem Dienst als Pastorin mit Ordination (und entsprechend Sakramentsverwaltung) und Beauftragung als Pfarrvikarin (ohne diesen Auftrag) zu wählen. Sie entschied sich für die zweite Möglichkeit.

Zur zeitgeschichtlichen Diskussion vgl. den Beitrag, mit dem Ilse BERTINETTI 1963 an der Humboldt-Universität in Ostberlin promovierte, (Frauen im geistlichen Amt, Berlin 1965) und Erich HERTZSCH, Das Problem der Ordination der Frau in der evangelischen Kirche, ThLZ 81 (1956), 379–382. Zur Diskussion um die Frauenordination vgl. in systematischer Hinsicht: GLOBIG, Christine, Frauenordination im Kontext lutherischer Ekklesiologie. Ein Beitrag zum ökumenischen Gespräch, Göttingen 1994; zur Entwicklung des Selbstverständnisses und der Außenwahrnehmung der Pfarrerinnen in Berlin die Untersuchungen von Eva SENGHAAS-KNOBLOCH, Die Theologin im Beruf. Zumutung. Selbstverständnis. Praxis, München 1969, und Kornelia SAMMET, Frauen im Pfarramt: Berufliche Praxis und Geschlechterkonstruktion, Würzburg 2005, im Abstand von knapp 30 Jahren. Im interkulturellen Vergleich interessant ist die Arbeit von Gerda NÜTZEL, Die Kontextualität der Theologinnenarbeit - dargestellt am Beispiel der Entwicklung in den lutherischen Kirchen Bayerns, Mecklenburgs und Brasiliens, Berlin 1997; veröffentlicht unter <http://edoc.hu-berlin.de/docviews/abstract.php?id=10140> (04.10.2010).

[84] Karin Johne hat in verschiedenen Gesprächen dazu keine Auskunft gegeben. Vermutlich hat es für die Entscheidung verschiedene Gründe gegeben. Neben persönlichen und theologischen Motiven könnte auch die intensive, ökumenische Zusammenarbeit gerade Anfang der 70er Jahre mit katholischen Geistlichen, die sie nicht belasten wollte, ein Aspekt gewesen sein. Ähnlich entschieden sich in der Generation vor Karin Johne eine Reihe Theologinnen. (Vgl. 1.5.1)

[85] Die Arbeit Karin Johnes wird detailliert dargestellt in Teil I, 4.

mit dem Auto zu den Kursen brachte und abholte, habe er einfach für ihren Chauffeur gehalten.[86] Umgekehrt waren die Familienarbeit und der Familienalltag für sie der lebendige Hintergrund aller geistlichen Übungen im Alltag.

I. 1. 4 »Ruhestand«: Seit 1988

1988, im Alter von 60 Jahren trat Karin Johne in den Ruhestand, arbeitete aber weiter als »Altersvikarin« bis zum 31.12.1996,[87] d.h. sie führte ihre Arbeit ehrenamtlich im Wesentlichen fort. Im folgenden Jahr veränderte die Friedliche Revolution die bisherigen Lebens- und Arbeitsbedingungen in der DDR. Karin Johne und ihr Mann nahmen an einigen Friedensgebeten[88] und Demonstrationen im Herbst 1989 teil, sie war aber nicht politisch aktiv im engeren Sinn.

Kontakte und Reisemöglichkeiten in die Bundesrepublik und nach Österreich hatte Karin Johne bereits vor der Wende gehabt.[89] Einige Veranstaltungen führten sie auch 1989 und in den 90er Jahren nach Westdeutschland und Österreich. Manche Folgen der Wende, z.B. ein Honorar,

---

86 Andreas Götze, der auch Karin Johnes Website nach ihrem Rückzug betreut, im Gespräch am 29.09.2008.

87 So die landeskirchlichen Daten aus dem Haus der Stille, Grumbach, an mich übermittelt durch Pfarrer Heiner Bludau, der die Pfarrstelle am Haus der Stille in Grumbach bis August 2010 inne hatte. Karin Johnes Erinnerung ist etwas anders: Sie schreibt, sie sei von 1966–1998 beim sächsischen Landeskirchenamt mit dem Spezialauftrag: »Exerzitienarbeit in der evangelischen Kirche der DDR« angestellt gewesen. (zitiert nach Vorgestellt: Karin Johne, 335)

88 Zur Geschichte und Wirkung der Leipziger Friedensgebete vgl. Hermann GEYER, Nikolaikirche, montags um fünf. Die politischen Gottesdienste der Wendezeit in Leipzig, Darmstadt 2007, 81–265. Karin Johne berichtet von ihrem persönlichen Erleben anschaulich in: Die Kirche in der DDR. Bilder um die ›Wende‹; unter Zufügung eines »Bildes« vom Arbeitsalltag in der DDR findet sich der Beitrag fast unverändert auch unter: Karin Johne [ohne Datum], »Die Kirche in der DDR – Kirchliche Bilder um die ›Wende‹« <www.karin-johne.de/artikel/90_3esi.html#anfang> (04.12.2008).

89 Neben den Tagungen in Bethel zur Meditationsarbeit, ausgerichtet von Prof. Dr. Gerhard Ruhbach (vgl. Gerhard RUHBACH (Hg.), Meditation. Versuche – Wege – Erfahrungen, Göttingen/Regensburg 1975), an denen Karin Johne bereits 1978 erstmals teilnehmen konnte (vgl. Teil I, 2.2.1) plante Karin Johne für den Oktober 1988 eine Reise nach Österreich. Als Rentnerin hatte sie zu diesem Zeitpunkt bereits die Möglichkeit nach Westeuropa zu reisen. (Brief von Karin Johne an Pfarrer Schreier vom 16.07.1988, in: Akten von Grumbach. Mit diesem Kurztitel werden Texte aus dem ungeordneten Haus-Archiv des Hauses der Stille der sächsischen Landeskirche, in Grumbach bei Dresden zitiert, datiert zwischen 1977 und 2006, in die mir der damalige Inhaber der Pfarrstelle am Haus der Stille, Pfarrer Heiner Bludau, 2009 freundlicherweise Einblick gewährte.)

das sie für einen Vortrag in Salzburg erhielt, stimmten sie eher nachdenklich.[90] Für Karin Johnes Arbeit war die durchgreifendste Veränderung der Nachwendezeit der Zugang zur Internet-Technik, in die sie sich mit Leidenschaft vertiefte und sich als Medium zu Nutze machte.

Schon einige Zeit vor der Ruhestandsversetzung Walter Johnes im Jahr 1993 zog das Ehepaar Johne in das Elternhaus von Karin Johne in Threna bei Leipzig. Noch bis 2001[91] bot Karin Johne im katholischen Exerzitienhaus Hoheneichen Ökumenische Einzelexerzitien gemeinsam mit mehreren, katholischen Begleitern, zuletzt Pater Walter Heck SJ, an und begleitete auch Einzelpersonen, zum Beispiel katholische Ordensleute persönlich. Seit 2007 hat sich ihr Gesundheitszustand so verschlechtert, dass sie zurückgezogen in Threna mit ihrem Mann lebt.

I. 1. 5 Beobachtungen

I. 1. 5. 1 *Biografische Konturen*

Karin Johnes Biografie weist einige bemerkenswerte Züge auf. Sie stammt aus einer bürgerlichen Familie, beide Eltern waren akademisch gebildet und berufstätig. Ein für das Studium qualifizierender Schulabschluss in der Kriegszeit und eine universitäre Ausbildung scheinen für Karin Johne unkompliziert möglich gewesen zu sein. Obwohl sie die Ausbildung inklusive des Vikariats durchlaufen hatte, war für sie eine Berufsperspektive als verheiratete Theologin zu dieser Zeit nicht gegeben. Ohne das Zweite Examen abzulegen trat Karin Johne in eine Familienphase ein, die sie zum Teil als belastend erlebte. Die Aufnahme einer beruflichen Tätigkeit, die sich mit der Familiensituation verbinden ließ und ihrer inneren Berufung entsprach, war für Karin Johne eine wichtige Bereicherung ihres Lebens. Ihre Biografie ist nicht typisch für eine Frauenbiografie im DDR-Alltag, zu der in der Regel nur eine kurze oder keine Familienphase gehörte. Karin Johnes Lebensgestaltung entspricht eher den Biografien christlicher Frau-

[90] Vgl. Die Kirche in der DDR. Innerhalb des Bundes Evangelischer Kirchen in der DDR war es unüblich, Honorare für Tätigkeiten auch außerhalb des eigenen Dienstbereichs in Rechnung zu stellen.

[91] Ob Karin Johne die für Juli 2002 geplanten, ökumenischen Einzelexerzitien in Hoheneichen noch halten konnte, wird aus dem Protokoll der Sitzung des Retraitenarbeitskreises vom 24. Mai 2002 nicht deutlich. Hier heißt es: »Punkt 4: Frau Karin Johne kann aus gesundheitlichen Gründen ihre Arbeit in Hoheneichen nicht mehr ausüben. Es stellt sich die Frage des Nachwuchses für diesen wichtigen Baustein ökumenischen Lebens.« Auch Pater Heck, der bei diesen ökumenischen Exerzitien ihr katholischer Partner war, kann sich nicht erinnern, wann genau die gemeinsamen Angebote endeten (Gespräch vom 15.07.2008). Ab 2003 hat sie keine öffentlichen Angebote in Hoheneichen mehr gemacht.

en bzw. vieler Pfarrfrauen in der DDR, die erst nach einer längeren Familienphase die eigene Berufstätigkeit wieder aufnahmen.[92] Ein Grund für diesen Unterschied war der Wunsch, die eigenen Kinder nicht zu früh in den Einfluss des staatlichen Erziehungssystems zu geben. Karin Johne reflektiert ihren Lebensentwurf selbst nicht unter der feministischen Fragestellung, welchen Einfluss ihre Mehrfachrolle als Pfarrfrau, Mutter und berufstätige Theologin für sie selbst und für ihre Arbeit hatte. Sie folgt mit ihrer Entscheidung sich nicht ordinieren zu lassen, einer Haltung, die mindestens in der Generation der Theologinnen vor ihr nicht untypisch war.[93]

---

[92] Dass diese Möglichkeit als Privileg wahrgenommen wurde, ist verständlich, wenn zutrifft, was Gunilla-Friederike Budde, entgegen der offiziellen Linie der Gleichberechtigung von Frauen und Männern feststellt: »Immer, wenn Männerdomänen zur Disposition zu stehen drohten, wurden konservative Ideale aktiviert. So erscheint das 1965 verabschiedete Familiengesetzbuch der DDR, das in altbekannten Tönen die Bedeutung der Familie beschwor und die Verantwortung für die Vereinbarkeit von Beruf und Familie ausschließlich den Frauen abverlangte, auch als Reaktion auf sich abzeichnende Gegentendenzen.« (Gunilla-Friederike BUDDE (Hg.), Paradefrauen. Akademikerinnen in Ost- und Westdeutschland, in: DIES. (Hg.), Frauen arbeiten. Weibliche Erwerbstätigkeit in Ost- und Westdeutschland nach 1945, Göttingen 1997, 183-211, 206)
Dass die Berufstätigkeit von Frauen, auch in »untypischen« Frauenberufen in der DDR stark gefördert wurde, dass aber gleichzeitig der Anspruch bestand, auch im familiären Bereich die Hauptverantwortung zur tragen, zeigt Ina Merkel für die gesamte DDR-Zeit auf. (Ina MERKEL, Leitbilder und Lebensweisen von Frauen in der DDR, in: Hartmut KAELBLE, Jürgen KOCKA und Hartmut ZWAHR (Hg.), Sozialgeschichte der DDR, Stuttgart 1994, 359-382)
Auch Irene Zierke beschreibt die Mehrfachbelastung berufstätiger Frauen in der DDR, die gleichzeitig mit Kindern lebten, eindrücklich. Diese Mehrfachbelastung war der Regelfall denn: »Mit ca. 85% (1989) wurde in der DDR eine einmalig hohe Berufstätigkeit unter den Frauen erreicht. Zugleich lag die Mütterrate in der DDR bei 90%. Im Unterschied zur alten BRD sank die Erwerbsquote unter den Frauen nicht, wenn ein oder mehrere Kinder im Haushalt lebten. Teilzeitarbeit war weniger verbreitet als in der alten BRD und in den letzten Jahren rückläufig.« (Irene ZIERKE, Veränderte Frauenzeiten in Ostdeutschland, in: Irene RAEHLMANN, Birgit MEINERS, Alexander GLANZ und Maria FUNDER (Hg.), Alles unter einen Hut? Arbeits- und Lebenszeit von Frauen in der ›Dienstleistungsgesellschaft‹, Hamburg 1992, 94-104, 95f; Zitat: 95).
Nach Christoph Kleßmann nähert sich ab 1970 das Pfarrhaus mehr und mehr der Situation an, die auch gesamtgesellschaftlich üblich war: Mehr und mehr Pfarrfrauen gehen einem eigenen Beruf nach und die Pfarrwohnung wird zur »normalen« Wohnung. (Christoph KLESSMANN, Einleitung, in: DERS., Kinder der Opposition. Berichte aus Pfarrhäusern in der DDR, Gütersloh 1993, 7-26, 20; dort auch weitere Literatur)

[93] Vgl. z.B. die Biografie der habilitierten und von 1945 bis zu ihrer Emeritierung 1972 in Jena lehrenden Kirchenhistorikerin Dr. Hanna Jursch über die Klaus Raschzok schreibt: »Hanna Jursch hat auch nie die Ordination zum geistlichen Amt angestrebt und ihr seelsorgerliches Wirken immer als das einer gebildeten akademischen

I. 1. 5. 2 *Geistliche Konturen*

Karin Johne berichtet von einer Fülle von Menschen, die ihr Hinweise auf ihrem geistlichen Weg gaben oder sie über eine längere Zeit begleitet haben. Vermittelt durch die Mutter hatte Karin Johne jedenfalls einen offenen Zugang zum Gebet und einen Schatz formulierter Gebete. Darüber hinaus haben ihre Eltern, vor allem die Mutter, ihr schon früh die Kenntnis von Meister Eckehart und möglicherweise auch anderen Mystikern ermöglicht. Ihr Konfirmator[94] hat ihr die Bedeutung des lebendigen Umgangs mit der Bibel ins Herz gelegt. Aus diesen beiden Grundelementen formte sich ihr weiterer Weg. Das Theologiestudium hat für Karin Johne die innere Sehnsucht nicht befriedigt, sondern zeitweise eher behindert. Allem Anschein nach ist es ihr zunächst schwer gefallen, Glaube und Wissenschaft positiv aufeinander zu beziehen. Weil das Studium die Rationalität förderte und forderte, wurde für sie der nicht rein rationale Zugang zum Glauben und Beten verschüttet.

Eine schwere Krise brachte Karin Johne auf ihrem geistlichen Weg weiter. Sie fand während ihrer Zeit in Rüsseina Anregung und Unterstützung durch eine katholische Krankenschwester und durch einen katholischen Priester und entdeckte für sich wieder die Bedeutung von Stille und Gebet. Weil sie sich dem Weg der an Exerzitien interessierten, evangelischen Theologen in Leipzig zunächst nicht anschließen konnte, ging sie eigene Wege, die sie konsequent weiterverfolgte, wesentlich mit katholischer Unterstützung durch die Patres Helmut Geiger und später Gordian

---

Theologin verstanden.« (Klaus RASCHZOK, Hanna Jursch (1902–1972). Seelsorge im akademischen Kontext, in: Peter ZIMMERLING (Hg.), Evangelische *Seelsorgerinnen.* Biografische Skizzen, Texte und Programme, Göttingen 2005, 298–313, hier: 300) Auch kirchenpolitisch plädierten eine Reihe von Theologinnen für ein Amt *sui generis* für die Frauen. 1925 war dies die Mehrheitsmeinung im Verband evangelischer Theologinnen Deutschlands. Eine Minderheit, die anderer Meinung war, spaltete sich ab. Auch nach dem Krieg hielten z.B. Anna Paulsen und Charlotte von Kirschbaum ein geschlechtsspezifisches Amt für Frauen für sinnvoll, weil sie darin »ein Innovationspotenzial für die Kirche sahen, eine mögliche Überwindung der Kluft von Amt und Gemeinde«. (Vgl. zur Entwicklung Christiane MARKERT-WIZISLA, Art. Theologinnen. 19. und 20. Jahrhundert (Moderne). a) Evangelisch, in: Elisabeth GÖSSMANN, Helga KUHLMANN, Elisabeth MOLTMANN-WENDEL, Ina PRAETORIUS, Luise SCHOTTROFF, Helen SCHÜNGEL-STRAUMANN, Doris STRAHM, Agnes WUCKELT (Hg.), Wörterbuch der Feministischen Theologie, Gütersloh [2]2002, 551–553, hier: 552)

[94] Das müsste entweder Heinrich Schumann, der Superintendent und Pfarrer in Thomas von 1936–1953 oder Pfarrer Ulrich Alberti gewesen sein. Der letztere hatte die Thomaspfarrstelle von 1937–1953 inne. (Martin PETZOLD (Hg.), St. Thomas zu Leipzig, Leipzig 2000, 169 und 194)

Landwehr OP.[95] Als nicht-ordinierte Theologin blieb sie in der Rolle der »Laiin«, die einen anderen Status hatte als die ordinierten Pfarrer und nicht in direkte Konkurrenz zu den Geistlichen trat.

Neben den Begleitenden, die ihr lebendig begegnet sind, haben andere durch Bücher Karin Johnes Weg wesentlich beeinflusst. Sie nennt hier das Brevier,[96] die Werke von Mystikern wie Meister Eckehart und Johannes vom Kreuz, aber auch den etwas älteren Zeitgenossen und Theologen Paul Tillich,[97] den Psychologen C.G. Jung und die Wüstenväter Evagrius Ponticus[98] und Johannes Cassian[99].

Den ersten konkreten Versuchen, andere geistlich zu begleiten, geht für Karin Johne ein langer, eigener Weg voraus, der sich im Suchen und Üben immer weiter fortsetzt.

---

[95] Die Arbeit und Theologie des Dominikanerpaters Gordian Landwehr (1912–1998) ist dargestellt in: Joachim Seeger, Glaubensmut unter den Bedingungen des Sozialismus anhand der Predigten des Paters Gordian Landwehr, Frankfurt/Main 2001 und Ders. (Hg.), Pater Gordian Landwehr. Ein unermüdlicher Verfechter des Glaubens in der Auseinandersetzung mit dem Sozialismus, Aachen 2006.

[96] Gemeint ist das katholische Brevier in deutscher Übersetzung (noch vor dem 2. Vatikanischen Konzil), nicht das von Erich Hertzsch 1959 herausgegebene Evangelische Brevier.

[97] Dass Paul Tillich in der religiösen Sozialisation in der DDR über Generationen eine wichtige Rolle spielte, belegen auch die Fragebögen zur Selbstwahrnehmung, die Katharina Kunter unter 30 ostdeutschen Befragten verteilte, von denen ein »Großteil [...] Theologie als Studienfach [wählte] und im diakonischen Bereich oder in sozialpädagogisch orientierten kirchlichen Einrichtungen oder Ausbildungen« arbeitete. Sie schreibt: »Studierende der Theologie erlebten vor allem die offene und trotzdem persönliche Atmosphäre an den Kirchlichen Seminaren und Hochschulen als wegweisend. Allerdings waren es im Studium weniger die großen systematischen, dogmatischen oder klassischen theologischen Entwürfe die rezepiert wurden. Unter den Theologen wurden zuerst und vor allem Dietrich Bonhoeffer genannt, ferner Jürgen Moltmann und Paul Tillich.« (Katharina Kunter, Erfüllte Hoffnungen und zerbrochene Träume. Evangelische Kirchen in Deutschland im Spannungsfeld von Demokratie und Sozialismus (1980-1993), Göttingen 2006, 140). Ganz anders ist dies in der westdeutschen Vergleichsgruppe. Hier taucht der Name Paul Tillichs gar nicht auf, Bonhoeffer wird nur einmal genannt. (Kunter, Erfüllte Hoffungen, 152f)

[98] Evagrius Ponticus, Über das Gebet, Münsterschwarzach 1986.

[99] Vgl. Wortgebet und Schweigegebet, 40-42, wo Karin Johne unter Bezug auf Cassian ihre Erfahrungen mit der »ruminatio«, dem Wiederholungsgebet beschreibt.

I. 2 KIRCHLICHER KONTEXT[100]

Karin Johnes Arbeit ist eingebettet in den größeren Kontext des kirchlichen Lebens, zunächst innerhalb der DDR-Gesellschaft und nach 1989/1990 im zusammenwachsenden Deutschland. Um die Arbeit Karin Johnes einordnen und verstehen zu können, wird der kirchliche Kontext auf dem Hintergrund der Situation der Kirchen in der DDR im folgenden Kapitel umrissen. Für Karin Johnes Arbeit ist vor allem die Situation in der DDR nach dem Abschluss ihres Studiums, also ab etwa 1952 prägend gewesen. Weil die Retraitenarbeit sich wesentlich im ökumenischen Austausch entwickelt hat, wird die ökumenische[101] Lage und Entwicklung in der DDR skizziert. Auf dieser Grundlage lässt sich die ökumenische Unterstützung der Retraitenarbeit detailliert darstellen. Die Früchte dieser Arbeit in der sächsischen Landeskirche, in der Karin Johne angestellt war, und innerhalb der Kirchen der Bundes der Evangelischen Kirchen in der DDR werden im letzten Schritt in den Blick genommen. Abschließend sind die Folgen der Friedlichen Revolution für die Retraitenarbeit zu skizzieren.

---

[100] Einen guten Überblick über die bis 2005 erschienene Literatur zur Geschichte der Kirchen in der DDR bietet MAU, Protestantismus, 13–19; vgl. auch die Bibliographie in Rainer EPPELMANN, Bernd FAULENBACH und Ulrich MÄHLERT (Hg.), Bilanz und Perspektiven der DDR-Forschung, Paderborn 2003, 497–500 und die Website [ohne AutorIn][ohne Datum]: »German Democratic Republic 1949–1990. GDR Research in the UK and Germany«, <www.freenet-homepage.de/DDR-Forschung.English/bibliography.htm> ⟶ »christians« (10.11.2009). Aus katholischer Sicht bietet das Institut für kirchl. Zeitgeschichte <www.uni-erfurt.de/fkze/> (10.11.2009) in Erfurt Lesenswertes, z.B. das Themenheft »Kirche nach 1989« in der Reihe Theologie der Gegenwart 52 (2/2009). Speziell die Entwicklung der katholischen Kirche nimmt Martin EHM in den Blick (Die kleine Herde – die katholische Kirche in der SBZ und im sozialistischen Staat, Berlin 2007). Über die sich immer wieder wandelnde, grundsätzlich aber bedrängte Situation der evangelischen Kirchen in der DDR auch im Kontext des internationalen Geschehens vgl. Robert F. GÖCKEL, Die evangelische Kirche und die DDR. Konflikte, Gespräche, Vereinbarungen unter Ulbricht und Honecker, Leipzig 1995.

[101] Wenn in diesem ersten Teil der Arbeit der Begriff »Ökumene« verwendet wird, so ist in der Regel die innerkonfessionelle, evangelisch-katholische Ökumene bezeichnet. Zum Verhältnis zwischen der weltweiten Ökumene und den evangelischen Kirchen in West- und Ostdeutschland bietet Katharina KUNTER (Erfüllte Hoffnungen) eine umfangreiche Studie für die Jahre 1980-1993. Die Beziehungen zwischen EKD bzw. dem Bund Evangelischer Kirchen in der DDR zum ÖRK analysiert kritisch Armin Boyens, (Armin BOYENS, Ökumenischer Rat der Kirchen und Evangelische Kirche in Deutschland zwischen West und Ost, in: BESIER, Gerhard, Armin BOYENS und Gerhard LINDEMANN, Nationaler Protestantismus und Ökumenische Bewegung, Berlin 1999, 27–321). Für die DDR untersucht und vergleicht Herbert HEINECKE (Konfession und Politik in der DDR) die Situation und Entwicklung der beiden großen Konfessionen in der DDR in ihrem ähnlichen und doch unterschiedlichen Verhältnis zum Staat.

I. 2. 1 Die Situation in der DDR. Kirchenhistorische Rahmenbedingungen

Die Situation der beiden großen Konfessionen in der DDR, der katholischen und den ab 1969 im Bund der Evangelischen Kirchen in der DDR zusammengeschlossenen protestantischen Kirchen war in den grundlegenden Rahmenbedingungen ähnlich. Zweierlei war prägend: zum einen die besondere, politische Situation innerhalb der DDR, deren Wirkung Josef Pilvousek, katholischer Ordinarius für Kirchengeschichte an der Universität Erfurt, beschreibt, indem er das »enge Miteinander in den Jahren der DDR« unterstreicht: »Katholische wie evangelische Christen waren in der DDR auf Kontakte zueinander und zu ausländischen Mitchristen angewiesen, nicht zuletzt, weil sie zunehmend in einer gesellschaftlichen Diaspora lebten.«[102]

Zum anderen war es das Zweite Vatikanische Konzil, das – ebenso wie im Westen – entscheidende Veränderungen für die katholische Kirche und für ihr Selbstverständnis mit sich brachte.[103]

I. 2. 1. 1 *Druck erzeugt ökumenische Nähe*

Ein Kind aus einer evangelischen Familie wird in den 50er Jahren gefragt: »Und wie viele Evangelische sind denn außer dir noch in deiner Klasse?« Das Kind antwortet: »In meiner Klasse sind wir zwei Christen.« In dieser kurzen Sequenz wird deutlich, dass die *überkonfessionelle* Verbindung unter den Menschen, die sich der Kirche zugehörig fühlten, stark wahrgenommen wurde. Der wesentliche Grund für Nähe und Solidarität unter den Christinnen und Christen unterschiedlicher Konfessionen waren die Angriffe und der Druck, den der Staat ausübte.[104]

---

[102] Josef PILVOUSEK, Die katholische Kirche in der DDR, in: Erwin GATZ (Hg.), Kirche und Katholizismus seit 1945, Band 1 Mittel-, West- und Nordeuropa, Paderborn/München/Wien/Zürich 1998, 132–150, 141f.

[103] Zur Situation der katholischen Kirche in der DDR vgl. PILVOUSEK, Die katholische Kirche in der DDR und Bernd SCHÄFER, Staat und katholische Kirche in der DDR, Köln/Weimar/Wien 1998; speziell zum Zweiten Vatikanischen Konzil und den Auswirkungen des Pontifikats Johannes XXIII. auf die katholische Kirche in der DDR: a.a.O., 246–256.

[104] So Herbert HEINECKE, Konfession und Politik in der DDR. Das Wechselverhältnis von Kirche und Staat im Vergleich zwischen evangelischer und katholischer Kirche, Leipzig 2002, 397. Die sich früh abzeichnenden und anhaltenden Konfliktfelder zwischen Staat und Kirche beschreibt POLLACK, Organisationsgesellschaft, 97; die weiteren Maßnahmen z.B. POLLACK, Organisationsgesellschaft, 113–116, 137f. Die Situation der evangelischen Kirchen in der »SBZ« schildert Peter Maser und betont, dass trotz kirchenkritischer Positionen der KPD/SED zunächst eine gewisse Toleranz

Unabhängig von der oft vor Ort gelebten Solidarität blieben aber die dogmatischen und strukturellen Unterschiede unangetastet. Erst 1968, drei Jahre nach Abschluss des Zweiten Vatikanischen Konzils, wurden offizielle, regelmäßige Kontakte auf kirchenleitender Ebene möglich; schon 1966 entstand der »Ökumenisch-theologische Arbeitskreis«, in dem jeweils sieben evangelische und katholische Hochschullehrer in einer vertrauensvollen Atmosphäre Ereignisse aus Kirche und Gesellschaft ebenso wie theologische Fragen diskutierten.[105]

Lothar Ullrich resümiert 1991 über das evangelisch-katholische Gespräch:

> »Der Druck von außen hat uns zusammengebracht und uns gemeinsam auf die eigentlichen Quellen unseres Glaubens zurückgehen lassen; gesellschaftliches Proporzdenken war in einer solchen Situation unnütz. Es war durchaus nicht der Hang zu einer Gemeinsamkeit um jeden Preis, wir blieben die einen katholisch und die anderen evangelisch; aber die Konfession wurde zweitrangig angesichts der Herausforderungen durch die Ideologie des realexistierenden Sozialismus und den wachsenden praktischen Atheismus und Indifferentismus unserer Umwelt.«[106]

Evangelische und katholische Kirche schlossen beide zunächst kategorisch die Vereinbarkeit von Jugendweihe – die der Staat ab Mitte der 50er Jahre förderte und zunehmend forderte – und Konfirmation bzw. Firmung aus.

---

zu finden war. (Peter MASER, Die evangelischen Kirchen in der SBZ/DDR in der Phase der Errichtung der kommunistischen Herrschaft, in: Peter MASER und Jens Holger SCHJØRRING, Zwischen den Mühlsteinen. Protestantische Kirchen in der Phase der Errichtung der kommunistischen Herrschaft im östlichen Europa, Erlangen 2002, 271-302, bes. 283-302)

[105] HEINECKE, Konfession und Politik in der DDR, 393. Ullrich beschreibt die Entstehung des Kreises auf »Initiative von Ulrich Kühn und dem Rektor des Philosophisch-Theologischen Studiums Erfurt im Studienjahr 1965/66, Prof. Dr. Otfried Müller«. Das erste Treffen fand am 1.4.1966 statt. (Lothar ULLRICH, Das evangelisch-katholische Gespräch und seine theologischen Themen, in: Matthias SENS und Roswitha BODENSTEIN (hrsg. im Auftrag der Arbeitsgemeinschaft Christlicher Kirchen), Über Grenzen hinweg zu wachsender Gemeinschaft. Ökumene in der DDR in den achtziger Jahren, Frankfurt/Main 1991, 32-37, 32)
Ein ähnlicher Arbeitskreis entstand speziell für die kirchengeschichtliche Disziplin 1983. Seine Entwicklung aus kleinen Anfängen aufgrund katholischer Einladung, Wirken und Vergehen im Jahr 2000 beschreibt Gert HAENDLER, Erinnerungen an die Arbeitsgruppe Ökumenische Kirchengeschichte im Osten Deutschlands: 1983-2000, in: Wartenberg, Günther (Hg.): Herbergen der Christenheit. Jahrbuch für deutsche Kirchengeschichte Bd. 25 (2001), Leipzig 2002, 73-92. Hochschullehrer*innen* waren, soweit aus dem Text ersichtlich, nicht vertreten.

[106] ULLRICH, Das evangelisch-katholische Gespräch, 35.

Weil aber die größte Zahl der Glaubenden dem anhaltenden, subtilen staatlichen Druck nicht standhielten und die Zahl der Jugendweihen stark nach oben ging, lenkten beide Kirchen aus seelsorgerlichen Gründen ein. Die Kompromissbereitschaft in der evangelischen Kirche zeichnete sich bereits in den 60er Jahren ab, während auf katholischer Seite zwar grundsätzlich die Praxis der Jugendweihe weiterhin streng verurteilt, aber die Firmung auch nach der Jugendweihe ermöglicht wurde.[107] Differenzierter, als es hier möglich ist, beschreibt Herbert Heinecke die unterschiedliche Entwicklung von evangelischer und katholischer Kirche in der DDR.[108]

Trotz des Respekts vor den dogmatischen Unterschieden und der unterschiedlichen Umgangsweise mit den staatlichen Ansprüchen, z.B. in der Frage der Jugendweihe, entstanden durch den vom Staat ausgeübten Druck solidarische Offenheit füreinander und – zumindest im privaten Bereich – auch tragende Verbindungen. So beschreibt das Ehepaar Johne, wie während ihrer Zeit in Rüsseina, Mitte der 50er Jahre, in einer kritischen Situation eine größere Anzahl Katholikinnen und Katholiken zu einer kommunalen Versammlung kam, um ihre Solidarität mit einem angefeindeten, evangelischen Pfarrer deutlich zu machen. »Das kann man sich gar nicht vorstellen unter westlichen Verhältnissen, dass [...] so eine Situation auf einmal alles durchbrach im positiven Sinn: Wir sind eins – im [...] Abgrenzen gegen diese Art der Politik.«[109] Dieses Gefühl der Verbindung ermöglichte daran Interessierten intensive, gemeinsame theologische Arbeit und förderte deren Akzeptanz auch auf institutioneller Ebene.[110] Ein Beispiel für dieses intensive Miteinander war der »Una-Sancta-Kreis«, in dem sich in den 60er Jahren ökumenisch interessierte Theologinnen und Theologen beider Konfessionen zum Austausch über unterschiedliche Themen trafen, darunter die evangelischen Professoren Ernst Sommerlath und Alfred Dedo

---

[107] HEINECKE, Konfession und Politik in der DDR, 136–142. Für die evangelische Kirche vgl. POLLACK, Organisationsgesellschaft, 131 und 149–151, 154f und MAU, Protestantismus, 53f, 56, 81, 115f. Für die katholische Kirche und den Beginn der Auseinandersetzung vgl. auch SCHÄFER, Staat und katholische Kirche in der DDR, 104–116, besonders 113–116, zur späteren Entwicklung bei steigenden Jugendweihezahlen vgl. 155f.

[108] Vgl. HEINECKE, Konfession und Politik in der DDR, 429–460.

[109] Gespräch mit dem Ehepaar Johne vom 04.09.2008.

[110] Beispielhaft für die ökumenische Zusammenarbeit in Leipzig ist auch die gemeinsame Nutzung der Universitätskirche (SEEGER, Glaubensmut, 329) und, nach deren Sprengung am 30.05.1968, die Gastfreundschaft für die katholische Gemeinde in der Nikolaikirche. Diese Gastfreundschaft hatte sich auch nach der Zerstörung der katholischen Probsteikirche im Krieg bereits bewährt und besteht bis heute {Katholischer Gottesdienst in Nikolai jeweils sonntags, 17.00 Uhr; vgl. <http://www.nikolaikirche-leipzig.de/> → Gemeindenachrichten → Gottesdienste und Andachten (31.03.2009)}.

Müller, der Dozent Ulrich Kühn, sowie der Oratorianer und Studentenpfarrer aus Erfurt, Werner Becker. Auch das Ehepaar Johne gesellte sich nach dem Umzug nach Markkleeberg zu diesem Kreis.[111]

Auf institutioneller Ebene war es z.B. möglich, dass ein katholischer Wissenschaftler, der Oratorianerpater Wolfgang Trilling, die Fachrichtung »Neues Testament« am Theologischen Seminar in Leipzig vertrat[112] oder dass ein katholischer Theologe, Wolfgang Barthel, in Sachsen als Leiter des Arbeitsbereichs »Gruppenorientierte Gemeindearbeit« in der Evangelisch-Lutherischen Kirche Sachsens angestellt war.[113]

I. 2. 1. 2 *Abschottung*

Eine zweite, wesentliche Rahmenbedingung bildete die Abschottung der DDR-Gesellschaft. Nach dem Mauerbau 1961 waren die Möglichkeiten eines Austauschs zwischen West- und Ostdeutschland massiv eingeschränkt. Das betraf auch den Austausch theologischer Literatur. Trotzdem fanden sich immer Wege, Bücher und Kenntnisse in die DDR zu bringen.[114] Paul Tillichs Werke wurden in der DDR nicht verlegt und waren nicht zum Import zugelassen, trotzdem wurden seine Werke viel besprochen und »man konnte darüber reden, ohne erst erklären zu müssen.«[115] Speziell in Leipzig gab es die Möglichkeit, in der »Deutschen Bücherei« (heute: »Deutsche Nationalbibliothek«) auch deutschsprachige Literatur aus dem Westen einzusehen, da diese, in Fortsetzung der Tradition vor dem Zweiten

---

[111] Gespräch mit dem Ehepaar Johne vom 04.09.2008 und mit Prof. (em.) Dr. Norbert Müller, dem Sohn von Alfred Dedo Müller am 27.05.2008. Hintergrund des Kreises war die Una-Sancta-Bewegung, vgl. hierzu VOSS, Art. Una-Sancta-Bewegung.

[112] Trilling hat vom Wintersemester 1971/72 bis zum Wintersemester 1984/85 am Theologischen Seminar in Leipzig gearbeitet. (Werner VOGLER, Hans SEIDEL und Ulrich KÜHN (Hg.), Vier Jahrzehnte kirchlich-theologische Ausbildung in Leipzig. Das Theologische Seminar. Die kirchliche Hochschule, Leipzig 1993, 132) Den Hinweis auf seinen früheren, katholischen Kollegen verdanke ich dem Gespräch mit Prof. (em.) Dr. Ulrich Kühn am 10.04.2008.

[113] Information aus der Sozietät »Praktische Theologie« am 12.12.2008 und E-Mail von Prof. Dr. Ratzmann vom 10.09.2010.

[114] »›Psychonautik, stop‹ hat seinen Weg in den Osten gefunden, wie Kaffee und Schokolade.« so Prof. (em.) Dr. Jürgen Ziemer im Gespräch am 15.04.2008.

[115] Zitat von Prof. (em.) Dr. Norbert Müller im Gespräch am 27.05.2008. Auch Prof. (em.) Dr. Ulrich Kühn beschreibt im Gespräch am 10.04.2008 die Praxis, ein Buch, das illegal importiert war, abzuschreiben und mit Ormig zu vervielfältigen, wenn es denn von Interesse und Bedeutung war. »Ormig ist ein DDR-Synonym für Hektografie, benannt nach der (West-)Berliner Ormig (Organisationsmittel GmbH).« (Ulrike FRANKE, ›Ich weiß doch, dass Jesus mich liebt!‹ Warum eine fundierte theologische Ausbildung dieser Gewissheit nicht schaden kann, in: DETMERS/FRETTLÖH, Schätze, 396f, hier: 397, Anm. 1)

Weltkrieg, dort komplett gesammelt und katalogisiert wurde. Für manche Titel war eine offizielle Bestätigung – der sogenannte »Giftschein« – über die wissenschaftliche Verwendung nötig, die über Professoren in der Regel aber leicht zu erhalten war.[116]

Die Abschottung durch den Mauerbau hatte sehr unterschiedliche Auswirkungen. Einerseits erzeugte sie ein hohes Maß an grenzüberschreitendem Interesse und Solidarität: So war der Begriff »Ökumene« lange Zeit in den evangelischen Landeskirchen der DDR bezogen auf die weltweite Christenheit.[117] Umgekehrt zeigte sich in verschiedensten kirchlichen Arbeitsbereichen, dass die Bitten um Hilfe und die Einladungen aus dem Osten gern angenommen wurden, um die Kirchen in der DDR zu unterstützen. Das galt sowohl innerhalb Deutschlands als auch im internationalen Rahmen:[118] Sowohl anglikanische als auch skandinavische Geistliche und ihre Kirchen waren bereit, der Bitte um Unterstützung nach Möglichkeit zu entsprechen, ebenso entsandte die Gemeinschaft von Taizé immer wieder Brüder auch in die DDR.[119] Dabei ist zu bedenken, dass die Einreisenden gelegentliche Schikanen in Kauf nahmen und nicht nur auf ein Honorar verzichteten,[120] sondern nach Einführung des Zwangsumtauschs sogar ihrerseits für den Aufenthalt in der DDR bezahlten. Die durch den Zwangsumtausch entstehenden Kosten wurden in der Regel von den entsendenden Orden oder Kirchen in Westeuropa getragen. Die Einladenden in der DDR, denen keine Devisen zur Verfügung standen, konnten für die

---

[116] So beschreibt Prof. (em.) Dr. Hartmut Mai das Procedere im Gespräch vom 07.04.2008.

[117] So Reinhard Henkys, Die DDR-Kirchen als ökumenische Partner, in: Ders. (Hg.), Die evangelische Kirche in der DDR. Beiträge zu einer Bestandsaufnahme, München 1982, 11–61, 17; zitiert auch bei Heinecke, Konfession und Politik in der DDR, 388.

[118] Zu den intensiven Verbindungen nach West- und Nordeuropa vgl. Henkys, DDR-Kirchen als ökumenische Partner, 178f, zu den Schwierigkeiten durch die politische, später auch kirchenrechtliche Trennung und die Entwicklung der besonderen innerdeutschen Partnerschaft reflektiert Henkys, DDR-Kirchen als ökumenische Partner, 181–196.

[119] Vgl. dazu Horst Krüger-Haye, Das Einkehrhaus in Hirschluch, in: Leitungskreis der »Arbeitsgemeinschaft für Evangelische Einkehrtage«. Fachverband im Diakonischen Werk der Evangelischen Kirche in Deutschland (Hg.), Herr komm in mir wohnen. Erinnerungen und Berichte aus der »Arbeitsgemeinschaft für Evangelische Einkehrtage« bis 1989. Eine Dokumentation, als Manuskript gedruckt, Reutlingen 1996, 14–16 und Günter Bransch, Retraiten im Nathan-Söderblom-Haus in Bad Saarow, in: Leitungskreis, Herr komm in mir wohnen, 17–19, sowie zum Engagement Taizés in Osteuropa: Escaffit, Jean-Claude und Moïz Rasiwala, Die Geschichte von Taizé, Freiburg i. Br. 2009, 150-159 und Teil I, 2.2.2.

[120] Die DDR-Mark durfte nicht ausgeführt werden und war in der Bundesrepublik ohnehin wertlos.

Referenten keinen eigenen, finanziellen Beitrag leisten. Sie erlebten dankbar die große Bereitschaft zur Unterstützung aus dem Westen.[121]

Andererseits sorgte die Abschottung dafür, dass Gesellschaft und Kirchen in der DDR von den multi-religiösen Entwicklungen der westdeutschen Gesellschaft weitgehend unberührt blieben. Karin Johne formuliert im Rückblick 1994:

> »Durch unser relatives Abgeschirmtsein konnten wir uns immer *auf das wirklich Wesentliche beschränken*, ohne uns ständig mit den neu anbrandenden ›Wellen‹ neuer spiritueller Angebote herumschlagen zu müssen. Andererseits war die Abschirmung nicht so undurchlässig, dass wir nicht an der wirklich entscheidenden Literatur Anteil bekommen hätten. Diese Bücher gingen dann von Hand zu Hand – und wurden von hungrigen Seelen (ich darf es mal so sagen ...) intensiv gelesen und ins Leben umgesetzt. Gleichzeitig bekamen wir auch immer wieder wertvolle Hilfe durch westdeutsche Menschen, die sich nicht abhalten ließen, über die Grenze zu kommen und uns an ihren Erfahrungen teilhaben zu lassen.«[122]

---

[121] Ausführlich beschrieben in WOLFF, Im Schatten, 173 und knapp gesagt: »Umsonst kamen nur die Christen.« so formulierte Dr. Gottfried Wolff in unserem Gespräch am 24.04.2008.

[122] Einkehrtage/Arbeit der Stille in der ehemaligen DDR.

I. 2. 1. 3 *Das Zweite Vatikanum*[123]

Die dritte wesentliche Rahmenbedingung für die Entwicklung der evangelisch-katholischen Ökumene war – im Osten wie im Westen – das Zweite Vatikanische Konzil von 1962–1965.[124] Seine Ergebnisse haben die katholische Kirche und das Verhältnis der Konfessionen zueinander stark geprägt und verändert. Die wesentlichen Anliegen der »Erneuerung der Kirche im Blick auf ihre Anfänge und die Gegenwart, Förderung der Einheit der Christen, Dialog mit der Welt von heute«[125] wurden auch von den Orden aufgenommen. Innerhalb des Jesuitenordens wurde in dieser Zeit intensives Quellenstudium betrieben und in zunehmendem Maß »die *geistlich-mystische Dimension* der Exerzitien« wahrgenommen und umgesetzt. Aus den bisher weitgehend üblichen, etwa dreitägigen *Vortragsexerzitien*[126] ent-

---

[123] Zur Rezeption des Zweiten Vatikanum in der DDR vgl. Reinhard GRÜTZ, Katholizismus in der DDR-Gesellschaft 1960-1990. Kirchliche Leitbilder, theologische Deutungen und lebensweltliche Praxis im Wandel, Paderborn 2004, 64–188. Die Einschätzung der Rezeption divergierte innerhalb der katholischen Kirche, so dass Grütz resümiert: »Die Vorstellungen von ›guter Rezeption‹ und diversen Formen von Verfälschung authentischer Inhalte durch Transformation können höchst different sein und lassen sich auch im DDR-Katholizismus auf einer breiten Skala ausmachen.« (77). Dabei waren nach seiner Einschätzung lange Zeit vor allem an der Umsetzung der Konstitution »gaudium et spes«, die für die Ökumene wesentliche Impulse enthielt, nur »kleine Gruppen reformwilliger Theologen und aufstiegsorientierter Laien« interessiert, wurden aber sowohl von der Mehrheit der Laien und Kleriker, als auch von den Bischöfen gebremst. (186) Interessanterweise legt Grütz keinen Fokus auf die Orden und die ökumenische Entwicklung. Gerade dieser Bereich ist aber für Karin Johne und die Arbeit der Stille zentraler Nährboden gewesen und gerade in diesem Bereich waren offene, an Austausch und Weitergabe interessierte katholische Geschwister zu finden. Pilvousek beschreibt vor allem die durch die Begegnungen beim Konzil gewachsenen Verbindungen der Bischöfe und Theologen aus der DDR über deren Grenzen nach Osten und Westen hinaus, die »menschliche, kirchliche oder wissenschaftliche Isolation« verhinderten. (PILVOUSEK, Die katholische Kirche in der DDR, 143)

[124] HEINECKE, Konfession und Politik in der DDR, 390f.

[125] Hermann J. POTTMEYER, Art. Vatikanum I und II, in: EKL Bd. 4, Göttingen ³1996, 1100-1109, hier: 1105.

[126] Die Entwicklung der Exerzitienpraxis im ausgehenden 20. Jahrhundert bis zum Zweiten Weltkrieg beschreibt Karl Baier unter der Überschrift »Zwischen Drill und Mystik. Die Exerzitienbewegung der katholischen Kirche« (BAIER, Karl, Meditation und Moderne. Zweiter Band, Würzburg 2009, 599–621, dort auch weitere Literatur). Nach Baiers Einschätzung ist nach dem Zweiten Vatikanum die Meditationsbewegung Impulsgeberin für die veränderte Exerzitienbewegung: »Die Meditationsbewegung der 1970er Jahre brachte dann auch eine neue Exerzitienbewegung, die entschlossen mit dem althergebrachten ignatianischen Ansatz und den bis in die Nachkriegszeit üblichen Meditationsformen brach.« (621)

wickelten sich Exerzitien, die stärker die lebendige Praxis des und der Einzelnen im Blick hatten und auf fünf bis acht Exerzitientage angelegt waren. Ab etwa 1970 wurde die Form der über eine Woche dauernden *»begleiteten Einzelexerzitien«* immer wichtiger, und etwa seit 1980 sind die mehrwöchigen *»Exerzitien im Alltag«* zunehmend gebräuchlich.[127] Diese Entwicklung zeichnet die vom Konzil anvisierte Rückkehr zu den Quellen und zur Übertragung (»aggiornamento«) in die heutige Wirklichkeit nach. Ein bewusstes Engagement für den Kontakt zu und den Dienst an evangelischen Christinnen und Christen in Deutschland zeigte die Frankfurter Gruppe der Jesuiten mit den Patres Andreas Falkner, Alex Lefrank, Paul Imhof, Gundikar Hock und Werner Brunner.[128]

Neben der Solidarität in der Bedrängungssituation ist als zweite Säule der wechselseitigen, ökumenischen Lehr- und Lernbereitschaft in der DDR also die Situation während und nach dem Zweiten Vatikanum zu nennen.

Speziell mit Blick auf die Exerzitien im Alltag schildert Hettich die Entwicklung. (vgl. Michael Hettich, Den Glauben im Alltag einüben. Genese und Kriterien der ignatianischen Exerzitien im Alltag, Würzburg 2007, 138-181)

[127] Alex Lefrank, Art. Exerzitien. III. Exerzitienbewegung, in: LThK Bd. 3, Freiburg/Basel/Rom/Wien [3]1995, 1109f, hier: 1109.

[128] Die Namen gab Dr. Andreas Falkner SJ nach einer Gedächtnisaufschrift von Silke Harms und Hansjörg Schemann zu einem Gespräch mit Dr. Andreas Falkner SJ am 5.12.2008 bei einer Tagung zur geistlichen Begleitung in Bad Herrenalb an.
Pater Andreas Falkner bot auf Anfrage von Dr. Wolfgang Dietzfelbinger, dem Leiter des Pastoralkollegs der Evangelisch-Lutherischen Kirche in Bayern, Exerzitien für Pfarrerinnen und Pfarrer im Rahmen des Pastoralkollegs in Neuendettelsau an, die zunächst kritisch beäugt, aber zunehmend geschätzt wurden und innerhalb Bayerns als ein wesentlicher Baustein für die Entwicklung geistlicher Begleitung gesehen werden können. (Vgl. Karl-Heinz Röhlin, Das Pastoralkolleg als Ort Geistlicher Begleitung, in: Greiner u.a., Wenn die Seele, 287-298, hier: 293-295 und Andreas Falkner SJ, Ignatianische Exerzitien im Leben der evangelischen Kirche, in: Münderlein, Aufmerksame Wege, 57-81, hier: 61-65)

I. 2. 2 Die ökumenische Unterstützung für die Retraitenarbeit[129]

I. 2. 2. 1 *Innerhalb der DDR und der Bundesrepublik*

Die ökumenische Unterstützung war für die evangelische Kirche in Ost- und Westdeutschland zentral für die Entwicklung einer eigenen Praxis in der Retraitenarbeit. Innerhalb der DDR ist zunächst die grundsätzliche Bereitschaft einzelner katholischer Ordensleute zu nennen, interessierte evangelische Christinnen und Christen an ihrer Praxis teilhaben zu lassen. Für Karin Johne war der erste Brückenbauer in diesem Sinn der Dresdner Oratorianerpater Helmut Geiger, der sie zu seinen Seminaren mit einlud und sie nach und nach inhaltlich immer mehr beteiligte.[130] Pater Gordian Landwehr OP war sowohl für Karin Johne als auch für viele in diesem Bereich aktive Pfarrer, darunter auch Christian Schreier und Dr. Gottfried Wolff, eine entscheidende Persönlichkeit.[131] In den folgenden Jahrzehnten

---

[129] Die Begriffe »Retraite« aus dem Französischen und »Retreat« aus dem Englischen bezeichnen mehrtägige Rückzugszeiten in mehr oder weniger durchgängigem Schweigen, die der Hinwendung zu Gott dienen. Beide Begriffe wurden in der DDR auf evangelischer Seite häufig verwendet, zum einen, weil die entsprechende Arbeit auch von ökumenischen Kontakten ins europäische Ausland lebte (vgl. z.B. Wolff, Zeiten mit Gott), vor allem aber weil der synonym gebrauchte Begriff »Exerzitien« als »katholisch« in den Anfangsjahren der Retraitenarbeit häufig auf Ablehnung stieß. Zeitweise wurde auch von »geistlichen Einkehrtagen« gesprochen. Im Text verwende ich die unterschiedlichen Begriffe, entsprechend dem Gebrauch der zitierten Personen und Texte.

[130] Vgl. Teil I, 1.2.

[131] Seeger zitiert Ulrich Kühn und Gottfried Wolff, die beide Pater Gordians ökumenische Offenheit, seine Bereitschaft evangelische Pfarrer anzuleiten und seine Bedeutung für die ökumenische Zusammenarbeit auf dem Gebiet der Exerzitienarbeit betonen. (Glaubensmut, 329-331) Seeger zitiert Kühn: »Zunächst ist zu sagen, daß Pater Gordian an dieser Stelle eine große ökumenische Offenheit und Verantwortung hat spüren lassen. Andererseits lag ihm natürlich daran, die Schätze katholischer Spiritualität auch evangelischen Glaubensbrüdern zu erschließen. Dabei stand das dominikanische Ideal insofern im Vordergrund, als wir bei diesen Tagen immer auch belehrende Vorträge von ihm zu hören bekamen. Es wurde in diesen Tagen volles Stillschweigen gewahrt, lediglich persönliche Gespräche mit Pater Gordian waren möglich. Ich besinne mich, daß die Frage des persönlichen Verhältnisses zu Gott und die Durchformung des gesamten Lebens durch dieses Verhältnis im Mittelpunkt dieser Tage standen.« (Seeger, Glaubensmut, 330f) Pater Gordian schreibt aus seiner Sicht in den 80er Jahren rückblickend: »Was mich in den vergangenen Jahren in besonderer Weise froh und zuversichtlich gemacht hat, war die Zusammenarbeit mit evangelischen Brüdern und Schwestern. Sie kamen vor mehr als 25 Jahren zu mir mit der Frage: Was sind Exerzitien, Stille Tage, Besinnungstage? Als ich in zwei Vorträgen darüber gesprochen hatte, kam die Frage: Wer wird *uns* solche Exerzitien halten? In evangelischen Pfarrhäusern kamen wir zusammen. Wir haben miteinander diskutiert [...]. Es hat Jahre gedauert, bis die Tage *stille* Tage wurden, und bis die

waren die Jesuiten die entscheidenden Partner in der Entwicklung der Retraiten-Arbeit und der geistlichen Begleitung in der DDR. Zu nennen ist hier vor allem Pater Gerrit König SJ, der als Leiter des Exerzitien-Hauses in Hoheneichen und als Ordensoberer innerhalb der DDR sich selbst engagiert und andere seines Ordens für diese Arbeit freigestellt hat, u.a. die Patres Bernward Jensch SJ und Peter Kegebein SJ.[132]

Neben der personellen Unterstützung wurden die evangelischen Gruppen auch in vielen katholischen Häusern gastfrei aufgenommen.[133] Diese boten die für die Stille wichtige Möglichkeit der Unterbringung in Einzelzimmern, was in evangelischen Häusern selten möglich war und hatten zusätzlich in der Regel eine Hauskapelle, in der die Teilnehmenden ungestört meditieren oder ihre Betrachtung halten und in der die Abendmahlsgottesdienste gefeiert werden konnten. Pfarrer Christian Schreier regte mehrfach

---

Kurse Exerzitienkurse bzw. Retraiten genannt werden konnten. Ich bin froh und dankbar, daß solche Tage jetzt im ganzen Raum der DDR angeboten und durchgeführt werden. In einer oft beglückenden Zusammenarbeit von evangelischen und katholischen Pfarrern, von evangelischen Gläubigen, in einer Weise und in einem Ausmaß, wie es wohl niemand vor 30 Jahren und ganz sicher nicht davor für möglich gehalten hätte.« (Zitiert bei SEEGER, Glaubensmut, 329f). Wolff schreibt über Pater Gordian: »Ihm ist es wesentlich mit zu verdanken, daß die Exerzitienarbeit weitgehend ökumenisch, in selbstverständlicher Zusammenarbeit der Katholischen und Evangelischen Kirche geschehen konnte. Das Mißtrauen einiger katholischer Bischöfe konnte sich nicht auswirken, da P. Gordian so ganz bewußt eine Schirmherrschaft über die Zusammenarbeit ausübte. [...] Mißverständnissen und Verdächtigungen gegenüber konnte er zeigen, wie groß auf dem geistlichen Gebiet die Möglichkeiten einer echten und tiefen Zusammenarbeit sein konnten. Das hat persönlich und sachlich sehr viel zu guten, herzlichen Beziehungen zwischen den Konfessionen beigetragen. Kirchliche Ordnungen wurden nicht verletzt, aber die gemeinsamen Exerzitien und Arbeitsgemeinschaften zwischen katholischen Priestern und evangelischen Pfarrern verdanken ihm viel.« (zitiert nach SEEGER, Glaubensmut, 330)

[132] Vgl. die Gespräche mit Pater Gerrit König vom 14.07.2008 und das Schreiben von Pfarrer i.R. Christian Schreier vom 31.07.2008, sowie das Gespräch mit Dr. Gottfried Wolff vom 24.4.2008 und die Mails von Bernward Jensch SJ vom 06.11.2008.

[133] Dr. Wolff beschreibt die Gastlichkeit »bei den Benediktinern auf der Huysburg, den Redemptoristen in Heiligenstadt, den Franziskanern in Halberstadt, den Jesuiten in Dresden und Berlin«. (WOLFF, Im Schatten, 169f) Im Gespräch vom 12.01.2009 teilt er mit, dass Pater Gerrit König SJ in Hoheneichen jeweils seinen Priesterkelch nach der Eucharistiefeier in der Sakristei stehen ließ, damit er für die Abendmahlsfeier genutzt werden konnte. Diese Offenheit kann als Antwort auf die Gastfreundschaft verstanden werden, die umgekehrt die evangelische Kirchen an vielen Orten den katholischen Gemeinden erwies, in dem sie ihre Gemeinderäume und Kirchen für katholische Gottesdienste zur Verfügung stellte. So »waren noch 1966 immerhin 53% aller Räume, in denen katholische Gottesdienste gefeiert wurden, von evangelischen Gemeinden zur Verfügung gestellt worden.« (HEINECKE, Konfession und Politik in der DDR, 395f)

an, im Gegenzug für die Gastfreundlichkeit für die Einkehrtage katholischen Gruppen Räume für Familienfreizeiten zur Verfügung zu stellen.[134]

Die ökumenische Verbundenheit in Sachsen zeigen auch die Einladungen an evangelischen Teilnehmende zu den Jahrestagungen des Exerzitienwerkes des Bistums Dresden-Meißen. Für 1982 nennt das Protokoll der Jahrestagung 19 katholische und sechs evangelische Teilnehmer, darunter Karin Johne, Christian Schreier und Dr. Gottfried Wolff.[135]

Später kamen viele unterschiedliche katholische Ordensleute zur Fortbildung in die DDR, darunter sehr namhafte wie Josef Sudbrack SJ,[136] Anselm Grün OSB, Willi Lambert SJ und Alex Lefrank SJ. Auch von evangelischer Seite wurde die Retraitenarbeit von der Bundesrepublik aus zum Beispiel durch Einladungen unterstützt. So konnte Karin Johne 1978, 1980, 1982 und 1986 an den internationalen, ökumenischen Kolloquien teilnehmen, die im »Haus der Stille« in Bethel/Bielefeld unter Leitung von Prof. Dr. Gerhard Ruhbach stattfand- en.[137] Die Anregungen, die sie zum Thema »Symbol« bekommen hatte, gab sie in knapper Form schriftlich an das sächsische Landeskirchenamt und vermutlich auch an die Kollegen weiter, die nicht hatten reisen können. Die Besuche ermöglichten dann auch weitere Kontakte. So besuchte Karin Johne in Verbindung mit der Reise 1982 auch die Gemeinschaft des Casteller Rings auf dem Schwanberg und die Benediktinerabtei Münsterschwarzach, deren Prior sie bereits »vor 4 Jahren eingeladen hatte« und der sie im Auto mit nach Bethel nahm.[138]

---

[134] Im Tätigkeitsbericht 1981, in einem Schreiben an das Landeskirchenamt vom 5.2.1981 u.ö. In der Antwort vom 17.2.1982 sagt Oberkirchenrat Schleinitz zu, sich für ein solches Angebot einzusetzen.

[135] Protokoll der Jahrestagung des Exerzitienwerkes im Bistum Dresden-Meißen vom 25.05.1982. (Akten von Grumbach)

[136] Zu einem Kurs mit Josef Sudbrack SJ im Rahmen der »ökumenischen Exerzitiengeber-Ausbildung« wurde für den 14.-19.01.1985 in das Exerzitienhaus der Jesuiten in Hoheneichen eingeladen. (Schreiben vom 29.10.1984 von Pfarrer Leander Walter in: Akten von Grumbach)

[137] Im Frühjahr 1973 lud Prof. Dr. Gerhard Ruhbach rund zwanzig Frauen und Männer »zu einem Austausch über Meditationstagungen und die damit verbundenen Fragen« ein, die sich alle gern auf dieses Projekt einließen und ihrerseits weitere mögliche Teilnehmende benannten. Die Tagung fand dann vom 3. 5. Juni 1974 mit 23 Teilnehmenden im »Haus der Stille« in Bethel statt. Die Beiträge wurden von Ruhbach gesammelt und im folgenden Jahr herausgegeben. Zu den Teilnehmern gehörte auch Rev. Christopher Lowe, London. Dies scheint die erste einer Reihe von Tagungen zum Austausch über Meditation und Einkehrtage in Bethel gewesen zu sein. (RUHBACH, Meditation, 7 und 112)

[138] Die Daten und Informationen entstammen dem Bericht von der Dienstreise 1982, den Karin Johne am 07.06.1982 für das Landeskirchenamt in Dresden verfasst hat

Die Retraitenarbeit wurde von der Staatssicherheit wohl als kircheninterne Angelegenheit ohne Gefährdungspotential eingeschätzt, da hier spirituell und nicht politisch gearbeitet wurde. Keiner der Gesprächspartner erwähnte Druck oder Behinderungen durch die Staatssicherheit. Diese Erfahrung entspricht der Einschätzung in dem von Grande und Schäfer vorgelegten Bericht über die Verflechtungen zwischen katholischer Kirche und Staatssicherheit: »Seit den siebziger Jahren gerieten die Orden allmählich aus dem besonderen Visier des MfS, weil nicht zuletzt dessen direkte Kontakte [...] zur Einschätzung führten, dass von den spirituellen Orden keine ›politische Gefahr‹ ausging.«[139]

I. 2. 2. 2 *Innerhalb West- und Nordeuropas*[140]

Die schwedische lutherische Kirche.[141] Innerhalb der sächsischen Landeskirche wurde die Kooperation mit katholischen Geistlichen mit einer gewissen Skepsis gesehen.[142] Pfarrer Gottfried Wolff, dem an einer Fortsetzung der Exerzitienarbeit sehr gelegen war, nutzte daher persönliche Verbindungen nach Schweden, um einen evangelisch-lutherischen Fachmann, den Stiftsadjunkt Nils-Hugo Ahlstedt, nach Sachsen einzuladen und so der Kritik den Wind aus den Segeln zu nehmen. Zu dieser Retraite im Jahr 1964 im Predigerseminar Lückendorf konnte nach seiner Erinnerung jede

---

und einem Protokoll des Arbeitskreises für Geistliche Einkehrtage Sachsens vom 30.09.1986. (Akten von Grumbach). Karin und Walter Johne berichteten im Gespräch am 04.09.2008 von den Spannungen, die durch die Ermöglichung oder die Verhinderung solcher Reisen durch die zuständigen staatlichen Behörden entstanden, die kurzfristig die Ausreise nur Karin Johne erlaubten, deren Rückkehr als Mutter von fünf Kindern recht wahrscheinlich schien, obwohl durch die sächsische Landeskirche mehrere Vertreter vorgeschlagen worden waren. In den Akten von Grumbach findet sich mit dem Datum vom 02.03.1982 die durch das Landeskirchenamt weitergeleitete Einladung zur Tagung 1982 an Pfarrer Schreier, weil Dr. Wolff arbeitsbedingt verhindert war.

[139] FALKNER, Exerzitien im Leben der evangelischen Kirche, 53. Wolff weist auf die Meldefreiheit von Gottesdiensten und Exerzitien nach dem Veranstaltungsgesetz der DDR hin. (WOLFF, Im Schatten, 173)

[140] Zu den besonderen Beziehungen zu den Evangelischen in Frankreich, zur anglikanischen und skandinavischen Kirche vgl. HENKYS, DDR-Kirchen als ökumenische Partner, 178f.

[141] Zur Entwicklung der Retraiten-Arbeit in Schweden vgl. WOLFF, Zeiten mit Gott, 79–89.

[142] Wolff berichtet vom Einspruch des Bischofs gegen die katholische Anleitung einer Retraite für Pfarrer. (WOLFF, Im Schatten, 168)

der ostdeutschen Landeskirchen zwei Teilnehmende entsenden.[143] Aus der pommerschen Landeskirche waren dies nach seiner Erinnerung Frau Krummacher, die Frau des damaligen Landesbischofs, und Pfarrer Heinz Polzin, der später das Haus der Stille in Weitenhagen bei Greifswald aufbaute und leitete. Von sächsischer Seite nahm nach Dr. Wolffs Erinnerung an dieser Retraite außer ihm auch Christian Schreier teil.[144] Auf dieser protestantischen Grundlage der Arbeit wurde auch innerhalb der Evangelisch-Lutherischen Landeskirche Sachsens eine Fortsetzung – selbst mit römisch-katholischen Anleitern – befürwortet.

Die anglikanische Kirche.[145] Ebenfalls über einen persönlichen Kontakt von Dr. Gottfried Wolff entstand die Verbindung zur Community of Resurrection, einem anglikanischen Kloster in Mirfield, England.[146] Von dort wurde ein erfahrener Exerzitienleiter, Pater Christopher Lowe CR, für die Unterstützung der Arbeit in der DDR alljährlich ab etwa 1970 für einen Monat freigestellt. Er begleitete immer wieder selbst Retraiten und unterstützte die Retraitenarbeit in der DDR auch konzeptionell. Im Kontakt mit dem Landeskirchenamt war Pater Lowe ein geschätzter Gesprächspartner.[147] Durch seine Berichte von der Arbeit der »at-home-retreats« in England regte er das Nachdenken über entsprechende Möglichkeiten in Sachsen an.

Die Gemeinschaft von Taizé. Die Verbindung mit den Christinnen und Christen in der DDR suchten bewusst auch die Brüder von Taizé.[148] Sie

---

[143] Gespräch mit Dr. Gottfried Wolff vom 24.04.2008, an anderer Stelle erinnert sich Wolff an interessierte Teilnehmende aus der pommerschen und der thüringischen Landeskirche (WOLFF, Im Schatten, 169).

[144] Gespräch mit Dr. Gottfried Wolff vom 12.01.2009.

[145] Christopher LOWE CR, Brüderlicher Dienst in ökumenischem Geist, in: LEITUNGSKREIS, Herr komm in mir wohnen, 41f, 41, sowie Heinz POLZIN und Wolfgang BREITHAUPT, Das »Haus der Stille« in Weitenhagen, in: LEITUNGSKREIS, Herr komm in mir wohnen, 10-13, 12, auch WOLFF, Im Schatten, 172.

[146] Gespräch mit Dr. Gottfried Wolff vom 24.04.2008.

[147] Gespräch mit Oberkirchenrat i.R. Hermann Schleinitz vom 29.09.2008.

[148] Escaffit und Rasiwala nennen drei Gründe für die Verbindungen von Taizé nach Mittel- und Osteuropa, die bereits Anfang der 60er Jahre geknüpft wurden: 1. die Zuneigung Frère Rogers zur Orthodoxie, 2. die Freundschaften zu osteuropäischen Bischöfen und 3. die Biografien von Brüdern, die durch die europäische Teilungsgeschichte betroffen waren. Seit 1961 bzw. 1962 bereisten die deutschstämmigen Frère Christoph und Frère Rudolf die DDR. »Jeder für sich unternimmt Besuche bei Jugendlichen und Familien und führt unauffällig Rüstzeiten durch.« Durch die so wachsenden Verbindungen wurde die DDR nach Aussage von Frère Rudolf »eine Plattform für alle Jugendtreffen im Osten«, hatte also besondere Brückenfunktion. (ESCAFFIT/RASIWALLA, Geschichte von Taizé, 150f) Vgl. auch KRÜGER-HAYE, Hirschluch, 14–

knüpften Verbindungen in verschiedene ostdeutsche Landeskirchen und initiierten kleine und große Treffen zur geistlichen Begegnung. Vermittelt über den späteren Bischof Schönherr entstand der Kontakt zum Leiter des Einkehrhauses in Hirschluch, Pfarrer Horst Krüger-Haye. Dort fanden immer wieder Einkehrzeiten für Jugendliche und junge Erwachsene in der Weise von Taizé statt. In intensiver Verbindung mit evangelischer und katholischer Kirche wurde auch das »Konzil der Jugend« 1974 vorbereitet. In Sachsen war Frère Roger nach der Erinnerung von Oberlandeskirchenrat i.R. Fritz zweimal zu Gast, vermutlich im Rahmen des »Pilgerwegs der Versöhnung« in Leipzig und Dresden im Mai 1980[149] oder in Dresden im Juni 1984.[150] Diese Begegnungen förderten einerseits die katholisch-evangelische Ökumene und führten andererseits tausende Jugendlicher zum Gebet zusammen. Einen Einblick in die Bedeutung der Taizé-Bewegung für die DDR gibt das Buch von Hildebrandt und Möller »Taizé. Wege der Versöhnung. Gegenwart einer Gemeinschaft«, das 1984 bei der Evangelischen Verlagsanstalt Berlin erschien.

Karin Johne beschreibt sich selbst in einer engen Verbindung zur Spiritualität von Taizé. Als nach und nach entdecktes »Zentrum und auch Ziel« ihres eigenen Weges formuliert sie Grundhaltungen, die sie ebenso bei Frère Roger findet:

»- Das ökumenische Anliegen, die Verbindung über alle Konfessionsgrenzen hinweg, die das gemeinsame Beten und Meditieren schafft;
- das Leben der Ökumene im eigenen Herzen, ehe daraus konkrete Schritte für die Kirchen wachsen können;
- die Einbindung der Stille in den anbetenden Wortgottesdienst;
- die Bindung des Gebetes an Musik, die tief ins Herz dringt und dort weiterbeten kann;
- das ›Weniger ist mehr als viel‹, welches ganz tiefe Dimensionen erreicht und verwandelt,
- trotz [der] bleibenden Schwachheit und Unvollkommenheit.«[151]

---

16 und BRANSCH, Nathan-Söderblom-Haus, 17–19. Den Hinweis verdanke ich dem Gespräch mit Oberlandeskirchenrat i.R. Reinhold Fritz vom 22.10.2008.

[149] Escaffit und Rasiwala nennen für Dresden die Zahl von 6000 Teilnehmenden, am Folgetag in Erfurt seien 10.000 dabei gewesen. (ESCAFFIT/RASIWALLA, Geschichte von Taizé, 146)

[150] Die Daten geben Hildebrandt und Müller an. (HILDEBRANDT, Jörg und Christine MÜLLER (Hg.), Taizé. Wege der Versöhnung. Gegenwart einer Gemeinschaft, Berlin 1984, 21)

[151] Wortgebet und Schweigegebet, 45.

In den kurzen Gesängen aus Taizé entdeckte Karin Johne einen geistlichen Rat des Evagrius Ponticus, der kurze, ständig wiederholte Bibelworte als wirksames Mittel gegen »Dämonen« - von Karin Johne als »dunkle Gedanken und Gefühle« umschrieben - empfiehlt. Sie beschreibt, sie habe nicht nur einmal erlebt, »dass innere Dunkelheiten wichen, wenn ich mich von dem Vers durchdringen ließ: [...] Christus, dein Licht, verklärt unsere Schatten, lasse nicht zu, dass mein Dunkel zu mir spricht‹.«[152]

I. 2. 3 Die Entwicklung der Retraitenarbeit in Sachsen

Auf der beschriebenen Grundlage entwickelten sich als Frucht der ökumenischen Arbeit in Sachsen, aber auch in den anderen Kirchen des Bundes der Evangelischen Kirchen in der DDR Angebote für Retraiten und Einkehrtage. Die Entwicklung in Sachsen, der Landeskirche, in der Karin Johne gelebt und gearbeitet hat, wird als erstes dargestellt. Dann folgt ein Blick in die anderen evangelischen Kirchen in der DDR und die Vernetzung der Einzelpersonen und der geistlichen Gemeinschaften innerhalb der DDR.

In Sachsen entstand die Retraiten-Arbeit aus verschiedenen Wurzeln. Zu nennen sind: Ein ökumenisch-offenes Umfeld,[153] Vertrautheit mit dem Alpirsbacher Psalmgebet durch die Arbeit des Kantors Dr. Erhard Paul,[154] das Interesse junger Pfarrer, den geistlichen Halt ihrer Arbeit zu vertiefen[155] und schließlich die Bereitschaft der Landeskirche, diese Arbeit auch

---

[152] Vgl. a.a.O., 45f.

[153] Vgl. Teil I, 2.1.

[154] Vom Kontakt mit dieser Arbeit berichten Schreier (Schreiben vom 31.07.2008), Wolff (Gespräch am 24.04.2008), Johne (Wortgebet und Schweigegebet, 33), Kühn (Gespräch vom 10.04.2008), Mai (Gespräch am 07.04.2008), Ziemer (Gespräch vom 15.04.2008), und Koch (27.08.2008). Auf die starke Verbindung der »Leipziger Studenten« mit dem »Alpirsbacher Antiphonale und seiner Art der Gregorianik« weist Bieritz hin. (Bieritz, Karl-Heinz, Sola autem experientia facit theologum. Erich Hertzsch als Praktischer Theologe, 67; in: Klaus Raschzok (Hg.), Praktische Theologie als Selbsterkenntnis der Kirche. Erich Hertzsch. 1902-1995, Leipzig 2003, 63-84)

[155] Schreier (Schreiben vom 31.07.2008) und Wolff (Gespräch am 24.04.2008); ein Teil dieser Gruppe bildete die Evangelische Gebetsbruderschaft, die an die Tradition der Pfarrbruderschaften im Sinn der kirchlichen Bruderschaften der Bekennenden Kirche anschloss (Vgl. Gerhard Hage, Joachim Graf Finckenstein und Gerhard Krause, Art. Bruderschaften/Schwesternschaften/Kommunitäten, 7. 20. Jahrhundert in: TRE Bd. 7, Berlin/New York 1981, 207-212, 208 und Karl-Fritz Daiber, Art. Bruderschaften III. Gegenwart, in: RGG Bd. 1, Tübingen [4]1998, 1786-1789, hier: 1786). Nach Ernst Koch bildete sich die Gruppe Anfang der 50er Jahre aus Pfarrern und einige Laien, die von der Alpirsbacher Tradition geprägt waren. Wesentlich war nach seiner Einschätzung für die Gruppe das Stundengebet, die gegenseitige Fürbitte und der Austausch bei den jährlichen Arbeits- und Ferienkonventen. Bis zum Mauerbau 1961

personell zu unterstützen und sich für die Errichtung eines Hauses der Stille in Grumbach bei Dresden zu entscheiden.

I. 2. 3. 1 *Zentrale Personen*

Der Aufbau der Arbeit in Sachsen ist vor allem verbunden mit den Pfarrern Christian Schreier und Gottfried Wolff und mit der Pfarrvikarin Karin Johne.[156] Voraussetzung für die Entwicklung ist bei allen drei Genannten das Interesse und die Sehnsucht nach der Vertiefung ihres geistlichen Lebens. Während Karin Johne hier zunächst autodidaktisch ihren Weg suchte, der stark von Meister Eckehart und der Meditation bestimmt wurde, waren Christian Schreier und Gottfried Wolff als Studenten und später als Pfarrer eingebunden in die Evangelische Gebetsbruderschaft,[157] über die nach Erinnerung von Schreier der erste Kontakt mit der Exerzitienarbeit und Pater Gordian stattfand. Bestimmender als für andere Mitglieder der Evangelischen Gebetsbruderschaft wurde für die beiden die Betrachtung biblischer Texte, die sich ihnen durch die ökumenischen Kontakte immer tiefer erschloss, während die Gregorianik und die Pflege eher konfessionell geprägter Spiritualität für sie in den Hintergrund rückte. Keiner der drei Genannten hat oder hatte eine engere Verbindung zur Michaelsbruderschaft, die in Sachsen und auch in Leipzig z.B. mit dem Professor für Praktische Theologie, Dr. Alfred Dedo Müller, präsent war. Alle drei hatten aber Kontakt zu und schätzten die Arbeit von Dr. Erhard Paul, einem Kirchenmusiker an der Thomaskirche, der die Gregorianik nach der Alpirsbacher Weise stark förderte.

Gottfried Wolff setzte als Gemeindepfarrer von Holzhausen bei Leipzig sehr schnell einen starken persönlichen Akzent auf die Exerzitienarbeit. Neben dem Pfarrdienst in seiner Gemeinde engagierte er sich in der Retraitenarbeit, indem er ökumenische Kontakte knüpfte,[158] sich selbst informierte und fortbildete, Tagungen besuchte und dann bereits ab etwa 1970 allein oder gemeinsam mit Referenten Einkehrtage anbot. Er entwickelte seine Arbeit und seine Arbeitsschwerpunkte selbstbewusst und selbstständig, ohne weiteren Kontakt zum Landeskirchenamt, was gelegentlich

---

gab es nach seiner Erinnerung auch Kontakte zu ähnlichen Gruppen in Westdeutschland. (Gespräch mit Prof. Dr. Ernst Koch vom 27.08.2008)

[156] Zum Beitrag Karin Johnes vgl. Teil I, 4.

[157] Die nicht institutionell verfasste Gruppierung entspricht der Beschreibung einer Bruderschaft als Zusammenschluss von Pfarrern, »die sich auf der Basis gemeinsamer Ausbildung über die Zeit der Ausbildung hinaus zusammengeschlossen haben« und »die Nachfolge Jesu in ihrem Alltag verbindlich leben wollen« (Daiber, Art. Bruderschaften III. Gegenwart, 1786).

[158] Der Kontakt zu Pater Christopher Lowe CR ging von Wolff aus.

zu Irritationen führte.[159] Dabei lebte er stark im ökumenischen Austausch v.a. mit Pater Lowe CR, aber auch mit Stiftsadjunkt Nils-Hugo Ahlstedt, dem Leiter des schwedischen Einkehrhauses in Rättvik, dessen Kollegen Per Måses und verschiedenen katholischen Anleitern.[160] Er versuchte die Exerzitien-Arbeit auch wissenschaftlich im evangelischen Bereich zu untermauern, indem er über »Zeiten mit Gott. Evangelische Exerzitien« promovierte.[161] Wolffs Hauptanliegen war es, dass die Teilnehmenden während der Retreat[162] ganz frei für Gott werden. Praktische Grundvoraussetzung dafür ist, dass sie aus ihrem Alltag herausgenommen und in einer schönen Umgebung gut mit allem Nötigen versorgt sind. Für die Begleitung ist aus Wolffs Sicht entscheidend,[163] dass der Begleiter bereit ist,

1. »den Schöpfer unmittelbar mit dem Geschöpf zusammenkommen zu lassen und sich selbst dabei als neutral verbindend zur Verfügung zu stellen, wie eine Waage«;[164]
2. nicht zu bewerten, sondern wahrzunehmen, was ist;[165]
3. nichts von sich anzustoßen, einzufädeln, fertig zu bekommen, sondern aufmerksam mit da zu sein.[166]

Wolff baute ab 1987 auf Wunsch des damaligen Bischofs Krusche das Haus der Stille für die Kirchenprovinz Sachsen in Möser bei Magdeburg auf.

Christian Schreier[167] arbeitete als Gemeindepfarrer zunächst in Euba, später an der Peterskirche in Leipzig. Ab dem 1.11.1980 wurde Schreier

---

[159] Angedeutet im Gespräch mit dem zeitweise damals im Landeskirchenamt zuständigen Referenten, Hermann Schleinitz (Gespräch vom 29.09.2008) und Oberlandeskirchenrat i.R. Reinhold Fritz (Gespräch vom 22.10.2008).

[160] WOLFF, Im Schatten, 172.

[161] Vgl. Literaturverzeichnis.

[162] Aus dem engen Kontakt mit der anglikanischen Kirche heraus benutzt Wolff in der Regel den Begriff »Retreat«, vgl. WOLFF, Zeiten mit Gott.

[163] Gespräch mit Wolff vom 24.04.2008.

[164] Dieser Grundsatz entspricht der Beschreibung des Ignatius von Loyola. (IGNATIUS VON LOYOLA, Geistliche Übungen und erläuternde Texte. Übersetzt und erklärt von Peter Knauer, Leipzig 1978, Annotatio 15)

[165] Wolff sieht hierin einen Grundsatz, der in der pietistischen Seelsorge leicht übersehen wird (Gespräch vom 24.04.2008).

[166] Anschaulich beschreibt nach Wolff diese Haltung Pater Willi Lambert SJ: Als Otto mit seinem Freund Karl in der Bäckerei steht, wird auch er gefragt, was er möchte. Er antwortet: »Ich will nix, ich bin bloß mit.« Vgl. Willi LAMBERT, Geistliche Begleitung in der kirchlichen Tradition – Geschichte und Sinn einer Weggefährtenschaft, in: FORUM SEELSORGE in Bayern: Info 2007. Thema: Geistliche Begleitung und Seelsorge; auch zum Download auf <www.forum-seelsorge.de> (27.01.2009), 3–15, hier: 3.

»zu 50% für die Retraitenarbeit in der Landeskirche freigestellt«[168] und übernahm damit viele Koordinierungsaufgaben, u.a. auch die Erstellung des jährlichen »Tätigkeitsbericht für die Retraitenarbeit«[169] an das Landeskirchenamt. Neben der Exerzitienarbeit war die Verbundenheit mit dem Stundengebet der Kirche die tragende Säule seiner Begleitungsarbeit. In den Anfangsjahren begleitete er viele Exerzitien als der evangelische Pfarrer, der die tägliche Abendmahlsfeier leitete, während die inhaltliche Gestaltung und die geistliche Begleitung der Teilnehmenden von Ordensleuten übernommen wurde. 1984 bekam Schreier von der Landeskirche die Pfarrstelle in Grumbach bei Dresden verliehen und baute dort unter großen organisatorischen Mühen das Pfarrhaus zum »Haus der Stille« der sächsischen Landeskirche aus.

I. 2. 3. 2 *Retraiten-Arbeitskreis*[170]

Die Retraitenarbeit wurde koordiniert und unterstützt durch den Retraiten-Arbeitskreis in der sächsischen Landeskirche. Er diente dem fachlichen Austausch, der gemeinsamen Planung und Werbung für Retraiten und Ausbildungen zur geistlichen Begleitung und der Verankerung einer tragfähigen Struktur innerhalb der sächsischen Landeskirche.[171] Der Arbeitskreis traf sich ab Ende der 70er Jahre bis zur Wende in der Regel ein- bis

---

[167] Informationen aus dem Schreiben Schreiers vom 31.07.2008 und seinem Vortrag zum 10. Jahrestag der Einweihung des Hauses der Stille in Grumbach, am 24.06.2007.

[168] Für weitere 50% seines Dienstes wurde Pfarrer Schreier freigestellt für die Arbeit im Kirchenbezirk. (Protokoll des Retraiten-Arbeitskreises vom 17.10.1980, in: Akten von Grumbach)

[169] Davon finden sich in den Akten von Grumbach die Jahre 1981–1984. Weitere Berichte sind vermutlich vorhanden, waren mir aber nicht zugänglich.

[170] Quellen für die folgende Darstellung sind die Akten von Grumach, u.a. mit Protokollen des Arbeitskreises von 1977 bis 2002, Tätigkeitsberichten von Pfarrer Schreier und Korrespondenzen zwischen den Mitgliedern des Arbeitskreises.
Der Arbeitskreis nannte sich zunächst und zeitweise auch ab 1986 wieder »Arbeitskreis für Geistliche Einkehrtage« und hat sich Ende der 70er Jahre konstituiert. Karin Johne schreibt in einem Brief an Pfarrer Heiner Bludau vom 13. Juni 1994, in dem sie ihn zur Mitarbeit im Arbeitskreis einlädt: »Wir haben in Sachsen seit etwa 15 Jahren einen Arbeitskreis für Retraitenarbeit/Meditationsarbeit/Exerzitienarbeit. Er wird vom Landeskirchenamt verantwortet – aber wir arbeiten sehr selbständig.« Die von ihr geschriebenen Protokolle nach dem Weggang von Oberkirchenrat Schleinitz ab 1986 tragen alle den Titel »Protokoll Arbeitskreis für Geistliche Einkehrtage Sachsens«. (Akten von Grumbach) Zur leichteren Unterscheidung vom »Arbeitskreis für Evangelische (oder Geistliche) Einkehrtage« in der DDR (vgl. Teil I, 2.4.3) wird der sächsische Arbeitskreis in dieser Arbeit als »Retraiten-Arbeitskreis« bezeichnet.

[171] Protokoll der Sitzung des Retraiten-Arbeitskreises 17.10.1980, ausgefertigt von Oberkirchenrat Schleinitz am 24.10.1980. (Akten von Grumbach)

zweimal jährlich. Karin Johne, Christian Schreier und Dr. Gottfried Wolff[172] gehörten zu seinen beständigen Mitgliedern. Mehrere andere Pfarrer nahmen zeitweise am Arbeitskreis teil, während sie in der Retraitenarbeit aktiv waren.[173] Ein Vertreter des Landeskirchenamtes stellte die Verbindung zur Kirchenleitung her.[174] Oberkirchenrat Hermann Schleinitz, von 1980 bis 1986 für diesen Arbeitsbereich zuständig, engagierte sich besonders intensiv. Er erstellte die meisten Protokolle, bemühte sich darum, die Aufgaben zu strukturieren und die Finanzierung zu sichern. In seiner Dienstzeit wurde sowohl Karin Johnes Dienstumfang auf 100% aufgestockt, als auch die Einrichtung eines Hauses der Stille in Grumbach initiiert.

Einige Zahlen geben Einblick in den Umfang der Retraiten-Arbeit in Sachsen. Im Jahr 1981 fanden »30 Kurse Evangelische Einkehrtage« statt, davon wurden elf von Mitarbeitern der sächsischen Landeskirche und fünf vom Diakonissenhaus Aue unter der Leitung des dortigen Rektors Pfr. Erich Markert verantwortet, fünf Kurse erfolgten unter Leitung eines katholischen Ordensgeistlichen, drei waren ökumenische Meditationskurse, sechs Kurse fanden unter der Leitung eines Pfarrers oder Predigers aus anderen Landeskirchen bzw. der Methodistenkirche statt.[175] Das Teilnahmeverhalten charakterisiert Schreier so: »Es sieht so aus, als würden die Meditationskurse und die von Pater Gordian gehaltenen Einkehrtage am besten besucht, d.h. sie sind meist ausgebucht, bzw. die Nachfrage über-

---

[172] Wolff bis zu seinem Wechsel in die Kirchenprovinz Sachsen 1987/1988.

[173] Genannt werden z.B. Rektor Erich Markert (Diakonissengemeinschaft Aue), Rektor Günnel (Diakonissenhaus Borsdorf), Dr. Hanns-Joachim Wollstadt (Vorsteher und geistlicher Leiter des Martinshofes in Rothenburg 1965–1979, Bischof der Evangelischen Kirche des Görlitzer Kirchengebietes in den Jahren 1980-1985), Pfarrer Mehner, Wendler, Pfarrer Johannes Sembdner, Pfarrer Wolfgang Winkler, Kircheninspektor M. Andreas Sembdner, Pfarrer Gottfried Morgenstern, Pfarrer Martin Carlitz, Pfarrer Christoph Führer, Sigrid Schneider. (Protokolle des Retraiten-Arbeitskreises vom 16.06.1977, 17.10.1980, 25.05.1981, Adressenliste vom 12.04.1983 und 16.07.1988)

[174] Oberkirchenrat Erhard Wonneberger bis 1980, Oberkirchenrat Hermann Schleinitz von 1980 bis 1986, vertretungsweise durch Oberlandeskirchenrat Reinhold Fritz, später durch Pfarrer Gernot Werner, der aber nur selten an den Treffen des Arbeitskreises teilnahm. (»Protokoll Arbeitsgemeinschaft für Geistliche Einkehrtage Sachsens« vom 16.06.1977, 09.04.1986; Brief von Oberlandeskirchenrat Fritz an Karin Johne vom 22.10.1986; Protokolle der Arbeitsgemeinschaft vom 9.5. und 26.10.1987, 18.05.1988 alle Texte in: Akten von Grumbach)

[175] Bericht über die Retraitenarbeit im Bereich der sächsischen Landeskirche im laufenden Jahr 1981, verfasst von Pfarrer Christian Schreier in: Akten von Grumbach.

steigt die Kapazität.«[176] Bei den anderen Kursen blieben gelegentlich Plätze frei. Es beteiligten sich verhältnismäßig viele junge Menschen. Kirchliche Mitarbeiter, besonders Pfarrer, seien relativ selten vertreten. Das Verhältnis zwischen »Kerngemeinde« und Teilnehmern, die mehr von »außen« kommen, halte sich wohl etwa die Waage.[177] Da zunächst kein eigenes Haus vorhanden war, wurden die Retraiten in evangelischen und katholischen Häusern inner- und außerhalb Sachsens angeboten.[178]

Im fachlichen Austausch wurden unterschiedliche Akzentuierungen der Retraiten-Leitenden deutlich. Die Retraiten unterschieden sich z.B. hinsichtlich der Dauer des Schweigens und die Art der Anleitung.[179] Die Retraiten mit Pater Gordian hatten einen Schwerpunkt auf dessen Vorträgen, Dr. Gottfried Wolff konzentrierte sich auf die Anleitung entsprechend den ignatianischen Exerzitien und Karin Johne gab z.T. ausführlichere Anleitungen zur Meditation. Auch über Sinn und Möglichkeit der Ausweitung der Arbeit durch Exerzitien im Alltag gab es unterschiedliche Einschätzungen.[180] Trotz der Unterschiede war die Zusammenarbeit geprägt vom gemeinsamen Interesse, Angebote zur Retraite – zum Rückzug in die Stille mit Gott – in der Landeskirche zu verankern.

Eine wesentliche Aufgabe des Retraiten-Arbeitskreises war die Koordination und die gemeinsame Werbung für die Retraitenarbeit in der Kirchenzeitung. Die Möglichkeit zur Werbung und Veröffentlichung war sehr beschränkt. »Der Sonntag« erschien vor der Wende wöchentlich in einer vierseitigen Ausgabe, in der einmal jährlich sämtliche Angebote der Re-

---

[176] A.a.O.. In den Ankündigungen ab 1980 wurde immer wieder darauf verwiesen, dass sich jede und jeder Interessierte nur für einen Kurs pro Jahr anmelden möge. (SONNTAG 35 (1980/2), 4 und mehrfach danach)

[177] Bericht über die Retraitenarbeit im Bereich der sächsischen Landeskirche im laufenden Jahr 1981 in: Akten von Grumbach.

[178] Wiederrum exemplarisch: Von 21 Kursen im Jahr 1982/1983 fanden 10 Kurse in katholischen Häusern statt, 6 in Häusern der Landeskirchlichen Gemeinschaft, vier in evangelischen Häusern außerhalb der sächsischen Landeskirche und einer im Tagungszentrum Herrnhut. (Bericht über die Retraitenarbeit Juli '82 bis Juni '83 verfasst von Pfarrer Schreier, in: Akten von Grumbach)

[179] Um hier mehr Klarheit zu schaffen wurde beschlossen, in den Ausschreibungen des folgenden Jahres dafür zu sorgen, dass die Teilnehmenden möglichst erfahren »welchen Raum das Schweigen einnimmt, [...] damit keine Enttäuschungen vorkommen.« (Protokoll des Arbeitskreises für Geistliche Einkehrtage vom 16.6.1977, Akten von Grumbach)

[180] Vgl. Protokolle vom 16.06.1977; 17.10.1980 und Aktennotiz vom 19.04.1982 . (Akten von Grumbach)

traiten-Arbeit in Sachsen veröffentlicht wurden.[181] Gelegentlich kam es dabei zu missverständlichen Kürzungen durch die Redaktion, die dann Nacharbeit und Korrektur erforderten oder sogar, wie von Karin Johne vermutet, im Jahr 1983 zu einem Rückgang der Anmeldungen führten.[182] Karin Johne beklagt in einem Brief an die Redaktion des Sonntag,[183] dass in der Vorankündigung für 1983 mehrere methodische und thematische Festlegungen der angebotenen Kurse, wie »Einkehrtage mit Hilfen zur biblischen Meditation« oder »Meditieren mit Meister Eckehart«, weggelassen wurden, die aber für die Wahl eines Kurses entscheidend seien und bittet darum, einige Korrekturen noch zu veröffentlichen.

Die sächsischen Angebote wurden gemeinsam auch an Pfarrer Dr. Dr. Paul Toaspern, den Vorsitzenden der »Arbeitsgemeinschaft für Geistliche Einkehrtage in der DDR« weitergegeben, der dann für die Weitergabe an die in der gesamten DDR erscheinende Wochenzeitung »Die Kirche« sorgte.

Bereits 1977 wird die Zahl der Arbeitskreismitglieder, die Angebote machen können, als zu niedrig eingeschätzt. »Wir müssen mehr und mehr dahin kommen, daß wir uns auf eigene Füße stellen und unabhängig machen von Retraitenleitern, die von außerhalb kommen. [...] Wir brauchen

---

181 Pfarrer Schreier bedauert die Beschränkung auf die sächsischen Angebote u.a. in seinem »Tätigkeitsbericht Retraitenarbeit Juli ’83-Juni ’84«. Andere Kirchenzeitungen veröffentlichten *alle* Angebote in der DDR. (Akten von Grumbach)

182 Am 12.04.1983 berichtet Karin Johne in einem Brief an Pfarrer Schreier, der in diesem Jahr sehr wenige Anmeldungen für seine Kurse hatte, dass auch bei ihr die Anmeldungen noch nie so spärlich eingegangen seien, wie in diesem Jahr. Sie vermutet, dass einerseits die stark verkürzte Ausschreibung im SONNTAG dafür verantwortlich sein könnte, fragt sich aber auch »ob wir nicht überhaupt einen Fehler damit gemacht haben, daß wir unser Angebot so unorganisch sprunghaft in die Höhe schnellen ließen. Vorher hatten wir eigentlich immer diejenigen Kurse verstärkt, wo die Nachfrage größer war als das Angebot.« (Akten von Grumbach)

183 Brief von Karin Johne an die Redaktion des SONNTAG vom 04.12.1982 in: Akten von Grumbach. Karin Johne bezieht sich wohl auf ein Telefongespräch und schreibt: »[...] ich spürte hinter Ihren Worten, daß es Ihnen große Mühe gemacht hat, den von uns eingegebenen Plan [...] zu verkürzen. Wie schade, daß wir diese Information nicht eher hatten, dann hätte sich einiges vermeiden lassen, was mir heute morgen, als ich den ›Sonntag‹ bekam, einen wirklichen Schock versetzt hat. So – wie es im Augenblick vor der Öffentlichkeit steht – wenigstens was meine Kurse betrifft müssen sich Leute melden, die mit völlig falschen Vorstellungen kommen. Und andere, die mit echtem Interesse auf ein bestimmtes Angebot warten, wissen mit diesem Plan nichts anzufangen.«
Ab 1985 plante Oberkirchenrat Schleinitz, die Kurse zweimal jährlich im SONNTAG veröffentlichen zu lassen, ein Plan, der nach seinem Weggang aus dem Landeskirchenamt 1986 nicht weiter verfolgt wurde. (Protokoll über die Sitzung des Arbeitskreises Retraitenarbeit am 28.09.1984 in: Akten von Grumbach.

Weiterbildung und Möglichkeit des Erfahrungsaustausches.«[184] Im Hintergrund dieser Aussage steht weniger das Interesse, sich von katholischen oder westeuropäischen Anleitenden unabhängig zu machen, als vielmehr das Bewusstsein, dass die Angebote der Retraiten-Arbeit gut ausgelastet und ausbaufähig waren und die aktuelle Unterstützung von politischen und persönlichen Unwägbarkeiten abhing.[185] Mit der teilweisen Freistellung von Christian Schreier für die Retraitenarbeit ab 1980 konnten die eigenen Angebote ausgebaut werden. In den 80er Jahren folgten zwei Ausbildungsgänge für geistliche Begleitung.[186]

Zunehmend problematisch für die Arbeit in Sachsen war es, dass kein eigenes Haus mit Einzelzimmern und einem sakralen Raum zur Verfügung stand. Während zu Anfang relativ viele katholische Häuser mit diesen baulichen Voraussetzungen genutzt werden konnten, gingen diese ökumenischen Angebote zurück, weil die Häuser selbst gebraucht wurden. Wenn die Doppelzimmer wegen des durchgehenden Schweigens und der notwendigen Rückzugsmöglichkeit nur einfach belegt werden konnten, fehlte die notwendige Finanzierung für die Häuser. Anfangs zeigten sich einige evangelische Häuser bereit, die fehlende Finanzierung für die leer bleibenden Betten in Mehrbettzimmern (»Leerbettengeld«) zu tragen, Anfang der 80er Jahre wurde aber zunehmend auf einem finanziellen Ausgleich bestanden.[187] Das Protokoll des Retraiten-Arbeitskreises von der Sitzung am 28.9.1984 stellt dazu ohne nähere Erklärung fest: »Leerbettengeld ist durch Schleinitz geklärt.« In der Folge wurde das Thema nicht mehr angesprochen und scheint also gelöst worden zu sein.

Nachdem die sächsische Landeskirche sich entschlossen hatte, das Pfarrhaus von Grumbach als Haus der Stille auszubauen, konstatiert das Protokoll des Retraiten-Arbeitskreises: »Vorerst ist mit dem Ausbau von 6 Gästezimmern zu rechnen, das ist bei der augenblicklichen Sachlage mög-

---

[184] Protokoll des Arbeitskreises für Geistliche Einkehrtage vom 16.6.1977, in: Akten von Grumbach.

[185] Zu bedenken ist, dass Pater Lowe als wesentlicher Unterstützer aus der anglikanischen Kirche neben persönlichem Interesse und fachlicher Kompetenz auch sehr gute Deutschkenntnisse einbrachte. Ein Ersatz für ihn wäre nicht leicht zu finden gewesen. Außerdem hatte Pater Gordian, einer der wesentlichen katholischen Beteiligten, auch bereits das 65. Lebensjahr überschritten.

[186] Vgl. Teil I, 2.3.3.

[187] Brief von Karin Johne an Oberkirchenrat Schleinitz vom 17.07.1984 (Akten von Grumbach), die Schreiben von Pfarrer Schreier vom 05.02.1982 und 24.2.1982 und die Tätigkeitsberichte von Pfarrer Schreier 82/83 und 83/84. (Akten von Grumbach)

lich. Die Perspektive heißt: Lieber klein anfangen und dann erweitern, als ein zu großes Projekt hinstellen, das nicht zum Leben erwachen kann.«[188]

I. 2. 3. 3 *Zwei ökumenische Ausbildungen und die Idee der retreat-at-home*[189]

Da die Retraitenarbeit während der DDR-Zeit gut angenommen wurde, die Kurse in aller Regel voll ausgebucht und die Plätze entsprechend sehr begrenzt waren, entstanden im Abstand von etwas mehr als einem Jahr zwei Initiativen:

Der erste Impuls für eine ökumenische Ausbildung zur geistlichen Begleitung entstand nach der Erinnerung von Christian Schreier bei einer Tagung des Exerzitiensekretariates des Bistums Meißen, zu denen jeweils auch die evangelischen in der Retraitenarbeit aktiven Personen eingeladen wurden.[190] Die Idee nahmen auf katholischer Seite der damalige Regionalsuperior Pater Gerrit König SJ, zu dieser Zeit auch Leiter des Exerzitienhauses Hoheneichen, und der Leiter der Tagung, Pfarrer Leander Walter (Bad Schandau), auf evangelischer Seite Pfarrer Dr. Gottfried Wolff auf.[191] Sie luden dann für 1982 zu einem »Programm für die Ausbildung von Leitern für Einkehrtage (Exerzitien)« ein. Der Kurs sollte vier Jahre dauern und Menschen fortbilden, die als Leiterinnen und Leiter von Einkehrtagen entweder schon aktiv waren oder aktiv werden wollten oder die anderen

---

[188] Protokoll Arbeitsgemeinschaft für Geistliche Einkehrtage Sachsen vom 09.04.1986. (Akten von Grumbach)

[189] Hauptinformationsquelle zu diesen Kursen sind Texte aus den Archiv-Ordnern im Haus der Stille in Grumbach und Gespräche mit Beteiligten. Für den zweiten ökumenischen Ausbildungskurs ist das, neben den bereits genannten Pater Bernward Jensch SJ, der mir seine Erinnerungen in Form mehrerer E-Mails und eines Telefongesprächs zugänglich machte; er hatte die organisatorische Leitung auf katholischer Seite. Sowie die schriftlichen Berichte Karin Johnes (Einkehrtage/Arbeit der Stille in der ehemaligen DDR) und die Eindrücke von Gerhard Meyer (Einkehrarbeit im Alltag des Gemeindepfarramtes, 33).

[190] Gespräch mit Pfarrer i.R. Christian Schreier vom 20. April 2008 und Wolff, Im Schatten, 172f. Die dort genannte Jahreszahl (1975) ist aus den mir vorliegenden Korrespondenzen im Retraiten-Arbeitskreis nicht zu erhärten (Brief von Pfarrer Christian Schreier an Oberkirchenrat Schleinitz vom 5.2.1982: »Der erste Akt unserer gemeinsamen Weiterbildung ist vorbei: Gemeinsame Gruppenexerzitien unter der Leitung von Dr. Wolff und Dr. Lins. Es war alles sehr gut und ist auch so von den Teilnehmern aufgenommen worden. Zur Reflexion war auch P. Gordian anwesend, der aus seinen reichen Erfahrungen viel Wertvolles beigesteuert hat.« und Aktennotiz über die Sitzung des Arbeitskreises Retraitenarbeit am 19.4.1982 von Oberkirchenrat Schleinitz, u.ö.). Die Ausbildung begann m.E. 1982. (Akten von Grumbach)

[191] In den Akten von Grumbach findet sich das »Programm für die Ausbildung von Leitern für Einkehrtage (Exerzitien)«, der Beginn ist für den 27.1.-3.2.1982 mit Einkehrtagen in Blankenhain bei Werdau vorgesehen. Die Anmeldungen sind an Pfarrer Walter, Bad Schandau oder Pfarrer Dr. Wolff, Holzhausen, zu richten.

zur geistlichen Begleitung zur Verfügung stehen sollten und dafür auch von ihrer Kirche freigestellt würden. Eingeladen wurden je 20 evangelische und katholische Teilnehmende an Einkehrtagen, deren Interesse und Begabung von den Einladenden gesehen wurde.[192]

Der Kurs wurde weder von den Bistümern Dresden-Meißen und Erfurt, noch von den Evangelisch-Lutherischen Landeskirchen Sachsens oder Thüringens offiziell getragen, auf deren Territorien die Veranstaltungen stattfanden. Die Institutionen waren über Vorhaben und Durchführung informiert und begleiteten die Ausbildung im Wesentlichen wohlwollend.[193] So unterstützte die sächsische Landeskirche die Ausbildung durch die Übernahme der Kosten.[194] Der Kurs fand mit ökumenischen Teilnehmenden und in ökumenischer Organisation mit überwiegend katholischen Anleitenden statt.[195]

Christian Schreier berichtete an Oberkirchenrat Schleinitz von zunächst sechs sächsischen Teilnehmenden an diesem Ausbildungskurs: Pfarrvikarin Karin Johne und die Pfarrer Dr. Gottfried Wolff, Johannes Sembdner, Bräunig,[196] Gottfried Morgenstern und Christian Schreier selbst. Später teilt Schreier mit, dass sich die Zahl der Teilnehmer aus der sächsischen Landeskirche von sechs auf acht erhöht habe, was möglich sei, weil nicht jeder alle Veranstaltungen besuchen müsse. Es würden verschiedene Exerzitienkurse mit anschließender Reflexion angeboten, aus denen die Teilnehmer dann auswählten.[197] Die Ausbildung bestand aus Arbeitstagungen mit Vorträgen, Diskussionen und Übungen, sowie aus eigenen Exerzitien und Retraiten mit jeweiligen reflexiven Teilen. Einzelne Teile wurden dabei auch von sonst Teilnehmenden übernommen. So gestaltete Dr. Gott-

---

[192] Ohne Datum, aber mit dem Zusatz: »Anmeldungen bis Ende Nov. 81 an Pfarrer Walter [...] oder Pfarrer Dr. Wolff«. (Akten von Grumbach)

[193] Das Vorhaben wurde am 17.10.1980 im Retraiten-Arbeitskreis diskutiert und weitergeplant. Pfarrer Schreier und Pfarrvikarin Johne wurden nach dem Protokoll beauftragt, die Verbindung zu den ›katholischen Vertretern der Retraitenarbeit‹ zu halten. Entgegen der Planung lud dann Pfarrer Dr. Wolff gemeinsam mit Pfarrer Walter zum Ausbildungskurs ein. (Protokoll der Sitzung des Retraiten-Arbeitskreises vom 17.10.1980, ausgefertigt von Oberkirchenrat Schleinitz am 24.10.1980 in: Akten von Grumbach)

[194] Dies teilte Oberkirchenrat Schleinitz nach dessen Anfrage Pfarrer Schreier in seinem Schreiben vom 17.02.1982 mit. (Akten von Grumbach)

[195] Gerhard Meyer, Einkehrarbeit im Alltag des Gemeindepfarramtes, in: Leitungskreis, Herr komm in mir wohnen, 32f, hier: 33.

[196] Der Vorname war nicht zu ermitteln.

[197] Briefe von Christian Schreier an Oberkirchenrat Hermann Schleinitz vom 5.2.1982 und im »Tätigkeitsbereicht Retraitenarbeit Juli '83 bis Juni '84«. (Akten von Grumbach)

fried Wolff mit Dr. Hermann Lins die ersten Einzelexerzitien und Karin Johne übernahm mit Pater Christopher Lowe CR, Pfarrer Klaus Wenzel und Pater Gerrit König SJ eine Arbeitstagung zu »Meditationshilfen zum Thema: Gott liebt mich.«[198]

Pfarrer Dr. Gottfried Wolff startete mit seinem ökumenischen Partner, Pfarrer Leander Walter, die erste Ausbildung zu geistlicher Begleitung etwa zu der Zeit, als im Retraiten-Arbeitskreis eine zweite Initiative entstand.

Dieses zweite Ausbildungsprojekt entwickelte sich im Retraiten-Arbeitskreis nach einem Besuch von Pater Lowe 1981, bei dem er von den anglikanischen Erfahrungen mit der »retreat-at-home« berichtet hatte. Die Idee wurde im Retraiten-Arbeitskreis diskutiert. Während auf der einen Seite eine gewisse Begeisterung für diese Möglichkeit die Angebote auszuweiten zu spüren ist, mahnen andere, dass »durch Abstriche und Vereinfachung nicht verwässert werden dürfe« und geben zu bedenken, dass dazu qualifizierte Begleiter gebraucht werden. Beim nächsten Besuch von Pater Lowe soll die Idee und ihre mögliche Modifikation für die DDR-Wirklichkeit weiter erörtert werden.[199] Am 6.10. 1982 fand daher auf Wunsch von Oberkirchenrat Schleinitz ein Gespräch im Landeskirchenamt mit Pater Christopher Lowe, den Pfarrern Schreier und Dr. Wolff und Pfarrvikarin Johne statt, bei dem die Möglichkeiten der Anpassung der »at-home-retreats« für den eigenen Bereich erörtert wurden.[200] Ausgehend vom Exerzitienbuch des Ignatius sind Zeit für Schriftmeditation, die Begleitung und die Möglichkeit zum Sakramentsempfang Voraussetzung für Exerzitien. Diese Voraussetzungen können nicht nur in einer Einkehrzeit, sondern auch im Alltag gegeben sein.[201] Um die Retreat-at-home durchführen zu können, wurde von den Teilnehmenden an diesem Gespräch der Bedarf zur Ausbildung kompetenter Begleiterinnen und Begleiter gesehen. Die Ausbildung wurde in vier Stufen geplant:

> »1. Einübung in verschiedene Möglichkeiten und Formen des Betrachtenden Gebets, der Schriftmeditation, Bild-, Symbolmeditaion, Entspannungsübungen usw. Dauer: 8 ganze Tage in jeweils 14-tägigem Abstand.

---

198 Vgl. das Protokoll der Jahrestagung 1982 des Exerzitienwerks des Bistums Dresden-Meißen am 25.05.82 in Hoheneichen. (Akten von Grumbach)

199 Aktennotiz von Oberkirchenrat Schleinitz (Reg. Nr. 20575) über die Sitzung des Arbeitskreises Retraitenarbeit am 19.4.1982 in Borsdorf und Ergänzende Bemerkungen zur Aktennotiz von Pfarrer Schreier. (Akten von Grumbach)

200 Protokoll des Gesprächs am 06.10.1982 in: Akten von Grumbach.

201 Zur Praxis der »leichten« und »offenen« Exerzitien bei Ignatius und in der Anfangszeit des Jesuiten-Ordens vgl. Hettich, Glauben im Alltag einüben, 50-137; zur klassischen Unterscheidung von »leichten« und »offenen« Exerzitien a.a.O., 50-59.

2. Beschäftigung mit Ignatius, seinem Leben, seinem Exerzitienbuch und dessen innerer Dynamik, Unterscheidung der Geister usw. Dauer: 10-12 volle Tage, über einen längeren Zeitraum verteilt.
3. Teilnehmer machen selbst eine at-home-retreat mit einer anschließenden Reflexion. (Hier ziehen sich die Dozenten der ersten beiden Stufen zurück. Zwei andere begleiten die Retreat in dieser 3. Stufe.) Dauer: 8 Wochen zusammenhängend.
4. Die Teilnehmer führen zusammen mit einem erfahrenen Begleiter ihre erst at-home-retreat durch. Erfahrungsaustausch. Dauer: 8 Wochen zusammenhängend.
Die Gesamtdauer der Ausbildung beträgt ca. 2 Jahre.«[202]

Die Ausbildung sollte in Zusammenarbeit mit »den Jesuiten als Fachleuten für Exerzitein und mit der GCL (Gemeinschaft Christlichen Lebens)«[203] geplant und durchgeführt werden. Zehn Personen, Pastoren und Laien, sollten in der Folge für diese Ausbildung gewonnen werden. Der Beginn der Ausbildung wurde für 1984 angedacht.

Eine Rücksprache mit Pater Gerrit König SJ und Vertretern der GCL ergaben, dass von dort ähnliche Überlegungen angestellt worden waren. Die Planung konnte aber nicht im erhofften Tempo umgesetzt werden. Oberkirchenrat Schleinitz lud Schreier, Dr. Wolff und Johne für den 04.05.1984 zu einem – für drei Stunden geplanten – »Gesprächstermin für Weiterarbeit Retraitenarbeit« ins Landeskirchenamt ein: »Mir geht es vor allen Dingen auch um die Fragen der Retreat at home und um die Aufteilung der Gesamt-Retrait-Arbeit Sachsens in verschiedene Bereiche. Beispielsweise denke ich daran, daß vornehmlich Frau Johne die Meditationsarbeit, Herr Schreier die Retraitarbeit im allgemeinen und Herr Dr. Wolff die Retreat at home ›übernimmt‹.«[204] In einem weiteren Schreiben vom 17. April bittet er, sich noch eine Stunde mehr Zeit zu nehmen, um alle Punkte »in Ruhe und ausführlich miteinander besprechen [zu] können.« Oberkirchenrat Schleinitz schließt mit dem Satz: »Ich freue mich sehr auf unser Gespräch und bitte jetzt schon, daß Gott uns einen guten Vormittag schenkt und uns allen die Offenheit gibt, die wir brauchen (davor habe ich

---

[202] Protokoll des Gesprächs am 06.10.1982, 2. in: Akten von Grumbach.
[203] Die GCL ist eine »unabhängige Gemeinschaft von Laien, Priestern und Ordensleuten«, die sich aus einer »ignatianischen Laiengruppe«, der *Marianischen Congregation*, entwickelt hat. Ihr Ziel ist es »mittels *Meditation* und *sozialem Engagement* alle Bereiche des Lebens mit christlichem Geist zu durchdringen.« (Vgl. Oswald EGGENBERGER, Art. Neue geistliche Bewegungen und Gemeinschaften, in: EKL Bd. 3, Göttingen [3]1992, 669–672, hier: 671; Hervorhebung im Original) Ausführlicher zur Arbeit der GCL vgl. HETTICH, Glauben im Alltag einüben, 308–314.
[204] Einladung vom 29.02.1984 in: Akten von Grumbach.

Angst).«[205] Die Formulierung lässt auf Konflikte schließen, die ein Grund für die Verzögerung des Beginns der Retreat-at-home-Arbeit sein können.

Der zweite ökumenische Ausbildungskurs zielte also speziell auf die Fortbildung von geistlichen Begleiterinnen und Begleitern für die »Geistlichen Übungen im Alltag« oder, wie Pater Jensch in seiner Einladung formuliert, für »Exerzitien zu Hause«. Er begann mit einer ersten Weiterbildung vom 1.-4. November 1984 im Augustinerkloster in Erfurt. Auf evangelischer Seite sollte Dr. Gottfried Wolff für den inhaltlichen,[206] Pfarrvikarin Johne für den organisatorischen Teil der Ausbildung verantwortlich sein.[207] Die praktische Durchführung und Organisation übernahmen vor allem Pater Bernward Jensch SJ und Pfarrvikarin Karin Johne. Der Kurs endete im Januar 1988.[208]

Über die beiden Ausbildungskurse heißt es im Protokoll des Retraiten-Arbeitskreises vom 09.04.1986: »Es laufen zwei Ausbildungsstränge nebeneinander her:

die Ausbildung für Retraitenleiter, (evgl. verantw. Schreier)

die Ausbildung für ›Exerzitien zu Hause‹ (evgl. verantw. Johne)

Inhaltlich gehen beide Ausbildungen sehr konform, lassen sich aber nicht einfach vereinen, da der erste Ausbildungsgang nach 5jähriger Dauer nun an sein Ende gelangt ist, der andere, vor

---

[205] Beide Schreiben (vom 29.02. und 17.4.1984) in: Akten von Grumbach.

[206] Der »Entwurf« handschriftlich eingetragen einer »Aktennotiz über das Planungsgespräch mit der Leitungsgruppe der at-home-Retraits« vom 04.11.1984, unterzeichnet von Oberkirchenrat Schleinitz beschreibt die Arbeitsteilung so: »1. Die vier Personen [Pfarrvikarin Johne, Frau Harnack, Pater Jensch, Pfarrer Dr. Wolff] arbeiten als Leitungsgruppe. Jeder trägt Verantwortung für die Gesamtkonzeption und hat Eigenverantwortung in einem bestimmten Bereich. Es wird maßgeblich darauf ankommen, sich gegenseitig von dem, was man tut, in möglichst gleicher Weise und Form zu informieren und sich gegenseitig auf Schwachstellen aufmerksam zu machen. 2. Johne: Koordinator, d.h. vornehmlich auch organisatorische Aufgaben neben der Briefkursarbeit. Harnack: Verbindung zu den entsprechenden Regionalgruppen. Jensch: methodische, didaktische Gesichtspunkte/jeweils Kontakte zu einzelnen Referenten. Dr. Wolff: theologische Begleitung und Bereitstellung von Material.« (Akten von Grumbach)

[207] Niederschrift über ein Planungsgespräch wegen der Retrait-Arbeit in der sächsischen Landeskirche am 4. Mai 1984 und die Einladungen von Pater Bernward Jensch SJ vom 22.05.1984 und von Dr. Gottfried Wolff und Karin Johne, ohne Datum. (Akten von Grumbach)

[208] Protokoll Arbeitskreis für geistliche Einkehrtage am 18.05.1988. (Akten von Grumbach)

1 ½ Jahren begonnen, noch etwa 2 Jahre weiterläuft. Außerdem sind die in den Häusern vorhandenen Plätze für Ausbildungsexerzitien zu gering, um alle Teilnehmer fassen zu können«.[209]

Beide Kurse waren inhaltlich ganz ähnlich konzipiert, hatten aber zeitversetzt begonnen, so dass sich aufgrund der begrenzten Ressourcen an Referentinnen und Referenten und den wenigen, an den Bedarf angepassten Häusern zeitweise auch eine leichte Konkurrenz entwickelte.[210]

Die Ausbildungs-Arbeit beider Kurse wurde inhaltlich und mit Referenten stark unterstützt von den Frankfurter Jesuiten und vor allem der zweite Kurs auch von der Gemeinschaft Christlichen Lebens (GCL) in Augsburg. So kamen unter anderen die Jesuitenpatres Wolfgang Müller, Josef Sudbrack, Alex Lefrank, Willi Lambert, auch Hildegart Ehrtmann, Pater Anselm Grün, Pater Johannes Lütticken OSB (Trier),[211] Pater Werner Grätzer oder Bruder Hans, der Leiter der Kommunität von Imshausen,[212] aber auch die spätere Priorin der Schwanberger Gemeinschaft des Casteller Rings, Schwester Edith Krug zu Ausbildungskursen oder Schwester Karla Hasiba aus Wien.[213] Neben den Kursangeboten mit Themen wie »Un-

---

[209] Protokoll Arbeitsgemeinschaft für Geistliche Einkehrtage Sachsens vom 9.4.1986. (Akten von Grumbach)

[210] Im »Protokoll über die Sitzung des Arbeitskreises Retraitenarbeit am 28.09.1984« wird »festgestellt, daß sie die Retrait-Leiter-Ausbildung und die Leitung zu Leitern der at home-Retraits nicht in Konkurrenz, sondern in Ergänzung zueinander finden.« (Akten von Grumbach)
Konkret trat diese »Konkurrenz« z.B. bei dem Kurs der Einzelexerzitien vom 12.-21.11.1985 in Krummenhennersdorf auf: Karin Johne bittet Christian Schreier um Verständnis dafür, dass dieses Angebot nur für die Ausbildung der »Retreat-at-home«-Begleitenden genutzt werden kann, da in Krummenhennersdorf nur 19 Einzelzimmer zur Verfügung standen, von denen drei oder »wenn Wolff noch dazukäme« vier von Leitern besetzt wären. Johne unterstreicht ihr Bedauern über die Begrenzung, weist aber auf Pater Jensch hin, der »sehr eindeutig meinte, wir müßten diese Möglichkeit voll für unser Vorhaben nützen.« (Brief von Karin Johne an Christian Schreier vom 2?.12.1984, Akten von Grumbach)

[211] Diese Namen nennt Pfarrer i.R. Christian Schreier, der an der Fortbildung teilnahm, in seinem Bericht vom 31.07.2008. Eine Briefkopie vom 09.09.1983 von Christian Schreier an Alex Lefrank SJ in Augsburg findet sich auch in den Akten von Grumbach. Pfarrer Schreier nimmt dabei Bezug auf die Zusage von Alex Lefrank, in der begonnenen Ausbildung »besonders bei der Begleitung geistlicher Gruppenprozesse zu helfen«.

[212] Ihn nannte Dr. Wolff im Gespräch am 12.01.2009.

[213] Für 1985 lädt Pfarrer Schreier im Zusammenhang der »Weiterbildung von Retraiten-/Exerzitienleitern«, vom 14.-19.01.1985 nach Dresden ins Haus Hoheneichen zu einem Kurs mit Auswertung von Pater Sudbrack als »ignatianische Exerzitien mit modernen Elementen«, vom 8.-12.7.1985 nach Zwochau zu einem Kurs unter Leitung von Schwester Edith Krug CCR und vom 12.-21.11.1985 ins Pastoralkolleg Krum-

terscheidung der Geister«, »Biblische Meditation« oder »Gottesbilder«, in denen z.T. referiert, vor allem aber geübt und reflektiert wurde, beschreibt Karin Johne für den zweiten Ausbildungskurs die Regionalgruppen zwischen den Kursen als wesentlich, in denen die Haltung geistlicher Begleitung aneinander eingeübt wurde.[214] Nach zwei Jahren konnten und sollten die Teilnehmenden Exerzitien anbieten, bei deren Durchführung sie selbst begleitet wurden. Die sehr intensiven, positiven Erfahrungen aus den Gesprächen in den Regionalgruppen ermutigten Karin Johne, solche Elemente des gemeinsamen Austauschs auch in ihren sonstigen Kursen aufzunehmen.

Ein dritter Ausbildungskurs wurde nach Abschluss des zweiten Kurses von katholischer Seite angeregt. Im Protokoll des Retraitenarbeitskreises vom 18.05.1988 heißt es:

> »Bekanntgabe aus der Exerzitienleiterbesprechung in Dresden-Hoheneichen vom 17.05.: Das bisher laufende Ausbildungsprogramm für Exerzitienleiter ist mit dem Januarkurs dieses Jahres ausgelaufen. Für den evangelischen Raum sind einige Exerzitienleiter daraus hervorgegangen. Es wird ein Neuansatz angestrebt, der im Januar 1989 beginnen soll. Damit wir nicht hinter die bisher erreichte ökumenische Gemeinsamkeit zurückfallen, sollen neben katholischen Priestern und Laien auch evangelische Teilnehmer mittun. Voraussetzungen: Eigene Exerzitienerfahrung und die Bereitschaft, selbst Exerzitien zu halten. Es wird gebeten, Namen derer, die in Frage kommen, so schnell als möglich an Schreier zu geben.«[215]

Diese Planung wurde nicht verwirklicht, zunächst, weil die katholischen Initiatoren im Januar 1989 zunächst konzeptionelle Überlegungen anstel-

---

menhennersdorf zur »Teilnahme an Einzelexerzitien«. (Brief vom 01.11.1984 in: Akten von Grumbach)
Sr. Edith Krug CCR war als Leiterin eines Kurses noch einmal auch vom 09.-13.06.1986 nach Zwochau eingeladen. (Schreiben vom 07.08.1984 von Karin Johne an Christian Schreier, Akten von Grumbach)
Pater Anselm Grün und Pater Werner Grätzer wurden zu Kursen vom 23.-29.06. bzw. 11.-21.09.1987 eingeladen (Protokoll Arbeitsgemeinschaft für Geistliche Einkehrtage Sachsens vom 09.04.1986 in: Akten von Grumbach), Pater Anselm Grün OSB nochmals zu einem Exerzitien-Lehrkurs über »Tiefenpsychologische Schriftauslegung« vom 02.-06.11.1989 in Zwochau, sowie Schwester Karla Hasiba aus Wien für die Supervision der Begleitenden vom 13.-23.06.1989 (Anfrage zur dienstlichen Einreise für Retraiten vom 20.02.1989 und die zugehörige Antwort vom 09.03.1989 in: Akten von Grumbach)

214 Vgl. Die Suche nach dem ›Meister‹, 13.

215 Protokoll Arbeitskreis für geistliche Einkehrtage am 18.05.1988. (Akten von Grumbach)

len wollten[216] und dann, weil die politischen Ereignisse eine solche Entwicklung verhinderten.

I. 2. 3. 4 *Landeskirchliche Haltung*[217]

Oberlandeskirchenrat i.R. Reinhold Fritz beschrieb im Gespräch vom 22.10.2008 die Wahrnehmung der Retraiten-Arbeit im Landeskirchenamt in drei Phasen: Die Arbeit sei nach seinem Eindruck zunächst *unbeachtet gewachsen*, dann *beachtet* und zuletzt *bewusst angenommen* worden.

Das Interesse der jungen Pfarrer an Exerzitien wurde vom damaligen Landesbischof Noth zunächst mit einer pragmatischen Neugier gebilligt,[218] nach den Erinnerungen von Pfarrer Dr. Gottfried Wolff war er jedoch nicht ohne Weiteres damit einverstanden, dass diese Versuche unter katholischer Leitung fortgesetzt wurden. Erst der Hinweis auf die teilnehmenden, »gefestigten Lutheraner« – unter anderem der spätere Professor Ulrich Kühn – beruhigte ihn soweit, dass er einem entsprechenden Kurs mit Pater Gordian nochmals zustimmte. Einverständnis mit der weiteren Entwicklung der Einkehrtage ergab sich erst dann, als die Verbindung mit der ökumenisch akzeptierten schwedischen und anglikanischen Tradition deutlich wurde.[219] Unabhängig von diesen Beurteilungen vertieften und engagierten sich Dr. Gottfried Wolff, Christian Schreier und Karin Johne in den 60er und Anfang der 70er Jahre jeweils in ihrem Bereich, sammelten Erfahrungen und entwickelten eigene Ideen zur Anleitung anderer.

Beachtung fand die Arbeit dann zunehmend durch die Oberkirchenrat Erhard Wonneberger und Oberlandeskirchenrat Dietrich Mendt. Beide

---

[216] Protokoll vom 28.06.1988 über eine Besprechung zwischen Pater König, Pfarrer Walter und Pater Meixner. (Akten von Grumbach)

[217] Quellen hierfür sind Unterlagen der bzw. die Gespräche mit den in Sachsen Aktiven - Schreier, Wolff, Johne - sowie mit den zeitweise Zuständigen im Landeskirchenamt: Oberkirchenrat i.R. Hermann Schleinitz und Oberlandeskirchenrat i.R. Reinhold Fritz. Einiges Archivmaterial wurde 2009 im Haus der Stille, Grumbach, von Pfarrer Heiner Bludau zugänglich gemacht. Aktenmaterial aus dem Landeskirchenamt in Dresden - z.B. über die Entstehung des Seelsorge-Beirates, über die Errichtung von Stellen, die Diskussion über die Einrichtung des Hauses der Stille – konnte leider teils aus Datenschutzgründen, teils weil das Material nicht erschlossen ist, nicht eingesehen werden. (Schreiben von KRin Schaefer vom 17.12.2008 und Archivarin Dr. Raddatz-Breidbach vom 19.09.2008)

[218] Pfarrer Schreier erinnert sich in seinem Festvortrag zum 10. Jahrestag der Einweihung des Hauses der Stille in Grumbach, dass Pater Gordian OP die jungen Pfarrer der Evangelisch-Lutherischen Gebetsbruderschaft, die ihn um Exerzitien baten, zunächst zu ihrem Bischof schickte um zu fragen, ob er das genehmige. Bischof Noth habe (sinngemäß) geantwortet: »Fragt nicht soviel! Geht hin und berichten Sie mir Ihre Erfahrungen.« (Akten von Grumbach)

[219] Wolff im Gespräch vom 24.04.2008.

nahmen die vorhandene Retraiten-Arbeit mit Interesse wahr und sahen hier eine Chance für Weiterentwicklung. In diesen Kontext fällt auch die Entstehung des Retraiten-Arbeitskreises in Sachsen. Erhard Wonneberger bot selbst mehrfach mit anderen Anleitenden, darunter auch Karin Johne, Einkehrtage an. Dietrich Mendt unterstützte zum Teil Arbeit und Projekte von Pfarrer Christian Schreier. Er sorgte auch dafür, dass Porto, Telefon-, Fahrt- und Aufenthaltskosten der Leitenden finanziert werden konnte.[220] Die sächsische Landeskirche unterstützte die Retraitenarbeit mit der Einrichtung von zwei - zunächst halben - Stellen.[221] Die Einrichtung der Teildienststelle war in der DDR weniger aufwendig als im Westen. Trotzdem war die Beauftragung für Karin Johne nicht selbstverständlich, insofern sie als Pfarrfrau durchaus alimentiert und aus Kirchenleitungssicht abgesichert war.

Die Kosten für die »Ausbildung als Retraitenleiter« übernahm die sächsische Landeskirche für die Teilnehmenden aus ihrem Bereich, ebenso wie mindestens anteilig das »Leerbettengeld«.[222]

Die dritte von Fritz gesehene Phase verbindet sich mit der Einrichtung des Hauses der Stille in Grumbach, das umfangreiche Renovierungsarbeiten erforderlich machte. Der Ausbau des Hauses war in der DDR-Zeit aufgrund von Materialmangel und fehlenden Genehmigungen mühsam und wurde nach der Wende finanziell zeitweise in Frage gestellt,[223] dann aber doch weiter vorangetrieben. Die Einweihung erfolgte schließlich am Johannistag 1997.

I. 2. 4 Retraitenarbeit in den anderen evangelischen Kirchen der DDR[224]

Mithilfe der ökumenischen Unterstützung aus dem In- und Ausland entwickelte sich in den evangelischen Landeskirchen der DDR etwa ab den 70er Jahren ein vielfältiges Angebot von Retraiten, Einkehrtagen oder Exerzitien. Sie waren in Form und Inhalt wesentlich geprägt durch die

---

220 Protokoll des Retraiten-Arbeitskreises vom 16.06.1977, in: Akten von Grumbach.

221 Zur Stellenentwicklung bei Karin Johne vgl. Teil I, 1.3 und bei Christian Schreier vgl. Teil I, 2.3.1.

222 Zum »Leerbettengeld« vgl. Teil I, 2.3.2. Zur Kostenübernahme für die Ausbildung der sächsischen Teilnehmenden vgl. das Schreiben von Oberkirchenrat Schleinitz an Pfarrer Schreier vom 17.2.1982. (Akten von Grumbach)

223 1993 sah sich die »Landeskirche gegenwärtig und bis auf weiteres nicht in der Lage, den Ausbau des Retraitenheims in Grumbach zu fördern«. (Schreiben von Superintendent Klaer, Meißen, vom 6.5.1993 in: Akten von Grumbach)

224 Die wesentliche Quelle ist die vom Leitungskreis der »Arbeitsgemeinschaft für Evangelische Einkehrtage« veröffentlichte Dokumentation, vgl. LEITUNGSKREIS, Herr komm in mir wohnen.

jeweiligen Leiterinnen und Leiter, deren Namen schon aus der Arbeit in Sachsen bekannt sind. Während Pater Christopher Lowe CR sich gern des Stundengebetbuches der Michaelsbruderschaft bediente,[225] ist davon auszugehen, dass die Brüder aus Taizé wesentliche, liturgische Elemente den Liederbüchern und Gebetsordnungen von Taizé entlehnt haben;[226] während Pater Gordian auf Vortragsexerzitien spezialisiert war,[227] folgten Stiftsadjunkt Nils-Hugo Ahlstedt und Per Måses der Tradition der Einzelexerzitien, wie sie auch im Einkehrhaus in Rättvik abgehalten wurden, in denen neben Betrachtung und Gebet die freiwilligen Einzelgespräche eine tragende Rolle spielten.[228] Zunehmend brachten sich die einheimischen evangelischen Pfarrerinnen und Pfarrer ein, nutzten aber gern immer wieder die Unterstützung von außen und die dabei gewachsenen, ökumenischen Verbindungen. Den Veranstaltungs-ankündigungen in den Kirchenzeitungen ist oft nicht anzusehen, wer den Kurs hauptsächlich gestaltete. Um staatliche Stellen nicht zu irritieren, wurde in der Ausschreibung nur ein einheimischer Pfarrer genannt. Die Gestaltung übernahm dann aber oft ein ausländischer Gast, der eigentlich keine Redeerlaubnis innerhalb der DDR hatte.[229]

I. 2. 4. 1 *Retraitenarbeit durch Einzelpersonen*

Ähnlich wie Gottfried Wolff, Christian Schreier und Karin Johne boten viele andere Personen Zeiten zur Einkehr an oder bemühten sich darum, das Anliegen der Stille und Einkehr auch bei Pfarrerinnen und Pfarrern, aber auch im Gemeindealltag zu verankern. In der Dokumentation der Arbeitsgemeinschaft für Evangelische Einkehrtage beschreibt der meck-

---

[225] LOWE, Brüderlicher Dienst, 42.

[226] KRÜGER-HAYE, Hirschluch, 16.

[227] So beschreibt es Walter Johne im Gespräch vom 04.09.2008, aber auch Pater Gordian selbst (PATER GORDIAN LANDWEHR OP, Was ich erleben durfte. Autobiographie, Graz/Wien/Köln 1995, 165).

[228] WOLFF, Zeiten mit Gott, 84-89.

[229] Diese Praxis beschreiben Pater LOWE, Brüderlicher Dienst, 42 und WOLFF, Im Schatten, 167 und 171f. So erklärt sich auch, warum es Pfarrer Wolff neben dem Gemeindepfarramt in Holzhausen möglich war, jährlich bis zu sieben Einkehrtags-Kurse zu halten: Die Vorbereitung lag nur zum Teil in seinen Händen. Karin Johne beschreibt bei der Übergabe der Leitung des Arbeitskreises für Geistliche Einkehrtage (Sachsen) an Pfarrer Schreier und Herrn Sembdner, wie subtil diese Information in der Ausschreibung sichtbar gemacht wurde. Sie notiert unter den Aufgaben für die Leitung am 25.5.1988: »Beim Aufstellen und Tippen der Listen [mit der Ankündigung der Retraiten für die Kirchenzeitung] sind kleine Feinheiten zu beachten: Wenn bei einem Kurs nicht steht ›Anmeldung und Leitung‹ sondern nur ›Leitung‹, so ist das kein Tippfehler, sondern der Hinweis für Teilnehmer, daß hier ein Leiter den Kurs hält, der nicht in der Veröffentlichung erscheint.« (Akten von Grumbach).

lenburgische Pfarrer Gerhard Meyer seine Arbeit,[230] die er in und neben der Gemeindearbeit entwickelte: Einkehrzeiten für eine Gruppe kirchlicher Mitarbeiterinnen und Laien, eine »Woche der Stille und Besinnung«, zu der er öffentlich einlud, aber auch einzelne »Besinnungstage«, die er in seiner Wohnung abhielt oder wandernd durch die mecklenburgische Landschaft für kleine Gruppen und sich selbst anbot. Auch Pfarrer Dr. Dr. Paul Toaspern aus Berlin engagierte sich mit einzelnen Angeboten und in der Organisation der Retraiten-Arbeit.[231] Ebenso entwickelten einzelne Pfarrer Angebote zu Stille und Meditation, so z.B. in der thüringischen Landeskirche ebenfalls schon in den 60er Jahren Dr. Walter Saft, Rektor des Predigerseminars und Akademieleiter.[232] Als Veranstalter von Einkehrtagen für unterschiedliche Zielgruppen waren auch die Pfarrer Dr. Hermann Lins, Dr. Otfried Koch und Torolf Halm aktiv.[233]

I. 2. 4. 2 *Orte der geistlichen Begleitung*

Diakonische und geistliche Gemeinschaften. Ein Kristallisationspunkt für Zeiten der Stille und geistliche Begleitung waren die Diakonissenhäuser und geistliche Gemeinschaften. Das Julius-Schniewind-Haus[234] in Schönebeck an der Elbe dient seit 1957 als »Seelsorge- und Tagungsheim der Evangelischen Kirche der Kirchenprovinz Sachsen« für Seelsorge und Einkehr. Die dort beheimatete Schwesternschaft bot zunächst keine Retraiten in der Stille für Gäste an, entdeckte und nützte aber für sich selbst alljährlich gemeinsame Zeiten der Stille vor Gott, um Kraft für den eigenen Dienst zu sammeln. Diese Zeiten gestaltete mehrfach der Spiritual des Priesterseminars in Erfurt, später auch andere Geistliche von außerhalb. Aufgrund der eigenen, guten Erfahrungen bietet das Schniewind-Haus seit vielen Jahren, z.T. in Zusammenarbeit mit Dr. Gottfried Wolff, auch Einkehrzeiten in der Stille für Gäste an.

Im Haus »Zion« der Gemeinschafts-Diakonissen in Aue/Erzgebirge bot der Rektor, Pfarrer Markert, »Tage der Stille« einerseits für die eigenen

---

[230] MEYER, Einkehrarbeit im Alltag des Gemeindepfarramtes, 32f.

[231] Vgl. Teil I, 2.4.3.

[232] Zur Entwicklung in Thüringen: Wolfgang HÖSER, Retraiten-Angebote in Thüringen, in: LEITUNGSKREIS, Herr komm in mir wohnen, 30f.

[233] Vgl. z.B. SONNTAG 31 (1976/7), 4: »Dr. Lins gemeinsam mit Dr. Schimke in Heiligenstadt für Pfarrer und ihre Ehefrauen; Dr. Koch (u.a. für Studenten und Schüler kirchl. Ausbildungsstätten); Halm (offen für alle)«.

[234] Dieter BLISCHKE, Das »Schniewind-Haus« in Schönebeck, in: LEITUNGSKREIS, Herr komm in mir wohnen, 22–24 und <www.schniewind-haus.de> → »über uns« → »Geschichte« (30.03.2009); ähnliches beschreibt für den Bereich der thüringischen Landeskirche HÖSER, Retraiten-Angebote in Thüringen, 30.

Schwestern, andererseits aber auch für bestimmte Zielgruppen, z.B. Berufstätige, oder »offen für alle« an.[235] Die Tradition lebt in Oasentagen, Einkehrtagen und Tagen der Stille, die die Gemeinschaft anbietet, bis heute fort.[236]

Oberin Ruth Sommermeyer aus dem Diakonissenhaus von Lehnin bot ebenfalls Einkehrtage an.[237] Sehr aktiv im Bereich der Einkehrtage war die kleine Kommunität der Ordo-Pacis-Schwestern[238] mit Pastorin Brigitte Stanke. Sie waren ab 1977 innerhalb der thüringischen Landeskirche von Jena nach Schlöben bei Stadtroda in das dortige, leer stehende Pfarrhaus umgesiedelt. Nach Sanierung und Umbau, die innerhalb der DDR-Verhältnisse mit einigen Schwierigkeiten und vielen ehrenamtlichen Helfern verbunden waren, wurden dort in acht Einzelzimmern alljährlich mehr als 100 Gäste beherbergt. Neben den jährlich 10-15 Kursen für Gruppen, die in den Kirchenzeitungen ausgeschrieben wurden, gab es auch viele Einzelgäste, die Stille und seelsorgerliche Begleitung für sich suchten. Diese kamen aus dem gesamten Gebiet der DDR, aus unterschiedlichen Berufsgruppen und Altersklassen zwischen 14 und 80 Jahren. Auch Brigitte Stanke verweist auf die intensiven, ermutigenden und weiterführenden ökumenischen Verbindungen über die Grenzen der DDR und der Konfessionen hinaus. Die Feier der vier Stundengebete, Laudes, Mittagsgebet, Vesper, Komplet und des Abendmahles bildeten den Rahmen für die Einkehrtage mit täglich zwei etwa halbstündigen »Betrachtungen über einen Bibeltext«, die Pastorin Stanke an Themen des Kirchenjahres oder an aus der Gruppe erwachsenden Themen orientierte. Die Einkehrzeiten waren getragen von der Stille, die nach einer Ankommensrunde begann und bis zum Abschlussgespräch am letzten Abend dauerte. Wichtig war es den Ordo-Pacis-Schwestern, christliche Lebensgestaltung auch im Alltag und in der Ortsgemeinde zu fördern.

Ebenfalls in Thüringen entwickelte sich die »St. Wigberti-Bruderschaft«[239] in Werningshausen, die in ihrer Regel der benediktinischen Tradition des *ora et labora* folgt. Nach schwierigen Aufbaujahren in der DDR, in denen die damals noch sehr junge Gemeinschaft zeitweise auch auf Druck des Staates aufgelöst wurde, hat sie sich gefestigt und nach

---

[235] Vgl. z.B. SONNTAG 32 (77/4), 4; 33 (1978/3), 4; 35 (1980/49), 4; 39 (1984/3), 2.

[236] Vgl. das Programm der Gemeinschaftsdiakonissen: <www.zion.de> (28.01.2009).

[237] Vgl. z.B. SONNTAG 35 (1980/2), 4; 39 (1984/50), 2.

[238] Vgl. Brigitte STANKE, Einkehrtage im Pfarrhaus in Schlöben, in: LEITUNGSKREIS, Herr komm in mir wohnen, 25f; HÖSER, Retraiten-Angebote in Thüringen, 30.

[239] Vgl. Franz SCHWARZ und Reinhard SANDER, Die Evangelisch-Lutherische St. Wigberti-Bruderschaft in Werningshausen bei Sömmerda, in: LEITUNGSKREIS, Herr komm in mir wohnen, 38-40.

der Wende ein eigenes Ordenshaus gebaut, das auch Raum für zwölf Gäste bietet, die im klösterlichen Leben Begleitung, Stille und Orientierung suchen.

Auch die Michaelsbrüder waren in der DDR präsent und organisiert. Ihre Struktur, die von der ursprünglich von der Arkandisziplin[240] und einem hermetischen Ansatz[241] geprägt war, machte die Gemeinschaft wenig sichtbar.

Häuser der Stille. Neben den Orten, an denen geistliche Gemeinschaften ansässig waren, wie Werningshausen, Schlöben, Aue, Lehnin und Schönebeck, entstanden in einigen Landeskirchen vor und nach der Wende Häuser der Stille in Weitenhagen (Pommern), das bereits 1972 eingeweiht wurde,[242] Grumbach (Sachsen)[243] und Möser (Kirchenprovinz Sachsen)[244]. Zu nennen sind auch das Einkehrhaus in Hirschluch,[245] ab 1963

---

[240] Arkandisziplin im religionswissenschaftlichen Sinn »bezeichnet die antike christlichen Forderung nach der Geheimhaltung von zentralen Teilen des Rituals (Taufe und Eucharistie) und der Lehre, wie sie insbesondere im 4. und frühen 5. Jahrhundert erhoben wurde.« (Fritz GRAF, Art. Arkandisziplin I. Relgionswissenschaftlich, in: RGG Bd. 1, Tübingen [4]1998, 743f). Das Motiv der Michaelsbrüder für die Einhaltung der Arkandisziplin entspricht dem bei Basilius von Caeserea festgehaltenen Sinn: »Die Erhabenheit des Geheimnisses wird durch Verbergen und Verschweigen bewahrt und verhindert, daß ›die große Masse im Hinblick auf die Kenntnis der Glaubenslehren nachlässig wird. ... Denn was durch Gebrauch abgedroschen und allbekannt ist, verfällt leicht dem Spott; [...]‹ (Bas. Spir. 27, 66)« (Wolfgang WISCHMEYER, Art. Arkandisziplin, II. Christentum, in: RGG Bd. 1, Tübingen [4]1998, 744–746, 745). In diesem Sinn wollten die Michaelsbrüder ihre Gemeinschaft und Praxis durch die Arkandisziplin schützen.

[241] Fenske weist die hermetische Prägung Karl Bernhard Ritters auf (Wolfgang FENSKE, Innerung und Ahmung. Meditation und Liturgie in der Hermetischen Theologie Karl Bernhard Ritters, Frankfurt/Main 2009, 233–238) und sieht sie auch bei Happich (a.a.O., 236). Auch wenn die Arkandisziplin inzwischen innerhalb der Michaelsbruderschaft keine Rolle mehr spielt, scheint mir die Haltung der »Hermetik« als »›Bewahrung der Verborgenheit‹« im Unterschied zur »Hermeneutik« als Methode des »›An-den-Tag-bringens‹« kennzeichnend nicht nur für Karl Bernhard Ritter, sondern auch für die Michaelsbruderschaft insgesamt.

[242] POLZIN/BREITHAUPT, Weitenhagen, 10-13. Nach einem Brand im April 1989 wurde es im August 1992 wieder eröffnet (a.a.O.).

[243] Vgl. Teil I, 2.3.

[244] Aufgebaut durch Dr. Gottfried Wolff ab 1987, eröffnet im Sommer 1989. Inzwischen wurde das Haus in das ehemalige Kloster Drübeck im Harz verlegt. Die Leitung hatte bis zu seinem Ruhestand der früher zur Gemeinschaft von Taizé gehörende Bruder Armin, jetzt führen die Pfarrerinnen Dr. Brigitte Seifert und Irene Sonnabend das Haus der Stille. Es ist räumlich verbunden mit dem Pädagogisch-Theologischen Insitut, dem Pastoralkolleg und einer Tagungsstätte der Evangelischen Kirche in Mitteldeutschland. Vgl. Christoph Carstens [ohne Datum], »Evangelisches Zentrum Kloster Drübeck« <www.kloster-druebeck.de> (28.01.2009).

unterstützt von Taizé, und das Nathan-Söderblom-Haus in Bad Saarow[246] (beide Berlin-Brandenburg), ebenfalls von 1971 bis 1985 mit Unterstützung aus Taizé.

I. 2. 4. 3 *Vernetzung*[247]

Unterschiedliche Einzelpersonen, Arbeitskreise und kirchliche Einrichtungen aus dem Arbeitsfeld der evangelischen Einkehrtage trafen sich ab Anfang der 70er Jahre jährlich in Berlin. Den Impuls für diese Treffen gab Dr. Paul Toaspern, der Hauptgeschäftsführer in der Arbeitsgemeinschaft Missionarische Dienste und Abteilungsleiter im Diakonischen Werk. Er hatte die Retraitenarbeit bei Gottfried Wolff und Pastor Richter aus Radebeul in Sachsen etwa 1970 kennen gelernt und selbst begonnen, gemeinsam mit seiner Frau entsprechende Angebote in seinem, eher charismatisch geprägten Umfeld zu machen. Weil er dem Arbeitskreis auch eine Rechtsform geben wollte, die für den Bestand innerhalb der DDR wichtig war, um gegenüber dem Staat klar auftreten zu können, sorgte Dr. Toaspern dafür, dass der Arbeitskreis in die »Arbeitsgemeinschaft für Evangelische Einkehrtage« als Fachverband im Diakonischen Werk des Bundes der Evangelischen Kirche in der DDR umgewandelt wurde. Zu dieser Arbeitsgemeinschaft gehörten Mitarbeitende aus Diakonie, Landeskirchen und Freikirchen. Sie war offen für Organisationen und Einzelpersonen. Dr. Paul Toaspern, als Leiter der Arbeitsgemeinschaft, sammelte u.a. die Angebote aller Einkehrzeiten innerhalb der DDR und gab sie ab etwa 1975 zur Veröffentlichung an die Kirchenzeitungen. Darüber hinaus diente die Arbeitsgemeinschaft dem Austausch und der Fortbildung und traf sich hierzu jährlich. Der Arbeitskreis war dabei ständig im Austausch mit der katholischen und – durch Pater Christopher Lowe CR – mit der anglikanischen Kirche. Auch Gäste aus dem Westen, z.B. Prof. Dr. Gerhard Ruhbach aus Bethel, begleiteten die Tagungen und wirkten integrativ. Diese Integration war nötig, weil die Teilnehmenden in ihrer Frömmigkeit und damit auch in der Gestaltung der Einkehrtage unterschiedlicher Prägung waren.[248] Cha-

---

[245] KRÜGER-HAYE, Hirschluch, 14–16.

[246] BRANSCH, Nathan-Söderblom-Haus, 17–19.

[247] Vgl. Paul TOASPERN, Die missionarischen Dienste in der ehemaligen DDR seit dem letzten Kriege, vor allem in den Jahren 1959–1989, Typoskript von 1991, 31–33 und Gespräche mit Dr. Toaspern am 03.11.2008 und 17.12.2008.

[248] Oberkirchenrat Hermann Schleinitz teilt Dr. Toaspern in einem Schreiben die gemeinsamen Bedenken der drei sächsischen Teilnehmenden an der Arbeitsgemeinschaft, Johne, Dr. Wolff und Schreier, mit. Alle drei zeigten sich ihm gegenüber in einem eigens erbetenen Gespräch besorgt »im Blick auf die Intention der Retraitenarbeit in der DDR. […] Sie äußerten die Gefahr eines Profilverlustes durch eine

rismatische Spiritualität mit dem Wunsch nach Lobpreis und Gebetsgemeinschaften wie bei Dr. Toaspern, traf auf die Freiräume und Stille hochschätzende, anglikanisch-ignatianisch geprägte Haltung von Dr. Wolff.[249] Daneben standen die meditative Übungsform von Karin Johne mit der Hochschätzung eines geregelten Austauschs und eher pietistisch geprägte Frömmigkeitsformen wie im Julius-Schniewind-Haus in Schönebeck oder bei den Diakonissen der Landeskirchlichen Gemeinschaft von Aue. Die Tagungen der Arbeitsgemeinschaft waren z.T. selbst als Retraiten gestaltet, so dass ein sich selbst übendes, partizipatives Lernen möglich wurde.

Geeinigt hat sich die Arbeitsgemeinschaft auf »Wesensmerkmale evangelischer Einkehrtage«,[250] die umreißen, was Ziel und Mittel der Einkehrtage sind, aber auch viele Varianten für unterschiedliche Menschen und Frömmigkeitsformen ermöglichen.[251]

Als »Wesensmerkmale und Elemente von Einkehrtagen« werden das Schweigen, Betrachtung /Meditation, Heiliges Abendmahl, Gebet, Informationen, Persönliches Gespräch und Entspannung genannt und entfaltet.[252] Ziel der Einkehrtage ist »das Stille-Werden des einzelnen Menschen vor Gott ... - so wie Jesus sich immer wieder in die Stille zurückgezogen hat.

einseitige Einengung der Retraitenarbeit in Richtung charismatische Gruppen. Außerdem sei die AG ev. Einkehrtage nicht mehr repräsentativ, da einige Landeskirchen fehlen. Die Mehrzahl der Teilnehmer kämen aus Freikirchen. [...] Ich war von dem Anlaß dieses Besuches zunächst überrascht und auch davon, daß in aller Eindeutigkeit alle drei sächsischen Vertreter Pluralität im Rahmen der Retraitenarbeit befürworten. Dies ist mir selbstverständlich ausgesprochen lieb.« (Brief ohne Datierung - nach der Dienstzuständigkeit von Oberkirchenrat Schleinitz nach 1980 - von Oberkirchenrat Schleinitz an D. Dr. Paul Toaspern in: Akten von Grumbach) In der Einladung zur »Jahreszusammenkunft der ›Arbeitsgemeinschaft für evangelische Einkehrtage‹« vom 31.08.1983 betont Pfarrer Dr. Toaspern: »Uns liegt sehr daran, daß alle acht Landeskirchen und auch die Freikirchen vertreten sind.« (Akten von Grumbach)

[249] Die Spannung schilderte Dr. Wolff im Gespräch am 24.04.2008 und deutete Christian Schreier im Schreiben vom 31.07.2008 an.

[250] TOASPERN, Dienste, 32f.

[251] Die Wesensmerkmale werden entfaltet in: Paul TOASPERN und Gottfried WOLFF, Stille vor Gott. Eine Einführung in evangelische Einkehrtage, hrsg. durch Innere Mission und Hilfswerk der Evangelischen Kirchen in der DDR von Gerhard Bosinski, Berlin 1977. Zusätzlich bietet das Buch eine Einführung in den Sinn von Einkehrtagen und eine ökumenische Orientierung (18-30), Vorschläge für zwei Meditationsreihen zu den Themen »Ja und Nein« und »Die Gärten des Herrn« (82-89), praktische »Hilfen für die Durchführung von Tagen der Einkehr« (90-129) und mehrere Erfahrungsberichte von Teilnehmenden (130ff).

[252] Vgl. Paul TOASPERN und Gottfried WOLFF, Stille vor Gott. Eine Einführung in evangelische Einkehrtage, hg. durch Innere Mission und Hilfswerk der Evangelischen Kirchen in der DDR von Gerhard Bosinski, Berlin 1977, 31-81.

(vgl. Mk 1, 35ff)«.[253] Damit ist biblisch kurz begründet, worum es geht: »Zeit für Gott und Zeit zur eigenen Lebensvertiefung« zu haben, in der nichts »verlangt« wird, sondern ein Freiraum entsteht, in dem »Erneuerung« geschehen kann, die »Klarheit in persönlichen Entscheidungen« ermöglicht, weil der oder die Teilnehmerin »(wieder) Gottes Willen für sein Leben erkennen und bereitwerden [kann], ihn zu tun.« Um diese Entwicklung zu ermöglichen, bieten Einkehrtage »in der Regel« zweimal täglich kurze biblische Betrachtungen, die zum Schweigen und Gebet hinführen, in dem Gottes persönliche Anrede zu hören sein kann. »Das Schweigen [...] ist eine wesentliche Hilfe zum Hören auf Gottes Anrede.« Trotzdem kann es auch Einkehrtage geben, in denen das Schweigen »aufgelockert« ist. Das persönliche Gebet in der Stille wird ergänzt durch die »gemeinsamen Tagzeitengebete und Gottesdienste«. Die oft ungewohnte, tägliche Abendmahlsfeier als Ort der Begegnung mit Christus gehörte immer zu den Einkehrtagen. Einzelgespräch und die Möglichkeit zur Beichte werden angeboten. Entspannung und Erholung sollen ausreichend Raum haben, um die »re-creatio« zu fördern. Einzelzimmer und eine auf maximal zwölf begrenzte Zahl von Teilnehmenden pro Leitungsperson ergänzen die ausdrücklich genannten Rahmenbedingungen. Die Abendstunden können mit unterschiedlichen Angeboten gefüllt werden.[254]

Die Vernetzung ermöglichte eine konstruktive Zusammenarbeit trotz unterschiedlicher, aszetischer Traditionen. Unter den schwierigen Bedingungen der DDR sorgte sie für eine möglichst effektive Öffentlichkeitsarbeit, so dass die Angebote DDR-weit bekannt wurden und genutzt werden konnten. Nicht zuletzt stärkte die Gemeinschaft den Einzelnen den Rücken bei Widerständen innerhalb der einzelnen Landeskirchen oder Auseinandersetzungen mit staatlichen Stellen und sorgte durch den Austausch für Qualität und persönliche Entlastung.

I. 2. 5 Die Situation der Retraitenarbeit nach der Friedlichen Revolution 1989

In diesem Abschnitt wird nicht die gesamte Entwicklung in der ehemaligen DDR in den Blick genommen, sondern nur die für Sachsen und Karin Johnes Kontext relevanten Teile.

---

[253] Dieses und alle folgenden Zitate folgt dem Abdruck der Wesensmerkmale in: LEITUNGSKREIS, Herr, komm in mir wohnen, 51–53. Fast wortgleich zitiert TOASPERN, Dienste, 32f.

[254] Dr. Toaspern erzählte, dass bei von ihm gestalteten Einkehrtagen in der Regel seine Frau am Abend noch einen Vortrag hielt (Gespräch vom 17.12.2008).

I. 2. 5. 1 *Veränderungen und Kontinuität in Sachsen*

Nach dem Fall der Mauer und der Wiedervereinigung der beiden deutschen Staaten führte Karin Johne ihre praktische Arbeit fort und veröffentlichte auch weiterhin. Innerhalb der Veränderungen von 1989 blieb ihre Lebenssituation weitgehend stabil, weil die Evangelisch-Lutherische Landeskirche Sachsens als Arbeitgeberin beständig blieb.[255] Als Rentnerin hatte sie bereits ab Herbst 1988 die Möglichkeit, in die Bundesrepublik und ins westeuropäische Ausland zu reisen.

Mit der Wende und der Wiedervereinigung änderte sich zwar nicht die Struktur, aber zunächst die Beteiligung an den Angeboten der Retraitenarbeit. Die Zahlen der Teilnehmenden an den Retraiten brachen dramatisch ein. Die Unsicherheiten und Umstellungen der gesamten Lebenswelt sorgten für Unruhe und machten es den potentiell Teilnehmenden schwer, sich für einige Tage aus dem Alltag zurückzuziehen. Eine Reihe von Kursen fielen 1990 aus, und 1991 wurden deutlich weniger Kurse angeboten. Die von Karin Johne durchgeführten Briefkurse fanden jedoch Teilnehmende. Viele an der Retraitenarbeit Interessierte nutzten auch die Möglichkeit, andere Häuser in den westlichen Landeskirchen oder Bistümern aufzusuchen.

Der geplante Ausbau des Hauses der Stille in Grumbach konnte aus finanziellen Gründen zunächst nicht weiter vorangetrieben werden. Kurzzeitig war die Fortsetzung insgesamt fraglich, wurde dann aber doch durch die Landeskirche und das starke persönliche Engagement von Christian Schreier umgesetzt.[256] Das Haus der Stille in Grumbach bei Dresden besteht

---

[255] Klaus Fitschen resümiert: »Die Kirche war die einzige Institution, die personell und strukturell die Friedliche Revolution und die Wiedervereinigung fast komplett unbeschadet überstand, auch wenn sich in ihrem Inneren viel veränderte, [...]. Die Kirche war eben Landeskirche geblieben, auch wenn das Land verschwunden war.« (Fitschen, Säkulares Reformationsland?, 200)

[256] Ab 1984 wurde Pfarrer Christian Schreier mit 50% seiner Stelle für die Retraitenarbeit der sächsischen Landeskirche (und den Aufbau des Hauses der Stille) und mit 50% als Gemeindepfarrer in Grumbach beauftragt. Mit viel Geduld und Unterstützung unterschiedlichster Stellen wurde das Haus saniert und renoviert. »Die Wende 1989 stellt uns noch einmal vor die alte Frage: ›Brauchen wir dieses Haus? - Außerlich gesehen war es viel leichter zu bauen. Aber: Wie viele schöne Orte der Stille waren im wieder vereinten Deutschland plötzlich erreichbar! Wen interessierte da Grumbach? - In unserer Nähe entstand das Trockenwerk der Agrargenossenschaft. Nachts hörten wir die Ventilatoren. Wir fürchteten die Mülldeponie, zwischen Herzogswalde und Grumbach. - 1990 fand eine sehr schöne, aber eben nur eine einzige Retraite statt: S. Irmtraut Kampfmeyer aus Grandchamp führte uns ein in die Welt der Ikonen. Vier der sechs Teilnehmer kamen aus Polen, zwei von ihnen orthodoxe Christinnen.

fort und hat sich nach dem Ruhestand von Pfarrer Christian Schreier unter der Leitung von Pfarrer Heiner Bludau (bis 31.08.2010) weiterentwickelt. Inzwischen ist dort eine landeskirchliche Pfarrstelle für geistliches Leben und Spiritualität in der Evangelisch-Lutherischen Landeskirche Sachsens mit einem Umfang von 100% angesiedelt. Seit dem 01.11.2010 ist Pfarrer Thomas Schönfuß der Stelleninhaber.[257] Der Retraiten-Arbeitskreis begleitet und trägt das Haus der Stille mit unterschiedlichen Angeboten, die von den dort beteiligten Menschen mit und ohne kirchliches Amt durchgeführt werden. Die Werbung für alle Angebote, die mit dem Haus der Stille verknüpft sind, erfolgt über ein jährlich erscheinendes Programmheft und das Internet.[258]

I. 2. 5. 2 *Ökumenische Zusammenarbeit*

Kurz vor der Wende arbeitete eine Gruppe von Novizen des Jesuitenordens aus Ost und West eine Woche beim Bau des Hauses der Stille in Grumbach mit.[259] Der gute ökumenische Kontakt zwischen unterschiedlichen Einzelpersonen bestand über die Wende hinweg fort. Die Zusammenarbeit bei den ökumenischen Einzelexerzitien im Exerzitienhaus in Hoheneichen wurde von Karin Johne und einem katholischen Partner, zuletzt Pater Heck SJ, bis zu Karin Johnes Ausscheiden 2001 oder 2002 fortgeführt. Einige institutionalisierte Verbindungen waren allerdings abgebrochen. So heißt es im Protokoll des Retraiten-Arbeitskreises vom 10.10.1994: »Wir halten an dem ökumenischen Charakter unserer so gewachsenen Arbeit [fest]. Christian Schreier will sich in Dresden erkundigen, ob etwa auch von katholischer Seite ein gewisser lockerer Kontakt gewünscht wird, wie wir ihn

---

Einige Vertreter der Landeskirche befürworteten das Projekt ›Haus der Stille‹ zwar wärmstens. Wir spürten aber auch ein Zögern: Kann und will sich die Kirche ein Haus in Grumbach leisten? Als die Sache wegen finanzieller Schwierigkeiten auf der Kippe stand, rettete Superintendent Klaer: ›Der Vertrag ist geltendes Recht!‹ [...] 1994 kam alles wieder in Schwung. Landesbischof Volker Kreß kam [zum] Freundestreffen und hörte was wir uns wünschten und vorstellten.« (»Erinnerungen an die Anfänge. Festvortrag zum 10. Jahrestag (24.06.2007) der Einweihung des Hauses der Stille von Christian Schreier« in: Akten von Grumbach)

[257] Vgl. Andreas Götze [ohne Datum], »Haus der Stille Grumbach in der ev.-luth. Landeskirche Sachsen« <www.haus-der-stille.net> (28.01.2009).

[258] A.a.O..

[259] Christian Schreier, Erinnerungen an die Anfänge. Festvortrag zum 10. Jahrestag der Einweihung des Hauses der Stille in Grumbach. Typoskript liegt in Kopie der Verfasserin vor, 3.

durch die zu DDR-Zeiten gelaufene jährliche Exerzitienleiterbesprechung hatten.«[260]

Weitere ökumenisch verantwortete, einjährige Ausbildungskurse zu geistlicher Begleitung ergaben sich in Sachsen 1999/2000, 2005/2006 und 2008/2009 in Zusammenarbeit von Pfarrer Heiner Bludau aus dem Haus der Stille in Grumbach und Pater Markus Franz SJ, dem Leiter des Exerzitienhauses der Jesuiten in Hoheneichen bei Dresden.[261] Jährlich finden auch ökumenische Einzelexerzitien in Hoheneichen statt.

I. 2. 5. 3 *Vernetzung*

Kontakt und Austausch wurden auch nach der Friedlichen Revolution gepflegt. Der Fachverband »Arbeitsgemeinschaft für Evangelische Einkehrtage« bestand fort und erweiterte sich nach Westen. Die »Wesensmerkmale Evangelischer Einkehrtage«, die im Fachverband entwickelt worden waren, wurden mit leichten Änderungen in Bethel von der inzwischen Gesamtdeutschen Arbeitsgemeinschaft am 17.4.1994 bestätigt.[262] Nachdem in Sachsen zeitweise keine Fortbildungsangebote gemacht wurden, besuchten der zur sächsischen Landeskirche gehörende Pfarrer Heiner Bludau und einige andere Teilnehmende aus Sachsen und Thüringen einen Kurs zur geistlichen Begleitung in Weitenhagen, der über die Retraitenarbeit in der Pommerschen Evangelischen Kirche 1997/1998 angeboten wurde.[263] Die Arbeitsgemeinschaft besteht weiter. Ihr Vorsitzender ist derzeit Pfarrer Wolfgang Breithaupt, Weitenhagen.[264]

I. 3 THEOLOGISCHER KONTEXT

Karin Johnes Arbeit entwickelte sich im Kontext der Jahre zwischen 1950 und 1980. Um den theologischen Kontext sichtbar zu machen, werden im Folgenden drei für Ostdeutschland prägende Praktische Theologen in ihrer Haltung zur geistlichen Übung bzw. zur Meditation vorgestellt: Erich Hertzsch, Alfred Dedo Müller und Otto Haendler.

---

[260] Protokoll Arbeitskreis für Evangelische Einkehrtage Sachsens vom 10.10.1994, in: Akten von Grumbach.

[261] Vgl. REICHEL/SCHEMANN, Ausbildungen, 256f.

[262] LEITUNGSKREIS, Herr komm in mir wohnen, 51–53.

[263] Angesprochen im Brief vom 17.07.1997 von Pfarrer Christian Schreier an das Landeskirchenamt »Weiterbildung für Mitarbeiter in der landeskirchichen Retraitenarbeit« (Akten von Grumbach) und mündlich bestätigt von Pfarrer Bludau.

[264] Vgl. [Ohne Autor][ohne Datum]: »Die Diakonie. Personenverbände«, <www.diakonie.de/personenverbaende-2783-2790_3537.htm> (23.09.2010).

Im Folgenden wird zunächst Erich Hertzschs eigener Ansatz geistlicher Übung vorgestellt. In einem zweiten Schritt werden zwei Hertzschsche Aufsätze[265] von 1961 und 1979 in der Theologischen Literaturzeitung referiert. Mit ihrer Hilfe lässt sich die Entwicklung der theologischen Diskussion um geistliche Übungen skizzieren. Für Hertzsch, der bis 1967 Praktische Theologie in Jena lehrte,[266] ist dabei die DDR-Wirklichkeit selbstverständlich präsent, sein Anspruch ist es aber auch, die Entwicklung in Westdeutschland zu berücksichtigen. Zuletzt werden mit Alfred Dedo Müller und Otto Haendler zwei einflussreiche Praktische Theologen der 40er bis 60er Jahre des 20. Jahrhunderts in der DDR in ihrer Haltung zur Meditation dargestellt. Müller und Haendler als exponierte Theologen gehörten zur Michaelsbruderschaft und haben ihr Verständnis im Kontext dieser Gemeinschaft entwickelt.

I. 3. 1 Erich Hertzsch[267]

I. 3. 1. 1 *Breviergebet und schriftgebundene Meditation*

Um Erich Hertzschs eigenen Ansatz zur geistlichen Übung nachzuzeichnen,[268] dienen als Quellen sein 1959 begonnenes, aber nicht vollendetes Kompendium zur Praktischen Theologie, das von ihm zusammengestellte

---

[265] Erich HERTZSCH, Exercitia spiritualia in der evangelischen Kirche. Otto Haendler zum 70. Geburtstage, in: ThLZ 86 (1961), 81-94 und Meditation in der Kirche, 553-559.

[266] Raschzok hält fest: »Über seine Emeritierung hinaus hat Erich Hertzsch von 1967 bis 1983 in der Jenaer Theologischen Fakultät mit seinen Seminaren zu Theorie und Praxis geistlicher Meditation die evangelische Aszetik als eines seiner Herzensanliegen den Theologiestudierenden vermittelt.« (Klaus RASCHZOK, Praktische Theologie als Selbsterkenntnis der Kirche. Eine Einführung, in: DERS., Erich Hertzsch, 9-14, 13)

[267] Erich Hertzsch als Praktischer Theologe wird mit seinen unterschiedlichen Facetten gewürdigt in: Klaus RASCHZOK, Praktische Theologie als Selbsterkenntnis der Kirche. Erich Hertzsch. 1902-1995, Leipzig 2003.

[268] Martin Seils würdigt Erich Hertzschs doppelten Beitrag zur evangelischen Spiritualität anlässlich dessen 85. Geburtstag: »Indem Sie im Lauf [...] erkannt und immer stärker betont haben, wie wichtig die Konzentration des Lebens auf eine geistliche Mitte und eine lebendige, tragende Ordnung ist, haben Sie vielen durch Anleitung zur schriftgebundenen Meditation und zu einem evangelischen Gebrauch der exercitia spiritualia Hilfe zum Leben vermittelt; der Gebrauch des Evangelischen Breviers ist für ungezählte Menschen zum Halt und zu täglicher Stärkung geworden.« (Martin SEILS, Erich Hertzsch zum 85. Geburtstag am 31. März 1987, in: ThLZ 112 (1987) 238f, Zitat: 238); auch zitiert in: RASCHZOK, Praktische Theologie als Selbsterkenntnis der Kirche, 13.

und immer wieder neu herausgegebene Brevier[269] und ein Gespräch mit seinem Sohn, Klaus-Peter Hertzsch.

Erich Hertzsch war als Ordinarius für Praktische Theologie von 1948 bis 1967 an der Universität in Jena tätig. Für ihn war es vor allem die Aufgabe der Praktischen Theologie, die Studenten für ihre spätere Arbeit als Pfarrer »mit den unentbehrlichen Spezialkenntnissen«[270] auszurüsten. Zu diesen Spezialkenntnissen und zur Erfahrung, auf der die Theologie aufbaut, gehörte für Hertzsch auch die regelmäßige, für ihn selbstverständlich tägliche Übung persönlicher Frömmigkeit. So findet sich im ersten Band seines Kompendiums der Praktischen Theologie, das mit der Liturgik einsetzt, der Paragraph 16: »Der tägliche Gottesdienst«. »Kein Tag darf in einem Christenleben ohne den Segen des göttlichen Wortes, ohne Dank- und Bittgebet sein. Und auch für den einzelnen und die Hausgemeinde ist eine feste erprobte Ordnung hilfreich: *serva ordinem, et ordo servabit te!«*[271] Diesem Grundsatz ist Hertzsch über Jahrzehnte seines Lebens konsequent gefolgt: Seine persönliche Form war das Breviergebet nach einem selbst zusammengestellten Brevier, das aus in jahrzehntelanger Erprobung und Übung in der Hertzsch'en Ehe und Familie und in einem weiteren »Kreis evangelischer Christen« entstand.[272]

---

[269] Zur Entwicklung und Einordnung des Evangelischen Breviers in die Biografie Hertzschs und in die praktisch-theologische Landschaft vgl. BIERITZ, Erich Hertzsch als Praktischer Theologe, 63–68 und Klaus-Peter HERTZSCH, Persönliche Erinnerungen an den Vater, in: RASCHZOK, Erich Hertzsch, 101–117, hier: 114f.

[270] HERTZSCH, Erich, Die Wirklichkeit der Kirche. Kompendium der Praktischen Theologie. Erster Teil: Die Liturgie, Halle 1956, 1. Seite des Vorwortes.

[271] A.a.O., 75.

[272] Klaus-Peter Hertzsch, der Sohn Erich Hertzschs, beschreibt die Entstehung und Übung des Breviers so: »Ich selbst erinnere mich, wie dieses Brevier aus frühen Anfängen langsam herausgewachsen ist: Zunächst war da unser gemeinsames Abendlied im Eisenacher Pfarrhaus, bei dem die sieben Bitten des Vaterunser, auf die sieben Tage der Woche verteilt und mit Luthers jeweiliger Gebetsstrophe verbunden, unserem Abendgebet das Gepräge gaben. Dann kamen die sieben einprägsamen Bildworte Jesu hinzu, die immer mit den Worten ›Ich bin‹ beginnen und sich ebenfalls auf die sieben Wochentage verteilten. Dies war dann das Grundgerüst nicht nur für das Abend-, sondern auch für ein Morgen- und ein Mittagsgebet, das meine Eltern miteinander zu halten begannen, miteinander und mit allen, die gerade bei ihnen im Hause waren. Lieder, Psalmen und Gebete kamen hinzu, Schriftlesungen und Kernstücke aus Luthers Kleinem Katechismus, die er selber [Luther], wie er berichtet, mit seinen Kindern täglich gebetet hat. All dies war Auslegung und Vertiefung der Vaterunser-Bitte und des Ich-bin-Wortes für den jeweiligen Tag. Nichts wurde in diesen wiederkehrenden Bestand aufgenommen, das sich nicht im täglichen Gebrauch durch Wochen und Jahre bewährt hatte. Daß die Breviergebete und -lesungen der drei Tageszeiten dabei von den drei Artikeln des Glaubensbekenntnisses zum dreieinigen Gott bestimmt wurden, gab dieser täglichen Besinnung auf den Grund

In der dritten Auflage des Evangelischen Breviers von 1981 begründet Hertzsch biblisch und historisch seine Überzeugung, dass ein Christ die regelmäßige, tägliche Begegnung mit dem biblischen Wort, mit Dank- und Bittgebet, am besten in einer Gemeinschaft, in der Gemeinde oder in der Hausgemeinde und auch als einzelner braucht. Mit dieser Begegnung kommt er erstens dem biblischen Auftrag »Betet ohne Unterlaß!« gegen die »Todsünde« der »acedia«, der »geistlichen Trägheit« nach und zweitens lässt sich in der regelmäßigen Ordnung des Gebets und der Begegnung mit dem Wort Gottes in der »›unfromme(n) Hast und Unruhe‹« ein Halt finden.[273] Das tägliche Breviergebet schien Hertzsch geeignet,[274] damit der »moderne Mensch, im Beten ohne Übung und Erfahrung«, Hilfen findet, wenn seine »latente und manifeste Gebetsnot überwunden werden soll«. Diesen Bedarf sah Hertzsch 1956 – anders als zur Zeit Luthers, der die evangelischen Pfarrer vom Breviergebet befreite –[275] auch bei Pfarrern und Katecheten.[276]

---

unseres Lebens eine weitere Tiefendimension. Später kamen noch die Wochenlesungen hinzu, ins Abendgebet eingefügt, die uns im Lauf eines Jahres durch die wichtigsten Bücher der Bibel führen.« (Biblisches Brevier, 12f) Ähnlich berichtet Erich Hertzsch selbst im Vorläufer, Evangelisches Brevier 1981, 213 (Evangelisches Brevier. Zusammengestellt von Erich Hertzsch, Berlin [1]1959/[3]1981). Klaus-Peter Hertzsch beschrieb im Gespräch vom 20.5.2008 eindrücklich, dass seine Eltern, solang er denken kann, die Stundengebete gebetet hätten und wie die tief verinnerlichten Worte seinen Vater bis zum Tod getragen hätten. (Ebenso auch Klaus-Peter HERTZSCH, Persönliche Erinnerungen, 114f)

[273] HERTZSCH, Evangelisches Brevier 1981, 211–213. Hertzsch zitiert mindestens ab der 3. Auflage zustimmend Bonhoeffers Wort: »›Ich brauche Hilfe gegen die unfromme Hast und Unruhe, die auch grade meine Arbeit als Pfarrer gefährdet. Nur aus der Ruhe des Wortes Gottes kommt der rechte hingebende Dienst des Tages.‹« Dieser Hinweis fehlt in der ersten Auflage von 1959 noch.

[274] Hertzsch beschreibt die geübte Praxis der Michaelsbruderschaft, der Alpirsbacher, der Johannesbruderschaft und der Ansgarbruderschaft in Dänemark (HERTZSCH, Wirklichkeit der Kirche, 77f).

[275] Vgl. HERTZSCH, Evangelisches Brevier 1981, 212. Luther begründet die Befreiung nach Hertzsch (212) damit, dass »dies zu heidnischem ›Plappern‹ verleiten und einer falschen ›Werkgerechtigkeit‹ Vorschub leisten könne.«

[276] Zitate und inhaltlicher Beleg: HERTZSCH, Wirklichkeit der Kirche, 78. Weil der tägliche Gottesdienst keineswegs mehr üblich war, umreißt Hertzsch im Anschluss (79) ein beachtliches Aufgabenfeld für den Pfarrer: Erstens soll er selbst mit seiner Familie als Vorbild wirken und sein Haus für andere öffnen, die am täglichen Gottesdienst dort teilnehmen möchten. Zweitens soll er die »Kirchenältesten dazu bringen«, dass sie zumindest am Sonntag wieder ein Dankgebet bei Tisch sprechen. Dazu könnte eine häufige Abendmahlspraxis nach Hertzsch‹ Meinung anregen. Drittens sollte eine Form des Abendsegens – kindgerecht - in den Häusern geübt werden. Viertens brauchen vor allem Kinder und Jugendliche Anleitung und Anregung für das Gebet am Morgen und am Abend. Und Fünftens sollten die Kirchen geöffnet und

Erich Hertzsch bot an der Fakultät in Jena noch über seine Emeritierung hinaus auch für Studierendengruppen Einübungen in die »textgebundene Meditation« an.[277] Zu diesen Übungen gehörten für Erich Hertzsch Hatha-Yoga-Übungen als Vorbereitung, um körperlich entspannte Aufmerksamkeit zu ermöglichen.[278] Ebenso wie das autogene Training oder »die psychotherapeutischen Meditationen, die C. Happich entwickelt hat«[279] sollten diese Übungen nach Hertzsch nur unter fachkundiger Anleitung erlernt werden. Das »Eigentliche« für Hertzsch waren aber die »textgebundenen Meditationen«.[280] Diese Form der Meditation, zu der Hertzsch anleiten möchte, sieht er in der Tradition Bonhoeffers,[281] den er zitiert: »Deshalb raten wir dringend (mit D. Bonhoeffer) ›um der Gewißheit unsres Glaubens und um der Zucht unserer Gedanken willen‹ zur ›schriftgebundenen Meditation‹. ›Wie das Wort eines lieben Menschen dir den ganzen Tag lang nachgeht, so soll das Wort der Schrift unaufhörlich in dir nachklingen und an dir arbeiten.‹«[282] Er sieht – ebenfalls mit Bonhoeffer und vielen anderen – die beste Beschreibung von Meditation in dem Vers: »Maria behielt alle diese Worte und bewegte sie in ihrem Herzen« (Lk 2, 19). Zu dieser Art von beständig wiederholendem und aufmerksamem Umgang mit den Wor-

---

mit Anleitungen für einen »stillen Gottesdienst« versehen sein, um die Andacht des und der Einzelnen zu ermöglichen.

[277] Information von Klaus-Peter Hertzsch im Gespräch am 20.05.2008 und RASCHZOK, Praktische Theologie als Selbsterkenntnis der Kirche, 13.

[278] Hertzsch warnt - etwas drastisch - im Evangelischen Brevier, 217, »vor der Fehleinschätzung und dem Mißbrauch fernöstlicher [...] Meditationsmethoden [...] Wir sollten uns darüber im klaren sein, daß das hinduistische Yoga und das buddhistische Zen zur Versenkung führen wollen, d.h. zum Versinken des Ich im All, zum Vergehen im leidlosen und freudlosen Nirwana.« Differenzierend betont er aber (a.a.O.): »Sicherlich sind auch für Christen die Übungen des Hatha-Yoga nützlich, die auf die Beherrschung des Leibes, vor allem des Vegetativums, hinzielen und, wie das ›autogene Training‹ (J.H.Schultz), zur ›konzentrativen Selbstentspannung‹ führen können.«

[279] HERTZSCH, Evangelisches Brevier 1981, 218.

[280] So sein Sohn Klaus-Peter Hertzsch im Gespräch am 20.05.2008.

[281] Zur Bedeutung Bonhoeffers für die »Wiederentdeckung der Meditation« und zur Meditationspraxis und Anleitung bei Bonhoeffer vgl. Peter ZIMMERLING, Bonhoeffer als Praktischer Theologe, Göttingen 2006, 69–76.

[282] Zitiert nach HERTZSCH, Evangelisches Brevier 1981, 218. Anstatt der »textgebundenen« spricht Bonhoeffer von der »schriftgebundenen Meditation«, die Hertzsch also sinngemäß von Bonhoeffer übernimmt. Vgl. zu Bonhoeffers Anleitungen zu täglichen Übungen in Gemeinschaft, allein und im Alltag ausführlich SCHÖDL, Unsere Augen, 217–233 und zur schriftgebundenen Meditation, die aus Schriftbetrachtung, Gebet und Fürbitte besteht: Dietrich BONHOEFFER, Gemeinsames Leben, München [21]1986, hier: 68–75.

ten der Bibel, an der »Leib, Seele und Geist beteiligt sind«, regt das Brevier nach Hertzsch an.[283]

I. 3. 1. 2 *Entwicklung der theologischen Diskussion zwischen 1961 und 1979*

In seinem Aufsatz »Exercitia spiritualia in der evangelischen Kirche« setzt Hertzsch sich 1961 ausführlich mit den Vorbehalten und der Ablehnung geistlicher Übungen und ihren Folgen in den reformatorischen Kirchen auseinander: Die reformatorische Kritik an sinnentleerten Frömmigkeitsübungen hatte – nach Hertzsch – ihre Notwendigkeit, hat aber auch zu einer Entfremdung von Liturgie und persönlicher Frömmigkeitsübung in den reformatorischen Kirchen geführt, die Hertzsch kritisch sieht. Weder Pietismus noch die altprotestantische Orthodoxie haben nach seiner Einschätzung diesem Abbruch etwas entgegengesetzt, die einen, weil alle Ordnung ihrem Wunsch nach »Herzensfrömmigkeit«[284] widersprach, die anderen, weil sie darin Werkgerechtigkeit vermuteten. »Seit einem Menschenalter«[285] wird nach Erich Hertzsch die »Geringschätzung der geistlichen Übungen«[286] in der evangelischen Theologie als Problem wahrgenommen und ihre Begründung kritisch gesehen. Diese Prüfung referiert Hertzsch mit folgendem Befund: Obwohl im Neuen Testament wenig von alltäglicher geistlicher Übung gesprochen wird und vor allem in den Evangelien eine deutliche Kritik an überzogenen Frömmigkeitsregeln unübersehbar ist' bietet die »Lehre von der ›Wandlung durch den Glauben‹«[287] einen Anknüpfungspunkt für geistliche Übungen, der sie notwendig macht und gleichzeitig begrenzt.[288] Diese Wandlung ist nach Hertzsch in Anlehnung an Haendler[289] Neuschöpfung in Christus durch den Heiligen Geist, die vom Menschen nicht gewirkt werden kann, aber von ihm angenommen werden muss, damit Gott sie wirkt: »Die gottgewollte Metamorphose ist keine Selbstverständlichkeit, sondern ein unbegreifliches Wunder, das vom Menschen nicht bewirkt, nicht einmal angefangen und eingeleitet werden kann; es geschieht an ihm, ohne sein Zutun. Aber dies Wunder

---

[283] Hertzsch, Evangelisches Brevier 1981, 216f.

[284] Hertzsch, Exercitita spiritualia, 83.

[285] A.a.O., 83.

[286] A.a.O., 83.

[287] A.a.O., 84.

[288] A.a.O., 83f.

[289] Otto Haendler, Wandlung durch den Glauben, in: Wilhelm Bitter (Hg.), Vorträge über die Wandlung des Menschen in Seelsorge und Psychotherapie, 4. Arbeitstagung 1955 der Gemeinschaft »Arzt und Seelsorger« Stuttgart, Göttingen 1956, 13–42.

muß von ihm angenommen, angeeignet, bejaht werden; der Mensch muß Gott an sich wirken lassen.«[290]

Diese Wandlung oder Metamorphose ist nach Hertzsch zentrales Thema der orthodoxen Theologie und auch ihrer geistlichen Übung, dem Herzensgebet.

Sehr viel distanzierter sieht Hertzsch die *exercitia spiritualia* der katholischen Kirche in Form der ignatianischen Exerzitien, die – nach Hertzsch – innerhalb von vier Wochen »den Menschen zu einem gefügigen, einsatzbereiten Werkzeug der Kirche« machen.[291]

Gefahren sieht Hertzsch in der Versuchung, sich mit »guten Werken« Gottes Gnade verdienen zu wollen, in der Sehnsucht nach »außergewöhnlichen psychischen Zuständen«, die man z.B. durch Yoga-Praxis erleben möchte, und schließlich in der übertriebenen Orientierung auf das eigene Selbst.[292] Positiv zu werten ist nach Hertzsch alles, was Gottes Wort aufschließt und näher bringt.

Für »Meditationsübungen« empfiehlt Hertzsch die sachkundige Anleitung eines Psychotherapeuten. Fastenkuren und das bewusste Begehen der Fastenzeit nimmt Hertzsch in sein Nachdenken positiv auf.[293]

Für zentral hält er aber »den täglichen Gottesdienst«, der mit der Bibellese durchgeführt, aber auch nach der Praxis der Alpirsbacher[294] und der Michaelsbruderschaft[295] sowie der »Hochkirchler«[296] der Johannes-

---

[290] HERTZSCH, Exercitia spiritualia, 86.

[291] A.a.O., 87.

[292] A.a.O., 88f.

[293] A.a.O., 89.

[294] Die Arbeit von »Alpirsbach« (Schwarzwald), wie die Michaelsbruderschaft in den 30er Jahren entstanden, setzt den Schwerpunkt auf eine Verbindung von gregorianischer Kirchenmusik und reformatorischer Theologie, die in »Kirchlichen Wochen«, offenen Rüstzeiten, geübt und entwickelt wurden. Im Unterschied zur Michaelsbruderschaft wird keine Verbindlichkeit im Alltag angestrebt. Für Literaturhinweise und weitere Informationen vgl. Eberhard WEISMANN, Art. Alpirsbach, in: TRE Bd. 2, Berlin/New York 1978, 295–299.

[295] Vgl. Anm. 270 und Heinz HENCHE, Art. Michaelsbruderschaft, in: TRE Bd. 22, Berlin/New York 1992, 714–717.

[296] Die Hochkirchliche Bewegung in Deutschland entstand Anfang des 20. Jahrhunderts mit dem Interesse, zur evangelisch-katholischen Wiedervereinigung beizutragen. Mumm nennt vier Ziele als kennzeichnend für die Hochkirchliche Bewegung: »Die ›entschlossene Rückkehr a) zur völligen biblischen Wahrheit in Lehre und Verkündigung, b) zum apostolischen Amt der Kirche, d) zu bekenntnisgemäßem, sakramentalem Leben und d) zum Bewußtsein der ökumenischen Einheit‹ (Entschließung des Hochkirchentages 1935)« (Reinhard MUMM, Art. II. Hochkirchliche Bewegung in Deutschland, in: TRE Bd. 15, Berlin/New York 1986, 420f, 420). Unter mehreren entstandenen Bruderschaften war die »Evangelisch-katholische eucharistische Ge-

Bruderschaft gehalten werden oder auf Breviere, z.B. das von Hertzsch gestaltete und von ihm entsprechend empfohlene Evangelische Brevier, zurückgreifen kann.[297]

Am Schluss des Aufsatzes greift Hertzsch noch einmal den Gedanken der Wandlung auf und betont mit einem Vers Tersteegens, dass die Wandlung von Gott ausgeht: »Wir müssen still und froh Seine Strahlen fassen und Ihn wirken lassen.«[298]

Im Aufsatz »Meditation in der Kirche« von 1979 beschreibt Hertzsch die Beiträge unterschiedlicher evangelischer und katholischer Theologen zum Thema. Bemerkenswert sind die veränderte, ökumenische Wahrnehmung bei verschiedenen Tagungen und die Diskussionsthemen: Die Frage ist nicht mehr, ob Meditation eine evangelische Praxis sein kann, sondern wie sie das sein kann. Die Abgrenzung wird v.a. gegenüber buddhistischer oder hinduistischer Praxis gezogen. Yoga wird differenziert dargestellt und von Hertzsch bei sorgfältiger Anleitung in bestimmten Formen für durchaus möglich und sinnvoll gehalten.[299] Grundsätzlich betont Hertzsch die Notwendigkeit, von einem erfahrenen Leiter persönlich in die Meditation eingeführt zu werden. Bücher, wie »Meditation als Lebenspraxis« von Otto Haendler oder Karin Johnes »Ökumenische Meditationsbriefe«, sieht er nur als Möglichkeit zur anschließenden Ergänzung und Vertiefung. Speziell Karin Johnes Arbeit beschreibt Hertzsch als sehr zeit- und geduldsaufwändig.[300] Gegenüber der katholischen Kirche formuliert Hertzsch großen Respekt für die vorhandene Praxis und sieht Lernbedarf auf evangelischer Seite. Zur evangelischen Meditationspraxis verweist Hertzsch auf die Meditationspraxis im Finkenwalder Predigerseminar, die durch Dietrich Bonhoeffer und Eberhard Bethge eingeführt wurde. Er zitiert deren Anleitung:

> »Es gibt freie und schriftgebundene Meditation. Um der Gewissheit unseres Gebetes willen, aber auch um der Zucht unserer Gedanken willen raten wir zur schriftgebundenen Meditation. [...] Das Wort der Schrift soll unaufhörlich

---

meinschaft« die wichtigste, die aber durch die nationalsozialistische Diktatur verboten wurde. 1947 wurde sie als »Hochkirchliche Vereinigung St. Johannesbruderschaft« wiedergegründet. (Vgl. a.a.O., 420f, dort auch weitere Literatur)

[297] HERTZSCH, Exercitia spiritualia, 90.

[298] Zum ganzen Abschnitt vgl. HERTZSCH, Exercitia spiritualia; Zitat a.a.O., 94.

[299] Dem entspricht sein Votum in: Evangelisches Brevier [3]1981, 217.

[300] Erich HERTZSCH, Meditation in der Kirche. Ernst Sommerlath zum 90. Geburtstag, in: ThLZ 104 (1979), 553-559, hier: 558.

in dir nachklingen und an dir arbeiten [...] Bewege das Wort der Schrift in deinem Herzen, wie Maria es tat. Das ist alles. Das ist Meditation.«[301]

Als gebräuchliche, evangelischen Übung der »schriftgebundenen Meditation« nennt Hertzsch sowohl die Beschäftigung mit den Losungen und Lehrtexten der Herrnhuter Brüder-Unität, wie auch mit den »Bibelleseplänen(n) unserer Kirche« und den »Evangelischen Breviere(n)«, von denen er das von ihm zusammengestellte besonders »dem modernen Menschen« empfiehlt.[302]

Resumee. Im Vergleich der beiden Aufsätze wird deutlich, wie sich aus der Sicht Hertzschs das ökumenische Klima gewandelt hat: In diesem Bereich besteht Lernbereitschaft und Lernbedarf auf evangelischer Seite. Hertzschs Aufsatz zeigt, wie sich die Grenzziehung verschoben hat: Die katholische Praxis steht nicht mehr kritisch im Blickpunkt. Als gefährdend und abzulehnend wird jetzt die östliche Meditationspraxis gesehen, was Hertzsch als zu undifferenziert abweist.[303] Die von Hertzsch dargestellten Bedenken gegenüber geistlichen Übungen, die die Gefahr der Werkgerechtigkeit, einer Event-Frömmigkeit und eines Kreisens-Um-Sich-Selbst in sich tragen, sind auch 20 Jahre später noch aktuell.[304] Die Notwendigkeit für geistliche Übungen und ihre theologische Begleitung begründet Hertzsch mit dem Gedanken der »Wandlung«, die Gott im Menschen anstößt und im Heiligen Geist vollzieht, die aber nicht ohne menschliche Bereitschaft und Annahme geschehen kann. Im Mittelpunkt geistlicher Übungen in den reformatorischen Kirchen steht nach Hertzsch die möglichst regelmäßige Öffnung für Gottes Wort, durch das Gottes Wandlung im Menschen geschieht. Deutlich ist dabei Hertzschs ökumenische Offenheit für Formen des Herzens- und des Breviergebets, sein negatives Urteil über die Exerzitienpraxis wiederholt er nicht, revidiert es aber auch nicht.

---

301 Zitiert nach HERTZSCH, Meditation in der Kirche, 558f.

302 A.a.O., 559. Zum gesamten Absatz vgl. HERTZSCH, Meditation in der Kirche.

303 Die zunehmende Bedeutung der Abgrenzung von nichtchristlichen Gemeinschaften und den in ihren praktizierten Meditationstechniken kann auch in den unterschiedlichen Auflagen von »Handbuch Religiöse Gemeinschaften und Weltanschauungsfragen« nachvollzogen werden. In dessen jüngster Auflage (2006) kann christliche Meditation im Unterschied zu buddhistischen Meditationstechniken ganz schlicht beschrieben werden als »Stillewerden vor Gott« (Hans KRECH und Matthias KLEIMINGER (Hg. im Auftrag der Kirchenleitung der VELKD), Handbuch Religiöse Gemeinschaften und Weltanschauungsfragen, Gütersloh [6]2006, 756).

304 STOLLBERG, Zwischenruf, nennt 2010 z.B. die Stichworte »selbstreferentiell« (44), »Verhältnis von menschlich-methodischer, d.h. psychologischer Arbeit und göttlichem Wirken« (46). Die Event-Frömmigkeit unterstellt er der geistlichen Begleitung allerdings nicht.

I. 3. 2 Meditation bei zwei Praktischen Theologen und Michaelsbrüdern[305]

Die Michaelsbruderschaft ist in der Öffentlichkeit und Theologie eine wenig wahrgenommene Vereinigung, obwohl sie durch einige ihrer Mitglieder wesentlichen Einfluss auf Kirchen und Theologie in der zweiten Hälfte des 20. Jahrhunderts nahm. Zu nennen sind beispielsweise der Bischof der oldenburgischen Landeskirche Wilhelm Stählin,[306] die Professoren Alfred Dedo Müller und Otto Haendler und der Kirchenrat Karl Bernhard Ritter[307]. Auch Paul Tillich hatte als Mitglied des Berneuchener Kreises Kontakt zur Michaelsbruderschaft.

Die Michaelsbruderschaft ist ein »Zusammenschluß von Männern innerhalb des Berneuchener Kreises«,[308] die sich an die Regel und Ordnung der Bruderschaft binden. Mitglied wird man nicht durch eigene Willenserklärung, sondern auf Vorschlag eines anderen Bruders.[309] Die Ehefrauen der Brüder sind zu manchen Veranstaltungen willkommen, an der eigentlichen Bruderschaft jedoch nicht beteiligt.[310] Aus dieser hermetischen und

---

[305] Die Michaelsbruderschaft gründete sich am 1. Oktober 1931 in Marburg/Lahn. Die 22 Gründer kamen aus dem Berneuchener Kreis und verpflichteten sich – in einigen Schlagworten zusammengefasst – zu: »Gemeinschaft statt Individualismus. Feste Bindung statt Unverbindlichkeit. Verpflichtung zur Treue im Gebete und Sakrament anstelle von Beliebigkeit. Brüderliche Hilfe statt Einsamkeit. Das alles zur leibhaften Verwirklichung der Kirche Jesu Christi und ihres Dienstes in der Welt.« (HENCHE, Art. Michaelsbruderschaft, 714) Die Bruderschaft beeinflusste die liturgischen Entwicklungen der evangelischen Kirchen im 20. Jahrhundert. Vgl. a.a.O., 714–717, dort auch weitere Literatur.

[306] Zur Person vgl. z.B. die Autobiografie: Wilhelm STÄHLIN, Via Vitae. Lebenserinnerungen von Wilhelm Stählin, Kassel 1968.

[307] Karl Bernhard Ritters Werk und Biografie hat Wolfgang Fenske umfassend theologisch erschlossen, vgl. FENSKE, Innerung und Ahmung.

[308] Aus dem Einleitungssatz der Urkunde der evangelischen Michaels-Bruderschaft, als Faksimile abgedruckt in: Gerhard HAGE (Hg.), Die Evangelische Michaelsbruderschaft. Fünfzig Jahre im Dienste an der Kirche, Kassel 1981, 12.

[309] Urkunde III, 15 in: HAGE, Evangelische Michaelsbruderschaft, 16f.

[310] Die Position von Frauen war und ist innerhalb der Michaelsbruderschaft klar begrenzt. Planck beschreibt die besondere Atmosphäre in Berneuchen: »Man setzte sich hier nicht auseinander, wie es sonst bei Verhandlungen üblich ist, sondern fand zueinander. Warum? Weil man zur Aussprache sich mit den Frauen des Hauses um den runden Tisch der Wohnstube versammelte, mit der Familie an einer Tafel aß und gemeinsam mit dem Gesinde die Morgenandacht hielt ... So wuchs man zu einer Lebensgemeinschaft zusammen, welche die aufkeimende gemeinsame Erkenntnis durch ihre Beiträge nährte. Im Bild gesagt: ›Jeder warf sein Scheit ins Feuer, das in unserer Mitte brannte‹ (K.B. Ritter).« (Oskar PLANCK, Die Evangelische Michaelsbruderschaft, in: HAGE, Evangelische Michaelsbruderschaft, 23–36, hier: 24) Frauen

Frauen an wesentlichen Punkten ausschließenden Grundstruktur erklärt sich, dass Karin Johne zur Michaelsbruderschaft keinen direkten und näheren Zugang hatte, da ihr Mann der Bruderschaft nicht angehört.[311] Auch zu den Ordo-Pacis-Schwestern, die sich 1953 gründeten[312] und im Zusammenhang der Michaelsbruderschaft entstanden sind, hatte Karin Johne meines Wissens keinen Bezug. Trotzdem gab es für die Retraiten-Arbeit Berührungspunkte mit der Michaelsbruderschaft: Einerseits wurden die Tagzeitengebete, die die Michaelsbruderschaft veröffentlicht hatte, bei vielen Retraiten gern als Grundlage für das gemeinsame Gebet genutzt,[313] andererseits prägte die Michaelsbruderschaft in positiver Weise die Haltung des sächsischen Oberlandeskirchenrates Reinhold Fritz, der in der Landeskirche für die Retraitenarbeit verantwortlich war. Er war mit der Michaelsbruderschaft zunächst als Kurator,[314] später selbst als Bruder verbunden und vertiefte in diesem Rahmen seine Erfahrungen mit Meditation, Körperarbeit und Stille.[315]

Die Meditation in der Michaelsbruderschaft ist stark geprägt von Carl Happich. Alfred Dedo Müller und Otto Haendler beziehen sich beide auf ihn. Happich war Arzt, Psychotherapeut, Freimauerer und Michaelsbruder.[316] Happich führt den Begriff des »Bildbewußtseins« ein, mit dem er

---

wirkten also »Atmosphäre bildend«, so dass konstruktive statt diskursive Gespräche möglich wurden.
Jansen berichtet, dass Frauen ebenso wie Männer an den »Geistlichen Wochen« teilnehmen konnten, um sich in ihrem Kirche-Sein stärken zu lassen (Ernst JANSEN, Die Evangelische Michaelsbruderschaft. Ein Bericht im Auftrage der Evangelischen Michaelsbruderschaft, Kassel 1949, 5f). Die Mitgliedschaft ist für Frauen allerdings nicht möglich. Bei den Evangelischen Messen der Michaelsbruderschaft in Leipzig, die einmal monatlich in der Thomaskirche stattfinden, sind die Frauen der Brüder und auch andere weibliche Gäste herzlich willkommen, der Dienst am Altar und die Zugehörigkeit zur Bruderschaft bleibt den Männern vorbehalten.

[311] 1997 veröffentlicht Karin Johne den Aufsatz »Gebet und Meditation« im Quatember, dem Quartalsheft der Michaelsbruderschaft. Zu dieser späteren Zeit hat es Verbindung und positives Interesse gegeben.

[312] Evangelische Schwesternschaft Ordo Pacis e.V., »Aus der Geschichte der Evangelischen Schwesternschaft Ordo Pacis« <www.ordo-pacis.de/geschichte.html> (05.02.2009).

[313] LOWE, Brüderlicher Dienst, 42.

[314] Die Kuratoren sorgten für die Verbindung zwischen Bruderschaft und Landeskirchen. (Vgl. HENCHE, Art. Michaelsbruderschaft, 717)

[315] Gespräch mit Oberlandeskirchenrat i.R. Reinhold Fritz am 22.10.2008.

[316] Happichs Verbindungen zur Exerzitienbewegung Anfang des 20. Jahrhunderts, sein Engagement innerhalb der Freimaurer erläutert Karl Baier (Meditation und Moderne 2, 660-670) und stellt die Verbindung zur und die Weiterentwicklung der Arbeit Happichs in der Michaelsbruderschaft dar (673-685). Entsprechend beschreibt auch Wolfgang Fenske Happichs Meditationsmethoden anschaulich als

einen Bereich innerhalb des Bewußtseins bezeichnet, der nicht vom Denken (= Denkbewusstsein) strukturiert ist, sondern Bilder speichert oder entwickelt und sie dem Bewusstsein zur Verfügung stellt oder sie auch ungefragt ins Denken einspeist.[317] An anderen Stellen spricht er vom Bildbewußtsein auch als von einem »Zwischenbewußtsein«, bei Freud dem Bereich zwischen Bewusstem und Unbewusstem. Das Bildbewusstsein wirkt nach Happich kreativ auf Denkvorgänge ein, wie er am Beispiel des Chemikers Kékulé erläutert, der in nicht bewusst gedachten Bildern die grundlegenden Hypothesen über die »Vierwertigkeit des Kohlenstoffatoms« und den »Benzolkern aus einem Ring von sechs Kohlenstoffatomen« entwickelte.[318] Meditation als entspannte Aufmerksamkeit ohne intellektuelle Lenkung ermöglicht nach Happich das »Verweilen« in diesem Bewusstseinsbereich.[319] Als Psychotherapeut nutzte Happich die tiefe Wirkung dieses Bereichs auf die gesamte Person zur Heilung.

1932 führte Happich bei einer Tagung des Berneuchener Kreises auf der Westerburg[320] in die Meditation ein. Otto Haendler beschreibt sein damaliges Erleben im Rückblick folgendermaßen:

> »Als ich mich 1932 mit einiger beruflicher Gewaltsamkeit entschloß, zu Westerburg zu fahren, geschah das ganz wesentlich deshalb, weil ich von Happich und seinen Meditationen gehört hatte und von dem Empfinden umgetrieben war, daß da etwas ganz Entscheidendes für Kirche, Amt und Seelsorge, vielleicht für das ganze Menschsein überhaupt im Anzuge sei. Die mit Spannung erwartete erste Meditation fand im Saale der Burg statt. ... Happichs einführende Worte wurden gesammelt und anspruchslos vorgetragen. ... Was dann geschah, habe ich mit innerer Aufgeschlossenheit miterlebt, noch ein wenig ratlos, und nicht ohne ein Nebenempfinden von leiser Enttäuschung.

---

grundlegend für die Arbeit des Michaelsbruders Karl Bernhard Ritters (FENSKE, Innerung und Ahmung, 156-168 und 175-184). Sabine Bayreuther skizziert Happichs Meditationsmethode und seinen Einfluss auf die Berneuchener Bewegung und die Michaelsbruderschaft und analysiert sie unter semiotischer Perspektive. (Sabine BAYREUTHER, Meditation. Konturen einer spirituellen Praxis in semiotischer Perspektive, Leipzig 2010, 70-79)

[317] Carl HAPPICH, Das Bildbewußtsein als Ansatzstelle psychischer Behandlung, in: Zentralblatt für Psychotherapie und ihre Grenzgebiete einschließlich der medizinischen Psychologie und psychischen Hygiene. Organ der Allgemeinen Ärztlichen Gesellschaft für Psychotherapie o.Jg. (1932), 663-677, hier: 663-667.

[318] A.a.O., 665.

[319] A.a.O., 666f.

[320] Dort fanden die Ostertagungen des Berneuchener Kreises statt, bei denen Anfang der 30er Jahre Dr. med. Carl Happich die Meditation vorgestellt und geübt hatte. Vgl. STÄHLIN, Via Vitae, 321.

Das ist alles? Freilich war dieses ›Wenige‹ zugleich irgendwie (mehr hätte ich damals nicht sagen können) auch festhaltend.«[321]

Neben Happich beziehen sich Haendler und Müller auch auf die Arbeiten des Theologen und späteren Gründers der Christengemeinschaft,[322] Friedrich Rittelmeyer.[323] Haendler nimmt auch Bezug auf die Psychologie Carl Gustav Jungs.

Karin Johne ist während ihres Studiums in dem Leipziger Professor für Praktische Theologie, Alfred Dedo Müller, einem führenden Michaelsbruder[324] begegnet. Dessen Verständnis von Meditation und geistlicher Übung wird im Folgenden zunächst beleuchtet.

I. 3. 2. 1 *Alfred Dedo Müller*

Seit Anfang der 1930er Jahre war Alfred Dedo Müller Ordinarius für Praktische Theologie in Leipzig.[325] Unregelmäßig bot er immer wieder Veran-

---

[321] Zitiert nach Voigt, Haendler, 193, veröffentlicht in: Quatember. Evangelische Jahresbriefe, 21. Jg. (1956/57), 159.

[322] Zur Christengemeinschaft als mit der Anthroposophie Rudolf Steiners verbundene, sich als christlich verstehende Gemeinschaft vgl. z.B. Joachim Ringleben, Art. Christengemeinschaft, in: RGG Bd. 2, Tübingen [4]1999, 178–180.

[323] Alfred Dedo Müllers Sohn, Prof. Dr. Norbert Müller, erzählte, mit Rittelmeyer sei sein Vater durch eine für ihn sehr prägende Freundschaft verbunden gewesen, da er als Verwundeter im Ersten Weltkrieg im damaligen Nürnberger Pfarrhaus von Rittelmeyer aufgenommen und gepflegt wurde. Ebenso sei er mit Karl Bernhard Ritter eng befreundet und mit Carl Happich gut bekannt gewesen. (Gespräch mit Prof. Dr. Norbert Müller vom 27.05.2008); zu Rittelmeyers Biografie vgl. Ulrich Schwab, Art. Rittelmeyer, Friedrich, in: BBKL Bd. 8, Herzberg 1994, 407–410.

[324] Müller wird von Jansen 1949 ebenso wie Otto Haendler neben Wilhelm Stählin als einer der Brüder genannt, die mit ihrer Arbeit »ein deutliches Zeugnis (davon ablegen), wie ernst Lehre, Verkündigung und Dogma in der Bruderschaft genommen werden.« Jansen, Michaelsbruderschaft, 10 und 12f.

[325] Zur Geschichte der Fakultät vgl. Gössner, Andreas (Hg.): Die Theologische Fakultät der Universität Leipzig. Personen, Profile und Perspektiven aus sechs Jahrhunderten Fakultätsgeschichte, Leipzig 2005; zu Müllers Konflikten in den hochschulpolitischen Auseinandersetzungen mit den staatlichen Stellen der DDR vgl. Stengel, Die Theologischen Fakultäten, 158f u.ö., sowie zu Müllers vorsichtiger Positionierung in der NS-Zeit vgl. Kurt Meier, Die theologischen Fakultäten im Dritten Reich, Berlin/New York 1996, 104 und 248f.
Theo A. Boer untersucht und würdigt kritisch Alfred Dedo Müllers Haltung in der NS-Zeit. »Alfred Dedo Müller [war] ein kommunikativer und einfühlsamer Mensch, der versuchte mit den Zumutungen und Zwängen seiner Zeit klar zu kommen. [...] Er wollte Gegensätze als nichtwirklich enttarnen und sie gegebenenfalls entschärfen. Er wollte Sünde und Verfall auf allen Seiten der politischen und gesellschaftlichen Kontroversen offen legen und suchte weder den Fehler nur bei einer Seite, noch

staltungen zu geistlichen Übungen an,[326] auch zu der Zeit, als Karin Johne in Leipzig studierte. In seinen Homiletik-Seminaren übte er mit den Studierenden Meditationen, die unterschiedliche Resonanz fanden. Alle drei von mir hierauf angesprochenen Gesprächspartner erinnerten sich nach mehr als 50 Jahren sofort an die Meditation im Homiletik-Seminar bei Alfred Dedo Müller.[327] Das spricht dafür, dass die Meditationsanleitung für die drei damaligen Studenten sehr eindrücklich gewesen sein muss.

Alfred Dedo Müller verwendete die Meditation bewusst als Methode der vertiefenden Erkenntnis und als Übung geistlichen Lebens. Seine Theorie wird im folgenden Abschnitt dargestellt.

Meditation im Verhältnis zu Rationalität und Glauben. Im »Grundriß der Praktischen Theologie« stellt Müller sein Verständnis der Meditation im

---

betrachtete er eine Seite nur als gut. [...] Im Nachhinein gibt es Gründe, diese Haltung als verständlich, gelegentlich sogar als tapfer zu beschreiben. Es ist aber fraglich, ob die kritischen Dimensionen seines Redens damals für alle, die es betraf, deutlich genug als kritisch erkennbar waren. [...] Die in diesem Beitrag zitierten Briefe berechtigen zu der Vermutung, dass Alfred Dedo Müllers ›Anpassung‹ wohl zum Teil aus Überzeugung, aber auch aus einer Mischung von Opportunismus, Naivität und Angst vor Repressalien zu erklären ist.« (Theo A. Boer, Protokolle einer Tragödie. Alfred Dedo Müller und der Nationalsozialismus 1933–1936, in: KZG/Contemporary Church History 21 (2008), 373–391, hier: 390f).

[326] Jeweils als einstündige, wöchentliche Übung, mittwochs, 8–9 Uhr im WS 1935/36: »Sinn und Praxis geistlicher Übung«; WS 1937/38: »Der evangelische Sinn und die kirchliche Praxis geistlicher Übung«; WS 1939/40: »Geistliche Übung und Haltung als Lebens-, Glaubens- und Kirchenfrage, freitags 15–16 Uhr; SoSe 1942 bzw. WS 1951/52: »Meditation als Lebens-, Erkenntnis- und Glaubensfrage«, montags 17–18 Uhr bzw. 15–16 Uhr. Vgl. die digital einsehbaren Vorlesungsverzeichnisse unter <www.ubimg.ub.uni-leipzig.de> (05.02.2009); dass Gegenstand der Übungen u.a. die Meditation nach Carl Happich war ist zu vermuten, weil Alfred Dedo Müllers Sohn, Norbert Müller, mir während des Gesprächs am 27.05.2008 eine Reihe vergrößerter Bilder aus Happichs Buch (Anleitung zur Meditation) zeigte und erklärte, sein Vater habe diese zum Unterrichten verwendet.

[327] Während Hartmut Mai, später selbst Professor an der theologischen Fakultät in Leipzig, sich eindrücklich an die von Alfred Dedo Müller angeleitete Meditation des Raumes in der später gesprengten Universitätskirche St. Pauli erinnert (Gespräch vom 07.04.2008), beschreibt Dr. Wolff eher amüsiert die Meditation von Birkensamen im theologischen Seminar bei Professor Müller: Die meditative Stimmung flog mit den Birkensamen beim leisesten Windhauch davon (Gespräch vom 24.04.2008). Ebenso eher kritisch äußerte sich Oberlandeskirchenrat i.R. Reinhold Fritz (Gespräch vom 22.10.2008): Bei der Meditation des Bibelverses »All eure Sorge werft auf ihn, denn er sorgt für euch.« im homiletischen Seminar habe Professor Müller alle meditative Aufmerksamkeit auf das Wegwerfen gelenkt; nach Fritz‹ Empfinden wurde damit der meditative Zugang zu Christus eher verstellt als eröffnet.

Zusammenhang der Seelsorgelehre ausführlich dar.[328] Meditation ist für Alfred Dedo Müller eine Erkenntnismethode, die der Rationalität nicht widerspricht, sondern durch die Einbeziehung der gesamten Existenz der Meditierenden über die Rationalität hinausgeht und ihnen Erkenntnisvertiefung, Lebensveränderung und entscheidende Klarheit durch die Gebundenheit an den Glauben ermöglicht. Meditation weitet und vertieft das Verständnis eines Menschen von einer Sache, einem Zusammenhang oder von Gott, über das an entscheidenden Punkten defizitäre, rationale Verstehen hinaus zum existentiellen Ergriffen-Sein. In Müllers Worten: »Die Meditation ist ein *Erkenntnis-*, ein *Lebens-* und ein *Glaubensproblem*. Ihre Wiederentdeckung hängt zunächst mit der tiefgreifenden Krise zusammen, die der Intellektualismus über den abendländischen Menschen gebracht hat. Die grundlegende Erfahrung dabei war die, daß mit Erkenntnismitteln, die in den letzten Jahrhunderten im Abendlande als allein legitim galten, also der rationalen Reflexion, wie sie namentlich im naturwissenschaftlichen Denken zu höchster Blüte gelangt war, gewisse Fundamentalfragen der menschlichen Existenz einfach nicht zu treffen und zu lösen waren. So war damit *keine eindringende Selbsterkenntnis* möglich.«[329] Mit Nietzsche beklagt Müller, dass man an »die eigentlich entscheidenden Fragen menschlichen Existierens [...] ›Wozu? Wohin? Woher?‹« überhaupt nicht mehr herangelangen könne.[330] Die Meditation ist dagegen nach Müller ein »uralter und nun wieder entdeckter Erkenntnisweg«, der »im Fernen Osten, in Indien und China« anders als im Abendland weiter überliefert wurde. Anders als Nietzsche, der neben »kontemplativer Schau« und »mystischem Einswerden« auch den »dionysischen Rausch« als Erkenntnisweg gutheißt, verwirft Müller den »dionysischen Rausch« mit dem Kriterium des christlichen Glaubens als verwirrenden, statt klärenden Erkenntnisweg und beschränkt sich auf die Empfehlung von Formen der Meditation, die dazu dienen, den »Zustand« zu gewinnen, »der für totales, auf die Tiefen der Wirklichkeit gerichtetes, für ›existentielles‹ Erkennen die unerlässlichen Voraussetzungen schafft.«[331] Als solche sind also kontemplative und mystische Formen zu sehen, die dem Kriterium des christlichen Glaubens folgen. Sie ermöglichen nach Müller eine konkrete Lebensveränderung, weil sie dazu dienen, »den *ganzen* Menschen einschließlich seiner leibhaften Existenz zum Organ der Erkenntnis werden zu lassen, den Blick von außen nach innen zu wenden, die innere

[328] Zum Folgenden vgl. Alfred Dedo Müller, Grundriß der Praktischen Theologie, Gütersloh 1950, 334-344.

[329] A.a.O., 334.

[330] A.a.O., 334f.

[331] A.a.O., 335f; Zitat: 336.

außen nach innen zu wenden, die innere Erfahrung an die Stelle des gegenständlichen ›Begreifens‹ treten zu lassen und erkennbar zu machen, daß vom wesentlichen Gehalt der Wirklichkeit nur so viel erfasst werden kann, als davon ›erlebt‹, also im innersten Wesensgrund, im ›Herzen‹ erfahren wird.«[332] Hier lehnt Müller sich an die »methodische Fundamentalanweisung in der Meditation der Ostkirche« an: »›Führe den Geist, d.h. das Denken aus dem Kopf ins Herz‹.«[333]

Der Glaube, den der biblische Gott schenkt und für den sich ein Mensch aus Gottes Gnade heraus entscheiden kann, nimmt die Meditation in Dienst, um so einerseits die Glaubensentscheidung zu ermöglichen und andererseits das Leben im Glauben zu vertiefen. »Die Bedeutung der Meditation liegt im Vorfeld und im Entfaltungsgebiet des Glaubens.«[334]

Meditative Übung sieht Müller in einer Reihe mit dem Gebet, das Luther »eine sonderliche *Übung* des Glaubens«[335] nennt: Eine Übung, die auch dem Geübten immer neu notwendig ist und das Glaubenswissen nicht rein intellektuell, sondern auch durch meditative Aneignung und damit weiter und tiefer verinnerlicht, aber nicht durch eigene Kraft und Anstrengung, sondern im Sinn einer Öffnung und Annahme für das Wirken des Heiligen Geistes.[336]

Im christlichen Glauben geübte Meditation wirkt also nach Müller existentiell auf das gesamte Leben, weil sie den ganzen Menschen erfasst und berührt. Dabei behält für ihn die Rationalität ihre ordnende und kritische Funktion, wird aber ergänzt und in eine andere Wirksamkeit versetzt durch die Methode der Meditation, die dem Wirken des Heiligen Geistes Raum gibt.

Daraus erschließt sich, dass die christliche Meditation für Alfred Dedo Müller zum notwendigen Rüstzeug jeder Theologin und jedes Pfarrers gehört. Sie ist eine Methode, die für Müller notwendig eigene Erfahrung voraussetzt, die er für Predigt und Seelsorge als wesentliches Mittel charakterisiert und die er selbst für eine große ethisch-theologische Erörterung nutzt: So nennt er im Buchtitel seiner letzten, großen Veröffentli-

---

[332] A.a.O., 337.

[333] A.a.O., 337, zitiert Reinhold v. Walther: Ein russisches Pilgerleben, 1925, S. 14. Da die Ausgabe mir nicht zugänglich war, vgl. Emmanuel Jungclaussen (Hg.), Aufrichtige Erzählungen eines russischen Pilgers. Die vollständige Ausgabe, Freiburg i. Br. [15]2008, 31.

[334] Zum Zitat und Inhalt des Folgenden vgl. Müller, Grundriß, 339.

[335] Martin Luther im Sermon von den guten Werken, Br.A. 1, 42 (zitiert nach Müller, Grundriß, 342).

[336] Müller, Grundriß, 342–344.

chung von 1963 die meta-rationale Meditation und die rationale Strukturanalyse als zwei sich ergänzende Methoden.[337]

Meditation als Übung. Meditation ist eine innere Haltung, die Menschen in bestimmten Situationen unbewusst einnehmen, die aber auch bewusst gesucht und geübt werden kann. Meditation vollzieht sich nach Müller als natürlicher Vorgang, wenn ein Mensch etwas auf einer nicht-rationalen Ebene auf sich wirken lässt und dadurch nach und nach Klarheit gewinnt. Diesen Zustand kennt ein Wissenschaftler, der eine Lösung oder eine neue Theorie sucht ebenso wie ein Bauer, der auf der Bank vor seinem Haus sitzt und über sein Leben und Arbeiten meditiert.[338] Diese Fähigkeit kann in der Übung der Meditation bewusst genutzt werden. So beschreibt Müller die Haltung der Meditation als Teil der Predigtvorbereitung:

> »Ich ›begreife‹ nicht, sondern ich lasse mich ergreifen. Ich suche nicht mich des Textes zu bemächtigen, sondern lasse ihn auf mich wirken. Ich verhalte mich jetzt nicht aktiv, sondern passiv, nicht wirkend, sondern empfangend. Ich frage nicht objektiv, sondern lasse mich ganz persönlich fragen, ich rede nicht, sondern lasse mich anreden.«[339]

Um diese innere Haltung zu gewinnen, sind nach Müller Zeit und Übung notwendig:

> »Ich eile dabei nicht von Gedanken zu Gedanken fort, wie das im raschen Zugriff des begreifenden Denkens geschieht, sondern ich lasse mir *Zeit,* mich in der Tiefe ergreifen und durchdringen zu lassen – wie eine photographische Platte, die Dauerbelichtung braucht, weil sie Sternenlicht auffangen soll. Die Meditation hat *Übungs*charakter. Es handelt sich um die Einübung in den Leib, Seele und Geist umfassenden Gesamtzustand, der die Voraussetzung wesenhafter Erkenntnis ist. Es kommt ja [...] darauf an, den ›Kopf in das Herz zu bringen‹ und [...] zu spüren, was sich mit dem Kopf allein nie wirklich verstehen läßt.«[340]

Dabei ist nicht die Fülle der Bilder oder die eindrucksvolle Kreativität gefragt, sondern die existentielle Aufmerksamkeit für das und das Ergriffen

---

337 Vgl. Alfred Dedo MÜLLER, »Dämonische Wirklichkeit und Trinität. Der Atomkrieg als Problem. Meditation und Strukturanalyse«, Gütersloh 1963.

338 Alfred Dedo MÜLLER, Ethik. Der evangelische Weg der Verwirklichung des Guten, Berlin 1937, 184.

339 MÜLLER, Grundriß, 206.

340 A.a.O., 206f.

werden von dem, was Gott in Bezug auf den Meditierenden persönlich sagt oder zeigt.

Meditation ist für Müller gekennzeichnet durch eine passive, entspannte innere und äußere Haltung, Bilder, die das »Bildbewußtsein«[341] berühren und verändern, ein »*existentielles* Denken«, in dem der Meditierende sich mit seiner ganzen Existenz in das Bild der Meditation hinein gibt und auf sich bezieht und durch »Wiederholung und *Einübung*« vertieft.[342]

> »Die Meditation ist also bei aller Verschiedenheit im einzelnen eine geistliche Übung, die auf die Überwindung des abstrakten Denkens und die lebensmäßige Aneignung des Gedachten gerichtet ist und bei der vier Stufen durchlaufen werden: 1. Entspannung, Erwartung und Sammlung. 2. Anschauung und Tiefenschau. 3. Hingebung und Einung. 4. Wiederholung, Wandlung und Verwirklichung.«[343]

Das Ziel der Meditation nach Müller ist es, sich bewusst und ganzheitlich von bestimmten Bildern und Inhalten prägen zu lassen. Für Theologietreibende ist die Einübung in die Meditation nach Müller in dreifacher Hinsicht notwendig: Als Vorbereitungsschritt für die *Predigt*, weil sie die »geistliche Hörfähigkeit« über ein exegetisch und systematisch korrektes und intellektuelles Verstehen hinaus steigert.[344] Nur durch die Erkenntnis, die »*meditativ* oder *existentiell*«[345] erspürt wird, kann die Frage nach Gottes Wort für den Prediger persönlich und wahrhaftig beantwortet werden. Für die Predigtarbeit formuliert Müller:

> Das »Ziel der Meditation – die völlige Überwindung des Intellektualismus – ist erst erreicht, wenn sich die Schau, das Bild in Geschehen verwandelt. Zu wahrer Verkündigung kann es nur kommen, wenn der Prediger nicht nur mehr Begriffe im Kopfe hat und Worte im Munde führt, sondern wenn sein Herz ergriffen ist von dem Lebensstrom, der vom Herzen Gottes ausgeht. Begriff und Bild verwandelt sich in Leben, in reine Aktualität. [...] Das Wort Gottes wird so lange intellektualistisch mißverstanden, als es nicht wie Speise und Trank in die Seele aufgenommen und in Lebenskraft umgewandelt ist. ›Wer mein

---

[341] Den Begriff übernimmt Müller, ebenso wie Haendler von Carl Happich. (HAPPICH, Bildbewußtsein, 663–667)

[342] MÜLLER, Ethik, 183f.

[343] A.a.O., 184.

[344] Alfred Dedo MÜLLER, Praktische Theologie, in: Heinrich FRICK (Hg.), Einführung in das Studium der Evangelischen Theologie, Gießen 1947, 122–157, 143f und MÜLLER, Grundriß, 206–210.

[345] MÜLLER, Praktische Theologie, 143.

> Fleisch ißt und trinkt mein Blut, der hat ewiges Leben‹ (Joh 6, 54). Das Bibelwort will sakramental verstanden sein – wie das Sakrament verbal.«[346]

Innerhalb der *Ethik*[347] haben meditative Übungen deshalb Gewicht, weil es für die Lebensführung nach Müller entscheidend darauf ankommt, welchen Bildern sich ein Mensch meditierend aussetzt und wovon er sich entsprechend leiten lässt.[348]

Im Bereich der *Poimenik* kann der in der Meditation geübte Seelsorger andere verantwortlich zur Meditation anleiten und ihnen so helfen, tragfähige und wirksame Formen der geistlichen Übung zu finden.[349]

In allen drei Bereichen geht es für Alfred Dedo Müller darum, dass der »Intellektualismus« überwunden wird und an dessen Stelle die »lebendige innere Erfahrung« tritt, die die gesamte Existenz prägt.

Glaube als Kriterium der Meditation. Entscheidendes Kriterium der Meditation ist für Alfred Dedo Müller der Glaube, den Gott schenkt. Müller erläutert, dass die Meditation metaphysische Voraussetzungen hat, die zu klären sind: »Die Meditation nimmt teil am Entscheidungscharakter des Glaubens. Damit hängt auch zutiefst der existentielle Charakter der Meditation zusammen. Es gibt Meditation sowohl im Dienste der Götter wie auch im Dienste Gottes. Wir sind überhaupt nicht gefragt, ob, sondern wie wir meditieren wollen. ›Es‹ meditiert ständig in uns. Ständig sind wir nicht nur auf rationale, sondern auf meditative Weise an Eindrücke irgendwelcher Art hingegeben. Diese Eindrücke sind immer religiös, vom Herzen her getönt, es fragt sich nur wie. Die Entscheidung hierüber fällt nicht in der Meditation, sondern im Glauben. Der Glaubensakt behält also seine ursprüngliche, selbständige und grundlegende Bedeutung neben und in aller Meditation. *Es kann nie einen Ersatz des Glaubens durch Meditation geben.* Theologisch gesehen bestätigt sich darin nur der Sachverhalt, daß der

---

346 MÜLLER, Grundriß, 209.

347 Hilfreich zur Einordnung von Müllers »Ethik« in die Theologie- und Zeitgeschichte ist Theo A. Boers Aufsatz »Alfred Dedo Müllers Ethik. Zwischen Radikalität und Gleichschaltung«, in dem er Müllers »radikalen Realismus« und seine »theologische Radikalität« darstellt und Müllers bewusstes Gespräch mit der nationalsozialistischen Ideologie in der Haltung eines mehr oder weniger deutlichen »Ja – aber« charakterisiert (397), in einer Untersuchung der Themen »Volk« (397f), »Rasse« (399-402), »Juden« (402-405) und »Staat, Kirche, Führer« (405-407) diese Charakterisierung sorgfältig begründet und Müllers Haltung kritisch in Frage stellt (410-412); Theo A. BOER, Alfred Dedo Müllers Ethik. Zwischen Radikalität und Gleichschaltung, in: KZG/Contemporary Church History 19 (2006), 389-413.

348 MÜLLER, Ethik, 188.

349 MÜLLER, Grundriß, 341f.

rechte Glaube zuletzt göttliche Gnadenwirkung ist und Meditation menschliches Tun. Keine menschliche Leistung kann die totale Abhängigkeit des Menschen von Gott aufheben.«[350]

Alfred Dedo Müller unterstreicht so die reformatorische Erkenntnis, dass der Mensch allein aus Gnade durch den Glauben gerecht wird, besteht aber trotzdem auf der Notwendigkeit der geistlichen Übung, die sich diesem Wirken Gottes öffnet. Meditation kann dann auf einer tiefen, im Unbewußten liegenden Ebene heilend wirken, wenn theologische Klarheit über die Wirksamkeit der Rechtfertigung aus Gnade im Glauben gegeben ist. Wenn sich die Meditation »in der Nachfolge Christi« entfaltet, so kann nach Müller die »Begegnung mit der Meditationserfahrung des Ostens, die sonst zur gefährlichsten metaphysischen Überfremdung führen muß, fruchtbar werden.«[351] Daher empfiehlt sich für den evangelischen Geistlichen nach Müller vor allem die »Bibelwortmeditation«: »Die *Bibelwortmeditation* ist deshalb für den evangelischen Seelsorger die zentralste und auch die am ehesten zugängliche Form der Meditation, von der aus die ganze Fülle anderer Anwendungsmöglichkeiten normiert wird.«[352]

Auffallend ist, dass Alfred Dedo Müller in keiner seiner Veröffentlichungen auf die in der katholischen Kirche vorhandene Erfahrung und Praxis als mögliche Anregung und Hilfe für die evangelische Kirche in diesem Bereich Bezug nimmt. Er verweist zwar darauf, dass die evangelische Kirche »hier im Gegensatz zum Katholizismus zumeist aus aller Tradition herausgeworfen« ist und »erst wieder buchstabieren lernen« muss und insofern »Anleitung und Führung« nötig hat, sucht aber in der katholischen Tradition keine solche Hilfe. Der Begriff »Seelenführung« ist für ihn positiv gefüllt.[353] Eine entsprechende Übung und Ausbildung für Seelsorger sieht er 1950 im Rahmen der Michaelsbruderschaft.[354] In der 1937 veröffentlichten Ethik, zu einer Zeit, als die Michaelsbruderschaft aufgrund der Arkandisziplin noch kaum öffentlich in Erscheinung trat, verweist er auf die Notwendigkeit sorgfältiger »Anleitung und Führung« für eine entkirchlichte Gesellschaft und empfiehlt hierzu z.B. die Teilnahme an Freizeiten

---

350 A.a.O., 339; Hervorhebung im Original.

351 A.a.O., 341.

352 A.a.O., 341.

353 Vgl. Müller, Ethik, 188. »Führer« hatte 1937 sicher auch eine andere Konnotation als nach 1945. Corinna Dahlgrün, die die Begriffe geistliche »Begleitung« oder »Führung« diskutiert, unterstreicht trotz des »freundlicheren und unbelasteteren Klang[s] des ›Begleiters‹ gegenüber einem ›Führer‹« den inhaltlichen Aspekt der »Führung« als unverzichtbar. (Corinna Dahlgrün, Christliche Spiritualität. Formen und Traditionen der Suche nach Gott. Mit einem Nachwort von Ludwig Mödl, Berlin/New York 2009, 413-416, Zitat: 416)

354 Müller, Grundriß, 341.

im Sinne der beiden Blumhardts,[355] fortgeführt durch Johannes Müller,[356] aber auch durch die Singbewegung, die pietistische, deutsche Gruppenbewegung und vor allem die von Berneuchen ausgehende Bruderschaft der – hier nicht ausdrücklich genannten – Michaelsbruderschaft.[357]

Zielgruppe. Wenn die Meditation im Verständnis von Müller sowohl für den Glauben öffnet als auch ihn vertiefen und ganzheitlich leben hilft, dann ist bereits klar, dass er die Zielgruppe für die geistliche Übung der Meditation weit fasst: Kirchenferne sind für ihn ebenso im Blick wie geistlich erfahrene Menschen. Bereits in der »Ethik« von 1937 charakterisiert Müller die Meditation als Teil der »geistlichen Übung« besonders für Menschen, denen Gebet und Gemeindegottesdienst noch fremd sind.[358] Meditation ermöglicht es nach Müller dem Menschen, »über ein bloß intellektuelles Verhältnis zu den tragenden Wahrheiten des christlichen Glaubens« hinauszukommen, und lässt so »Gebet, Sakrament und Kultus« erst richtig verstehen.[359] Die Meditation, die ein tieferes Verstehen als der Intellekt ermöglicht und so für das Leben prägender ist als eine rein rational gewonnene Überzeugung, gehört also zu den Grundangeboten für Menschen, die dem Glauben näher kommen möchten.

Für die Predigenden ist die geistliche Übung der Meditation nach Müller eine Grundvoraussetzung ihrer Arbeit. Erst das, was der Prediger sich in der Meditation selbst angeeignet hat, kann er auch nachvollziehbar weitergeben. Was der Prediger für sich selbst geübt hat, kann und soll er auch in der Seelsorge an die weitergeben, die im Glauben leben. Entsprechend nimmt die Meditation in der Poimenik einen beachtlichen Raum ein: Von 29 Seiten im Kapitel »Die kirchliche Gestalt der Seelsorge« sind zehn, also etwa ein Drittel, der Meditation gewidmet, während Hausbesuch, Gespräch, Belehrung, Beichte, Kirchenzucht und Innere Mission die restlichen unter sich aufteilen.[360] Müller sieht für die Meditation vielfältige An-

---

[355] Zu den beiden Blumhardts vgl. Dieter ISING, Johann Christoph Blumhardt, in: Christian MÖLLER (Hg.), Geschichte der Seelsorge in Einzelporträts Bd. 3, Göttingen 1996, 119–136 und Jürgen MOHR, Christoph Friedrich Blumhardt, a.a.O., 137–152.

[356] »Seit 1916 leitete er [Müller (1864–1949] im oberbayrischen Schloß Elmau seine weithin bekannt gewordene ›Freistätte persönlichen Lebens‹ mit der Zielsetzung, dem ›Menschen von heute‹ zu einem seinem Wesen entsprechenden Leben im Sinne der Ethik Jesu zu verhelfen. Daß Müller sich von 1933 an ganz der ›nationalen Wiedergeburt‹ Deutschlands verschrieb, sah er nach 1945 als den großen Irrtum seines Lebens ein. Nach seinem Tode endete die Elmauer Bewegung.« Paul Gerhard ARING, Art. Müller, Johannes, in: BBKL Bd. 6, 271.

[357] MÜLLER, Ethik, 188–191.

[358] A.a.O., 180-191, besonders 182–185.

[359] A.a.O., 182f.

[360] Vgl. MÜLLER, Grundriß, 321–349.

wendungsmöglichkeiten: Ihr kommt eine sachliche, weil heilsame Bedeutung in den verschiedensten seelsorgerlichen Arbeitsfeldern zu.[361]

Gleichzeitig warnt er aber auch: »Was die seelsorgerliche Anwendung der Meditation betrifft, so will nun freilich bedacht sein, daß es zunächst hierfür einer gründlichen Ausbildung des Seelsorgers bedarf, für die in der evangelischen Kirche nur in der Berneuchener Michaelsbruderschaft erste Anfänge einer Organisation vorliegen. [...] In der Meditation geht es nun einmal um die innersten und untersten Fundamente. Deshalb ist aller Dilettantismus hier besonders gefährlich.«[362]

Die Stärke der Meditation ist nach Müller, dass sie einerseits den Menschen für eine Weise der Berührung durch Gott öffnen und dadurch verändern kann, die der Rationalität verschlossen ist und andererseits dem Inneren Zeit gibt, vom rational Begriffenen auch innerlich erfasst und verwandelt zu werden. Im Bereich der evangelischen Kirchen kann Müller aber nur auf äußerst eingeschränkte Möglichkeiten verweisen, die Meditation als Methode zu erlernen und dann auch zu praktizieren. Schriftliche Anleitungen zur Meditation gibt Alfed Dedo Müller nicht.

I. 3. 2. 2 *Otto Haendler*

Ein weiterer Michaelsbruder ist Otto Haendler. Er lehrte zunächst in Greifswald (1930/35–1950), später an der Humboldt-Universität in Berlin (1951–1967)[363] Praktische Theologie. Meditation war für ihn – wie für Alfred Dedo Müller – eine notwendige, die Rationalität vertiefende Methode der Erkenntnis, die notwendig zur Vorbereitung der Predigt und zur Arbeit in der Seelsorge gehörte.

Meditation und Rationalität. Haendler unterscheidet zunächst sehr klar zwischen Meditation[364] und Gebet. In der Predigtlehre definiert er: »Meditation ist die Kunst, *in die Bildschicht einzugehen* und in ihr Erkenntnisse zu empfangen.«[365] Diese Kunst ist in gewissem Maß jedem Menschen natürlich zu eigen, sie lässt sich darüber hinaus mit Erfolg üben, obwohl die Ergebnisse nicht zu erzwingen sind. »Mystik oder Autosuggestion gehören nicht zur Meditation. Im Gegenteil sind Nüchternheit, Sachverbundenheit und

---

[361] Müller nennt ausdrücklich Hausbesuch, im Gespräch, beim Krankenbesuch, im Vortrag, in der Gefangenen-, Intellektuellen- und Arbeiterseelsorge. Vgl. MÜLLER, Grundriß, 334.

[362] A.a.O., 341.

[363] Die Zeiten als Privatdozent und als bereits emeritierter Professor beziehe ich ein. Zu den Details des Lebenslaufs vgl. VOIGT, Haendler, 13–26.

[364] Ausführlich wird Haendlers Meditationsverständnis auch erörtert bei VOIGT, Haendler, 183–223.

[365] Otto HAENDLER, Die Predigt, Berlin [1]1941, 137 und [2]1949, 160.

Gelassenheit bestimmende Faktoren dabei. Sie (die Meditation) widerspricht auch in keiner Weise dem Denken«.[366] Die Differenzierung der Persönlichkeit in die »Bildschicht«, die Bewusstsein und Unbewusstes verbindet, übernimmt Haendler von Happich.[367] Neben der Rationalität bezieht Haendler auch die Fantasie in die Erkenntnisdimensionen des Menschen mit ein und ist überzeugt, dass für Rationalität und Fantasie Meditation der »tragende Unterstrom« ist, der beide vertieft: In Verbindung mit der Meditation wird nach Haendler Phantastisches konstruktiv-kreativ und Intellektuelles wird zu Existentiellem.[368]

Diese Haltung lässt sich einerseits bewusst üben, andererseits benennt Haendler sie als die »*Haltung* in der der Mensch allen Kultus, für sich wie im Gottesdienst, erleben sollte. Sie ist mehr und schlichter (lockerer, leiser) als ›Wille‹ zur Hingabe, nämlich Bereitschaft zum Empfangen; und mehr und gelöster als Begreifen und Verstehen, nämlich Aufnehmen mit dem ganzen Sein; und mehr als Befriedigung und Bereicherung, nämlich Erfülltwerden mit Helle und Zuversicht. Und sie entsteht in dem einfachen Sichhingeben. Erst in dieser Haltung und in ihr zuerst wird der Gehalt des Kultus wesenhaft zugänglich [...]. Ostkirche und Katholizismus leben mehr in der Meditation als die evangelischen Christen, und das ist das Geheimnis der Macht ihres Kultus, weithin auch ihrer Frömmigkeit und ihrer Schicksalsfestigkeit. Die Evangelischen Kirchen haben Anlaß, ihre Gemeindeglieder (und ihre Theologen!) dahin zu führen, daß sie diesen eigentlichen Zugang zum Gehalt der Offenbarung wesentlich intensiver und tiefer ausüben lernen.«[369]

Otto Haendler beschreibt auch die Bibel selbst als »meditativ, und nur meditativ ganz zugänglich.«[370] Insofern ist die Meditation sinnvolle Voraussetzung für die Predigtarbeit, wie sie Haendler ausführlich im Unterschied zur von ihm so bezeichneten »Findung« entfaltet.[371] Die eigentliche Meditation ist für Haendler dagegen »der *inhaltsvollste und fruchtbarste Weg zur Predigt*« durch eine dreifache Wirkung: »Sie (die Meditation) erst *gestaltet das Selbst* des Predigers, sie erst *öffnet ihm die geoffenbarte Wahrheit* so, daß er den Eingang in ihre Räume findet und sie in ihrer Tiefendimension

[366] Otto HAENDLER, Meditation als Lebenspraxis, Göttingen 1977, 18.

[367] Vgl. HAPPICH, Bildbewußtsein, 665–677.

[368] HAENDLER, Meditation als Lebenspraxis, 42–46.

[369] HAENDLER, Otto, Grundriss der Praktischen Theologie, Berlin 1957, 163.

[370] HAENDLER, Meditation als Lebenspraxis, 54.

[371] Mit »Findung« bezeichnet Haendler in der Predigtlehre den Teil der Predigtvorbereitung, der in der Regel als »Meditation« angesprochen wird und in dem assoziativ Gedanken und Einfälle zum Predigttext auf unterschiedlichsten Ebenen aufgenommen und geordnet werden. (vgl. HAENDLER, Predigt ²1949, 264f und 267ff).

›erkennt‹, und sie erst ermöglicht die wirkliche Einigung und *Verschmelzung zwischen dem Subjekt und der geoffenbarten Wahrheit.«*[372]

Meditation und Gebet. Um das Verhältnis von Meditation und Gebet zu qualifizieren,[373] arbeitet Haendler zunächst drei wesentliche Kennzeichen des Gebetes heraus:[374] Das Gebet richtet sich an Gott, ist Begegnung mit Gott, in seiner ganzen Fülle. Das »Gebet ist das Herzstück des Glaubenslebens«; in ihm und von ihm lebt der Glaube, in ihm entsteht das eigentliche »Ich«, die Selbstverwirklichung des Menschen. Das Gebet ist aktive Hingabe an Gott.

Mit diesen drei wesentlichen Kennzeichen des Gebetes vergleicht Haendler dann die Meditation:

1. Meditation richtet sich – wie das Gebet – auf ein Gegenüber aus. Objekt der Meditation kann alles sein: ein Gegenstand, ein Bild, ein »Zeichen« im Sinn von »Symbol«, ein Wort, ein Mensch und auch biblische Geschichten.[375] Gegenüber des Gebets ist dagegen immer Gott. Alle Objekte der Meditation bleiben nach Haendler hinter der Wirklichkeit Gottes zurück, der der Mensch im Gebet begegnet. Insofern unterscheiden sich Gebet und Meditation, kommen einander nach Haendler jedoch umso näher, *»je näher das Objekt* (der Meditation) *an die Gotteswirklichkeit heranrückt«.*[376] Wird aber ein Objekt der Meditation mit Gott verwechselt, so entsteht eine Fehlform der Meditation.

2. In der Meditation wird grundsätzlich ebenso das »Ich« als »Subjekt«, als dem Meditierten Gegenüber-Seiendes eingeübt, wie im Gebet. Allerdings ist das »Ich«, das sich Gott gegenüber findet, qualitativ ein anderes als das, das sich im Gegenüber zu Dingen, Begriffen oder Menschen erfährt.

3. In der Meditation und im Gebet (hier besonders deutlich in der Anbetung) nimmt der Mensch die Haltung »aktiver Passivität« ein: Er wendet sich dem Objekt der Meditation bzw. Gott aktiv zu und überlässt sich zugleich passiv dem Geschehen in der Begegnung.

Gebet und Meditation sind einander nach Haendlers Qualifikation sehr nahe. Sie ergänzen sich und können ineinander übergehen.[377] Der entscheidende Unterschied besteht darin, welches Objekt meditiert wird und ob den Meditierenden bewusst bleibt, dass sich dieses Objekt von der gött-

---

[372] Haendler, Predigt [2]1949, 185.
[373] Vgl. a.a.O., 174–185.
[374] A.a.O., 174–176.
[375] A.a.O., 165.
[376] A.a.O., 179.
[377] Dies bestätigt Haendler auch in: Meditation als Lebenspraxis, 55.

lichen Wirklichkeit unterscheidet. Haendler formuliert in Anlehnung an Meister Eckehart:*»Alle Meditation meinet Anbetung Gottes.«*[378]

Übungen. Den Beschreibungen Haendlers ist anzumerken, wie vertraut er mit der Meditation in der Praxis war. Schon in der Predigtlehre von 1941 gibt er viele praktische Hinweise und Anleitungen,[379] die in den beiden folgenden Auflagen, 1949[380] und 1960[381] jeweils umfangreicher werden. Auch im »Grundriss der Praktischen Theologie« von 1957 findet sich ein ausführlicher Exkurs zur Meditation. Die Meditationspraxis, die Haendler sich mit über vierzig Jahren zu eigen machte, hat er lebenslang aktiv weitergegeben.[382] Sein letztes Buch, »Meditation als Lebenspraxis«, bei dessen Veröffentlichung er 87 Jahre alt war, fasst die von ihm gemachten Erfahrungen zusammen. Die jeweils unterschiedlich akzentuierten, konkreten Anleitungen[383] beinhalten Hinweise zur Gestaltung des Raumes[384], zur Zeit und vor allem zur Körperhaltung und zum Atem, wobei Haendler immer und je länger je mehr betont, dass jede meditierende Person die für sie passende Haltung und Form selbst entdecken und einüben muss.[385] Zum Objekt der Meditation ist nach Haendler grundsätzlich alles geeignet, nur soll sich der oder die Meditierende keine negativen »Bilder« als Meditationsobjekte verinnerlichen, da diese durch die tiefe Wirkung, die die Meditation ermöglicht, nachhaltige, negative Folgen haben können. Wo die Gefahr besteht oder in der Meditation erspürt wird, empfiehlt Haendler

---

378 HAENDLER, Predigt ²1949, 179.

379 HAENDLER, Predigt ¹1941, 131-181.

380 HAENDLER, Predigt ²1949, 149-210.

381 HAENDLER, Predigt ³1960, 149-210 (entspricht der 2. Auflage) und 338-342. In diesem Nachtrag zur dritten Auflage ergänzt Haendler Hinweise zum Atmen, bringt die Rücknahme der kategorischen Ablehnung der liegenden Haltung zur Meditation, weist auf die meditative Bedeutung des Hörens und Singens hin, fordert nicht nur biblische Texte, sondern »alles Wesentliche« (340) zu meditieren und relativiert vorsichtig die Aussage, Meditation ließe sich nicht aus Büchern, sondern durch praktische, direkte Anleitung erlernen.

382 Voigt beschreibt sein regelmäßiges Wirken im Bereich der Meditation in Greifswald, Berlin und Weimar (VOIGT, Haendler, 193f), Joachim Scharfenberg nennt im Vorwort zu Haendlers letztem Buch »unzählige Freizeiten und Tagungen« bei denen Menschen »Gelegenheit hatten, an ›Vater Haendlers‹ Meditationen teilzunehmen und sie von ihm zu lernen« (in: HAENDLER, Meditation als Lebenspraxis, 6).

383 Vgl. die Empfehlungen in: HAENDLER, Predigt ²1949, 161-166, Grundriss, 121-123 und Meditation als Lebenspraxis, 58-81.

384 HAENDLER, Predigt ²1949, 161.

385 Haendler kennt das ganz praktische Problem, dass dem Meditierenden, der sich sammelt, einiges einfällt, was nicht vergessen werden darf und empfiehlt daher, Stift und Notizblatt bereit zu legen, »damit man das Störende durch eine Notiz los wird«. (HAENDLER, Grundriss, 122)

den Abbruch der Meditation oder eine bewusste Abwendung aus der negativen, inneren Haltung zu einer »besseren«, ggf. gestützt durch eine Korrektur der äußeren Haltung.[386] Als Meditationsgegenstände empfiehlt Haendler zunächst »Dinge in der Natur«, dann symbolische Zeichen wie z.B. Krippe oder Kreuz, Worte z.B. Gedichte oder Liedverse, Menschen, die einem nahe stehen oder begegnen, und zuletzt Worte und Geschichten der Bibel.[387] Haendler weist darauf hin, dass die Meditation Regelmäßigkeit, Ausdauer und Geduld braucht. Die veröffentlichten Meditationsanleitungen[388] erlauben einen Einblick in Haendlers Meditationsarbeit. Die Texte sind umfangreich: Die kürzeren, für eher ungeübte Gruppen, umfassen zwei bis drei Druckseiten, die ausführlicheren mehr als sechs. Inhaltlich eröffnen die ersten drei einen inneren Erlebnisraum (so z.B. Wiese, Berg, Kapelle), der individuell gefüllt wird und für dessen Entfaltung längere Sprechpausen zur Verfügung stehen – ähnlich einer Fantasiereise.[389] Die thematisch theologisch orientierten, z.B. zum Lied »All Morgen ist ganz frisch und neu«, geben Impulse und sind eher im meditativen Predigtstil verfasst.

Ziel. Meditation wird nach Haendler zur Lebens- und Glaubenshilfe,[390] weil sie einen inneren Raum eröffnet, in dem das eigene Leben sich ordnen und der Glaube sich vertiefen und entwickeln kann. Meditation ist »eine Hilfe zur Steuerung und Gestaltung der Person«, die durch »unser geschöpfliches Sein« ermöglicht, »uns in den Willen Gottes mit Kräften hineinzugeben und zu üben, die viel tiefer liegen und viel nachhaltiger wirken, als in Entscheidungssituationen der bewußte Wille, es kann die Entschlußkraft des Willens und seine bleibende Wirkung nachhaltig unterbaut werden, es kann der echten und nicht nur ›intellektuellen‹ Erkenntnis Nahrung zugeführt werden, es kann das Gefühl vertieft und gefestigt werden«.[391] Meditation führt also zu Klarheit und Festigkeit, die Willen und Intellekt allein nicht im selben Maß erreichen können. Haendler beschreibt ihre Folgen so:

> »So kommt man, wenn man recht meditiert, durch Meditation zu fortschreitender Gestaltung seines Lebens. Man erfährt, wie gedeihliche Kräfte wachsen, schädliche allmählich ausgeschaltet oder umgewandelt werden, überflüssige

---

[386] HAENDLER, Predigt [2]1949, 165; Grundriss, 123; Meditation als Lebenspraxis, 68–76.

[387] So konkret aufgezählt in HAENDLER, Predigt [2]1949, 165f.

[388] In Meditation als Lebenspraxis, 83–119 und in: VOIGT, Haendler, 199–213.

[389] Die drei Bildräume beschreibt auch HAPPICH, Bildbewußtsein, 671f.

[390] Vgl. dazu ausführlich VOIGT, Haendler, 214–219.

[391] HAENDLER, Grundriss, 123.

> Tendenzen und Gewohnheiten in natürlicher Straffung des Tageslaufs und der Haltung förderlicheren Platz machen – und nun gerade bekommt auch die Muße, auch das Spiel, auch das gelassene Sein, Atmen, Leben an sich, seinen rechten Platz im Ganzen des Seins. Und wenn es recht geht, bekommt so auch der Glaube eine mehr und mehr organische Gestalt, er gewinnt tiefere Verbindung mit dem Leben und er nährt sich stärker und kräftiger aus den letzten Quellen allen Glaubens.«[392]

Die Meditation wirkt also über die innere auch wieder auf die äußere Wirklichkeit des Meditierenden zurück, sie gibt ihm einerseits Klarheit, Erkenntnis, Halt und Ordnung, andererseits führt sie aber auch zu Offenheit und Ausdauer in als notwendig erkannter Veränderung. »Man kann Meditation als Autopsychotherapie bezeichnen, da sie in der Durchordnung und Heilung der Seele das erreicht, was der Mensch für sich allein erreichen kann, und zugleich über die psychologische Zusammenarbeit hinaus die ureigene Selbstarbeit vollzieht, die wiederum durch gemeinsame Arbeit nicht ersetzt werden kann.«[393]

Wie diese Veränderung geschehen kann, beschreibt Haendler in seinem Vortrag »Wandlung durch den Glauben«[394]: »Der dem Menschen wirklich gewordene Anteil an der Glaubenswahrheit, seine subjektive Wahrheit, kann [im Verhältnis zur objektiven, umfassenden Wahrheit (BZ)] sehr gering sein, er ist unter allen Umständen zwingend und darum wandlungskräftig.«[395] Die »besondere Wandlungskraft des Christenglaubens« liegt nach Haendler in »drei Momenten: einmal in der Offenbarung der personalen Züge der erfahrbaren Wirklichkeit Gottes als des Herrn der Geschichte und des Schicksals, sodann in der Geschichtlichkeit seiner Offenbarung in Christus und schließlich in der Konkretisierung des ›Lebens im Glauben‹ in der Gemeinschaft der Kirche«.[396] Dieser dreifache Bezug ermöglicht nach Haendler eine tiefgreifendere Wandlung als andere, z.B. psychologische Herangehensweisen, weil einerseits Geschichte und Schicksal angenommen werden können, andererseits die Wandlung durch das In-Christus-Sein geschieht, drittens erfahren und zugleich unterstützt durch die im »Kultus« Form gebende, stärkende und neu auf Gott hin ausrichtende Gemeinschaft der Kirche.[397]

---

392 A.a.O., 124f.

393 HAENDLER, Predigt [2]1949, 174.

394 HAENDLER, Wandlung, 13–42.

395 A.a.O., 21.

396 A.a.O., 36f.

397 A.a.O., 37–39.

Für den Prediger hat die Meditation mehrere nach Haendler wünschenswerte Effekte[398]: Die Texte erschließen sich ihm in »anderer Tiefe und Kraft«; er findet trotz theologischen Fachwissens oder über dieses hinaus einen existentiellen Zugang zum Text, der ihm ermöglicht, »den theologischen Gehalt bzw. den Verkündigungsgehalt substanz-gefüllt und lebendig-gegenwärtig zum Ausdruck zu bringen«.

Kriterium der Meditation. Für Haendler ist die Meditation eine geübte Methode und damit eine Lebenshaltung, die in die tiefen, auch unbewussten Schichten des Menschen hinein wirkt. Dabei entscheiden die Objekte der Meditation und die innere Haltung des Meditierenden wesentlich über ihre Wirkung. Für die Objekte der Meditation gilt als Kriterium, dass sie nichts Negatives beinhalten sollen, d.h. sie sollen keine Angst auslösen. Meditative Auseinandersetzung mit Objekten, die negative Gefühle verursachen, empfiehlt Haendler nur unter fachkundiger, psychotherapeutischer Anleitung.[399]

Otto Haendler sieht im meditativen Erschließen der biblischen Wahrheit die Möglichkeit im Glauben und Verstehen zu wachsen. Diese unterschiedliche »Tiefe« der Wahrheit begründet aber *keine* unterschiedliche Qualität des Glaubens. Mit dieser Überzeugung sieht er sich im Anschluss an Martin Luther.[400] Aus dem meditativen Verstehen heraus ist für Haendler klar, dass es im Glauben nicht um ein rationales Bejahen christologischer oder anderer Dogmen geht, sondern um die grundsätzliche Annahme des jetzt gegebenen Glaubens, der sich inhaltlich und dogmatisch weiterentwickeln kann, aber nicht muss, denn Haendler ist überzeugt »daß es sich ›mit dem 1. Artikel‹ in der Tat gläubig leben läßt. Der Mensch begegnet dem ganzen und wirklichen Gott, wenn er dem Schöpfer begegnet. [...] Und man kann sehr ernsthaft und sehr nachdrücklich sein Leben bestreiten aus einem solchen ›anfänglichen‹ Glauben. Mindestens der Prediger sollte verstehen, daß hier alle Lebensprobleme in ihrer Weise durchgearbeitet werden können, und daß hier eine volle Befreiung und Bindung stattfinden kann.«[401] In diesem Sinn kann auch das Kriterium der Meditation nicht dogmatisch, sondern muss meditativ und für die einzelne Lebenssituation gefunden werden.

Zielgruppe. Für Otto Haendler war die Zielgruppe für Meditationsübungen umfassend. Sein Angebot in Wort und Schrift richtete sich an Laien

---

398 HAENDLER, Grundriss, 127.

399 HAENDLER, Predigt ²1949, 165.

400 A.a.O., 186f.

401 A.a.O., 188.

und Amtsgeschwister.[402] Als einer der Väter der Pastoralpsychologie[403] ist für ihn »der Pfarrer« in seinem Amt zentraler Adressat seiner theologischen Reflexion, und ihm empfiehlt er für sein gesamtes Leben und Arbeiten, besonders aber im Blick auf die Predigtarbeit eigene, regelmäßige Meditationsübungen.[404] Dabei ist für ihn zentral, dass sich durch die Übung der Meditation die Person des Pfarrers in einer tiefen Weise weiterentwickeln kann, die für seine gesamte Arbeit hilfreich ist. Schriftliche Anleitungen von Otto Haendler liegen vor und dienen als Beispiel dafür, wie eine Meditation gestaltet werden kann.

I. 3. 3 Geistliche Übungen und Meditation als Methode

Die dargestellten Positionen der drei Theologen, Erich Hertzsch, Alfred Dedo Müller und Otto Haendler, machen deutlich, dass in der Zeit, in der sich Karin Johne der Meditation zuwendete, Meditation bei einer Reihe von evangelischen Praktischen Theologen als Methode anerkannt und in Gebrauch war.[405]

Für alle drei Theologen ist Meditation nicht nur eine Methode zur Erweiterung der Wahrnehmung und Erkenntnis, sondern vor allem eine

---

[402] Vgl. VOIGT, Haendler, 193f und HAENDLER, Meditation als Lebenspraxis, das nicht allein für ein theologisches Fachpublikum geschrieben wurde.

[403] Zu seinen Promovenden gehörten unter anderem die späteren Pastoralpsychologen Klaus Winkler und Joachim Scharfenberg. (Dietrich STOLLBERG, Das persönlichkeitsspezifische Credo. Aspekte künftiger Seelsorge nach Klaus Winkler, in: Wort und Dienst 27 (2003), 397–406, 397)

[404] So verortet Haendler das Kapitel zur Meditation in seinem Grundriss der Praktischen Theologie als Exkurs zum Kapitel »Die Person des Amtsträgers« und zwar mit der erklärten Absicht so »zu dokumentieren, daß Meditation und meditative Haltung keineswegs nur für die Predigtarbeit unentbehrlich sind, vielmehr die Grundhaltung der gesamten Person bestimmen sollen.« (Grundriss, 119). Die Bedeutung für die Seelsorge, die Voigt (VOIGT, Haendler, 220-222) darstellt, findet sich in Haendlers veröffentlichten Werken so nicht, ist aber im Grundsatz nachvollziehbar.

[405] Carl Friedrich von Weizsäcker beschreibt die Meditation aus säkularer Sicht im Aufsatz »Das Verhältnis der Quantenmechanik zur Philosophie Kants«. (Carl Friedrich von WEIZSÄCKER, Zum Weltbild der Physik, Leipzig [3]1945, 119–122) Die erste Stufe des Durchdenkens muss auch nach seiner Darstellung ergänzt werden durch eine nicht bewusst steuerbare, aber durch die entsprechende, willentliche Einstellung förderbare Übung der Meditation: »Stetes Anschauen, Durchdenken, Sichvergegenwärtigen und Einüben der Wahrheit, im Wechsel zwischen dem Durchwandern des schon bekannten Gebietes und dem immer wiederholten Anklopfen an Türen, die sich noch nicht geöffnet haben, in der ständigen Bereitschaft, das eigene Wesen der erkannten Wahrheit anzugleichen – das etwa ist der Beitrag, den der Wille zur Meditation leistet. Der Vorgang, der sich dann vollzieht, wenn diese Willenseinstellung da ist, stammt aus den Kräften des Unbewußten und besteht in einer langsamen, aber tatsächlichen Verwandlung der Beschaffenheit des Bewußtseins.« (a.a.O., 119)

wesentliche Öffnung für das Wirken Gottes. In der Meditation bewegt sich die menschliche Wahrnehmung auf einer nicht bewusst steuerbaren Ebene. Sie betrifft und bewegt den ganzen Menschen in existentieller Weise.

Für Otto Haendler bestimmt die Wahl des Meditationsgegenstands wesentlich über den Verlauf der Meditation. Der Gegenstand soll so gewählt sein, dass er den Möglichkeiten des oder der Meditierenden entspricht und sie nicht überfordert. Wenn Gott zum Gegenüber in der Meditation wird, entfaltet diese nach Haendlers Überzeugung eine besondere Wirksamkeit und wird zum Gebet.

Alfred Dedo Müller macht deutlich, dass für Christinnen und Christen der von Gott geschenkte Glaube das Kriterium für die Wahl des Meditationsgegenstands ist und empfiehlt entsprechend vor allem Bibelworte zur Meditation.

Für Erich Hertzsch ist die schriftgebundene Meditation im Sinn Bonhoeffers als beständige und aufmerksame Beschäftigung mit unterschiedlichen biblischen Texten *die* Form evangelischer Meditation. Hertzsch geht davon aus, dass der Umgang mit biblischen Texten *eo ipso* Gottesnähe ermöglicht und wirkt. Er bettet diesen Umgang ein in die geistliche Übung des Breviergebetes.

Körpererfahrung. Trotz der Betonung der Bedeutung der Meditation für den *ganzen* Menschen, spielt die ganzheitliche Körpererfahrung bei Haendler und Müller eine untergeordnete Rolle. Gesammelte, entspannte Haltung und Atmung sind die Körperelemente, mit denen sie arbeiten.[406] Aber nur Hertzsch hatte sich mit Hatha-Yoga so intensiv beschäftigt, dass er die Übungen auch in seine Kurse integrierte. Asiatische Meditationsformen werden von Müller und Haendler grundsätzlich als mögliche Unterstützung für christliche Meditation gesehen, wenn die christliche Grundorientierung und der Bezug zum biblischen Wort deutlich bleiben.

Zielgruppe. Alfred Dedo Müller und Otto Haendler beschäftigten sich, angeregt von der Michaelsbruderschaft und Carl Happichs Theorien schon seit den 30er Jahren mit Meditation und sahen sie als wichtiges und wirkungsvolles Instrument in der Arbeit der Theologen als Prediger und Seelsorger, das eigene Übung und Erfahrung voraussetzt. Haendler gibt hier konkrete, auch schriftliche Ratschläge und engagierte sich bis ins hohe Alter[407] in der Anleitung zur Meditation, während Müller auf schriftliche Hilfen verzichtet, auf die umfassendere Ausbildung der Michaelsbruder-

---

[406] Sie arbeiten damit eng angelehnt an Happich und Formen des Autogenen Trainings.

[407] Vgl. HAENDLER, Meditation als Lebenspraxis, das 1977 als letztes Buch Haendlers erschien.

schaft verweist und selbst im Rahmen seiner universitären Lehrtätigkeit zur Meditation anregt. Erich Hertzsch ermöglicht Laien und Geistlichen mit dem Brevier ganz praktisch eine methodisch einfache Praxis geistlicher Übung im Alltag.

Ökumene. Keiner der drei Theologen greift im Bereich geistlicher Übung und Meditation sichtbar auf Theologie oder Erfahrung im katholischen oder orthodoxen Bereich zurück. Das eigene Lernen fußt bei Alred Dedo Müller und Otto Haendler wesentlich auf den medizinischen Erkenntnissen des Michaelsbruders Carl Happich oder verknüpft sich bei Erich Hertzsch vorsichtig mit der Arbeit Dietrich Bonhoeffers. Ihre wesentliche Prägung liegt vor dem Zweiten Vatikanum.

I. 4 Karin Johnes Wirken im Kontext

Karin Johnes geistliche Begleitung hat sich aus ihrer Biografie und in ihrem Kontext entwickelt. Ausgehend von ihren Kurserfahrungen versuchte sie sich mit Erfolg an der schriftlichen Begleitung in Briefen. Sie übernahm Verantwortung als Referentin und Organisatorin. Ihre Veröffentlichungen zeigen, bei welchen Themen sie Schwerpunkte setzte und in welchem Kontext sie arbeitete. Aus den Beobachtungen ergeben sich die Grundlinien ihrer Arbeit.

I. 4. 1 Meditation als Möglichkeit geistlicher Begleitung

I. 4. 1. 1 *Motivation*

Karin Johnes geistlicher Weg wurde in der biografischen Skizze nachgezeichnet.[408] Ihre Arbeit als geistliche Begleiterin begann mit ihrem Wunsch, das, was ihr selbst wichtig geworden war, auch anderen weiterzugeben. Dabei entdeckte sie, »dass unter unseren Gemeindegliedern der Hunger nach Antworten in Fragen des geistlichen Lebens und des Gebetslebens groß war«, dass aber die vorhandenen Antworten verschiedener »Meister« erst »›übersetzt‹ werden mussten, um für ein heutiges Gemeindeglied unserer Kirche ›verdaulich‹ zu sein.«[409] Bei ihren Versuchen stellte sie fest, dass »die Erkenntnisse, die für mich selbst unsagbar wichtig waren, für andere Menschen überhaupt nicht diese Relevanz hatten wie für mich selbst.« Die Ursache sieht Karin Johne darin, dass der innere Weg jedes Menschen einmalig ist. So ist es ausgeschlossen, dass ein Mensch dem anderen auf diesem Weg nachfolgen oder die gleichen Erfahrungen machen kann. Andererseits kann nach ihrer Überzeugung nur das überzeugend weitergegeben werden, was ein Mensch sich »selbst existentiell angeeignet« hat. Die traditionelle Verkündigungspraxis stößt hier an ihre Grenzen, wenn sie Erfahrung in Worten beschreibt und mitteilt, ohne die Hörenden für das Finden ihres eigenen geistlichen Weges anzuleiten.[410]

Karin Johne entdeckte in der Meditationsbewegung eine mögliche Alternative: Die Meditationsanleitung gibt nicht die Antworten auf gestellte Fragen, sondern leitet die Meditierenden dazu an, die eigenen Fragen und Antworten »in der Stille aus den leisen Impulsen des Heiligen Geistes zu

---

[408] Vgl. Teil I, 1.1 und 1.2.

[409] Einkehrtage/Arbeit der Stille in der ehemaligen DDR → Erste Versuche des Weitergebens.

[410] Ebd.

vernehmen«.[411] Dass dieses Ziel nicht alle Meditationsliteratur teilt, stellte Karin Johne bei der Sichtung der Literatur in der Deutschen Bücherei in Leipzig fest, wo alle – politisch nicht irritierende – deutschsprachige Literatur auch in der DDR unkompliziert zugänglich war.

I. 4. 1. 2 *Lehrerinnen und Lehrer*

Karin Johne machte sich mit Meditationsanleitung und geistlicher Begleitung zunächst durch Bücher bekannt, an denen sie sich orientierte, z.B. von Autoren wie Klemens Tilmann und Ursula von Mangold.[412] Später erlebte und erlernte sie Meditationsanleitung durch die Teilnahme an Kursen von katholischen Kollegen.[413] Sie profitierte damit von den ökumenischen Möglichkeiten, die die besondere Situation in der DDR eröffnete. Karin Johnes Arbeit entwickelte sich, ebenso wie die der Pfarrer Christian Schreier und Dr. Gottfried Wolff, ohne bewusste Bezugnahme zum vorhandenen, praktisch-theologischen Kontext.

Eine dritte, wichtige Quelle eigenen Lernens waren für Karin Johne die Rückmeldungen, die sie von Teilnehmenden in Gruppen erhielt und die sie aufmerksam aufnahm: Einerseits nahm sie bewusst wahr, dass jede und jeder der Teilnehmenden eigene Schätze beizutragen hatte und andererseits erlebte sie, »wie begrenzt und eingeschränkt das war, was ich selbst meinte, sagen zu können«.[414] Durch die Rückmeldungen erkannte sie auch Fehler und Gefahren ihrer Anleitung.[415]

I. 4. 1. 3 *Ziel der Arbeit*

In ihrer Arbeit versteht Karin Johne sich als »Übersetzerin« der »Meister«, bei denen sie selber gelernt hat, und als Anleiterin, die auf Wege hinweist, auf denen die Angeleiteten ihre je eigenen Fragen betrachten und ihre je eigenen Antworten finden können. Durch die Wahrnehmung der »leisen Impulse des Heiligen Geistes« kommt es zur Wahrnehmung der Gegenwart

---

411 Ebd.

412 Vgl. Einkehrtage/Arbeit der Stille in der ehemaligen DDR → Begegnung mit der Arbeit in Westdeutschland.

413 Vgl. Einkehrtage/Arbeit der Stille in der ehemaligen DDR → Die Zeit des Kennenlernens und des Lernens; wie prägend Pater Gordian Landwehr für Karin Johne war, wird auch daran deutlich, dass sie ihn nach dreißig Jahren noch wörtlich zitiert (Die Kraft des Glaubens, 94).

414 Vgl. Einkehrtage/Arbeit der Stille in der ehemaligen DDR → Erste eigene Versuche.

415 Ebd.

Gottes im eigenen Leben.[416] Karin Johnes geistliche Begleitung geht davon aus, dass das Entscheidende nicht durch die Übung erzeugt, sondern durch den Heiligen Geist geschenkt und gewirkt wird. Um sich der Wirkung des Geistes zu öffnen, bietet Karin Johne inhaltliche und methodische Anleitung.

I. 4. 2 Kurse

I. 4. 2. 1 *Ökumenische Zusammenarbeit*

Karin Johne lernte zunächst von und mit einer ganzen Reihe katholischer Priester, deren Kurse sie besuchte und die sie z.T. zu Veranstaltungen im evangelischen Bereich einlud, die sie organisierte und nach und nach auch inhaltlich mitgestaltete.[417] Wichtig waren in der Anfangszeit vor allem der Oratorianerpater Geiger und Pater Gordian Landwehr OP.[418]

Die Sicherheit für das Halten eigener Kurse hatte sie auch durch »Meditationskurse in Berlin gewonnen, die von westdeutschen Ordensleuten vor allem für katholische Jugendseelsorger angeboten wurden« und an denen sie als evangelische Theologin offensichtlich eingeladen war teilzunehmen.[419] In der Zusammenarbeit mit unterschiedlichen Partnern, z.B. den Jesuitenpatres König und Jensch,[420] lernte sie unterschiedliche Weisen des Exerzitiengebens kennen.

I. 4. 2. 2 *Kursangebote*

Die Entwicklung der Kursarbeit, für die im größeren Raum öffentlich geworben wurde, lässt sich anhand der Kursankündigungen in den Kirchenzeitungen,[421] »Der Sonntag« für die Evangelisch-Lutherische Landeskirche

---

[416] Vgl. Einkehrtage/Arbeit der Stille in der ehemaligen DDR → Erste Versuche des Weitergebens.

[417] Vgl. Einkehrtage/Arbeit der Stille in der ehemaligen DDR → Erste eigene Versuche.

[418] Pater Gordian beschreibt das aus seiner Sicht: »Frau Karin Johne aus Markkleeberg bei Leipzig hat mich zunächst über viele Jahre bei meiner Arbeit begleitet und dabei jeden Tag eine oder zwei Meditationen für die Teilnehmer gehalten. In den letzten Jahren hat sie nicht nur viele Retraiten selbst geleitet, sondern auch einige wertvolle Bücher über Retraiten und Fragen des geistlichen Lebens herausgegeben [...].« (PATER GORDIAN LANDWEHR, Autobiographie, 168)

[419] Zu Zitat und Inhalt vgl. Einkehrtage/Arbeit der Stille in der ehemaligen DDR → Erste eigene Versuche.

[420] Gespräch mit dem Ehepaar Johne am 30.06.08 und am 07.11.08.

[421] Im SONNTAG finden sich in den Jahren 1975-2003 Ankündigungen in folgenden Ausgaben: SONNTAG 30 (1975/15), 4; SONNTAG 31 (1976/7), 4 und (1976/28), 4; SONNTAG 32 (1977/4), 4; (1977/9), 3; (1977/16), 4; (1977/49), 4; SONNTAG 33 (1978/3), 4;

Sachsens und »Die Kirche« für das gesamte Gebiet der DDR, nachvollziehen: Während in den Anfangsjahren Karin Johne vor allem mit den katholischen Pfarrern Helmut Geiger und Gordian Landwehr genannt wird, tritt sie ab etwa 1980 verstärkt als eigenständige Anbieterin auf, u.a. mit Kursen auch für Erstteilnehmende[422], zu Meister Eckehart oder Johannes vom Kreuz,[423] mit meditativ-methodischem[424] und mit biblischem[425] Fokus.

Karin Johne verbindet implizit, an einigen Stellen auch im Titel angekündigt, methodische Hilfen zum Meditieren mit der Vertiefung der Begegnung mit der Bibel[426] oder theologischen Kernthemen[427]. Viele Kurse

---

(1978/7), 4; SONNTAG 35 (1980/2), 4; (1980/49), 4; SONNTAG 36 (1981/2), 4; (1981/48), 4; SONNTAG 37 (1982/1), 4; (1982/5), 4; (1982/49), 4; SONNTAG 38 (1983/10), 4; SONNTAG 39 (1984/3), 2; (1984/6), 2; (1984/50), 2; SONNTAG 40 (1985/44), 2; SONNTAG 41 (1986/8), 2; (1986/50), 2; SONNTAG 42 (1987/10), 2; (1987/49), 2; SONNTAG 43 (1988/6), 2; (1988/8), 2; (1988/47), 2; dass Ende 1989 nichts veröffentlicht wurde, verwundert angesichts der Wende-Ereignisse nicht; SONNTAG 45 (1990/1), 4; (1990/4), 4; (1990/49), 6; SONNTAG 46 (1991/1), 8; (1991/50), 5; SONNTAG 47 (1992/6), 6; (1992/11), 9; (1992/51/52), 5; SONNTAG 48 (1993/2), 6; (1993/3), 6; SONNTAG 49 (1994/2), 5; (1994/3), 5; SONNTAG 50 (1995/1), 5; (1995/2), 5; (1995/3), 5; (1995/48), 5; SONNTAG 51 (1996/6), 5; SONNTAG 52 (1997/2), 5; SONNTAG 53 (1998/2), 5; SONNTAG 54 (1999/7), 5. Für das Jahr 2000 sind keine Angaben in »Der SONNTAG« auffindbar. Ein Grund könnte die Ruhestandsversetzung von Pfr. Christian Schreier in diesem Jahr sein, der das Haus der Stille geleitet hatte. SONNTAG 55 (2000/50), 5; SONNTAG 56 (2001/51), 5; SONNTAG 58 (2003/3), 5.

In »Die KIRCHE« finden sich noch einige weitere Angebote für Evangelische Einkehrtage, u.a. von Dr. Paul Toaspern aus Berlin, Pfarrer Polzin aus Weitenhagen, Bischof Dr. Wollstadt. Auch hier ist das Platzangebot mit vier (!) Seiten pro Ausgabe sehr beschränkt. Ein Schwerpunkt der Arbeit (Durchführung und/oder Organisation) liegt bei den Mitarbeitenden aus Sachsen: Pfarrern Schreier und Dr. Wolff, Pfarrvikarin Johne und Rektor Markert in Aue, im Folgenden gekennzeichnet durch die entsprechende Zahl: Vgl. exemplarisch KIRCHE 34 (1979/2), 4: 15 sächsische von 31 Angeboten; 36 (1981/4), 4: 22 von 56 Angeboten; 38 (1983/1/2), 6: 17 von 40 Angeboten; 40 (1985/3), 2: 7 von 35 Angeboten; Rektor Markert bot in diesem Jahr wegen Umbauarbeiten keine Einkehrzeiten an.

Eine Reihe von Einkehrtagen bieten auch jeweils Pastorin Brigitte Stanke in Schlöben bei Stadtroda und Pfarrer Polzin in Weitenhagen an.

[422] SONNTAG 33 (1978/3), 4; 37 (1982/49), 4; ausgewiesen z.B. durch den Zusatz: »für Interessenten an methodischen Meditationshilfen vor allem unter kirchlichen Mitarbeitern« in: SONNTAG (1983/10), 4 oder »Ökumenischer Meditationskurs für junge Erwachsene und jüngere kirchliche Mitarbeiter« angeboten von Pater Geiger und Pfarrvikarin Johne, in: SONNTAG 39 (1984/50), 2.

[423] SONNTAG 35 (1980/49), 4; 36 (1981/48), 4; 39 (1984/6), 4; 42 (1987/49), 2.

[424] SONNTAG 35 (1980/2), 4; 41 (1986/50), 2; 42 (1987/49), 2.

[425] SONNTAG 39 (1984/50), 2; 43 (1988/47), 2 (»Meditieren mit der Bibel«).

[426] Z.B. »Tage der Stille mit methodischen Meditationshilfen als Hinführung zur biblischen Meditation« angeboten von Karin Johne in: SONNTAG 36 (1981/48), 4; »Medita-

wurden in ökumenischer Zusammenarbeit gehalten.[428] Karin Johne bot – allein und in ökumenischer Kooperation – in manchen Jahren bis zu sieben vier- bis fünftägige Kurse an.[429]

Zeitweise übernahm Karin Johne im Auftrag des Retraitenarbeitskreises in Sachsen die Sammlung und Veröffentlichung der Angebote.[430]

Bemerkenswert sind die Kurse für Jugendliche, die Pater Geiger ursprünglich wohl allein, später zusammen mit Karin Johne über mehr als ein Jahrzehnt hinweg anbot[431] und die später Pater Jensch SJ fortführte.[432] Karin Johne erlebte bei den Jugendlichen eine große Aufnahmebereitschaft. Viele meldeten sich zum zweiten Kurs gern wieder an[433] oder sorgten dafür, dass Jahre später auch ihre Söhne und Töchter an einem dieser Kurse teilnahmen.[434] Trotzdem waren die Zahlen wohl insgesamt rückläufig: Während zunächst Kurse für Jungen und Mädchen getrennt angeboten wurden, wurden sie später zusammen genommen.[435] Ausführliche Informationen zu dieser Arbeit und Ergebnisse stellt sie im Internet dar.[436]

---

tionshilfen zum tieferen Verstehen der Bibel« angeboten von Karin Johne in: SONNTAG 39 (1984/3), 2.

[427] Z.B. »Meditationskurs ›Erlösung durch das Kreuz‹« in SONNTAG 42 (1987/49), 2.

[428] »Weiterführende Retraite Kurs III« mit Pater Gordian und Pfarrvikarin Johne, in: SONNTAG 34 (1979/1), 4; »Einkehrtage« mit Pater König und Pfarrvikarin Johne in: SONNTAG 35 (1980/49), 4; »Einzelexerzitien mit persönlicher Begleitung, ökumenisch« angeboten von Karin Johne, Pater Jensch und Team, in: SONNTAG 45 (1990/1), 4.

[429] So für 1981 in: SONNTAG 35 (1980/49), 4.

[430] Protokoll des sächsischen Arbeitskreises für Geistliche Einkehrtage vom 10.10.1994 u.ö. (Akten von Grumbach)

[431] Auf diese gemeinsamen Kurse nimmt auch Karl Baier Bezug (Meditation und Moderne 2, 792f).

[432] Die Kurse werden ab 1976 im SONNTAG angekündigt, bis 1985 gemeinsam von Karin Johne und Pater Geiger, für 1986 (SONNTAG 40 (1985/44), 2) von Pater Garn OP und Karin Johne, ab 1987 (SONNTAG 41 (1986/50), 2) von Pater Jensch und Karin Johne, ab 1989 (SONNTAG 44 (1988/47), 2) gemeinsam von Pater Jensch und Ute Schurig, bzw. »Pater Jensch und Team«.

[433] Der Aufbau-Kurs wird daher z.B. für 1978 bereits als »belegt« ausgeschrieben. Vgl. SONNTAG, 33 (1978/3), 4. Der Aufbau-Kurs fand immer für Jungen und Mädchen gemeinsam statt.

[434] So Pater Jensch in seiner Mail vom 25.11.2008.

[435] 1976 und 1977 wird der Grundkurs Meditation für Schülerinnen und Schüler getrennt angeboten, vgl. SONNTAG 31 (1976/7) und 32 (1977/4), 4, ab 1978 dann für beide gemeinsam. Vgl. SONNTAG 33 (1978/3), 4 oder 35 (1980/49), 4.

[436] Vgl. Einführung in die Meditation.

I. 4. 2. 3 *Methodische Gestaltung*

Über den Verlauf der drei- bis viertägigen Retraiten lässt sich aus der Literatur Karin Johnes wenig sagen. Die Kurse entsprachen im Grundsatz den »Wesensmerkmalen Evangelischer Einkehrtage«, fanden in der Stille statt, boten Raum zur Entspannung, zum Gebet, zur Feier des Abendmahls, zur Beichte und zum Einzelgespräch. Anleitungen zur Einübung in die Meditation spielten bei Karin Johne sicher eine größere Rolle als bei vielen anderen Anbietern. Gelegentlich wurden geregelte Runden zum Austausch angeboten. Das Stundengebet hatte vermutlich einen festen Platz in der Gestaltung des Tages.

Individuelle und gemeinschaftliche Elemente ergänzten sich. Zum Stundengebet schreibt Karin Johne reflektierend, sie erlebe dies als eine Übung, in der sie sich in den »großen Atem des Betens von Jahrtausenden« hinein genommen fühlte.[437] Unterschiedliche, aktuelle Gebetserfahrungen finden ihren Platz in der Fülle der Gebetserfahrungen anderer und sie werden in dieser Verbindung nicht nur mitgetragen, sondern auch weitergeführt.[438]

I. 4. 3 Briefkurse

Der anglikanische Pater Christopher Lowe aus der Community of Resurrection in Mirfield, der alljährlich in der DDR zu Gast war und wichtige Impulse für die Retraitenarbeit weitergab, erzählte bei einer Tagung von den anglikanischen »at-home-retreats«, vergleichbar den heutigen Exerzitien im Alltag.[439] Der Gedanke, auf diese Weise mehr Menschen zu erreichen und ihnen andererseits die Möglichkeit zu geben, Alltag und Glaube intensiver zu verbinden, faszinierte den zuständigen Oberkirchenrat Pfarrer

---

[437] Wortgebet und Schweigegebet, 42f; Zitat 43.

[438] Wortgebet und Schweigegebet, 11-13, v.a. 13.

[439] Karin Johne erinnert die Situation 1994 folgendermaßen: »Eine Erfahrung aus der anglikanischen Kirche begegnete uns in dieses Fragen hinein. Dort hatte man seit Jahren gute Erfahrungen mit sogenannten »at-home-retreats« gemacht - wo sich eine kleine Gruppe von 12 Personen über 13 Wochen hin verpflichtet, täglich mindestens 20 Minuten zu Hause in die Stille vor Gott zu gehen. Einmal in der Woche trifft sich die Gruppe, meditiert gemeinsam, tauscht ihre Erfahrungen aus - und bekommt für die neue Woche die Meditationstexte in die Hand. Abstimmung mit der Familie, regelmäßiger Gottesdienstbesuch und wochentliches Begleitergespräch gehörten dazu. Pater Christopher Lowe aus London trug seine Erfahrungen bei einer Tagung vor - und wir alle spürten, dass hier ein zukunftsträchtiger Weg zu erkennen war. Geradezu mit Leidenschaft wurden wir als Retraitenleiter von unserem zuständigem Dezernenten im sächsischen Landeskirchenamt aufgefordert, in dieser Richtung etwas zu unternehmen.« (Einkehrtage/Arbeit der Stille in der ehemaligen DDR)
Zur Geschichte und Wiederentdeckung der Exerzitien im Alltag im katholischen Bereich vgl. Hettich, Glauben im Alltag einüben, 240-308.

Hermann Schleinitz ebenso wie Karin Johne.[440] Karin Johne konnte auf ihre Erfahrungen mit den schriftlichen Anleitungen zur Meditation zurückgreifen, die sie mit den Menschen mit körperlicher Behinderung in Markkleeberg gemacht und bereits veröffentlicht hatte.[441] Schleinitz wollte die Retreat-at-home-Arbeit zunächst in die Verantwortung von Dr. Gottfried Wolff geben. Den Zustand beschreibt Karin Johne so:

> »Vieles wurde geplant – ohne dass dabei in der folgenden Zeit wirklich etwas geschah. Was für mich blieb, war das innere, drängende Wissen, hier einfach beginnen zu müssen – und wenn ich es ganz allein tun müsste. Der ›kairos‹ war da, wir durften nicht länger warten. Aber wie mussten wir das Modell abändern, damit es für uns in unserer Lage möglich war? Eigene, schon lange im Verborgenen keimende Pläne verbanden sich bei mir mit dem aus London Gehörten:[442] In einer Gesellschaft, in welcher »Fernunterricht« zum Alltagsleben gehörte – müsste es doch vielleicht möglich sein, auch spirituelles Leben, einen geistlichen Weg, in Form eines »Fernunterrichtes« anzubieten – in Form eines *Briefkurses* [...] Eines Tages schrieb ich etwa 20[443] mir bekannte Teilnehmer/innen unserer Retraiten an, ob sie bereit seien, sich einmal auf ein völlig neues Experiment einzulassen: Über einen Zeitraum von 15 Wochen

---

[440] Zur Bedeutung von Pater Christopher Lowe CR und zum Beginn der Briefkurs-Arbeit in Sachsen vgl. Teil I, 2.2.2.
Zur Briefkursarbeit vgl. auch: Einkehrtage/Arbeit der Stille in der ehemaligen DDR → At-home-retraits; sowie die »Aktennotiz über die Sitzung des Arbeitskreises Retraitenarbeit am 19.4.1982 in Borsdorf« von Oberkirchenrat Schleinitz, die »Ergänzenden Bemerkungen zur Aktennotiz« von Pfarrer Schreier, das »Protokoll über ein Gespräch im Landeskirchenamt am 6.10.1982 über die Möglichkeiten, at-home-retreats in unserem Bereich durchzuführen« und »Protokoll über eine Gespräch im Haus Hoheneichen am 6. Oktober 1982 über Möglichkeiten einer Zusammenarbeit bei der Ausbildung von Begleitern für at-home-retreats«, beide unterzeichnet von Christian Schreier. (Alle Schreiben in: Akten von Grumbach)

[441] Vgl. Teil I, 1.2.

[442] Karin Johne schreibt: »Wenn wir auch inhaltlich dieses Konzept nicht einfach übernehmen konnten – das war aus vielen Gründen nicht möglich – so konnten wir doch manche Hilfen übernehmen, vor allem für die Voraussetzungen der Teilnehmer und den äußeren Rahmen: Erst diese Anregung brachte mich auf die Idee, von den Teilnehmern des Kurses *schriftlich die Zusage* zu erbitten, 1. daß sie sich zu der täglichen Stille verpflichten, 2. daß sie mir wöchentlich einmal Rückmeldung geben, wie es ihnen ergangen ist – und daß sie 3. das ganze Vorhaben mit ihren Familienangehörigen bzw. den Mitbewohnern ihrer Wohnung absprechen. Diese klare Vorgabe hat sich dann während des Kurses als sehr hilfreich erwiesen.« (Geistlicher Übungsweg für den Alltag. Erfahrungen mit Briefkursen, 55f)

[443] In der Textfassung gibt Karin Johne an: »Fünfunddreißig persönliche, gezielte Einladungen waren hinausgegeangen – einundfünftzig Teilnehmer hatten sich nach wenigen Woche gemeldet.« (52) Später fügt sie hinzu, dass in der ersten Woche zehn aufgaben, die anderen 41 aber bis zum Ende des vierten Hauptteils dabei blieben. (Geistlicher Übungsweg für den Alltag. Erfahrungen mit Briefkursen, 56)

täglich über einen vorgegebenen Bibeltext in die Stille vor Gott zu gehen, mir einmal in der Woche eine kurze Rückmeldung zu geben – und sich für diese Zeit geistlich begleiten zu lassen. Die Resonanz war für mich wie ein Zeichen Gottes, frohmachend und erschreckend zugleich: Nicht 10 Teilnehmer meldeten sich, wie ich etwa gemeint hatte – sondern 50! Von ihnen blieben etwa 40 über die 15 Wochen hin dran und ließen mich – in kurzer Form – regelmäßig an ihren Erfahrungen und ihrem inneren Prozess teilnehmen.«[444]

Karin Johne entwickelte das Modell des Briefkurses: Die Teilnehmenden verpflichteten sich für eine bestimmte Zeit, etwa 4–15 Wochen, zu einer täglichen Meditationszeit sowie zu einer wöchentlichen, kurzen Rückmeldung an Karin Johne. Die Inhalte waren in der Regel schon bei mehreren Retraiten erprobt worden und wurden dann von Karin Johne ausgebaut und auch je nach Bedarf der Teilnehmenden für die Weitergabe in den wöchentlichen Briefen angepasst. Die Methodik des »Fernunterrichts« war in der DDR durchaus gebräuchlich, auch die evangelischen Kirchen in der DDR hatten hier sehr gute Erfahrungen mit dem Kurs »stud. christ.« gemacht.[445] Der erste Briefkurs begann zwischen Juli 1983 und Juni 1984, so hält es Pfarrer Christian Schreier im »Tätigkeitsbericht Retraitenarbeit Juli '83 bis Juni '84« fest.[446] Eine etwas andere zeitliche Erinnerung hat Karin Johne:

---

[444] Einkehrtage/Arbeit der Stille in der ehemaligen DDR → At-home-retraits, und – leicht verändert, in: Geistlicher Übungsweg für den Alltag. Erfahrungen mit Briefkursen, 55f.

[445] Zum Rahmen, zur Gestaltung und Einbindung des Fernunterrichts in die religiöse Bildung in der DDR vgl. Nikolaus Hueck, Lerngemeinschaft im Erziehungsstaat. Religion und Bildung in den evangelischen Kirchen in der DDR, Gütersloh 2000, 13–42 und 221–238. Hueck arbeitet heraus, wie die öffentliche Bildungsarbeit Relevanz erhielt, trotz der von ihm in der Katechetik in der DDR konstatierten theoretischen Fixierung auf religiöse Bildung in der Gemeinde – z.B. durch den Fernkurs »stud. Christ.« Fernunterricht wurde auch für die Fortbildung Haupt- und Ehrenamtlicher angeboten; vgl. Dorgerloh, Geschichte der evangelischen Jugendarbeit, 101. Die Geschichte der theologischen Ausbildung zum ehrenamtlichen Verkündigungsdienst in der DDR durch den »Kirchlichen Fernunterricht (KFU)« wird ausführlich beschrieben im zum Jubiläum 2010 von Achim Detmers und Magdalene Frettlöh herausgegebenen Band: Schätze zum Glänzen bringen. Der kirchliche Fernunterricht 1960-2010: Evangelische Theologie für den ehrenamtlichen Verkündigungsdienst und die alltägliche Kommunikation des Glaubens, Leipzig 2010, 28–140.

[446] »Nach meiner Information muß man noch zwei Kurse hinzuzählen [zu den bereits vorher genannten], die von Frau Johne gehalten wurden und nicht ausgeschrieben worden sind. Sie waren Teil des von ihr erstmalig durchgeführten Briefkurses.« Aus dem »Tätigkeitsbericht Retraitenarbeit Juli '83 bis Juni '84«, unterzeichnet von Pfarrer Christian Schreier, in: Akten von Grumbach. Die Kurse waren wohl der Anfangs- und Endpunkt des Briefkurses.

»Bereits im Jahre 1985 bekam ich auf die Einladung, sich auf ein erstes neuartiges Experiment solcher Exerzitien im Alltag in Form eines Briefkurses einzulassen, bei etwa zwanzig gezielt hinausgeschickten Einladungen spontan über fünfzig Anmeldungen. Und als später dieses erste Briefkursangebot im ›geistlichen Übungsweg‹ veröffentlicht wurde, stellte sich zu meiner großen Überraschung heraus, dass das Buch nicht nur [in]der ehemaligen DDR, wo geistliche Literatur Mangelware war, sehr bald vergriffen war, sondern dass das auch für die Linzenzauflage in Westdeutschland zutraf.«[447]

Schreiers Bericht liegt noch vor dem von Karin Johne angegebenen Beginn des Kurses. Möglicherweise gab es zwischen Schreier und Karin Johne ein Missverstehen, so dass er die beiden Kurse bereits 1983/84 einbezog, während sie erst 1984/85 stattfanden. Möglich ist aber auch ein Schreibfehler Karin Johnes. Die Briefkurs-Arbeit Karin Johnes begann also zu einem derzeit nicht genau bestimmbaren Zeitpunkt zwischen 1983 und 1985.

Die technischen Schwierigkeiten[448] wie schlechte Matrizen und Spiritusvervielfältiger statt Kopierer, Probleme bei der Papierbeschaffung und Komplikationen beim Versand konnten – manchmal wie durch ein Wunder – überbrückt werden. Unterstützt wurde diese Arbeit auch durch die Vervielfältigungsmöglichkeiten der Dominikaner in Leipzig-Wahren.[449]

Ob eine Überwachung durch die Organe des Ministeriums für Staatssicherheit stattfand, wurde im Rahmen dieser Arbeit nicht geklärt.[450] Karin Johne erzählt, dass die verschickten Briefe immer rechtzeitig ankamen, wenn sie sie in den gewohnten Briefkasten in Markkleeberg einwarf. Als sie einmal wegen einer Verzögerung die Leerungszeit verpasst hatte und daher extra zum Hauptbahnhof Leipzig fuhr, um die Briefe doch noch rechtzeitig zur Zustellung zu bringen, verzögerten sie sich stattdessen um

---

[447] Exerzitien im Alltag, entschluss 31, Meditation, 89f.

[448] Karin Johne schreibt: »Das größte Erschwernis lag für mich und für uns alle bei dem ersten Durchgang in den *mangelhaften technischen Möglichkeiten,* Texte zu vervielfältigen. Ich bewundere die Teilnehmer des ersten Kurses noch heute, wie sie sich darauf einließen, mit abgezogenen Briefen zu arbeiten, die man wirklich kaum noch lesen konnte. Aber das zeigte auch wieder die große Motivation der Teilnehmer.« (Geistlicher Übungsweg für den Alltag. Erfahrungen mit Briefkursen, 56f).

[449] Gespräch vom 04.08.2008 mit dem Ehepaar Johne.

[450] Von den beteiligten Personen hat niemand eine mögliche Einflussnahme des Überwachungsapparates in der DDR auf die Retraitenarbeit thematisiert. Für eine genauere Klärung wäre die Anforderung entsprechender Akten, sofern sie vorhanden und erschlossen sind, nötig.

mehrere Tage: Vermutlich mussten sie hier – da das Prozedere den zuständigen Beamten unbekannt war – erst geprüft werden.[451]

Der erste Kurs folgte ab der vierten Übungswoche in der inneren Struktur den ignatianischen Einzelexerzitien:

> »Auf dem Fundament, dass Gott mich liebt, wie ich bin, mit all meinen Dunkelheiten, kann ich ihm die Antwort meiner Liebe geben, indem ich mein Leben von ihm gestalten lasse – mich schließlich hineinziehen lasse in das Geheimnis seines Sterbens und seiner Auferstehung, seiner Sendung in diese Welt.«[452]

Die ersten drei Übungswochen nutzte Karin Johne, um die Teilnehmenden in die Stille, ins Hören und Verweilen bei einem Impuls einzugewöhnen.[453] Der Kurs wurde mit einem gemeinsamen Wochenende begonnen und mit Treffen an verschiedenen Orten abgeschlossen.[454] Nach den guten Erfahrungen folgten weitere Briefkurse mit den Themen »Einübung in christliche Mystik« und »Kreuz als Erlösung«.[455]

Während die Teilnahme an Retraiten in der Nachwendezeit zeitweise stark zurück ging, möglicherweise weil die bisherigen Teilnehmenden gern Angebote in Westdeutschland oder im Ausland wahrnehmen wollten oder weil sie sich die Tagungsgebühren oder die Urlaubstage nicht mehr leisten konnten, blieb das Interesse an der Briefkursarbeit bestehen. Karin Johne erschloss sich die neuen technischen Möglichkeiten des Internets und bot auch dort »Briefkurs-Begleitung« per Mail an.[456]

I. 4. 4 Referentin und Organisatorin

Innerhalb der Evangelisch-Lutherischen Landeskirche Sachsens war Karin Johne immer wieder Referentin zu Themen der Meditation, der Stille und Begegnung mit Gott. Vor und nach der Wende war sie auch in West-

---

[451] Gut vorstellbar ist dieses Prozedere, wenn man im Stasi-Museum in Leipzig, der »Runden Ecke«, den Raum besucht hat, in dem die Überprüfung von Briefen durch die Stasi dargestellt wird.
Vgl. Einkehrtage/Arbeit der Stille in der ehemaligen DDR → Briefkurs.

[452] Vgl. Einkehrtage/Arbeit der Stille in der ehemaligen DDR → Innerer Prozess bei den Briefkursteilnehmer/innen.

[453] Vgl. ebd.

[454] Vgl. Einkehrtage/Arbeit der Stille in der ehemaligen DDR → Äußere Form des Briefkursangebotes.

[455] Vgl. Einkehrtage/Arbeit der Stille in der ehemaligen DDR → Weitere Briefkursarbeit.

[456] Vgl. Einkehrtage/Arbeit der Stille in der ehemaligen DDR → Weitere Aspekte.

deutschland, Österreich und der Schweiz[457] immer wieder als Referentin eingeladen, u.a. auch zu Kirchentagen.[458]

Über Jahrzehnte arbeitete sie im Retraitenarbeitskreis der sächsischen Landeskirche mit. Nach dem Abschied von Oberkirchenrat Schleinitz 1986 bis zu ihren Eintritt in den Ruhestand 1988 leitete sie den Arbeitskreis zeitweise.[459] Von 1991 bis 1996, bis zum Ausscheiden aus dem »Altersvikariat« war sie noch einmal für die Leitung des Arbeitskreises, u.a. für die Koordination und Werbung für die Angebote zuständig.[460] Die sorgfältige Planung der beiden jährlichen Termine für den »Arbeitskreis für Geistliche Einkehrtage Sachsen« und die Werbung für die Termine der Einkehrtage in Sachsen und in der gesamten DDR waren ihr dabei wesentliche Anliegen.[461] Weil zu wenig geistliche Begleiterinnen und Begleiter vor Ort zu finden waren, organisierten interessierte Fachleute auf evangelischer und katholischer Seite Mitte der achtziger Jahre zwei ökumenische Ausbildungskurse »geistliche Begleitung«. Am ersten nahm sie teil und brachte z.T. auch ihre bereits vorhandene Fachkenntnis ein, beim zweiten übernahm sie in wesentlichen Teilen Verantwortung.[462] Der Übungsschwerpunkt lag in diesem Kurs einerseits auf dem gemeinsamen Meditieren und andererseits auf dem Gespräch über die gemachten Erfahrungen und die Reflexion des Gesprächsganges in der Gruppe, also auf dem Gehen und Reflektieren des eigenen geistlichen Weges. Unterstützt wurde diese Ausbildung inhaltlich

---

[457] Vgl. die im Internet veröffentlichten Vorträge Karin Johne [nach 1989] a) »Die Bibel meditieren« (gehalten in Salzburg 1989) <www.karin-johne.de/vortrag/1989_bibel.htm> (15.01.2009) und b) »Mit Märchen meditieren« (gehalten in Innsbruck 1989), <www.karin-johne.de/vortrag/1989_maerchen.htm> (15.01.2009). Eine Reise nach Österreich war auch für den Oktober 1988 geplant. Für eine Sitzung des Seelsorgebeirats erbat sich Karin Johne wegen der geplanten Reise die Vertretung durch Pfarrer Schreier oder Pfarrer Dr. Führer. (Brief vom 16.7.1988 in: Akten von Grumbach)

[458] Aus diesen Erfahrungen entstand das Buch »Die Kraft des Glaubens. Meditationen zum Lukasevangelium«, vgl. darin 10.

[459] »Protokoll Arbeitsgemeinschaft für Geistliche Einkehrtage Sachsens« vom 09.04.1986. (Akten von Grumbach)

[460] Brief von Karin Johne an Oberlandeskirchenrat Auerbach vom 11.07.1996 und »Niederschrift über die Zusammenkunft des Retraitenarbeitskreises am 25./26. Oktober 1996. (Akten von Grumbach)

[461] In dem Papier »Leitung des Arbeitskreises für Geistliche Einkehrtage« vom 25.05.1988 listet Karin Johne ihre Aufgaben und die Methodik ihrer Umsetzung für die Pfarrer Schreier und Sembdner auf, die nach dem Protokoll des Arbeitskreises ihre Arbeit hier fortführen werden. (Akten von Grumbach)

[462] Vgl. Teil I, 2.3.3; wesentliche Informationen in: Vgl. Einkehrtage/Arbeit der Stille in der ehemaligen DDR → Begleiterausbildung.

von katholischen Patres aus Westdeutschland, die zu bestimmten Themen zu Kurswochenenden in die DDR kamen.[463]

I. 4. 5 Veröffentlichungen

I. 4. 5. 1 *Bücher*

Aus dem Meditationskurs für körperlich behinderte Menschen, den Karin Johne in ihrer Wohnortgemeinde, Markkleeberg, in den 60er Jahren anbot, entwickelte sie ihr erstes Buch, »Ökumenische Meditationsbriefe«, das dreimal in verschiedenen Verlagen unter jeweils verändertem Titel neu aufgelegt wurde.[464]

Aus verschiedenen Briefkursen entstanden nach mehrmaliger Durchführung Bücher, die zur eigenen, geistlichen Praxis anleiten und in denen sich die Rückmeldungen der früheren Teilnehmenden zum Teil widerspiegeln: Mehrfach aufgelegt wurden neben »Ökumenische Meditationsbriefe« auch »Geistlicher Übungsweg für den Alltag« und »Kreuz als Erlösung«.[465] Dabei erschienen vor der Wende veröffentlichte Bücher zunächst in der DDR bei der Evangelischen Verlagsanstalt und in einem zweiten Schritt dann beim deutsch-schweizerischen Verlag Benziger. In der DDR war die Veröffentlichung oft ein komplizierter und lang andauernder Prozess, da erstens durchgehend die in den konfessionellen Verlagen erscheinenden Bücher inhaltlich geprüft wurden, zweitens die Gutachten und die zugrunde liegenden Kriterien der Kritik nicht weitergegeben wurden und drittens das Material, v.a. Druckpapier, nur begrenzt zugeteilt wurde.[466] Karin Johnes »Ökumenische Meditationsbriefe« lagen nach Bräuer und Vollnhals schon 1971 zur Begutachtung vor, erschienen aber erst 1978 bei der Evangelischen Verlagsanstalt.[467] Der Grund dafür dürfte – wenn man auf den Inhalt sieht – eher Materialknappheit als politische Komplikationen gewesen sein.

1981 veröffentlichte Karin Johne im westdeutschen Benziger Verlag »Meditieren mit dem Mattäusevangelium«, das 1991 in einer Neuauflage

---

[463] Weitere Informationen zur ökumenischen Begleiterausbildung vgl. Teil I, 2.3.3.

[464] Ökumenische Meditationsbriefe (1977), Meditation für Kranke (1979) und Wege zum Wesentlichen (1992) und als Ausgabe in Blindenschrift (1993).

[465] Vgl. die Literaturliste.

[466] Vgl. Siegfried BRÄUER und Clemens VOLLNHALS (Hg.): »In der DDR gibt es keine Zensur«. Die Evangelische Verlagsanstalt und die Praxis der Druckgenehmigung 1954–1989, Leipzig 1995, 16f und 23. Zum gesamten Prozess der Buchveröffentlichung und der Zensur in der Evangelischen Verlagsanstalt vgl. ausführlich a.a.O., 13–116.

[467] A.a.O., 85.

bei Herder erschien. In diesem Band versieht sie alle Texte des Matthäusevangeliums mit Impulsen zur persönlichen Meditation.

Ebenfalls im Benziger Verlag erschien 1983 »Meister Eckhart. Ewigkeit inmitten dieser Zeit. Ausgewählt, eingeleitet und kommentiert von Karin Johne«. Karin Johne erschließt in diesem Buch durch Auswahl und Kommentare wesentliche Teile der Gedankenwelt Meister Eckeharts. 1991 transformiert sie ihre Kenntnisse in das Buch »Einübung in christliche Mystik. Ein Kursus mit Meister Eckehart«, das im Styria-Verlag erscheint. Eine Art Resumé der sehr unterschiedlichen Gebetsübungen und -erfahrungen Karin Johnes findet sich im schmalen Band »Wortgebet und Schweigegebet. Einige persönliche Gedanken und Erfahrungen«, den sie 1996 im Vier-Türme-Verlag Münsterschwarzach[468] veröffentlicht und der vier Jahre später auch ins Tschechische übersetzt wurde.

»Die Kraft des Glaubens. Meditationen zum Lukasevangelium« erscheint 2000 wieder im Sytria-Verlag und erschließt alle Texte des Lukasevangeliums, so wie knapp 20 Jahre früher das Matthäusevangelium.

Den letzten Briefkurs veröffentlicht Karin Johne mit »Auf dem Weg zum Licht. Exerzitien im Advent« im St.-Benno-Verlag Leipzig im Jahr 2002.

Ihre ökumenische Orientierung und die Rezeption jenseits der evangelischen Kirche wird an den Verlagsanstalten deutlich, die sich für Karin Johnes Arbeit interessierten. Mit Ausnahme der Evangelischen Verlagsanstalt können alle eher dem katholischen Spektrum zugerechnet werden.[469]

Bemerkenswert ist der biblisch-christologische Schwerpunkt, der sich in je einem Kurs zur Advent-, Passions- und Osterzeit und zwei vollständigen Evangelien-Meditationen zeigt. Daneben wird ein Akzent bei der Mystik Meister Eckeharts deutlich, dessen Werk Karin Johnes Leben seit ihrer

---

468 Zugehörig zum dortigen Benediktiner-Kloster.

469 Der Kontakt zum österreichischen, katholisch geprägten Styria-Verlag (vgl. die Website des Verlags mit Hinweisen zu Geschichte und Leitbild <http://www.styria.com/de/styria> → »Geschichte« oder → »Leitbild& Vision«), entstand nach Auskunft von Dr. Gerhard Hartmann, bis 1999 Mitarbeiter des Styria-Verlags Graz-Wien-Köln und seit 1999 Geschäftsführer des Lahn-Verlags und der Topos Taschenbücher, vermittelt durch den Leiter des Benno-Verlags Leipzig, Pfarrer Bockisch. Hartmann teilt in einer E-Mail vom 07.09.2010 mit: »Der ›Geistliche Übungsweg für den Alltag‹ erschien erstmals im Verlag Styira 1987 als Coproduktion mit dem damaligen Benno-Verlag Leipzig. Das war vor der Wende. Es waren damals solche Coproduktionen zwischen unterschiedlichen Systemen aus zweierlei Gründen üblich. Erstens waren die Bezugskosten für den westlichen Verlag wesentlich billiger, zweitens wurde dem Coproduktionspartner Benno Verlag insofern geholfen, weil er damit ›Devisenbringer‹ war.« Das Ehepaar Johne hat hier keine greifbare Erinnerung an das Zustandekommen der Verbindung.

Jugend begleitet hatte. Die beiden ersten Veröffentlichungen, »Ökumenische Meditationsbriefe« und »Geistlicher Übungsweg« zeigen einen Schwerpunkt bei der methodischen Anleitung und sind inhaltlich ebenfalls stark biblisch-christologisch orientiert.

I. 4. 5. 2 *Aufsätze und kleinere Beiträge*[470]

In den 70er und 80er Jahren veröffentlichte Karin Johne umfangreiche, informierende und weiterbildende Aufsätze in Publikationen, die für die Kirchen des Bundes oder die Evangelisch-Lutherische Landeskirche Sachsens erschienen.[471] Danach folgen 20 meist kurze Aufsätze in der westdeutschen Fachzeitschrift »Meditation. Anstösse für den christlichen Vollzug« zwischen 1980 und 1997, die zum kleineren Teil Meditationen sind, zum größeren Teil über Meditation und geistliche Begleitung – auch unter den speziellen Bedingungen der Kirche in der DDR – reflektieren. Mehrere Aufsätze unterschiedlichen Inhalts erschienen in kleineren Zeitschriften: In »Unser Auftrag«, dem Mitarbeitenden Magazin der Evangelisch-Lutherischen Kirche in Bayern, in der ökumenischen Zeitschrift »Erneuerung in Kirche und Gesellschaft«, in der Benediktinischen Monatsschrift »Erbe und Auftrag«, in der Zeitschrift »Jetzt«, die sich mit dem Ordensleben befasst und in einem kleinen Aufsatzband, den Ursula von Mangoldt,[472] die über Jahre bestimmende Herausgeberin der Zeitschrift »Meditation«, herausgab, sowie in der Vierteljahreszeitschrift »Quatember« der Michaelsbruderschaft.[473]

Durch die Verbindung mit Professor Dr. Gerhard Ruhbach[474] ergab sich eine Beteiligung an dem ökumenisch verantworteten Projekt »Meditative Zugänge zu Gottesdienst und Predigt« zwischen 1990 und 1997. Von

---

470 Sämtliche Beiträge sind in der entsprechenden Rubrik der Bibliografie aufgelistet.

471 »Meditieren« in: ZdZ 28 (1974/11); »Einführung in die Meditation. Handreichung für die Arbeit mit Konfirmanden« in: Amtsblatt der Evang.-Luth. Landeskirche Sachsens (1975/6-8); »Meditation und Nachfolge« in: Fröhlich helfen (1977); »Gefüllte Stille. Gebet, Wort Gottes, meditatives Gestalten« in: Ruf an den Bruder (1981/39).

472 Zur Person Ursula von Mangoldts, Klassenkameradin Dietrich Bonhoeffers, eine der ersten promovierten, evangelischen Theologinnen, im Nationalsozialismus als Nicht-Arierin in Lebensgefahr, Verlegerin nach 1945 bis 1971, Gründerin und Herausgeberin der Zeitschrift »Meditation« von 1975 an, vgl. Vera BEGEL, Leidenschaft für die Wahrheit. Ursula von Mangoldt (1904-1987), in: Sigrid SCHNEIDER-GRUBE/Irene STUIBER/Andrea K. THURNWALD, fromm- politisch- unbequem. Evangelische Frauen des 20. Jahrhunderts in Bayern, Bad Windsheim 2008, 120-129.

473 Nicht eingesehen werden konnte der Aufsatz »Sinnvoll leben – mit Höhen und Tiefen«, zu dem Karin Johne im Internet als bibliografische Angabe einzig »Zentrum Salzburg 1997« angibt.

474 Vgl. Teil I, 2.2.1.

1986–1996 schrieb Karin Johne auch einzelne Lesepredigten für die von der Evangelischen Verlagsanstalt herausgegebene Reihe »Er ist unser Friede«. Die gedruckt vorliegenden Aufsätze werden ergänzt durch einige Beiträge Karin Johnes, die nur im Internet veröffentlicht sind. Karin Johnes Beiträge zeugen von einem großen Praxis- und Erfahrungsbezug.

I. 4. 5. 3 *Internet-Angebote*[475]

Karin Johne hat die Möglichkeiten des Internets früh erkannt und sich im Alter von mehr als sechzig Jahren auf diese neue Technik bereitwillig eingestellt und eingelassen. Ihre Internetseite hat sie zunächst in Zusammenarbeit mit der »katholischen Glaubensinformation (kgi)«, später selbständig weiter ausgebaut und gepflegt, solange ihr dies gesundheitlich möglich war. Manfred Lay, der letzte Leiter der kgi beschreibt das Zustandekommen der Zusammenarbeit aus der Erinnerung 2009 folgendermaßen:

> »Frau Johne war damals [1995 oder 1996] einige Tage in Frankfurt in St. Georgen (Jesuitenhochschule); ich erinnere mich nicht mehr, ob als Teilnehmerin einer geistlichen Zeit oder als Anbieterin; ich weiß auch nicht mehr, ob sie aus eigenem Antrieb oder in Folge eines zufälligen »Tips« in St. Georgen die kgi kontaktierte; jedenfalls ging die Initiative von ihr aus. Sie bat mich telefonisch um ein Gespräch während dieses Frankfurtaufenthaltes. Was Frau Johne anbieten konnte, war für uns ein Schatz: Das richtige Thema (Meditationskurse, Betrachtungen, meditative Exegesen), in Tagesrationen und damit in kleinen, aufteilbaren Leseeinheiten, eine Textfülle, die es erlaubt, damit gleich eine ganze »Kategorie« zu bestücken, relativ einfach und in Eigenleistung (der kgi) in html umzusetzen (später fand Frau Johne dann selbst so viel Spaß am Medium, dass sie ihre Arbeiten selbst auf eigenen Seiten noch einmal veröffentlichte und die kgi später anlässlich eines Relaunches [2008][476] aus dem Projekt aussteigen konnte; die Mitnahme der vielen Johne-Seiten in ein aufwändigeres Layoutkonzept konnten wir nicht mehr leisten.). Ich meine mich auch zu erinnern, dass Frau Johne vor uns im evangelischen Raum ein Forum

---

[475] Die Informationen beruhen zum einen auf den Angaben von Andreas Götze, einem Freund Karin Johnes, der die Website seit ihrem Rückzug 2007 betreut und ihr auch Tipps für den Aufbau gegeben hat. Ich beziehe mich auf unser Gespräch vom 29.09.2008, seinen Brief an mich vom 05.10.2008 und seine E-Mail vom 07.10.2008. Die andere Informationsquelle ist eine E-Mail von Manfred Lay, dem letzten Leiter der »Katholischen Glaubensinformation (kgi)«, die zum 31.12.2009 geschlossen wurde, an mich. Ich hatte nach dem Zustandekommen der Kooperation von kgi und Karin Johne gefragt. Er antwortete in einer E-Mail vom 09.12.2009.

[476] Andreas Götze hatte mich auf die Archivseiten der Internetseelsorge hingewiesen. Dort fanden sich bis zum Ende der kgi am 31.12.2009 nach wie vor auch Angebote und Links zu Karin Johne unter <www.archiv.internetseelsorge.de:80/spirit-container/biblisches/spirit-bibel-index.html> (15.01.2009).

für ihre Texte gesucht hatte, dort aber wohl nicht auf eine ausreichende Gegenliebe gestoßen war. Ich bin mir meiner Erinnerung hier aber nicht sicher. Ihr Anliegen war es gewesen, den Inhalt ihrer seit längerem bereits publizierten Bücher sozusagen »zweitzuverwerten« und einem breiteren Publikum kostenlos zur Verfügung zu stellen. Ihr Wunsch, den Glauben in seiner mystischen Prägung und mit einem weithin vergessenen Reichtum »unter das Volk zu bringen« traf sich mit unserem Wunsch, den Glauben vor allem als Erfahrung zu präsentieren. Die kgi war nicht auf die Idee gekommen, Frau Johne zu suchen. Sie aber hatte uns gefunden. Für uns war es ein Glücksfall.

Wir waren uns sofort einig. Innerhalb weniger Wochen war der Grundkurs in Deutsch eingestellt, Frau Johne besorgte über eine Freundin wenig später eine englische Version. Im Laufe der folgenden beiden Jahre war dann fast das komplette geeignete Schriftwerk umgesetzt: Grundsatzthemen, Bibelmeditationen, Predigten, Meditationen, als Datenbank die Metaphernmeditationen, die sie aus ihren Kursen als Ertrag mitgebracht und verwertet hatte [...] Das Thema und auch der Name der Autorin haben über Jahre hohe Zugriffe generiert. Genaue Zahlen habe ich nicht in Erinnerung; aber 10 % des Gesamt-Abruf-Volumens dürften es schon gewesen sein.«[477]

Auf den Seiten der kgi bis zum 31.12.2009 und etwas später dann auf einer eigenen Seite, die seit Karin Johnes Rückzug von Andreas Götze gepflegt wird, waren bzw. sind Karin Johnes Bücher, Aufsätze und Vorträge fast vollständig eingestellt, ergänzt mit einigem weiteren, unveröffentlichten Material sowie Sammlungen von Beiträgen der Teilnehmenden unterschiedlicher Kurse. Eine große Fülle von Material wird so unkompliziert zugänglich.

Auch die in Privatinitiative entstandene, englischsprachige Übersetzung von »Geistlicher Übungsweg für den Alltag« ist im Internet abrufbar.[478] Karin Johne hat das Internet auch für Brief-Kurse genutzt: So wurde z.B. der Kurs für Exerzitien im Alltag für den Advent als Internetkurs im Jahr 2003 angeboten.[479]

---

[477] E-Mail von Manfred Lay vom 09.12.2009, Rechtschreibung korrigiert. (Zeugnisse über Karin Johne)

[478] Karin Johne [nach 1990], »spiritual practices for the everyday« <www.karin-johne.de/meditationskurse/gwe/hw-tit.htm> (10.07.2009). Zu den Übersetzenden und dem Kontakt mit Karin Johne wird dort mitgeteilt: »Ruth Halvorson is founder and director of the ARC Retreat Community in Stanchfield, Minnesota. Loren Halvorson is a retired seminary professor. They first met Karin Johne in February, 1982. On the day of the reunification of East and West Germany, October 3, 1990, they met Johne in a retreat center near Magdeburg where she gave them a copy of this book.«

[479] Vgl. die Datierung auf Karin Johne [2003], »Abschluss.« <www.karin-johne.de/meditationskurse/advent/adm-46.htm#abschied> (15.01.2009).

Karin Johnes Ziel war es, »christliche Meditation für den Alltag fruchtbar«[480] werden zu lassen. Zu diesem Zweck hat sie sich der jeweils möglichen und aktuellen Technik bedient und ist dabei auch in der weltweiten Vernetzung ihrer ökumenischen Grundhaltung treu geblieben.

I. 4. 6 Grundlinien

Tätigkeit. Nach einer langen Zeit der eigenen, inneren Vorbereitung entwickelte sich Karin Johne in ihrem Wirken Schritt für Schritt: Sie begann – etwa vierzigjährig – mit der Mitarbeit bei von anderen geleiteten Kursen und Einkehrtagen und übernahm dort zunehmend eigene Verantwortung. Sie lernte vor allem im praktischen Vollzug sowohl von ihren Kollegen, wie auch von den Teilnehmenden. In der Folge bot Karin Johne eigene Kurse an und entwarf, ausgehend vom anglikanischen Modell der at-home-retreat eine neue Methodik, die Briefkursarbeit, abgestimmt auf die Möglichkeiten und Bedürfnisse des DDR-Umfeldes. Aus diesen Briefkursen und den zugehörigen Rückmeldungen entwickelte Karin Johne Material, das sie in Buchform oder im Internet für jede und jeden Interessierten verfügbar machte. Nach ihrem 60. Lebensjahr veröffentlichte sie in verschiedenen Fachzeitschriften und referierte auch bei größeren Veranstaltungen wie Kirchentagen oder Fachtagungen in Österreich.

Ziel. In all dem verfolgte Karin Johne ihr Anliegen, möglichst viele interessierte Menschen auf ihrem geistlichen Weg im Alltag zu unterstützen, indem sie ihnen Material und Anleitung zur Meditation im Alltag zur Verfügung stellte.

Innerkirchliche Vernetzung und Ökumene. Karin Johne brachte ihre Sichtweise bewusst in die Gremien ihrer Landeskirche und innerhalb der DDR ein und nutzte ökumenische und West-Ost-übergreifende Möglichkeiten der Vernetzung. Gemeinsam mit evangelischen und katholischen Kollegen sorgte sie für die Ausbildung weiterer geistlicher Begleiterinnen und Begleiter im ökumenischen Kontext. Karin Johnes Interesse an gemeinsamer ökumenischer Arbeit ist durchgängig – von der Zeit des Beginns im ökumenischen Lernen bis zu den letzten ökumenischen Exerzitienkursen in Hoheneichen.

An Karin Johnes Arbeit und ihrer Entwicklung ist eine Haltung abzulesen, wie es sie auch in anderen Bereichen von Theologie und Kirche in der DDR gegeben hat: Aus den gegebenen, wenn auch begrenzten Ressourcen wird eine eigenständige theologische Haltung und praktische Umsetzung entwickelt, die die gesellschaftlichen Gegebenheiten berücksichtigt.

---

[480] Karin Johne [ohne Datum], »Christliche Meditation – Hilfen und Anleitungen« <www.karin-johne.de> (15.01.2009).

In dieser Weise entwickelte Karin Johne in besonderer Offenheit für ökumenische Anregungen Retraitenarbeit in der Evangelisch-Lutherischen Landeskirche Sachsens, gemeinsam mit den Pfarrern Christian Schreier und Dr. Gottfried Wolff. Dieser, zunächst aus Eigeninteresse gewachsenen Arbeit stand die Landeskirche positiv gegenüber und unterstützte sie – begrenzt, aber doch – personell durch die Schaffung von Stellen und durch die Ermöglichung von Reisen und ökumenischem Austausch.

Kennzeichnend für Karin Johnes Haltung als in der DDR sozialisierter Theologin und Pfarrfrau ist die Selbstverständlichkeit, mit der sie ihre Arbeit anderen zur Verfügung stellt. Das Spezialwissen, das sie sich aneignen und ausprobieren konnte, stellte sie solidarisch zur Verfügung. Sie nutzte zur Veröffentlichung die ihr jeweils zugänglichen Medien, das heißt im DDR-Kontext zunächst Zeitschriften, Einkehrtage, Vorträge, Briefe und Bücher, später im BRD-Kontext zusätzlich, sobald technisch möglich, das Internet. Dort suchte sie nach Möglichkeiten der Veröffentlichung und kooperierte mit der »Katholischen Glaubensinformation« in einer »Win-Win-Situation«[481]. Dass sie für Vorträge und Exerzitienarbeit nach der Wende Honorare erhalten konnte, befremdete sie.[482] Sie folgte dem geistlichen und kirchlichen Auftrag, den sie für sich angenommen hatte. Hier wird eine Haltung der Demut, im Sinn des »Verneigens vor Gott« und der »Zuneigung zu den anderen« sichtbar: Was von Gott anvertraut wurde, ist selbstverständlich solidarisch (mit-) zu teilen.

Theologischer Kontext. Es fällt auf, dass der in Kapitel 3 dargestellte theologische Kontext aus dem evangelischen Bereich keinen sichtbaren Einfluss auf Karin Johnes Wirken hatte. Ebenso umfassend wie der katho-

---

[481] Vgl. Teil I, 4.5.3.

[482] Karin Johne berichtet über die Zeit nach der Wende: »Ich war im März nach Salzburg eingeladen worden und bekam für einen Vortrag über Meister Eckehart das dort übliche Honorar. Die Einladung datierte aus der Zeit vor der ›Wende‹. Plötzlich durchzuckte mich die Frage, die eng mit der Thematik zu tun hat: Wir kirchlichen Mitarbeiter haben in der DDR für einen Mindestlohn gearbeitet. Als ich einmal darüber etwas stöhnte, angesichts vieler Verpflichtungen in unserer großen Familie, gab mir mein Mann eine Erklärung, die für mich durchschlug: ›Du arbeitest in der Kirche, verkündest das Evangelium – und die Kirche hat sich dafür verpflichtet, dir deine Existenzgrundlage zu sichern, daß du leben kannst. Mehr nicht.‹ Das war eine gute Antwort und gab mir die innere Freiheit, Dienst und ›Lohn‹ absolut voneinander zu trennen. Ich arbeitete für Gott – nicht um Geld. Und wenn ich vorher für irgendetwas schon einmal Honorar in Westgeld bekommen hatte, dann brauchte ich es dringendst, um mir für den Dienst einige Dinge zu besorgen, die es so bei uns eben nicht gab. [...] Jetzt aber wurde mir plötzlich bewußt, daß ich meinen Verkündigungsdienst ›bezahlt‹ bekam – wie sollte ich damit umgehen? Diese Frage bewegte mich tief – und sie scheint mir etwas mit unserer Identität als DDR-Kirche zu tun zu haben.« (Die Kirche in der DDR, 80)

lische Kontext bei den zitierten evangelischen Theologen ausgeblendet wird, blendet Karin Johne ihre zeitgenössischen evangelischen Theologen und deren Beitrag aus. Von den evangelischen Bewegungen, die Hertzsch nennt – Alpirsbacher, Michaelsbruderschaft, Johannes-Bruderschaft – ist Karin Johne den Michaelsbrüdern – in Gestalt des Professors für Praktische Theologie in Leipzig, Alfred Dedo Müller – und den Alpirsbachern – in dem kleinen Kreis, der das Stundengebet übte und bei einer Singwoche – unmittelbar begegnet. Die Johannesbruderschaft tritt im Zusammenhang mit ihrer Frömmigkeitsbiografie an keiner Stelle auf. Die deutliche Skepsis, die Hertzsch gegenüber der Exerzitienbewegung nach Ignatius von Loyola formuliert, teilt Karin Johne nicht. Das Breviergebet hat sie ebenfalls kennen- und schätzengelernt, hat aber in ihrer eigenen geistlichen Praxis vom meditativen Rezitieren Abschied genommen und sich zu einem weniger gebundenen, meditativen Weg aufgemacht.

Früher als die drei dargestellten Praktischen Theologen gewann Karin Johne bereits in den 60er Jahren die Bereitschaft, von den Erfahrungen der katholischen Tradition zu lernen und sich in ökumenischer Lerngemeinschaft auf den Weg zu machen. Die Exerzitien nimmt sie dabei als äußerst hilfreich wahr. Aufgrund ihres biografischen und beruflichen Kontexts geht sie ohne Berührungsängste bei katholischen Geistlichen, Theologinnen und Theologen in die Lehre und zitiert diese auch.

Um die von Hertzsch in der Theologischen Literaturzeitung – als einer gesamtdeutschen Zeitschrift – referierte Auseinandersetzung mit nichtchristlichen Meditationstechniken weiß Karin Johne. Deren Fehlen im ostdeutschen Kontext nimmt sie als entlastend wahr. Weil die Diskussion um immer neue Meditationsformen aus anderen Kulturen in den Kirchen der DDR eine untergeordnete Rolle spielte, konnte sich die christliche Retraiten-Arbeit hier weitgehend ohne apologetische Haltung entwickeln.

Mit Erich Hertzsch teilt Karin Johne das Anliegen, unkompliziert und im Alltag verwendbare Formen der geistlichen Übung zu entwickeln und weiterzugeben. Das Verständnis der Meditation bei Karin Johne liegt dagegen dem von Alfred Dedo Müller und Otto Haendler näher. An vielen Stellen ihrer Arbeit bezieht Karin Johne den Körper im Sinn eines Körpergebetes mit in ihre Meditationen ein. Hierin unterscheidet sie sich von Hertzsch, Müller und Haendler.[483]

[483] Weder Karin Johne, noch die drei wissenschaftlich arbeitenden Theologen nehmen Bezug auf die »Stille Zeit«-Bewegung im Anschluss an John Mott. Sie scheint im DDR-Kontext keine prägende Rolle gespielt zu haben. (Vgl. Peter Zimmerling, Art. Stille Zeit, in: Helmut Burkhardt und Uwe Swarat (Hg.), Evangelisches Lexikon für Theologie und Gemeinde, Bd. 3, Wuppertal/Zürich 1994, 1909)

Anders als die wissenschaftlichen arbeitenden Theologen formuliert Karin Johne in ihren Veröffentlichungen nur ein Minimum an Theorie und entfaltet ein Maximum an Praxis.
Die Aufgabe des folgenden Teiles ist es, aus der verschriftlichten Praxis die Grundlinien der geistlichen Begleitung nach Karin Johne zu destillieren.

II. Karin Johnes Unterstützung im Lebens-Gespräch. »Meditation«[484] als Hör- und Sprachschule

Karin Johne entfaltet mit ihren Büchern die Methodik der »Meditation« anhand unterschiedlicher, ihr vertrauter und für das Christentum zentraler Stoffe. Die folgende Darstellung ihrer geistlichen Begleitungsarbeit folgt nicht einer chronologischen Entwicklung, weil eine solche weder in der zugrunde liegenden Theologie, noch in der grundlegenden Methodik festgestellt werden kann. Es schien daher nicht sinnvoll, geistliche Begleitung nach Karin Johne anhand ihrer Bücher und Aufsätze chronologisch darzustellen und systematisch-theologisch zu analysieren. Stattdessen ist es das Ziel des folgenden Teiles, Karin Johnes Begleitungsarbeit und deren Methode, die »Meditation«, in einem Modell darzustellen, das sich auf ihre gesamte schriftliche Begleitungsarbeit übertragen lässt. Dazu werden zunächst die theologischen und psychologischen Grundannahmen vorgestellt, auf die sich Karin Johnes geistliche Begleitungsarbeit gründet (1). Der nächste Schritt formuliert das Ziel von Karin Johnes Begleitungsarbeit und charakterisiert den für ihre Arbeit bestimmenden Begriff der »Meditation« (2). Das Modell geistlichen Lebens nach Karin Johne wird anhand dreier miteinander verbundener »Räume« des Lebens-Gesprächs entfaltet (3). Das vierte Kapitel zeigt die konkreten Formen der schriftlichen geistlichen Begleitung Karin Johnes und ihren jeweiligen Hintergrund in der Tradition (4). Die geistlich-theologischen Charakteristika von Karin Johnes

---

[484] Begriffe, die Karin Johne mit spezifischer Bedeutung füllt, werden in dieser besonderen Verwendung mit Anführungszeichen markiert.

schriftlicher Begleitungsarbeit werden festgehalten (5). Zuletzt werden Karin Johnes Hinweise und Erfahrungen für die Voraussetzungen und die Ausbildung von Begleiterinnen und Begleitern zusammengefasst (6).

II. 1 Theologische und psychologische Grundlagen

Karin Johnes schriftliche Form der geistlichen Begleitung beruht auf theologischen und psychologischen Grundannahmen, die sich aus ihren Texten erschließen lassen und hier vorgestellt werden.

II. 1. 1 Anrede Gottes und Antwort des Menschen

Nach Karin Johnes Überzeugung begegneten und begegnen Menschen mit ihrem Leben der Anrede Gottes, die sich ihnen – entsprechend ihrer Antwort – durch das Wirken des Heiligen Geistes immer wieder neu, anders und weiter erschließt. Zwischen Gott, der als erste Form der persönlichen Anrede das Leben schenkt, und dem Menschen, der dieses Beziehungsangebot durch die Wirkung des Heiligen Geistes wahrnimmt und mit seinem Leben darauf antwortet, entspinnt sich ein »Gespräch«, das alle Bereiche des Lebens durchdringt. In einem Bibelwort kann die Anrede Gottes ebenso hörbar werden, wie einer erzählten Geschichte. Wer aufmerksam dafür ist, kann Gottes Dialogbeitrag im Herbstnebel ebenso entdecken, wie in einer Krankheitserfahrung. Ein Gebet kann ebenso Antwort des Menschen sein, wie ein Lachen oder eine getane oder unterlassene Handlung. Ralf Stolina hat für diese umfassende Kommunikation den Begriff »Lebens-Gespräch« eingeführt.[485] Er beschreibt eine »dynamisch-dialogische Le-

[485] »Das erste Wort, das Gott zu Menschen spricht, ist der Mensch selbst – das Schöpfungswort, mit dem der Mensch aus dem Nichtsein ins Sein, ins Leben gerufen ist. So ist der grundsätzliche spirituelle Vollzug das Leben selbst, das je eigene konkrete Leben in seiner Herkünftigkeit von Gott und Hinkünftigkeit auf Gott. Der Mensch ist zu seinem einmaligen, individuellen Lebens-Gespräch mit Gott berufen. Das ist die Liturgie des Lebens.
Der Sinn geistlicher Übung und Begleitung ist es, dieser Lebensimpulse, der Lebenswahrheit gewahr und inne zu werden, die Gott in unser Herz legt, ein ›Gespür‹ für das Wehe des Geistes zu gewinnen und ihm zu folgen.« (Stolina, Das Geheimnis Gottes und die Würde des Menschen, 27f)
Ralf Stolina entfaltet das »Lebens-Gespräch« als »Gebet des Lebens« und »Weg unserer Menschwerdung« unter den Gesichtspunkten »Aktion und Kontemplation«, »Die eschatologische Existenz«, »Der Dunkle Glaube« und »Zwiesprache mit Gott: Gebet – Meditation – Kontemplation«. (Das Geheimnis Gottes und die Würde des Menschen, 27–37). In gleicher Weise formuliert Stolina in: Lebens-Gespräch, 290f.

bensbewegung«,[486] die Karin Johnes Verständnis der Gott-Mensch-Beziehung sehr gut charakterisiert.

II. 1. 1. 1 *Anrede Gottes*

Gottes Sehnsucht. Der Beginn des Lebens-Gesprächs liegt für Karin Johne in der »Sehnsucht, die Gott nach mir hat«. Diese »Sehnsucht Gottes« bewirkt eine menschliche Sehnsucht, deren Ursprung oft erst im Nachhinein erkennbar wird:

> »Oft weist nur eine unstillbare Sehnsucht im Herzen darauf hin, daß es etwas geben muß, was diese Sehnsucht erfüllen kann. Erst viel später, nachdem der Mensch gefunden hat, wird ihm voll bewußt, was sein langes Suchen angetrieben hat. Im Rückblick auf solches jahrelanges Suchen sagt der Kirchenvater Augustin: ›Unruhig ist unser Herz, bis es Ruhe findet in dir.‹ Im nachhinein kann mir bewußt werden, daß meine tiefe Unruhe und meine unstillbare Sehnsucht nichts anderes waren als ein schwacher Abglanz oder Widerschein der *Sehnsucht, die Gott nach mir hat.«*[487]

Menschliche Sehnsucht[488] oder »Unruhe«, wie Augustin schreibt, reflektiert für Karin Johne die Sehnsucht Gottes nach jedem einzelnen Menschen. »Sehnsucht, die Gott nach mir hat«, ist für Karin Johne der erste Akt des Lebens-Gesprächs, das Gott mit dem Menschen beginnt. Darauf reagiert der Mensch mit einer unbestimmten Sehnsucht, möglicherweise aber auch, gewirkt durch den Heiligen Geist, durch ein klareres Erkennen, Hören und bewusstes Antworten auf Gottes Anrede. Das Lebens-Gespräch wird nach Karin Johne von Gott begonnen, auch ohne dass der Mensch dies bewusst erkennt.

Gottes Offenbarung. Die Anrede Gottes wird nach Karin Johne konkret durch das »Wort Gottes«, das in unterschiedlicher Weise begegnen kann:

> »Immer ist das in der Heilsgeschichte Gottes mit seinem Volk und dem einzelnen Menschen der Beginn: daß da ein ›Wort Gottes‹ (Symbolbegriff beachten!) einen Menschen trifft – und daß damit die Heilsgeschichte dieses Lebens be-

---

[486] Stolina, Lebens-Gespräch, 291.

[487] Geistlicher Übungsweg, 156.

[488] Zur in Sehnsucht (und Schmerz) »uneingeschränkten Anerkennung der Subjektivität des einzelnen«, ihrer Verwurzelung im Alltag und der in ihnen vorhandenen Ahnung »daß ›wir uns auf dieser Erde nicht ganz zu Hause fühlen‹«, vgl. Hennig Luther, Schmerz und Sehnsucht. Praktische Theologie in der Mehrdeutigkeit des Alltags [1987], in: Ders., Religion und Alltag. Bausteine zu einer Praktischen Theologie des Subjekts, Stuttgart 1992, 239–256 und 306–315; Zitat: 250.

ginnt. An diejenigen, die Gott in besonderer Weise für eine bestimmte Aufgabe beruft, ergeht solch ein Wort oft unmittelbar, unüberhörbar. Meistens jedoch trifft dieses Wort den Menschen verhüllt, vermittelt durch menschliches Wort, menschliche Tat oder irgendein besonderes Geschehen im Leben.«[489]

Die Anrede Gottes, das »Wort Gottes« ist für Karin Johne ein »Symbolbegriff«, also keinesfalls zu identifizieren mit dem biblischen Wort. Diese Anrede kann »unmittelbar, unüberhörbar« erfolgen, in der Regel ist das »Wort Gottes« aber in der menschlichen Rede zu hören oder im menschlichen Handeln oder in bestimmten Ereignissen des Lebens zu entdecken. Das »Wort Gottes« hat damit reale Präsenz in der Wirklichkeit, ist aber nicht ein für allemal abstrakt und absolut zu greifen. Es wird sichtbar in einem Zusammenhang zwischen irdisch-menschlicher und göttlicher Wirklichkeit, der sich nach Karin Johne durch das Wirken des Heiligen Geistes offenbart:

»Es gibt eine ›Entsprechung‹ zwischen der Welt der äußeren, erfahrbaren Wirklichkeiten und dem, was im Menschen verborgen ist. Es gibt sogar eine verborgene, geheimnisvolle Entsprechung zwischen den Dingen und Geschehnissen dieser Welt, dieser unserer Welt und dem, was als Geheimnis in Gott verborgen ist. Wenn das nicht so wäre, hätte Jesus nicht in Gleichnissen und Bildern von Gott und dem Himmelreich sprechen können. Aber nur unter der Führung des Heiligen Geistes erschließen sich dem Menschen diese geheimnisvollen Entsprechungen (Matth. 13, 16: ›Selig sind eure Augen, daß sie sehen, und eure Ohren, daß sie hören‹).«[490]

Entscheidend für die Erkenntnis des »Wortes Gottes« ist nach Karin Johne das Wirken des Heiligen Geistes. Worte, Taten und Geschehnisse erschließen sich durch das Wirken des Heiligen Geistes als Anrede Gottes, d.h. sie werden gedeutet und zwar – nach Karin Johne – in einem symbolischen Sinn.

Mit den durch den Heiligen Geist geöffneten Augen und Ohren lässt sich das Wort Gottes in den »Geschehnissen dieser Welt« hören und entdecken, ebenso wie sich Entsprechungen finden lassen zwischen der äußeren Wirklichkeit und dem, »was im Menschen verborgen ist«.[491] Das »Wort

---

[489] Geistlicher Übungsweg, 71f.

[490] Ökumenische Meditationsbriefe, 33.

[491] Damit beschreibt Karin Johne die Symbolsprache, die Erich Fromm skizziert hat: »Die Symbolsprache ist die Sprache, in der wir innere Erfahrungen so zum Ausdruck bringen, als ob es sich dabei um Sinneswahrnehmungen handelte, um etwas, was wir tun, oder um etwas, was uns in der Welt der Dinge widerfährt. Die Symbolsprache ist

Gottes«, das in der Schöpfung und im alltäglichen Leben erklingt, findet sich aber nach Karin Johne auch in besonderer Weise konzentriert:

> »Wenn alle Dinge von Gott sprechen können, wenn die Bibel dieses Sprechen in einzigartiger Weise verdichtet – dann verdichtet sich auch die Verkündigung der Bibel noch einmal in Jesus Christus.«[492]

Wie in konzentrischen Kreisen verdichtet sich das »Wort Gottes« aus der Schöpfung in der biblischen Überlieferung und zuletzt in der Person Jesus Christus. Der Geist Gottes bewirkt die Wahrnehmung und das Verstehen dieses »Wortes Gottes«. Hier deutet sich die Bedeutung von Pneumatologie und Christologie für Karin Johnes Arbeit an. Durch die Wirkung des Heiligen Geistes offenbart sich in der Person Jesus Christus nach Karin Johne das »Geheimnis Gottes« in konzentriertester Weise.

II. 1. 1. 2 *Antwort des Menschen*

Entscheidend für den Weg des Lebens-Gesprächs ist für Karin Johne nicht nur Gottes Anrede, sondern auch und ebenso der Mensch in seiner Freiheit zu antworten. Die menschliche Antwort entscheidet über den Fortgang des Gesprächs:

> »Solch ein Wort [Gottes] stellt den Menschen immer vor eine Entscheidung – er kann sich ihm öffnen oder auch verschließen. Wer aber zugestimmt hat, wird erfahren, wie ihn dieses ›Wort‹ durch sein Leben weiterbegleitet. Am spürbarsten geschieht dies dort, wo ein Mensch diesem Wort reichlich Gelegenheit bietet, an ihm zu wirken, indem er sich ihm täglich aussetzt im regelmäßigen Hören, Lesen oder Meditieren der biblischen Botschaft, durch die Gott seit mehreren tausend Jahren Menschen immer neu anspricht.«[493]

Aufmerksam hören. Ein erster Teil der »Antwort« ist für Karin Johne die Bereitschaft, sich mit dem »Wort Gottes« in seiner konzentrierteren Form weiter zu beschäftigen, sich also mit biblischen Texten auseinanderzusetzen und dazu Zeit und Aufmerksamkeit aufzuwenden. In dieser Auseinandersetzung sieht Karin Johne die Antwort des Menschen auf Gottes Anrede, der wiederum mit seinem nächsten unmittelbaren oder mittelbaren

---

eine Sprache, in der die Außenwelt ein Symbol der Innenwelt, ein Symbol unserer Seele und unseres Geistes ist.« (Fromm, Erich, Märchen, Mythen, Träume. Eine Einführung in das Verständnis einer vergessenen Sprache, Reinbek 1987, 18).

[492] Geistlicher Übungsweg, 79.

[493] A.a.O., 72.

»Wort« reagiert.[494] In diesem Lebens-Gespräch offenbart sich Gott immer in Abhängigkeit von der Antwort des Menschen:

> »*Das Geheimnis des sich offenbarenden Gottes,* an den wir Christen glauben, ist es, daß er nicht nur spricht, sondern *daß er sich selbst ›ausspricht‹, ›offenbart‹,* daß er dem Menschen Einblick gewährt in das innerste Geheimnis seiner Liebe, in das ›Herzgeheimnis‹ seines Wesens. [...] Hier spüren wir die begrenzte Möglichkeit, mit menschlichen Worten etwas vom Geheimnis Gottes auszusagen. Sein Sich-Offenbaren, sein immer tieferes Einblick-Gewähren in das Geheimnis seiner Liebe bindet er an die Antwort des Menschen: Erst indem Abraham aufbricht und alle Sicherheiten zurückläßt, erst indem er sich Schritt um Schritt den Weg zeigen läßt, den Gott ihn führt, lernt er diesen seinen Gott wirklich und wahrhaft kennen; jetzt erst darf er ihm mehr und mehr ins Herz schauen. Das gleiche erlebt das Gottesvolk als Ganzes auf seiner Wüstenwanderung, als es die Fleischtöpfe Ägyptens hinter sich gelassen hat. Und ebenso erfahren es die Jünger, denen Jesus nicht erst sein Programm vorlegt, ehe er sie in die Nachfolge ruft. Sondern indem sie mit ihm gehen, Tag um Tag, indem sie ihr ganzes Leben zur Antwort auf seinen Ruf werden lassen, erkennen sie ihn Tag für Tag besser. Und dann erleben sie, daß sie in ihm und durch ihn dem Vater ins Herz schauen dürfen.«[495]

In diesem Zitat wird noch einmal deutlich, was ein Lebens-Gespräch ist: ein *wechselseitiges,* lebenslanges Geschehen. Die Gottesoffenbarung ist für Karin Johne keine abstrakte Mitteilung, sondern eine Gesprächseröffnung, die sich, je mehr sich ein Mensch auf sie einlässt, im Lebens-Gespräch entfaltet, ohne dass sich Gottes Antwort erzwingen oder bestimmen lässt:

> »Offenbarung Gottes, sein Sich-Aussprechen, geschieht auch für uns nicht anders als auf diesem Wege, daß wir uns immer neu ansprechen lassen, daß wir unsere Antwort geben in Wort und Tat, in Glauben, Hoffnung und Liebe – und daß wir auf diesem Wege immer mehr erfahren, daß Gott auch uns in sein Herz hineinschauen läßt, so wie es ein jeder ertragen kann und wie Gott es für gut hält. Erst durch meine Antwort – wie sie auch aussehen mag – stelle ich, im Bilde gesprochen, den ›Sender meines Lebens‹ auf die ›Wellenlänge‹ Gottes ein. Aber wann und wie er sendet, das bleibt dennoch ganz seiner Freiheit überlassen.«[496]

---

494 Vgl. Teil II, 1.1.1 → Gottesoffenbarung.

495 Geistlicher Übungsweg, 75f.

496 A.a.O., 76.

Sicher ist, dass das Lebens-Gespräch von Gott gewollt, initiiert und weitergeführt wird, abhängig von den Gesprächsbeiträgen des Menschen. Wie und auf welche Weise Gott »sein Wort« erklingen lässt, ist nicht vorher bestimmbar.

Persönlich und frei antworten. Der Freiheit Gottes in seiner Anrede korrespondiert die Freiheit des Menschen in seiner Antwort. Die bewusste, menschliche Antwort auf Gottes Anrede kann für Karin Johne ganz unterschiedlich aussehen:

> »Auch das ist in der Geschichte Gottes mit den Menschen nicht zu übersehen: *Gottes Wort, wo immer es einen Menschen anspricht, erwartet eine echte, freie Antwort dieses Menschen.* Die Antwort kann im Wort des Glaubens bestehen (Maria, Lk 1, 38); sie kann im Gehorsam gegenüber einem klaren Befehl geschehen (Abram, 1 Mose – Genesis 12, 4); sie kann als eine unsichere Frage kommen (Samuel, 1 Sam 3, 4–10); ja, sie kann sogar zuerst einen starken Widerstand ausdrücken (Mose – 2 Mose – Exodus 4, 1; Jeremia, Jer 9, 6). Aber ebenso kann diese Antwort des Menschen ein einziges leidenschaftliches ›Ja‹ sein wie bei Jesaja, der als Mensch in das Gespräch der himmlischen Scharen hineinruft: ›Hier bin ich, sende mich!‹ (Jes 6, 8) Doch wollen wir nicht nur die ganz großen Gestalten der Heilsgeschichte ins Auge fassen. An ihnen wird deutlich, wie Gott überhaupt mit dem Menschen umgeht, auch mit jedem einzelnen von uns: Immer ist er ein Gott, der – indem er mich anspricht – auf meine Antwort wartet. Und es soll meine ganz eigene Antwort sein.«[497]

Die bewusst gegebene menschliche Antwort im Lebens-Gespräch bedeutet eine immer wieder stattfindende Hinwendung und Öffnung zu Gott in Hören und Handeln, die völlig individuell und situationsbezogen ist. In ihr äußert sich einerseits ein Ahnen oder Erkennen des »Wortes Gottes« und andererseits eine Bereitschaft, diese Ahnung oder dieses Erkennen durch weitere Begegnungen mit dem »Wort Gottes« zu vertiefen.

Für Karin Johnes Arbeit bedeutet dies, dass sie sich an Menschen richtet, die sich ihrer »Sehnsucht« bewusst geworden sind und die ihre »Antwort« auf die »Anrede Gottes« in ihrem Leben geben und so das Lebens-Gespräch vertiefen möchten. Ein Interesse am christlichen Glauben ist also die Mindestvoraussetzung für die Nutzung von Karin Johnes Angebot. Dabei ist für Karin Johne das Lebens-Gespräch mit Gott ein Weg, der auch mit Fragen und Unsicherheit gegangen werden kann, weil Sehnsucht nach und Erfüllung im Glauben nach Karin Johne grundsätzlich zwei Wege zum gleichen Ziel der Gottessuche und -begegnung sind. Beide können den Menschen für die Anrede Gottes öffnen und das Lebens-Gespräch vertie-

---

[497] A.a.O., 74f.

fen. Für sich selbst beschreibt sie diese, aus der Erfahrung einer Grundverunsicherung gewachsene, Erkenntnis so:

> »Ich hatte gelernt, daß nicht nur das Helle, sondern auch gerade das Dunkle im Leben die Fülle in sich verborgen hat und daß Erfüllung und Sehnsucht nur verschiedene Wege zu dem gleichen Ziel sein können.«[498]

Diese zunächst persönliche Erfahrung findet Karin Johne auch in der Arbeit mit körperbehinderten Menschen bestätigt. Deren Gabe, sich in Situationen hineinzuversetzen, die sie nicht oder nicht mehr erleben können, lässt Karin Johne festhalten:

> »Menschliche Sehnsucht kann zur Fülle einer Erkenntnis führen, die oft über die Erkenntnis dessen hinausgeht, der das besitzt, was der andere ersehnt. In solcher Erkenntnis ist aber eine echte Erfüllung eingeschlossen. Unbegreifliches Geheimnis Gottes: Sehnsucht ist Weg und Ziel!«[499]

Die Sehnsucht nach einer Antwort Gottes ist bereits Antwort auf das von Gott begonnene Lebens-Gespräch und verweist auf diesen Beginn, obwohl es keineswegs zu außergewöhnlichen Erfahrungen oder einer inneren Bestätigung der Nähe Gottes kommen muss.

II. 1. 1. 3 *In Anrede und Antwort entwickelt sich das Lebens-Gespräch*

Das Lebens-Gespräch ist für Karin Johne ein Dia-log im tiefsten Sinn des Wortes: Zwei – Gott und Mensch – begegnen sich im Logos, im wirkenden Wort. Dabei geht Gottes Wort und Wirklichkeit dem Menschenwort voraus und beinhaltet es. So werden die Schöpfung, die Worte der Bibel und die Person Jesus Christus, wenn Gott will und durch seinen Geist wirkt, zur hörbaren Anrede Gottes an den Menschen – oder, theologisch gesprochen, zur Selbstoffenbarung Gottes für den Menschen, vermittelt durch »Entsprechungen« oder »Symbole«. In Jesus Christus ist diese »Anrede Gottes« am deutlichsten sichtbar und hörbar.

Karin Johnes Arbeit setzt die Gottesoffenbarung voraus, die sich durch den pneumatologischen Schlüssel dem Menschen eröffnet und durch die Christologie profiliert wird.

Die Gottesoffenbarung für den Einzelnen geschieht nach Karin Johnes Überzeugung dabei nicht abstrakt und allgemeingültig, sondern gebunden an die Geschichte eines Menschen mit Gott. Gottes Anrede erwartet die

---

[498] Ökumenische Meditationsbriefe, 11.

[499] Meditation als Hilfe für Körperbehinderte, 36.

Antwort des Menschen, die in Hören, Reden und Handeln gegeben wird, und nimmt sie dialogisch auf. Daraus ergibt sich ein Weg, ein Lebens-Gespräch, das von Gott ermöglicht wird, in dem er den absoluten Abstand zwischen Gott und Mensch immer wieder überbrückt und sich offenbart, jeweils in Beziehung zur Bereitschaft des Menschen, sich in seiner Antwort für die Offenbarung Gottes neu zu öffnen. Auf das Lebens-Gespräch übertragen bedeutet das, dass es mit seinem aus der Sehnsucht geborenen Beginn bereits »vollständig« ist und sich durch die Fortführung und die Wahrnehmung seiner unterschiedlichen Möglichkeiten doch immer weiter vertieft. Das Lebens-Gespräch hat kein bestimmtes Ziel, das erreicht werden müsste. Die Verbindung, die mit der Kommunikation entsteht, ist Selbstzweck, weil sie das Leben verwandelt. Dabei können sich die Form, der Inhalt und die wahrgenommene Intensität des Gesprächs verändern, abhängig von den jeweiligen Rahmenbedingungen und von den Impulsen derer, die im Gespräch sind, ohne dass die wirkende Verbindung dabei beeinträchtigt wird.

II. 1. 2 »Symbole«[500] im Lebens-Gespräch mit Gott

»Symbole« sind für Karin Johne notwendige Medien für die Kommunikation zwischen Gott und Mensch. Daher arbeitet sie vom Beginn ihrer Veröffentlichungen an mit dem Symbolbegriff, zunächst auch umschrieben mit dem Begriff der »Entsprechungen«.[501] In der Symboltheorie Paul Tillichs[502] entdeckte Karin Johne den theologischen Hintergrund, der ihrer Arbeit entsprach und auf den sie sich immer wieder beziehen konnte.[503] Dabei

---

[500] Begriffe, die Karin Johne mit spezifischer Bedeutung füllt, werden in dieser besonderen Verwendung mit Anführungszeichen markiert.
Einen Überblick über den Wandel und die unterschiedliche Bewertung des philosophischen, religionsgeschichtlichen und systematisch- bzw. praktisch-theologischen Gebrauchs des Symbolbegriffs geben Josef Simon, Art. Symbol, I. Philosophisch, Peter Gerlitz, Art. Symbol. II. Religionsgeschichtlich; Werner Brändle, Art. Symbol. III. Systematisch-theologisch, 487-491, Henning Schröer, Art. Symbol, IV. Praktisch-theologisch, alle in: TRE Bd. 32, Berlin/New York 2001; Dietrich Zillessen, Art. Symbol/Symbole/Symboltheorien IX. Didaktisch, in: RGG Bd. 7, Tübingen [4]2007, 1930.

[501] Ökumenische Meditationsbriefe, 32f.

[502] Wesentliches zu Paul Tillichs Symboltheorie findet sich in Band V der Gesammelten Werke unter der Überschrift »Religiöser Symbolismus«, 187-244 (nach Christian Danz, Symbolische Form und die Erfassung des Geistes im Gottesverhältnis. Anmerkungen zur Genese des Symbolbegriffs von Paul Tillich, in: Danz/Schüssler/Sturm, Das Symbol als Sprache, 59-75, 59 - bereits abgeschlossen im Aufsatz »Das religiöse Symbol« von 1928, 196-212), in dem kleinen Aufsatzband »Symbol und Wirklichkeit« und - für Karin Johne greifbar - in den Bänden der Systematischen Theologie.

[503] Die Kritik an Tillichs Symbolbegriff in der von der Semiotik beeinflussten Praktischen Theologie im ausgehenden 20. Jahrhundert hat Karin Johne als Praktikerin

übernahm sie aus aszetisch-pragmatischer Perspektive wesentliche Elemente von Paul Tillichs Symboltheorie, wie sie sie selbst literarisch und auch durch Vorträge bei einer Tagung in Bethel[504] kennen gelernt hatte, als grundlegend für ihre aszetische Arbeit. Karin Johnes verweist jeweils mit einer Fußnote auf Paul Tillich, die Band III der Systematischen Theologie als Hintergrund der eigenen Gedanken angibt.[505] Dieser Hinweis ist als Chiffre zu verstehen: In diesem Werk Paul Tillichs wird zwar der Symbol-

---

nicht rezipiert. Eine Darstellung und ausführliche Literatur findet sich bei Michael MEYER-BLANCK, Semiotik und Praktische Theologie, International Journal of Practical Theology 5 (2001), 94–133 (zu Tillich: 95–97). Als pragmatische Aszetikerin fragt Karin Johne v.a. »Was funktioniert?« und nicht »Wie funktioniert‹s?«. Insofern bleibt sie in ihrer Anleitung im »Dyadischen« (vgl. 4.1 und 4.2), und erschließt die »triadische« Dimension im Austausch mit anderen (vgl. 4.3).
Sabine Bayreuther untersucht mit Hilfe der Semiotischen Theorie Umberto Ecos das Phänomen »Meditation«. Der Ansatz führt zu einer spannenden und nüchternen Analyse, den ich, weil das Buch erst kurz vor Abschluss meiner Arbeit erschien, nur noch flüchtig aufnehmen konnte. (BAYREUTHER, Meditation)

[504] Vgl. Teil I, 2.2.1. Karin Johne berichtete von der Tagung zum Thema »Symbol«, die vom 31.05.-02.06.1982 in Bethel stattfand:
»Aus der Fülle dessen, was in den einzelnen Referaten und den anschließenden Gesprächen angeboten wurde, möchte ich nur einige wenige Stichpunkte anführen:
Zum Thema: Wort und Symbol
1. Ein bestimmtes »etwas« kann Symbol sein (z.B. Brot essen) für ein »Mehr«, eine weitere Dimension.
2. Obwohl alles zum Symbol werden kann, sprechen wir dort von Symbolen, wo Erfahrungen vorliegen, die Menschen mit bestimmten Symbolen gemacht haben.
3. Eine Bedingung dafür, daß etwas zum Symbol werden kann, ist es, daß eine anthropologische Entsprechung vorliegen muß (archetypisch) – nur dann wirkt es als Symbol.
4. Somit helfen Symbole, auf dem Weg zu uns selbst, auf dem Weg in die Wirklichkeit hinein, zum Ausgleich zwischen innen und außen.
5. Symbole partizipieren an dem, was sie symbolisieren (P. Tillich), erschließen, sind Weghilfe.
6. Alles kann zum Symbol werden (Natur, Tiere, mensch. Symb., religiöse Symbole, abstrakte Symbole). Auch das Wort ist Symbol.
Das Wort ist auf das Symbol bezogen, deutet das Symbol, es kann den Sinn des Symbols überflüssig machen wollen – es wurde entmetaphysiert: ›Die Grenzen meiner Sprache sind die Grenzen meiner Welt.‹
Wer glaubt, das Symbol sei durch das Wort habbar, verfügbar, geht an der Sache des Symbols vorbei.
‚Die Wahrheit kam nicht nackt in die Welt, sondern in Sinnbildern und Abbildern.‹« (Brief vom 07.06.1982 von Karin Johne an das Evangelisch-Lutherische Landeskirchenamt mit Abdruck an die Kollegen aus dem Retraiten-Arbeitskreis in: Akten von Grumbach).

[505] Z.B. Geistlicher Übungsweg, 15, Anm. 5 und 67, Anm. 26; Kreuz als Erlösung, 63, Anm. 16; Kontemplation – Weg zur inneren Freiheit → Anm. 4; Exerzitien mit der Heiligen Schrift, 17, Anm. 4; Märchen – Meditation und Märchen → Anm. 3.

begriff verwendet, aber nicht charakterisiert. Karin Johne hat sich Paul Tillichs Symboltheorie – und andere, wesentliche Züge seiner Theologie[506] – angeeignet und für die eigene Arbeit transformiert. Sie verweist als Pragmatikerin mit der Chiffre auf den Hintergrund, ohne die Details ihrer Entwicklung aufzuschlüsseln.

II. 1. 2. 1 *Systematisch-theologisches und aszetisch-pragmatisches Verständnis*

Paul Tillich entfaltet seinen theologischen Grund-Satz zur Symbollehre innerhalb der Systematischen Theologie präzise, wenn er sagt: »Der Satz, daß Gott das Sein-Selbst ist, ist ein nicht-symbolischer Satz. Er weist nicht über sich selbst hinaus. Was er sagt, meint er direkt und eigentlich. [...] Über diese Aussage hinaus kann allerdings nichts über Gott als Gott gesagt werden, was nicht symbolisch wäre. [...] Wenn daher irgend etwas über Gott ausgesagt wird, was über diese erste Aussage hinausgeht, ist das nicht mehr eine direkte und eigentliche Aussage. Sie ist indirekt und deutet auf etwas jenseits ihrer selbst hin – sie ist symbolisch.«[507]

Karin Johne dagegen konzentriert sich statt auf die philosophisch-theologische Begründung und Formulierung der über Gott möglichen Aussagen auf den aszetisch-praktischen Aspekt, in welcher Form von Gott gesprochen werden kann:

> »Wenn in unserer Zeit unter verschiedenartigsten Theologen ein neues Nachdenken über die entscheidende Funktion der Symbolbilder erwacht ist, so wird damit wieder eine alte christliche Tradition aufgenommen, die über Augustin zurückreicht. Sie weiß darum, daß der Mensch immer auf die Symbolsprache angewiesen ist, wenn er von religiösen Wirklichkeiten spricht. [...] Für uns am deutlichsten zeigt es die Bibel. Sie spricht von Anfang bis Ende in Bildern und Symbolen, nicht nur deshalb, weil im damaligen Palästina die Menschen bildhafter dachten und sprachen als wir heute in Europa, sondern deshalb, weil *die Symbolsprache die einzig angemessene Aussagemöglichkeit für geistliche Wahrheiten* ist. Symbolworte und Symbolbilder benutzen eine sinnenhaft erfahrbare Wirklichkeit, um damit auf etwas hinzuweisen, was sonst für unser menschliches Denken im wahren Sinne des Wortes ›unbegreiflich‹ wäre. Meistens registrieren wir kaum mehr, wieviel Worte in der biblischen Sprache Symbolbilder sind. Fast jedes wichtige Wort des Vaterunsers zum Beispiel ist in diesem Sinne Symbol: ›Vater‹, ›Himmel‹, ›Name‹, ›Reich‹, ›Wille‹, ›Brot‹, ›Schuld‹. Auch wenn Jesus vom ›Reich Gottes‹ spricht, tut er es nicht anders

---

[506] Vgl. die Untersuchung zur Rezeption und Transformation der Tillich‹schen Gebetstheologie, Teil III, 1.2.

[507] Paul Tillich, Systematische Theologie I/II, Berlin/New York [8]1987, hier: I, 277.

als in Gleichnissen und Metaphern: in Symbolbildern, weil davon anders zu reden letztlich gar nicht möglich ist.«[508]

Wenn »geistliche Wahrheiten« im obigen Zitat ein Synonym für »Aussagen über Gott« ist, dann übernimmt Karin Johne hier den Tillich'schen Gedankengang, dass *alle* Aussagen über Gott nur symbolisch sein können; sie unterschlägt allerdings den einen Satz, der nach Tillich nicht-symbolisch ist, dass Gott das »Sein-Selbst« ist. Dass Karin Johne diesen Satz nicht nennt und sich mit ihm nicht auseinandersetzt, zeigt ihre Leseperspektive: Anders als Paul Tillich beschäftigt sie sich nicht systematisch mit der Frage, woher Symbole kommen oder wie sie entstehen und vergehen können. Sie setzt sich nicht mit Essenz- oder Existenzphilosophie auseinander,[509] sie unterscheidet auch nicht verschiedene Ebenen als Gegenstands- und Hinweissymbol oder »immanente und transzendente Schicht« der Symbole und sie differenziert nicht zwischen »Symbol« und »poetischer Metapher«, wie Tillich es tut.[510] Für Karin Johne ist der entscheidende Aspekt der Tillich'schen Theologie, dass Symbole als Kommunikationsmedien das Lebens-Gespräch mit Gott unterstützen können. Insofern nutzt Karin Johne die Symboltheorie Paul Tillichs als Hintergrund und transformiert sie zur theologischen Untermauerung ihrer aszetischen Arbeit.

II. 1. 2. 2 *Karin Johnes und Paul Tillichs Symbolverständnis*

Auf den ersten Blick scheinen Karin Johnes und Paul Tillichs Symbolverständnis sehr ähnlich.

So beschreibt Karin Johne die Kennzeichen eines geistlichen Symbols in Anlehnung an Paul Tillich mit fünf Grundsätzen:

> »Erstens – ein geistliches Symbol *erschließt im Meditierenden Dimensionen* seines Wesens, die sich dadurch für die Erfüllung durch Gott öffnen.
> Zweitens – ein geistliches Symbol *hat wahren und echten Anteil* an dem, worauf es symbolisch hinweist, und vermittelt dem, der sich meditierend darauf einläßt, Anteil an dieser Wirklichkeit.

---

[508] Geistlicher Übungsweg, 66.

[509] Vgl. hierzu Paul Tillich, Symbol und Wirklichkeit, Göttingen 1963, 12–28 und Paul Tillich, [GW V] Gesammelte Werke. Bd. V. Die Frage nach dem Unbedingten. Schriften zur Religionsphilosophie, Stuttgart 1964, 223–236.

[510] Vgl. Tillich, GW V, 196–244, besonders 206–210 (Gegenstands- und Hinweissymbol), 218–221 (transzendente und immanente »Schicht« von Symbolen) und 241f (Verbindung und Differenz von primären, nämlich Gegenstands-, und sekundären, nämlich Hinweis- Symbolen oder poetischen Metaphern).

> Drittens - ein geistliches Symbol *weist über sich selbst hinaus*: Die Wirklichkeit, auf die es zeichenhaft hinweist, übersteigt jedes Symbol unendlich.
> Viertens - jedes Symbol steht in der *Gefahr, zum dämonischen Zerrbild zu werden*, wo man es seines Hinweischarakters entkleidet und absolut setzt.
> Fünftens - die geistliche Wirklichkeit dagegen ist immer in *Gefahr, zum abstrakten Prinzip zu verblassen*, wo der Mensch meint, ohne Symbolbilder auskommen zu können.«[511]

Nach Karin Johne dienen Symbole also (1.) der wachsenden Erschließung des Menschen für die göttliche Wirklichkeit, ermöglichen (2.) eine Partizipation an der göttlichen Wirklichkeit, (3.) ohne Identität mit dem Symbolisierten zu vermitteln oder diese auch nur darzustellen. Sie tun nicht weniger, als auf diese Wirklichkeit als etwas unendlich Größeres oder völlig anderes hinzuweisen. Die beiden weiteren von Karin Johne aufgenommenen Kennzeichen markieren die doppelte Gefährdung des Umgangs mit religiösen Symbolen: Das Symbol wird (4.) zur Gefährdung, wenn es absolut gesetzt oder mit dem Symbolisierten identifiziert wird und (5.) der Glaube steht ohne Symbolbilder in der Gefahr der verblassenden und letztlich unwirksamen Abstraktion.

Damit greift Karin Johne aus Paul Tillichs Theorie[512] diejenigen Kennzeichen heraus, die für ihre Anwendung notwendig sind, ordnet sie anders an und konkretisiert sie.

---

[511] Geistlicher Übungsweg, 67.

[512] Die Symboltheorie Paul Tillichs und ihre Wirkung sind im Rahmen dieser Arbeit nicht zu diskutieren. Ausführlich hat sich zuletzt die Deutsche Paul-Tillich-Gesellschaft e.V. in der Evangelischen Akademie Bad Boll 2006 mit der Thematik unter dem Titel »Wider den Fundamentalismus. Symbole und Zeichen in Religion und Kultur. Fragen an Tillichs Symboltheorie« auseinandergesetzt. Die dort gehaltenen Referate und weitere Aufsätze mit ausführlichen Literaturhinweisen sind veröffentlicht in: Internationales Jahrbuch für die Tillich-Forschung 2/2006, herausgegeben von: Christian Danz, Werner Schüssler und Erdmann Sturm (Hg.), Das Symbol als Sprache der Religion, Wien/Berlin/Münster 2007, 9-195.
Allgemeine Hinweise zum Symbolbegriff und eine kritische Auseinandersetzung mit dem Symbolbegriff in der Theologie Paul Tillichs gibt Klaus-Dieter Nörenberg, mit »Analogia imaginis. Der Symbolbegriff in der Theologie Paul Tillichs«, Gütersloh 1966. Warren A. Kay setzt sich in »Paul Tillich‹s Hermeneutic of Religious Symbols« nach einer ausführlichen Darstellung der Symboltheorie im Rahmen der Tillich‹schen Theologie mit dem Problem der »Partizipation« auseinander und differenziert sie (Warren A. Kay, Paul Tillich‹s Hermeneutic of Religious Symbols. A Theological-Philosophical Investigaton, o. O. 1992, hier: 88-96). Darüber hinaus bringt er Tillichs Symboltheorie ins Gespräch mit der aktuellen Diskussion um Metaphorik bei Paul Ricoeur und Eberhard Jüngel (a.a.O., 97-103).
Das vorsichtige Weiterdenken über eines der zentralen, aber wenig diskutierten religiösen Symbole, das Trinitätssymbol, dokumentiert der 10. Band der Tillich-

Paul Tillich nennt fünf Merkmale der repräsentativen Symbole:

»Das erste und fundamentale Merkmal [...] ist ihre Eigenschaft, über sich hinauszuweisen. [...] Es [das symbolische Material] weist auf etwas hin, das nicht unmittelbar ergriffen werden kann, sondern das indirekt ausgedrückt werden muß. [...] Das zweite Merkmal aller repräsentativen Symbole besteht darin, daß das Symbol an der Wirklichkeit dessen teilhat, auf das es hinweist. [...] Es strahlt den Sinn und die Seinsmächtigkeit dieser Wirklichkeit aus. Dieser Gedanke leitet über zu dem dritten Merkmal aller repräsentativen Symbole: sie können nicht willkürlich erfunden werden. [...] Selbst wenn ein Symbol seine Entstehung der Erfindung eines einzelnen (eines Künstlers oder eines Propheten) verdankte, so wird es zum Symbol doch erst dadurch, daß es unbewußt-bewußt von einer Gemeinschaft akzeptiert wird. [...] Wenn die Gemeinschaft aufhört, es anzuerkennen, dann sinkt es zu einer Metapher oder einem poetischen Bild ab, wie es mit den alten Göttern geschah, als sie ihre religiöse Bedeutung verloren hatten. Das vierte Merkmal repräsentativer Symbole ist ihre Macht, Dimensionen der Wirklichkeit zu erschließen, die gewöhnlich durch die Vorherrschaft anderer Dimensionen verdeckt sind. Aber der menschliche Geist könnte diese Dimensionen nicht ergreifen, wenn das Symbol nicht gleichzeitig auch in ihm eine neue Dimension öffnete. [...] Religiöse Symbole vermitteln durch ihr Teilhaben am Heiligen die Erfahrung des Heiligen an Dingen, Personen und Ereignissen. [...] – eine Erfahrung, die durch keine Erkenntnis vermittels philosophischer oder theologischer Begriffe ersetzt werden kann. Man könnte noch ein fünftes Merkmal repräsentativer Symbole hinzufügen: ihre aufbauende, ordnende, und ihre zersetzende, zerstörerische Macht.«[513]

In einer tabellarischen Übersicht zeigen sich die Umakzentuierungen, die Karin Johne vornimmt:

Symbole sind bei Paul Tillich bzw. bei Karin Johne durch folgende Eigenschaften charakterisiert:

Studien, herausgegeben von Gert Hummel und Doris Lax, mit den Beiträgen des IX. Internationalen Paul-Tillich-Symposiums in Frankfurt/Main 2002. (HUMMEL, Gert und Doris LAX (Hg.): Trinität und/oder Quaternität – Tillichs Neuerschließung der trinitarischen Problematik. Trinity and/or Quaternitiy – Tillich‹s Reopening of the Trintiarian Problem, Münster 2004)

[513] TILLICH, Symbol und Wirklichkeit, 4f. Eine etwas andere, aber sinnentsprechende Übersetzung dieser Gedanken findet sich in: GW V, 237–239.

Paul Tillich		Karin Johne
Weisen über sich hinaus	↓ 3. Stelle	Erschließen im Meditierenden Dimensionen für Gottes Gegenwart
Teilhabe an der Wirklichkeit des Repräsentierten	→	Vermitteln den Meditierenden Anteil an der Wirklichkeit, die sie repräsentieren
Sind nicht willkürlich erfindbar	Entfällt	—
		Weisen über sich hinaus
Erschließen vorher verborgene Dimensionen der Wirklichkeit	↑ 1. Stelle	
Verfügen über aufbauend-ordnende oder zersetzende Macht	wird entfaltet in	a) Gefahr der Dämonisierung durch Absolutsetzung
		b) Gefahr der Entleerung durch Abstraktion

Karin Johne übernimmt damit drei der von Paul Tillich genannten wesentlichen Eigenschaften oder Kennzeichen von Symbolen,[514] nämlich den absoluten Hinweischarakter, die Partizipation am Symbolisierten und die Erschließung bisher verborgener Dimensionen. Sie ordnet diese drei Eigenschaften anders und deutet zwei davon genauer im Hinblick auf ihre Wirksamkeit in der Meditation. Die von Paul Tillich als ambivalent beschriebene aufbauend-ordnende oder zersetzend-zerstörerische Funktion eines Symbols führt sie aus und konkretisiert sie in den beiden Gefährdungen: Fehlen aufbauend-ordnende Symbolbilder, so entsteht zersetzende Abstraktion. Werden Symbole absolut gesetzt und ihres Hinweischarakters entkleidet, werden sie zersetzend-zerstörerisch oder in Paul Tillichs Sprache »dämonisch«.[515] Werden und Vergehen von Symbolen sind für Karin Johne keine relevante Symboleigenschaft.

---

[514] Dabei spricht sie grundsätzlich nur von Symbolen, die Tillich als »repräsentative Symbole« bezeichnet, »im Unterschied zu solchen Symbolen, die bloße Zeichen sind (z.B. mathematische und logische Symbole)« (Tillich, Symbol und Wirklichkeit, 3).

[515] Vgl. Paul Tillich, Systematische Theologie III, Berlin/New York [4]1987, 125.

Karin Johne bleibt damit eng an Paul Tillichs Theorie, verschiebt aber den Akzent vom »Über-sich-Hinausweisen«, das Paul Tillich als erstes und »fundamentales« Merkmal nennt, zur »erschließenden« Funktion des Symbols. Außerdem übergeht Karin Johne das von Paul Tillich an dritter Stelle genannte Merkmal der Symbole, die »nicht willkürlich erfunden« werden können und entfaltet stattdessen das vom Systematiker nur noch andeutend zusammengefasste Merkmal, »ihre aufbauende, ordnende, und ihre zersetzende, zerstörerische Macht«.

Karin Johne interessiert sich, anders als Paul Tillich, nicht für das »Wesen« der Symbole, sondern für ihren praktischen Gebrauch und dessen Bedingungen. Daher verschiebt sie den Akzent vom philosophisch-ontologischen Interesse Paul Tillichs, der die »Erschließung« erst als viertes Merkmal nennt, in aszetischem Interesse, das die für den geistlichen Weg relevanten Eigenschaften von Symbolen unterstreicht.

Damit überträgt sie die Symboltheorie, die auch in anderen Feldern der Praktischen Theologie im ausgehenden 20. Jahrhundert intensiv genutzt wird,[516] in ihre geistliche Begleitungsarbeit. Die Symboltheorie ist zentral für das Lebens-Gespräch, in dem auf Gott gehört werden soll – was nach Paul Tillich nur in Symbolen möglich ist. Karin Johne rezipiert Paul Tillichs Ansatz in aszetischer Leseperspektive[517] und transformiert ihn. Das Symbol wird bei ihr nicht philosophisch-theologisch erörtert, sondern dient der theologischen Konkretion der Methode.

---

[516] Henning Schröer nennt die Symboldidaktik, die wesentlich Peter Biehl und Hubertus Halbfas für die Religionspädagogik erschlossen haben und die mit anderen gemeinsam bei allen Differenzen »doch wohl darin eine gemeinsame Front haben, daß Symbole gegen Klischees und Idole gelungene Kommunikation ermöglichen« und so zur Glaubensentwicklung beitragen. Auch in der Pastoralpsychologie sieht Schröer mit Scharfenberg Anschlussmöglichkeiten an Freud und C.G. Jung und verweist auf die Bedeutung der Arbeit mit Symbolen in der Gestalttherapie. Die Nähe zur Liturgik bis zu Ausdrucksformen wie sakralem Tanz sei offenkundig, meint Schröer, und bezieht sich auf W. Jetters »bahnbrechende« Untersuchung von Symbol und Ritual als »anthropologischen Elementen des Gottesdienstes«. Für die Homiletik, Publizistik und Kybernetik deutet Schröer die Relevanz von Symbolen als noch weiter zu reflektieren an. (Vgl. Schröer, Symbol. IV. Praktisch-theologisch, 493f. Weitere Literatur: 495f). Zur Stellung der Symboldidaktik in der Religionspädagogik vgl. Peter Müller, Schlüssel zur Bibel.

[517] Albrecht Schödl beschreibt seine Herangehensweise an Dietrich Bonhoeffers Werk als »aszetische Leseperspektive«, die genauer frage, wie in seinem [Bonhoeffers] Gesamtwerk theologische Reflexionen über den Glauben mit theoretischen und praktischen Hinweisen eines Lebens ›im Glauben‹ verschränkt würden. (Schödl, Unsere Augen, 281, sinngemäß auch 15f). Analog nimmt Karin Johne für ihr Praxismodell eine aszetisch-pragmatische Leseperspektive auf Paul Tillich ein.

Symbole als Medien eröffnen nach Karin Johne einen partizipativen und damit existentiellen Kommunikationsweg zwischen Gott und Mensch, ohne zu einer Identifikation oder Verschmelzung zu führen. Das partizipative Verstehen des Symbols ermöglicht ein neues Verstehen des eigenen Lebens und deutet es im Kontext der Heilsgeschichte Gottes. Gleichzeitig weist das gedeutete Symbol über sich hinaus, ist daher nicht einlinig übertragbar oder in seinem Verständnis wiederholbar, sondern wirkt je neu.

II. 1. 3 Rezeption psychologischer Symboltheorien durch Karin Johne

Neben der philosophisch-theologischen Symboltheorie Paul Tillichs rezipiert Karin Johne, ebenfalls in aszetisch motivierter Perspektive die psychologischen Theorien Erich Fromms und Carl Gustav Jungs. Sie bezieht sich hier auf die Person-, Zeit- und Kulturgrenzen überwindende Wirksamkeit von Symbolen und Symbolsprache. Wie im theologischen Bereich weist Karin Johne auch hier nur äußerst knapp auf die psychologischen Hintergründe ihrer Arbeit hin und setzt die Theorie in der ihr eigenen Perspektive und Pragmatik um.

II. 1. 3. 1 *Carl Gustav Jung*[518]

Bei Carl Gustav Jung bezieht sich Karin Johne auf die Theorie der »Archetypen«, der »archetypischen Symbole« und auf das »kollektive Unbewusste«:

> »C.G. Jung hat diesen Begriff [des archetypischen Symbols] geschaffen, um damit eine Wirklichkeit aufzuzeigen, die allen Menschen (aller Völker, Zeiten und Kulturen) gemeinsam ist. Man hat die Entdeckung des ›Kollektiven Unbewußten‹, in dem die Archetypen leben, als eine der größten modernen Entdeckungen unseres Jahrhunderts bezeichnet.«[519]

Karin Johne verzichtet auf Belegstellen.[520] In Carl Gustav Jungs psychologischer Theorie ist ein Symbol *mehr* als ein Zeichen, das einen bekannten Zusammenhang signifikant zusammenfasst. Anthony Stevens resümiert über Carl Gustav Jung: »Für ihn waren Symbole lebendige Einheiten, deren

---

[518] Zur Bedeutung der analytischen Psychologie C.G. Jungs in der Theologie vgl. BACH, Heide-Linde, Art. Jung, Carl Gustav, in: TRE Bd. 17, Berlin/New York 1988, 449–453, 449–453, dort auch weitere Literatur und Walter REBELL, Psychologisches Grundwissen für Theologen. Ein Handbuch, München 1988, 132–135.

[519] Kreuz als Erlösung, 22, Anmerkung 11.

[520] Wesentliche Teile der Schriften C.G. Jungs zur Thematik der Archetypen und des kollektiven Unbewußten finden sich in Carl Gustav JUNG, Gesammelte Werke, Bd. 9/1, Olten/Freiburg i. Br. [8]1992.

Bestreben es war, bisher Unbekanntes auszudrücken; sie waren intuitive Ideen, die im Zeitpunkt ihres Entstehens noch nicht anders oder besser in Fassung gebracht werden konnten.«[521] Symbole stellen also auch für Carl Gustav Jung mehr dar, als rational oder intellektuell erfasst werden kann. Sie weisen – wie bei Paul Tillich – über sich hinaus und sie erschließen ein neues Verstehen, denn sie wirken als »natürliche Wachstumsfaktoren«,[522] in dem sie durch das durch sie zugänglich Werdende einen Menschen darin unterstützen, bisher Unerfasstes zu erfahren und zu begreifen und es – nicht nur rational oder intellektuell, sondern umfassend – in sein Sein zu integrieren. Insofern haben Symbole bei Carl Gustav Jung eine »transzendente Funktion«. Dabei bezieht sich die »Transzendenz« anders als bei Paul Tillich und in der theologischen Diskussion bei Carl Gustav Jung nicht auf die absolute Transzendenz Gottes, sondern einfach auf das »Hindurch- oder Weiter-führen« in einen neuen Zustand, dessen letztes Ziel für Carl Gustav Jung die »Individuation« ist. Hier unterscheiden sich Paul Tillichs theologisches und Carl Gustav Jungs psychologisches Symbolverständnis: Während Karin Johne mit Paul Tillich Symbole als notwendiges Mittel der Kommunikation zwischen Gott und Mensch sieht, sind Symbole für Carl Gustav Jung notwendige Brücken für die Weiterentwicklung des Menschen.[523]

---

[521] Anthony STEVENS, Jung, Freiburg/Breisgau 1999, 119. Jung bezeichnet als »echte und rechte Symbole« diejenigen, die versuchen »eine Sache auszudrücken, für die noch kein Wortbegriff existiert« (C.G. JUNG, Gesammelte Werke, Bd. 15, Olten/Freiburg i.Br. [5]1990, § 121) und unterstreicht, dass in der Begegnung mit einem Symbol »befriedigende Enträtselung nicht gelingt.« (JUNG, Gesammelte Werke Bd. 15, § 119) Ein Symbol lässt sich nicht entschlüsseln, sondern fordert zu neuem Verstehen heraus.

[522] STEVENS, Jung, 119.

[523] Auch Paul Tillich bezieht sich positiv auf Carl Gustav Jungs Analyse der fehlenden oder ungefüllten Symbole im Protestantismus (»Die Entwicklungsgeschichte des Protestantismus ist ein chronischer Bildersturm. Eine Mauer um die andere fiel. Und allzu schwierig war die Zerstörung auch nicht, nachdem die Autorität der Kirche einmal erschüttert war. Wir wissen, wie im Großen und im Kleinen, im Allgemeinen und im Einzelnen, Stück um Stück zerfiel, und wie die jetzt herrschende, erschreckende Symbolarmut zustande kam.«, so schreibt Jung in: Gesammelte Werke 9/1, § 23) und auf die Archetypen. Tillich erklärt, für ihn scheine es die Aufgabe der protestantischen Theologie heute zu sein, die Situation, wie sie von Carl Gustav Jung beschrieben wurde, anzuerkennen und die verlorenen Symbole in einer Weise neu zu interpretieren, daß ihr archetypischer Charakter wieder durchsichtig und damit ihre christliche Umformung auf der Grundlage ihrer universalen Bedeutung erneut sinnvoll werde (Paul TILLICH, [GW VII] Gesammelte Werke. Bd. VII. Der Protestantismus als Kritik und Gestaltung. Schriften zur Theologie I, Stuttgart 1962, 241). Im Folgenden bemüht Tillich sich um diese Neuinterpretation am Beispiel der Begriffe »Heil«, »Erlösung« und »Wiedergeburt«, ähnlich wie er es auch in der Systematischen Theo-

Wie Carl Gustav Jung legt Karin Johne aber den Akzent auf die Neues erschließende und zugänglich machende Funktion von Symbolen. Karin Johne geht mit Carl Gustav Jung davon aus, dass es »archetypische« Symbole gibt, d.h., dass bestimmte Symbole für jeden Menschen, unabhängig von Kultur, Zeit oder Klasse[524] greifbar und verständlich sind.[525]

Sie nutzt die Jung'sche Symboltheorie, um einigen ihrer Kurse einen allgemein ansprechenden Einstieg zu geben, von dem aus sie dann in die speziell christliche Thematik weiterführt. So arbeitet sie z.B. mit dem »Kreuz« in »Kreuz als Erlösung« oder dem »Kind« in »Auf dem Weg zum Licht. Exerzitien im Advent« als archetypischen Symbolen, bevor sie sie als christlich-geistliche Symbole betrachten lässt.

Karin Johnes aszetisch-pragmatische Arbeit kann verstanden werden als Einübung in die von Paul Tillich angestrebte, symbolische Kommunikation, die auf einem theologischen Symbolverständnis beruht, dabei aber den psychologischen Hintergrund der »archetypischen Symbole« nach Carl Gustav Jung nutzt, um durch archetypische Symbole Menschen anzusprechen und im weiteren an ein spezifisch christliches, neues Verstehen dieser Symbole heranzuführen.

---

logie mit verschiedenen Symbolen tut. Dieses intellektuelle Neuformulieren kann allerdings nach Paul Tillichs Definition das Symbol vom Wesen her nicht wirklich beschreiben, erfassen oder verändern. Nur über die Wirkung in den Lesenden kann sich die Sichtweise eines Symbols allmählich im kollektiven Verstehen verändern, in dem andere Bereiche als die bisher gesehenen wahrgenommen werden und wirken.

[524] Für Jung ist das archetypische Symbolverständnis vermutlich auch unabhängig vom Geschlecht. Erich Fromms Symbolverständnis (s.u. 1.3.2) erlaubt aufgrund unterschiedlicher Körpererfahrung zumindest theoretisch eine weitergehende Differenzierung. In Karin Johnes Rezeption spielt diese keine Rolle.
Zur Kritik an anthropomorphen Symbolen und deren feministischer Dekonstruktion vgl. Monika Leisch-Kiesl, Art. Symbol/Symbolik, in: Gössmann u.a., Wörterbuch der Feministischen Theologie [2]2002, 528–531, hier: 529f. Zur Aufwertung matriarchaler Symbole und zur Veränderung der Wahrnehmung durch die Einbeziehung weiblicher Gottesbilder vgl. Fritsch-Oppermann, Sybille, Art. Symbol I. Feministische Theologie, in: Gössmann, Elisabeth, Elisabeth Moltmann-Wendel, Herlinde Pissarek-Hudelist, Ina Praetorius, Luise Schottroff, Helen Schüngel-Straumann (Hg.), Wörterbuch der Feministischen Theologie, Gütersloh 1991, 390-392, hier: 391f.

[525] »Archetypen« bezeichnen nach C.G. Jung »Strukturelemente des kollektiven Unbewussten«. Sie entsprechen einfach ausgedrückt den Bildern, die Jung bei Patientinnen und Patienten ebenso entdeckte, wie in Märchen und Mythen völlig anderer Kulturen. Aus dieser, nicht durch Kontakt erklärbaren Übereinstimmung schloss Jung auf das allen Menschen gemeinsame »kollektive Unbewusste«. Zu den archetypischen Symbolen gehören z.B. die Quelle, der Baum oder das göttliche Kind. (Vgl. Theodor Seifert, Art. Archetyp, EKL Bd. 1, Göttingen [3]1986, 258–260, 258f).

II. 1. 3. 2 *Erich Fromm*

Auf Erich Fromm bezieht sich Karin Johne 1989 in einem Vortrag in Österreich, wo sie seine Hochschätzung der Symbolsprache – neben Paul Tillichs Analysen – als Argument für ein symbolisches Verstehen der Bibel nennt:

> »Und Paul Tillich, ein in der Nazizeit nach den USA emigrierter evangelischer Theologe, wagte es als einer der ersten Wissenschaftler unserer Zeit, die entscheidende Wichtigkeit des symbolischen Denkens für den glaubenden Christen neu zu entfalten. Er schreibt ein Buch: ›Die verlorene Dimension‹. Und er meint damit: Ein Mensch, der nur die Fakten betrachten würde, der nicht mehr die symbolische Tiefe spürt, die den Dingen eigen ist, der hat eine wesentliche Dimension seines Menschseins verloren. Denn über das Geheimnis Gottes kann der Mensch überhaupt nicht anders reden, als mit Bildern – im weitesten Sinne – welche über sich hinausweisen. Es gibt Wirklichkeiten, die sich der exakten Sprache der Wissenschaft entziehen, hier brauchen wir die offene Sprache der Bilder: die Symbolsprache. 1957 kann dann Erich Fromm – ein bedeutender Psychologe – schreiben: ›Ich halte die Symbolsprache für die einzige Sprache, die jeder von uns lernen sollte‹«.[526]

Karin Johne verweist in einer Anmerkung auf ihren literarischen Bezug bei Erich Fromm.[527]

In »Märchen, Mythen, Träume« erläutert Erich Fromm sein Verständnis der Symbolsprache und der Traumdeutung und grenzt sich gegen Sigmund Freud und Carl Gustav Jung ab. Er differenziert zwischen konventionellem, spontanem und universalem Symbol.[528] »Konventionelle Symbole«, wie zum Beispiel bestimmte Worte für bestimmte Gegenstände, entsprechen den »Zeichen«, wie Carl Gustav Jung und Paul Tillich sie von Symbolen unterscheiden. »Spontane Symbole« entstehen nach Erich Fromm, wenn durch eine bestimmte Erfahrung ein bestimmtes Gefühl sich mit einer bestimmten Situation, einem Ort oder Gegenstand verbindet.[529] Diese »spontanen Symbole« sind nur persönlich deutbar und daher nicht übertragbar. In Mythen und Märchen werden sie daher nach Erich Fromm

---

[526] Die Bibel meditieren.

[527] Karin Johne: Die Bibel meditieren, Karin Johne [nach 1989]: »Die Bibel meditieren«, <www.karin-johne.de/vortrag/1989_bibel.htm#6> (02.03.2010), Anm. 6 – dort wird der Titel von Karin Johne unkorrekt zitiert: »Märchen, Mythen und Legenden«.

[528] Fromm, Märchen, Mythen, Träume, 17–25.

[529] Er nennt als Beispiel das unangenehme Gefühl, das einen Menschen immer bei der Nennung einer bestimmten Stadt überkommt, weil er dort einmal ein unangenehmes Erlebnis hatte.

kaum verwandt, in Träumen erscheinen sie dagegen durchaus.[530] Karin Johne nutzt für ihre Arbeit die »universalen Symbole«. Bei den »universalen Symbolen« besteht im Unterschied zum spontanen und konventionellen Symbol nach Erich Fromm »eine innere Beziehung zwischen dem Symbol und dem, was es repräsentiert.«[531]

Erich Fromm beschreibt die universale »Symbolsprache«, die nach seiner Überzeugung auf dem gemeinsamen körperlichen Erleben aller Menschen beruht. Er sieht eine »innere Beziehung« zwischen innerem Erleben und äußerem, sichtbaren Ausdruck. Diese Beziehung macht das innere Erleben sichtbar und damit auch verständlich kommunizierbar. Erich Fromm formuliert: »Unsere Stimmung kommt in unserem Gesichtsausdruck, und unsere Einstellung und unsere Gefühle kommen in unseren Bewegungen und Gesten so genau zum Ausdruck, daß andere sie deutlicher aus unserem Benehmen als aus unseren Worten ablesen.«[532] Erich Fromm sieht daher das Körpererleben und das seelische Erleben wechselseitig so eng verwoben, dass sich emotionale Erfahrungen symbolisch körperlich ausdrücken lassen. Umgekehrt werden körperliche Wahrnehmungen so zum universalen Symbol für inneres Erleben. Das universale Symbol ist nach Erich Fromm »in den Eigenschaften unseres Körpers, unserer Sinne und unseres Geistes verwurzelt, die allen Menschen gemeinsam und daher nicht auf einzelne Individuen oder spezifische Gruppen beschränkt sind.«[533] Diese Form des universalen Symbols ist also allgemein gültig und allgemein wirksam. Insofern sieht Erich Fromm die Symbolsprache als eine Sprache, die überall verstanden wird.[534] Manche Symbole können ambivalente Bedeutungen haben, wie z.B. Feuer oder Wasser sowohl lebensförderliche als auch lebensbedrohende Mächte darstellen können.

Für Erich Fromm ermöglicht die Sprache der universalen Symbole weitgehend definierte, wenn auch manchmal ambivalente Aussagen, die im Symbol besonders klar ausgedrückt sind, aber auch sprachlich formuliert und so auch gedeutet werden können. Paul Tillich wie Carl Gustav

---

[530] Fromm, Märchen, Mythen, Träume, 19f.

[531] A.a.O., 20. Sie entsprechen insofern den Symbolen, von denen Paul Tillich sagt, dass sie an dem »Teil haben«, was sie repräsentieren.

[532] Fromm, Märchen, Mythen, Träume, 21.

[533] A.a.O., 21.

[534] Eingeschränkt wird diese - durch die gemeinsame Körpererfahrung gegebene - Universalität durch Naturgegebenheit; so hat z.B. die Sonne in Nordeuropa eine andere Wirkung als in Äquatornähe. Entsprechend unterschiedlich wird das Symbol »Sonne« gedeutet.

Jung unterstreichen dagegen, dass das Symbol über sich hinausweist und insofern sprachlich nicht gefasst werden kann.

Obwohl Karin Johne die Sichtweise der beiden letztgenannten grundsätzlich teilt, nutzt sie Erich Fromms Theorie der allgemein verständlichen Symbolsprache in ihrer Arbeit. Sie nimmt dabei Erich Fromms Grundüberlegung auf, dass die Symbolsprache eine Sprache sei, in der die Außenwelt ein Symbol der Innenwelt, ein Symbol unserer Seele und unseres Geistes werde.[535] Die mit den Sinnen wahrnehmbaren Körpererfahrungen werden damit zur Grundlage der Symbolsprache. Karin Johne ermutigt ihre Hörerinnen und Leser, eigene und fremde Erfahrungen und Gefühle wahrzunehmen, sie in Symbolbildern auszudrücken und so kommunizierbar zu machen.

Karin Johne versucht nicht, Erich Fromms psychologische Arbeit, seine Differenzierungen und Herleitungen darzustellen oder zu würdigen. Sie verzichtet auf eine Auseinandersetzung mit den von Erich Fromm definierten »spontanen Symbolen«, die für die Deutung von Symbolmeditationen hilfreich sein könnten, weil sie unterschiedliche Verständnisse erklären können. In aszetischer Perspektive nutzt sie die von Erich Fromm konstatierte »universale Symbolsprache«, die sich lernen lässt – wie es auch Erich Fromm fordert[536] – und die es ermöglicht, sich über das innere Erleben für andere verständlich auszudrücken.

II. 1. 3. 3 *»Symbole« und Symbolsprache im Verständnis Karin Johnes*

Karin Johne erläutert nicht die Gemeinsamkeiten[537] und Unterschiede[538] im Symbolverständnis von Paul Tillich, C.G. Jung und Erich Fromm, weil sie für ihre Arbeit nicht relevant sind.

Stattdessen setzt sie voraus, dass ihre Leserinnen und Hörer den von ihr verwendeten Begriff des »Symbols« ausreichend genau verstehen. In

---

[535] Fromm, Märchen, Mythen, Träume, 18; zitiert von Karin Johne in: Die Bibel meditieren und sinngemäß in: Einübung in christliche Mystik, 115, Anm. 37. Auf dem Hintergrund Fromms interpretiert Kairn Johne die Symbolsprache von Psalm 18, 5–16 mit »Erdbeben«, »Vulkanausbruch«, »Blitz und Donner, Dunkelheit und schwarzen Wolken« als Ausdruck der Gefühle vor Gott.

[536] »Ich halte [...] die Symbolsprache für die einzige Fremdsprache, die jeder von uns lernen sollte. Wenn wir sie verstehen, kommen wir mit dem Mythos in Berührung, der eine der bedeutendsten Quellen der Weisheit ist, wir lernen die tieferen Schichten unserer eigenen Persönlichkeit kennen. Tatsächlich verhilft sie uns zum Verständnis einer Erfahrungsebene, die deshalb spezifisch menschlich ist, weil sie nach Inhalt und Stil der ganzen Menschheit gemeinsam ist.« (Fromm, Märchen, Mythen, Träume, 15).

[537] So entspricht z.B. Fromms Begriff des »konventionellen Symbols« dem Begriff »Zeichen« bei Tillich und Jung.

[538] Vgl. oben Teil II, 1.3.1.

den äußerst knappen Verweisen Karin Johnes wird deutlich, dass sie sich mit den Symboltheorien Erich Fromms und Carl Gustav Jungs beschäftigt hat. Aszetisch-pragmatisch nutzt sie deren Beschreibungen der Symboltheorie einerseits, um den grenzüberschreitenden Aspekt der Symbolwirkung zu unterstreichen, die person- und – in Grenzen – auch kulturübergreifend verstanden werden kann und andererseits, um die Symbole als Ausdrucksformen der menschlichen Seele und des menschlichen Geistes einzuführen, die der Außenwelt entsprechend entlehnt sind.

Karin Johne versäumt durch diese minimalistische Rezeption z.B. die weiterführende Differenzierung Erich Fromms zwischen dem »spontanen« Symbol, das durch eine persönliche Situationsprägung und dem »universalen Symbol«, das sich v.a. in der Körpererfahrung und -sprache bildet.[539] Diese Differenzierung auch zu explizieren, wäre für Karin Johnes Arbeit z.B. bei den konkreten Symbolmeditationsanleitungen sinnvoll, weil hier individuelle Erfahrung und kollektive Erfahrung einander widersprechen können, was zu Irritationen führen kann.

II. 1. 4 Symbolverständnis und biblische Hermeneutik. »Wort Gottes« als »Symbol«

Karin Johne verwendet »Symbole« als Kommunikationsmedien. Sie hat kein Interesse an der Erforschung, Begründung und theoretischen Einordnung ihrer Symbolverwendung. Damit unterscheidet sie sich wesentlich von den theologischen und psychologischen Wissenschaftlern, auf deren Arbeiten sie sich in der ihr eigenen Perspektive bezieht.

II. 1. 4. 1 *Alternative zu wissenschaftlicher oder wörtlicher Deutung*

Die Symboltheorie ist Karin Johnes Schlüssel zum Verständnis biblischer Texte und zur Rede von Gott.[540] Den symbolischen Zugang zum biblischen Text entfaltet Karin Johne folgendermaßen:

> »Doch kann mir das Wort der Bibel nur dann zur Nahrung meines inneren Menschen werden, wenn ich es aufnehme als das ›*Wort Gottes*‹, das mich persönlich *anspricht,* das meine *Antwort erwartet* und durch das Gott *sich* wirklich und wahrhaftig *ausspricht.* Wir leben als Christen von der Offenbarung Gottes, die sich in der Bibel im menschlichen Wort festgelegt hat.

---

[539] Fromm, Märchen, Mythen, Träume, 17–25.

[540] Sie wählt damit einen spezifischen Zugang innerhalb der psychologischen Bibelauslegung. Als wichtigste Vertreter dieser Auslegungstradition nennt Walter Rebell Gerd Theißen und Eugen Drewermann, auf den auch Karin Johne sich mehrfach bezieht. Auch weitere Vertreter nennt REBELL, Psychologisches Grundwissen, 222–231; zu Theißen und Drewermann vgl. a.a.O., 231–236.

> Generationen von Christen wußten das mit einer Selbstverständlichkeit, die keiner Erklärung und keiner Übung bedurfte.«[541]

Obwohl Karin Johne biblisches Wort und »Gottes Wort« nicht identifiziert, ist für sie der Umgang mit der Bibel selbstverständlicher Teil des Lebens-Gesprächs. Die verändernde Begegnung mit dem »Wort Gottes« im biblischen Text wird für jede Person möglich, wenn sie erwartet, dass Gott sich darin tatsächlich offenbart. Nach Karin Johnes Einschätzung ist in den letzten Jahrzehnten diese Bereitschaft zurückgegangen:

> »Da [in den letzten Jahrzehnten] stand die notwendige Begegnung der Wissenschaft mit den Schriften des Alten und Neuen Testaments so im Vordergrund des Interesses, daß darüber vielen Christen die innere Fähigkeit verlorenging, in diesen Schriften das Wort Gottes an sich persönlich zu vernehmen. Das ist eine Not, der wir allenthalben begegnen, nicht nur bei Theologen. Oft wird sie nicht einmal mehr als Not empfunden, weil viele Menschen gar nicht mehr wissen, was ihnen damit eigentlich verlorenging. Manche Kreise innerhalb der Kirche helfen sich, indem sie sich großzügig über alle exegetisch-wissenschaftlichen Erkenntnisse hinwegsetzen. Haben sie doch oft genug erfahren, wie schnell eine als ganz sicher dargestellte Erkenntnis schon nach wenigen Jahren als überholt galt. Anderen verbietet jedoch eine innere Wahrhaftigkeit, diesen vereinfachten Weg in solcher Weise zu gehen. Das ruft die Frage hervor: *Wie können* auch diese *Christen durch die von Menschen geschriebenen Schriften der Bibel noch das persönliche Wort Gottes vernehmen?*«[542]

Den auf die eigene Person bezogenen, existentiellen Umgang mit den biblischen Texten, wie Martin Luther ihn u.a. durch die Übersetzung der Bibel und die Empfehlung fleißiger Übung im Hören des Evangeliums förderte,[543] sieht Karin Johne im 20. Jahrhundert zunehmend verstellt.[544] Die notwendige, wissenschaftlich-exegetische Auseinandersetzung mit der Bibel in Form der historisch-kritischen Methode hat nach ihrer Überzeugung die Bereitschaft und Fähigkeit vieler Menschen zurückgedrängt, die Bücher der Bibel auch als an sie selbst gerichtetes »Wort Gottes« wahrzu-

---

541 Geistlicher Übungsweg, 62f.

542 A.a.O., 63.

543 Zum Umgang Luthers mit der Heiligen Schrift und dessen Wirkungen vgl. Hans-Martin Barth, Die Theologie Martin Luthers. Eine kritische Würdigung, Gütersloh 2009, 137–168.

544 Während Otto Haendler noch die zweckfreie »Meditation« und auf das Predigt-Thema hin orientierende »Findung« unterscheidet, verschwindet die »Meditation« aus der Predigtvorbereitung und die »Findung« wird zur »Predigtmeditation«, die allerdings zwischen Dogmatik, Exegese und Rhetorik kaum noch zu fassen ist.

nehmen. Karin Johne qualifiziert niemanden ab, der oder die sich dem wissenschaftlich-exegetischen Zugang zur Bibel verschließt. Genauso fern liegt es ihr aber, die Exegese abzulehnen oder zu ignorieren. Sie selbst nutzt wissenschaftlich-exegetische Hilfsmittel vor allem im sprachlichen Bereich, indem sie z.B. mit exegetischen Wörterbüchern arbeitet.[545]

Für die aszetische Leseperspektive Karin Johnes ist weder ein wissenschaftliches noch ein wörtliches Verständnis biblischer Texte angemessen. Notwendig ist vielmehr ein symbolisches Verstehen:

> »Die Frage nach den historisch sicher geklärten Sachverhalten darf und soll von den Wissenschaftlern gestellt und so beantwortet werden, wie es dem jeweiligen Stand der Forschung entspricht. Wo ich aber eine biblische Erzählung in ihrer symbolischen Aussage meditiere – in dem, was sie mir persönlich über das Geheimnis der Heilsgeschichte Gottes mit den Menschen zu sagen hat –, da kann ich das sowohl mit der inneren Voraussetzung tun, daß ich das Berichtete als historisch sichere Wahrheit annehme, als auch mit der Voraussetzung, hier habe das Glaubensbewußtsein der ersten Christenheit eine bildhafte Form gefunden, in der sie ihre Erfahrungen mit der Wirklichkeit Gottes begreifbar machen wollte.«[546]

Während Paul Tillich ein »literalistisches« Verständnis biblischer Texte ablehnt,[547] entzieht sich Karin Johne der theologisch-hermeneutischen Auseinandersetzung, indem sie zwar ihre mit der Symboltheorie begründete Herangehensweise offenlegt, sie aber zugleich auf einer anderen Gesprächsebene ansiedelt, in der es nicht um »literalistische« oder »historisch-kritische« Wahrheit geht, sondern um einen persönlichen Zugang unabhängig von der theologischen Debatte. Karin Johne findet durch die Symbolsprache den erwünschten Zugang zur persönlichen Begegnung mit dem biblischen Text, jenseits von wörtlich-historischem oder historisch-kritischem Verständnis. Sie tut das nicht mit der Erwartung, zum »richtigen« Textverständnis zu kommen, sondern mit dem Ziel eine gemeinsame

---

[545] Vgl. z.B. die Anmerkungen zum fünften Hauptteil von »Geistlicher Übungsweg«, wo sie viermal das ThWNT zitiert. (Geistlicher Übungsweg, 280)

[546] Geistlicher Übungsweg, 70f.

[547] »Die Worte Literalismus und literalistisch sind unübersetzbar. Sie bezeichnen eine theologische Haltung, die Symbole wörtlich nimmt und sie dadurch ins Abergläubische und Absurde verkehrt.« (TILLICH, Systematische Theologie III, 25, Anm. 1). Tillichs Ablehnung dieses Verstehens wird bereits in dieser Anmerkung deutlich. Mit dem Literalismus setzt Tillich sich intensiv und kritisch im zweiten Teil der Systematischen Theologie am Beispiel des »Sündenfalls« auseinander. (Vgl. Systematische Theologie II, 47f; 51f)

Gesprächsgrundlage für Menschen anzubieten, die eine unterschiedliche Hermeneutik pflegen.

Darin wird ein wesentlicher Unterschied zwischen systematisch- und aszetisch-theologischem Ziel deutlich: Während der Systematiker Paul Tillich Position bezieht und den hermeneutischen Konflikt mit seinen theologischen Konsequenzen aufzeigt und austrägt, versucht Karin Johne pragmatisch und Verständnisgrenzen öffnend eine Gesprächsebene für die geistliche Begleitung und den geistlichen Austausch für Menschen mit gänzlich unterschiedlichem, theologisch-hermeneutischem Verständnis zu begründen.

II. 1. 4. 2 *Konfessionelle Akzente im Symbolverständnis*

Symbolische Kommunikation führt nicht zu einem grundsätzlichen Einverständnis in Deutung und Verständnis des Symbols. Sie führt – im Gegenteil – zu unterschiedlichen Wahrnehmungen. Wer die unterschiedlichen Aspekte kennt, kann die Grundlage der anderen Deutung nachvollziehen. Welche Auswirkung die unterschiedlich intensive Aufnahme der Kennzeichen eines Symbols hat, führt Karin Johne am Beispiel der Stellung von Maria in den evangelischen, katholischen und orthodoxen Kirchen aus:

> »Das Symbol der Gottesmutter ist bereits in der alten Kirche zum archetypischen religiösen Symbol des christlichen Glaubens geworden. Deshalb erreicht auch die Frage um dieses Symbol tiefere Schichten als die *ratio*, deshalb entzünden sich daran immer wieder die Leidenschaften auf beiden Seiten.
>
> Dieses Symbol spricht eine archetypische menschliche Sehnsucht an, die Sehnsucht nach Geborgenheit, Mütterlichkeit, aber auch nach Reinheit. Deshalb konnte die Marienverehrung solch eine große Rolle spielen in der Volksfrömmigkeit der katholischen und der orthodoxen Kirche. ›Durch die Marienverehrung kommt eine echte Wärme in unsere Frömmigkeit‹, sagte uns einmal ein junger Kaplan in einem Gespräch. Die katholische Kirche weiß darum – oder wusste sie es nur?, – dass durch Jahrhunderte hindurch dieses religiöse Symbol für viele Menschen hilfreich gewesen ist, zu einem echten Gottes- und Christusverhältnis zu kommen, weil es Dimensionen geöffnet hat, die Erfüllung fanden. Und weil der Weg über die Mutter für manche leichter zu gehen war als der unmittelbare Weg zu dem oft als unnahbar empfundenen Christus oder gar zu Gott selbst. Symbole erschließen Dimensionen unseres Daseins, die sich auf die göttliche Erfüllung hin öffnen, und sie haben und vermitteln wahren Anteil an dem, worauf sie hinweisen.
>
> Hier liegt das Anliegen katholischer oder orthodoxer Frömmigkeit im Blick auf die Marienverehrung. Und das Anliegen der Reformatoren lag genau in den beiden anderen Punkten: Sie mussten darauf hinweisen, dass ein echtes und gutes Symbol zum Zerrbild wird, wo es seines Hinweischarakters entkleidet

und absolut gesetzt wird – weil kein Symbol nur annähernd mit der Sache, auf die es hinweist, gleichgesetzt werden darf.«[548]

Die unterschiedliche Akzentuierung der in der Symboltheorie Paul Tillichs erfassten Kennzeichen des Symbols führt hier zu verständlichen und berechtigten, kritischen Anfragen an die jeweils andere Kirche, ohne das »Symbol« und das Symbolverständnis der anderen Kirchen grundsätzlich in Frage zu stellen. Darin sieht Karin Johne eine Chance für den ökumenischen Dialog.

II. 1. 4. 3 *Komplementäre Symboldeutungen und die Wirkung des Heiligen Geistes*

Was für die Symboldeutung unterschiedlicher Kirchen gilt, gilt auch für die unterschiedlichen Menschen. Ihr jeweiliges Symbolverständnis ist kontextabhängig und darf nach Karin Johne nicht absolut gesetzt werden:

»Nichts, was ein anderer beim Meditieren erkannt hat, kann das ersetzen, was Sie selbst finden. Aber alles, was aus echter Meditation erwachsen ist, kann auch einen anderen wieder in die Meditation hineinziehen – es kann die Quelle der eigenen Meditation öffnen. [...] ...wenn Sie dann nach Ihrer eigenen Meditation etwas davon erfahren, was einem anderen zu dem gleichen Thema eingefallen ist, kann das Ihre eigenen Meditationen erweitern und aus der Enge der Subjektivität herausführen. Sie können dabei erleben, wie das gleiche Thema zu einer weiten Palette von Möglichkeiten der inhaltlichen Füllung führt.«[549]

Unterschiedliche Menschen werden von unterschiedlichen Möglichkeiten, die in einem Symbol liegen, angesprochen. Diese Fülle wahrzunehmen, bewahrt vor der Gefahr, das je eigene Bild oder Bildverständnis absolut zu setzen und so zu »dämonisieren«. Die über sich hinausweisende Dimension des Symbols ist damit ein wesentliches Instrument, um die Begrenztheit des je eigenen Verstehens im Bewusstsein zu halten.

Auch für den einzelnen Menschen wandelt sich im Lauf der Lebenszeit nach Karin Johnes Überzeugung das Verstehen eines Symbols:

»Nicht jede Geschichte der Bibel, nicht jedes biblische Symbolbild wird uns alle möglichen Dimensionen eines geistlichen Symbols in gleicher Weise sichtbar machen [...]. Hier wird der Akzent mehr auf einer, dort auf einer anderen Seite liegen. Das wird aber nicht nur von dem betreffenden biblischen Stoff

548 Meditation in ihrem ökumenischen Aspekt, 104f.
549 Kreuz als Erlösung, 16.

abhängen, sondern ebenso von meiner konkreten Lebenssituation. Da kann mir heute beim Meditieren einer biblischen Geschichte das Geschenk der Zuwendung Gottes tief bewußt werden, während dieser gleiche Text vielleicht schon kurze Zeit später eine innere Glaubensnot ans Licht ruft, die mir vorher nicht deutlich bewußt war. Das ist ja gerade das Geheimnis des Symbols, daß es in jedem Meditierenden das bewirkt, was für ihn im Augenblick wichtig und wesentlich ist. Deshalb kommt der Christ mit der Bibel nie an eine Ende, auch wenn er sich den gleichen Texten immer neu meditierend aussetzt.«[550]

Die »Erschließung«, die durch das Symbol geschieht, ist nicht eindeutig, sondern differiert je nach der Situation des Menschen, der sich diesem Symbol aussetzt. Karin Johne geht davon aus, dass dabei jeweils das bewirkt wird, »was für ihn im Augenblick wichtig und wesentlich ist«. Diese Überzeugung beruht auf ihrem Verständnis der Wirkung des Heiligen Geistes.

Schon in den »Ökumenischen Meditationsbriefen« (1977) weist Karin Johne darauf hin, dass das Verständnis für das Geheimnis Gottes, das sich in der Welt inkarniert bzw. dort »Entsprechungen« findet, nur durch den Heiligen Geist geweckt werden kann:

»Es gibt eine [...] ›Entsprechung‹ zwischen Dingen und Geschehnissen dieser Welt [...] und dem, was als Geheimnis in Gott verborgen ist. [...] Aber nur unter der Führung des Heiligen Geistes erschließen sich dem Menschen diese geheimnisvollen Entsprechungen«.[551]

Mit dieser pneumatologischen Voraussetzung unterscheidet sich Karin Johnes Symbolverständnis grundlegend vom anthropologisch-psychologisch verstandenen Symbolverständnis C.G. Jungs und Erich Fromms. Für Karin Johne ist es daher möglich, das Lebens-Gespräch zu vertiefen, in dem durch »Symbole« dem Wirken des Heiligen Geistes Raum gegeben wird. Das geschieht in der »Meditation«, die für Karin Johne im christlichen Verständnis immer zu Gott hin und damit dem Wirken des Heiligen Geistes geöffnet ist.

---

550 Geistlicher Übungsweg, 70; inhaltlich entsprechend vgl. Ökumenische Meditationsbriefe, 35f.

551 Ökumenische Meditationsbriefe, 33.

II. 1. 5 »Meditation« als psychologische und theologische Methodik[552]

Symbolbilder sind nach Karin Johnes Überzeugung für jeden Menschen zugänglich. Ihr Verständnis und ihre Wirkung kann durch Übung vertieft werden, denn nach Karin Johnes Überzeugung gilt:

> »Wie sich eine Mathematikaufgabe dem Denken erschließt, so erschließt sich ein Symbol dem Meditieren. Die Meditation ist die angemessene Form des Umgangs mit dem Symbol. Das braucht nicht einmal durch bewußte Meditationsübungen zu geschehen. Das Symbol spricht beim unverbildeten Menschen die meditative Schicht seines Wesens an und bringt sie zum Klingen. So schließt sich der Kreis: Was im geistlichen Leben an Erfahrungen wächst, verdichtet sich im Symbolbild. So kann es weitergegeben werden. Aber nur derjenige, der es meditativ aufnimmt, versteht, was gemeint ist.«[553]

Symbole erschließen sich also nach Karin Johne der »meditativen Schicht«[554] des Menschen, wie sich logische Fragen seinem Verstand erschließen. Über die »natürliche Meditation« hinaus kann die »Symbolfähigkeit« eines Menschen durch die »Meditation« geübt und das Symbolverständnis vertieft werden.

---

[552] Paul Tillich beschreibt die Bedeutung der meditativen und rationalen Methodik des »Ergreifens«: »Im meditativen Akt wird die Substanz der religiösen Symbole ergriffen. Im rationalen Akt werden die kognitiven Formen, in denen die religiöse Substanz begriffen wird, analysiert und beschrieben. Durch das meditative Element (das gelegentlich in ein kontemplatives Element übergehen kann) werden Subjekt und Objekt der Erkenntnis im Erlebnis des Heiligen geeint. Ohne eine solche Vereinigung bleibt das theologische Unternehmen eine Analyse von Strukturen ohne Substanz. Andererseits kann die Meditation (einschließlich ihrer kontemplativen Elemente) ohne begriffliche Analyse ihrer Inhalte und ohne den Versuch einer konstruktiven Synthese keine Theologie schaffen.« (TILLICH, Systematische Theologie III, 234).
Karin Johne, der es ja nicht um das Schaffen einer Theologie, sondern um geistliche Begleitung geht, legt den Schwerpunkt ihrer Arbeit auf die Anleitung zur Meditation, aber sie gebraucht selbstverständlich rationale Begriffe um zu beschreiben, was geschieht und worauf es ihr ankommt.

[553] Geistlicher Übungsweg, 66f.

[554] Was Karin Johne hier »meditative Schicht« nennt, bezeichnet Otto Haendler in der Nachfolge des Psychotherapeuten und Arztes Dr. Carl Happich als »Bildbewußtsein«. Zu Happich vgl. Teil I, 3.2 und 3.2.2; weitere Literatur vgl. Teil I, Anm. 291. Karin Johne orientiert sich in ihrem Vokabular an Klemens Tilmann, der das »Denkbewußtsein« von der »Erlebnis-, Intuitions- oder Meditationsschicht« und diese wiederum vom »Unter- und Unbewußten« unterscheidet. (Klemens TILMANN, Führung zur Meditation, Zürich [9]1992, 39)

II. 1. 5. 1 *»Meditation« als Raum zur Begegnung mit archetypischen Symbolen*

Die jedem Menschen zugängliche und nicht-bewusste Wirkungsweise der Meditation erläutert Karin Johne am Beispiel des Märchens:

> »Schlicht und vereinfacht darf gesagt werden: Ein Märchen stellt wesentliche, ›archetypische‹ (C.G. Jung) Grunderfahrungen menschlichen Daseins und menschlichen Erlebens in ganz einfachen Bildern vor uns hin. Nun ist der Mensch so angelegt, dass er die Begegnung mit dem äußeren Symbol-Bild braucht, damit in dieser Begegnung das eigene innere Wesen sich formen und Gestalt werden kann, damit er sein Inneres wahrzunehmen vermag, und damit durch dieses Geschehen ein echter Heilungsprozess in Gang kommt.«[555]

Die Begegnung mit einem archetypischen Symbol führt nach C.G. Jung zur Erschließung eines neuen Verstehens auf dem Weg der Individuation. Diese psychologische Theorie entfaltet Karin Johne am Beispiel eines »taub-stumm-blinden« Kindes, das mit Hilfe seiner Lehrerin den Zusammenhang von getastetem Wort und Wirklichkeit begreifen lernt:

> »Solche Urbilder, solche archetypische Symbole haben für die innere Entwicklung des Menschen einen unersetzlichen Wert. [...]
> In der Begegnung mit Urbildern wächst und gestaltet sich die menschliche Seele. Wie ein unentwickelter Film ruhen solche Urbilder gewissermaßen auf dem Grund der Seele eines jeden Menschen. Und sie brauchen die Begegnung mit dem äußeren realen Symbolbild, damit sich die verschiedenen Möglichkeiten der Seele nach und nach ausformen, Gestalt gewinnen können: damit der Film ›entwickelt‹ werde. Ganz deutlich wurde mir das beim Lesen der Autobiographie des taub-stumm-blinden Kindes Helen Keller, deren gesamte psychische Struktur chaotisch, ungeformt blieb, bis sie endlich den Zugang zur äußeren Welt mit ihren Urbildern erschlossen bekam, und sie sich erst dadurch psychisch zu einem wahren Menschen entwickeln konnte.«[556]

Innerlich »vorgebildete«, aber noch nicht »entwickelte« innere »Urbilder« brauchen die Begegnung mit ihrem Pendant im körperlich-wahrnehmenbaren, äußeren Bereich. Dadurch entsteht nach Karin Johnes Überzeugung eine Auseinandersetzung und Entwicklung, die ordnend und damit stabilisierend und heilsam für die »menschliche Seele« ist. Diese »Urbilder« können in verschiedenen Erscheinungs-Formen begegnen:

---

[555] Die meditative Dimension des Märchens, 113.

[556] Mit Märchen meditieren, Abschnitt »Märchen und archetypische Symbolbilder – Von der Wichtigkeit archetypischer Urbilder für unsere gesunde Entwicklung«.

»Wandlung aber geschieht nun gerade in der Begegnung mit den archetypischen Urbildern. Ihre Fülle ist vielgestaltig wie das Leben selbst. [...] Und nicht nur Dinge sind es, die archetypische Grundmuster in uns zum Leben erwecken, sondern es können auch archetypische Situationen sein, archetypische Handlungs- und Verhaltensweisen oder archetypische Werte bzw. Unwerte.«[557]

Die innere Entwicklung wird nach Karin Johne nicht nur durch Gegenstände, sondern ebenso durch Ereignisse und Erfahrungen angestoßen, die in archetypischer Weise berühren. Auch Gebärden können diese Funktion haben.[558] Bei der Wirksamkeit dieser archetypischen Symbole, gibt es bestimmte Voraussetzungen und Folgen. Karin Johne beschreibt diese Voraussetzungen und Folgen so:

»- Wo ich mich meditierend auf sie [die archetypischen Grundmuster] einlasse, können sie archetypische Sehnsüchte ins Bewusstsein treten lassen.
- Wo ich mich bisher verdrängten, unausgeformten Ursymbolen aussetze und sie zur Entfaltung kommen lasse, können sie ungeahnte Energiequellen in mir freilegen.
- Aber auch das ist zu beachten: Wo solche Energien zu lange abgespalten und verdrängt waren, können sie mich mit ihrer negativen Energieladung überfluten, wie wir es alle aus Alpträumen kennen, und wie es in letzter Überspitzung in einer Psychose geschehen kann. Deshalb ist es um so wichtiger, die Fülle dieser Archetypen immer wieder an uns heranzulassen, wie es in der einfachsten und gesündesten Weise im Umgang mit Märchen geschieht.«[559]

Die Begegnung zwischen »innen« und »außen«, zwischen Symbol und Symbolwirkung braucht Zeit und eine bestimmte Form der Wahrnehmung: die Meditation. Diese Wahrnehmung und Wirkung geschieht nicht im Augenblick der Begegnung, sondern allmählich. Die Begegnung in der Meditation kann eine innere Sehnsucht wecken, die »Energien freisetzt«, so dass tatsächliche Veränderung geschieht. Menschliche Entwicklung braucht Raum für diese Veränderung, die sich – wenn sie behindert und verdrängt wird – auch negativ auswirken kann.

Karin Johne bezieht sich auch auf Alfons Rosenberg, der zur Meditation von Bildern gearbeitet hat:

---

557 Ebd.

558 Karin Johne verwendet den Begriff »archetypische Gebärden« in ihrer Deutung der Yoga-Übung »Gruß an die Sonne« in: Yoga im Dienst christlicher Fürbitte.

559 Mit Märchen meditieren, Abschnitt »Märchen und archetypische Symbolbilder – Von der Wichtigkeit archetypischer Urbilder für unsere gesunde Entwicklung«.

»*Alfons Rosenberg* zeigt auf, welche Wirkung wesentliche Bilder haben, wenn wir uns ihnen meditierend aussetzen – daß sie tiefe Urbilder in uns ansprechen – und damit Urkräfte, die in der menschlichen Seele verborgen liegen, zu ihrer eigenen Dynamik befreien. Er gründet sich damit auf *C.G. Jung,* dessen Entdeckung der Archetypen in der menschlichen Seele als eine der bedeutendsten Entdeckungen dieses Jahrhunderts bezeichnet worden ist.[560] Und der Theologe *Paul Tillich* geht in einer überzeugenden Weise auf die Macht wesentlicher Symbole ein, weil Ursehnsüchte, Uranliegen und Urfragen des Menschen niemals anders als im Symbolbild angesprochen werden können.«[561]

Karin Johne verwendet die Begriffe »Ursymbol« oder »Bild-Symbol mit archetypischem Charakter« und »archetypisches Symbol« synonym. Über die Psychologie hinaus verbindet sie die Wirksamkeit der Symbolbilder mit der »Kraft Gottes«:

»Symbole sind Bilder – und Bilder sind offen und dynamisch im Gegensatz zu Begriffen, welche festlegen. Bilder sind übertragbar auf verschiedenste Bereiche des Daseins, können dort klärend und deutend wirken, ohne festzulegen – und sie haben eine innere Dynamik, durch die Gottes Kraft (dynamis) in alle Bereiche unseres Lebens hineinströmen kann. Denn das Bild-Symbol, gerade wenn es ein Ursymbol ist (wie in fast allen biblischen Geschichten) und archetypischen Charakter hat, spricht den Menschen in einer Schicht an, die von Gedanken und Begriffen nicht erreicht wird. Und wo keine deutende Vorgabe dieses Symbols stattfindet, rührt es genau die Stelle in der Tiefe des Menschen an, die auf solches Angerührtwerden wartet. Hier öffnet sich der Raum, in welchem der Heilige Geist durch das Wort das ›Herz‹ des Menschen berührt.«[562]

Die Symbolsprache der Bilder bietet nach Karin Johnes Überzeugung ein weites Deutungsspektrum, das es der »Kraft Gottes« durch den Heiligen

---

[560] Die Verbindung zu C.G. Jung stellt der Schriftsteller Alfons Rosenberg selbst nur andeutungsweise her: »Die Aktivierung der schöpferischen Einbildungskraft vermag zu bewirken, daß der Mensch sich durch das Innewerden der ihm vorgegebenen Urbilder zum vollen Menschen ausbildet, daß er Fülle und Ganzheit erlangt. Denn nichts vermag heilender zu wirken als die Einbildung, freilich nicht von beliebigen, sondern von ›urtümlichen Bildern‹, sowohl des eigenen Innern wie der Überlieferung. Davon wissen die geistlichen Unterweisungen und die visionären Erfahrungen des Mittelalters genugsam zu berichten, aber auch, wenn auch auf eine bescheidenere Weise, die Praxis der modernen Psychotherapie (vor allem derjenigen C.G. Jungs), in der sich oft Heilung durch das Bild ereignet.« Alfons Rosenberg, Christliche Bildmeditation, München 1975, 23.

[561] Exerzitien mit der Heiligen Schrift, 17.

[562] Überlegungen zum Meditieren christlicher Inhalte, 101.

Geist erlaubt, verändernd im Menschen zu wirken, in dem er in der »Tiefe« berührt wird. An welcher Stelle diese Berührung erfolgt, ist individuell verschieden. Die innere Resonanz des Menschen auf das wahrgenommene Symbol erreicht und verändert »genau die Stelle«, die darauf wartet, so berührt zu werden.

II. 1. 5. 2 *»Symbolmeditation« als Raum zur Wahrnehmung des Wesentlichen*

Das Symbol schlägt – bildlich gesprochen – Brücken zwischen dem inneren und äußeren Erleben des Menschen, bringt Unanschauliches auf eigene Weise zum Ausdruck und führt weiter im Verstehen der eignen und der göttlichen Wirklichkeit. Im Bild gesprochen: Zum Betreten und Überqueren dieser »Brücke« braucht es Zeit. In diesem Sinn braucht auch die Meditation Zeit, um Wirksamkeit entfalten zu können:

> »Es ist das ›Symbol‹ in diesem weiten Sinne,[563] das uns immer wieder zum Wesentlichen zurückführt. Wer im Zufällig-Einzelnen das wesentliche Grundelement, die symbolische Grundform erkennt, für den bekommt alles Sein eine neue Tiefe und überhaupt eine neue Dimension. Denn alles, was symbolisch, was wesentlich ist, ist auch übertragbar auf andere Bereiche des Lebens. Doch nur dem Verweilenden erschließt sich das Geheimnis des Symbols. Wo ich meditierend vor einem Symbol verweile, dort beginnt das Entsprechende in mir mitzuschwingen, wie die A-Saite einer Violine mitschwingt, wenn eine schwingende Stimmgabel auf ihren Klangkörper aufgesetzt wird.
> In ähnlicher Weise kann jedes echte Symbol etwas zum Mitschwingen bringen
> - im Inneren meines Herzens,
> - im Erleben meiner zwischenmenschlichen Beziehungen

---

[563] Hier beschreibt Karin Johne nicht nur »geistliche Symbole«, wie z.B. die Sakramente oder das Kreuz, sondern bezieht den Begriff auf »alles, was als sinnenhaft erlebbare Wirklichkeit auf eine entsprechende geistige Ebene übertragen werden kann. Dinge, Tätigkeiten, Eigenschaften, Situationen können auf diese Weise zu Symbolen werden: ›Weg‹, ›Schwert‹, ›säen‹, ›Kontakt herstellen‹, ›bitter‹, ›weich‹, ›vor einer Weiche stehen‹, ›eine Brücke bauen‹ – das sind Beispiele solcher ins Symbolbild gefaßten typischen, wesentlichen Grunderfahrungen des Menschen, die man fast unendlich weiterführen könnte. Und umgekehrt ist alles Erlebbare auf solch ein wesentliches Grundelement zurückzuführen. [...] Als wir in einer kleinen Meditationsgruppe über diese Dinge sprachen, sagte eine Frau, die ein Molkereigeschäft leitet: ›Das Symbol meines Berufes wäre dann also der ›Händler‹. Genau so war es gemeint.« (Geistlicher Übungsweg, 64). In diesem Sinn kann alles zum Symbol werden, wie Paul Tillich theologisch begründet. (»Kann ein Ausschnitt endlicher Wirklichkeit Grundlage werden für eine Aussage über das, was unendlich ist? Die Antwort ist: Sie kann es, weil das, was unendlich ist, das Sein-Selbst ist und weil alles Seiende am Sein-Selbst partizipiert.« Tillich, Systematische Theologie I, 278).

- im Schauen auf das Geheimnis Gottes.«[564]

Sinn der Meditationen ist es also, die Symbolfähigkeit der Menschen zu fördern und zu vertiefen, und darin den Geist Gottes wirken zu lassen.

> »Wo ich meine Symbolfähigkeit bewußt übend vertiefe, lerne ich es wieder, allmählich immer müheloser alles mir Begegnende auf seinen wesentlichen Kern zurückzuführen. Solche Symbolfähigkeit macht jedes menschliche Leben reicher. Doch für mich als Christ ist sie Voraussetzung zum neuen Verstehen der Bibel, des Gottesdienstes, ja meines Lebens vor Gott überhaupt. [...] Dabei sind Symbolfähigkeit und Entscheidungsfähigkeit eng miteinander verwoben: Die Entscheidungsfähigkeit ist bestimmt durch die Wertmaßstäbe, die ich für mein Leben annehme - diese bekommen aber im christlichen Daseinsvollzug eine personale Dimension: mit meinen großen und kleinen Entscheidungen weiß ich mich unter den Augen Gottes, unter seinem Liebeswillen, wie er mir im Zeugnis der Bibel begegnet. Es ist wichtig, diesen Liebeswillen Gottes immer besser kennenzulernen, um mich für ihn entscheiden zu können - und gleichzeitig ist meine Entscheidung dafür unersetzlich, um ihn immer tiefer zu erkennen.«[565]

Zur Vertiefung der Symbolfähigkeit ist für Karin Johne also die Beschäftigung mit dem »Liebeswillen Gottes« im »Zeugnis der Bibel« notwendige Voraussetzung. Durch die Beschäftigung mit der biblischen Heilsgeschichte wird sowohl die Aufmerksamkeit für geistliche Symbole in den unterschiedlichsten Bereichen des Lebens geweckt und geschärft als auch der Deutungsgrund der biblischen Heilsgeschichte für Deutungsmöglichkeiten im eigenen Leben geöffnet.[566] Dabei ist immer wieder zu entscheiden, welche Deutungsmöglichkeiten im Sinn des Geistes Gottes zutreffend sind.

Durch die Vertiefung der Symbolfähigkeit, die Symbole in der Bibel und in ihrer Entsprechung im persönlichen Leben wahrnimmt und in ihren unterschiedlichen Aspekten meditiert, übt sich die Ansprechbarkeit eines Menschen für Gottes Anrede. Es entsteht ein hermeneutischer Zirkel zwischen biblischer Geschichte und ihrer Symbolik, menschlichem Leben und seiner Symbolik und dem hermeneutischen Wirken des Heiligen Geistes, in dem diese Entsprechungen immer wieder überprüft werden.

---

[564] Geistlicher Übungsweg, 65.

[565] A.a.O., 28.

[566] Zur Verschränkung von biblischer Heilsgeschichte und persönlicher Heilsgeschichte vgl. Geistlicher Übungsweg, 70-72 und 90f.

II. 2 ZIEL UND METHODE

Karin Johne bietet zum Abschreiten des oben beschriebenen, hermeneutischen Zirkels schriftliche Wegweiser an. Bevor diese detaillierter dargestellt werden, soll das Ziel von Karin Johnes schriftlicher Begleitungsarbeit umrissen und der damit verbundene Begriff »Meditation« bestimmt werden.

II. 2. 1 Geistliche Begleitung als Unterstützung des Lebens-Gesprächs mit Gott

Als Ziel ihrer Arbeit formuliert Karin Johne im Rahmen eines Interviews im Jahr 2000, im Alter von 72 Jahren, gegen Ende ihrer Tätigkeit im Bereich geistlicher Begleitung:

> »Mein Grundanliegen ist es, anderen Menschen zu eigenen spirituellen Erfahrungen, zu einer persönlichen Begegnung mit Gott zu helfen – und das wird gerade in dieser Umbruchszeit wichtiger als je zuvor, weil sich nur auf diesem Weg Antworten finden lassen auf die heutigen Fragen – Antworten, die durchtragen ...«[567]

Karin Johnes Arbeit zielt darauf ab, unterschiedlichen Menschen mit je individueller Lebenserfahrung zu einer je »persönlichen Begegnung mit Gott zu helfen«. Einzig auf dieser spirituellen Erfahrungsebene lassen sich – angesichts existentieller Lebensfragen – »Antworten finden, die durchtragen«. Die Antworten, die in Erfahrungen zugänglich werden, können dabei weder erzwungen noch erarbeitet werden, sondern sie »lassen sich finden«.

Karin Johne respektiert damit in ihrem Ansatz die Individualität der von ihr Begleiteten. Sie arbeitet auf der Ebene geistlicher Empirie, nicht mit theologisch-rationalen Methoden. Sie rechnet mit der Unverfügbarkeit und der gleichzeitigen, grundsätzlichen Zugänglichkeit Gottes.

Dem entsprechend formuliert Karin Johne ihr »Grundanliegen« auf den Einstiegsseiten ihrer Homepage Sie will die je eigene Suche nach Lebenssinn zu Gott hin öffnen:

> »Mir liegt am Herzen, Menschen zu helfen, ein Stück zu sich selbst und zu Besinnung zu kommen, ihnen einen persönlichen Zugang zum Geheimnis Gottes zu eröffnen – zu dem Geheimnis, das unser Leben umgreift und bestimmt. Es gibt viel Suchen nach dem Sinn des Lebens, nach Möglichkeiten, ein wirklich

---

[567] In: Vorgestellt.Karin Johne, 335.

gelingendes Leben zu finden, was ein notwendiges Gegengewicht darstellt gegenüber unserer oft technisch geprägten Denkweise.«[568]

Der je individuellen Begegnung zwischen einzelnen Menschen und Gott dient nach Karin Johnes Überzeugung die Einkehr bei »sich selbst«, also eine Wendung nach innen, und die »Besinnung«. »Besinnung« lässt sich hier sowohl als eine wache Wahrnehmung durch die »Sinne« verstehen, als auch als die innere Aufmerksamkeit für den »Sinn« einer Handlung, eines Ereignisses oder einer Erfahrung. In beiden Fällen ist eine geschärfte Wahrnehmung wichtig. Beide Wege, der Weg nach innen und der Weg aufmerksamer Wahrnehmung, führen für Karin Johne zum »Geheimnis Gottes«,[569] das das Leben sowohl ermöglicht und trägt als auch »bestimmt«. Das »Geheimnis Gottes« bildet für Karin Johne den Referenzrahmen oder das Koordinatensystem, innerhalb dessen sich menschliches Dasein orientiert. Die technisch-rationale Erfassung der Welt ist für diese Sinnorientierung allein nicht ausreichend.

Die Orientierung wird möglich durch Kommunikation in »Fragen« und »Antworten« zwischen dem Menschen und dem »Geheimnis Gottes«, die Karin Johnes Arbeit fördern will.[570] Dabei geht es ihr um mehr als rein verbale Kommunikation, denn auf existentielle Fragen, die sich aus dem je aktuellen Lebenszusammenhang stellen, ergeben sich Antworten weder unmittelbar aus der Bibellektüre, noch geben sie Begleiterin oder Begleiter, sondern sie »lassen sich finden« in der Gottesbegegnung des oder der Einzelnen.

Die so von Karin Johnes Arbeit angezielte Kommunikation zwischen Mensch und Gott wäre daher mit »Gebet« nicht klar bezeichnet, insofern »Gebet [...] im engeren Sinn antwortendes Sprechen zu Gott [ist], dessen Zuwendung durch Wort und Sakrament erfahren worden ist.« Erst »im weiteren Sinne schließt es auch nicht-sprachliche Formen der Aufmerk-

[568] Meine Grundanliegen.

[569] »Geheimnis Gottes« ist ein wesentlicher Begriff in der Theologie Karl Rahners, auf den Karin Johne sich immer wieder bezieht. (Vgl. z.B. Auf dem Weg zum Licht, 134; Geistlicher Übungsweg, 15, Anm. 5) Für die geistliche Begleitung erschließt ihn Ralf Stolina in: Stolina, Das Geheimnis Gottes und die Würde des Menschen, 14–19. Zur dort auch angesprochenen negativen Theologie bei Dionysios Areopagita vgl. ausführlich: Ralf Stolina, Niemand hat Gott je gesehen. Traktat über negative Theologie, Berlin/New York 2000.

[570] In den beiden kurzen Zitaten des vorangehenden Abschnitts blitzt Karin Johnes Verbundenhheit sowohl mit der Theologie Paul Tillichs und seiner Korrelationsmethode als auch mit dem römisch-katholischen Theologen Karl Rahner und seinem Verständnis Gottes als »absolutes Geheimnis«, das sich doch offenbart, auf.

samkeit für Gott bis hin zur gläubigen Existenz als solcher ein.«[571] Karin Johne geht es um *beide* Formen des Gebets. Unter Einschluss des Wortgebetes will sie anregen zu einem dialogischen Geschehen, das in Fragen und Antworten das ganze Leben eines Menschen umfasst und prägt.

Auch der Begriff »Meditation«, der Karin Johnes sämtliche Veröffentlichungen durchzieht, beschreibt zwar die von Karin Johne bevorzugte methodische Übung,[572] macht aber nicht sichtbar, dass Karin Johnes Ziel keine auf innere Abgeschiedenheit ausgerichtete Übung, sondern eine sich durch die Gottessuche und -begegnung verändernde Lebenshaltung und -gestaltung ist, die sich auf alle Bereiche des Lebens auswirkt.

Dabei gibt es für Karin Johne bestimmte Zeiten, in denen der Dialog besonders aufmerksam erlebt wird und bestimmte Mittel, z.B. die Bibel, die diesem Dialog besonders dienen können. Beides – besondere Zeiten und besondere Texte – versteht Karin Johne aber nicht exklusiv, sondern exemplarisch für die Fortsetzung des Dialogs im Lebens-Alltag:

> »Wer in Exerzitientagen besonders dicht erlebt, daß ihn Gott gerade durch das Wort der Schrift existentiell berührt und in seinem Leben anspricht, der mag eines Tages tief bewegt begreifen: Die Heilige Schrift darf ich mitnehmen, wohin immer ich gehe – auch außerhalb des geschützten Exerzitienraumes. Ich brauche Gott nicht nur an bestimmten Orten anzusiedeln oder zu bestimmten Zeiten mir nahe zu glauben. Und gerade deshalb geht auch mein Weg weiter, wo immer ich ihn mit der Bibel im Glauben an die Nähe Gottes gehe. So wird der Übungsweg der Exerzitien mit der Heiligen Schrift mehr und mehr zu einem geistlichen Übungsweg des gesamten Lebens.«[573]

Gottes Anrede begegnet nach Karin Johne als »Wort-Anrede« im biblischen Wort. Weil die Auseinandersetzung und Begegnung mit diesem Wort aber nicht exklusiv an spezielle Zeiten und Orte gebunden ist, unterstreicht

---

[571] Günter R. SCHMIDT, Art. Gebet. IX. Praktisch-theologisch, in: RGG Bd. 3, Tübingen [4]2000, 501f, 501. Anton Rotzetter identifiziert das Gebet mit dem »dialogischen Vollzug des menschlichen Lebens vor dem Angesicht Gottes«, konzentriert sich in der Erklärung aber auf das Gebet »im engeren Sinn« von Schmidt (Anton ROTZETTER, Lexikon christlicher Spiritualität, Darmstadt 2008, 184f). In der exegetischen Literatur wird »Beten« z.T. noch weiter eingeschränkt. So scheint es Georg Fischer »am sinnvollsten [...] Beten im eigentlichen Sinn [...] zu reservieren für ein sprachliches Ausdrücken dessen, was einen in der Verbindung mit Gott bewegt« (Knut BACKHAUS und Georg FISCHER, Beten, Würzburg 2009, 12).

[572] Vgl. hierzu Teil II, 1.5, 2.2. mit einer grundsätzlichen Begriffsbestimmung von »Meditation« im Sinn Karin Johnes und 4.1 und 4.2 mit der Entfaltung unterschiedlicher Meditationsübungen.

[573] Exerzitien mit der Heiligen Schrift, 19.

Karin Johne die Möglichkeit, Gott in allen Bereichen des Lebens zu begegnen.

Weil weder »Gebet« noch »Meditation« den existentiellen Charakter der Kommunikation, die das *ganze* menschliche Leben durchzieht beschreiben, wird in der vorliegenden Arbeit der Begriff »Lebens-Gespräch« verwendet, den Ralf Stolina für die geistliche Begleitung eingeführt hat.[574]

»Lebens-Gespräch« legt nahe, dass es einerseits um das ganze Leben in allen Facetten geht, in dem die Kommunikation zwischen dem »Geheimnis Gottes« und dem Menschen stattfindet und verdeutlicht andererseits, dass es um ein »Gespräch« geht, dessen »Sprache« eingeübt und erlernt werden will.[575]

Karin Johnes schriftliche geistliche Begleitung unterstützt Menschen in ihrem Lebens-Gespräch mit Gott, indem sie Hören und Antworten mit der Methodik der »Meditation« schult.

II. 2. 2 »Meditation« als Kommunikationsübung

II. 2. 2. 1 *»Meditation« als Gebet*

Für Karin Johne kennzeichnet eine Haltung der teilnehmenden Aufmerksamkeit die »Meditation«, in der ein Gegenüber erfasst, aber nicht analysiert wird:

> »Das vielschichtig verstandene Wort Meditation wird in diesem Kurs verstanden als eine jedem Menschen gegebene Fähigkeit, das, was ihm begegnet, mit seinem ganzen Sein wahrzunehmen und in die Mitte seines Wesens einzulassen. Nicht als ein Beherrschender, der alles ›in den Griff bekommen‹ will, begegnet der Meditierende dem Leben, sondern als ein Empfangender, Aufnehmender, Teilnehmender. In der Meditation öffne ich mich der Wirklichkeit in

[574] Den Begriff führt Ralf Stolina als wesentlich für die Aufgabe der geistliche Begleitung ein: »Wir versuchen, dem Lebens-Gespräch zwischen Gott und Mensch hilfreich zu sein; versuchen, Lebensimpulsen des Geistes nachzuspüren, Ereignisse eines Lebens geistlich zu entziffern – all dies unter der Voraussetzung und in dem Vertrauen, dass Gott eine Lebensabsicht mit dem Menschen hat, auch mit dem Menschen, der drangvollen Erfahrungen der Gebrochenheit des Lebens ausgesetzt und mit Unabänderlichem konfrontiert ist.« (STOLINA, Das Geheimnis Gottes und die Würde des Menschen, 10; vgl. auch Teil II, Anm. 2.)

[575] Der Begriff »Lebens-Gespräch« überträgt damit das für menschliche Kommunikation von Paul Watzlawick, Janet Beavin und Don Jackson erhobene, metakommunikative Axiom »Man kann nicht *nicht* kommunizieren.« auf die Gottesbeziehung. (WATZLAWICK, Paul, Janet H. BEAVIN und Don D. JACKSON, Menschliche Kommunikation: Formen, Störungen, Paradoxien, Bern/Stuttgart/Wien [5]1980, 53)

ähnlicher Weise, in der ein kleines Kind ein gut erzähltes Märchen in sich aufnimmt ...«[576]

Für Karin Johne gehört das Meditieren zu den selbstverständlichen menschlichen Fähigkeiten und muss nicht erst erlernt werden.[577] Jeder Mensch hat nach ihrer Überzeugung die Gabe zu »meditieren«, d.h. ein Ereignis, ein Symbol, ein Kunstwerk, eine Landschaft, einen Menschen oder etwas beliebiges anderes nicht nur mit den Sinnen und nicht nur mit dem Verstand, sondern »mit seinem ganzen Sein wahrzunehmen« und in Kontakt mit dem Kern des eigenen Seins kommen zu lassen. Diese Form der Wahrnehmung ist partizipativ, nicht rational. Durch diese Form der Wahrnehmung wird der oder die Meditierende im tiefsten Inneren geöffnet für die Begegnung mit dem Meditierten.

Karin Johne ist überzeugt, dass diese Öffnung der »Mitte« für Christinnen und Christen in der »Meditation« gleichbedeutend ist mit der Öffnung zu Gott hin, weil für Christinnen und Christen die wesentliche Begegnung ihres Lebens die Begegnung mit Christus ist.

> »Es läßt sich aber nicht umgehen, daß eine solche Übung den Menschen in seiner ›Mitte‹ berührt und aufschließt. Diese Mitte aber ist für den Christen der Raum, in dem er Christus begegnet. Deshalb wird echte Meditation den Christen fast notwendig hinführen zur ›Kontemplation‹. [...] Solche christliche Meditation sammelt sich im Schauen auf Christus, um ihm ähnlich zu werden. Denn was ich liebend anschaue, prägt sich mir ein in der Tiefe, in der die Wurzeln meines Seins und meines Tuns liegen.«[578]

»Meditation« im nach Karin Johne verstandenen, christlichen Sinn ist eine Übung, die in die tiefste Mitte des Seins führt und damit zu Christus. Durch die Ausrichtung auf Christus hin wird sie zur »Kontemplation«, zur

---

[576] Geistlicher Übungsweg, 26.

[577] Beispielhaft dafür sind für Karin Johne Kinder und ihre Gabe, Märchen »meditierend« zu hören: »Es ist keine Frage, dass für ein Kind solch ein Märchenerleben nichts anderes ist, als seine – kindhafte – Weise des Meditierens. Was wir in Meditationskursen mit den Teilnehmern erst in langer Vorarbeit methodisch einüben müssen, damit das Meditationsgeschehen den Freiraum zur Entfaltung bekommt, das sehen wir hier bei den Kindern als spontane, selbstverständliche Verhaltensweise vor uns: Das bewegungslose Sitzen – am liebsten auf dem Fußboden –, das gespannte Lauschen, was alle anderen äußeren Störungen einfach ausblendet, das innere, ›tiefe‹ Miterleben des Geschehens, die Korrespondenz des Atmens mit dem inneren Erleben, das wiederholende Umkreisen, das in immer größere Tiefe hineinführt.« (Märchen – Meditation und Märchen, Abschnitt 1.a).

[578] Meditieren als Glaubens- und Lebenshilfe für den heutigen Menschen, 426.

vertrauenden Öffnung zu Gott hin, der seine Liebe in Christus offenbart hat und den betrachtenden Menschen »prägt«. Diese christliche Ausrichtung der »Meditation« als kontemplatives Gebet wird deutlich an einem Zitat, das Karin Johne von ihrem Lehrer, dem Oratorianerpater Helmut Geiger, übernimmt:

> »Für ihn war Meditation nichts anderes als eine innere Hinführung zum Beten, die das Gebet aus einer oft erlebten Erstarrung erlösen und lebendig werden lassen kann. Er führte zum Beispiel die Jugendlichen in die Übung einer Symbolmeditation ein, indem er sagte: ›Jede Meditation sollte in ein Gebet münden, – auch wenn du eine Lokomotive meditierst!‹«[579]

Meditation, nach Karin Johne als »christliche« oder Christus-zentrierte »Meditation« verstanden, wird Gebet und kann das Wortgebet vertiefen und bereichern, weil es vom Nachsprechen einer abstrakten Wahrheit zum individuell nacherlebten und auf das eigene Leben bezogenen Aussprechen, aber auch Hinsehen oder -hören wird. »Meditation« setzt innere Stille voraus, die aufmerksam ist für die Gegenwart Gottes:

> »Für mich als Christen ist Meditation tiefstes Gebet, und Gebet war schon immer eingebettet in die Meditation – in das Stillewerden, in das Zu-mir-Kommen, in die Offenheit dem Gott der Liebe gegenüber, der mich immer zuerst in meinem Herzen, in meinem Inneren, in meiner meditativen Schicht berührt, ehe er auch meinem Verstand begegnet.«[580]

»Meditation« ist für Karin Johne eine Form des Gebets, die durch innere Stille gekennzeichnet ist. Der partizipativen Gottesbegegnung kann die rationale Analyse folgen.

Zentral für die Verwandlung der »Meditation« ins »Gebet« und für die Verwandlung des Lebens in ein Lebens-Gespräch mit Gott ist die Wirkung des Heiligen Geistes. Diese Verbindung beschreibt Karin Johne 1980 folgendermaßen:

---

[579] Gebet und Meditation, 4.

[580] Gebet und Meditation, 7. Ebenso eng ist für Karin Johne die Verbindung zur Kontemplation, die zu üben für sie dem Weg entspricht, den ein Mensch sich entscheiden kann zu gehen, dessen Ziel, »das Hineingenommenwerden in die letzte Tiefe und Stille, in die unmittelbare Berührung mit Gott selbst« ist, aber nicht eingeübt, sondern nur von Gott geschenkt werden kann. (Einübung in christliche Mystik, 24). Vgl. auch Teil II, 4.1.7.

»Das ist ja nun eines der Geheimnisse der Meditation, daß sie uns zum ganzen Menschen werden läßt, daß sie uns dahin bringen will, das, was wir tun, nicht nur mit einem Sektor unseres Daseins zu vollziehen, sondern es ganzheitlich zu tun, ja, vielleicht noch mehr: uns so mit diesem Tun zu identifizieren, daß wir mit der leib-seelischen Einheit unseres Menschseins in dieses Tun eingehen. [...] hier möchte ich den Satz wagen: Das echte Meditieren des glaubenden Christen i s t solche Bitte um den Heiligen Geist, Bitte, nicht nur mit dem Mund vollzogen, sondern Bitte, die aus dem sich öffnenden Wesenskern aufsteigt und den ganzen Leib einbezieht und zu solcher Bitte werden läßt. Wer sich als Christ vor dem Angesicht Gottes in die Meditation hineinbegibt, wer im Wissen um die Gegenwart Gottes sich sammelt, still wird und sich in der Tiefe öffnet, der öffnet sich damit Gott – und diese Öffnung des Christen ist Bitte um den Heiligen Geist.«[581]

»Meditieren« ist eine Antwort des Menschen im Lebens-Gespräch, die zum Gebet wird, zur Bitte um den Heiligen Geist. Dieser Bitte ist nach Karin Johnes Überzeugung »unbedingte Erhörung« zugesagt:

»Geistliches Leben ist Leben aus der Kraft des Heiligen Geistes. Dieser ist uns verheißen, wenn wir um ihn bitten. Solchem Bitten ist sogar unbedingte Erhörung zugesagt«.[582]

»Meditation« ist für Karin Johne Gebet: eine, jedem Menschen grundsätzlich mögliche, partizipative Aufmerksamkeit, die Gottes Wirken durch seinen Heiligen Geist im eigenen Leben erwartet und die innere Stille sucht, um für die zugesagte, wirkende Gegenwart Gottes in Christus aufnahmebereit zu sein. »Meditation« als Gebet ist nicht Mittel, um Gottes Gegenwart zu erfassen, sondern Antwort auf die verheißene Gottesoffenbarung.

II. 2. 2. 2 *»Meditation« als Übung, die das ganze Leben verändert*

Die »Bitte um den Heiligen Geist« ist dabei nicht nur auf die Meditation als Übung in der Stille beschränkt, sondern prägt und wirkt nach Karin Johnes Überzeugung im ganzen Leben:

»Die Plastik von Barlach[583] ›Russische Bettlerin‹ empfinde ich als eine geradezu archetypische Darstellung des Bittens. Hier ist ein Mensch, der nicht nur um

---

581 Meditieren öffnet mich dem Wirken des Heiligen Geistes, 76.

582 Geistlicher Übungsweg, 219; ebenso: Ökumenische Meditationsbriefe, 94.

583 Ein Abguss *dieser* Plastik Barlachs steht seit 1999 im Meditationsraum des Exerzitienhauses des Jesuitenordens in Hoheneichen bei Dresden. Sie gehörte Pater Peter

> etwas bittet, der nicht nur einer Bitte intensiv Ausdruck verleiht, sondern hier ist ein Mensch in seinem ganzen Sein ›mit Leib und Seele‹ selbst zur lebendigen Bitte geworden. Das Bitten hat diese Frau so durchdrungen, daß es die Ganzheit ihres Lebens in sich einbezieht. [...] Sicher weiß das Neue Testament auch darum, daß der Heilige Geist Menschen während der Predigt des Wortes (Apg. 10,44) oder durch Auflegen der Hände (19,6) gegeben wird, aber das andere steht daneben: Daß die Gabe des Heiligen Geistes dem gegeben wird, der darum bittet, nicht nur einmal, – sondern der intensiv darum bittet. Wir kennen das Gleichnis Jesu von der bittenden Witwe (Lk 18, 17). Und ich könnte mir denken, daß Barlach beim Formen seiner Plastik diese bittende Witwe vor Augen gehabt hat. [...] Das heißt doch in diesem Zusammenhang, daß wir nicht nur um die Gabe des heiligen Geistes – vielleicht hin und wieder – bitten, sondern zur Bitte um diese Gabe werden.«[584]

Dass das ganze Leben zur »Bitte« um die »Gabe des Heiligen Geistes« werde, ist Karin Johnes Anliegen. Die Übung der »Meditation«, das Gebet ist für sie nicht als inneres Erleben isoliert, sondern soll als Lebens-Gespräch alle Lebensbereiche prägen.

II. 2. 2. 3 *»Meditation« als eine Möglichkeit der Hör- und Sprach-Übung im Lebens-Gespräch*

»Meditation ist nicht der einzig mögliche Heilsweg für jeden. Aber es ist ein Weg, nach dem heute viele suchen.«[585] stellt Karin Johne 1974 fest und ergänzt 1975 mit Blick auf Meditationsübungen mit Konfirmandinnen und Konfirmanden:

Kegebein SJ, der sie von seinem Vater, Architekt bei Barlach in Güstrow, geerbt hatte. (Informationen von Pater Markus Franz SJ, dem jetzigen Leiter des Exerzitienhauses Hoheneichen bei Dresden) Pater Kegebein, der in den 80er Jahren eng mit Pater Gerrit König zusammenarbeitete, war Karin Johne sicher bekannt.
Ernst Barlachs Wirkung auch in der DDR lässt sich erahnen, wenn 1984 Helmut Ruppel und Ingrid Schmidt ihr religionspädagogisches Buch »Von Angesicht zu Angesicht, Aufmerksamkeit für Ernst Barlachs Bilder vom Menschen« mit der Widmung versehen: »Mit Dank den Katechetinnen und Katecheten der DDR, die mit uns Barlachs Werk sehen lernten.« (Helmut Ruppel und Ingrid Schmidt, Von Angesicht zu Angesicht. Aufmerksamkeit für Ernst Barlachs Bilder vom Menschen, Neukirchen-Vluyn 1984)

[584] Meditieren öffnet mich dem Wirken des Heiligen Geistes, 76.

[585] Meditieren als Lebens- und Glaubenshilfe für den heutigen Menschen, 427.

»Es gibt einzelne, für die eine solche Form der Arbeit nicht geeignet ist. Zum Meditieren darf und kann man niemanden zwingen – das wäre auch sinnlos, denn alles kommt hier auf die eigene Bereitschaft zum Mittun an.«[586]

Selbst für Menschen, die Interesse an Meditationsübungen haben, kann es sein, dass sie ihnen nicht gut tun:

»Meditation soll in ein helles Land hineinführen und den Menschen, der sie übt, von innen her froh machen. Nun gibt es einige wenige Menschen, für die Meditation das Gegenteil bewirkt, weil sie vielleicht gerade in einer Periode ihres Lebens stehen, wo man lieber nicht meditieren, sondern einfach handeln sollte. Das ist zwar selten, aber es muß zu Anfang gesagt werden, damit kein Schaden angerichtet wird. Wenn also die Dunkelheiten beim Meditieren überhand nehmen, dann sollte man es erst einmal lassen.«[587]

Karin Johne erhebt für die Übung der »Meditation« keinen Anspruch auf Allgemeingültigkeit und sieht sie nicht als heilsnotwendig an. Sie kann nur absolut freiwillig erfolgen und muss in ihrer Wirkung kritisch beobachtet werden. »Meditation« ist für Karin Johne keineswegs ein automatisches Mittel der heilenden Gottesbegegnung. Das Angebot einer bestimmten Form der Übung im Lebens-Gespräch wächst bei Karin Johne aus eigener Erfahrung und antwortet auf das wahrgenommene Bedürfnis bei ganz unterschiedlichen Menschen zu einer bestimmten Zeit ihres Lebens:

»Wenn wir zum Meditieren christlicher Inhalte anleiten, müssen wir uns darüber im klaren sein, dass sich diese Übungsform an Christen auf einer bestimmten Wegstrecke ihres spirituellen Weges richtet. Ich möchte drei Stufen dieses Weges unterscheiden:
Der *Anfänger* braucht Information, Lehre, Katechese – um die Fülle der christlichen Botschaft kennen zu lernen. Dann folgt eine *Wegstrecke der Vertiefung*, der eigenen Aneignung des Gehörten und Gelernten in der Tiefe der Person. Hierhin gehört die Anleitung zur Meditation christlicher Inhalte und bekommt hier mehr und mehr einen unersetzlichen Stellenwert.
Aber auch dieser Abschnitt des spirituellen Weges wird bei vielen Christen früher oder später abgelöst durch einen dritten Abschnitt des Gebetslebens: Mehr und mehr rückt der Akzent auf ein einfaches Dasein, *ein stilles, liebendes Verweilen vor Gott.* Dann treten das Nachdenken und das ›Bildern‹, das Imaginieren immer mehr zurück, ohne je völlig aufzuhören.

[586] Einführung in die Meditation, B23.
[587] Ökumenische Meditationsbriefe, 19.

> Diese ›Stufen‹ schließen sich nicht gegenseitig aus, sie durchdringen einander oft sehr innig – und doch wird in den jeweiligen Abschnitten der Hauptakzent jeweils anders liegen auf der ›lectio‹, der ›meditatio‹ oder der ›contemplatio‹.«[588]

Katechese, »Vertiefung« und »Verweilen vor Gott« sind für Karin Johne keine Alternativen als zeitlich aufeinander folgende »Stufen« des geistlichen Weges, sondern gleichzeitig praktizierte Formen, die innerhalb des Lebens-Gesprächs mit Gott zu verschiedenen Zeiten unterschiedlich akzentuiert sind. Karin Johnes Übungsangebote richten sich dabei vor allem auf die zweite und dritte Form, die »Wegstrecke der Vertiefung« und »ein stilles, liebendes Verweilen vor Gott«.

»Meditation« ist für Karin Johne die Form, die sie für ihre individuelle *praxis pietatis* gewählt hat, über die sie Auskunft gibt und zu der sie anleitet. Andere Formen sind ihr bekannt und zum Teil vertraut,[589] spielen aber in ihrer schriftlichen Begleitung keine nennenswerte Rolle.

II. 3 Lebens-Gespräch in unterschiedlichen Lebens-Räumen

Karin Johnes Ziel ist es, Menschen in ihrem »Lebens-Gespräch« mit Gott zu unterstützen. »Meditation« ist der von ihr gewählte und näher bestimmte Begriff für die Einübung ins Lebens-Gespräch. Ihr Beitrag zur geistlichen Begleitung ist die Entwicklung von Begleitungstexten, die unabhängig vom persönlichen Kontakt mit der Begleiterin zum Gehen eines eigenen, geistlichen Weges ermutigen und dafür Methoden und Hilfen zur Verfügung stellen. Der geistliche Weg oder das geistliche Leben bezeichnen dabei für Karin Johne keinen besonderen Teil des Lebens. »Geistlich« ist vielmehr ein Prädikat, das sich auf alle Lebensbereiche bezieht.

Um Karin Johnes Unterstützung im Lebens-Gespräch in den unterschiedlichen Bereichen sichtbar zu machen, unterscheidet diese Arbeit modellhaft drei »Lebens-Räume«: Erstens den privaten Raum[590] der Stille,

---

[588] Überlegungen zum Meditieren christlicher Inhalte, 100. Weiteres über die Verbindung und die Unterschiedlichkeit unterschiedlicher Gebetsformen zu unterschiedlichen Lebenszeiten klärt Karin Johne in »Wortgebet und Schweigegebet«.

[589] Vgl. Teil I 1, zusammengefasst in 1.5.2.

[590] In »Geistlicher Übungsweg für den Alltag« setzt Karin Johne Aufbau und Inhalt des Kurses dem biblischen Bild vom »Haus Gottes« parallel. Es geht um die je eigene »Wohnung im Haus Gottes« und um das »›Haus‹ meines konkreten einmaligen Lebens« und seine Gestaltung. Zum Kurs gehört dann die »Zurüstung des Baumateri-

zweitens den öffentlich gelebten Alltag und drittens den gemeinschaftlichen Raum der Ökumene.

Vorzustellen ist z.B. eine Person, die sich *einerseits* regelmäßig Zeit zum Rückzug in die Stille vor Gott nimmt, sei es zur Meditation, zum Lesen der Losung oder zum Sprechen eines Abendgebetes, die *andererseits* im Alltag mit Familie, Nachbarn, Freundinnen und Freunden, zufälligen Begegnungen in der Straßenbahn oder Berufskolleginnen und -kollegen in einer gewissen Öffentlichkeit lebt und die *drittens* dann und wann einen Gottesdienst besucht oder an Exerzitien im Alltag teilnimmt und sich dort mit einer Kleingruppe austauscht. So ein Mensch hält sich in allen drei modellhaft gezeichneten Räumen auf.

Jeder dieser Räume hat seine wesentliche Bedeutung für das geistliche Leben als besonderer Raum der Gottesbegegnung und beeinflusst aufgrund seiner besonderen Möglichkeiten und Erfahrungen die jeweils anderen Orte. Im Folgenden wird modellhaft das Leben als geistliches Leben im Sinn Karin Johnes in den drei Räumen und zuletzt ihr wechselseitiger Zusammenhang dargestellt.

II. 3. 1 Der private Raum des Lebens-Gesprächs: Die Stille

Der individuell genutzte Raum der Stille ist der Ort, an dem das Lebens-Gespräch mit besonderer Aufmerksamkeit geführt wird. Äußere Stille ist für Karin Johne die Voraussetzung für die Einübung in die innere Stille. Wenn sie sich durch die erbetene und erwartete Gegenwart Gottes verwandelt, wird sie zur »Meditation«, zum Gebet. Das ist nicht machbar, aber möglich und verheißen.

II. 3. 1. 1 *Stille als Raum der Sehnsucht*

Stille ist im ausgehenden 20. Jahrhundert kein selbstverständlicher Zustand. 1974 nennt Karin Johne drei nicht unbedingt christlich motivierte Gruppen, die sich auf Meditation und damit auf Stille-Übungen einlassen:

> »a) Junge Menschen [...] sind in einer Phase, in der sie ihre eigene Innenwelt als eine Wirklichkeit neu erleben (Pubertät). Doch stehen sie dieser Wirklichkeit oft hilflos gegenüber. Beim Meditieren erfahren sie es als ein tiefes, frohes Erleben, dass sie diese Innenwelt besser kennen lernen und sie sogar etwas in den Griff bekommen können. Als etwas ganz Neues erleben sie den Raum der inneren Freiheit, in den die Meditation hineinführt. Schöpferische Kräfte wa-

---

als«, das »Fundament« der Liebe Gottes, das wahrgenommen wird, das »Kellergeschoß« mit seinen Vorräten und dunklen Ecken, das geöffnet und geordnet wird, die Klärung der »Eigentumsverhältnisse« des Lebenshauses und des Lebensstils im Haus. (Geistlicher Übungsweg, 13f).

> chen auf und suchen nach Gestaltwerdung. Und alles ist getragen von dem spürbaren Erleben des Glückes und der Freude. Keine andere Altersstufe meditiert so mühelos und so leicht wie diese.
> b) [...] Wenn man heute manchmal von einer »Meditationswelle« spricht, [...] dann geht diese Bewegung von einer anderen Menschengruppe aus: Von Menschen, welche plötzlich erkennen, dass sie über dem Überangebot von Möglichkeiten, welche das Leben ihnen bietet, im Begriff sind, die eigene Mitte zu verlieren, daß sie nicht mehr selber leben, sondern »gelebt werden«, dass sie verlernt haben, in sich selbst zu ruhen, Stille zu ertragen und die Schönheit der Stille zu erfahren. [...] Viele suchen und finden Hilfe in der Meditation.
> c) Eine andere Gruppe steht neben diesen Überlasteten. Es sind die, deren Not gerade im Gegenteil besteht: Die körperlich Behinderten, die Blinden und alle, deren Leben auf einen sehr kleinen Lebensraum eingeschränkt ist.
> Wenn Meditation dem überlasteten Menschen helfen kann, sich auf das Wesentliche zu besinnen und die Mitte wiederzufinden, so kann Meditation für diese Menschen bedeuten, den kleinen Raum, auf den ihr äußeres Leben begrenzt ist, bis in die Tiefe auszuschöpfen. [...]«[591]

Drei Gruppen – Jugendliche, Menschen im Alltagsdruck und körperbehinderte Menschen – beschreibt Karin Johne hier als Suchende. Der Druck des Alltags war sicher in der DDR anders bedingt als in der BRD und in den Erfahrungen nach der Wende.[592] Die Sehnsucht nach Stille findet sich aber zu allen Zeiten.

---

[591] Meditieren als Lebens- und Glaubenshilfe für den heutigen Menschen, 420. Die unterschiedliche Situation von Menschen mit und ohne Behinderung im Blick auf die Meditation beschreibt Karin Johne auch ausführlich in: Meditation als Hilfe für Körperbehinderte, 32–37.

[592] Zur Entstehungssituation von »Einübung in christliche Mystik« schreibt Karin Johne: »Mitten in einem Jahr tiefer Umbrüche ist dieses Buch entstanden. In den ersten Monaten des Jahres 1990 in der DDR lief der Briefkurs, welcher die Grundlage dieses Buches bildet. Die Teilnehmer taten sich oft schwer, sich mitten in den Verunsicherungen und der allgemeinen Hektik, die unser Leben in diesen Monaten bestimmte, täglich einen Raum der Stille und des Zur-Ruhe-Kommens zu schaffen. Und doch bestätigten sie mir, wie dringend notwendig es gerade in dieser Zeit war, täglich neu die innere Mitte zu suchen, um von daher die Anforderungen des Alltags bestehen zu können.« (Einübung in christliche Mystik, 9)
1994 umreißt Karin Johne im Magazin für Mitarbeitende der Evangelisch-Lutherischen Kirche in Bayern mit folgenden Zitaten die Sehnsucht vieler Menschen nach Spiritualität:
»›Ich möchte einmal wieder zu mir kommen‹. - ›Ich stehe vor schwierigen Entscheidungen und hoffe, hier mehr Klarheit für meinen Weg zu finden‹. - ›Ich stehe voll im Stress - und merke, dass es so auf die Dauer nicht mehr weitergeht - ich suche nach neuen Wegen‹.« (Sehnsucht nach Gott, 4).

Den Grund dieser Sehnsucht sieht Karin Johne wesentlich in dem durch unzählige Reize überfluteten Alltag und in dem Druck, der in Menschen wächst, die durch ihren überfüllten Berufs- und Privat-Alltag nicht nur be-, sondern auch überlastet sind.

Mit der Beobachtung der Offenheit für Stille-Übungen ist Karin Johne auf evangelischer Seite eine der ersten, die hier Angebote schafft.

II. 3. 1. 2 *Stille als Raum der Belastung*

Karin Johne beobachtet aber nicht nur die Sehnsucht nach Stille, sondern auch die Ambivalenz, die mit Stille-Erfahrungen einher gehen kann.

> »Wir sind umgeben von Betriebsamkeit und Lärm. Die äußere Unruhe greift auf unser Inneres über, Stille wird von vielen Menschen nicht mehr als wohltuend, sondern als beunruhigend empfunden.
> Wer die Meditation sucht, weiß, dass er wieder ein echtes Verhältnis zur Stille finden muss, wenn er nicht ernsten Schaden an seinem inneren Menschen nehmen will.«[593]

Stille kann den Suchenden auch zur Last werden, weil sie ohne Reize und ohne eigenes Tun mit einer Leere konfrontiert sind, die verunsichern kann. Karin Johnes Ziel ist es, dieser Verunsicherung durch Anleitung zur »Meditation« zu begegnen. Sie antwortet damit auf eine Sehnsucht, die sie auch bei Menschen wahrnimmt, die im Christentum beheimatet sind:

> »Ich habe Menschen vor Augen, die nach einem gangbaren, heute nachvollziehbaren Weg suchen, ihr Christsein zu leben. Viele der traditionell angebotenen Wege sind heute nicht mehr zu gehen, wo man die Erkenntnisse moderner Theologie nicht einfach beiseite schieben will und zu einem naiven Biblizismus zurückkehrt, wie es hier und da geschieht. Das kann nicht jeder, der innerlich wahrhaftig bleiben will. Neue Erkenntnisse müssen sich neue Formen schaffen, die Theologie stellt die Frage nach ihrer »Lebbarkeit«. Die Lösung dieser Frage liegt weder dort, wo man müde resigniert, noch dort, wo man sich vorschnell auf eine Möglichkeit festlegt (z. B. »Gottesliebe ist nichts anderes als Nächstenliebe«) und damit die Fülle christlichen Reichtums in der Verwirklichung aufgibt. Meditation kann hier neue Wege weisen.«[594]

Hier klingt bei Karin Johne der Bedarf nach aszetischer Theologie an, die die »›Lebbarkeit‹ der Theologie« für jede Person veranschaulicht. Es geht dabei sowohl um ein rationales Verstehen als auch um die lebendige Um-

---

[593] Meditieren als geistliche Hilfe, 57.

[594] Meditieren als Lebens- und Glaubenshilfe für den heutigen Menschen, 420.

setzung von Erkanntem. Das Problem zeigen zwei Zitate von 1994, die Karin Johne zur Illustration von Erfahrungen einem Aufsatz in der Mitarbeitendenzeitschrift der Evangelisch-Lutherischen Kirche in Bayern beifügt.

> »›Ich spüre, dass mein Christsein zu kopflastig ist und suche Wege da heraus‹.« und
> »›Ich bin auf meinem geistlichen Weg irgendwie an einen toten Punkt gekommen und suche nach neuen Impulsen‹.«[595]

Für Karin Johne geht es darum, einerseits die äußere Stille zu suchen und andererseits, der Stille Sinn und Form zu geben, sie so auszurichten und zu gestalten, dass sie von Gott »gefüllt« werden kann.

II. 3. 1. 3 *Stille als Raum der »Meditation«*

Karin Johne ist überzeugt, dass Stille und Gebet eine neue Qualität entwickeln, wenn sie verbunden werden. Das Gebet erhält in der Stille einen aufnehmenden Akzent, die Stille erhält durch das Gebet eine Qualität, die aus dem möglichen horror vacui der Stille in die Erfüllung der Sehnsucht führt.

> »Wo sich Beten im Raum der Stille entfalten kann, erlebt man, dass es sich unmerklich wandelt: Aus einem Gebet des Wortes, wie es uns Christen (hoffentlich) vertraut ist, wird ein hörendes, lauschendes Beten, ein Warten, was Gott mir (nicht ich ihm!), zu sagen hat.[...] – Der Raum der Stille wird durch das Gebet zur erfüllten Stille«.[596]

Wenn ein Mensch sich in der Stille bewusst in die Gegenwart Gottes stellt, öffnet er sich nach Karin Johne dem »hörenden« Beten. Diese Form des Betens als Hören auf Gottes Anrede verändert die Stille zur »erfüllten Stille«. In anderen Texten verwendet Karin Johne als Synonym zur »erfüllten Stille« den Begriff der »Meditation«.[597] Zum »inneren Hören« in der Stille tritt für Karin Johne ein »äußeres Hören« auf Gott hinzu:

> »Es [das Wort Gottes] braucht den Raum der Stille, um für den Menschen vernehmbar zu werden. ›Maria aber merkte es sich genau und dachte immer wieder darüber nach‹ – ›Maria aber behielt alle diese Worte und bewegte sie in ih-

---

[595] Sehnsucht nach Gott, 4.
[596] Gefüllte Stille, 6.
[597] Zu den Begriffen »Gebet« und »Meditation« vgl. Teil II, 2.2.1 Meditation als Gebet.

> rem Herzen‹ (Luk. 2,19). Zwei Übersetzungen des gleichen Verses (Gute Nachricht und Luther) lassen aus christlicher Erfahrung zwei verschiedene Lebensweisen aufleuchten: die Lebensweise eines Menschen, der sein Lebenszentrum in seinem Kopfe erlebt, und die Lebensweise eines Menschen, der weiß, dass wesentliche Dinge sich in der Tiefe des Menschen vollziehen. Ohne dass das Wort ›Stille‹ genannt wird, spürt man in der Lutherübersetzung die Stille, die dieses Geschehen umgibt und einhüllt. Ein Platzregen läuft von der vertrockneten Erde ab, ein stiller, sanfter Regen dringt ein bis in die Tiefe. Was bis in die Tiefe eines Wesens eindringen soll, darf einen nicht nur einmal heftig anrühren, sondern es braucht Zeit und Stille, um einzusinken und den Menschen zu durchdringen. ›Nicht das Vielwissen sättigt die Seele, sondern das innere Schauen und Verkosten der Dinge‹ (Ignatius von Loyola) ist eine Anleitung zum Bibellesen, deren Wichtigkeit man kaum unterschätzen kann. Der Raum der Stille wird durch das Wort Gottes für uns zur erfüllten Stille.«[598]

Karin Johne geht es um meditatives Wahrnehmen, das sich »in der Tiefe« des Menschen ereignet und nicht »im Kopfe«, also nicht rational vollzogen werden kann. Für diese Wahrnehmung und für ihre Wirkung im »Einsinken« und »Durchdringen« ist die Stille notwendig. In der »Meditation« als »gefüllter Stille« wird diese Wahrnehmung nach Karin Johne vom »Wort Gottes« geprägt, das nicht nur innerlich, sondern auch im Wort der Bibel gehört werden kann. Die Methode der biblischen Betrachtung nach Ignatius von Loyola als »Verkosten der Dinge« ist beispielhaft für die, von Karin Johne angezielte, meditative, sinnlich vertiefte Wahrnehmung des »Wortes Gottes«.

Mit der klaren Wendung zum »Wort Gottes« entspricht Karin Johne der evangelischen Wertschätzung des reformatorischen *sola scriptura*. Die Akzentuierung des *meditativen* Umgangs mit dem Wort Gottes widerspricht dagegen dem *Mainstream* der evangelischen Theologie in der 2. Hälfte des 20. Jahrhunderts.[599]

In den zitierten Texten klingt bereits an, dass es für Karin Johne nicht um einen Automatismus der Gottesgegenwart geht. Für sie ist klar, dass die Gottesbegegnung nicht erarbeitet oder erzwungen werden kann. Das Einnehmen einer meditativen Haltung im körperlichen und geistigen Sinn und die vertrauensvoll-erwartende Ausrichtung auf Gott hin sieht Karin Johne aber als eine sinnvolle Vorbereitung für das Lebens-Gespräch. Karin Johne zitiert den Jesuitenpater Willi Lambert und ergänzt:

---

[598] Gefüllte Stille, 7.

[599] Martin Luther dagegen empfiehlt die Meditation – neben Gebet und Anfechtung – als wesentlich für das Studium der Theologie. Vgl. Teil II, 4.1.4 und STOLINA, Lebens-Gespräch, 291.

»›Es ist sinnvoll, Vorbereitungen zu treffen für das Kommen eines Gastes, der sich angesagt hat, aber weder das Herrichten des Bettes noch das Backen des Kuchens noch das Warten unter der Haustür können den Gast herbeizwingen.‹ (W. Lambert) Das muß vor allen Übungsangeboten klar und deutlich sein: Nicht im entferntesten soll hier ein Weg der Selbsterlösung angeboten werden! Was wir tun und worum wir uns mühen, ist ›Vor-Bereitung‹, Bereitschaft für die Begegnung mit Gott, soweit es in unseren Kräften steht. Ob, wann und wie die Begegnung stattfinden wird, das steht allein in Gottes Freiheit. Oder gebrauchen wir ein anderes, ein biblisches Bild: An uns ist es, den Acker unseres Seins aufzulockern und vorzubereiten – an Gott ist es, den Samen hineinzulegen und wachsen zu lassen. Die Vorbereitung des Ackers – das geschieht von uns aus, wenn wir uns in der regelmäßigen Meditationszeit auf die Übungen einlassen. Wir sagten es schon: Mitte jedes geistlichen Lebens ist die tägliche Zeit der Stille vor Gott.«[600]

Das menschliche Handeln ist sinnvoll und wichtig, aber nicht zwingend für die Gottesbegegnung im doppelten Sinn: Gott kann auch unerwartet und unvorbereitet begegnen und Gottes Ferne kann auch in aller meditativen Haltung erlebt werden. Die Einübung in die »Meditation« ermöglicht aber das Hören und Bewahren des Wortes Gottes im Menschen. Es ist eine mögliche Antwort des Menschen im Lebens-Gespräch, die Gottes Anrede Aufmerksamkeit schenkt.

Die Stille wird durch die Erwartung und – wenn Gott sie schenkt – die Erfahrung der Gegenwart Gottes zur »gefüllten Stille«. Die Erfahrung der Gegenwart Gottes lässt sich nicht einüben und durch nichts erzwingen. In der Stille lässt sich aber nach Karin Johnes Überzeugung die meditative Haltung der Aufmerksamkeit Gott gegenüber einüben. Das geschieht am leichtesten im privaten Raum der Stille.

II. 3. 2 Der öffentliche Raum des Lebens-Gesprächs: Der Alltag

Im öffentlichen Raum des Alltags begegnet der Mensch seiner Umgebung. Ob das Radio am Morgen läuft, welche Nachrichten oder Musik zu hören sind, ob die Sonne scheint oder der Nebel drückt, ob ein Kind krank ist, die Straßenbahn Verspätung hat, der Kollege freundlich grüßt... – diese oder unendlich viele andere Situationen begegnen im Lauf eines Tages. Als Teil einer Welt, die begegnet, ist es unumgänglich sich mehr oder weniger zu öffnen, zu agieren und zu reagieren.

[600] Geistlicher Übungsweg, 30f.

II. 3. 2. 1 *Alltag als Ort der Wahrnehmung für Gottes Anrede*

In diesem öffentlichen Raum spricht Gott den Menschen, der dafür aufmerksam geworden ist, an. Karin Johne öffnet den Blick für Gottes Anrede im Alltag:

> »Wieviel Menschen leiden heute in einer säkularisierten und sich autonom verstehenden Welt unter der Not der Gottesferne. Wieviel vergebliche Rückzugsgefechte werden bis heute noch (!) ausgeführt, um einen Raum zu retten, in dem Gott doch noch Platz hat! Dieser Krampf kann sich wie ein Nebel auflösen, wo man lernt, Gott in den Dingen und Geschehnissen dieser Welt zu finden – als den, auf den alles hinweist, weil alles aus ihm sein Dasein hat – aber gleichzeitig als den, der alles unendlich transzendiert. Man kann dem lebendigen Gott nicht anders als im Konkreten, das heißt aber im Symbol, begegnen. Aber man kann ihm nur in dem Konkreten begegnen, das sich nicht selbst an Gottes Stelle setzt.«[601]

Nicht nur in den biblischen Texten oder in den betrachteten Symbolen sucht und findet Karin Johne das »Wort Gottes«, sondern auch »in den Dingen und Geschehnissen dieser Welt«. Nach ihrer Überzeugung ist die Gegenwart Gottes symbolisch in unendlicher Vielfalt zu finden. Gott ist nicht identisch mit den Alltags-Symbolen, in denen seine Gegenwart aufscheint, so wenig wie »Gottes Wort« mit Bibelworten zu identifizieren ist. Die Gegenwart und Wirksamkeit Gottes im Alltag zu erwarten ist für Karin Johne keine eschatologische Zukunftsmusik, sondern Teil alltäglicher Übung.

> »Christen sind wartende Menschen. Ihr Warten braucht sich nicht auf die endzeitliche Wiederkunft Christi zu beschränken. Wer auf den Herrn wartet, der immer anders kommen wird, als es sich der Mensch vorstellt (Mt 24, 23–27; 42–44; 50), übt sich in der wartenden, wachen Aufmerksamkeit für den Herrn, der mir in, mit und unter den alltäglichen Geschehnissen meines konkreten Lebens begegnet.«[602]

Für Karin Johne ist der Alltag Ort der möglichen Gottesbegegnung »in, mit und unter« allen Ereignissen, die begegnen. Die drei gereihten Präpositionen, mit denen Martin Luther die Gegenwart Christi im Sakrament ausdrückt, weisen bei Karin Johne auf die Partizipation ohne Identifikation hin. Sie stellt neben die futurische eine präsentische Eschatologie, die die Gegenwart Christi im »konkreten Leben« erwartet. Die Übung des »Hö-

---

[601] Meditieren als Lebens- und Glaubenshilfe für den heutigen Menschen, 427.
[602] Geistlicher Übungsweg, 181.

rens« auf Gottes Anrede gehört für Karin Johne nicht nur in den Raum privater Stille, sondern ebenso in den öffentlichen Alltag.

II. 3. 2. 2 *Alltag als Ort der Verwirklichung*

Ebenso wie die Anrede Gottes in alltäglichen Ereignissen zu finden ist, »erwartet« Gott nach Karin Johnes Überzeugung auch eine »Antwort« im alltäglichen Bereich.

> »Der ganz ›normale‹ oft ›grau‹ erscheinende Alltag ist das entscheidende Übungsfeld für die Verwirklichung unseres geistlichen Lebens. [...]
> Alltagsentscheidungen sind das Übungsfeld für die großen Lebensentscheidungen – und diese wiederum verwirklichen sich im Vollzug des alltäglichen Lebens. [...]
> Nichts, was ich denke, höre oder lese, prägt mich so stark wie das, was ich tue, ja was ich bewußt übe. Das ist ja das Anliegen dieses ganzen Kurses, mich durch eigenes Üben in den Prozeß wachsender Liebe hineinzugeben, mir diesen Prozeß bewußtzumachen und ihn konsequent zu vertiefen.«[603]

Der Alltag ist das praktische »Übungsfeld« des geistlichen Lebens. Was praktisch im Alltag umgesetzt und so konkret geübt wurde, wirkt nach Karin Johnes Überzeugung intensiver auf die innere Haltung und das innere Erleben zurück als jeder verbal aufgenommene Gedanke, denn mehr als alles Denken arbeitet im Menschen das, was leiblich an ihm wirkt und was er verwirklicht.

II. 3. 2. 3 *Alltag als Ort der Inkarnation Gottes*

Die dritte Bedeutung des Alltags in Karin Johnes Modell geistlichen Lebens ist die Verknüpfung der beiden ersten: Wo ein Mensch handelt, ist es möglich, dass Gottes Wirklichkeit »inkarniert« wird. Im menschlichen Handeln wird so wiederum Gottes Anrede hörbar:

> »Erst wo ich mein Wollen ins Tun umsetze, geschieht ein Stück *Verwirklichung* – und solches ›Wirken‹ ist wirksamer und wirklicher als alle Pläne und guten Vorsätze. Ich möchte diese Linie sogar noch weiter ausziehen: ›Das Wort ward Fleisch‹ (Joh 1, 14). Weil Gott Fleisch wurde, hat das Umsetzen unseres Wol-

---

[603] A.a.O., 175. Ganz ähnlich in: Sehnsucht nach Gott, 7: »Der konkrete Alltag ist das Übungsfeld für den spirituellen Weg, für den geistlichen Weg der Nachfolge Christi - wenn ich den Samen des Wortes Gottes in ihm Wurzel schlagen lasse.«

> lens in das wirkliche Tun etwas mit dem Geheimnis der Leibwerdung Gottes, mit seiner Inkarnation zu tun.«[604]

Auf der Basis der Inkarnation Gottes in Christus und aufbauend auf dem Bild des Leibes Christi, nimmt Karin Johne an, dass »das wirkliche Tun etwas mit dem Geheimnis der Leibwerdung Gottes« zu tun habe. Das Handeln des Menschen und Gottes Handeln werden damit nicht in eins gesetzt, aber doch – wie im Symbol – wirksam verknüpft.

Das Lebens-Gespräch im Alltag hat also für Karin Johne sowohl die Form einer die Gottesbegegnung erwartenden Haltung (»hören«) als auch eines »antwortenden«, nachfolgenden Handelns, in dem Gottes Gegenwart »inkarniert« und so wiederum auch für andere sichtbar werden kann.

II. 3. 2. 4 *Alltag als gegebenes und gestaltbares Material des Lebens-Gesprächs*

Grundvoraussetzung des Lebens-Gesprächs im Alltag ist die Bereitschaft, sich selbst in einer Beziehung zu Gott wahrzunehmen und das jetzt vorhandene, eigene Leben als Geschenk Gottes zur eigenen schöpferischen Gestaltung anzunehmen – mit allen Möglichkeiten und Einschränkungen, die darin liegen.

> »Meinen Alltag [...] kann ich nur dort zum ›Material‹ für meine Liebesantwort werden lassen, wo ich dieses Material als ›Vorgabe‹ annehme und mich nicht dagegen auflehne. Dazu muß und darf ich als *erste Gabe, die mir Gott vor allen anderen gegeben hat, mein eigenes, konkretes Lebens* sehen. [...] Hier liegt die entscheidende Grundlage für die Verwirklichung meines geistlichen Lebens: daß ich mehr und mehr übe, dieses alles nicht als ›blindes Schicksal‹ zu verstehen, sondern als das Material, das Gott mir einmalig und unaustauschbar zugeordnet hat.«[605]

Diese Annahme der Abhängigkeit von Gott, die im »ja« zu sich selbst, zu den eigenen Grenzen und Gaben liegt, bedeutet für Karin Johne nicht, stillzuhalten und das Leben fatalistisch zu ertragen.

> »Wenn ich in der genannten Weise mein reales Leben von Gott annehme, so bedeutet das *keinerlei Form von Fatalismus.* Gerade das echte Annehmen macht mich dafür wach zu unterscheiden, was ich ändern kann und soll – und was als ›Rest‹ bleibt, den ich auf mich nehmen muß als die mir persönlich von

---

[604] Geistlicher Übungsweg, 203.

[605] Geistlicher Übungsweg, 179f.

Gott anvertraute und für ihn und den Bau seines Reiches wichtige Aufgabe, die mir kein anderer abnehmen kann. [...]
Also nicht ein resigniertes Mich-Abfinden, sondern das nüchterne ›So ist es‹ gibt mir die Voraussetzung, sachgerecht zu reagieren und dadurch eine echte Antwort der Liebe zu geben.«[606]

Das eigene Leben ist für Karin Johne einerseits notwendig gestaltbar, zu einem anderen – durch eigenes Bemühen nicht veränderbaren – Teil aber auch eine »Aufgabe« Gottes, die jeweils dem oder der Einzelnen gestellt ist, um »den Bau seines Reiches« zu unterstützen.

Diese das eigene Lebensschicksal annehmende Grundhaltung kann nicht rational gefordert oder von außen zugesprochen werden. Jeder Mensch kann sie nur für sich selbst finden und so das eigene Leben als Gottesgeschenk deuten, annehmen und gestalten. Eine entsprechende Deutung von außen verbietet sich als unangemessene und kontraproduktive, weil Widerstand induzierende und fremdbestimmende Bevormundung. Karin Johne berichtet in einem Aufsatz von einer Frau, der die Kunst der Annahme des eigenen Lebens nach ihrem Eindruck gelungen ist:

»Viele Jahre lang stand mir bis zu ihrem Tod eine Frau sehr nahe, die – völlig gelähmt und unfähig, auch nur einen Löffel selbst zu ihrem Munde zu führen – schon seit über zwanzig Jahren in diesem Zustand in einem kleinen Barackenzimmer eines Altersheimes lag, zusammen mit einer 82-jährigen Frau, die sie pflegerisch weitgehend versorgte. Sooft ich diese beiden Menschen besuchte, verließ ich sie als eine reich Beschenkte. Und eines Tages bekam ich von der behinderten Frau einen Brief mit folgendem Satz: ›Manchmal fühlen wir uns wie die Glücklichsten der Menschen.‹ Ich fragte mich: Wie ist so etwas überhaupt möglich? Diese schwerkranke Frau hatte alles Sich-Auflehnen gegen den Weg Gottes mit ihrem Leben zum Schweigen gebracht und sich zu einem vollen Ja durchgerungen. Wie viel Tränen und Schmerzen sie das gekostet hat, weiß Gott allein. Sie lebte es in aller Begrenztheit und Schwachheit, aber sie tat es. Das Verstummen allen Fragens und Murrens ließ ihr die Mög-

---

[606] A.a.O., 180.
Ähnlich formuliert Karin Johne z.B. in »Einübung in christliche Mystik« zum Thema »Leiden«: »Das Annehmen meines eigenen Leides, *das ich nicht ändern kann,* darf *niemals* dazu führen, gegenüber dem Leid und Unrecht, welches in der Welt geschieht, nicht laut aufzuschreien! Hier hat die Kirche der Vergangenheit oft falsche Weichen gestellt, wenn sie Leid vorschnell glorifizierte gegen einen gesunden, gottgewollten Lebenswillen!« Und zur Frage der Theodizee: »Einzig und allein darum geht es ihm [Meister Eckehart] wie *ich als Christ, der sich um eine innige Verbindung mit Gott müht,* mit dem umgehe, was mir in meinem konkreten Leben als Leid und Schmerz auferlegt ist – und was als unauflösbarer Rest immer noch bleibt, wenn ich alles geändert habe, was zu ändern mir möglich ist.« (139 und 140).

> lichkeit, alle Sehnsucht darauf zu richten, dass ihr Schicksal für andere Menschen fruchtbar und segensreich werden möge. [...]
> Was kann ich – in kleine Münze umgewechselt – für mein Leben daraus lernen? Theoretisch weiß ich seit langem, dass das Ja-Sagen zu dem, was in meinem Leben unabänderlich auf mich zukommt, ein Schlüssel zu einem echten geistlichen Leben ist. Doch es ist ein weiter Weg vom Kopf bis zum Herzen, vom Ja-Sagen des Mundes bis zum Einstimmen der ganzen Existenz in solches Ja.«[607]

Das Einverständnis mit dem von Gott gegebenen Rahmen des eigenen Alltags ermöglicht nach Karin Johne die aktive »segensreiche« Gestaltung dieses Alltags. Dass dieses Einverständnis nicht selbstverständlich ist, sondern immer wieder gefunden werden muss, ist Karin Johne bewusst. Hilfreich dafür ist die Verbindung des Alltags mit der »Meditation« in der Stille.[608]

Zusammenfassung. Der öffentliche Raum des Alltags ist für Karin Johne Ort der Gottesoffenbarung und der Antwort des Menschen. Als Frucht dieses Lebens-Gesprächs wird in dem, was ein Mensch tut oder lässt Gottes Gegenwart auch für andere spürbar. Der öffentliche Raum des Alltags mit seinen positiv wie negativ empfundenen Ereignissen fordert dazu heraus, diese Empfindungen immer wieder ins Lebens-Gespräch einzubringen, bis sich in ihnen Gottes Gegenwart entdeckt. Der Alltag ist damit für Karin Johne nicht ein ethisches Bewährungsfeld des geistlichen Lebens, sondern ein Medium des Lebens-Gesprächs, durch das Gottes Anrede und die Antwort des Menschen sich verwirklichen.

II. 3. 3 Der gemeinschaftliche Raum des Lebens-Gesprächs: Die Ökumene

Das Lebens-Gespräch mit Gott findet nicht nur im öffentlichen Raum statt, sondern immer auch innerhalb der von Gott geschenkten Gemeinschaft. Die ökumenische Gemeinschaft bezeichnet dabei im engeren Sinn die Gemeinschaft der Christinnen und Christen an allen Orten und zu allen Zeiten, in der Gottes Offenbarung weitergegeben und seine Zuwendung gefeiert wird. Im weiteren Sinn meint ökumenische Gemeinschaft den ganzen bewohnten Erdkreis.[609]

---

[607] Mitarbeit an der Schöpfung Gottes, 155.

[608] Vgl. dazu Teil II, 3.4.

[609] Vgl. die Begriffsbestimmung von André Birmelé: »Der Begriff ›Ökumene‹ ist ein substantiviertes Partizip [...], gebraucht seit Herodot (490-425/420), und bezeichnet die *bewohnte Erde,* den *Erdkreis.*« (André BIRMELÉ, Art. Ökumene, in: EKL Bd. 3, Göttingen [3]1992, 825f, hier: 825)

Karin Johne bezieht sich meist auf die ökumenische Gemeinschaft der Christinnen und Christen. In diese Gemeinschaft ist der geistliche Weg des und der Einzelnen für Karin Johne eingebettet, weil einerseits die je begrenzte persönliche Erfahrung die Ergänzung durch die Gemeinschaft braucht und andererseits die Gemeinschaft angewiesen ist auf den besonderen Beitrag jeder und jedes Einzelnen.

Über die Gemeinschaft der auf Christus bezogenen Glaubenden hinaus versteht Karin Johne das Berührt-Werden durch und den Austausch über Symbole als Phänomene, die in der Schöpfung begründet sind und so über die konfessionelle oder innerchristliche Gemeinschaft hinaus weisen.

II. 3. 3. 1 *Interkonfessionelle Gemeinschaft*

Die Fülle des Leibes Christi im Austausch entdecken. Würde das eigene Lebens-Gespräch exklusiv verstanden und absolut gesetzt, wäre übersehen, dass die eigene Gottessehnsucht, -erkenntnis und -begegnung immer nur einen Teil der Wirklichkeit Gottes als Gegenüber oder auch existentiell paritizipativ wahrnehmen und beschreiben kann.

So berichtet Karin Johne über die Entstehung des Buches »Wortgebet und Schweigegebet« aus einer für sie eindrücklichen Gebetserfahrung heraus, die sie dazu veranlasste, über ihren bisherigen und weiteren Gebetsweg nachzudenken. Im Gespräch mit anderen stellte sie fest, dass diese Fragestellungen nicht nur sie, sondern viele Menschen bewegten.

> »Es kam zu fruchtbaren Gesprächen – und so wage ich, einiges von dem, was mir selbst wichtig geworden ist, in aller Vorläufigkeit – ohne jeden Anspruch auf Vollständigkeit – als weitere Gesprächsgrundlage anzubieten. Vielleicht hilft es dem einen oder anderen, das so wichtige Sprechen über Erfahrungen beim Beten neu aufzunehmen – damit wir uns gegenseitig in unserer Gemeinsamkeit und in unserer Unterschiedlichkeit neu entdecken und einander befruchten und bereichern können. Austausch von Erfahrungen – auch von Gebetserfahrungen – ist nötig, weil die Wahrheit Gottes nie allein, sondern im Leibe Christi gefunden wird.«[610]

Der Austausch über Gebets- und andere Erfahrungen ist für Karin Johne keine Möglichkeit, sondern eine Notwendigkeit, weil die »Wahrheit Gottes« sich nicht individuell erschließt, sondern im »Leibe Christi«. Das neutestamentliche Bild[611] vom Leib Christi begründet Zusammengehörigkeit in

---

[610] Wortgebet und Schweigegebet, 13.

[611] Vgl. Röm 12, 3–8; 1 Kor 12, sowie 1 Kor 10, 16ff und 11, 23ff. Das Bild wird von Karin Johne häufig verwendet und weist auf ihr christologisch-sakramentales Ver-

Christus und Unterschiedlichkeit der einzelnen Glieder am Leib Christi. Daher geschieht der Austausch, wie die ersten Sätze des Zitats andeuten, in großem Respekt, weil die »Vorläufigkeit« eigener Erkenntnis bewusst bleibt und die Mitteilung nicht als Setzung, sondern als »Gesprächsgrundlage« im Sinn einer Anregung zum eigenen Nachdenken und Gespräch zu verstehen ist.

Ziel des Gesprächs ist für Karin Johne nicht Vereinheitlichung. Der Austausch dient vielmehr dazu, einander in Gemeinsamem und Unterschiedlichem »gegenseitig zu entdecken«. Die Aussagen, die sowohl Gemeinsamkeiten wie auch Unterschiede sichtbar machen können, dienen nicht dem Herausfiltern und Festhalten der »Wahrheit Gottes«, sondern sie lassen den »Leib Christi« im Zusammenklang der Personen sichtbar werden, die sich austauschen.

Den eigenen Platz am Leib Christi ausfüllen. In der Gemeinschaft der Glaubenden, in der durch sie überlieferten Tradition und ihrer lebendigen Praxis findet der oder die Einzelne ebenso wie in der Stille und im Alltag die Wirklichkeit und das Wirken Gottes. So weist die allererste Übung des 15wöchigen »Geistlichen Übungswegs für den Alltag« in die notwendige, ökumenische Gemeinschaft des Gebets, in dem das Vaterunser meditiert wird:

> »Mit solchem Beten vorgeformter Gebete, die viele Generationen vor uns schon gebetet haben, die vielleicht auf dem ganzen Erdkreis von Christen aller Konfessionen gebetet werden, lasse ich mich in diese große Gebetsgemeinschaft hineinnehmen. Mein eigenes Beten stimme ich ein auf das Beten der weltweiten Christenheit, wie ein Geigenspieler sein Instrument auf die Stimmlage des Orchesters einstimmt und – indem er seine Stimme spielt – seinen Beitrag zum Ganzen leistet.
> Solches Mich-Einschwingen in das Beten der Kirche aller Zeiten, aller Kontinente und aller Konfessionen bewahrt mein Beten vor jedem falschen Individualismus und gehört als Ergänzung des freien Betens zur inneren Gesundheit eines geistlichen Lebens.«[612]

Der eigene (Gebets-)Weg ist ebenso wichtig und notwendig, wie der Bezug zu den Christinnen und Christen anderer Konfessionen, anderer Regionen und anderer Zeiten, auf die das eigene Beten »einzustimmen« ist: Die eigene Stimme in ihrer Tonlage klingt im Ganzen des »Orchesters«, und das »Orchester« kann nicht erklingen ohne die einzelnen Stimmen. Das von

ständnis der Ekklesiologie hin. Vgl. Teil III, 1.3.2 → Ekklesiologische und sakramentale Einbindung und 2.2.1.

[612] Geistlicher Übungsweg, 35.

Karin Johne gewählte Bild macht die wechselseitige Bedingtheit deutlich sichtbar.
Resumee. Der individuelle Beitrag ist für die Gemeinschaft der Glaubenden ebenso unverzichtbar wie die Gemeinschaft für das Individuum. Das Lebens-Gespräch mit Gott kann aus Karin Johnes Sicht nicht losgelöst vom Gespräch in der ökumenischen Gemeinschaft zu allen Orten und Zeiten geführt werden.

II. 3. 3. 2 *Transkonfessionelle Gemeinschaft*

Karin Johne beschreibt bereits in ihrem ersten Buch, »Ökumenische Meditationsbriefe« die Erfahrung, dass durch die »Meditation« Grenzen nicht verwischt, sondern durchlässig werden.

> »Meditieren öffnet Grenzen bei Menschen verschiedenster Herkunft und mit den verschiedensten Schicksalen: Kranke und Gesunde, Junge und Alte, Theologen und Laien, evangelische und katholische Christen, Nichtchristen und Christen finden beim gemeinsamen Meditieren einen neuen Zugang zueinander indem sie gleiche Wege gehen und in Ehrfurcht das Anderssein des anderen achten. Echte Begegnung schenkt echte Befruchtung.«[613]

In diesem Zitat ist »Meditation« ausnahmsweise nicht im für Karin Johne spezifischen Sinn als zum christlichen Gott hin geöffnete Meditation gemeint, sondern in einem über das Christentum hinausgehenden Sinn als Methodik der Besinnung. Karin Johne unterstreicht hier, dass durch die gemeinsame Übung ein »neuer Zugang zueinander« möglich wird, der andere nicht vereinnahmt, sondern »in Ehrfurcht das Anderssein des anderen« achtet. Aus dieser »Begegnung« entsteht »Befruchtung«. Neue Möglichkeiten und Sichtweisen ergeben sich wechselseitig für Menschen unterschiedlicher Lebenswirklichkeiten und unterschiedlicher Religionen.

Die Bedeutung archetypischer Symbole[614] für Karin Johnes Arbeit macht deutlich, dass ein Austausch über die religiösen Grenzen hinaus sinnvoll und möglich ist. In die gleiche Richtung weist die Überzeugung, dass sich Gottes Gegenwart »in allen Dingen« erwarten lässt. Der grenzüberschreitende Aspekt der Meditation und die Öffnung des Ökumene-Begriffs über die christlichen Konfessionen hinaus wird hier von Karin Johne angerissen, in ihren späteren Veröffentlichungen aber nicht vertieft.

---

[613] Ökumenische Meditationsbriefe, 16.
[614] Vgl. Teil II, 1.3.1 und 1.3.3.

II. 3. 4 Das Lebens-Gespräch in allen Räumen des Lebens

Die modellhaft skizzierten Räume sind für Karin Johne notwendig miteinander verbunden. Der private Raum der Stille und der öffentliche Alltag gehören zusammen, weil eine rein innerliche und damit theoretische, auf den Raum der Stille begrenzte Auseinandersetzung mit der Anrede Gottes, z.B. im biblischen Wort, verkümmern würde. Daher argumentiert Karin Johne gegen den Vorwurf eines Rückzugs aus der Weltverantwortung an die Meditierenden:

> »Ist nicht solches Meditieren ein Versuch, sich von den konkreten Aufgaben des Lebens, vom aktiven Dienst am notleidenden Mitmenschen zu dispensieren durch Flucht in eine weltferne Innerlichkeit? Diese Frage ist notwendig als ein Prüfstein, ob Meditieren nicht auf falsche Wege abgleitet. Wo es aber ›richtig‹ geschieht, wird man folgende Erfahrung machen: Wer selbst meditiert, [...] der erfährt es: Gerade durch dieses Meditieren wächst in ihm ein vorher nicht gekanntes inneres Wissen um die Fragen und Nöte seiner Mitmenschen. [...] Sich von solcher geforderten Hilfe zu dispensieren, würde ein Versiegen der meditativen Quellen zur Folge haben.«[615]

Wenn das in der »Meditation« in der Stille Erkannte keine alltägliche Verwirklichung findet, verflacht das Lebens-Gespräch.[616] Karin Johne geht so weit zu sagen, dass die Auswirkungen im Alltag der »Prüfstein« der »richtigen« »Meditation« sind: Kriterium dafür ist die Hinwendung zum Nächsten in der Stille und im Alltag.

Umgekehrt brauchen die Alltagserfahrungen, in denen Gottes Anrede begegnet, den Raum der Stille, um wahrzunehmen, wo und wie Gott in Freude und Leid, in Leere und Fülle begegnet. Karin Johne ist bewusst, dass es nicht selbstverständlich ist, das eigene Leben mit allen Unzulänglichkeiten und Schwierigkeiten als Geschenk Gottes anzunehmen:

> »Ich wachse nicht unmittelbar an dem, was mir begegnet – daran kann ich auch scheitern –, sondern ich wachse daran, wie ich aus meiner innersten Kraft heraus, in der Gott selbst in mir lebendig ist, auf die Geschehnisse re›agiere‹.«[617]

---

[615] Meditieren als Lebens- und Glaubenshilfe für den heutigen Menschen, 426f.

[616] Vgl. auch Geistlicher Übungsweg, 75f, zitiert in Teil II, 1.1.2 → Aufmerksam hören.

[617] Wegweisung im Alltag durch Meister Eckeharts Mystik, 10.

Diese Reaktion auf die Anrede Gottes in den glücklichen, unspektakulären und leidvollen Ereignissen[618] ist die Einübung der Haltung, die Meister Eckehart »die Dinge zu Gott hin zu durchbrechen« nennt. Für Karin Johne bedeutet das

> »[...] nichts anderes, als dass ich mir Zeit nehmen muss, die Geschehnisse, die auf mich zukommen und mich bewegen, anzuschauen und immer neu anzuschauen, bis sie gewissermaßen transparent werden.«[619]

Das eigene Leben so wie es ist als gestaltbares Material des Lebens-Gesprächs anzunehmen, entspricht für Karin Johne einem Prozess der Auseinandersetzung, in dem das, was im eigenen Leben gerade bestimmend ist, immer wieder in der Stille der »Meditation« mit Gott in Verbindung gebracht wird, solange bis es durchsichtig wird für Gottes Gegenwart.[620]

Den Austausch im gemeinschaftlichen Raum der Ökumene setzt Karin Johne als notwendig voraus, um konstruktiv und korrektiv mit den je eigenen Erfahrungen aus Stille und Alltag umzugehen.

Die Wirklichkeit Gottes und die Lebenswirklichkeit des Menschen verknüpfen alle drei Räume. Karin Johnes Praxis schriftlicher geistlicher Begleitung nutzt die Übung der »Meditation« als Hör- und Sprachschule des Lebens-Gesprächs in allen drei Räumen und begegnet so der Gefahr eines Rückzugs in die Innerlichkeit und einer individualistischen Gottesbeziehung.

Damit sind die drei Räume des Lebens-Gesprächs in ihrer je eigenen Bedeutung und ihrem notwendigen Zusammenhang als Modell für Karin Johnes Sprachschule im Lebens-Gespräch beschrieben.
Im privaten Raum der Stille wartet der oder die Begleitete regelmäßig in der »Meditation« auf Gottes Anrede, lässt diese Anrede auf sich wirken und antwortet im Gebet.

---

618 Karin Johne beschreibt diese Erwartung z.B. mit Bezug auf Meister Eckehart: »Meister Eckehart gebraucht das Bild von den verschiedenen Kleidern, in denen Gott auf den Menschen zukommt – manchmal ist es die Freude, ein anderes Mal das Leid, heute begegnet er mir in der Fülle, morgen in der Leere. Und Meister Eckehart warnt vor der großen Gefahr, das ›Kleid Gottes‹ mit Gott selbst zu verwechseln. Allein die Liebe schützt vor dieser Verwechslung: Je tiefer die Liebe eines Menschen wächst, um so leichter erkennt er auch den Herrn in seinen unterschiedlichen Weisen, in denen er ihm jeweils begegnet. Es geht um eine lebenslange Übung darin, ›die Dinge zu durchbrechen und ... Gott darin zu ergreifen‹.« (Geistlicher Übungsweg, 181)

619 Wegweisung im Alltag durch Meister Eckeharts Mystik, 10.

620 Dabei geht Karin Johne immer von einem positiven Gottesbild aus. Vgl. Teil II, 5.2.2.

Im öffentlichen Raum des Alltags begegnet Gottes Anrede in, mit und unter den Geschehnissen des Alltags. Hier verwirklicht sich die Antwort des Menschen, und im Handeln der Menschen inkarniert sich Gott.

Diese Verwirklichung, in welcher Form auch immer, ist notwendiger Teil des Lebens-Gesprächs, das nicht auf den privaten Raum beschränkt bleiben kann ohne das Gespräch zu vernachlässigen. Umgekehrt bietet der private Raum, mehr als der Alltag, Möglichkeit aufmerksam zu sein für Gottes Anrede.

Im gemeinschaftlichen Raum des Lebens-Gesprächs bringt der oder die Begleitete die eigene Gotteserfahrung ein und hört von anderen Christinnen und Christen Ergänzendes und Korrigierendes zum eigenen Erleben. Dieser Austausch geschieht im Gespräch mit Begleiterin oder Begleiter, in einer entsprechenden Gruppe, aber auch im Gottesdienst, in der Feier der Sakramente und im Hören auf Gottes Wort. Weitergehend deutet Karin Johne die Möglichkeit zum Austausch auch über die christlichen Konfessionen hinaus an. Sie begründet dies mit der gemeinsamen Grundlage, die Erfahrungen mit archetypischen Symbolen allen Menschen bieten.

Das folgende Kapitel stellt die verschiedenen Übungsformen vor, die Karin Johne in ihrer schriftlichen Begleitung vorschlägt und ordnet sie den modellhaften Räumen zu.

II. 4 UNTERSTÜTZUNG IM LEBENS-GESPRÄCH ALS ANLEITUNG

Karin Johnes schriftliche geistliche Begleitung fördert das Lebens-Gespräch in allen drei Lebensräumen durch konkrete, methodische Hinweise.[621] Für den Rückzug in die Stille, wie für Durchdringung des Alltags bietet sie überraschend vielfältige Meditationsweisen, die aus unterschiedlichen christlichen und nicht-christlichen Traditionen schöpfen. Im Folgenden werden die von Karin Johne angebotenen Übungen[622] vorgestellt. Einzelne Übungsformen finden sich in jeweils modifizierter Form in unterschiedlichen Räumen, so kann z.B. die Fürbittmeditation als Teil der »Meditation« in der Stille, aber auch als Element zur Wahrnehmung ökumeni-

---

[621] Karin Johnes geistliche Begleitung legt einen klaren Akzent auf die Anleitung zu bestimmten Übungen. Sie unterscheidet sich mit diesem Ansatz von der im Moment vor allem als seelsorgerlich-persönliche Einzelbegleitung verstandenen »Geistlichen Begleitung«. Zur genaueren Differenzierung und Einordnung vgl. Teil III, 2.4.

[622] »Übung« bezeichnet hier sowohl die Einübung ins Lebens-Gespräch als auch dessen Ausübung. Vgl. HARMS, Glauben üben, 15-18; dort auch weitere Literatur zur Begriffsgeschichte.

scher Gemeinschaft gesehen werden. Kontemplative Formen finden sich als Vorschlag für die »Meditation« in der Stille ebenso, wie sie den Alltag durchziehen können. Das macht deutlich, dass die im Modell getrennten Räume in Karin Johnes Begleitung wie in der Lebenswirklichkeit aufeinander bezogen sind und zusammen gehören. In Bezug auf die Gemeinschaft ermutigt sie die begleiteten Personen, ihre Erfahrungen mitzuteilen und die Mitteilung anderer aufzunehmen, gibt schlägt aber keine gemeinschaftlichen Übungen vor.

II. 4. 1 Anleitung zur »Meditation« in der Stille

Die zentrale Übung ist bei Karin Johne die »Meditation« in der Stille. Die Entscheidung, in dieser Weise zu üben, liegt bei der begleiteten Person. Die Begleitung bietet zunächst Hilfen für die Etablierung eines privaten Raums der Stille innerhalb des meist ohnehin gut gefüllten Alltags. Kennzeichnend für Karin Johnes geistliche Begleitung sind einfache Körperübungen. Symbol- und die Metapher-Meditationen fungieren als Grundmeditationen. Auf ihnen oder auf der ignatianischen Schriftbetrachtung bauen die Meditationen biblischer Texte auf. Die Christusmeditation hat eine besondere, kriteriologische Funktion. Lebens- und Existenzmeditationen schaffen Verbindungen zur Lebenswelt. Kontemplative Meditationen bezeichnen bei Karin Johne die zunehmend wortlose, innere Ausrichtung auf Gott, in der Erwartung, dass Gottes Geist wirkt. Die Fürbittmeditation weitet und vertieft die Fürbitte. Die für Karin Johne typische Kombination unterschiedlicher Meditationsangebote zeigt der letzte Abschnitt dieses Kapitels.[623]

II. 4. 1. 1 *Ort und Zeit*

Die »Meditation« in der Stille braucht zunächst einen festen, äußeren Rahmen von Ort und Zeit. Für die Übungswochen in »Geistlicher Übungsweg für den Alltag« schreibt Karin Johne:

> »- *Wie lange soll die tägliche Zeit der Stille vor Gott* in Gebet und Meditation *dauern?* Hier gibt es keine allgemeingültigen Gesetze, jedoch ist folgendes wichtig: Um eigene Erfahrungen mit Gott zu machen, braucht der Mensch gewöhnlich eine zusammenhängende Zeit, die mindestens fünfzehn bis zwanzig Minuten dauern sollte. Erst dann läßt die innere Unruhe nach, erst dann kann etwas aufwachen, was sich gewöhnlich tief verbirgt. Und wenn ich mir hin und wieder einmal eine Zeit von sechzig Minuten nehme für solches Gebet, dann zeigen sich oft ganz neue Dimensionen des Betens [...]

[623] Teil II, 4.1.9.

- *Wie kann ich* für mich *diese Zeit der täglichen Stille absichern*? Hilfreich ist eine klarer, fester Vorsatz [...] Dann sollte ich eine störunanfällige Zeit wählen [...] Der feste, gleichbleibende Platz und die gleichbleibende Zeit am Tage sind als Hilfen nicht zu unterschätzen: Es ist so, als könnten der Raum und die Zeit etwas von der Atmosphäre des Betens in sich aufnehmen und mir dann am nächsten Tag wieder hilfreich vermitteln.«[624]

Unabhängig von theologischer Positionierung und historischem Rahmen ist die Empfehlung von regelmäßigem Ort und regelmäßiger Zeit allen Aszetik-Lehrenden gemeinsam.[625] Als Grund für diese feste Vorgabe gibt Karin Johne 1993 in ihrem vierten, veröffentlichten Briefkurs an:

»Nachdem ich mich nun schon seit einigen Jahren auf diese Form der Briefkursarbeit in besonderer Weise konzentriert habe, darf ich sagen, daß gerade strenge äußere Regeln entscheidend zum fruchtbaren Gelingen solch einer Wegstrecke beitragen, wenn sie von den Teilnehmer/innen akzeptiert werden. Wie bei Einzelexerzitien ist es auch hier der Zusammenklang von klar abgesteckter äußerer Form und ganz großer innerer Freiheit des einzelnen, wie er diese Form selbst füllt, der sich als besonders fruchtbar erwiesen hat.«[626]

Die festgelegte Zeit und der feste Orte bieten den Freiraum, innerhalb dessen sich ein eigener Weg im Lebens-Gespräch mit Gott entwickeln und entfalten kann.

---

[624] Geistlicher Übungsweg, 31f.

[625] Vgl. z.B. nach der grundsätzlichen Klärung von Gründen und Zielen der Meditation die Beschreibung des konkreten Vollzugs bei Bonhoeffer: »Die Zeit der Meditation liegt morgens vor dem Beginn der Arbeit. Eine halbe Stunde wird die geringste Forderung sein, die eine rechte Meditation an uns stellt. Völlige äußere Ruhe und der Vorsatz, sich durch keinerlei noch so wichtige Dinge ablenken zu lassen, sind selbstverständliche Voraussetzungen.« (Dietrich Bonhoeffer, Illegale Theologen-Ausbildung: Finkenwalde 1935-1937 (DBW 14), hg. von Otto Dudzus und Jürgen Henkys, München 1996, hier: 949)
Sehr konkret rät der Pastor der Willow-Creek-Gemeinde, Bill Hybels, in einem seiner Bestseller: »Wenn Sie beten lernen wollen, dann suchen Sie sich einen ruhigen Ort, der frei von Ablenkungen ist. Es muss keine Kapelle sein; es kann der Abstellraum, die Vorratskammer, der Stall, Ihr Büro oder der Vordersitz Ihres Wagens sein [...]. Gehen Sie dort zu einer Tageszeit hin, zu der Sie besonders ›wach‹ sind [...]. Wichtig ist, dass Sie sich dort regelmäßig [...] mit Gott treffen. (Bill Hybels, Aufbruch zur Stille. Von der Lebenskunst, Zeit für das Gebet zu haben, München 2009)
In dieser Frage stimmen auch unterschiedliche Meditationsformen überein. (Vgl. Bayreuther, Meditation, 285f)

[626] Kreuz als Erlösung, 10.

Wie dieser private Raum der Stille methodisch und inhaltlich gefüllt wird, entscheidet der oder die Einzelne. Ziel ist in jedem Fall die Öffnung zu Gott hin im hörenden und antwortenden Beten.

II. 4. 1. 2 *»Meditation« mit Leib und Seele*

Obwohl jeder Mensch meditieren kann, wird die Haltung der Meditation durch bestimmte Faktoren gefördert. Für Karin Johne ist keine bestimmte Körperhaltung[627] oder Atemübung unabdingbar notwendig für die geistlichen Übungen. Nur in »Ökumenische Meditationsbriefe« äußert sie sich etwas ausführlicher.[628] Sie beginnt dort die Übungen mit der Wahrnehmung und Lockerung des Körpers und mit der Wahrnehmung und Entspannung des Atems. Alle Körperhaltungen, ob sitzend oder liegend, sind möglich, vorausgesetzt, dass auch über längere Zeit keine Spannungen entstehen und ein freies Atmen möglich ist. Karin Johne berücksichtigt, dass viele Menschen körperlich nicht in der Lage sind, spezielle Meditationshaltungen einzunehmen. Sie verweist darauf, dass schon die innere Entspannung von Gesicht und Händen sich auf die Entspannung des ganzen Körpers auswirkt.

Karin Johne legt Wert darauf, den ganzen Menschen in die Meditation einzubeziehen. Daher bietet sie an vielen Stellen einfache Leib- und Atemübungen an, die bestimmte Inhalte aufnehmen und vertiefen können. Neben der Körperhaltung sind auch das laute Lesen[629] und der bewusste Einsatz des Atmens[630] den Körper einbeziehende Formen der Meditation.

> »Die Meditationsbewegung ist mit dadurch geprägt, daß sie um den engen Zusammenhang von Leib und Seele weiß. Nicht nur seelische Vorgänge wirken sich oft im Leib aus (Wirkung von Freude und von Kummer auf unsere Bewegungen! ...), sondern man kann seelische Zustände gezielt vom Leiblichen her beeinflussen!«[631]

Leibmeditationen öffnen und vertiefen die Aufnahmefähigkeit durch die Verbindung der verschiedenen Bereiche menschlichen Bewusstseins. So empfiehlt sie z.B. das reale Spüren eines Steines in der Hand in Verbindung mit den Worten aus Ezechiel 36, 26 vom steinernen und fleischernen

---

627 Z.B. der Lotussitz oder ein Gebetsschemel.

628 Ökumenische Meditationsbriefe, 21-27; Meditation für Kranke, 20-27; Wege zum Wesentlichen, 25-30.

629 Vgl. Teil II, 4.1.4.

630 Vgl. Teil II, 4.1.7.

631 Ökumenische Meditationsbriefe, 21.

Herz[632] oder ein »Kurzgebet zu Beginn des Tages«, das Gesten und Inhalt verbindet:

> »- Ich zeichne ein Kreuz auf meine Lippen: ›Herr, öffne meine Lippen, damit mein Mund dein Lob verkünde ...‹
> - Ich öffne meine Hände wie eine Schale nach oben: ›Herr, fülle meine Hände‹
> - und ich drehe sie mit der Handfläche nach unten: ›damit mein Tun dein Lob verkünde ...‹
> - Ich lege meine Hände zusammen in der Anbetungshaltung: ›Herr, binde meine Hände, damit mein Lassen dein Lob verkünde ...‹
> - Und ich breite meine Arme aus, so daß ich in Kreuzesform stehe oder knie: ›Herr, brich auf mein Herz, damit mein Sein dein Lob verkünde ...‹«[633]

Karin Johne nutzt mit dieser Form der Übung die oft unbewusste, aber wirksame Verbindung von Körperhaltung, innerer Haltung und gesprochenem oder gedachtem Wort: Berührung der Lippen und Bitte um die Öffnung der Lippen; Öffnung der Hände und Bitte um Füllung; Still-Halten der Hände und Erinnerung an das »Lassen«; Weiten des Oberkörpers und Bitte um die Öffnung des »Herzens« jeweils zum Lob Gottes.
In der »Meditation« ermöglicht und unterstützt die Körperhaltung oder -bewegung so die Wirkung des meditativen Geschehens im »ganzen Menschen«.

Für Karin Johne ist die bewusste Wahrnehmung der Einheit von Körper, Geist und Seele eine Grundkonstante, auf die sie ihre Arbeit aufbaut. Gebets- und andere Gebärden, die eine innere Haltung hervorrufen oder unterstützen oder auch Übungen aus dem Hatha-Yoga[634] integriert Karin

---

[632] Geistlicher Übungsweg, 227.

[633] Kreuz als Erlösung, 98. Weitere Beispiele finden sich auch in: Auf dem Weg zum Licht, z.B. 46, 107.

[634] 1990, zehn Jahre vor der Veröffentlichung des Buches »Das Sonnengebet« des Jesuiten Sebastian Painadath, stellt Karin Johne in einem kurzen Aufsatz ihre Interpretation des »Grußes an die Sonne« aus dem Hatha-Yoga als »Gebet des Leibes« vor und begründet diese Möglichkeit der Verbindung christlicher Fürbitte und einer Yoga-Übung so: »Es handelt sich bei dem ›Gruß an die Sonne‹ um eine jahrhundertealte Folge von Gebetsgebärden, die in einem tiefen Zusammenhang miteinander stehen [...] Ich gehe hier von der Arbeitshypothese aus, daß es so etwas wie ›Archetypen‹ im Sinn von C.G.Jung nicht nur in Bildsymbolen gibt, sondern daß in einer solchen über Jahrhunderte hin gewachsenen Folge von Leibhaltungen auch etwas liegt, was man als archetypische Folge von Gebetsgebärden bezeichnen könnte. Wenn das aber so ist, dann greift diese Möglichkeit hinaus über den Rahmen der Yoga-Spiritualität. Dann muß sich diese Übungsfolge auch mit anderen Gehalten füllen lassen. Oder umgekehrt: Aus dem Erleben, wie selbstverständlich sich diese Übungsfolge als christliche Fürbitte, angeschlossen an das Inkarnationsgeschehen,

Johne in ihrer Arbeit. Ihr Anliegen ist es, jeden Bereich des Menschseins anzusprechen und in den geistlichen Weg einzubeziehen. Die einfachen Formen, die Karin Johne auch mit Rücksicht auf körperbehinderte Teilnehmende benutzt, haben zusätzlich den für eine literarische Anleitung unschätzbaren Vorteil der leichten Beschreibbarkeit.

II. 4. 1. 3 *Symbol- und Metaphermeditation*[635]

Die Symbolmeditation ist häufig Karin Johnes »Grundmeditation«, die »Meditation«, die die Aufgabe hat, »mich an der Stelle innerlich zu öffnen, wo ich vielleicht für das Anliegen des Textes ansprechbar sein könnte.«[636] Ein Objekt, ein Mensch oder eine Handlung werden in der »Meditation« wahrgenommen, und es wird erspürt, was sie im Leben der Meditierenden und im Blick auf Gott zum Klingen bringen.

> »Auf die Grundthemen lauschen, die sich wie das Thema einer Bach'schen Fuge durch die Welt der Dinge und Ereignisse – durch die innere Welt des Menschen – und durch die Geheimnisse dessen, was uns Gott offenbart hat, hinziehen: Einen ›Weg‹ kann ich betreten – meinen Lebens,weg‹ kann ich anschauen – den ›Weg‹ Gottes mit seinem Volk kann ich zum Inhalt meiner Anbetung werden lassen: Das gleiche Wort ›Weg‹ auf drei verschiedenen Ebenen weist daraufhin, daß es da verborgene ›Entsprechungen‹ gibt. Das Wort wird zum Symbol, das mir hilft, Wirklichkeiten dieser verschiedenen Ebenen

---

vollziehen ließ, ergab sich für mich die Möglichkeit, hier an so etwas wie ein archetypisches Geschehen zu denken. Denn Archetypen sind immer offen für unterschiedlichste Deutungen und Füllungen.« (Yoga im Dienst christlicher Fürbitte, 22).

[635] Weitere Unterformen der Symbolmeditation finden sich in »Auf dem Weg zum Licht«: »Eine *Phantasiemeditation* kann eine erweiterte Symbolmeditation sein. Es gilt dabei, sich viel Zeit dafür zu nehmen. Bereits Ignatius von Loyola schlägt vor, sich mit seiner Phantasie – also mit allen inneren Sinnen – in eine biblische Geschichte hineinzudenken, hineinzufühlen – und sich dann selbst als Teilnehmer dieser Geschichte zu erleben. Das ist in vielen Richtungen möglich. [...] Eine ähnliche Form der Symbolmeditation ist die *Identifikationsmeditation*. Indem ich mich in eine Person so gut als möglich hineinversetze, mich mit ihr zu identifizieren versuche, kann ich entdecken, in welcher verborgenen Ecke meines Wesens auch etwas lebt, was im Anschauen dieser Person hervorkommt. So können mir alle biblischen Gestalten (nicht nur die positiven!) etwas offenbaren, was auch in mir selbst lebt. [...] Ähnliches kann ebenso geschehen, wenn ich mir innerlich meditierend die *Begegnung* mit einer bestimmten Person vorstelle – und meine eigenen Reaktionen beachte, welche diese Begegnung in mir hervorruft. In allen diesen verschiedenen Formen geht es um das Anliegen, auch meine verborgenen Winkel in mir ans Licht kommen zu lassen, um sie von Gott durchleuchten und heilen zu lassen.« (Auf dem Weg zum Licht, 12; Kursivsetzungen: B.Z.).

[636] Die Kraft des Glaubens, 14.

miteinander ins Gespräch (›entsprechen‹!) kommen zu lassen. Das geschieht in der *Symbolmeditation.*«[637]

Das Symbol »Weg« beleuchtet Karin Johne von unterschiedlichen Wirklichkeitsebenen aus: der physisch betretbare, geographisch beschreibbare »Weg« steht neben dem biografisch bestimmten »Lebens,weg‹« und dem theologisch erfassbaren »›Weg‹ Gottes mit seinem Volk«. Dabei wird die Art des »Weges« nicht näher bestimmt, so dass das Bildsymbol individuelle Möglichkeiten der Anknüpfung ermöglicht. Um den Gegenstand der Symbolmeditation zu erfassen, betont Karin Johne jeweils zunächst die aufmerksame und sorgfältige Wahrnehmung mit inneren und äußeren Sinnen. So dienen z.B. die ersten drei der 15 Wochen von »Geistlicher Übungsweg« der bewussten Vertiefung der inneren Aufmerksamkeit gegenüber Gott, der Welt und dem biblischen Wort.[638]

Die Umkehrung der Symbolmeditation ist die Metaphermeditation.[639] Hier soll der oder die Meditierende eine bestimmte Erfahrung in einem Bild fassen, das das für ihn oder sie Wesentliche ausdrückt:

> »Während ich in der Symbolmeditation vom sinnlichen Zeichen (dem Symbol) ausgehe und es auf eine geistige oder geistliche Wirklichkeit übertrage [...], lasse ich mich in einer Metaphermeditation auf eine sinnlich nicht faßbare Wirklichkeit ein und warte, was mir dazu für ein Gleichnisbild einfällt (z.B. Glaube ist für mich wie ... ein langer Weg [...]). Dabei muß ich beachten: 1. Jedes Symbolbild [...] betont nur eine Seite der Wirklichkeit, die es verdeutlicht. 2. Wenn ich bei einer Metaphermeditation nicht zu stark vom Verstand her arbeite, sondern mich leer mache und warte, was mir ›einfällt‹, dann kann gerade das Bild, das sich mir anbietet, für meine Auffassung dieser Wahrheit oder auch für meinen augenblicklichen Zustand aufschlußreich sein. 3. Wenn sich eine Fülle von Bildern anbietet, dann muß ich mich für eines entscheiden und dabei verweilen, bis ich es ›ausgekostet‹ habe. Bei einer späteren Meditation über das gleiche Thema wird sich mir häufig ein anderes Symbolbild anbieten.«[640]

---

637 Meditieren mit dem Mattäusevangelium, 9f. Ausführlich zur Symbolmeditation in: Ökumenische Meditationsbriefe, 32-38 und 50-63. Das Gemeinte wird anschaulich z.B. in der Übung zur Meditation von Joh 8, 12 »Ich bin das Licht der Welt« in: Geistlicher Übungsweg, 80.

638 Geistlicher Übungsweg, 25-82; Übersicht: 5 und 25.

639 Ökumenische Meditationsbriefe, 40; Geistlicher Übungsweg, 97.

640 Geistlicher Übungsweg, 97. Ausführlich dazu auch: Ökumenische Meditationsbriefe, 39-42 und 43-49.

Symbol- und Methapher-Meditation nach Karin Johne öffnen Assoziations- und Verständnismöglichkeiten durch die Verbindung unterschiedlicher Erfahrungsräume auf symbolischer Ebene. In der Anregung zur Interpretation achtet Karin Johne auf die »Kennzeichen eines Symbols«.[641]

II. 4. 1. 4 *Biblische oder Text-Meditation*

Weil die Bibel in einer »verdichteten Weise«[642] von Gott spricht, verwundert es nicht, dass Karin Johne sehr häufig biblische Meditationen vorschlägt.

> »Oft wird eine *biblische Meditation* angeboten, die dazu helfen soll, den Impuls, das Thema des jeweiligen Tages von der Bibel her neu durchleuchten zu lassen. Dazu ist es wichtig, auf das biblische Wort zu lauschen, es mehrmals zu lesen (wenn es geht, auch einmal laut) und dabei zu versuchen, wie die alten Mönchsväter sagten, ›das Denken in das Herz zu führen‹. Wem ein Wort schon zu bekannt vorkommt, kann auch einmal die Methode ausprobieren, die Ignatius von Loyola vorschlägt: bei jedem Atemzug nur ein Wort zu lesen. Vielleicht gelingt es, das Bibelwort als hilfreiches Wort für mein Leben im Jetzt und Hier zu erfahren. Und immer geht es darum, den eigenen Weg zu finden, der gerade jetzt für mich richtig und hilfreich ist.«[643]

Die Textmeditation ist nach Karin Johne ein nicht rationales Durchdringen von Situation und biblischer Botschaft. Ihr geht es um ein symbolisches Verstehen.[644] Das laute Lesen lässt auch an Martin Luthers Empfehlung in »Eine einfältige Weise zu beten für einen guten Freund« denken, beim Beten zunächst einige Teile des Katechismus oder Bibelverse »mündlich für mich selbst zu sprechen, ganz und gar wie die Kinder tun«[645] oder an seine Ermahnung in der Vorrede zum ersten Band der Wittenberger Ausgabe der deutschen Schriften von 1539, das rechte Studium der Theologie mit *Oratio, Meditatio, Tentatio* zu treiben und in einer Weise zu meditieren »nicht allein im Herzen, sondern auch äußerlich die mündliche Rede und im Buch geschriebenen Worte immer treiben und reiben, lesen und wiederlesen, mit fleißigem Aufmerken und Nachdenken, was der heilige Geist

[641] Vgl. Teil II, 1.2.2.

[642] Vgl. Teil II, 1.1.1 → Gottes Offenbarung.

[643] Auf dem Weg zum Licht, 10f.

[644] Vgl. Teil II, 1.4.

[645] Martin LUTHER, WA 38, 359, 2f; zitiert in der Übersetzung: Martin LUTHER, Ausgewählte Schriften, Bde. 1-6, hg. von Karin BORNKAMM und Gerhard EBELING, Frankfurt ²1983, 269.

damit meint.«[646] In einigen Kursen Karin Johnes finden sich auch stärker an die ignatianische Betrachtung angelehnte Meditationen von Texten.[647]

II. 4. 1. 5 *Christusmeditation*

Eine besondere Funktion hat die Christusmeditation in Karin Johnes Begleitungsarbeit, weil in Christus das »Wort Gottes« unmittelbar begegnet. In der Christusmeditation wird daher für Karin Johne das Kriterium zur Beurteilung von Entscheidungen und Handlungen sichtbar.[648]

> »Die *Christusmeditation* ist die Mitte jeder Betrachtung; im Schauen auf Christus prüfe ich, ob die Wahrheit, die mir aus dem Text entgegenkommt, innerhalb der Fülle Gottes steht, wie sie mir durch Jesus Christus anschaubar wird.
> – Im Schauen auf Jesus Christus erkenne ich auch, worum ich für mich selbst bitten darf; dieses Schauen weist meinem Bittgebet [...] ebenso die Richtung wie meinem Bußgebet [...].
> – Ebenso zeigt das Schauen auf Christus meinem Fürbittgebet den Weg. Gott weiß besser als ich, was der Mensch braucht, für den ich bete – immer aber bete ich richtig, wenn ich um das bitte, was den anderen Christus ähnlicher macht [...].«[649]

Diesen Prozess beschreibt Karin Johne in »Ökumenische Meditationsbriefe« am Beispiel Jugendlicher, die sich von einem Vorbild prägen lassen. In gleicher Weise kann die »Meditation« von Szenen aus den Evangelien Christinnen und Christen prägen. Karin Johne verwendet die Christusmeditation auch oft im kontemplativen[650] Sinn.

> »›Im Schauen auf dein Antlitz – da werden wir verwandelt in dein Bild‹ – sagt mit einem Liedvers, worum es in der Christusmeditation geht. Was ich in Liebe anschaue, da hinein werde ich innerlich verwandelt. Dies ist ein Grundgedanke der christlichen Mystiker.«[651]

---

[646] Martin Luther, WA 50, 659, 22–25; zitiert in der Übersetzung: Martin Luther, Ausgewählte Schriften, Bd. 1, 9.

[647] Beispielhaft in der einwöchigen Meditation der Blindenheilung (Mk 10, 46–52) unter unterschiedlichen Aspekten in: Geistlicher Übungsweg, 74–82 unter Rückbezug auf 41f: *»4. Durch Anwendung der inneren Sinne empfangsfähig werden«.*

[648] Zur Unterscheidung vgl. auch Teil II, 5.2.4.

[649] Meditieren mit dem Mattäusevangelium, 11f; ausführlich: Ökumenische Meditationsbriefe, 76–82; anschaulich wiederum: Geistlicher Übungsweg, 76f.

[650] Zum Begriff »Kontemplation« vgl. Teil II, 4.1.7.

[651] Auf dem Weg zum Licht, 11.

Die Christusmeditation kann so innerhalb einer anderen Symbolmeditation eine Korrektur auslösen. Erst die Prüfung »im Schauen auf Christus« legitimiert oder korrigiert ein bestimmtes Text- oder Situationsverständnis, das sich in einer Meditation zunächst nahe gelegt hatte.

II. 4. 1. 6 *Lebens- oder Existenzmeditation*

Je nach aktueller Situation der begleiteten Person kann es auch hilfreich sein, bei der eigenen Lebens- oder Existenzerfahrung anzusetzen, ohne diese vorschnell zu interpretieren.

> »Es werden Lebensmeditationen angeboten, in denen es darum geht, einmal unter einem bestimmten Blickwinkel *das eigene Leben* anzuschauen – ohne Angst oder vorschnelle Beurteilung. Unser innerer Zensor, der immer gleich urteilen will, ob etwas gut oder schlecht ist, kann uns daran hindern, der ganzen Wirklichkeit ins Auge zu schauen. Denn tief sitzt in uns allen die Verhaltensweise, die in dem bekannten Vers humoristisch ausgedrückt ist: ›*Also schließt er messerscharf: Nicht sein kann, was nicht sein darf.*‹
> In solcher Lebensmeditation kann ich den Tagesimpuls in meiner eigenen Weise aufnehmen, so wie es jetzt und hier für mich richtig und wichtig ist. Es geht darum, einfach kommen zu lassen, was kommen will.«[652]

Karin Johne nimmt hier in der »Meditation« die gegebene Alltagssituation in den Blick. Im Sinn der Korrelationstheorie von Paul Tillich geht diese Form der Meditation nicht zuerst vom »Wort Gottes« aus, sondern fokussiert die wahrgenommene Situation des meditierenden Menschen. Wichtig ist dabei die möglichst urteilsfreie Wahrnehmung. Sie ermöglicht ein Lebens-Gespräch, in dem die begleitete Person wirklich anwesend ist.

II. 4. 1. 7 *Kontemplative Meditationsmethoden*

Neben den oben beschriebenen Meditationsformen, die den Geist als aufnehmendes und ordnendes Medium nutzen und sich darüber hinaus darum bemühen, das Wahrgenommene nicht nur rational zu verarbeiten, sondern in Kontakt mit dem ganzen Menschen zu bringen, bietet Karin Johne verschiedene Meditationsmethoden an, die stärker kontemplativ ausgerichtet sind.

> »Kontemplation [...] meint das liebende Sich-Öffnen für das in Gott verborgene, in Christus aber offenbarte Geheimnis der Liebe Gottes. Kontemplation heißt: Sich von dieser Wirklichkeit ganz bis in die Tiefe durchdringen lassen, den Samen in gutem Erdreich aufnehmen, damit er wachsen und Frucht bringen

---

652 Auf dem Weg zum Licht, 12f.

kann. Solche christliche Meditation sammelt sich im Schauen auf Christus, um ihm ähnlich zu werden. Denn was ich liebend anschaue, prägt sich mir ein in der Tiefe, in der die Wurzeln meines Seins und meines Tuns liegen. Kontemplation bezeichnet einen Schatz geistlichen Lebens, wie er in der abendländisch-christlichen Kultur gewachsen ist.«[653]

Ihr Verständnis von »Kontemplation« leitet Karin Johne dabei vom »vierstufigen Gebet« mit *lectio, meditatio, oratio* und *contemplatio* her,[654] betont aber:

»Dennoch [trotz der Einordnung im »vierstufigen Gebet«] bleibt die Unklarheit, daß mit dem Begriff Kontemplation sowohl ein *Weg* beschrieben wird, den der Mensch sehr wohl selbst gehen kann – und gleichzeitig auch das *Ziel*, das Hineingenommenwerden in die letzte Tiefe und Stille, in die unmittelbare Berührung mit Gott selbst. Und dieses Ziel ist und bleibt immer neu reines und nicht zu verdienendes Geschenk Gottes.«[655]

In ihren Anleitungen will Karin Johne die »Kontemplation« als »Weg«, also als Methodik, nicht als menschlich erreichbares »Ziel« der Einung mit Gott verstanden wissen. Drei Formen kontemplativer Übungen bietet Karin Johne an: Die Atemmeditation, das Wiederholungsgebet und die wortlose Kontemplation.

Atemmeditation. Über die entspannende Wirkung des Atem-Kommen-und-Gehen-Lassens hinaus nutzt Karin Johne auch die Verbindung von Atem und Meditationsinhalten als Atemmeditation.

»Das Meditieren an mein Atmen zu binden, kann für manchen eine wertvolle Hilfe sein. Der Atem kommt und geht ohne unser Zutun. Wer versucht, sein Atmen zu regulieren, hat damit oft große Schwierigkeiten. Aber ein bestimmtes Wort an das Ein- und Ausatmen zu binden, kann dazu helfen, mit dem Einatmen dieses Wort immer tiefer in mich hineinzunehmen und mit dem Ausatmen (dabei atme ich in meine innerste Mitte hinein) dieses Wort immer tiefer in mich einzulassen. Und ein Wort der Bibel ist mehr als ein Wort, es trägt den Inhalt in sich, den ich mit diesem Wort in mich hineinatme. Diese

---

[653] Meditieren als Lebens- und Glaubenshilfe für den heutigen Menschen, 426. Kontemplation bezeichnet also für Karin Johne ein Meditieren als »liebendes Anschauen« und sich prägen lassen. Karin Johne verweist ausdrücklich darauf, dass das kontemplative In-Berührung-Mit-Gott kommen zugleich einen Weg und ein Ziel bezeichnet. Das Erreichen dieses Ziels ist ein Geschenk Gottes, den Weg zu beschreiten ist ein Angebot an den Menschen. (Mystik, 24).

[654] Einübung in christliche Mystik, 16.

[655] A.a.O., 24.

Form des Betens mit dem Atem kennt die Ostkirche im Jesusgebet, aber sie ist schon viel älter, sie findet sich bereits bei Johannes Cassian im 4. Jahrhundert nach Christus.«[656]

Karin Johne empfiehlt, die einzelnen Worte oder kurzen Sätze in Verbindung mit dem Atem zu meditieren, ohne den Wortsinn, den Atem oder deren Verbindung allzu bewusst und dadurch verkrampfend zu suchen. Wesentlich ist das Verweilen bei einem Wort oder Satz über einen längeren Zeitraum hinweg.[657]

Wiederholungsgebet. Karin Johne entdeckte diese Gebetsform für sich durch die Lektüre des Wüstenvaters Johannes Cassian. Die »ruminatio« (lat. »wiederkauen«) bezeichnet das beständige innere oder halblaute Wiederholen eines Bibelwortes oder Gebetssatzes, oft verbunden mit dem Atem.[658]

Das Wiederholungsgebet[659] ist ungewöhnlich für protestantische Frömmigkeitsformen. Karin Johne bringt diese Form in Verbindung mit dem Jesus-Gebet der Ostkirche und andererseits mit der traditionellen Form des Rosenkranzes als dem »verbreitetsten Meditationsgebet in der katholischen Volksfrömmigkeit«.[660] Beim Wiederholungsgebet, wie es Karin Johne vorschlägt, bilden ein Anfangs- und ein Schlussvers das Rahmengebet, in das jeweils ein Glaubensgedanke als »Gesätz« eingefügt wird, der sich z.B. aus der Meditation eines biblischen Textes oder einer Ikone entwickelt hat. Dieses dreigliedrige Gebet wird zehnmal wiederholt, dann

---

656 Auf dem Weg zum Licht, 13f.

657 Einübung in christliche Mystik, 24f. Karin Johne bezieht sich für das »Jesus-Gebet« auf Johannes Bours (Johannes Bours, Das Jesusgebet. Eine Hinführung, Emmerich 1962, genannt in: Geistlicher Übungsweg, 45, Anm. 14); vgl. auch zur Einordnung in evangelische Spiritualität: Hans-Martin Barth, »Betet ohne Unterlaß!« Das Herzensgebet der Ostkirche für Protestanten entdeckt, in: Richard Riess (Hg.), Wenn der Dornbusch brennt: Beiträge zum Pfarrerberuf, zur Praxis geistlichen Lebens und zum Weg der Kirche. Eine Festgabe für Dieter Voll, München 1989, 219–231; zur Einordnung in die ignatianische Spiritualität vgl. auch Franz Jalics, Kontemplative Exerzitien. Eine Einführung in die kontemplative Lebenshaltung und in das Jesusgebet, Würzburg [12]2009, bes. 12–15.

658 Vgl. Wortgebet und Schweigegebet, 40-42.

659 Diese Gebetsform verwendet Karin Johne noch nicht in: Ökumenische Meditationsbriefe (1977) und in: Meditieren mit dem Mattäusevangelium (1981). Ab: Geistlicher Übungsweg, 43-46 und 206–218 (1986), empfiehlt sie diese Form der Vertiefung in allen ihren Büchern mit Ausnahme von: Kreuz als Erlösung (1993). (Vgl. Mystik, 23f; Die Kraft des Glaubens, 17; Auf dem Weg zum Licht, 9). Ausführlich beschreibt sie das Wiederholungsgebet auch in: Geistliches Wachsen im Alltag, 129–133 und Mitarbeit an der Schöpfung Gottes, 146–149.

660 Geistlicher Übungsweg, 45f.

wird der nächste Glaubensgedanke eingefügt und so weiter. Karin Johne übernimmt diese Form des Betens aus einer Anleitung Romano Guardinis.[661] Anders als der sie anregende Romano Guardini gibt Karin Johne keine Gesätze vor, sondern ermutigt und leitet die Meditierenden und Betenden dazu an, eigene Gesätze zu formulieren. Josef Gülden schlägt vor, Kernsätze der Evangeliumslesung oder ein bestimmtes, eindrucksvolles Wort in die Mitte des Wiederholungsgebetes zu nehmen. Eigenes Formulieren ist bei beiden römisch-katholischen Geistlichen nicht vorgesehen.[662] Karin Johne erinnert an die Litanei als Form des Wiederholungsgebetes, die in der evangelischen Tradition noch lebendig ist. Karin Johne sieht in diesen wiederholenden Gebetsformen eine große Chance:

> »Denn die gleichbleibenden Gebetsworte sinken nach mehrmaliger Wiederholung gewissermaßen ins Unterbewußte ab [...] [und] gleichzeitig wird ein Teil der inneren Unruhe dadurch gebunden und in gute Bahnen gelenkt. Das befreit meine anderen inneren Fähigkeiten dazu, ein wesentliches Glaubensgeheimnis zu umkreisen; Gedanken und Gefühle können sich in diesem vorgegebenen Rahmen frei bewegen und das Geheimnis ›umspielen‹ (im guten Sinn des Wortes). So erlebe ich das gleiche von einer immer neuen Sicht aus und gelange dabei immer mehr in die Tiefe.«[663]

Das Wiederholungsgebet ist für Karin Johne ein möglicher Zwischenschritt zwischen betrachtendem und kontemplativen, d.h. auch zunehmend wortlosem Gebet,[664] aber auch eine wichtige Möglichkeit, etwas in der »Meditation« bzw. im Gebet Erkanntes in den Alltag einfließen zu lassen. Auf dem Wiederholungsgebet liegt im Kurs »Auf dem Weg zum Licht. Exerzitien im Advent« ein besonderer Schwerpunkt. Es wird hier jeweils als erste Meditationsform vorgeschlagen und ist ausführlich beschrieben.[665] Dabei besteht Karin Johne aber auf dem Grundsatz freier Wahl und der absoluten

---

661 Romano GUARDINI, Fünfzehn Gesätze zur stillen Anbetung, in: GÜLDEN, Josef (Hg.), Lehre uns beten. Lehr- und Gebetbuch für das persönliche Gebet des Christen in der Welt, Leipzig 1963, 445f, hier: 445.

662 Vgl. Romano GUARDINI, Der Rosenkranz, in: GÜLDEN, Lehre uns beten, 371f sowie GÜLDEN, Lehre uns beten, 372.

663 Geistlicher Übungsweg, 44. Ähnlich GUARDINI, Rosenkranz, 371f.

664 Mystik, 23. Im Sprachgebrauch Guardinis ist das »betrachtende Gebet« bereits eine kontemplative Gebetsform, die zunehmend auf Worte verzichtet (GUARDINI, Rosenkranz, 371; ebenso GÜLDEN, Lehre uns beten, 371); Karin Johne spricht vom »betrachtenden Gebet« als dem durchaus sprachlich gebundenen Beten oder Meditieren im Sinn des Ignatius und verbindet mit dem Begriff der »Kontemplation« die fast oder vollständig wortlos geschehende Hinwendung im Gebet zu Gott.

665 Auf dem Weg zum Licht, 9f und 24.

Gleichwertigkeit unterschiedlicher Formen des Gebets. Wem also das Wiederholungsgebet fremd bleibt, soll sich nach Karin Johnes Rat auf keinen Fall dazu zwingen.

Wortlose Kontemplation.[666] Das Hineinfinden in die Stille als einen inneren Raum, zu dem weder »Gedanken noch Gefühle einen Zugang haben«[667] ist nach Karin Johnes Überzeugung und Erfahrung nicht machbar, sondern bleibt »Geschenk der Gnade«. Es ist weder zu erwerben noch »festzuhalten«. Alle Übung führt »niemals weiter als bis an die Schwelle dieses Raumes [...] Jenseits dieser Schwelle hört jedes eigene Wollen und Können auf; in diesen Bereich reicht kein unterscheidendes Wort oder Bild hinein, und damit tritt auch jedes verstandesmäßige Begreifen zurück.«[668] Trotzdem besitzt dieser Zustand nach Karin Johne große Wirksamkeit, weil er das Leben beeinflusst. Allerdings wird diese Wirkung »bestenfalls im Nachhinein spürbar«.[669]

Das Bleiben im liebenden Anschauen dessen, worin Gott als gegenwärtig begegnet, ist eine der Grundübungen in »Ökumenische Meditationsbriefe«.[670] In »Geistlicher Übungsweg« begegnen kontemplative Formen besonders in den Impulsen zur Lied- und Bildmeditation, dabei besonders deutlich in der zweiten Übungswoche der Ikonenmeditation der Dreieinigkeitsikone von Rubljow.[671] In »Kreuz als Erlösung« führen unterschiedliche Impulse ins Kontemplative, das heißt, sie laden ins zunehmend wortlose Verweilen vor Gott ein. So z.B. das »Meditative Gebet«:

> »Ich bringe alles, was mir aufgegangen ist, betend vor Gott. So wie ich mich im Spiegel dieser Symbolbilder gesehen und erlebt habe, so halte ich mich einfach Gott hin ...« oder:»Ich stehe in meiner Kreuzform vor Gott – und spüre die Blüte meiner Mitte als Ort, der durchlässig ist zwischen irdischem und himmlischem Bereich ... Ich halte sie geöffnet vor Gott hin und warte bittend ohne Worte, ob mein »Querbalken« nach einiger Zeit zum tragenden Grund des himmlischen Bereiches wird, ob er Knospen und Blüten ansetzt«.[672]

---

[666] Karin Johne bezieht sich dabei auch auf EVAGRIUS PONTICUS, Über das Gebet.
[667] Wortgebet und Schweigegebet, 47.
[668] A.a.O., 48.
[669] Ebd.
[670] Sehr anschaulich beschreibt Karin Johne die Wirkung des »Schwärmens« für einen Menschen bei Jugendlichen und überträgt die Wirkung behutsam auf das, was in der Meditation geschehen kann. Ökumenische Meditationsbriefe, 73f.
[671] Geistlicher Übungsweg, 49–62.
[672] Kreuz als Erlösung, 40 und 68.

Innerhalb der vielfältigen Möglichkeiten, die Karin Johne anbietet, ist die kontemplative Meditation eine mögliche. Sie öffnet in Gedanken oder in der Meditation bereits Erfahrenes »zu Gott hin« und vertraut auf ein »Wirken«, das jenseits von Wissen und Wollen eintreffen kann.

II. 4. 1. 8 *Fürbittmeditation*

In der Fürbittmeditation[673] wird die Verbindung der unterschiedlichen Lebensräume deutlich. Sie nimmt Menschen aus den Räumen »Alltag« und »Ökumene« in den Blick, für die zu bitten als eigene Aufgabe angenommen wird.[674] Der Raum der »Meditation« gibt der Fürbitte Richtung und Tiefe, in dem entweder ein Mensch zum »Symbol« für andere wird:

> »Ich richte meine Augen innerlich auf einen mir bekannten Menschen, der sich in dieser Situation des Nicht-mehr-weiter-Könnens befindet ... Und ich sehe ihn als Symbol für eine unzählige Schar von Menschen, die er vertritt ...«[675]

Oder ein Mensch wird von den Symbolen eines biblischen Textes her bedacht und aus dieser Sicht für ihn gebetet. Am Beispiel einiger Verse aus Psalm 95:

> »›In seiner Hand sind die Tiefen der Erde, und die Höhen der Berge sind auch sein. Sein ist das Meer, und er hat's gemacht, und seine Hände haben das Trockene bereitet.‹
> In jedem Leben gibt es Tiefen und Höhen ... In jedem Leben gibt es Zeiten der Fülle und Zeiten der Dürre ... Jede Situation meines Lebens ist in Gottes Hand! ... [...] Wer eine neue Höhe ersteigen will, muß von der alten herab und ins Tal ...«[676]

Die Fürbittmeditation kann so einerseits den Blick über einen konkreten Menschen hinaus weiten und die ökumenische Verbundenheit bewusst

[673] Ökumenische Meditationsbriefe, 83-115. Diese Schwerpunktsetzung bei der Fürbitte mit vier von sechzehn »Meditationsbriefen« ist in »Ökumenische Meditationsbriefe« einmalig in Karin Johnes Arbeit. Ein Grund dafür könnte die ursprüngliche Zielgruppe sein: Menschen mit körperlicher Behinderung, deren Möglichkeiten der aktiven Lebensgestaltung und des Kontaktes mit anderen deutlich eingeschränkt, die für Karin Johne aber durch die Möglichkeit der Fürbitte mit einer großen Gabe und Aufgabe versehen waren. Die Fürbitte aus der Verbindung zu Christus nimmt Karin Johne aber auch an anderen Stellen ihrer Kurse auf.

[674] Vgl. die Anleitungen zur Fürbitte in Teil II, 4.2.3 und 4.3.3.

[675] Kreuz als Erlösung, 102.

[676] Ökumenische Meditationsbriefe, 105.

machen; andererseits kann sie die Wahrnehmung eines Menschen und seiner Bedürfnisse aus dem Kontakt mit biblischen Symbolen vertiefen. Die Christusmeditation bietet das Kriterium der Fürbitte.[677]

II. 4. 1. 9 *Anleitung zur »Meditation« – ein Beispiel*

An einem Beispiel aus dem letzten Buch Karin Johnes, »Auf dem Weg zum Licht. Exerzitien im Advent«, soll die Herangehensweise Karin Johnes praktisch aufgezeigt werden. Sie bietet unterschiedliche Anknüpfungsmöglichkeiten und Methoden an, ist pneumatologisch und christologisch zentriert und bringt den wirkenden Aspekt der »Meditation« ein. Wichtig ist der Hinweis, dass es nicht darum geht, alle angebotenen Möglichkeiten durchzumeditieren, sondern sich für das Angebot zu entscheiden, das dem eigenen Bedürfnis entspricht.

Hinführung. Vor den methodischen Impulsen steht eine inhaltliche Einführung, die Karin Johnes Weise der Verknüpfung von Theologie und Wirklichkeit aufzeigt:

> »Nach der biblischen Botschaft ist es der Engel Gabriel, der Maria die Empfängnis des ›göttlichen Kindes‹ verkündet – und mit seinem Wort diese Wirklichkeit schafft: Das Leben des ›göttlichen Kindes‹ beginnt mit dem Einbruch der Welt Gottes in unsere menschliche Wirklichkeit.
> Und wenn wir – wie die biblische Botschaft uns ebenso bezeugt – alle Kinder Gottes sein dürfen, Glieder am Leibe Christi, dann senkt Gott in freier Liebe und Verfügung seinen göttlichen Keim in uns hinein, damit er auch in jedem von uns wachse und sich entfalten möge: denn er hat uns im Voraus dazu bestimmt, ›an Wesen und Gestalt seines Sohnes teilzuhaben, damit dieser der Erstgeborene von vielen Brüdern sei‹ (Röm 8, 29).
> Mit unseren Worten gesagt, heißt das doch wohl: Ein jeder von uns soll in seinem Leben und seinen ureigenen Möglichkeiten Christus mit seinem Leben darstellen, Christus soll ihn so prägen, dass das Bild Christi in ihm aufleuchte – vielleicht nur ganz, ganz selten und leise, aber doch wirklich und wahrhaft. Aber das geschieht nicht mit einem Male, sondern es ist ein langsamer Wachstumsprozess.«[678]

Mit dem ersten Satz dieser Einführung in die Meditation am 2. Adventssonntag bringt Karin Johne den theologischen Sachverhalt der Inkarnation am Beispiel der Verkündigungserzählung zur Sprache. Diese theologische Aussage korreliert sie mit der aktuellen Wirklichkeit, indem sie die Inkarnation als Geschenk und Aufgabe Gottes an die Gemeinde in Rom und

[677] Vgl. Teil II, 4.1.5 und 5.2.4.
[678] Auf dem Weg zum Licht, 55.

ebenso an die aktuelle Leserin oder den Leser überträgt. Mit dem Bild des »Wachsens« nimmt sie der Inanspruchnahme die kategorische Spitze. Mögliche Vorbehalte gegen die mystisch anmutende Behauptung der Inkarnation Gottes in jeder und jedem Übenden nimmt Karin Johne im zweiten Teil der Einführung in diesen Tag auf:

> »Ich weiß auch, dass sich mancher schwer damit tut, sich vorzustellen, dass Gott selbst in ihm wohnt. Bereits Paulus musste seine Gemeinde in Korinth daran erinnern: *Wisset ihr nicht, dass euer Leib ein Tempel des Heiligen Geistes ist?* (1 Kor 6, 19). Wie gut kann es da tun, dass Gott eben nicht als der Heilige und Unnahbare in uns wohnen will, sondern sich ganz unscheinbar wie ein Same – eben als Kind – in uns hinein begibt.«[679]

Mit dem Paulus-Zitat untermauert Karin Johne ihre Argumentation zur Gegenwart Gottes *im* Menschen. Mit dem zweiten Satz setzt sie wiederum die Schwelle niedriger, in dem sie an die Stelle der Einwohnung des »Heiligen und Unnahbaren« das Bild des »Samens« oder des »Kindes« setzt, das erst wachsen muss und darf.

Übungsangebote. Die darauf folgenden Übungsangebote bieten unterschiedliche Möglichkeiten:

> »*Wiederholungsgebet*
> - ›Du‹ (einatmen) -
> - ›in mir‹ – (ausatmen) -
> Auch in dieser Woche kann ich bei dem anfänglichen Wiederholungsgebet die ganze Gebetszeit über bleiben, wenn es mir gut tut – die anderen Gedanken laufen dann wie leise Begleitmusik im Hintergrund mit. Wem es hilfreich ist, kann sich dazu eines der Weihnachtsbilder des Buches, seine eigene Weihnachtskrippe oder ein ihm liebes Weihnachtsbild vor Augen stellen.«[680]

Das erste Angebot ist kontemplativ. In Verbindung mit dem Atem wird ein Grundgedanke der Einführung vertieft und ins Gebet genommen. Minimalistisch deutet Karin Johne den Umgang mit »anderen Gedanken« an. Zusätzlich bietet sie die Betrachtung eines selbst gewählten oder gestalteten Meditationsbildes an. Methodisch betont Karin Johne die »Selbstkompetenz« - »wenn es mir gut tut« - in der Entscheidung. Das zweite Angebot ist dagegen stärker auf das Wort ausgerichtet:

---

[679] A.a.O., 55f.
[680] A.a.O., 56.

»Biblische Meditation
›Im sechsten Monat wurde der Engel Gabriel von Gott in eine Stadt in Galiläa namens Nazaret zu einer Jungfrau gesandt. Sie war mit einem Mann namens Josef verlobt, der aus dem Haus David stammte. Der Name der Jungfrau war Maria.
Der Engel trat bei ihr ein und sagte: Sei gegrüßt du Begnadete, der Herr ist mit dir. Sie erschrak über die Anrede und überlegte, was dieser Gruß zu bedeuten habe. Da sagte der Engel zu ihr: Fürchte dich nicht, Maria; denn du hast bei Gott Gnade gefunden. Du wirst ein Kind empfangen, einen Sohn wirst du gebären: dem sollst du den Namen Jesus geben.‹ Lk 1, 26–31
Ich versuche, was da bildhaft geschildert wird, mit meinen inneren Sinnen so genau als möglich nachzuerleben, zu sehen, zu hören – und mich in Maria hineinzuversetzen und nachzuerleben, was in ihr vorgegangen sein mag – wie sie diesen ›Einbruch Gottes‹ in ihr Leben erlebt haben mag. Es ist wichtig, dass sich jede/r ganz persönlich in diese Lage versetzt, denn die Sicht einer biblischen Person ist immer auch davon mitbestimmt, in welcher Situation ich mich selbst befinde, was für eigene Erfahrungen ich bei diesem Einfühlen einbringe.«[681]

Hier führt Karin Johne in eine ignatianische Betrachtung, die die »inneren Sinne« fordert und ein »Bibliodrama im Herzen«[682] inszeniert. Auch hier betont Karin Johne die Notwendigkeit des je persönlichen Weges.

Anschließend bietet Karin Johne vier mögliche Alternativen zur meditativen Übertragung ins je eigene Leben an:

»Lebensmeditation
In einem zweiten Schritt komme ich selbst ins Bild: Wo hat Gott den Samen seiner selbst auch in mein Leben hineingesenkt, damit mein Leben zum ›Vollbild Christi‹ heranwachse und -reife? Wie spiegelt sich das Erleben der Maria in meinem eigenen konkreten Leben wieder?
1. Möglichkeit: Ich meditiere meine Taufe. Dort wurde ich zum ›Kind Gottes‹. Dort wurde ich zum ›Glied am Leibe Christ‹ ... [...]
2. Möglichkeit: Ich schaue auf mein Leben zurück und suche, ob ich vielleicht einmal ein Erleben hatte, in dem ich (vielleicht erkannte ich es erst viel später!) die Berührung Gottes erfahren habe. Wenn immer Gott mich berührt, will er damit etwas beginnen [...] Der Same liegt in mir – und an mir liegt es, ihn zum Leben zuzulassen ... [...]
3. Möglichkeit: Oft – vielleicht meistens – sind es keine spektakulären Erlebnisse, in denen sich Gott in unser Leben hineinbegibt, sondern ganz schlichte

[681] A.a.O., 56f.
[682] Die Umschreibung für die Ignatianische Betrachtungsweise kenne ich aus Gesprächen mit Sr. Elisabeth Häfner CCB.

> Erfahrungen des Alltags: Wenn wir irgendetwas tun [...] von dem wir im Nachhinein spürten: Das hast du nicht aus eigener Kraft gekonnt. [...]
> 4. Möglichkeit: Vielleicht gibt es auch in meinem augenblicklichen Leben einen kleinen Bereich, wo ich einfach Werkzeug Gottes sein darf [...] Entscheidend ist, dass ich an diese Wirklichkeit in mir glaube – denn allein der Glaube macht sehend für die Wirklichkeit Gottes.«[683]

In den vier verschiedenen Möglichkeiten zur Übertragung ins eigene Leben lenkt Karin Johne den Blick auf die Verknüpfung der menschlichen Wirklichkeit mit der Gegenwart Gottes. Diese Verknüpfung kann sakramental oder initial, konstruktiv in der Erinnerung oder impulsgebend für die Gegenwart gefunden werden.

An diesem Beispiel wird deutlich, wie inhaltlich konzentriert, methodisch vielfältig und zur Entscheidungsfreiheit ermutigend Karin Johnes Impulse der geistlichen Begleitung sind. Inhaltlich vertieft wird die Aufmerksamkeit und Wahrnehmung für die auf »Wachstum« ausgerichtete Gegenwart Gottes im menschlichen Leben; geweitet wird der Blick bezüglich der Möglichkeiten dieser Wahrnehmung – mit der Tauferinnerung auch in einem ekklesiologischen neben mehreren individuellen Bezügen.

II. 4. 2 Anleitung zur »Meditation« im Alltag

Die Bedeutung des Alltags für Karin Johne macht, neben den konkreten einzelnen Übungen für den Alltag, die im Folgenden beschrieben werden, die Grund-Methode der »Exerzitien im Alltag« deutlich. Sie verbindet den privaten Raum der Stille mit der öffentlich gelebten Alltagszeit.

»›Contemplatio in actione‹ – ›kontemplativ leben mitten im tätigen Leben‹«[684] ist die Formel, mit der Karin Johne die Hinwendung zu Gott und das Handeln im Alltag verbindet. »Kontemplation« ist dabei wieder[685] im Sinn eines Weges der Hinwendung zu Gott, nicht im Sinn des Ziels der Einung gemeint. *Contemplatio in actione* bezeichnet damit nicht einfach eine bestimmte Technik, sondern die Haltung mit der etwas im Alltag getan wird.

---

683 Auf dem Weg zum Licht, 57–59.

684 Kontemplation im Alltag, 4. Willi Lambert verweist darauf, dass dies ein typisch jesuitischer Grundsatz ist. (Willi Lambert, »Wie eine Waage in der Mitte«. Ignatianische Perspektiven für geistliche Begleitung, in: Sekretariat der Deutschen Bischofskonferenz, »Da kam Jesus hinzu ...« (Lk 24, 15). Handreichung für geistliche Begleitung auf dem Glaubensweg. Arbeitshilfen 158, o.O. 2001, 126–131, 130f)

685 Vgl. Teil II, 4.1.7.

> »Das Eigentliche geschieht nicht durch bestimmte Methoden, die man erlernen kann (oder auch nicht), sondern es geht um eine innere Qualität des Seins, die dann unser vielfältiges Tun bestimmt.«[686]

Um diese innere Haltung als »Qualität des Seins« einzuüben und die Aufmerksamkeit im Alltag immer wieder auf Gott auszurichten, bietet Karin Johne drei grundsätzliche Übungsformen an. Die erste unterbricht den Alltag, um ihn zu reflektieren, die zweite unterlegt ihn mit Elementen der »Meditation«, und die dritte verwandelt Alltagstätigkeiten durch die Haltung, in der sie getan werden, in Gebet.

II. 4. 2. 1 *Gebet der liebenden Aufmerksamkeit*

Diese Form des Gebetes verwendet Karin Johne in vielen unterschiedlichen Varianten, als Unterbrechung des Tages, aber auch als Tagesvor- oder -rückschau.

> »Es ist dies eine Form des Betens, die ich – außerhalb der täglichen festen Gebetszeit – immer wieder einmal im Laufe des Tages üben kann und die reiche Frucht verspricht. Mögen es fünf oder zehn Minuten sein oder auch nur ein kurzer Weg von einer Aufgabe zur anderen, den ich bewußt langsam gehe – ich sollte solche kleinen ›Pufferzonen‹ zwischen die großen Hauptaufgabengebiete eines Tages einschieben, damit der Tag klar strukturiert wird.«[687]

Diese Gebetstradition, die Karin Johne von dem Jesuiten Willi Lambert übernimmt, ist eine Interpretation des »examen«, der viertelstündigen, täglichen Besinnung, die Ignatius von Loyola für »das Wichtigste« im geistlichen Leben hielt.[688]

Das »Gebet der liebenden Aufmerksamkeit« kann auch die Form der »Voraus- oder Nachmeditation« haben, in der die »geistliche Tiefe« eines Alltags-Ereignisses »erspürt« wird. Ein Beispiel aus »Geistlicher Übungsweg« klingt so:

---

[686] Kontemplation im Alltag, 4. Karin Johne bezieht sich dabei auf Meister Eckehart: »Die Leute brauchten nicht soviel nachzudenken, was sie *tun* sollten, sie sollten vielmehr bedenken, was sie *wären.«* (Meister Eckehart, Deutsche Predigten und Traktate, herausgegeben und übersetzt von Josef Quint, München 1963, 57; Hervorhebung dort)

[687] Geistlicher Übungsweg, 181f.

[688] Vgl. Willi Lambert, Gebet der liebenden Aufmerksamkeit, in: Korrespondenz zur Spiritualität der Exerzitien, 38 (1978), 35–41, 35ff, zitiert nach: Geistlicher Übungsweg, 182.

»Im Laufe des Tages halte ich zwischen zwei größeren Arbeitseinheiten inne und nehme mir ein paar Minuten Zeit. Im Bewußtsein, vor Gott zu stehen, schaue ich auf die vergangene Tätigkeit zurück, taste gewissermaßen noch einmal darüber, wie ein Blinder mit seinem feinen Fingerspitzengefühl über die Erhebungen der Blindenschrift tastet – spüre das, was sich an Positivem hervorgehoben hat, wofür ich danken kann, und verweile ein wenig dabei. Dann schaue ich voraus auf die vor mir liegende Aufgabe und erspüre auch hier wieder in heller Wachsamkeit, was mir Grund gibt zum Danken ...«[689]

In diesem Beispiel sind Gründe für den Dank im Mittelpunkt der Aufmerksamkeit. Andere Beispiele fokussieren die »Sprache meines Leibes«,[690] die Ruhe schenkende Gegenwart Gottes,[691] die sich abzeichnenden Schwierigkeiten im Licht der Gegenwart Gottes,[692] die ermutigenden »Aufwind-Situationen«[693] oder die Schmerzen und Beschwernisse des Tages.[694]

Das »Gebet der liebenden Aufmerksamkeit« empfiehlt Karin Johne nur in »Geistlicher Übungsweg«. In allen anderen Briefkurs-Büchern verzichtet sie auf diesen, noch zusätzlich zur »Meditation« in der Stille zu erkämpfenden Freiraum im Alltagslauf der Übenden, trotz der Wertschätzung, die sie in »Geistlicher Übungsweg« dafür hat.

II. 4. 2. 2 *Wiederholungsgebet und schriftgebundenes Wiederholungsgebet*[695]

Diese Form der Alltagsunterbrechung ist ein selbstformuliertes, kurzes Gebet, das einen für wesentlich erkannten Gedanken in Form eines Gebetsgesätzes in den Tag einfließen lässt.

»Während der Gebetszeit tauchten wichtige Erkenntnisse auf, die dessen wert gewesen wären sie in das Leben zu übernehmen. Doch im Laufe des Tages überschwemmten neue Eindrücke das Erkannte so stark, daß es einfach aus der Erinnerung verschwunden, wie ausgelöscht war. [...] Gibt es einen Weg, wichtige Erkenntnisse so in mich aufzunehmen, daß sie zu einem Teil meines Wesens werden, mich durchdringen und prägen? [...] Was mir für die nächste Zeit bedeutungsvoll erschien, formulierte ich als ein ›Gesätz‹ für ein Wiederholungsgebet [...] Damit hatte ich das Wesentliche vom Unwesentlichen geschieden und dabei Worte formuliert, die bis in die meditative Schicht eindringen

---

[689] Geistlicher Übungsweg, 186.
[690] A.a.O., 188.
[691] A.a.O., 189f.
[692] A.a.O., 191f.
[693] A.a.O., 193.
[694] A.a.O., 194.
[695] Vgl. zur Form des Wiederholungsgebets oben Teil II, 4.1.7 → Wiederholungsgebet.

> konnten. In dieser selbstgestalteten Form konnte ich nun dieses Wiederholungsgebet während des Tages öfter wieder aufnehmen, ja, da es formuliert vorlag, konnte ich jederzeit darauf zurückgreifen, wenn ich mich in einer Situation vorfand, die gerade diese Gebetsgedanken erforderte.«[696]

Diese Form des Gebets bietet sich nach Karin Johne besonders an für monotone Tätigkeiten, die keine große gedankliche Konzentration erfordern oder für Wartezeiten.[697] Sie wirkt, nach Karin Johnes Erfahrung, »wie ein Zaun, der meine Gedanken vor dem Auseinanderlaufen bewahrte und doch genug Freiraum bot, eine rechte Fülle zu bergen und weiterzuleiten.«[698]

Wenn ein selbst entdeckter Inhalt aus einer biblischen Meditation für das »Gesätz« passend formuliert eingefügt wird, erlaubt das so »schriftgebundene« Wiederholungsgebet eine Vertiefung in den Text im Alltag. Karin Johne nutzt diese Form des Gebets auch zur Fürbitte.[699]

Als Beispiele für Situationen, in denen das Wiederholungsgebet genutzt werden kann, benennt Karin Johne z.B. die oft gleichförmige Arbeit in Haus und Garten.[700]

Die »Meditation« verbindet in dieser Methodik Karin Johnes die Stille, in der bestimmte Aussagen ihre Klarheit und Prägnanz gewinnen, mit dem Alltag, in den hinein diese Worte gesprochen und in ihm wiederholt werden. Die Individualität des Erkannten ist für Karin Johne dabei ebenso wichtig, wie die Transparenz auf andere Menschen hin. Während die Betonung und Unterstützung der individuellen Formulierung, die Rückbindung an den biblischen Text und die wechselseitige Durchdringung von »Meditation« und Alltag »gut protestantisch« genannt werden können, ist die Herkunft der Gebetsform aus der römisch-katholischen Tradition ein Hinweis auf die interkonfessionelle Ökumene.

II. 4. 2. 3 *Gebet der Tat*

Karin Johne bietet für das Gebet eine Form an, die den Körper mit einbezieht. Sie möchte die Möglichkeiten des Menschseins ganz ausschöpfen und so dem Gedanken eine sichtbare Form geben, die nach außen und nach innen vertiefend wirkt.

---

[696] Geistlicher Übungsweg, 184; konkrete Beispiele 197, 200 u.ö.

[697] A.a.O., 201.

[698] Mitarbeit an der Schöpfung Gottes, 147.

[699] A.a.O., 148.

[700] A.a.O., 146f.

»Der Mensch ist eine Einheit von Geist, Seele und Leib, die sich jeweils in der ihnen gemäßen Art und Weise entfalten wollen. Was ich in meinem Verstand als richtig erkenne, was ich ehrlich will, muß sich in meinem Tun ›verleiblichen‹, sonst ist mein ›Haus auf Sand‹ gebaut (Mt 7, 26). Erst wo ich mein Wollen ins Tun umsetze, geschieht ein Stück *Verwirklichung* [...]
Weil Gott Fleisch wurde, hat das Umsetzen unseres Wollens in das wirkliche Tun etwas mit dem Geheimnis der Leibwerdung Gottes, mit seiner Inkarnation zu tun.
Deshalb geht es nun darum, auch unser Beten zu verleiblichen und es damit aus dem Eingeschlossensein in den Raum unseres Denkens und Wollens zu befreien: Ich kann und soll nicht nur während meines Arbeitens, während meines Tuns beten, sondern ich möchte Wege finden, das Tun selbst zum Gebet werden zu lassen, zum ›Gebet der Tat‹.«[701]

Mit der Ganzheitlichkeit des Menschen, dessen Gott-Zugewandtheit sich in allen seinen Fähigkeiten entfalten »will«, um »wirksam« zu werden, und mit der Inkarnation begründet Karin Johne das Anliegen, »das Tun selbst zum Gebet werden zu lassen«. Die Tat wird für Karin Johne dann zum Gebet, wenn sie aus einer »kontemplativen« Haltung heraus getan wird:

»Ich stelle dieses [kontemplative Tun] an die erste Stelle, weil wir Mitteleuropäer, wir Deutschen wohl in besonderer Weise, auf das fixiert sind, was wir tun, was wir leisten. Wir leben in einer Leistungsgesellschaft, und niemand von uns kann sich innerlich ganz lösen und befreien aus dem Umfeld, in dem er lebt.
Was ist nun entscheidend wichtig für uns alle, wenn wir ein Leben führen wollen, das uns ausfüllt, das gelingt, das sich nicht *nur* von der Gesundheit und Leistungsfähigkeit her definiert? Es geht weniger um das, *was* der Mensch tut, als darum, *wie* er es tut: – um seine innere Gesinnung – um das innere Sein – um den Grund, aus dem die Werke kommen.«[702]

Die Aufmerksamkeit für Gott, die innere Ausrichtung im Alltagsgeschehen auf Gott hin verwandelt das Tun in ein »kontemplatives Tun«. Unabhängig von der aktuellen Tätigkeit bleibt die Aufmerksamkeit für Gott bestehen. Allerdings sieht sie auch Grenzen für diese Möglichkeit:

»Das Beten beim Arbeiten oder während des Tuns hat seine Grenzen. Diese können in der Form der Arbeit liegen: Wo ich geistige Arbeit leiste, ja, wo meine Arbeit meine gesammelte Aufmerksamkeit braucht, da kann ich nicht nebenbei noch beten – und soll es auch nicht tun. Und wenn ich mit Men-

---

[701] Geistlicher Übungsweg, 203.
[702] Kontemplation im Alltag, 5.

> schen zu tun habe, gilt das in noch stärkerem Maße. Wollte ich während eines Gesprächs versuchen, gleichzeitig in Gedanken und Worten zu beten, würde ich mich selbst überfordern und gleichzeitig der mir jetzt zugeordneten Aufgabe – mich ganz auf den anderen Menschen einzustellen – ausweichen.
> Doch die Grenzen können auch in meinen eigenen Begrenzungen liegen: Wenn ich bei einer gleichmäßigen, kontinuierlichen Arbeit – wie zum Beispiel beim Unkrautjäten – vielleicht eine Stunde lang intensiv gebetet habe, bin ich innerlich müde und erschöpft.«[703]

Karin Johne gibt einerseits dem Tun seinen eigenen Sinn und Wert, von dem das Gebet keinesfalls ablenken soll, und macht andererseits deutlich, dass auch das Gebet eine Anstrengung ist, so dass es nicht nur einen Anfang, sondern auch ein Ende des Gebets geben muss, um die betende Person nicht zu überfordern.

Neben dem Wiederholungsgebet[704] beschreibt Karin Johne zwei Formen für das Gebet der Tat, die sich im Grad der Verbalisierung und der Bewusstheit unterscheiden.

Handeln als symbolisches Gebet. Um auch unabhängig vom bewussten Sprechen Handeln und Gebet zu verbinden, nutzt Karin Johne wieder den Symbolgedanken:

> »Vielleicht ist mir beim Ausgraben eines Wurzelunkrautes mit seinen tiefverzweigten Wurzeln in den Sinn gekommen, welche Symbolkraft dieses Tun besitzt: Gibt es nicht auch in mir ähnlich tiefsitzende Fehlhaltungen, deren ›Wurzeln‹ so verborgen in mir liegen, daß es unmöglich ist, jede einzelne zu entfernen? [...] Indem nun meine Hände weiterarbeiten, eine Wurzel nach der anderen ausgraben, wird dieses Tun selbst zum ›Gebet der Tat‹. Meine Hände sind es nun, die beten: ›Befreie mich von den Wurzeln meiner Schuld – vernichte auch die kleinen, verborgenen Wurzelstücke, die ich nicht finden und entfernen kann – schaffe in mir, Gott, ein reines Herz ...‹
> Je einfacher und wesentlicher die Alltagsarbeit ist, desto müheloser wird sie sich mir in ihrer Symbolkraft erschließen, und damit in ihrer Übertragbarkeit. Damit aber habe ich einen Weg gefunden, mit meinem Tun zu beten und gleichzeitig meinem Alltag eine neue ›Dimension der Tiefe‹ zu verleihen.«[705]

Eine freudigere Grundstimmung im »Meditieren im Tun« vertieft Karin Johne in »Auf dem Weg zum Licht«:

---

[703] Geistlicher Übungsweg, 203f.

[704] Vgl. Teil II, 4.1.7 und 4.2.2.

[705] Geistlicher Übungsweg, 204. Weitere Beispiele gibt Karin Johne z.B. in Mitarbeit an der Schöpfung Gottes, 149–152.

»Vielleicht warten heute (oder morgen) auf mich einige Tätigkeiten, die ich in der Absicht tun kann: Ich möchte Dir, Herr, bei mir ein schönes ›Zuhause‹ bereiten, dass Du gern zu mir kommst, wenn ich den bekannten Vers singe: ›*Komm, o mein Heiland, Jesu Christ, meins Herzens Tür dir offen ist.*‹ «[706]

Wenn eine Handlung einmal als symbolische Handlung wahrgenommen wurde, dann ist es nach Karin Johne möglich, sie als »Gebet der Tat« auszuführen. Das Handeln wirkt auf eigene Weise im handelnden Menschen, so z.B. wenn das Öffnen einer Tür regelmäßig mit dem Gebet »Herr, öffne mein Herz für dich.« verbunden wird.[707]

Entsprechendes Tun als fürbittendes Gebet. Eine zweite Weise des »Gebets der Tat« ist die »Fürbitte der Tat«. Sie bezieht etwas »Entsprechendes« aus der Wahrnehmung der Not eines konkreten Menschen oder aus einem Bibeltext ins eigene Alltagsleben ein. Auch diese Form verbindet »Meditation« in der Stille und im Alltag: Was hier erkannt wurde, wird dort symbolisch verwirklicht. Karin Johne nennt hierfür fünf Schritte:

»1. Ich meditiere die Anliegen des Menschen (der Sache), für den (die) ich beten möchte ...
2. Ich suche in meinem Leben die Elemente, die diesem Anliegen entsprechen ...
3. Ich schaue auf Jesus: Wo gibt es entsprechende Elemente in seinem Leben – wie hat er sich verhalten – geäußert? ...
4. Ich warte, bis sich mir zeigt, was ich in der Form *meines* Lebens tun kann, was dem entspricht, was der andere tun sollte, um in die Verbindung mit Jesus zu kommen ...
5. Ich versuche, wenigstens an einer Stelle des Tages das Erkannte im *Tun* zu verleiblichen – weil es gerade das Tun ist, das mich in die Verbindung zu Jesus, aber auch zum Mitmenschen bringt (Geheimnis der Inkarnation, der Menschwerdung Jesu Christi!) ...«[708]

Als Beispiel beschreibt Karin Johne eine eigene Erfahrung:

»Ich wurde um Fürbitte gebeten für ein Heim mit hirngeschädigten Kindern, in dem dringend Helfer gesucht wurden. In der Fürbitte wurden mir die Schwierigkeiten deutlich, die viele Menschen hindern, diese Arbeit zu übernehmen, z.B. das minimale Erfolgserlebnis in dieser Arbeit, die körperliche

[706] Auf dem Weg zum Licht, 25.
[707] A.a.O., 14; weitere Beispiele z.B. in: A.a.O., 25 oder 111 und Geistlicher Übungsweg, 203–205.
[708] Ökumenische Meditationsbriefe, 111.

> Härte dieser Arbeit, der Anblick solcher Elenden usw. Im Schauen auf Christus werden alle menschlichen Maßstäbe geradezu auf den Kopf gestellt: Nachfolge Christi heißt, diese Schwierigkeiten auf sich zu nehmen, um Ihm gerade in diesen Elenden zu begegnen.
> Fürbitte der Tat heißt aber nun von daher, in meinem Leben die Stellen zu suchen, wo in irgendeiner entsprechenden, ähnlichen Form solche Aufgaben an mich herantreten: die Hausarbeit, bei der man keinen Erfolg sieht, fröhlich und mit Liebe tun – als Fürbitte; unangenehme und schwere Arbeiten in Liebe tun – als Fürbitte; der Not, wo sie an mich herantritt, nicht ausweichen, sondern in Liebe helfen – als Fürbitte ...«[709]

Karin Johne nimmt das in der »Meditation« Erkannte oder Erbetene in ihren Alltag hinein. Die Form des Gebets kann Widerstände gegen die Art der Übertragung wecken und andererseits fragen lassen, ob hier durch ein eigenes Handeln Gottes Handeln induziert werden soll, ob also von Karin Johne eine Art Werkgerechtigkeit gepredigt wird. Karin Johne unterstreicht selbst:

> »Solches Gebet ist jedoch kein ›Zaubermittel‹ [...] Wo ich so bete, [...] darf ich wissen, daß mein Gebet von Gott gehört und in seiner Liebe aufgefangen ist. Das muß aber *nicht* heißen, daß ich selbst diese Gebetserhörung [...] erlebe [...]. Jede solche ›sichtbare‹ Erhörung ist ein Geschenk Gottes [...].«[710]

Karin Johne bringt damit die absolute Freiheit Gottes in der Erhörung von Gebeten in Erinnerung, ebenso aber auch das notwendige Vertrauen in Gottes Treue, wenn keine Gebetserhörung stattfindet.

II. 4. 3 Anleitung zum Mit-teilen führt in ökumenische Räume

Anders als in der Stille und im Alltag geht es im dritten Bereich, in der Gemeinschaft, für Karin Johne in erster Linie um Anleitung zum Austausch und zur Wahrnehmung der Gemeinschaft, nicht um Anleitung zur »Meditation« in Gemeinschaft. Dieser Schwerpunkt entspricht der Situation Karin Johnes als Buchautorin: Wer ein Buch kauft, liest und bearbeitet es – in der Regel – allein. Dass es dieses Kapitel trotzdem gibt, zeigt Karin Johnes ekklesiologisches Interesse. Sie unterstützt das Lebens-Gespräch des und der Einzelnen, aber sie sieht dieses Lebens-Gespräch notwendig eingebunden in die Gemeinschaft.

---

[709] A.a.O., 110f.
[710] A.a.O., 113.

Zur Einbettung des individuellen Lebens-Gesprächs in die ökumenische Gemeinschaft ermutigt Karin Johne in dreifacher Hinsicht: Erstens regt sie in all ihren Büchern an, dass die Übenden sich vernetzen oder sich geistliche Begleitung suchen. Zweitens stellen kirchliche Handlungen wie Gottesdienst, Sakramente und Beichte wichtige Gegenstände der Meditation dar. Und drittens gehört die verbindende Fürbitte konstitutiv zu Karin Johnes Übungsanleitungen.

II. 4. 3. 1 *Gemeinschaft im persönlichen Austausch*

Karin Johne rät und bittet darum, den Weg mit einem Briefkurs-Buch nicht allein zu gehen.[711]

> »Wer sich ernsthaft auf den Weg dieses Kurses einläßt, wird vielleicht bald spüren, daß er sich einen Menschen wünscht, mit dem er über beglückende Erfahrungen oder auftauchende Fragen sprechen möchte.«[712]

Die Suche nach einem »eigenen Seelsorger« kann daher ein wichtiger Schritt vor oder im Kursverlauf sein. Die Möglichkeit, eigene Erfahrungen in Worte zu fassen und sich auszutauschen, bietet aber für Karin Johne nicht nur eine Seelsorgerin. Alternativ zu einer begleitenden Person kann es auch eine »geistliche Basisgruppe« sein, die sich gegenseitig unterstützt:

> »Wegbegleiter auf einem geistlichen Weg kann auch eine kleine Gruppe sein. [...] Wo sich solche Gruppen zusammentun, braucht das nicht zu bedeuten, daß ihre Teilnehmer nun täglich miteinander meditieren und beten müßten. Zwei Frauen aus unserem Kurs haben sich einmal in der Woche getroffen und dabei ihre Erfahrungen bei den einzelnen Meditationen ausgetauscht. Diese Gespräche haben sie als beglückende Möglichkeit erlebt. Über solchem Tun liegt die Verheißung Jesu, daß er unter denen ist, die sich in seinem Namen zusammenfinden (Mt 18, 20), das wird manchmal spürbar deutlich. [...] Wir, die wir nicht mehr gewöhnt sind, über innere Dinge zu sprechen, haben oft

---

[711] »Der Funken, der von Person zu Person überspringt, kann entscheidend sein, damit ein meditativer Vorgang in Gang kommt. Daß das aber auch durch das schriftliche Wort geschehen kann, haben manche schon dankbar erfahren.« (Wege zum Wesentlichen, 8). »Für Sie wäre es gut, wenn Sie für die Zeit dieses geistlichen Weges einen Menschen hätten, dem Sie sich anvertrauen und mit dem Sie sich geistlich austauschen könnten.« (Kreuz als Erlösung, 21). »Wenn es möglich ist, können sie eine kleine Gruppe finden, in der sie sich über ihre Erfahrungen austauschen.« (Auf dem Weg zum Licht, 6). Ein Hinweis auf das gemeinsame Üben fehlt nur in »Einübung in christliche Mystik«.

[712] Geistlicher Übungsweg, 21.

> kaum mehr eine Sprache für solches Geschehen. Wo wir sie wiederzufinden versuchen – das kann zuerst sehr unbeholfen und stammelnd geschehen –, dort erfahren wir in aller Vorläufigkeit etwas von der Gemeinsamkeit, die aus innerer Isolierung erlösen kann. Denn Einsamkeit wird nicht in der ›Masse‹ der Menschen überwunden, sondern allein dort, wo ich einen Menschen neben mir erlebe, der wie ich seine inneren Erlebnisse, seine Gefühle, seine Wünsche und Sehnsüchte mit allen Freuden und Schmerzen hat und zeigt.«[713]

Was in der »Meditation« geschieht, darf und soll in einer Gruppe oder gegenüber einem oder einer einzelnen Begleitenden kommunizierbar sein. Im Bemühen um diese Kommunikation kann, nach Karin Johnes Erfahrung, die Gegenwart Jesu erfahrbar und so die »Einsamkeit« durchbrochen werden. Dazu genügt die kleinstmöglichen Konstellation von zwei Personen. Im Sinn des Priestertums aller Gläubigen macht Karin Johne deutlich, dass jede und jeder dem oder der anderen zur begleitenden Person werden kann. Diese Gabe und Aufgabe ist nicht an ein Amt gebunden.

Wenn es nicht möglich ist, sich direkt auszutauschen, bemüht Karin Johne sich, durch die Mitteilung eigener Erfahrung oder der »Ergebnisse« aus Gruppen, Bezüge für die allein Lesenden zu schaffen. Wie wichtig ihr diese Verbindung war, wird an einem im »Kreuz als Erlösung« abgedruckten Schreiben an die ursprünglichen Teilnehmenden dieses Kurses deutlich. Nach der Bitte um die Beantwortung einiger Fragen, die ihr helfen, den Kurs einzuschätzen und das Angebot auf die Bedürfnisse einzustellen, schreibt sie:

> »Zweitens wünsche ich mir, daß wir trotz räumlicher Entfernungen doch zu einer *Gemeinschaft untereinander* zusammenwachsen. [...] Das [den Austausch von Erfahrungen untereinander] haben wir immer alle als sehr fruchtbar empfunden – unter der Voraussetzung selbstverständlich, daß jeder Teilnehmer *nur das* den anderen ›mit-teilt‹, was er bereit ist, ihnen anzuvertrauen [...] Gerade das, was dem einen in der Gebetszeit deutlich geworden ist, könnte ein entscheidender Impuls für einen anderen Teilnehmer sein.
> Und es ist für uns alle so wichtig, daß wir es immer wieder üben, inneres Geschehen in Worte zu bringen! Nur so können wir es auch ver-arbeiten und daran wachsen und rei-fen.«[714]

Mit diesen Worten wirbt Karin Johne im Anschreiben an die Teilnehmenden des Briefkurses »Kreuz als Erlösung« für die wechselseitige Mitteilung

---

713 A.a.O., 22.

714 Kreuz als Erlösung, 121f.

von Erfahrungen untereinander, die sie – wenn die Teilnehmenden zustimmen – jeweils kurz zusammengefasst versenden will.

In diesem Zitat werden zwei weitere Aspekte des Austauschs genannt: Erstens vertieft und klärt das Aussprechen die gemachte Erfahrung. Zweitens ist es nicht nötig, einander *alles* mitzuteilen.

II. 4. 3. 2 *Gemeinschaft mit Christus*

Karin Johnes geistliche Begleitung ermutigt dazu, aus der Verbindung mit Christus zu leben. Diese Verbindung wird durch die Teilhabe an den Sakramenten verwirklicht und durch die Inanspruchnahme der Beichte geschützt.

Sakramente als Verbindung zum »Leib Christi«. Die Sakramente feiern und an ihnen teilnehmen zu können, schafft eine »wesentliche«, d.h. das Wesen verändernde Verbindung mit Christus:

> »Durch die Taufe und durch die Teilnahme an der Eucharistie wird ein Christ einbezogen in eine wahrhaftige Lebens- und Schicksalsgemeinschaft mit Christus. Was hier geschieht, ist so neuartig, so einzigartig, daß die zur Verfügung stehende Sprache nicht ausreicht, um davon zu sprechen. Deshalb bildet der Apostel [Paulus] eine Reihe von neuen Worten, mit denen er seine große Vision eines christlichen Daseins auszusagen versucht. Er benutzt dazu bekannte Verben, die er mit der Vorsilbe ›syn‹ zusammensetzt. [...] Ein Christ kann mit Christus – mitarbeiten – mitleiden – mitgekreuzigt werden – mitsterben – mitaufgeweckt werden – mit das Leben erhalten – mitleben – mitthronen – mitherrschen – mitverherrlicht werden. [...] Es geht also um ein wirkliches Eingehen des Christen in das Leben, Sterben und Auferstehen Jesu Christi, die das ganze Leben mehr und mehr formen und durchdringen.«[715]

Die Teilhabe an Taufe und Abendmahl verbindet auf eine existentielle Weise mit Christus, die das je eigene Leben »mehr und mehr formen und durchdringen« kann. Die Verbindung mit Christus verbindet aber auch die Menschen untereinander:

> »[...] das ›für euch‹ Jesu, das sein ganzes Leben durchzieht [...] öffnet gewissermaßen eine Tür in der Trennwand, die normalerweise zwischen Mensch und Mensch besteht. Durch diese ›Tür‹ kann der Christ nun in diese Schicksalsgemeinschaft eintreten.«[716]

---

[715] Geistlicher Übungsweg, 237f.
[716] A.a.O., 238.

Für Karin Johne entsteht die Verbindung zwischen den Christinnen und Christen durch und über die Verbindung mit Christus, die nicht nur im Glauben ergriffen, sondern auch in den Sakramenten gefeiert und symbolisch verwirklicht wird. Durch die Verbindung mit Christus wird die Verbindung von »Mensch zu Mensch« erst möglich, denn nach Karin Johnes Überzeugung schafft sie durch die persönliche Annahme der Verbindung in Christus eine Form der Gemeinschaft, in der Christus gegenwärtig wirkt.

Dabei begründet die Taufe die Verbindung durch Christus untereinander. So führt Karin Johne in eine Existenzmeditation, die diese Verbindung bewusst machen soll:

> »Ich spüre eine geheimnisvolle – wie ›unterirdische‹ – Verbindung zwischen meinem kleinen Erleben und dem einzigartigen und einmaligen Erleben Jesu Christi – eine Verbindung, deren Möglichkeit mir in der Taufe geschenkt worden ist, als ich ›Glied am Leibe Christi‹ geworden bin ... Seitdem darf auch mein kleines Leiden zu einem ›Mitleiden mit Christus‹ werden ... Damit endet es nicht mehr an der Todesgrenze, sondern darf hindurchbrechen in das neue, verwandelte Leben ...«[717]

Das »Glied am Leib Christi«-Sein betrachtet Karin Johne als wirkliche Partizipation am Leben, Leiden, Sterben und Auferstehen Christi, durch die das je eigene, konkrete Leben als »geistliches Symbol« für andere gesehen werden kann und soll – mit allen fünf Kennzeichen eines echten Symbols, nämlich der Erschließung neuer Wirklichkeit, dem echten Anteil an der göttlichen Wirklichkeit, auf die verwiesen wird, dem bleibenden Abstand und Unterschied zu dieser göttlichen Wirklichkeit, der Gefahr der »dämonischen Verzerrung« bei Identifikation und der Gefahr der Abstraktion, wenn die konkrete Wirklichkeit des Lebens von Gottes Wirklichkeit abgetrennt wird.[718] Der Christ oder die Christin selbst erfährt diese Wirklichkeit in den Sakramenten als Geheimnis, das sich nicht in Worten und Formeln fassen, das sich aber immer wieder erleben lässt, und so zur Wirkung kommt. Karin Johne formuliert in einer ungedruckten Predigtmeditation:

> »Es kommt darauf an, uns von innen her dem Geheimnis der Eucharistie zu nähern – dem Geschehen, das so zentral für den christlichen Glauben ist, weil es das letzte Vermächtnis der Liebe Jesu an seine Jünger ist (So zentral ist dieses Geschehen, dass sich gerade hieran die unterschiedlichen Konfessionen in den reformatorischen Kirchen herausbildeten, weil jeder meinte, in diesem

[717] Kreuz als Erlösung, 95.

[718] Geistlicher Übungsweg, 239–241.

zentralen Geschehen keinerlei andere Meinung oder Übersetzung gelten lassen zu können. Vielleicht ahnen wir heute mehr als frühere Generationen, dass sich letzte Glaubensgeheimnisse niemals ganz und restlos in Formeln und Worte einfangen lassen – dass alle Worte nur ein schwacher Hinweis sein können auf ein Mysterium, das jenseits aller Worte liegt.) Uns sollte es hier darauf ankommen, uns diesem großen Mysterium immer wieder neu auszusetzen, auch in diesem Gottesdienst.«[719]

In diesem meditativen Erleben des Geheimnisses der Sakramente sieht Karin Johne auch eine wesentliche Stärkung auf dem eigenen Weg:

»Ich nehme mir nach dem Empfang der Kommunion noch zehn Minuten Zeit (das kann auch zuhause sein) und lasse mich einfach von der empfangenen Speise durchdringen – bis in die einzelnen Glieder und Sinne hinein.«[720]

Der lebendige Umgang mit den Sakramenten fügt ein in den »Leib Christi« und führt damit zur Anteil nehmenden und gebenden Begegnung mit anderen. Karin Johne zeigt hier ein effektives Sakramentsverständnis.

Beichte und Seelsorge als Schutz in Zeiten »innerer Dürre«. Neben den Sakramenten betont Karin Johne auch die Beichte und das seelsorgerliche Gespräch als eine hilfreiche Möglichkeit der Verbindung:

»Gott verweist uns an den Bruder (Seelsorger) – als ein Geschenk! Christus hat seiner Kirche die Gabe der Beichte und der Schuldvergebung anvertraut. Weshalb gebrauchen wir diese Gabe so selten?«[721]

Die von Gott geschenkte und vom Einzelnen angenommene Gemeinschaft mit anderen Christinnen und Christen befreit nach Karin Johnes Überzeugung aus Isolation und Schuldverhaftung. Besonders wichtig ist dieser Weg in die Gemeinschaft in Zeiten »innerer Dürre und Dunkelheit«. Karin Johne warnt ausdrücklich vor dem Versuch, »... alles allein mit sich selbst und mit Gott abmachen zu wollen.«[722]

---

[719] Predigtanregung zu Matthäus 26, 26–30, darin: → Karin Johne [ohne Datum]: »Exegetische Anmerkungen« <www.karin-johne.de/predigten/mt26_ex.htm> (01.04.2010).

[720] Geistlicher Übungsweg, 232.

[721] A.a.O., 126. Ganz ähnlich weist sie auf das notwendige und hilfreiche Geschenk von Seelsorge und Beichte in »Ökumenische Meditationsbriefe«, 51f hin.

[722] Geistlicher Übungsweg, 126.

II. 4. 3. 3 *Wahrnehmung des Nächsten in Christus*

Karin Johne inszeniert und unterstützt in ihrer geistlichen Begleitung die Übung der Fürbitte, die, von der Meditation des biblischen Textes getragen, Menschen untereinander verbindet, innerhalb der kirchlichen Gemeinschaft und darüber hinaus.

Karin Johnes erste Buchveröffentlichung, »Ökumenische Meditationsbriefe«, zielt darauf ab, Menschen zur Fürbitte für andere zu gewinnen und ihnen eine Methodik zur Verfügung zu stellen, die die Fürbitte von Christus her zentriert und symbolisch über einen einzelnen Menschen hinaus weitet.[723]

> »Durch die persönliche Liebe und Nähe, die mich mit den Menschen verbindet, die mir nahe sind, gewinnt mein Gebet Wärme, Tapferkeit, Ausdauer und innere Glut. Solchem Gebet ist Erhörung verheißen. Und durch diese Nächsten erreicht mein Gebet die ungezählte Schar der Fernen, die mir in diesem Nächsten begegnen.«[724]

Die Wahrnehmung der Nächsten wird von Karin Johne geweitet, in dem sie die einzelnen Menschen als symbolisch transparent für andere begreift und die Fürbitte für einzelne so als eine persönlich stark motivierte und engagierte Fürbitte für Menschen in entsprechenden Situationen überall auf der Welt betrachtet. Dabei prüft sie den Inhalt ihrer Fürbitte mit dem Kriterium der Christus-Ähnlichkeit:

> »Ich nenne vor Gott die Dinge, die *meiner* Ansicht nach für diesen Menschen gut sein könnten und bitte darum. An dieser Stelle hören wir meistens mit unserer Fürbitte auf. [...] Hier könnte das Wesentliche erst beginnen: Indem ich Punkt für Punkt [...] meiner Bitten auf ihre Entsprechung im Leben Jesu befrage, a) prüfe ich das Anliegen auf seine ›Christusgemäßheit‹ – b) erfahre ich, wie unter diesen Fragen das Bild Jesu für mich immer plastischer wird – c) öffnet sich mir der Ausblick darauf, wie Jesus nicht nur die Not dieses Menschen mitträgt, sondern aller Menschen in entsprechenden Nöten [...] Ich bringe den Menschen, für den ich bete, durch mein Gebet zu Jesus: Ich zeige dem verirrten Wanderer nicht nur die Richtung, sondern ich bringe ihn zu dem Führer, der ihn mitnimmt [...]«[725]

---

[723] Vier von sechzehn »Briefen« (bzw. vier von fünfzehn »Übungsgruppen« in Wege zum Wesentlichen) beschäftigen sich dezidiert mit der Fürbitte. Vgl. Ökumenische Meditationsbriefe, 83–115.

[724] Ökumenische Meditationsbriefe, 88.

[725] A.a.O., 95f.

Mit dieser Zuordnung der Fürbitte unterstreicht Karin Johne die zentrale, Verbindung schaffende Stellung Christi in ihrem Ansatz. Die Fürbitte richtet sich an Christus und bittet um dessen Handeln an dem Menschen, für den die Fürbitte gesprochen wird. Der oder die Fürbittende rechnet damit, dass Christus auf seine Weise an dem Menschen handelt, für den gebetet wird, und respektiert damit die Freiheit dessen, für den gebetet wurde, in seinem je eigenen Gottesverhältnis.

Ebenso wie aus der wahrgenommenen Bedürftigkeit eines Menschen kann das Fürbitt-Anliegen auch aus einem biblischen Text im Blick auf einen bestimmten Menschen wachsen. Diese Grundmöglichkeit sieht Karin Johne in allen biblischen Texten:

> »Niemand geht den Weg für sich allein – immer bin ich hineingenommen in die Schar derer, die mit mir beten, die für mich beten und für die ich bete. *Jeder* Text trägt in sich die Möglichkeit und die Absicht, zur Fürbitte zu werden.«[726]

Der Sinn der Fürbitte nach Karin Johne ist es nicht, vordergründig eine bestimmte Wirkung zu erzielen. Die Fürbitte wirkt nicht zuerst verändernd, sondern will die Verbindung des Menschen, der betet und des Menschen, für den gebetet wird, zu Christus unterstützen. Aus dieser Verbindung erwächst die konkrete Bitte. Dieses Fürbitt-Verständnis Karin Johnes lässt an die trialogische Struktur geistlicher Begleitung denken, in der die Begleiterin oder der Begleiter sich in ähnlicher Weise der vorhandenen Verbindung zwischen begleiteter Person und Gott zuordnet.

II. 5 Unterstützung im Lebens-Gespräch als geistliche Theologie

Aus Karin Johnes schriftlicher Begleitungsarbeit lassen sich ihre theologischen Grundsätze und die konkreten Aufgaben und inhaltlichen Grundlinien ihrer Begleitungsarbeit ablesen. Die Gottesunmittelbarkeit der begleiteten Person ist die Voraussetzung der geistlichen Begleitung, die in der schriftlichen Begleitung besonders deutlich wird. In vier Grundtätigkeiten mit theologischem Hintergrund lassen sich die konkreten Aufgaben der Begleiterin oder des Begleiters fassen. Was für die schriftliche Begleitung gilt, ist für die persönliche zum Teil zu modifizieren.

---

726 Meditieren mit dem Mattäusevangelium, 12.

II. 5. 1 Gottesunmittelbarkeit als theologische Grundlage

Karin Johne geht für die geistliche Begleitung einerseits von einem tiefen Vertrauen in die verheißene Führung durch den Heiligen Geist als entscheidenden Begleiter und andererseits von der absolut zu respektierenden Selbstkompetenz der begleiteten Person aus. Beide Punkte verbinden sich, weil die begleitete Person durch den Heiligen Geist zu den für sie jeweils gerade wichtigen Impulsen und zu den entsprechenden Entscheidungen für den je eigenen Weg geführt wird.

II. 5. 1. 1 *Pneumatologisches Vorzeichen: Vertrauen in den Heiligen Geist*

Von dem Oratorianerpater Helmut Geiger, den Karin Johne auch als ihren »Lehrer« bezeich-net,[727] übernimmt sie diesen zentralen Grundsatz ihrer Arbeit. Karin Johne zitiert Helmut Geiger so:

> »Wir reden alle viel zu viel in der Kirche – wir sollten mehr Vertrauen haben zu dem Heiligen Geist, der jeden einzelnen seinen eigenen Weg führen möchte – der in jedem Menschen genau das wirken will, was für ihn wichtig und in diesem Augenblick ›dran‹ ist.«[728]

Von diesem Gedanken ausgehend, bringt Karin Johne schon in den Einleitungen zu ihren Kursen das Wirken des Heiligen Geistes in den Blick und macht deutlich, dass dessen Wirken ernster zu nehmen ist als die Empfehlungen der Anleitenden:

> »Dieser Kurs will dazu helfen, daß ich es immer neu übe, auf die zarten und leisen Impulse zu lauschen, die von Gott her mein Leben berühren und ausrichten möchten. So wirkt der Heilige Geist in mir als der ›innere Meister‹.«[729]

---

[727] Kreuz als Erlösung, 17.

[728] Wege zum Wesentlichen, 12. Das Zitat findet sich noch nicht in den Ökumenischen Meditationsbriefen, auch nicht im Vorwort Helmut Geigers zu dieser letztgenannten Ausgabe.

[729] Geistlicher Übungsweg, 18f.
Ganz ähnlich formuliert Karin Johne an anderen Stellen: »Entscheidend wichtig ist bei solch einem Weg, daß Sie mehr und mehr lernen, sich von innen her, durch den Heiligen Geist leiten zu lassen! Und der führt manchmal anders als es ›vorgeschrieben‹ ist! Je offener Sie dafür sind, desto leichter werden Sie auch seine leisen inneren Impulse wahrnehmen, durch die Sie geführt werden.« (Kreuz als Erlösung, 32). »Wer es mehr und mehr lernt, auf die Stimme des ›inneren Meisters‹ zu horchen, der wird bald spüren, was seinen eigenen Bedürfnissen angemessen ist: ob er etwa die Angebote eines Tages verlängern und dafür an anderer Stelle etwas verkürzen sollte.« (Auf dem Weg zum Licht, 8).

Zwei wichtige Hinweise für die geistliche Begleitung nach Karin Johne stecken in diesen zwei kurzen Sätzen: Erstens ist für Karin Johne nicht die Begleiterin oder der Begleiter der »Meister«, sondern der Heilige Geist, der den Begleiteten anrührt und in der Begleiteten orientierend wirkt. Zweitens ist es möglich, sich in der Aufmerksamkeit für das Wirken des Heiligen Geistes zu üben.

Die Aufmerksamkeit für das Wirken des Heiligen Geistes setzt das Vertrauen in sein Wirken voraus. Daher ermutigt Karin Johne zur vertrauensvollen »Bitte um den Heiligen Geist«:

> »Geistliches Leben ist Leben aus der Kraft des Heiligen Geistes. Dieser ist uns verheißen, wenn wir um ihn bitten. Solchem Bitten ist sogar unbedingte Erhörung zugesagt: ›Wenn nun schon ihr, die ihr böse seid, euren Kindern gebt, was gut ist, wieviel mehr wird der Vater im Himmel den heiligen Geist geben denen, die ihn bitten!‹ sagt Jesus (Lk 11, 13)«.[730]

Die »Bitte um den Heiligen Geist« wird von Gott nach Karin Johnes Überzeugung unbedingt erfüllt. Daher ermutigt sie zu dieser Bitte. Für Karin Johne ist die Übung der »Meditation« an sich eine Form der Bitte um den Heiligen Geist.[731]

II. 5. 1. 2 *Anthropologisches Vorzeichen: Selbstkompetenz und Symbolwirkung*

Aus dem Vertrauen in die zugesagte Gegenwart des Heiligen Geistes folgt für Karin Johne ein großes Vertrauen in die Selbstkompetenz der Übenden. Sie ermutigt jede und jeden zum bewussten Gehen des je eigenen Weges:

> »Noch einmal: Alle Angebote dieses Buches sollen Anregungen, Hilfen sein, sie sollen Möglichkeiten aufzeigen, die jeder für sich selbst neu finden und gestalten kann. Ignatius würde hier wie an vielen anderen Stellen sagen: Beobachte dich selbst – und was dir gut und hilfreich ist, das tue. Sieh auf das, was dir hilft, Gott näherzukommen, und darauf laß dich ein.«[732]

Karin Johne betont damit einen heilsamen Abstand zwischen den Vorgaben des Kurses und den Entscheidungen für die eigene Person. Die Anleitungen sollen »Möglichkeiten aufzeigen«, die je individuell genutzt und

---

[730] Geistlicher Übungsweg, 219; etwas knapper und kategorisch heißt es an anderer Stelle: »Der Bitte um den Heiligen Geist ist von Jesus die Erhörung ohne jede Bedingung zugesagt!« (Ökumenische Meditationsbriefe, 94).

[731] Vgl. Teil II, 2.2.1.

[732] Geistlicher Übungsweg, 24.

verändert werden können. Unter Berufung auf Ignatius[733] betont sie, dass es zunächst einmal wichtig ist, sich selbst und die eigenen Empfindungen und Reaktionen wahrzunehmen und sich dann für das »Gute und Hilfreiche« zu entscheiden – unabhängig von dem vorgedachten Übungsweg. Entscheidend ist aber für Karin Johne auch die konkrete Folge. Die Aufforderung, »darauf laß dich ein«, markiert den Bezug zum Lebens-Gespräch, in dem die Anrede Gottes eine Antwort des Menschen erwartet, die auch in einer Verwirklichung im Alltag oder einem Austausch in der Gemeinschaft bestehen kann. Auf diesen Schritt folgt dann ein neues Hören auf Gottes Antwort.

Zentral für die individuelle Freiheit des geistlichen Weges ist Karin Johnes Symbolverständnis:

> »Symbole sind Bilder – und Bilder sind offen und dynamisch im Gegensatz zu Begriffen, welche festlegen. Bilder sind übertragbar auf verschiedenste Bereiche des Daseins, können dort klärend und deutend wirken, ohne festzulegen – und sie haben eine innere Dynamik, durch die Gottes Kraft (dynamis) in alle Bereiche unseres Lebens hinein strömen kann. Denn das Bild-Symbol, gerade wenn es ein Ursymbol ist, (wie in fast allen biblischen Bild-Geschichten) und archetypischen Charakter hat, spricht den Menschen in einer Schicht an, die von Gedanken und Begriffen nicht erreicht wird. Und wo keine deutende Vorgabe dieses Symbols stattfindet, rührt es genau die Stelle in der Tiefe des Menschen an, die auf solches Angerührtwerden wartet. Hier öffnet sich der Raum, in welchem der Heilige Geist durch das Wort das ›Herz‹ des Menschen berührt.«[734]

Karin Johne ist überzeugt, dass Menschen durch ein Symbol an einer Stelle angesprochen werden, die empfindsam ist für die öffnende und ordnende Wirkung des Symbols. Zu dieser – auch psychologisch begründeten – Wirksamkeit des Symbols tritt, für Karin Johne entscheidend, das Wirken des Heiligen Geistes hinzu. Es kann ermöglicht, gefördert und beachtet oder überdeckt und übersehen werden.

Karin Johne setzt damit ein »pneumatologisches Vorzeichen« ergänzend zum psychologischen Symbolverständnis hinzu: Gottes Geistkraft übernimmt eine entscheidende Funktion im Lebens-Gespräch: Soweit der Mensch dazu bereit ist, wirkt sie im Menschen verwandelnd und führend.

---

[733] Neben den Wüstenvätern und -müttern wird Ignatius von Loyola als die prägende Gestalt der Tradition für die geistliche Begleitung gesehen. (Vgl. Schaupp, Konzeptionen Geistlicher Begleitung, 101)

[734] Überlegungen zum Meditieren christlicher Inhalte, 101. Vgl. auch Teil II, 1.5.1.

Pneumatologisches und *anthropologisches* Vorzeichen gehören zu den Grundbedingungen geistlicher Begleitung unabhängig davon, ob es sich um eine schriftliche oder persönliche Begleitung handelt. Die Form der schriftlichen Begleitung zwingt besonders dazu, diese beiden Grundsätze ernst zu nehmen, weil es keine Möglichkeit zur nachträglichen Korrektur gibt. Karin Johne, die die Begleitung in Briefen und Büchern verwendet und kultiviert hat, unterstreicht damit ihr Vertrauen in die Wirkung des Heiligen Geistes und die Gottesunmittelbarkeit der Begleiteten.[735]

II. 5. 2 Geistlich-theologische Unterstützung des Lebens-Gesprächs

Das Aufzeigen grundsätzlicher, organisatorischer und inhaltlicher Gestaltungsmöglichkeiten ist der erste Schritt auf dem Weg geistlicher Begleitung. Daran schließt sich die Unterstützung der je eigenen Deutung des Lebensweges der begleiteten Person an. Eine Besonderheit von Karin Johnes geistlicher Begleitung ist die Bedeutung, die sie dem Knüpfen und Sichtbar-Machen von Verbindungen in der geistlichen Begleitung gibt. Die Einübung in die Hermeneutik von Entscheidungen ist die vierte Aufgabe, die sich für die Begleitenden stellt. Dabei ist die Reihenfolge der letzten drei Punkte nicht chronologisch zu verstehen. Sie greifen ineinander. Der erste Punkt führt in Grundlagen ein und steht insofern auch chronologisch am Anfang.

II. 5. 2. 1 *Gestaltungsmöglichkeiten aufzeigen*

Wer sich eines der Bücher Karin Johnes kauft oder sich zu einem Briefkurs bei ihr anmeldete, hat bzw. hatte grundsätzlich Interesse an der Gestaltung des eigenen geistlichen Weges. Wie viel Vorerfahrung bereits vorhanden ist oder wie unbestimmt und offen das Interesse ist, kann die Autorin der Bücher nicht wissen. Als Leiterin der Briefkurse hat Karin Johne die Möglichkeit genutzt, diese Fragen im Vorfeld zu klären.[736]

---

[735] Im Zusammenhang mit der Notwendigkeit von Entscheidungen auf dem Lebensweg und deren Abwägung formuliert Karin Johne: »Selbst wenn dieser ›andere‹ [der mir bei einer Entscheidung helfen oder sie mir abnehmen soll] mein geistlicher Begleiter wäre und ich ihm voll vertraute: Echte Entscheidungen müssen frei und aus mir selbst heraus wachsen, wie eine Pflanze in ihrem Erdreich wurzelt. Das schließt nicht aus, sondern ein, daß ich auf die Meinungen anderer höre, sie sorgfältig abwäge – aber dieses aus meiner ureigenen Situation heraus, die ›gottunmittelbar‹ ist«. (Mensch als Bild Gottes, 142)

[736] Vgl. die »Vorbereitende[n] Fragen zur Teilnahme am Briefkurs«, die in Kreuz als Erlösung, 124, abgedruckt sind und als erstes nach »Erfahrungen mit Meditation« fragen, dann nach der Motivation, nach dem Verständnis von »Mystik«, nach der derzeitigen Gebetspraxis, wenn es eine gibt, und nach der Bereitschaft sich täglich

Gestaltungsmöglichkeit bewusst machen. Der oder die Begleiterin hat die Aufgabe, die begleitete Person zunächst auf die Möglichkeit des Lebens-Gesprächs als existentiellen und individuellen Kontakt mit Gott hinzuweisen. Die ersten Dialoge des Lebens-Gesprächs erfolgen ohne bewusste, menschliche Wahrnehmung. Der Heilige Geist erschließt den Blick auf das bereits vorhandene Lebens-Gespräch. Unter Zustimmung des Menschen und in der Führung des Heiligen Geistes entwickelt sich das Gespräch im Alltag weiter. Das Leben wird erst so zum bewussten »geistlichen Weg«, der begangen und gestaltet werden kann.

> »Wesentliche, unersetzbare Mitte eines geistlichen Weges ist die *tägliche Zeit der Stille vor Gott.* Deshalb sind die Übungen für die tägliche Gebetszeit der Kern dieses Kursangebotes [...]. Prinzipiell ist es natürlich möglich, zuerst einmal die Einführungen im Zusammenhang zu lesen, um sich einen Gesamtüberblick zu verschaffen – doch erst wer sich auf die Übungen selbst einläßt, ist beim eigentlichen Anliegen angelangt. Was durch dieses Angebot geschehen soll, kann nicht ›von außen‹ her gelernt werden, sondern es will ›von innen‹ erfahren werden. Das aber geschieht nur durch eigenes, regelmäßiges Üben in einem betenden Vor-Gott-Verweilen: Nichts anderes meint christliches Meditieren.«[737]

Dieses »regelmäßige Üben in einem betenden Vor-Gott-Verweilen« war vielen Menschen aus Einkehrtagen oder Exerzitien bekannt. Mit den »Briefkursen« bzw. den »Exerzitien im Alltag«, deren Grundgedanken sie aus der anglikanischen Kirche[738] übernahm, unterstützte Karin Johnes Methodik das Lebens-Gespräch gezielt innerhalb des je eigenen Alltags, nicht in einem gesonderten Raum.

> »Die Mehrzahl der Teilnehmer von Einkehrtagen bezeugt dankbar, welche Tiefe und Bereicherung sie für ihr geistliches Leben durch diese Kurse erfährt. Ihr Problem liegt darin, wie sie den punktuellen Vollzug solcher Tage in ihr alltägliches Leben integrieren können. Häufig ist der Kurs für sie ein Anstoß dazu, ihre tägliche Gebetszeit neu zu intensivieren – doch erleben sie meistens schon nach wenigen Wochen, wie der Alltag diesen abgeschirmten Raum der Gebetszeit wieder überflutet. So melden sie sich spätestens nach einem

Zeit zur Übung zu nehmen, einmal wöchentlich Rückmeldung zu geben und eine Metaphermeditation zum Thema »Kreuz« zur Verfügung zu stellen.

[737] Geistlicher Übungsweg, 19.

[738] Zur klassischen Retreat-Arbeit der anglikanischen Kirche vgl. Wolff, Zeiten mit Gott, 33-64. Unter »Moderne Formen« und »aktuelle Tendenzen« (a.a.O., 65ff) nimmt er die »Retreat-at-home« 1980 noch nicht auf. Zu Karin Johnes Verbindung vgl. Teil I, 2.3.2 und 2.3.3.

> Jahr zu einem neuen Kurs an, um die verlorene innere Kraft wieder auffrischen zu lassen. Und trotzdem spüren sie, daß sie eigentlich viel mehr brauchten als jährlich nur einmal drei Tage solchen Lebens.«[739]

Karin Johne will diese intensive Erfahrung und bewusste Auseinandersetzung im Lebens-Gespräch im Alltag ermöglichen.

Rahmenbedingungen vereinbaren. Die zweite Aufgabe der begleitenden Person ist es, auf die Rahmenbedingungen wie einen konkreten Ort und eine konkrete Zeit, sowie eine geeignete Körperhaltung hinzuweisen. In der schriftlichen Begleitung durch einen Briefkurs ermutigt Karin Johne ebenso wie in ihren Büchern die Teilnehmenden, sich zu einem verbindlichen Rahmen zu verpflichten und zugleich innerhalb dieses Rahmens frei auf ihrem je eigenen Weg im je eigenen Alltag zu gehen – im Vertrauen auf die Führung des Heiligen Geistes.[740]

Existentielle Auseinandersetzung fördern. Die dritte Aufgabe der Begleitenden ist es dann, Impulse zur Gestaltung zu geben. Karin Johne bietet dazu eine Fülle unterschiedlicher Methoden.[741] Die Übungswochen weiten einerseits den Horizont durch unterschiedliche methodische Angebote. Andererseits vertiefen sie die »Symbolfähigkeit«, indem die Aufmerksamkeit auf unterschiedlichste Symbole und ihre Bedeutung für den Einzelnen und innerhalb einer Gemeinschaft gelenkt wird. Zentrales Anliegen Karin Johnes ist es, die begleitete Person aus der rationalen Wahrnehmung in die existentielle Wahrnehmung zu führen. Dazu verschränkt Karin Johne *psychologische, biografische* und *anthropologische* mit *theologischen* Fragen. Von einem der genannten Bereiche ausgehend, schafft sie durch Informationen, Nachfragen und Anregungen Bezüge zu den anderen Feldern. Obwohl jeder Kurs Karin Johnes unter einem bestimmten Thema steht, wie z.B. »Kreuz als Erlösung« oder »Auf dem Weg zum Licht. Exerzitien im Advent«, und entsprechende theologische Themen anspricht, bietet jeder Kurs weitere Anknüpfungsmöglichkeiten zu den unterschiedlichsten theologischen und persönlichen Gesichtspunkten. Exemplarisch wird dies an dem vierwöchigen Kurs »Auf dem Weg zum Licht. Exerzitien im Advent« dargestellt.

Thematisch kreist der Kurs um die Weihnachtsgeschichte, die Geburt des Kindes. Die biblischen Texte der Weihnachtsgeschichte nach Lukas

---

[739] Geistlicher Übungsweg, 11f.

[740] Konkrete Beispiele und Erklärungen finden sich in Teil II, 4.1.1 Ort und Zeit und 4.1.2 »Meditation« mit Leib und Seele. Vgl. auch z.B.: Einübung in christliche Mystik, 17f;

[741] Vgl. Teil II, 4.

und Matthäus, aber auch verschiedene andere biblische Texte werden zur Betrachtung angeboten. Daneben stehen Texte aus dem Weihnachtsoratorium Johann Sebastian Bachs, aus Taizé und verschiedene Advents- und Weihnachtslieder. Diese unterschiedlichen Stoffe laden dazu ein, Bekanntes wieder zu entdecken und neue Aspekte kennen zu lernen. Thema und inhaltliche Angebote sind überwiegend »klassisch« vorweihnachtlich.[742] Karin Johne schafft für die einzelnen Stoffe jeweils persönliche Zugänge und Verknüpfungen. Ein wesentlicher Zugang ist das psychologische Motiv des »inneren Kindes«, das sie einbringt und mit dem »göttlichen Kind« verknüpft.

> »Immer wieder gibt es Lebensabschnitte, in denen ein Mensch das Gefühl hat, er müsse irgendwie einen neuen Anfang machen. Wie stark spüren wir das etwa an einem Neujahrstag – wie viel Wünsche und Hoffnungen binden sich da an einen Neubeginn. [...] Dass gerade das Abenteuer eines Lebens in der Nachfolge Jesu Christi in der Möglichkeit besteht, immer wieder neu anfangen zu dürfen – das Vergangene hinter uns zu lassen: ›*Ist jemand in Christus, so ist er eine neue Schöpfung, das Alte ist vergangen, siehe, es ist alles neu geworden*‹, sagt der Apostel Paulus (2 Kor 5, 17). Und dieses Neuwerden ist keine einmalige Angelegenheit, sondern ein Zustand, der das christliche Dasein ständig trägt und begleitet.
> Das Ursymbol dafür ist das ›Kind‹. [...]
> Das Kind ist nach C.G. Jung ein Ursymbol, ein archetypisches Symbol. Das bedeutet, dass dieses Symbol ganz tief in jedem von uns verwurzelt ist. Und wenn wir dieses Urbild nicht zulassen, wenn wir es vielleicht schon seit langem verdrängt haben, dann bindet es kostbare Lebenskräfte in uns. Sie werden frei, wenn wir das Verborgene, Verdrängte, zum Leben zulassen. Dies ist eine erfahrbare Tatsache, auch wenn der Prozess selbst manchmal recht schmerzhaft sein kann.
> Und gewiss ist es kein Zufall, dass Gott für seine Menschwerdung das ›Kind‹ gewählt hat. [...]
> Nach Paul Tillich trägt aber ein menschliches Symbol, wenn es einmal von Gott benutzt worden ist, in sich etwas von der Wirklichkeit, auf die es hinweist. [...] Seit Gott das Kind benutzt hat, um sich selbst dieser Erde zu schenken, wohnt jedem ›Kind‹ eine neue Würde inne, die nicht nur im Bewusstsein

---

[742] Überraschend im Kontext von Advent und Weihnachten ist z.B. die Elija-Erzählung: »Da stand Elija auf, aß und trank und wanderte, durch diese Speise gestärkt, vierzig Tage und vierzig Nächte bis zum Gottesberg Horeb. Dort ging er in die Höhle, um darin zu übernachten. Doch das Wort des Herrn erging an ihn ... 1. Kön 19, 8f« (Auf dem Weg zum Licht, 92f). Den Vers gibt Karin Johne als Impuls zur Frage nach dem »Raum« Gottes im eigenen Leben zur Meditation. Viele Texte aus den Psalmen begegnen in der ersten Meditationswoche (Auf dem Weg zum Licht, 25, 32, 35, 39f). Dagegen verzichtet sie vollständig auf die traditionellen prophetische Texte des Ersten Testaments.

des Menschen selbst tief verwurzelt ist, sondern darüber hinaus eine göttliche Bedeutung in sich trägt. Dies gilt nun nicht nur für das Kind, das ich vor mir sehe, sondern auch für das verborgene ›Kind‹ in mir selbst.«[743]

Über das *anthropologische* Motiv des »Neuanfangens« führt Karin Johne zum *psychologischen* Motiv »Ursymbol des Kindes«, das sie in *biografischer* und *psychologischer* Hinsicht als Bild für das Erfassen und Bearbeiten eigener Wünsche, Sehnsüchte und Erfahrungen im Inneren des oder der Begleiteten anbietet.

Von diesem »inneren Kind« ausgehend gestaltet Karin Johne die vier Adventswochen um die Sehnsucht des Menschen (1), die Antwort der Maria, die der Wirklichkeit Gottes begegnet (2), die Gefahren, denen das Gotteskind ausgesetzt ist (3) und die Begegnung unterschiedlicher Gestalten der Weihnachtsgeschichte mit diesem »Kind« als Symbole für unterschiedliche Persönlichkeitsanteile des oder der Begleiteten, die in die Geschichte der Gottesbegegnung einbezogen sind (4).[744]

Ein weiterer Text aus der zweiten Übungswoche verdeutlicht, wie Karin Johne Theologisches und Anthropologisches verknüpft. Das zentrale theologische Thema der zweiten Übungswoche ist die Anrede Gottes und die Antwort der Maria.[745]

Karin Johne beschreibt Marias Reaktion auf die Anrede des Engels und ihre Nachfrage so:

»Was da geschieht, passt überhaupt nicht in ihr gewohntes Weltbild hinein! Aber sie tut den Sprung des Glaubens [...] und sagt ihr ›Ja, mir geschehe ...‹ Parallel zu dieser Erzählung steht die Ankündigung des Täufers an den Vater Zacharias. Er wagt diesen Sprung nicht – und Gott wird dennoch sein Werk tun, aber die weitere Erzählung zeigt, durch welche Hindernisse hindurch sich der Plan Gottes durchsetzen muss. Maria macht mit ihrem glaubenden Ja den Weg frei für Gottes ungehindertes Handeln.

---

[743] Auf dem Weg zum Licht, 20-22.

[744] Ähnlich verfährt Karin Johne mit der psychologisch-theologische Deutung der »Tiere« als »Urkräfte, die in uns ruhen und darauf warten, sich in unserem Leben sinnvoll entfalten zu können. So können Tiere unsere vitalen, emotionalen Kräfte symbolisieren, etwa die Kraft der Liebe, des Eros, aber auch die Kraft des Zornes, der Phantasie und der Intuition und viele andere Kräfte.« (Auf dem Weg zum Licht, 103f).

[745] Die Verbindung zwischen göttlicher und menschlicher Wirklichkeit in der Inkarnation inszeniert Karin Johne durch ein kontemplatives Gebet und eine ignatianische Betrachtung und konkretisiert sie durch eine Betrachtung des Taufsakraments in seiner in den Leib Christi eingliedernden Bedeutung und in seiner »wachsenden Form«, abhängig von der aktiven Antwort des Menschen, auch im Tun. (Auf dem Weg zum Licht, 55ff; zur Taufe 57f).

> Mir wurde vor vielen Jahren einmal schlagartig deutlich: ›Gott wartet auf mein Ja‹ – so hoch achtet er mich. Ja, manchmal möchte ich geradezu sagen: Er macht sich abhängig von meinem Ja, und er kann Jahre – ja, Jahrzehnte lang darauf warten! Ich bin mir im Laufe meines Lebens darüber gewiss geworden, dass jedes solches Ja ein großes Wagnis ist, denn Gott nimmt mich beim Wort. Aber es ist gleichzeitig immer auch ein Weg, der weiterführt, auch aus den verfahrensten Situationen hinaus.«[746]

Die biografische Anknüpfung ist hier die Frage nach der eigenen Glaubensentscheidung, nach dem »Ja« zum angebotenen Weg Gottes und damit auch die Frage nach der Annahme des eigenen Lebensweges. Die theologischen Fragen, die hier angeschnitten werden, sind einerseits die Frage nach dem Gottesbild – nach der göttlichen Allmacht, die verknüpft ist mit Geduld und offener Erwartung der menschlichen Antwort und andererseits die Frage nach der Akzeptanz der eigenen Lebensbedingungen. In den folgenden Übungen sind neben kontemplativer und biblischer Betrachtung auch Anknüpfungen an die eigene Taufe oder Konfirmation oder eine andere »Anrede« Gottes gegeben, die den Blick auf das grundsätzliche »Ja« Gottes zum eigenen Leben und das darin liegende Angebot zur Selbstannahme und Wandlung vertiefen.[747]

Resumee. In Karin Johnes geistlicher Begleitung korrespondiert dem festen, selbstbestimmten Rahmen im Alltag die Weite inhaltlich möglicher Wege. Zentral ist für Karin Johne die persönliche Anknüpfung des oder der Begleiteten. Nur wer sich auf den je eigenen geistlichen Weg macht, kann Gott und anderen Menschen begegnen. Karin Johne führt in ihren Impulsen einen Weg der Korrelation zwischen biografischen, psychologischen, anthropologischen und theologischen Themen. Die psychologische Symboltheorie C.G. Jungs ist methodischer Hintergrund. »Symbole« als Kristallisationspunkte induzieren eine vertiefte und verändernde Wahrnehmung. So weitet und vertieft sie den Blick des oder der Begleiteten auf die eigene Lebenswirklichkeit und Gottes Gegenwart darin.

Die Korrelation von biografischen und theologischen Themen unter Nutzung der Wirkung archetypischer und religiöser Symbole ist ein Kennzeichen von Karin Johnes geistlicher Begleitung.

II. 5. 2. 2 *Je eigene Deutung begleiten*

Die Deutung von Symbolen und die Deutung der eigenen Lebensgeschichte sind zwei zentrale Themen der geistlichen Begleitung. Die Aufgabe der

---

[746] Auf dem Weg zum Licht, 60f.

[747] A.a.O., 63-65.

geistlichen Begleitung nach Karin Johne ist es, »Symbole« als Kristallisationspunkte anzubieten und die je eigene Deutung der persönlichen Lebensgeschichte auf dem Hintergrund der Heilsgeschichte Gottes mit den Menschen kritisch zu begleiten.

»Symbole« als Kristallisationspunkte. »Symbole« eröffnen individuell unterschiedliche Anknüpfungs- und Deutungsmöglichkeiten, die Impulse zur Veränderung geben. In der Begleitung ist es daher wichtig, die Symbole nicht im vorab zu deuten.

> »Symbole sind Bilder – und [...] übertragbar auf verschiedenste Bereiche des Daseins, können dort klärend und deutend wirken, ohne festzulegen – und sie haben eine innere Dynamik, durch die Gottes Kraft (dynamis) in alle Bereiche unseres Lebens hineinströmen kann. Denn das Bild-Symbol, gerade wenn es ein Ursymbol ist (wie in fast allen biblischen Bild-Geschichten) und archetypischen Charakter hat, spricht den Menschen in einer Schicht an, die von Gedanken und Begriffen nicht erreicht wird. Und wo keine deutende Vorgabe dieses Symbols stattfindet, rührt es genau die Stelle in der Tiefe des Menschen an, die auf solches angerührt werden wartet.«[748]

Die Eigenschaft des Symbols, Gottes Kraft in einer besonderen Weise im Menschen wirken zu lassen, kann sich nur dann entfalten, wenn die Anleitung zur »Meditation« den Blick auf das Symbol lenkt, es aber in seiner je individuellen Entfaltung nicht behindert.

> »Methodisch ergibt sich daraus, daß vom Leiter zu Beginn einer Meditation die Bilder und Symbole des Meditationsstoffes deutlich ins Licht gerückt und unterstrichen werden sollten. Es ist wichtig, die Bilder in ihrer eigenen Aussagekraft und Tiefendimension auf jeden wirken zu lassen; das gilt besonders für Bilder, die schon abgegriffen sind, die negativ besetzt sind oder im Kontext unseres Alltags nicht mehr vorkommen. Das ist wichtig – aber nichts mehr! Jede Deutung, jede Übertragungsmöglichkeit eines Bildes bringt mehr oder weniger eine persönliche Vor-Gabe des Anleitenden mit hinein. Und das legt fest, engt ein.«[749]

Zurückhaltung ist in der Theorie Karin Johnes oberstes Gebot. Am Beispiel »Kind«[750] war zu sehen, wie von Karin Johne »die Bilder und Symbole des Meditationsstoffes deutlich ins Licht gerückt und unterstrichen werden«,

---

[748] Überlegungen zum Meditieren christlicher Inhalte, 101.

[749] A.a.O., 101f.

[750] Vgl. Teil II, 4.1.9 und 5.2.1.

so dass die archetypischen und geistlichen »Symbole« als Verknüpfungspunkte zwischen Biografie und geistlicher Deutung bewusst werden.

Karin Johne bringt dabei auch die eigene Biografie ins Spiel.[751] In der Praxis wird auch – mehr als aus der theoretischen Formulierung zu vermuten – ihre eigene Deutung sichtbar. Die Richtung, die sie hier grundsätzlich vorgibt, ist geprägt von einem vertrauenden Gottesbild. Die vorgegebene Richtung und die Freiheit eigener Entfaltung wird in der folgenden Übungsanleitung deutlich. Um sich dem »inneren Kind« zu nähern, formuliert sie als »Lebensmeditation«:

> »- Ich spüre in meinem Leben zurück, wo ich mich einmal wirklich zu Hause, daheim gefühlt habe (das braucht also nicht mein äußeres Zuhause gewesen zu sein!), und erinnere mich nicht nur daran, sondern lasse dieses Erleben mit seinen Gefühlen neu in mir lebendig werden ...
> Ich spüre in meinem Leben zurück, wo vielleicht einmal eine Sehnsucht nach dem zuhause ganz elementar in mir aufgebrochen ist, und lasse auch dieses Erleben neu lebendig werden. Dazu brauche ich Zeit ...
> - Ich gehe vorsichtig auf die Suche nach dem ›Kind in mir‹, nach seiner Sehnsucht nach Heimat und rede vorsichtig mit ihm, wenn es sich ein wenig gezeigt hat ...«[752]

»Zuhause« ist ein Symbol für einen grundlegenden Ort der Geborgenheit, der in der erinnerten Erfahrung oder Sehnsucht spürbar wird. Unter dem Vorzeichen der gesuchten oder erfahrenen Geborgenheit erfolgt die Wahrnehmung des »inneren Kindes«, von dem nicht näher bestimmt wird, ob es als verletzlich, bedürftig oder sorglos und glücklich gesehen wird. Nach einem Hinweis auf den Symbolcharakter und einer Einführung mit richtungsweisendem Charakter gibt die konkrete Übung Raum für individuelle Erfahrung und Deutung. Die Richtung, in die Karin Johnes Anleitungen weisen, ist immer heilsgeschichtlich.

Heilsgeschichte als Grundkategorie. Die Deutung der eigenen Lebensgeschichte gehört zu den Grundkategorien menschlichen Lebens.[753] Für Karin

---

[751] Karin Johne berichtet z.B. von einem Traum, in dem sie ihr eigenes »inneres Kind« als hungrig nach Zuwendung und Liebe wahrgenommen hat (Auf dem Weg zum Licht, 17f) oder von den Ratschlägen, die ihr als junger Mutter gegeben wurden: »Das Kind nimmt sich an Nahrung, was es braucht« und »Ihr solltet während der Schwangerschaft auf alles verzichten, was dem Kind schaden könnte.« (a.a.O., 66)

[752] Auf dem Weg zum Licht, 25.

[753] So kann Wilhelm Gräb konstatieren: »Bewußtes Leben unterliegt dem hermeneutischen Imperativ. Es muß sich durch sich selbst zum Verständnis seiner selbst bringen. Es ist in der Geschichte seines Sichvollziehens immer auch seine – sozial vermittelte – eigene Selbstauslegung.« (Wilhelm Gräb, Der hermeneutische Imperativ,

Johne kann die je eigene Lebensgeschichte im Lebens-Gespräch letztlich nur heilsgeschichtlich gedeutet werden, weil sie durch Gottes Wirken Teil der Heilsgeschichte Gottes ist.[754] Die Begleitung hat die Aufgabe, der begleiteten Person zu helfen, diese Wirklichkeit Gottes im eigenen Leben zu entdecken. Dazu dient der Bezug auf biblische Heilsgeschichten, die Schärfung der Aufmerksamkeit für die unspektakuläre Gottesoffenbarung im Alltag und das Festhalten an einem vertrauenden Gottesbild auch in Leid und Anfechtung.

Persönliche Heilsgeschichte. Wenn ein Mensch sich selbst in Beziehung zu Gott wahrnimmt und das Lebens-Gespräch bewusst aufnimmt, erscheint die je eigene Lebensgeschichte in einem neuen Licht. Die Begleitung nach Karin Johne macht darauf aufmerksam.

> »Gott hat mit jedem Menschen seine eigene Heilsgeschichte, die sich in, mit und unter der Geschichte seines Lebens abspielt. Meine *persönliche Heilsgeschichte* ist verborgen unter den scheinbar zufälligen Geschehnissen und Ereignissen meines konkreten Lebens, und es braucht das betend-meditative Schauen, das Verweilen angesichts dieser meiner Lebensgeschichte, damit ich darin diese Heilsgeschichte erkenne. Erst in solchem Verweilen wird mir im nachhinein manches als ›Berührung Gottes‹ bewußt, was ich bislang noch nie unter dieser Blickrichtung wahrgenommen habe.«[755]

Ausgehend von einzelnen, bewusst wahrgenommenen Begegnungen mit Gott, entwickelt sich eine Gesamtinterpretation des eigenen Lebens, die dieses Leben als »persönliche Heilsgeschichte« deutet. Voraussetzung für das Entdecken dieser »Heilsgeschichte« ist das gewachsene Vertrauen in den liebenden Gott. Karin Johne ermutigt dazu, darauf zu vertrauen, dass Gottes Wirken im je eigenen Leben vorhanden ist und sichtbar werden kann. Dieses Sichtbar-Werden geschieht im »betend-meditativen Schauen« und »Verweilen«. »Betend-meditativ« weist auf die Öffnung zu Gott, auf die Bitte um den Heiligen Geist, dessen zugesagtes Wirken das Erkennen schenkt.

Unspektakuläre Gottesoffenbarung als Normalfall. Die Deutung des eigenen Lebens geschieht durch die begleitete Person selbst. Sie wird ange-

---

in: Walter SPARN (Hg.), Wer schreibt meine Lebensgeschichte? Biographie, Autobiographie, Hagiographie und ihre Entstehungszusammenhänge, Gütersloh 1990, 79-89, 89)

[754] Diesen Punkt merkt Schulz in seiner Rezension zu »Geistlicher Übungsweg« kritisch an. (Hansjürgen SCHULZ, Geistlicher Übungsweg (Rezension), in: Die Christenlehre 42 (1989), 59-61, 60)

[755] Geistlicher Übungsweg, 91.

regt durch die Impulse und Nachfragen der geistlichen Begleiterin. In Karin Johnes Briefkursen und den daraus entstandenen Büchern ist diese Anregung dezent, aber zielgerichtet. In »Geistlicher Übungsweg« gibt Karin Johne als ersten Meditationstext nach den Gedanken über das Entdecken der eigenen »Heilsgeschichte« die Gottesbegegnung Elias am Horeb im »stillen, sanften Sausen« (1. Kön 19, 11–13) und setzt den Impuls:

> »– Meistens sind es nicht die gewaltigen Erfahrungen von ›Vulkanausbrüchen‹, ›Erdbeben‹ und ›großen Winden‹, in denen Gott unser Leben anrührt, sondern es ist das ›leise, sanfte Säuseln‹ (Jerusalemer Bibel), in dem Gott unser Leben berührt ...
> – Ich sinne dem nach, wann und wie ich solches in meinem Leben erfahren habe, und verweile, bis diese Erlebnisse wieder lebendig werden ...«[756]

Gottesbegegnung ist für Karin Johne in der Regel kein »Erdbeben«, sondern ein »stilles, sanftes Sausen«, ein Teil des Alltagsgeschehens. Welcher Art der biblisch bezeugte Gott ist, dessen Spuren zu suchen und zu finden sind, differenziert Karin Johne in der Anleitung für den nächsten Tag zu

> »Psalm 139, 1–18 (›Herr, du hast mich erforscht und du kennst mich‹)
>
> Achtung: Wichtig ist, daß ich den Blick Gottes, der auf mir ruht, als einen Blick der Güte und Liebe erfahre – als einen Blick, der meine Dunkelheiten aufdeckt, um sie zu heilen. Es ist der Blick Jesu, der auf den Menschen ruhte, die ihm mit ihrer Not begegneten.
> Ich atme Vers um Vers in mich hinein, verweile jeweils so lange, bis ich ihn ausgekostet und auf mein Leben übertragen habe ... dann gehe ich ruhig weiter ... Andere Möglichkeit: Ich lese langsam Vers um Vers, innerlich hellwach und lauschend, welcher Vers mich besonders ›anspricht‹ – und kehre dann zu diesem Vers zurück, um bei ihm zu verweilen und mich von ihm durchdringen zu lassen ...«[757]

Karin Johne macht keine inhaltlichen Vorgaben – bis auf die Grundhaltung, in der Gott erfahrbar ist, nämlich in »Güte und Liebe«, nicht als erbarmungsloser Kritiker oder Richter, sondern als heilender Gott. Sie begründet diese Grundhaltung mit dem Hinweis auf Jesus. Hier zeigt sich Karin Johnes christologisch zentriertes Gottesbild: Das »Geheimnis Gottes« offenbart sich in Jesus Christus.

---

756 A.a.O., 91f.
757 A.a.O., 93.

Karin Johne setzt in ihren Anleitungen einen klaren Deutungs-Rahmen. Ähnlich wie formal eine feste Zeit und ein fester Ort den Rahmen bilden, innerhalb dessen sich die je eigene Meditation und das je eigene Gebet frei entfalten können, setzt Karin Johne das vertrauende Gottesbild, wie es die Evangelien an der Person Jesu entfalten, als hermeneutische Grundlage, innerhalb derer das eigene Leben gedeutet werden kann und soll. Um zu diesem »vertrauenden Gottesbild« einen persönlichen Bezug zu finden, ist die Annahme des eigenen Lebens als von Gott gegebenes »Material« zur Lebensgestaltung und damit zur Antwort im Lebens-Gespräch zentral. So richtet Karin Johne den inhaltlichen Fokus neben der Aufmerksamkeit für Gottes Gegenwart an allen »Orten« auf das Geschenk des eigenen Lebens.

Vertrauendes Gottesbild und Theodizee. Für die Lebensdeutung ist der Umgang mit Fragen der Theodizee zentral.[758] Nicht alles im eigenen Leben erscheint als offensichtliches Geschenk Gottes.[759] Karin Johnes geistliche Begleitung gibt diesem Themenbereich erst auf der Basis eines vertrauenden Gottesbildes Raum. In der Meditation von »Psalm 107 *(›Die sollen dem Herrn danken‹)*« fügt Karin Johne zu dessen Symbolbildern an:

> »Hinweis: Beim Meditieren dieses Psalms ist es wichtig, daß ich die Symbolsprache erkenne und richtig damit umgehe – daß ich durch diesen Psalm mit seinen Symbolen mein konkretes Leben mit seinen ›Wüstenstrecken‹, seinen ›Hungerzeiten‹, seinen ›Stürmen‹ usw. beleuchten lasse.«[760]

Ein wichtiger Schritt in der Begleitung ist der bewusste Blick auf die schwierigen Erfahrungen des eigenen Lebens und ihre Bedeutung innerhalb der persönlichen Heilsgeschichte.[761] Wie in den ignatianischen Exerzi-

---

[758] Michael Klessmann überschreibt den Abschnitt »Seelsorge als Lebensdeutung im Horizont des christlichen Glaubens« mit dem Satz: »Nicht die Ereignisse verändern unser Lebens, sondern die Art und Weise, wie wir sie deuten. (Michael Klessmann, Seelsorge. Begleitung, Begegnung, Lebensdeutung im Horizont des christlichen Glaubens. Ein Lehrbuch, Neukirchen-Vluyn 2008, 178)

[759] Erika Schuchardt hat untersucht und dargestellt, wie Menschen, die mit schweren Krisen im eigenen Leben konfrontiert sind, dies mit Bezug zu ihrem Glauben schriftlich verarbeiten. (Erika Schuchardt, Warum gerade ich? Leben lernen in Krisen, Göttingen [9]1996)

[760] Geistlicher Übungsweg, 94; Hervorhebung im Original zur Unterscheidung von der eigentlichen Übungsanleitung.

[761] Eine ganze Reihe von Meditationen folgen diesem Zusammenhang. So fragt Karin Johne am dritten Tag dieser Woche von der Josefsgeschichte (Gott aber gedachte, es gut zu machen) her: »Wo habe ich in meinem Leben erfahren, daß sich Schweres im nachhinein als Gutes, ja als Segen erwiesen hat? ...« (Geistlicher Übungsweg, 93) und

tien ist auch für Karin Johne der erste Schritt – bei Ignatius: »das Fundament« –, die Liebe Gottes im eigenen Leben wahrzunehmen. Dieser Grundausgangspunkt entspricht der Rechtfertigungsbotschaft als »Fundament« protestantischer Frömmigkeit.

Karin Johne geht von einer Gott vertrauenden Hermeneutik aus. *Vor* der Auseinandersetzung mit Theodizeefragen oder der dunklen Seite Gottes geht es zuerst um eine Verankerung im Vertrauen. Im Zusammenhang mit der Schöpfungsmeditation[762] betont Karin Johne:

> *»Achtung: Wo sich beim Meditieren der Schöpfungswirklichkeit die negativen Aspekte der vom Menschen gefährdeten Schöpfung Gottes in den Vordergrund schieben wollen, sollte ich diese Bilder einstweilen zur Seite stellen (nicht verdrängen!) – und mich immer wieder bewußt zurückholen, um mich in die Sicht Jesu (in seine Sicht der Wirklichkeit) hineinnehmen zu lassen: So hat der Vater seine Schöpfung gewollt und gemeint!*
> *Wo die Dunkelheiten zu stark werden, kann ich ihnen das Wort Römer 8, 21 entgegenhalten.«*[763]

Die negativen Aspekte der Wirklichkeit sollen nach Karin Johne nicht geleugnet werden, sie sollen aber die Wahrnehmung nicht dominieren. Entsprechend behandelt Karin Johne auch die Theodizeefrage. *Vor* der Bearbeitung der Theodizee steht die Einübung in ein vertrauendes Gottesbild, die »Wirkungszeit« braucht.[764] Die Bearbeitung erfolgt dann in einem zweiten Schritt, in dem auch die »dunklen Erfahrungen« als eine Form der Gottesbegegnung gesehen und angenommen werden. Karin Johne orientiert sich hier an Meister Eckehart. In Auseinandersetzung mit einem bekannten Morgengebet[765] formuliert Karin Johne:

---

beleuchtet die »Hindernisse« auf dem Lebensweg in einer Meditation der Taufe (a.a.O., 94f)

[762] Geistlicher Übungsweg, 95–98.

[763] A.a.O., 96; Hervorhebung im Original zur Unterscheidung von der eigentlichen Übungsanleitung.

[764] So auch in: Einübung in christliche Mystik, 34 und 65. Wo Störungen andauern, kann ein Gespräch hilfreich sein: »Daß Dunkelheiten ans Licht kommen, ist eine große Chance christlichen Meditierens, denn nur so können sie geheilt werden. Aber es gibt auch negative Inhalte, die bei jeder Meditation wiederkehren und alles andere verdrängen möchten. Diese negativen Bilder wollen nicht meditiert, sondern im Gespräch verarbeitet werden. Nur so werde ich frei von ihnen und damit frei für die echte Meditation.« (Geistlicher Übungsweg, 33).

[765] »Herr, dieser Tag und was er bringen mag, sei mir von deiner Hand gegeben. Du bist der Weg, die Wahrheit und das Leben ...« (Wegweisung im Alltag durch Meister Eckeharts Mystik).

»Verwandlung und Wachstum liegen im geistlichen Leben auf einer Ebene. Unser inneres Wachstum geschieht, indem wir uns verwandeln lassen – mehr und mehr in das Bild Jesu Christi hinein (Röm 8, 29). Also nicht in einem resignierten Hinnehmen der Ereignisse, die auf mich zukommen, wächst mein inneres Leben, sondern in einer echten Korrespondenz mit diesen Ereignissen. [...] Ich wachse nicht unmittelbar an dem, was mir begegnet – daran kann ich auch scheitern –, sondern ich wachse daran, wie ich aus meiner innersten Kraft heraus, in der Gott selbst in mir lebendig ist, auf die Geschehnisse re›agiere‹.«[766]

Karin Johne ermutigt in der geistlichen Begleitung, mit den beschwerenden Geschehnissen des Alltags zu »korrespondieren«, sich mit ihnen und über sie mit Gott auszutauschen, sie zu Gott hin zu öffnen und darauf zu vertrauen, dass auch im Unverständlichen und Schweren seine Gegenwart zu entdecken sein wird. Zum passiven »Erleiden« tritt das »re-,agieren‹«, das – mindestens innerlich – aktive Umgehen mit dem Geschehen.[767] Mit Geduld und Vertrauen geht es darum, zu warten, bis sich Gottes Gegenwart auch in den unverständlichen Erfahrungen erschließt. Auch dieses Ausharren versteht Karin Johne als Übung (!), die Zeit braucht.

Beispielhaft sieht Karin Johne diese um Vertrauen ringende Haltung Gott gegenüber am Beispiel Jesu, der sie am Ende überwindet.

»Schauen wir auf Jesus, der ja mit seinen Worten[768] sein eigenes Leben deutet: Sehen wir auf das zentrale Geschehen seines Lebens: Der Auferstandene begegnet den Seinen mit seinen Wundmalen. Was sich schon früher in seinem Leben anbahnte, wird am Ende unübersehbar deutlich: Weil er zu Karfreitag

---

766 Wegweisung im Alltag durch Meister Eckeharts Mystik, 10.

767 Karin Johne folgt darin Meister Eckehart, den sie zitiert: »Der Mensch ›muß lernen, die Dinge zu durchbrechen und seinen Gott darin zu ergreifen‹ (MEISTER ECKEHART, Deutsche Predigten und Traktate, 61, Z. 19f) Das bedeutet nichts anderes, als daß ich mir Zeit nehmen muß, die Geschehnisse, die auf mich zukommen und mich bewegen, anzuschauen und immer neu anzuschauen, bis sie gewissermaßen transparent werden: ›Der Mensch soll sein, wie unser Herr sprach: »Ihr sollt sein, wie Leute, die allzeit wachen und ihres Herrn harren‹« (Luk 12, 36). Traun, solche harrenden Leute sind wachsam und sehen sich um, von wannen er komme, dessen sie harren, und sie erwarten ihn in allem, was da kommt, wie fremd es ihnen auch sei, ober nicht doch etwa darin sei. So sollen auch wir in allen Dingen bewußt nach unserm Herrn ausschauen. Dazu gehört der notwendig Fleiß, und man muß sich‹s alles kosten lassen, was man nur mit Sinnen und Kräften zu leisten vermag‹ (a.a.O., 62, Z. 24ff).« (Wegweisung im Alltag durch Meister Eckeharts Mystik, 10)

768 Ich bin gekommen, daß sie das Leben haben, daß sie es in Überfülle haben.« (Joh 10,10) und »Gebt, so wird euch gegeben. Ein voll, gedrückt, gerüttelt und überfließend Maß wird man euch in euren Schoß geben.« (Luk 6,38) liegen der Predigt zugrunde.

ganz leer wurde, weil er alle Dunkelheiten aushielt, die unser Menschsein begleiten, deshalb konnte er auch die ganze Fülle des Lebens im Übermaß empfangen in seinem österlichen Leben. Dieses Leben ist dem Tode, den Schmerzen, dem Leid, den Tränen entnommen, die Ursehnsucht des Menschen nach wirklichem, gelingenden Leben, findet hier ihre Erfüllung.«[769]

Weil Jesus »alle Dunkelheiten aushielt, die unser Menschsein begleiten«, also durch die Annahme des leidvollen Geschehens, wird die Verwandlung in der Auferstehung möglich, in der sich die »Ursehnsucht des Menschen nach gelingendem Leben« erfüllt. Die Spuren des Leidens bleiben am Auferstandenen sichtbar. Nicht als Pflicht, aber als sinnvolle Möglichkeit formuliert Karin Johne parallel:

»Es gilt einen Versuch, der sich lohnt:
Wozu wir ›Ja‹ sagen, läßt Leben in uns wachsen. Nicht nur Freude schenkt Leben und macht lebendig, sondern auch zugelassener, durchlittener und angenommener Schmerz. Dieses Angebot wahren Lebens – die Bibel spricht von Verheißung – nimmt Verbindung mit der tiefen Sehnsucht nach dem ›Mehr‹, nach dem wahren, gelingenden Leben in uns auf. Und das ganze ist noch einmal umgriffen davon, daß es hier nicht nur um die Sehnsucht unseres eigenen menschlichen Herzens geht, sondern daß diese Sehnsucht nur ein schwacher Abglanz der Sehnsucht ist, die Gott nach uns hat – der Sehnsucht Gottes, der sich uns ganz schenken möchte. Hätte er sich sonst auf das Geheimnis der Menschwerdung eingelas-sen?«[770]

Die Verwandlung des leidenden Christus in der Auferstehung macht für Karin Johne sichtbar, dass es sinnvoll ist, Schmerz nicht zu verdrängen, sondern anzunehmen und in ihm die eigene und die Sehnsucht Gottes nach Verwandlung zu erwarten und wahrzunehmen, die sich in der Menschwerdung berühren.

Bemerkenswert ist, dass bei Karin Johne die Form der Klage, wie sie biblisch die Psalmen widerspiegeln, keine entfaltete Form des Gebets ist. Zwar kann sie sagen:

»Was wir in der Bibel lesen, darf immer zur Grundlage des Gebetsgespräches werden, das wir mit Gott führen. Wir dürfen ihm alles sagen, was uns bewegt,

---

[769] Vgl. die Predigt: Karin Johne [ohne Datum]:«Johannes 10, 10 und Lukas 6, 38. Thema: Leben in Fülle (Exerzitienpredigt)«, <www.karin-johne.de/predigten/jh10_10.htm#anfang> (01.05.2010); letzter Abschnitt.

[770] Ebd.

gerade auch im Hinblick auf das, was er uns in dem jeweils angebotenen Text anbietet.«[771]

Das Klagegebet als eigene Gebetskategorie fehlt in Karin Johnes Übungsweg aber. Hier zeigt sich - neben sicher auch persönlich bedingten Akzenten - ein wesentlicher Unterschied zwischen schriftlicher und persönlicher Begleitung. Während in der persönlichen Begleitung bedingt durch die unmittelbar gegenwärtige Situation des oder der Begleiteten Wut und Zorn direkt begegnen und in der seelsorgerlichen, direkten Begleitung auch aufgefangen und mitgetragen werden können, muss die schriftliche Begleitung darauf vertrauen, dass der oder die Begleitete in einer akuten Situation Hilfe durch andere Menschen oder den Geist Gottes unmittelbar findet.[772] Die Behutsamkeit, mit der auch in einer direkten Begleitung mit der Situation umgegangen werden muss, formuliert Irene Dilling in der Beschreibung der Exerzitien im Alltag mit dem »Kirchenjahr als geistlicher Übungsweg« so: »Wichtig ist, daß mit der inneren Bewegung der Menschen behutsam umgegangen wird, das heißt, sie sollen in der Meditation immer auf das Heil des Evangeliums ausgerichtet sein. Nur ganz selten und unter guter Begleitung werden Dunkelheit, Tod und Schmerzen meditiert.«[773]

II. 5. 2. 3 *Verbindungen knüpfen und sichtbar machen*

Eine wesentliche Aufgabe der geistlichen Begleitung sieht Karin Johne darin, der begleiteten Person die Gemeinschaft der Heiligen und die darüber hinaus gehende menschliche Gemeinschaft sichtbar und bewusst zu machen. Der begleiteten Person soll bewusst werden, dass sie sich in diesen Gemeinschaften befindet und sich ihnen zugehörig fühlen darf, dass

---

[771] Einübung in christliche Mystik, 21.

[772] Michael Klessmann unterstreicht als »biblische Erinnerungen«: »Trost setzt Klage voraus!« und »Gott selbst wird als Ursprung des Trostes bezeichnet (z.B. Röm 15,5; 2 Kor 1,4f).« (KLESSMANN, Seelsorge, 220). Er beschreibt, unter Bezug auf Ulrike Wagner-Rau, als Voraussetzung des Trostes, dass es einen »bergenden Raum« des gibt, in dem Wut und Schmerz ausgedrückt werden können und der die ergebnisoffene Möglichkeit bietet, das Erlebte, mit Gegenbildern wie Hoffnung, Auferstehung »zu bedenken und zu meditieren«. (a.a.O.) »An die Stelle eines heilsamen Beziehungsraumes kann dann auch der sakrale Raum, der Raum der Musik, der Raum des Gebets treten. Sie können zu symbolischen Repräsentanzen werden dafür, dass sich Lebensvertrauen aus heilsamen Beziehungen entwickeln kann.« (a.a.O., 221) Karin Johnes Begleitung bemüht sich durch die Vertiefung des vertrauenden Gottesbildes darum, diesen »Raum des Trostes« auch unabhängig von der persönlichen Begleitung auffindbar zu machen.

[773] Irene DILLING, Das Kirchenjahr als geistlicher Übungsweg, in: MÜNDERLEIN, Aufmerksame Wege, 159-166, hier: 161.

diese Gemeinschaften sie geistlich nähren, korrigieren und ihre Bereitschaft zur Mitteilung brauchen.

Überlieferungsgemeinschaft. Die Lektüre und Meditation biblischer Texte stellt nach Karin Johnes Überzeugung in eine Traditionsgemeinschaft, deren Fülle sich dem einzelnen je nach der eigenen Aufnahmefähigkeit und -bedürftigkeit immer wieder neu erschließt.

> »Geistliches Leben des Christen wird gespeist vom Wort Gottes in der Schrift. Darüber sind sich Christen aller Zeiten und aller Glaubensrichtungen einig. [...] Wir leben als Christen von der Offenbarung Gottes, die sich in der Bibel im menschlichen Wort festgelegt hat.«[774]

Die Bibel ist für Karin Johne zugleich Menschenwort und Trägerin der »Offenbarung Gottes«. Über die Entstehung der biblischen Geschichtsbücher schreibt Karin Johne:

> »Die Geschichtsschreibung des Alten Testaments (und damit die erste Geschichtsschreibung der Menschheit überhaupt) entstand daraus, daß ein gläubiger Israelit die Geschichte des Gottesvolkes so lange meditierte, bis sich ihm in prophetischer Schau in, mit und unter dieser Geschichte die Heilsgeschichte Gottes mit seinem Volk enthüllte. [...] Es war eine Schau, der die sichtbare Wirklichkeit transparent wurde für das verborgene Wirken Gottes in allem, was geschah.«[775]

Aus der Deutung der erlebten Geschichte und ihrer Niederschrift, deren komplizierten Prozess Karin Johne nicht aufgreift, entsteht eine schriftliche Quelle der Offenbarung Gottes, die zu nützen in eine zeitübergreifende Gemeinschaft hineinstellt:

> »Wer aber zugestimmt hat [auf die Anrede Gottes durch einen Menschen oder ein Ereignis zu antworten], wird erfahren, wie ihn dieses ›Wort‹ durch sein Leben weiterbegleitet. Am spürbarsten geschieht dies [...], indem er sich ihm täglich aussetzt im regelmäßigen Hören, Lesen oder Meditieren der biblischen Botschaft, durch die Gott seit mehreren tausend Jahren Menschen immer neu anspricht.«[776]

---

[774] Geistlicher Übungsweg, 62f.

[775] A.a.O., 94.

[776] A.a.O., 71f.

Die Überlieferungsgemeinschaft, in die die Meditation hineinstellt, reicht über Jahrtausende. Karin Johne legt hierauf keinen Schwerpunkt, aber sie teilt diese Wirklichkeit den Übenden mit. Er oder sie ist nicht der Erste und wird nicht die Letzte sein, die in dieser Weise vom »Wort Gottes« angerührt wird. Das relativiert die eigene Erfahrung und fügt das eigene Erleben in eine größere Gemeinschaft ein.

Erinnern an die doppelte Begründung der Gemeinschaft. Karin Johne begründet die vorhandene Gemeinschaft mit anderen einerseits theologisch mit dem Bild des »Leibes Christi«, andererseits psychologisch mit der Symboltheorie. Der Weg zum Nächsten ist für Karin Johne der Weg über Christus, bzw. der von Christus gestiftete Weg.[777] Daher lässt Karin Johne z.B. die Sakramente[778] meditieren und so als Bindeglieder bewusst werden.[779]

Die durch das Mensch-Sein gegebene Verbindung wird nach Karin Johne auch sichtbar am Umgang mit archetypischen Symbolen, die *alle* Menschen berühren und verändern können. Karin Johne sieht das Thema bereits bei Augustin angesprochen.[780] Diese verbindende Wirklichkeit archetypischer Symbole übernimmt Karin Johne von C.G. Jung, ohne näher zu differenzieren:[781]

> »C.G. Jung hat diesen Begriff [des archetypischen Symbols] geschaffen, um damit eine Wirklichkeit aufzuzeigen, die allen Menschen (aller Völker, Zeiten und Kulturen) gemeinsam ist. Man hat die Entdeckung des ›Kollektiven Unbewußten‹, in dem die Archetypen leben, als eine der größten modernen Entdeckungen unseres Jahrhunderts bezeichnet.«[782]

Grunderfahrungen, wie sie durch archetypische Ursymbole angesprochen werden, verbinden Menschen über Kultur, Ort und Zeit hinweg.

---

[777] Vgl. Teil II, 4.3.2 und 4.3.3.

[778] Karin Johne selbst gibt im Gespräch am 22.04.2010 an, dass sie schon von ihrer Konfirmationszeit an die Sakramente hoch geschätzt habe. Der Kontakt mit römisch-katholischen Glaubensgeschwistern sei dafür nicht entscheidend gewesen.

[779] Z.B. Geistlicher Übungsweg, 245f; Ökumenische Meditationsbriefe, 55f.

[780] Karin Johne [ohne Datum]: »Überlegungen zum Meditieren christlicher Inhalte«, <www.karin-johne.de/artikel/91_3wen.html#anfang> (30.04.2010); Unterabschnitt »C: Zum Umgang mit archetypischen Symbolen« (Der Hinweis findet sich nicht im gedruckten Text in der Zeitschrift »Meditation«. Vermutlich hat Karin Johne den für sie sichtbaren Zusammenhang mit Augustin, den sie nicht belegt, erst nach der Veröffentlichung im gedruckten Medium entdeckt.)

[781] Zu weiteren, z.T. auch für die Geistliche Begleitung sinnvollen Differenzierungen vgl. Teil II, 1.3.3.

[782] Kreuz als Erlösung, 22, Anm. 11.

Theologisch führt nach Karin Johne auch die Verbindung mit Christus nicht nur zur Wahrnehmung der *christlichen* Gemeinschaft, sondern zu einer Wahrnehmung der *menschlichen* Gemeinschaft insgesamt.[783] Die Gemeinschaft mit Jesus Christus, dem Mensch gewordenen Gott, stellt eine Verbindung über den »Leib Christi« im engeren Sinn, die Kirche, hinaus her:

> »Es gibt einen verborgenen Zusammenhang unter den Menschen. An manchen Stellen wird er sichtbar (‚Schicksalsgemeinschaften‹), aber er greift weit hinaus über diese Sichtbarkeit. ›Entsprechendes‹ Leiden, entsprechende Schicksale, entsprechende Aufgaben verbinden Menschen untereinander über Zeit und Erdteile hinweg. [...] Die erste gelungene Nierentransplantation war ein Geschenk für *alle* Nierenkranken auf der Erde, denn von nun an stand für sie alle eine Möglichkeit offen, die es vorher nicht gab. Auch dem galt dieses Geschenk, der gar nicht wußte, was geschehen war. [...] Vielleicht kann man sagen: Weil es das Geheimnis dieser verborgenen Zusammengehörigkeit gibt, deshalb konnte Jesus durch seine Menschwerdung allen Menschen die Erlösung bringen (1. Kor. 15, 16 argumentiert in dieser Weise) – vielleicht aber ist es auch umgekehrt: Weil Jesus durch sein Annehmen der menschlichen Natur den Menschen die Kindschaft des himmlischen Vaters zurückgegeben und die Christen zu Gliedern seines Leibes zusammengeschlossen hat, deshalb sind wir nun alle in diesen tiefen Zusammenhang hineingenommen. Deshalb können wir nun das, was Jesus für uns tat, auch füreinander tun – aus seiner Kraft.«[784]

Die Verbindung, die Menschen untereinander haben, besteht für Karin Johne nicht nur innerhalb der Glaubenden, sondern durch ein miteinander geteiltes »Schicksal«, wie z.B. eine Krankheit, auch darüber hinaus. Diese »Schicksalsverbindung« wird über alle Grenzen geweitet durch das von Christus geteilte »Schicksal« des Mensch-Seins. Die Verbindung mit Christus eröffnet die entscheidende Möglichkeit der heilenden Verbindung zu

---

[783] In diesem Sinn kann auch Peter Brunner im Rahmen seiner »Lehre vom Gottesdienst« verstanden werden, wenn er den »heilsökonomischen Sinn der irdischen Kirche und ihres gottesdienstlichen Handelns« darin sieht, dass »das virtuelle In-sein aller menschlichen Existenzen in dem Kreuzesleib Jesu [...] in der konkreten geschichtlichen Existenz jedes einzelnen Menschen zu einem ontisch-realen und personhaft ergriffenen In-sein umgesetzt, aktualisiert und seiner definitiven Gestalt zugeführt werden [soll].« (Peter Brunner, Zur Lehre vom Gottesdienst der im Namen Jesu versammelten Gemeinde. Neudruck mit einem Vorwort von Joachim Stalmann, Hannover 1993, 153) Durch die Einbeziehung *aller* Menschen »wächst der Leib Jesu im Himmel und auf Erden« (a.a.O., 153f).

[784] Ökumenische Meditationsbriefe, 59f.

Gott und untereinander. Diese über die christliche Gemeinschaft hinausgehende Verbindung führt Karin Johne allerdings kaum aus.[785]

Konstruktive und korrektive Funktion der Gemeinschaft. Das Lebens-Gespräch mit Gott braucht die Einbindung in die Gemeinschaft, wie Gott sie innerhalb und außerhalb der Kirchen stiftet. Diese Einbindung setzt die eigene Erfahrung des oder der Begleiteten konstruktiv und korrektiv in Relation zum Lebens-Gespräch anderer. Aufgabe der Begleitung ist es, diese Verbindung herzustellen und zu bewahren, weil sie für die Gemeinschaft ebenso wie für jeden einzelnen Menschen von elementarer Bedeutung ist.

Der konstruktive Beitrag der Gemeinschaft der Glaubenden ist für Karin Johne der Blick auf die Fülle, die sich in der Gemeinschaft, aber nicht dem oder der Einzelnen erschließt. Karin Johne bemüht sich in ihrer geistlichen Begleitung darum, Austausch zu schaffen und zu fördern. Deutlich wird das z.B. im ersten Anschreiben an die Teilnehmenden der Briefkursgruppe, die der Veröffentlichung von »Kreuz als Erlösung« vorausging:

> »Ich werde Ihnen später die Teilnehmerliste beilegen, wenn Sie damit einverstanden sind, (sonst bitte kurz das Veto anmelden) – damit Sie wissen, in welcher Gemeinschaft Sie diesen Weg gehen – auch wenn Sie allein zu Hause sind.«[786]

Karin Johne initiiert so ein persönliches Wissen umeinander, ohne jemanden in die Gemeinschaft hinein zu vereinnahmen. Der über-individuelle Aspekt des Kurswegs wird so bereits in den ersten Kontakten deutlich.

Der engste Kreis der Gemeinschaft ist für Karin Johne die Gruppe, die sich in einem Briefkurs zeitgleich oder mit einem Buch zeitversetzt mit einem Thema auf den Weg macht. Die »zeitversetzte« Wahrnehmung wird durch die Texte Karin Johnes möglich, in denen sie immer wieder von Erfahrungen aus früheren Gruppen oder Briefkursen berichtet. Warum der Austausch und das Wahrnehmen der Erfahrungen anderer so wichtig ist, begründet Karin Johne in »Wege zum Wesentlichen« so:

> »Warum teile ich Ihnen immer wieder die von uns gefundenen Ergebnisse unserer Übungen so ausführlich mit? Wer solche aus der Meditation hervorgegangene Bilder oder Sätze auf sich wirken läßt, wer sie selbst weitermeditiert, der versucht, ›dahinterzukommen‹, wie ein anderer wohl zu solch anderem Ergebnis der gleichen Aufgabe kommen konnte. Dadurch aber läßt er sich hin-

---

785 Vgl. Teil II, 3.3.2.

786 Kreuz als Erlösung, 120.

einnehmen in den inneren Meditationsvollzug des anderen. Was geschieht dabei?
Es geschieht etwas Ähnliches, wie wenn man vor einem großen Dom steht, den man anschauen möchte. Da bleibt man wohl eine Zeitlang an einer Stelle stehen, bis man das Ganze in sich aufgenommen hat. Dann aber geht man langsam weiter, und Schritt um Schritt bekommt man einen anderen Blickwinkel, öffnen sich neue Ansichtsmöglichkeiten. Wenn ich etwas nur von dem Standpunkt aus anschaue, wo ich selbst jetzt gerade stehe, werde ich nur einen Teil des Ganzen wirklich sehen.
Lasse ich mich aber von einem anderen Menschen gewissermaßen mitnehmen, die Dinge von *seinem* Blickwinkel her zu betrachten, dann bekomme ich einen neuen Anblick, der mich selbst bereichern wird. Deshalb liegt uns ›Gesunden‹ auch viel daran, den Blickwinkel der kranken und behinderten Menschen kennenzulernen – damit wir dadurch reicher werden! Vieles bekommt man nur in den Blick, wenn man ›von unten‹ schaut.«[787]

Unterschiedliche Perspektiven sind nötig, um die Fülle der Wirklichkeit Gottes wahrzunehmen. Besonders wichtig ist es Karin Johne, dass die Teilnehmenden in einem Perspektivwechsel auch die Sicht von Menschen kennenlernen, die unter ganz anderen Voraussetzungen leben und ihr Leben deuten. Dabei soll die Mitteilung eigener Erfahrung nicht grenzenlos sein, sondern die Intimität wahren.

> »Allerdings muß hier auf der anderen Seite davor gewarnt werden, von sich selbst oder von einem anderen eine totale innerliche Selbstentblößung zu erwarten. Es gibt auch eine ›geistliche Keuschheit‹, es gibt in jedem Leben Erfahrungen, Gedanken, Gefühle, die niemanden etwas angehen als Gott allein.«[788]

Die Fülle des Leibes Christi wird sichtbar, wenn Erfahrungen mitgeteilt werden.[789] Der Grad dieser Mitteilung ist unbedingt frei und wird von Karin Johne bewusst geschützt. Die gemachte Erfahrung versteht Karin Johne nicht als individuellen Schatz, sondern als eine Gabe, die auch anderen dienen soll.

Die Wahrnehmung anderer Erfahrungen hat auch eine korrektive Funktion. Im Kontext von Karin Johnes Arbeit geht es nicht um ein korrigierendes Lehramt, sondern um die Bereitschaft, eigene Erfahrungen in

---

[787] Wege zum Wesentlichen, 75f; sprachlich etwas klarer als in: Ökumenische Meditationsbriefe, 65f; ähnlich auch in: Kreuz als Erlösung, 16.
[788] Geistlicher Übungsweg, 22; ebenso: Kreuz als Erlösung, 122.
[789] Vgl. Teil II, 3.3.1.

ihrer Vorläufigkeit mitzuteilen, Alternativen zur eigenen Wahrnehmung zu hören und diese in das eigene Nachdenken einzubeziehen. Um diesen Austausch innerhalb des Kurses zu ermöglichen, sorgt Karin Johne als Begleiterin für die Wahrnehmung der biblischen Überlieferung und der Überlieferungsgemeinschaft, erinnert an die Begründung der Gemeinschaft, die Raum und Zeit übergreift und sorgt für die wechselseitige Wahrnehmung von Erfahrung,[790] die konstruktiv und korrektiv die Erfahrungen des und der Einzelnen begleitet. Konkreter Gemeindeaufbau ist nicht das Ziel von Karin Johnes schriftlicher geistlicher Begleitung. Ihre Begleitung richtet sich an Einzelne. Ihre Begleitung bringt aber die konstitutive Bedeutung der Gemeinschaft für den geistlichen Weg deutlich zum Ausdruck. Die Verbindung zur Kirche, die durch ihre Person als Theologin und Pfarrvikarin gegeben ist, genügt ihr nicht. Sie legt Wert auf die christologische Begründung und auf Einbindung in eine gleichberechtigte Weggemeinschaft.

Zur dienenden und zugleich korrektiven Funktion der Gemeinschaft gehört für Karin Johne auch die »Unterscheidung der Geister«. Näheres hierzu findet sich unter dem nächsten Abschnitt »Hermeneutik der Entscheidungen einüben«.[791]

II. 5. 2. 4 *Hermeneutik der Entscheidungen einüben*

Aufgabe der geistlichen Begleitung ist es, dem oder der Begleiteten zu helfen, die je eigenen Entscheidungen als Teil des Lebens-Gesprächs zu erkennen und sie innerhalb dieses Gesprächs verantwortlich zu fällen. Die Aufgabe ist es also, der begleiteten Person zu helfen, die aktuelle Entscheidungssituation wahrzunehmen, die Möglichkeiten im Blick auf ihre geistlichen Konsequenzen zu prüfen und entsprechend zu entscheiden. Zentral ist dabei die hermeneutische Frage: »Wie erkenne ich das, was dem Geist Gottes entspricht?«, in der Tradition der geistlichen Begleitung gesprochen die »Unterscheidung der Geister«.[792] Sie ist bereits Vorausset-

---

[790] Karin Johne hat eine umfangreiche Sammlung von Metaphern ins Internet gestellt, die in Kursen entwickelt worden sind. (Karin Johne [ohne Datum]: »Was Menschen heute glauben. Metaphern aus Kursen und Meditationstagen von Schülern, Jugendlichen und Erwachsenen«, <http://www.karin-johne.de/metapher/metapher.htm> (24.11.2010).

[791] Vgl. Teil II, 5.2.4 → Hinwendung zum Nächsten als Kriterium.

[792] Zur »Unterscheidungsgabe« oder »discretio« und ihrer Entwicklung vgl. KNODT, Gerhard, Geistliches Leben einüben. Von »Unterscheidungsgabe« und »Praxis« bei den Wüstenvätern und heute, in: ThBeitr 40 (2009), 255–272, 255–257 und 267–269; speziell zur Praxis der *discretio* bei den Wüstenvätern und -müttern a.a.O., 257–266, mit Bezug zur Gegenwart a.a.O., 269–272.

zung für das Hören und Erkennen der Anrede Gottes, für die adäquate Deutung der immer wieder vieldeutigen Symbole und für das Treffen von alltäglichen und grundsätzlichen Entscheidungen.

Für die schriftliche, nicht im persönlichen Gespräch stattfindende Begleitung entsteht hier wieder eine herausfordernde Situation: Welche Maßstäbe können der begleiteten Person, die ja selbstkompetent im Vertrauen auf das Wirken des Geistes entscheidet, an die Hand gegeben werden, um einerseits zu klären, andererseits aber auch die notwendige Freiheit zu belassen?

Die Aufgabe – nicht nur der schriftlichen – Begleitung ist es, der begleiteten Person in den kleinen Dingen die geschehende und notwendige »Unterscheidung der Geister« aufzuzeigen und sie zu üben, um so Lebensentscheidungen vorzubereiten.

Das tut Karin Johne, indem sie die Selbstverantwortlichkeit in den alltäglichen Übungen anmahnt. Nach dem Wahrnehmen folgt jeweils die Entscheidung oder die »Unterscheidung der Geister«, wie mit dem Wahrgenommenen umzugehen ist.

> »In den Übungsangeboten werden Möglichkeiten aufgezeigt, die dem einzelnen helfen können, seinen eigenen Weg zu finden. Das bedeutet konkret, daß ich mich auf die Übungen einlasse und im eigenen Tun ausprobiere und Erfahrungen sammle, was mir guttut und was für mich weniger Nutzen verspricht. So muß ich das Wagnis des Mich-Einlassens zuerst auf mich nehmen, um mich dann wieder zu distanzieren mit der Frage, was mir mehr hilft auf meinem geistlichen Weg. Das ›mehr‹, das ›magis‹, das uns im Exerzitienbuch des Ignatius so oft begegnet, ist das ›mehr‹ der Liebe – es bestimmt den Weg dieses ganzen Buches.«[793]

Christus-zentriert und befreiend. Karin Johne nutzt als hermeneutischen Schlüssel einerseits das Christus-Ereignis, andererseits Grundtexte des Vertrauens und der Befreiung. Als solche Grundtexte oder »Ursymbole« benennt Karin Johne etwa den Exodus.[794]

Knodt, wie auch Schulz und Ziemer, betont die *discretio* als ein geistliches Geschehen, das nicht auf Moral, sondern auf eine der Person entsprechende Ethik hinführt. (Knodt, a.a.O., 271; Günther Schulz und Jürgen Ziemer, Mit Wüstenvätern und Wüstenmüttern im Gespräch. Zugänge zur Welt des frühen Mönchtums in Ägypten, Göttingen 2010, 134; 232–235)

[793] Geistlicher Übungsweg, 29f.

[794] »Der Durchzug des Gottesvolkes durch das Schilfmeer sowie das Pascha-Geschehen (mit seiner Erfüllung am Kreuz) sind immer wieder als ›Ursymbole‹ des alten und neuen Gottesvolkes verstanden worden: So handelt Gott an seinem Volk!« (Ökumenische Meditationsbriefe, 43).

Innerhalb des Lebens-Gesprächs werden Entscheidungsfragen nach Karin Johne nicht rational beantwortet. Insofern ist ihre Hermeneutik nicht »christo-logisch« zu nennen. Die Weise der hermeneutischen Entscheidungsfindung ist vielmehr »Christus-zentriert«. Die Christusmeditation gibt das Kriterium für eigene Entscheidungen.[795]

Karin Johne verbindet daher die »Meditation« mit dem »Schauen auf Jesus« und den Fragen:

> »Wie hast *Du* das getan?
> Wie hast *Du* solches erlebt?
> Was hast *Du* dazu gesagt? [...]
> Ich werde dem gleichgestaltet, was ich liebend anschaue. Diese Gleichgestaltung aber geschieht nicht durch den Verstand: Ich muß so werden wie er! – auch nicht durch den Willen: So mußt du handeln!, sondern fast passiv, einfach durch das Anschauen in der Liebe.«[796]

Weder »Willen« noch »Verstand« sind nach Karin Johne die prägenden Faktoren für ein christlich orientiertes Leben. Anstelle des aktiven »Wollens« und »Verstehens« spricht sie vom »Gleichgestaltet Werden« mit dem, was »liebend« angeschaut wird. »Christus anschauen«, sich auf ihn mit Liebe und Vertrauen ausrichten ist der erste, praktische Schritt der »Unterscheidung der Geister«.

Was das hermeneutisch bedeutet, erläutert Karin Johne etwas später am Beispiel der Regel »nichts Negatives meditieren«:

> »a) Christliche Meditation kann die Regel: ›Nichts Negatives meditieren‹ nicht absolut setzen. Wenn wir beim Meditieren das Kreuz Jesu ausschließen wollten – ebenso wie unser eigenes Leiden –, dann dürften wir nicht von christlicher Meditation sprechen!
> Aber dennoch gilt diese Regel auch für uns. Ich kann den Satz: ›Der Vater führt Jesus ans Kreuz‹ verschieden betonen. Ich kann sagen: Gott führt Jesus *ans Kreuz.* (Folgerung: Ich habe in meinem Leben als Christ nichts anderes zu erwarten als Kreuz und Leid!) Das wäre eine absolut negative Meditation und ist streng verboten (nicht nur von den Regeln der Psychologie her, sondern vom Ansatz des Christlichen her: Gott ist die Liebe!). Der gleiche Satz kann aber auch positiv meditiert werden, ohne das Kreuz wegzulassen. Er lautete dann etwa: Der *Vater führt* seinen Sohn wohl zum Kreuz hindurch zum ganz neuen Leben. Wenn ich den Satz so betone, dann meditiere ich die Führung Gottes, die mich auch im Leid nicht von der Vaterhand läßt und ein großes Ziel hinter allem Leid ansteuert.

---

[795] Vgl. Teil II, 4.1.5.

[796] Ökumenische Meditationsbriefe, 72f.

b) Von diesem Beispiel her wird aber nun wiederum deutlich, weshalb ich vorschlug, den Weg der Meditation nicht unmittelbar vom Bild zu mir selbst zu gehen, sondern als Zwischenschritt das Schauen auf Jesus einzuschalten: Nur an Jesus kann ich glaubhaft anschauen, daß Gottes Führung im letzten positiv und nicht negativ ist! Nur im Blick auf Jesus Christus weiß ich, daß ich über das Angebot und die Zusage Gottes meditiere und nicht über eine eigene Idee: An manchen Stellen mag dieser Zwischenschritt nicht unbedingt nötig sein [...] – bei den meisten Meditationen ist *er* der Schlüssel zum Verständnis Gottes und der Menschen, der Wegweiser, der mein Meditieren vor Abwegen bewahrt.«[797]

Der »Blick auf Christus« ist für Karin Johne der *entscheidende* Schlüssel für das Verständnis Gottes und des Menschen. Die Aufmerksamkeit für Christus konkretisiert die Gegenwart und Wirksamkeit Gottes. Die Geschichte Jesu Christi beleuchtet als zentrales Symbol die Geschichte der Menschen mit Gott, die für Karin Johne Erlösungs- und Befreiungsgeschichte ist und damit Grund zum absoluten Vertrauen in Gott.

Karin Johnes Hermeneutik folgt damit einer theologischen Grundentscheidung, die die Christologie und die befreiende Tendenz biblischer Tradition als Kriterium festhält. Sie steht damit in reformatorischer Tradition. Zugleich berücksichtigt sie die Prozesshaftigkeit des Lebens-Gesprächs, die immer neue Entscheidungen erfordert, indem sie den je eigenen Lebensentscheidungen unter Führung des Heiligen Geistes absolute Priorität einräumt.

Geist-geführt und prozesshaft. Das Grundvertrauen in die Wirkung und Führung durch den Heiligen Geist steht im Hintergrund von Karin Johnes Begleitung zum Finden von Entscheidungen, wird aber nicht alltäglich z.B. mit einer Gebetsanleitung unterstrichen. Die Geistwirksamkeit entfaltet sich in den alltäglichen Übungen und im Blick auf das gesamte Lebens-Gespräch.[798] Dass Gottes Geist wirkt, setzt Karin Johne bei einem Menschen, der das Lebens-Gespräch mit Gott bewusst führt, voraus. Sie beschreibt den Prozess der geistgeführten Entscheidungsfindung aus Sicht der begleiteten Person.

Wer sich entscheidet, ist gezwungen, auf die abgelehnten Möglichkeiten zu verzichten. Christinnen und Christen sind nach Karin Johne geru-

---

797 Ökumenische Meditationsbriefe, 78f. Ähnlich formuliert Karin Johne auch in Mattäusevangelium, 11f oder in Geistlicher Übungsweg, 79f: »Ihn liebend anschauen, damit wir mehr und mehr von innen her in sein Bild verwandelt werden (Röm 8, 29), das ist Ursprung, Mitte und Ziel christlichen Meditierens. Jesus bringt dem Blinden und auch uns nicht nur das Licht; er selbst ist das Licht, das er schenkt.«

798 Vgl. Teil II, 2.2.1.

fen, immer wieder nach »Gottes Willen« für ihren nächsten Schritt zu fragen.

> »Wenn ein Adler gesund und normal aufwachsen kann, wächst er natürlicherweise in das Bild hinein, das er ›werden soll‹, nach Gottes Willen, als er dieses Geschöpf wollte. Das gilt für jedes Tier, für jede Pflanze – jedoch nicht einfach für den Menschen. Der Mensch muss aktiv daran mitwirken, sein eigenes Bild zu gestalten, in das Bild hineinzuwachsen und hineinzureifen, das Gott sich vorgestellt hat, als er ihn einmalig und einzigartig ›nach seinem Bilde schuf‹ (Gen.1,18).
> Wie geschieht dieses Hineinwachsen? Es geschieht durch die kleinen und großen Entscheidungen, die ich lebenslang fälle. Für uns Christen heißt das: Es geschieht durch die konkreten Schritte, die ich gehe im Horchen auf den jeweiligen Willen Gottes für mich in dieser augenblicklichen Situation meines Lebens.
> Oft merke ich auch heute noch, wie schwer es mir fällt, Entscheidungen zu treffen. Denn jede Entscheidung, nicht nur die großen, stellt mich vor eine Weggabelung. Und das heißt: Ich kann nicht beide Wege wählen, auf einen muss ich verzichten, um den anderen gehen zu können. Und immer ist es ein Loslassen im Hinspüren auf den Willen Gottes: Was ist Dein Wille, Herr, für mein Leben jetzt in dieser Situation?«[799]

Die Hermeneutik Karin Johnes ist prozesshaft, indem sie davon ausgeht, dass nicht im Kopf, sondern im Handeln entschieden wird und dass durch die jeweils getroffene Entscheidung eine je neue Möglichkeit der Gottesoffenbarung geschaffen wird, die durch die menschliche Antwort »vergrößert« oder »verkleinert« wird.

Die Begleiterin oder der Begleiter ist dabei gefordert zu respektieren, dass der selbst als hilfreich erfahrene Weg für die begleitete Person nicht den gleichen Effekt haben muss:

> »Ich sehe und muß mir eingestehen, daß das, was für mich das einzig Wahre und Gute schien, für den anderen durchaus nicht diesen Wert besitzt, wie ich selbst es erlebt habe. Dann muß ich lernen, daß Gott mit einem jeden Menschen seine eigenen Wege geht. Und ich werde begreifen müssen, daß mein Zeugnis nur dann vom anderen als echt und überzeugend angenommen werden kann, wenn es keine zwingende oder auch nur fordernde Macht über ihn beansprucht.«[800]

---

[799] Mensch als Bild Gottes, 139.
[800] Geistlicher Übungsweg, 263f.

Die »Unterscheidung der Geister« verlangt ein Hinhören mit dem oder der Begleiteten, keine Beurteilung aus der Sicht und Erfahrung der begleitenden Person. Weder Zwang noch Forderung können überzeugen, nur ein echtes Zeugnis, das dem anderen Freiraum zur eigenen Reaktion und Entscheidung lässt.

Zur Abwägung solcher Entscheidungssituationen sind verschiedene Methoden möglich, und verschiedene Entscheidungsfaktoren können zu Rat gezogen werden. Vorausgesetzt ist dabei ein im Leben verankertes Vertrauen zur »unbegreiflichen Liebe Gottes, aber auch das nüchterne Wissen um meine eigenen Gefährdungen und Dunkelheiten«.

Grundsätzlich nennt Karin Johne drei Faktoren, die die Entscheidung stützen können: »äußere Gegebenheiten«, »Wort Gottes« und »innere Bewegungen«.[801]

Dabei sind die »äußeren Gegebenheiten« nüchtern und rational zu prüfen, sie können aber nicht allein ausschlaggebend für eine Entscheidung sein.

> »Wenn ich vor einer wichtigen Entscheidung auf die äußeren Fakten, das Für und das Wider genau gegeneinander abwäge, kann sich die Waagschale deutlich nach einer Seite hin neigen. Und dennoch: [...] Eine innere Unruhe lässt mich weiter fragen und stellt mir Situationen vor Augen, in denen Gottes Ruf einen Menschen gerade entgegen der Vernunft zu einem total ›unvernünftigen‹ Schritt gerufen hat. Niemals wäre Abraham aufgebrochen, niemals wäre Petrus aus dem Boot gestiegen, wenn sie nur das Für und Wider vernünftig gegeneinander abgewogen hätten.«[802]

Wenn klar ist, was im Alltag »vernünftig« wäre, muss nach Karin Johnes Überzeugung dennoch weiter abgewogen werden. Hierzu hilft die Übung der »Meditation«, die nach Karin Johne die Aufmerksamkeit für das »Mehr« vertieft, in dem das »Wort Gottes« der Unruhe des »Herzens« eine neue Orientierung gibt:

> »Wer Tag um Tag übt, die Abstimmung seines ›Herzens‹ mit dem ›Wort‹ herzustellen, der wird wach dafür, welche typische biblische Erzählung seine augenblickliche Entscheidungssituation ›anspricht‹. Betend über dem biblischen Wort erfährt er, wie ihn das eine oder andere Wort geradezu ›anspricht‹. Jede neue Lebenssituation schenkt ein neues Verstehen biblischer Bilder und Geschichten, ebenso wie umgekehrt das biblische Wort mein konkretes Üben

---

801 Meditation und Entscheidung, 7f.

802 A.a.O., 7.

immer neu durchleuchtet und deutet – und mich so hinein stellt mit meiner Entscheidung in den Strahlungsbereich des ›Willens Gottes‹.[803]

Aus der Übung »Meditation« erwächst nach Karin Johne die Kompetenz, hinzuhören und einem »Wort Gottes« zu begegnen, das in die aktuelle Entscheidungssituation hinein spricht.

Die dritte Entscheidungshilfe ist für Karin Johne das sorgfältige Wahrnehmen der »inneren Bewegungen« und das Gewinnen der inneren Freiheit gegenüber Ängsten und Sehnsüchten.

»Ob ich in der richtigen Richtung [...] weitergehe oder in Gefahr bin stehenzubleiben oder gar eine falsche Richtung einzuschlagen, darauf machen mich weniger meine Gedanken aufmerksam, als meine spontanen Gefühle und Stimmungen. Vielleicht sind es plötzliche, scheinbar unmotivierte Aggressionen, vielleicht heftige emotionale Erregungen, mit denen ich auf bestimmte Angebote reagiere, die ich beachten sollte.«[804]

Diese »Gefühle und Stimmungen« sind zunächst wahrzunehmen und dann zu prüfen. In »Geistlicher Übungsweg« erläutert Karin Johne mögliche Weisen der Entscheidungsfindung etwas konkreter:

»– Ganz wichtig ist es, keine Entscheidung zu treffen, die *sachlich-nüchterne Überlegungen* einfach ausschaltet. In Zeiten innerer Hochstimmung besteht die Gefahr, mich auf ein Wagnis des Glaubens einzulassen, das im Widerspruch zu allen nüchternen Überlegungen steht und das Gott in keiner Weise von mir erwartet. [...] Doch auch Zeiten eines geistlichen Tiefs bieten keine guten Voraussetzungen für eine richtige Wahl-Entscheidung. [...]
– Als hilfreiche Methode für eine sachgemäße Entscheidungsfindung schlägt Ignatius vor, daß derjenige, der die Wahl zwischen zwei Wegen hat, sich nacheinander in beide Möglichkeiten hineinversetzt. Meditierend solle er beide Wege schon einmal versuchsweise begehen – und dabei sehr wachsam seine *inneren Gefühle beobachten.* Wenn er danach diese Gefühle vergleicht, können sie ihm wertvolle Hinweise geben für den Weg, der für ihn der richtig (oder bessere) ist. Denn für denjenigen, der sich ernsthaft um ein Leben in der Nachfolge Christi bemüht, wird der Weg, bei dem er innerlich größeren Frieden und tiefere Freude verspürt, mit großer Wahrscheinlichkeit der bessere

[803] A.a.O., 8.
[804] Meditation und Entscheidung, 8.

> Weg sein. [...] Allerdings [...] gibt diese Methode gute Hinweise, aber keine letzte Sicherheit. Entscheidung ist und bleibt immer ein Wagnis.«[805]

Im Vergleich zwischen den Empfehlungen von Ignatius und Karin Johne wird deutlich, dass Karin Johne die Selbstkompetenz und die Fähigkeit zur Schriftdeutung des oder der Einzelnen gut protestantisch hoch schätzt. Gleichwohl nimmt Karin Johne die praktischen Hinweise auf, die Ignatius zur Entscheidungsfindung gibt:

> »Als eine letzte Möglichkeit für eine gute Wahl nennt Ignatius [...]: Wer zwischen zwei Möglichkeiten zu entscheiden hat, möge sich aufschreiben, was jeweils für bzw. gegen die zu fällende Entscheidung steht, und dann das Für und das Wider sachlich gegeneinander abwägen. Dazu solle er auch die Hilfe seines geistlichen Begleiters in Anspruch nehmen und ohne diesen keine wichtige Entscheidung fällen.«[806]

Das Aufschreiben der Gründe für oder gegen eine Entscheidung ermöglicht eine gewisse Distanzierung und fordert eine Ordnung der Argumente, die zur Klärung beiträgt. Darüber hinaus sollen wesentliche Entscheidungen nicht allein, sondern im Gespräch mit dem geistlichen Begleiter getroffen werden, der eine Entscheidungsfindung kritisch und konstruktiv begleiten kann.

Hinwendung zum Nächsten als Kriterium. Neben dem Maßstab der »Christus-Ähnlichkeit« bezeichnet Karin Johne die Frage nach den Auswirkungen im Alltag als »Prüfstein« für den christlichen Weg. Beispiel dafür ist die »Meditation«, bei der eine Abkehr von der Wirklichkeit vermutet werden könnte.

> »Ist nicht solches Meditieren ein Versuch, sich von den konkreten Aufgaben des Lebens, vom aktiven Dienst am notleidenden Mitmenschen zu dispensieren durch Flucht in eine weltferne Innerlichkeit? Diese Frage ist notwendig als ein Prüfstein, ob Meditieren nicht auf falsche Wege abgleitet. Wo es aber ›richtig‹ geschieht, wird man folgende Erfahrung machen:
> [...] Wer selbst meditiert, wer seine Mitmenschen meditiert, wer gar *mit* seiner Gemeinde meditiert [...], der erfährt es: Gerade durch dieses Meditieren wächst

[805] Geistlicher Übungsweg, 161f.

[806] A.a.O., 163.

> in ihm ein vorher nicht gekanntes inneres Wissen um die Fragen und Nöte seiner Mitmenschen.«[807]

Ein Kriterium der geistlichen Übung ist für Karin Johne die daraus folgende Hinwendung zum Nächsten sowohl in der Wahrnehmung als auch im Handeln. Dieses Kriterium lässt sich sicher auch auf manche andere Entscheidungen übertragen.

Gemeinschaft als Resonanzraum der Entscheidung. Das Aussprechen einer inneren Bewegung oder einer gemachten Erfahrung ist auch für Karin Johne eine wichtige Hilfe zur »Unterscheidung der Geister«. Da das bei der schriftlichen Begleitung nicht möglich ist, empfiehlt sie die Suche nach einer geistlichen Begleiterin oder einem Begleiter oder nach einer Gruppe, in der offen über innere Bewegungen gesprochen werden kann:

> »Es ist ja nicht einfach so, daß alle angenehmen Gefühle auf die Wirkung des ›guten Geistes‹ [...] hinweisen und alle schmerzhaften Gefühle auf die dunklen Gewalten, die uns ›durcheinanderbringen‹ wollen. [...]
> Gerade im Blick auf diese Fragen zur Unterscheidung der Geister kann *geistliche Begleitung* recht hilfreich sein. Im Aussprechen und wachen Zuhören klärt sich manches, was vorher verworren war. Außerdem ist schon die frühe Kirche überzeugt, daß die dunklen Gewalten bereits dann einen großen Teil ihrer Macht einbüßen, wenn sie erleben, daß der Mensch ihre Taktiken nicht verbirgt, sondern offen darüber spricht.«[808]

Eigene Eindrücke klären und relativieren sich, wenn sie verbalisiert werden. Ähnlich wie in der Beichte ermöglicht die Offenbarung eigener »dunkler« Gedanken oder Handlungen Befreiung und Verwandlung.

Die kirchliche Gemeinschaft als Resonanzboden und Hilfe für die weitere Entscheidungen kann aus Karin Johnes Sicht auch jenseits von Schuld, Schuldvergebung und Umkehr eine wichtige Funktion in der praktischen Wegfindung haben:

> »Jeder Ruf, jede Berufung ist freie Gnade Gottes – und zugleich Aufgabe, die alle Kräfte einfordert [...]. Deshalb mag es wichtig sein, daß nach kirchlicher Überlieferung für eine lebensentscheidende Berufung jeweils drei Komponenten zusammenkommen sollten: erstens, das eigene gewisse Gefühl, berufen zu sein, und der Wunsch, dieser Berufung zu entsprechen; zweitens, die äußeren Gegebenheiten, die eine etwa erforderliche Lebensveränderung möglich ma-

---

[807] Meditieren als Lebens- und Glaubenshilfe für den heutigen Menschen, 426f.
[808] Kreuz als Erlösung, 20f.

> chen; drittens, eine Bestätigung der Kirche, in welcher Form sie auch jeweils gegeben werden mag.«[809]

In wesentlichen Entscheidungssituationen legt Karin Johne nahe, die eigene Entscheidung im Hören auf Gott zu treffen, nichts zu erzwingen und das Korrektiv der Gemeinschaft zu suchen.

In allen Unsicherheiten unterstreicht Karin Johne das Vertrauen in Gottes klärendes und wirkendes Handeln. Das Wahrgenommene, das beunruhigt oder verstummen lässt, empfiehlt Karin Johne »Gott hinzuhalten« und eine angemessene Entscheidung zu suchen, die sich am Grundsatz des ignatianischen »magis« von mehr Glaube, Hoffnung und Liebe orientiert.[810]

II. 6 Geistlich begleiten

Die Voraussetzungen und die mögliche Ausbildung einer Person, die geistlich begleitet, beschreibt Karin Johne in einigen Aufsätzen. Dabei geht es nicht um eine schriftliche, vom persönlichen Kontakt losgelöste Begleitungsarbeit, wie sie selbst sie mit ihren Büchern praktiziert, sondern um die persönliche Begleitung einzelner oder auch von Gruppen im direkten Gespräch oder in persönlichen Briefen.

Den Begriff »Begleiter« verwendet Karin Johne zunächst (1986) im Zusammenhang klassischer Einzelexerzitien. Weil das Buchangebot »Geistlicher Übungsweg für den Alltag« in eine ähnliche Intensität führt, empfiehlt sie die Suche nach und die Gebetsbitte um einen entsprechenden »Seelsorger«. Karin Johne weist darauf hin, dass auch der Heilige Geist diese Funktion übernehmen kann, »weil er [Gott] es sich vorbehält, den Menschen durch seinen Heiligen Geist Schritt um Schritt zu führen«.[811]

II. 6. 1 Voraussetzungen der begleitenden Person

Die ersten beiden hier zu nennenden Punkte, die eigene Erfahrung auf dem geistlichen Weg und die Fähigkeit zur Reflexion, sind für eine Begleiterin oder einen Begleiter konstitutiv. Die folgenden Bereiche können in einer Ausbildung zusätzlich gefördert werden, Ansätze sind aber aus der eigenen Erfahrung heraus bereits vorhanden.

---

[809] Geistlicher Übungsweg, 163.

[810] Zum Umgang mit ›dunklen Mächten‹, 116–119.

[811] Geistlicher Übungsweg, 21.

II. 6. 1. 1 *Eigene Erfahrung*

Um andere begleiten zu können, setzt Karin Johne für die Begleiterin oder den Begleiter, unabhängig vom jeweiligen Beruf, die andauernde und reflektierte Erfahrung des eigenen geistlichen Weges voraus.

> »Wer selbst schon positive Erfahrungen mit einer spirituellen Begleitung gemacht hat, wird sofort bestätigen: Das Entscheidende kann ein Begleiter nicht durch ›Ausbildung‹ lernen, sondern durch ein eigenes geistliches Leben, durch eigenes inneres Wachstum. Das kann sich der Mensch nicht in wenigen Monaten oder Jahren aneignen. Es gibt mehr sogenannte ›Laien‹, als man gemeinhin vermutet, die zeitlebens oder doch über Jahre hinaus ein intensives geistliches Leben führen – und damit eine gute Voraussetzung mitbringen auch andere zu begleiten, wenn sie nur das nötige Handwerkszeug dazu noch in die Hand bekommen. So kann man als wichtigste Voraussetzung für die geistliche Begleitung ein eigenes bewusstes spirituelles Leben nennen, das reflektiert und vertieft werden kann.«[812]

Ein eigener geistlicher Weg sollte nach Karin Johne in einer mehrjährigen Erfahrung gewachsen und aktuell auch weiter gegangen sein. Diese Voraussetzung bringen auch Laien mit, deren Kompetenz Karin Johne ausdrücklich sieht und würdigt. »Geistliche« sind nicht *per se* prädestiniert für die geistliche Begleitung, denn nicht alle verfügen über die gegenwärtige Praxis eines bewussten, geistlichen Weges, über aktuelle »Übungserfahrung«.

Aus dem eigenen Erleben resultiert nach Karin Johnes Überzeugung die Fähigkeit, auch die Erfahrungen anderer zu verstehen:

> »[...] geistliches Leben hat eine tiefe innere Dynamik, die ich nicht durch Bücher kennenlerne, sondern durch eigenes Erleben. Erst mit dieser Voraussetzung werde ich auch die Bücher verstehen, die davon sprechen.«[813]

Zu den Fähigkeiten eines geistlichen Begleiters oder einer geistlichen Begleiterin gehört es nach Karin Johnes Praxis auch, den Begleiteten Hinweise auf Meditationsweisen mit und ohne biblische Texte geben zu können. Vorausgesetzt ist, dass der oder die Begleitende mit der Bibel und mit unterschiedlichen Formen geistlicher Übung vertraut ist.

---

[812] Die Suche nach dem ›Meister‹, 11.

[813] Geistlicher Übungsweg für den Alltag, 12f.

II. 6. 1. 2 *Reflexionsfähigkeit*

Die zweite Voraussetzung für geistliche Begleitung ist die Bereitschaft, den eigenen, geistlichen Weg zu reflektieren, um ihn einerseits wahrnehmen und andererseits relativieren zu können.

> »Ein Mensch, der den Wunsch hat, andere zu begleiten – oder der [...] sich einfach in der Situation vorfindet, daß andere Menschen von ihm spirituelle Wegweisung erwarten und erbitten, wird an erster Stelle seinen eigenen inneren Weg mit seinen Erfahrungen und Gefährdungen selbst reflektieren müssen – um diesen Weg dann immer mehr vertiefen zu können. [...]
> Unmittelbar nach dem eben Gesagten muß das andere stehen: Eine der größten Gefahren bei geistlicher Begleitung ist die Meinung, daß der eigene Weg auch unbedingt der heilsame Weg für den anderen sein müßte! Nur wer sich selbst mit seinen Erlebnissen relativieren kann, ist zur echten Ehrfurcht vor dem je eigenen Weg des anderen fähig – und von daher auch zur Begleitung eines anderen Menschen mit dessen ureigenem Weg.«[814]

Ziel der Selbstreflexion ist die jeweilige Suche nach dem nächsten Schritt, nach verantwortlicher weiterer Gestaltung des eigenen Lebens-Gesprächs. Daneben steht das Bewusstsein, dass der je eigene Weg nicht übertragbar ist. Karin Johne fordert »Ehrfurcht vor dem je eigenen Weg des anderen«, die aus dem Bewusstsein der eigenen Begrenztheit wächst. An den Hinweisen, die Karin Johne zur Anleitung einer Meditation gibt, wird die Zurückhaltung deutlich, die sie von jeder geistlichen Begleitung erwartet:

> »Methodisch ergibt sich daraus, dass vom Leiter zu Beginn einer Meditation die Bilder und Symbole des Meditationsstoffes deutlich ins Licht gerückt und unterstrichen werden sollten. Es ist wichtig, die Bilder in ihrer eigenen Aussagekraft und Tiefendimension auf jeden wirken zu lassen; das gilt besonders für Bilder, die schon abgegriffen sind, die negativ besetzt sind oder im Kontext unseres Alltags nicht mehr vorkommen. Das ist wichtig – aber nichts mehr! Jede Deutung, jede Übertragungsmöglichkeit eines Bildes bringt mehr oder weniger eine persönliche Vor-Gabe des Anleitenden mit hinein. Und das legt fest, engt ein. Aber ist es denn nicht nötig, werden einige fragen, in unserer bildentwöhnten Zeit wenigstens einige Vorgaben als freie Angebote zu machen, aus denen sich dann jeder das für ihn Wichtige herausnehmen kann? Aus langjährigen Erfahrungen kann ich nur sagen, dass wir sowohl den Menschen, die sich aufs Meditieren einlassen, als auch den Bildern in ihrer Eigen-

---

[814] Die Suche nach dem ›Meister‹, 11f.

dynamik nicht zu wenig zutrauen sollten. Mein Meditationslehrer sagte mir einmal: ›Wir sollten dem Heiligen Geist mehr zutrauen!‹«[815]

Karin Johne unterstreicht die Fähigkeit des oder der Begleiteten, mit Hilfe des Heiligen Geistes den je eigenen Weg zu finden ebenso wie die »Eigendynamik« der (Symbol-)Bilder, die nach ihrer Erfahrung in den Meditierenden *unbedingt* zu einer inneren Bewegung führen. Daher ist es nicht nötig, sondern sogar hinderlich hier Interpretationsvorschläge zu machen. Nicht die Vollständigkeit der Deutungsmöglichkeiten ist in der Meditation oder in der geistlichen Begleitung wichtig, sondern der jeweils individuelle Zugang:

> »Eine andere Frage höre ich bei einigen: Es gibt doch für jedes Symbol, für jede Geschichte so viele, entscheidend wichtige Dimensionen der Deutung, der Erschließung – wäre es nicht schade, diese Fülle den Teilnehmern vorzuenthalten? Das mag in einer Predigt Berechtigung haben, aber nicht hier, wo das Wort einfach selbst wirken will, in einer solchen freien Meditation. Da kommt es nicht auf das »Vollständig« an, sondern darauf, dass der einzelne an seiner für ihn wichtigen Stelle berührt wird. Gerade deshalb erzählt ja Jesus Gleichnisse: Er bietet Bilder an – fast ausnahmslos ohne sie zu deuten – damit sie in jedem einzelnen gerade das für ihn Wichtige wirken können.
> Der Schweizer Neutestamentler Eduard Schweitzer sagt, dass gerade so der Heilige Geist die Regie übernimmt, dass jeder genau das hört, was ihn ›anspricht‹.«[816]

Der Respekt vor der Wirkung von Symbolen und das Vertrauen in das Wirken des Heiligen Geistes, aber auch der Respekt vor dem eigenen geistlichen Weg jedes Menschen wie sie ihn auch in der Verkündigung Jesu erkennt, begründen für Karin Johne die Bereitschaft und Notwendigkeit, der begleiteten Person Freiheit für ihren eigenen Weg in Rückbindung an die Gemeinschaft zu ermöglichen. Diese Freiheit hat für Karin Johne Vorrang vor allen gutgemeinten Vorentscheidungen und umfassender Information durch Begleiterin oder Begleiter.[817]

---

[815] Überlegungen zum Meditieren christlicher Inhalte, 101f.

[816] A.a.O., 102.

[817] Über Macht und die Möglichkeit zu Machtmissbrauch bemerkt Karin Johne bei der Meditation der Versuchungsgeschichte Jesu: »Was hätte Jesus nicht alles tun können, wenn ihm diese Macht ›Über alle Reiche der Welt‹ zugefallen wäre! Dostojewski nimmt diese Frage in seinem ›Großinquisitor‹ auf und zeigt, daß die Kirche dieser Versuchung durchaus nicht immer *widerstanden* hat! Das gleiche geschieht öfter, als wir meinen, auch im kleinen, wo Eltern ihre Macht ausnützen, um ihre Kinder im

II. 6. 1. 3 *Anleitung zur »Meditation«*

Aus der reflektierten, eigenen Erfahrung wächst auch die Fähigkeit, zur »Meditation« anzuleiten. Für die konkrete Anleitung unterscheidet Karin Johne drei Formen der Anleitung, die dem oder der Übenden unterschiedlich viel eigenen Freiraum zugestehen.

> »Da gibt es die meditative Verkündigung, wo der Verkündigende in Predigt oder Meditationsbuch (Bildbände) seine eigene Meditation dem Hörer oder Leser zum Mit- und Nachvollzug anbietet. Wo es gelingt, die ›meditative Schicht‹ des Hörers oder Lesers zum Mitschwingen zu bringen, kann hierdurch für manchen eine Begegnung mit der Meditation sich vollziehen.«[818]

Die »meditative Verkündigung« gibt ein Beispiel für die Meditation. Sie kann im Hörenden oder in der Lesenden eine Resonanz hervorrufen, die in die je eigene Meditation führen kann. Diese Form der Anleitung ist voraussetzungslos. Sie kann jederzeit angeboten werden. In dieser Weise leitet z.B. Anselm Grün in vielen seiner Bücher zur Meditation an. Ob tatsächlich eine eigene Bewegung im Hörer oder in der Leserin entsteht, hängt von der momentanen Situation und möglicherweise auch vom eigenen Selbstvertrauen ab: Wagt ein Mensch, den eigenen inneren Weg zu gehen?

Etwas anders ist die zweite Variation der Anleitung, die »geführte Meditation«:

> »Dann gibt es die sogenannte geführte Meditation. Dabei ist eine Gruppe innerlich darauf eingestellt, sich bewußt vom Leiter ein Stück führen zu lassen, um dann an bestimmten Stellen wichtige Schritte des Weges selbständig zu gehen. Wer solche Meditationen einer Gruppe anbietet, sollte eigene und lange Meditationserfahrungen haben. Und er sollte etwas wissen von den Archetypen und den ihnen zugehörigen Bild-Symbolen [...] - er sollte etwas wissen um die innere Dynamik, die archetypischen Bildern innewohnt, aber auch um deren Ambivalenz.«[819]

Die Anleitung der »geführten Meditation«, in der ein Stück des inneren Weges von jeder und jedem Teilnehmenden allein gegangen wird, setzt nach Karin Johne reiche eigene Erfahrung voraus, die mit vielfältigen Möglichkeiten rechnet. Von Vorteil ist es nach ihrer Überzeugung, wenn der

---

christlichen Sinne zu ›erziehen‹.« (Kreuz als Erlösung, 80 und die zugehörige Anm. 25).

[818] Überlegungen zum Meditieren christlicher Inhalte, 100.

[819] Ebd.

oder die Anleitende über psychologische Kenntnisse im Bereich der Archetypenlehre verfügt. Diese Kenntnis hilft, die mögliche Dynamik und Ambivalenz der Wirkung abzuschätzen.

Die dritte Weise ist die, zu der Karin Johne typischerweise anleitet:

> »Eine Gruppe, die sich auf Meditation einlassen will, wird dazu angeleitet, daß in einer längeren Zeit der absoluten Stille jeder einzelne seinen eigenen Weg finden und gehen kann, geführt einzig durch den angebotenen Meditationsstoff. (Ob dieses Meditieren dann in der Gruppe geschieht, oder ob sich jeder dazu seinen Platz allein sucht, tut hier nichts zur Sache).«[820]

Für diesen dritten Fall, der von maximaler Eigenständigkeit der Angeleiteten ausgeht, beschreibt Karin Johne ausführlich die notwendigen Voraussetzungen:

> »Je ungeübter im Meditieren eine Gruppe ist, desto wichtiger ist eine gründliche und gekonnte Einführung zu dem, was dann jeder einzelne tun soll. Entscheidend überhaupt ist es, die Motivation zum Meditieren-Wollen zu erwecken. Denn nur da, wo einer sich frei auf die Meditation einlässt, kann auch etwas in ihm geschehen. Auch als Leiter kann ich niemanden zum Meditieren zwingen.«[821]

Meditieren setzt die innere Bereitschaft der Teilnehmenden voraus. Wichtig ist also, in unwilligen oder unsicheren Teilnehmenden Motivation und Vertrauen zu wecken. Dazu verfügt der oder die Anleitende über unterschiedliche Instrumente.

> »Deshalb ist es meistens nötig, in einer Anfängergruppe die verschiedenen Ängste anzusprechen und möglichst abzubauen, die bewusst oder auch unbewusst das Sich-Einlassen auf das Meditieren hindern: z.B. die Angst, manipuliert zu werden, oder die Angst vor dem, was da aus der Tiefe hochkommen könnte, oder auch die Angst, man könnte nicht leisten, was hier gefordert wird. (Meditation darf nie unter Leistungsdruck stehen!)
> Darum ist es wichtig, immer wieder zu betonen (und auch zu realisieren), dass ein jeder seinen eigenen Weg finden und gehen soll, dass gerade deshalb inhaltlich so wenig vorgegeben wird, damit dies geschehen kann. Allerdings muss gleichzeitig gesagt werden, dass man manche Wege nur dadurch kennen lernen kann, dass man sie erst einmal ein Stück mitgeht und ausprobiert. Erst

---

[820] A.a.O., 100f.
[821] A.a.O., 101.

> danach ist es möglich, selbst zu beurteilen, was sich für mich als hilfreich erwiesen hat und was nicht.«[822]

Karin Johne nennt drei Formen der Angst, die am Eintritt in die Meditation hindern können. Wer zur Meditation anleitet, sollte sie kennen und entkräften können. Das heißt erstens: Er oder sie darf nicht manipulativ sein, sondern muss zum je eigenen Weg ermutigen. Er oder sie muss zweitens in der Lage sein zu helfen, dass der oder die Meditierende ohne Schaden den »Dämonen aus der Tiefe« begegnen kann. Drittens muss deutlich werden, dass Meditation keine Leistung ist und sein kann. Der oder die Anleitende begleitet in die Freiheit des eigenen Weges hinein, indem er oder sie ermutigt, die ersten Schritte auszuprobieren und *dann selbst* zu prüfen »was sich für mich als hilfreich erwiesen hat und was nicht.«

Um die Motivation lebendig zu halten und den eigenen Weg und eigenes Entscheiden zu ermöglichen, empfiehlt Karin Johne:

> »Wenn man die Teilnehmer zu Beginn fragt, weshalb sie gekommen sind, dann kommen da schon meistens die Defizite zur Sprache, die sich für den heutigen Menschen aus dem Fehlen der Dimension der Tiefe ergeben – und sie kommen zu Wort in der konkreten Sprache der anwesenden Teilnehmer. Gleichzeitig ist es in den meisten Gruppen nötig, neben solcher ›atmosphärischen‹ Ein- und Hinführung eine kurze, aber klare Einführung in das Wesen von Symbolen und der Symbolsprache zu geben. Wir alle ›sprechen‹ ja in dieser Sprache, wenn wir träumen, wir kennen sie aus Märchen und Mythen, kennen sie zuallererst aus der Bibel selbst. Wer die Symbolsprache der Bibel nicht mehr versteht, wird wesentliche Aussagen nicht mehr in ihrem ursprünglichen Anliegen verstehen und sich ihrer Wirkung aussetzen können. Gerade dazu aber will uns ja die biblische Meditation helfen.«[823]

Der oder die Anleitende muss hören können, was die Angeleiteten vermissen und erwarten und diese Situation aufnehmen. Er oder sie muss vertraut sein mit der »Symbolsprache« und – im Bild gesprochen – in ihre »Grammatik« einführen können, ohne den Teilnehmenden den Gesprächsinhalt vorzugeben.[824]

---

[822] A.a.O., 101.

[823] Ebd.

[824] Ein anschauliches Beispiel für so eine Einführung findet sich z.B. in: Kreuz als Erlösung, 22.

II. 6. 1. 4 *Psychologische Grundkenntnisse*

Zu Karin Johnes geistlicher Begleitung gehört wesentlich die Anleitung zur »Meditation«, die für sie »Symbol-Meditation« ist. Um zur »Symbol-Meditation« anleiten zu können und ihre Wirkweise und Wirkung einschätzen zu können, empfiehlt Karin Johne Grundkenntnisse in der Archetypenlehre C.G. Jungs:

> »Jedem, der inhaltliche Meditation anbietet, kann es eine große Hilfe sein, wenn er sich mit dem Problemkreis der Archetypen befaßt hat. Diese Weise, an die Dinge heranzugehen, geht auf C.G. Jung zurück und wird von seinen Schülern immer weiter ausgebaut. Als neuer, fruchtbarer Weg für die christliche Verkündigung erscheint er mir als ebenso wichtig wie als eine Möglichkeit, die der Menschheit helfen könnte, aus ihrer ausweglos erscheinenden Weltproblematik heute herauszufinden. Es ist ein Weg, der beim einzelnen beginnt, um durch diesen Sauerteig in die Welt hineinzuwirken.«[825]

Eine hohe Wertschätzung für die Theorie C.G. Jungs spricht aus diesen Sätzen. Karin Johne spricht den Archetypen eine große Wirksamkeit innerhalb christlicher Verkündigung zu. Allen, die sich noch nicht intensiv mit der Archetypenlehre beschäftigt haben, gibt sie eine Hilfskonstruktion an die Hand:

> »Wer jedoch noch wenig über Archetypen und ihre Wirkung auf den Einzelnen und die Menschheitsgruppen weiß, kann sich beim Anleiten zum Meditieren auf eine einfache Weise helfen: Bild-Symbole, die sich zum Meditieren eignen, müssen einfach, wiederholbar und übertragbar sein. Alle Bilder nun, die unsere Sprache in Redewendungen und Sprichwörtern aufnimmt, um etwas Unanschauliches aussagbar zu machen, eignen sich fast mit Sicherheit zum Meditieren. Ein jedes solcher Bilder kann den persönlichen, den sozialen und den Glaubensbereich eines Menschen von einer bestimmten Seite her neu beleuchten. Bilder, die solche Weite besitzen, tragen gleichzeitig genug Tiefe in sich, um eine innere Dynamik auszulösen, die das Meditationsgeschehen durchdringt und dann weiterwirkt in den Alltag hinein.«[826]

Bilder erlauben es, ein Geschehen, ein Gefühl oder eine Situation in anderer Weise zu erfassen und auszudrücken, als Worte. Was »einfach, wiederholbar und übertragbar« ist, weist auf den wesentlichen Inhalt des betrachteten Gegenstands hin und wirft von da aus ein Licht auf alle

---

[825] Überlegungen zum Meditieren christlicher Inhalte, 102.

[826] Ebd.

Wirklichkeiten, die mit diesem Bild beschrieben werden können. Diese Wirksamkeit macht Karin Johne sich zu nutze und gibt sie weiter.

Beispiele für Karin Johnes Umgang mit archetypischen Bildern in der Meditation, um unterschiedliche Ängste wahrzunehmen und zu überwinden, finden sich in dem – nur im Internet veröffentlichten – Vortrag »Vom Umgang mit der Angst« von 1982. Eines sei hier exemplarisch genannt:

> »*Loslassen - Können* ist ein zentrales Thema unserer christlichen Mystiker. Es ist etwas Eigenartiges: Je mehr ich etwas festzuhalten versuche, desto mehr scheint es sich mir zu entziehen – und desto mehr bekommt mich die Angst in ihren Griff. [...]
> Solange ich Angst davor habe, etwas mir Wichtiges zu verlieren, solange hält mich diese Angst in Atem und tyrannisiert mich, solange kann ich das, was ich besitze, nicht einmal wirklich genießen. Mit der Bereitschaft zum Loslassen dagegen werde ich innerlich frei, zu haben oder zu lassen – und kann mich wirklich ungeteilt freuen an dem, was mir geschenkt ist. [...]
> Es geht darum, die verborgene Angst ans Licht kommen zu lassen, zu ihr zu stehen: Ja, ich hätte Angst davor, wenn mir gerade das genommen würde, an dem mein Herz so sehr hängt! Solange diese Angst im Verborgenen bleibt, wird sie mich zu gefährlichen Handlungsweisen veranlassen – werde ich eines Tages feststellen müssen, dass dieser gefürchtete Verlust gerade durch meine Angst eingetreten ist.«[827]

Karin Johne beschreibt die Angst, etwas Kostbares zu verlieren im personalen Bild, so wie es die Wüstenväter getan haben.[828] Um sich dieser Angst zu stellen und sie zu überwinden, empfiehlt sie die Meditation des archetypischen Symbols »Vogel«.

> »Meditative Übungsmöglichkeit: Ich meditiere als Symbol den Archetyp: Vogel/Freiheit. Immer wieder kommt in unterschiedlichsten Gruppen bei Metaphermeditationen über tiefste Sehnsucht ein gleiches Bild: ›Ich möchte sein wie ein Vogel‹. Der Mensch hat ein tiefes Verlangen in sich, ungebunden und frei zu sein – dafür gibt ihm der Vogel das Bild. Schon Jesus hat es verwendet, um die Freiheit von Sorge damit vor Augen zu führen: ›Sehet die Vögel unter

[827] Vom Umgang mit der Angst. Vortrag gehalten in Meißen, Akademie, Karin Johne [nach 1982]: »Vom Umgang mit der Angst«, <www.karin-johne.de/artikel/82_her.html#1> (14.10.2009).

[828] Sie bezieht sich dabei auf Anselm GRÜN, Der Umgang mit dem Bösen, Münsterschwarzach 1980.

> dem Himmel – sie säen nicht, sie ernten nicht, sie sammeln nicht in die Scheuern – und euer himmlischer Vater nährt sie doch.‹ (Mt 6,26)«[829]

Das archetypische Bild des Vogels bringt Karin Johne ins Gespräch mit dem Wort aus der Bergpredigt Jesu und unterstreicht den Zusammenhang zwischen dem Bild, dessen meditative Betrachtung in das Empfinden der Freiheit von der Angst des Verlierens führen kann.

II. 6. 1. 5 *Fürbitte*

Die Bedeutung der Fürbitte der Begleiterin oder des Begleiters für die begleitete Person beschreibt Karin Johne nie explizit. Sie deutet jedoch an, wie hilfreich diese Verbindung im Gebet sein kann, wenn sie von der eigenen »Fürbitte der Tat« erzählt[830] oder wenn sie beschreibt, wie wichtig auch über eine größere Entfernung und die innerdeutsche Grenze hinweg die »innerliche« Verbindung war:

> »Zum Start [der Begleiterausbildung] bekamen wir Hilfe durch P. A. Lefrank SJ aus Frankfurt, der uns auch aus der Ferne die vier Jahre hindurch begleitet hat, bis zum Abschluß, an dem er wieder unter uns war. Dieses Wissen gab uns innerlich oft Hilfe und Mut zum Weitergehen, wenn sich manche Schwierigkeiten auftürmten.«[831]

Die Fürbitte hat keinen expliziten oder verbindlichen Platz in Karin Johnes Bild geistlicher Begleitung.

II. 6. 2 **Ausbildung zur geistlichen Begleitung in der Gruppe**

In der von Karin Johne mitverantworteten Ausbildung zur geistlichen Begleitung spielte das Üben und Lernen in Regionalgruppen eine wesentliche Rolle. In ihnen war in vertrauter Atmosphäre Übung, Austausch und damit Selbst-Wahrnehmung und Reflexion, aber auch wechselseitige Kritik möglich.

II. 6. 2. 1 *Inhaltliche, geistliche und methodische Übungen in der Gemeinschaft*

Die gemeinsame Übung beschreibt Karin Johne als wichtigen Baustein der Ausbildung:

---

[829] Vom Umgang mit der Angst.

[830] Ökumenische Meditationsbriefe, 110f.

[831] Die Suche nach dem ›Meister‹, 12.

»In den Regionalgruppen geschah wahrscheinlich die intensivste Weiterbildung. Die Treffen wurden bestimmt durch ein grundlegendes Thema, und dann machten wir nach einer 20-minütigen Meditation Gesprächsübungen in der Gruppe. Gesprächsgrundlage waren die frischen Meditationserfahrungen der gemeinsamen Meditation. Jeweils einer war Begleiter und ein anderer Begleiteter, die Gruppe hörte zu und äußerte sich nach jedem Gespräch zu beiden Gesprächspartnern. Dann kamen die nächsten daran. Da in den Gruppen eine sehr gutes Vertrauen gewachsen war, waren diese Gespräche echt.«[832]

Ein »grundlegendes Thema«, die gemeinsame »Meditation« und die anschließenden »Gesprächsübungen« prägten diese Gruppentreffen. Sie ermöglichten sowohl die inhaltlich-thematische Vertiefung, wie auch praktische, geistliche Übungen, Übung in der Anleitung zur Meditation und Übung in der Gesprächsführung der geistlichen Begleitung.

Die angesprochenen Themen waren eng mit der geistlichen Begleitung verbunden:

»... Themen wie etwa: Gesprächsführung: also einfühlsam hören lernen, den anderen annehmen, seine Körpersprache verstehen und ähnliches; den Umgang mit Bildern und Träumen (C.G. Jung) vielerlei unterschiedliche Meditationsweisen; unterschiedliche biblische Meditationsmethoden.
Ganz entscheidend für uns alle war in mehreren Kursen das Angebot zum Thema: ›Unterscheidung der Geister‹.«[833]

Die theoretisch angesprochenen Themen konnten dann in den praktischen Übungen unmittelbar angewandt und reflektiert vertieft werden. Warum die Meditationseinheiten zwischen Referaten und Gesprächsübungen so wichtig waren, erklärt Karin Johne an anderer Stelle:

»Als Vorgabe hatten wir im Auge Begleitergespräche, wie sie sich etwa in Einzelexerzitien ergeben können [...]. Wir begannen deshalb die Übung mit einer gemeinsamen Meditation über einen biblischen Text oder auch über ein Symbol, wozu jeder Teilnehmer 15 Minuten Zeit zur eigenen stillen Meditation hatte. Nach einer kurzen Pause der Reflexion der je eigenen Meditation verlosten wir unter den Teilnehmern, wer als erster Begleiter und Begleiteter war [...]
Entscheidend wichtig war, dass die Gespräche nicht als ›Retorten‹ – oder auch ›Vorführ‹-Gespräch geführt wurden, sondern dass wirkliche eigene Lebens- und Glaubensfragen zu Wort kamen. [...] Gewiss waren wir auch eine Gruppe, in der gegenseitige Vertrautheit herrschte – aber ich wage kaum zu sagen,

[832] A.a.O., 13.
[833] A.a.O., 12f.

> was hier Ursache und was Wirkung war. Denn das Vertrauen war nicht nur Voraussetzung dieser offenen Gespräche, sondern gerade durch solche Gespräche wuchs das Vertrauen innerhalb der Gruppe zunehmend. Die vorangehende Meditationszeit ließ den Austausch auf einer existentiellen Ebene geschehen.«[834]

Mit diesen Übungen konnten verschiedene Aspekte der Ausbildung eingeübt werden: Die Anleitung zu einer Meditation, unterschiedliche Meditationsweisen, das Sprechen über geistliche Erfahrungen, aber auch Gesprächstechniken und Gesprächsführung und immer wieder die »Unterscheidung der Geister«, die Aufmerksamkeit für die Wirkung des Heiligen Geistes.

II. 6. 2. 2 *Reflexionsfähigkeit fördern*

Voraussetzung für die Einübung in die Reflexion als Selbst-Wahrnehmung und Selbst-Relativierung ist die Einbindung in eine Gemeinschaft, in der Vertrauen zum offenen Austausch besteht und die Fähigkeit, Kritik auszusprechen und anzunehmen. Ein Beispiel dafür nennt Karin Johne innerhalb der Gruppe, deren Ausbildung sie mit verantwortete:

> Zum Abschluss der Ausbildungszeit gab es ein »... Treffen, auf der sich die Gesamtgruppe noch einmal zu jedem Einzelnen und seinen Möglichkeiten und Grenzen äußern konnte.«[835]

In dieser Art »Kolloquium« wird die Bereitschaft zu Kritik und Selbstkritik auf der Basis gegenseitigen Respekts sichtbar.

II. 6. 2. 3 *Vielfalt wahrnehmen und schätzen lernen*

Innerhalb der Regionalgruppen sieht Karin Johne neben der Möglichkeit der Selbstreflexion[836] auch die Chance, die unterschiedlichen Wege der Einzelnen wahrzunehmen.

> »... wenn die ganze Gruppe etwa darüber meditiert: ›*Ich stelle mir ein verfitztes Garnknäuel vor, das ich entfitzen möchte - wie gehe ich daran? Was erlebe ich dabei?*‹ - dann ergibt der jeweilige Bericht über den Verlauf seiner Meditation einerseits eine Möglichkeit, wie der Mensch mit verworrenen Lebenssituationen umgehen und sie angehen kann – andererseits auch einen Einblick in die

[834] Geistliche Begleitung in einer Gruppe üben → Übungsmöglichkeiten: Geistliche Begleitung mit Hilfe einer Gruppe.

[835] Die Suche nach dem ›Meister‹, 14.

[836] Vgl. Teil II, 6.1.2.

Eigenart des Einzelnen, wie er mit solch einer Situation umgeht. Schon der Begleiter lässt unter Umständen ins Gespräch einfließen, wie er in seiner Meditation mit dieser Situation umgegangen ist – und die weiteren Gespräche erweitern einfach das Blickfeld, wie unterschiedlich Menschen mit verworrenen Situationen umgehen können – und wie man sich auf unterschiedliche Weise dabei ein wenig unterstützen kann. Das ist gerade für Übungen von Begleitergesprächen eine wesentliche Übung: dass ich als Begleiter lerne, meine eigene Einsicht, mein eigenes Urteil, meine eigene Deutung eines Schrifttextes zu relativieren – um hören zu können, was mir der Begleitete sagen möchte (vielleicht auch ungeschickt und verschlüsselt).«[837]

Im von der Gruppe beobachteten und anschließend kommentierten Begleitungsgespräch wächst nach Karin Johne die Aufmerksamkeit für die Vielfalt möglicher Wege und die Erkenntnis der eigenen, begrenzten Möglichkeiten und Sichtweisen. Diese Erfahrung ist wesentlich für die Selbstrelativierung und für die wachsende Aufmerksamkeit für die Bereicherung durch andere – auch durch die begleitete Person.

So wächst nach Karin Johnes Erfahrung einerseits auch die Erkenntnis, dass zentrale Beiträge nicht unbedingt von den profilierten Teilnehmenden zu erwarten sind. Andererseits kann sich die Aufmerksamkeit für Gefahren des geistlichen Gesprächs entwickeln.

»Und ebenso unerwartet ist es oft, wer aus der Runde gerade diesen weiterführenden Schritt angeboten hat – oft jemand, von dem man es gar nicht so erwartet hätte. Mir wurde hierbei oft sehr deutlich, was Benedikt vor Augen hat, wenn er bei der Beratung der Brüder sagt: ›*Oft offenbart der Heilige Geist gerade einem Jüngeren, was das Beste ist.*‹ (RB 3,3) [...] Vorausgesetzt war allerdings, dass niemand meinte, andere belehren zu müssen [...] Eine Gefahr ist auch, dass bestimmte Teilnehmer mehr von anderen wissen möchten, als diese freiwillig und gern von sich selbst den anderen ›mitteilen‹ möchten.«[838]

Wie in der »Meditation« rechnet Karin Johne konsequent mit der Wirkung des Heiligen Geistes, die unerwartet eigene Wege führen kann. Diese wahrzunehmen und nicht zu übergehen, ist eine wichtige Kunst, die in der Gruppe geübt werden kann.

Zu den Gefahren des geistlichen Gesprächs in der Gruppe, aber auch in der Einzelbegleitung zählt Karin Johne die Belehrung und den mangelnden Respekt vor dem geschützten Raum des oder der anderen. Diese Gefahren wahrzunehmen und auf sie zu achten, gehört neben der Gesprächs-

[837] Geistliche Begleitung in einer Gruppe üben.

[838] Ebd.

technik und psychologischen Grundkenntnissen, notwendig zur Begleitungsausbildung.

III. Karin Johnes Werk im Kontext gegenwärtiger geistlicher Begleitung

Karin Johnes Arbeit hat sich im historischen Abstand von mehreren Jahrzehnten zur heutigen Diskussion entwickelt. Als sie ihre Arbeit in den 70er und 80er Jahren des 20. Jahrhunderts begann, kam der Begriff »geistliche Begleitung« gerade erst auf,[839] und die geistliche Übung und Beglei-

---

[839] Lexikalisch zum ersten Mal taucht der Begriff im LThK ³1995 auf. (EISENSTEIN, Art. Geistliche Begleitung)
Zum Gebrauch des Begriffs und der Begriffsgeschichte hält Ralf Stolina fest: »Nach einem Hinweis des Jesuiten *Michael Schneider*, Zur Praxis der geistlichen Begleitung, in: *Marianne Schlosser* (Hg.), Vater, sag mir ein Wort. Geistliche Begleitung in den Traditionen von Ost und West, Würzburg 2007, 100-134, 100, stammt der Begriff geistliche Begleitung aus der Sterbebegleitung im Raum der evangelischen Kirche: ›Eigentlich stammt dieser Begriff aus den evangelischen Kirchen, wo er vor allem den Dienst des Zuhörens und Begleitens am Sterbebett bezeichnet.‹ In jedem Fall hat sich die Rede von geistlicher Begleitung in erfreulicher ökumenischer Weite und Übereinstimmung im deutschen Sprachraum seit über 30 Jahren durchgesetzt und, da er das originäre Anliegen treffend zum Ausdruck bringt, mit guten Gründen ältere Bezeichnungen abgelöst. Die Sache selber hat in der Geschichte verschiedene Bezeichnungen gefunden und ist viel älter als der Begriff ›geistliche Begleitung‹. Sie hat ihren Ursprung und Grund bereits im biblischen Zeugnis – etwa des gemeinsamen Weges und Austausches der Emmausjünger und vielfältige Verwirklichungsformen gefunden. Auffällig ist, dass es in den ersten Jahrhunderten keinen prägnanten Begriff dafür gibt: Geistliche Begleitung ist Lebens-Lehre im ursprünglichen Sinne. Es muss also aus den Zeugnissen vollzogener Begleitung erlauscht werden, worum es geht und welche Grundhaltungen maßgeblich sind.« (STOLINA, Lebens-Gespräch, Anm. 2)
Karin Johne verwendet den Begriff in einer Reihe von Aufsätzen. (Vgl. Die Suche nach dem ›Meister‹, Geistliche Begleitung in einer Gruppe üben u.ö.)
Zu einer Begriffsdefinition von Klemens Schaupp vgl. Was ist ›Geistliche Begleitung‹?, 19 (zitiert in der Einleitung der vorliegenden Arbeit, 8f).

tung fand erst allmählich wieder Aufmerksamkeit im evangelischen Bereich. Dieser historische Abstand ist zu beachten, wenn Karin Johnes schriftliche Begleitungsarbeit aus heutiger Sicht kritisch gewürdigt wird.

Karin Johnes Arbeit könnte auch im Blick auf die Entwicklung der Meditation und Meditationsbewegung[840] oder die Entwicklungen des Symbolbegriffs und der Symboldidaktik[841] erörtert werden. Auf diese Aspekte wird hier verzichtet, um stattdessen die Fragestellung auf die geistliche Begleitung und ihre theologische Betrachtung zuzuspitzen. Diese Sichtweise ist naheliegend, weil Karin Johne einerseits ein Feld bearbeitet hat, das sich dem Bereich der Aszetik zuordnen lässt[842] und weil andererseits geistliche Begleitung derzeit in Praxis und Theorie Beachtung findet. Ihre Arbeit als geistliche Begleiterin in Briefen und Büchern verbindet Theologie und geistliche Übung im Alltag. Dabei ist zu berücksichtigen, dass Karin Johne als geistliche, nicht als akademische Theologin zu würdigen ist.

Im ersten Kapitel wird Karin Johnes Lebensleistung in ihrer Zeit gewürdigt. Auf dieser Grundlage diskutiert das zweite Kapitel kritisch Karin Johnes Begleitungsarbeit im gegenwärtigen Kontext.

III. 1 Karin Johne als eine evangelische Pionierin der geistlichen Begleitung

Aus Karin Johnes Werden und Wirken und aus ihrem schriftlichen Werk erschließt sich ihre Lebensleistung im Bereich der geistlichen Begleitung. Ihr Verdienst ist zunächst die Veröffentlichung im wahrsten Sinn des Wortes: Nicht als hermetische Fachkenntnis, sondern als zugängliche Übungsform für alle, die lesen können und Interesse haben, stellt sie ihre Arbeit

---

840 Zur modernen christlichen Meditationsbewegung vgl. Peter Zimmerling, Evangelische Spiritualität. Wurzeln und Zugänge, Göttingen 2003, 146-149 und 152-155, sowie die dort (v.a. 146 Anm. 79) angegebene Literatur und Baier, Meditation und Moderne, Bd. 2, 905-940. Zur Begriffsentwicklung von »Meditationsbewegung« vgl. Baier a.a.O., 909-912.

841 Grundzüge deutet Zilleßen an: »Theol. Grundlage der Symboldidaktik war (anfangs fast ausschließlich) die Symboltheologie Paul Tillichs. [...] Die Verfügbarkeit der Symbole für totalitäre Praxis zeigt, wie ambivalent jede symbolische Ordnung ist. Symboldidaktik bedarf daher gerade in ihrer ästhetischen Gestaltung der kritischen Diskussion, des Streites und des (interreligiösen) Dialogs. [...] In der Auseinandersetzung zwischen Symboldidaktik und (semiotischer) Zeichendidaktik (Dressler, Meyer-Blanck) ist die Geschichtlichkeit symbolischer Kommunikation betont worden [...]. Unumgänglich sind Wahrheitsansprüche zu relativieren, aber es kann nicht auf sie verzichtet werden [...].« (Zillessen, Art. Symbol IX. Didaktisch, 1930)

842 Vgl. Einleitung, Unterabschnitt: Begriffsbestimmung und Verortung in der Theologie.

im deutschen Sprachraum vor. In aszetischer Lektüreperspektive greift Karin Johne zweitens theologische Tradition auf und transformiert sie. Drittens sind die theologischen Akzente hervorzuheben, die Karin Johne in ihrer Begleitungsarbeit als evangelische Theologin und in ökumenischer Verbundenheit setzt.

III. 1. 1 Geistliche Begleitung durch Briefe und Bücher im Alltag

III. 1. 1. 1 *Schriftlich, im Alltag, unabhängig, laien-freundlich*

Karin Johne entwickelte ihr Übungsangebot zunächst in Retraiten im Kontext der Evangelisch-Lutherischen Landeskirche Sachsens, einerseits im innerkonfessionellen Austausch mit den Pfarrern Christian Schreier und Dr. Gottfried Wolff sowie anderen evangelischen Kolleginnen und Kollegen in der Arbeitsgemeinschaft für evangelische Einkehrtage und andererseits im ökumenischen Austausch mit römisch-katholischen und anglikanischen Kollegen. Wichtige Anregungen kamen auch aus den innerdeutschen grenzüberschreitenden Kontakten und durch die Gemeinschaft von Taizé.

Zusätzlich entwarf Karin Johne eine eigenständige Form der *schriftlichen* Anleitung als geistliche Begleitungsform, die die gesellschaftlichen Gegebenheiten berücksichtigte: Ihre Briefkurse und die daraus entstehenden Bücher ermöglichten die Begleitung für Einzelne auf einem längeren, geistlichen Weg durch die geistliche Übung *im Alltag*, der die für die sehr begrenzten räumlichen und zeitlichen Möglichkeiten für die Retraitenarbeit in der DDR ergänzte. Karin Johne nutzte dabei die in der DDR-Gesellschaft vorhandene Erfahrung mit Fernkursen.

Mit den Briefkurs-Angeboten ging Karin Johne einen eigenen Weg, den ihre nächsten Kollegen kollegial und mit Interesse beobachteten, aber nicht als Begleitungsform teilten. Ihre – auch ökumenische – Schlüsselfunktion in diesem Bereich in Deutschland verdeutlicht ihr Beitrag »Geistlicher Übungsweg für den Alltag. Erfahrungen mit Briefkursen« im Grundlagenheft »Exerzitien im Alltag – Informationen und Modelle« der Zeitschrift »Korrespondenz zur Spiritualität der Exerzitien«.[843] Sie schreibt als einzige evangelische Theologin über eine sonst nicht geübte Form der geistlichen Begleitung.[844] In dieser Hinsicht ist Karin Johne eine echte Pio-

---

[843] Geistlicher Übungsweg im Alltag. Erfahrungen mit Briefkursen.

[844] Acht Jahre später, also 1997, werden Briefkurse in der »Zwischenbilanz« zu Exerzitien im Alltag der gleichen Zeitschrift als besonders geeignet für die Zielgruppe jüngerer Menschen in Österreich beschrieben, basierend auf einem »Modell der Diözese Hildesheim in Deutschland, deren erste Versuche in diese Richtung von großem Erfolg gekrönt waren« (Kurt Schmidl und Christoph Benke, Briefkurse bauen

nierin. Allerdings droht Karin Johnes Beitrag in Vergessenheit zu geraten. Als die katholische Zeitschrift »Korrespondenz zur Spiritualität der Exerzitien« 1997 in zwei Heften eine Zwischenbilanz zur Entwicklung der »Exerzitien im Alltag« im deutschsprachigen Raum zieht, wird für die ersten Briefkurse auf das Bistum Hildesheim verwiesen.[845] Der damals im Bistum Hildesheim für Exerzitien-Arbeit zuständige Bruder Godehard Wolpers schreibt auf meine Anfrage:

> »Nun zu dem Briefkurs der Exerzitien im Alltag, zu dem ich zu dem Thema ›Die Freundschaft mit Jesus leben‹, im Januar 1989 eingeladen hatte. Die Idee dazu hatte ich bekommen, nach dem ich selber den von Karin Johne in ihrem Buch vorgeschlagenen Weg gegangen war.«[846]

Diese hier zugänglich gemachte Erinnerung Bruder Godehards zeigt auf, dass Karin Johnes schriftliche Begleitungen in Buchform, die auf die vorlaufenden Briefkurse verwiesen, einen wichtigen, neuen Impuls für die Exerzitienarbeit auch auf katholischer Seite boten.

Karin Johnes geistliche Begleitung in Briefen ab 1985, angeregt durch die Impulse von Pater Christopher Lowe CR, setzt damit nach meinen Recherchen eine wichtige Zäsur in der Geschichte der geistlichen Begleitung. Ihre Kurse in der Gemeinde können zu den ersten »Exerzitien im Alltag« gerechnet werden, die im deutschsprachigen Raum angeboten wurden, ihre Briefkurse gehören zu den allerersten, schriftlich als »Fernkurs« vorliegenden Angeboten für begleitete Exerzitien im Alltag.[847]

Mit der Buchveröffentlichung von »Geistlicher Übungsweg für den Alltag« setzt sie eine zweite Zäsur: Die auf den Briefkursen basierenden Bü-

---

auf, in: Korrespondenz zur Spiritualität der Exerzitien 47(1997), Heft 70. Exerzitien im Alltag - eine Zwischenbilanz. Teil I, 60-64, hier: 60)

[845] A.a.O., 60.

[846] E-Mail vom 21.09.2010, Vgl. das Kapitel: Zeugnisse über Karin Johne. Die Aktion war nach Bruder Godehards Angaben sehr fruchtbar. 80 Jugendliche seien bereit gewesen den sechswöchigen Weg zu gehen. In der Begleitung mit persönlichen Gesprächen und Briefkontakten standen für die Teilnehmenden »etwa 15 Priester und Ordensleute« bereit. Während Karin Johne allein für bis zu 40 Teilnehmende eines Briefkurses die Begleitung übernehmen musste, kamen hier je fünf bis sechs Jugendliche auf eine begleitende Person zu. Einen weiteren Kurs hat Bruder Godehard nach seinen Angaben 1992 angeboten.

[847] Silke Harms stellt fest: »Seit den 80er Jahren wurden in einigen katholischen Gemeinden in Deutschland, Österreich und Schweiz vereinzelt ›Exerzitien im Alltag‹ durchgeführt, in größerem Umfang als erstes von der Diözese Salzburg im Jahre 1987.« (HARMS, Glauben üben, 56f). Im evangelischen Bereich spricht Harms für die Bundesrepublik von einer »ausdrücklichen Inkulturation der ignatianischen Exerzitien« erst für die Zeit nach 1989. (A.a.O., 76-80; Zitat 77)

cher gehörten zu den allerersten Angeboten, die zu einem *individuellen*, geistlichen Übungsweg anregen, *ohne* persönliche Treffen in einer bestimmten Begleitgruppe oder den persönlichen Kontakt zu einer Begleiterin oder einem Begleiter voraus zu setzen und damit einen unabhängigen Weg zu ermöglichen.[848] »Ökumenische Meditationsbriefe«, 1977 in der DDR und als »Wege zum Wesentlichen« 1992 im Herderverlag erschienen, setzte dabei noch einen stark methodischen Schwerpunkt. »Geistlicher Übungsweg für den Alltag«, 1986 in der DDR und 1987 in Österreich und Deutschland veröffentlicht, folgt der Dynamik des geistlichen Wegs im Sinn der ignatianischen Exerzitien. Dieses Buch ermöglicht Menschen mit und ohne theologische Vorkenntnisse einen eigenständigen geistlichen Übungsweg im Alltag. Die positiven Erfahrungen aus ihren persönlich begleiteten, Kurs- und Briefkursangeboten entwickelte Karin Johne weiter. Nach der Wende nutzte sie zusätzlich die neu gegebenen Möglichkeiten des Internets. Auch deshalb wurde Karin Johnes Angebot der Veröffentlichung von der römisch-katholischen Internetseelsorge »Katholische Glaubensinformation« gerne aufgegriffen und umgesetzt, weil Vergleichbares noch in den 90er Jahren in dieser Fülle sonst nicht zu greifen war.[849] Von

---

[848] Auf katholischer Seite veröffentlicht Wilhelm Schäffer etwa zeitgleich ein ähnliches Buchangebot, ebenfalls aus einer Reihe durchgeführter Exerzitien im Alltag gewachsen, mit der begleitenden Empfehlung, sich eine Gruppe zu suchen, um das – bei sich selbst Wahrgenommene – zu besprechen. (Wilhelm Schäffer, Meinen Glauben erneuern. Ein Glaubenskurs für Einzelne und Gruppen, Würzburg 1988, 11f)

[849] Manfred Lay, bis zum 31.12.2009 Leiter der »Katholischen Glaubensinformation« (kgi), beschreibt den Wert des Materials, das Karin Johne zur Verfügung stellte, in einer Mail vom 9.12.2009 auf meine Anfrage so: »Was Frau Johne anbieten konnte, war für uns ein Schatz: Das richtige Thema (Meditationskurse, Betrachtungen, meditative Exegesen), in Tagesrationen und damit in kleinen, aufteilbaren Leseeinheiten, eine Textfülle, die es erlaubt, damit gleich eine ganze ›Kategorie‹ zu bestücken [...] Die kgi war nicht auf die Idee gekommen, Frau Johne zu suchen. Sie aber hatte uns gefunden. Für uns war es ein Glücksfall. [...] Das Thema und auch der Name der Autorin haben über Jahre hohe Zugriffe generiert. Genaue Zahlen habe ich nicht in Erinnerung; aber 10% des Gesamt-Abruf-Volumens dürften es schon gewesen sein.« (Mail vom 9.12.2009; vgl. das Kapitel: Zeugnisse über Karin Johne)
Michael Belzer, der die Arbeit der kgi wissenschaftlich erschlossen hat, streift die Zusammenarbeit mit Karin Johne: »Ein immer wichtiger werdender Zweig der Internetarbeit erwuchs aus den meditativen, spirituellen Angeboten, die zunehmend Interesse unter den Nutzern finden: Gemeinsam mit der bereits erwähnten, der evangelischen Pfarr-Vikarin Karin Johne, entwickelte die kgi 1996/97 den ersten Meditationskurs für das Internet.« (Belzer, Michael, komm@sieh. Die Katholische Glaubensinformation – ein pastorales Angebot zwischen Distanz und Nähe, Stuttgart 2003, 97; die weitere Erwähnung Karin Johnes kann ich nicht finden.) An seiner Arbeit wird auch deutlich, dass die kgi die von ihr weitergegebene »christliche Botschaft« als »Information« sieht, die in einer »zugleich gottesdienstlichen, lebensprak-

seiner mehrjährigen Erfahrung mit Exerzitienbegleitung im Alltag via Internet berichtet Ansgar Wiedenhaus SJ im Jahr 2008.[850]

Neben dem Angebot der schriftlichen Form unterscheidet sich Karin Johne auch in ihrer Zielgruppe von vielen evangelischen wie katholischen Theologen. Für die Praktischen Theologen Alfred Dedo Müller oder Otto Haendler war es – wie für Karin Johne – ein tiefes Anliegen, die Praxis der »Meditation« in der Stille bekannt zu machen. Dabei ist ihre Zielgruppe aber eine andere: Während Alfred Dedo Müller und Otto Haendler vor allem theologische Fachkreise im Blick haben und die Meditation als wesentlichen Teil der Predigtvorbereitung und seelsorgerlichen Methodik lehren, wendet sich Karin Johnes Arbeit – ähnlich wie die Brevier-Ausgaben Erich Hertzschs – an ein allgemeines Publikum, ohne natürlich Theologinnen und Theologen auszuschließen. Karin Johne bemühte sich um eine möglichst praktikable und niederschwellige Form des Angebots. Sie verwendet in ihren Veröffentlichungen durchgängig wenig theologische Fachsprache, weil sie bewusst auch Nicht-Theologinnen und -Theologen als Zielgruppe sieht. Während Erich Hertzsch dabei vor allem die in der Form *gemeinsame* geistliche Übung neu kultivieren wollte und sich neben biblischen Texten und Liedern stark an Martin Luthers Kleinem Katechismus ausrichtete, suchte Karin Johne individuell gangbare Wege geistlicher Übung zu eröffnen und bezog eine methodische Fülle aus unterschiedlichen christlichen und nicht-christlichen Traditionen ein.

Unter den Bedingungen der Kirche in der DDR hatte Karin Johne den Mut, Anleitungen für geistliche Übungen im Alltag aus der Hand zu geben. Das kennzeichnet ihre Art der Unterstützung des Lebens-Gesprächs in allen Räumen des Lebens. Karin Johne gehört zu den ersten, die geistliche Übungsangebote in Deutschland schriftlich vorlegen, insbesondere im Blick auf Laiinnen und Laien. Etwa zeitgleich mit ihr veröffentlichen nur wenige römisch-katholische Autoren[851] entsprechende Textformen. Ab Mitte

---

tischen und intellektuellen Kommunikationsform« weitergegeben werden muss. (a.a.O., 11) Die kgi ermöglicht dabei mit den Briefkursen die intellektuelle Vermittlung, mit begleitenden Treffen, z.B. in Wochenendseminaren, die gottesdienstliche und mit begleitenden Seelsorgebriefen die lebenspraktische Kommunikation. Die Briefkurse der kgi unterscheiden sich damit von den Angeboten Karin Johne und entsprechen im Ansatz eher den westdeutschen, evangelischen Briefprojekten. (vgl. Teil III, 2.1.1) Die kgi öffnet sich aber bewusst und mit Erfolg den spirituell-meditativen Angeboten. Belzer gibt an, dass zeitweise 20-30 Prozent aller Nutzer auf die so gestalteten Seiten zugriffen. (a.a.O., 97)

850 Ansgar Wiedenhaus SJ, Gott in der Mailbox finden. Die Exerzitien Online als Einführung ins Gespräch mit Gott, in: Kiessling, Geistliche Begleitung, 252–262.

851 Vgl. z.B. den 1980 veröffentlichten Meditationsband von Josef Sudbrack und Sigmunda May, der eine Auswahl der Texte des Exerzitienbuches des Ignatius von

der 90er Jahre werden dann zunehmend Exerzitien im Alltag veröffentlicht.[852]

Als Pionierin dieser Arbeit schreibt Karin Johne für die Praxis. Nur in wenigen, kurzen Texten reflektiert sie ihren Begleitungsansatz. In den USA entstehen dagegen in den 90er Jahren auch im evangelischen Bereich bereits Reflexionstexte zur geistlichen Begleitung. So legt Margaret Guenther, die ein Jahr jünger ist als Karin Johne, 1992 als Pfarrerin der episkopalen Kirche ein reflektierendes Buch zur geistlichen Begleitung vor.[853] In Deutschland zeigt sich die allmähliche Entwicklung auch in den beiden Heften der Zeitschrift »Korrespondenz zur Spiritualität der Exerzitien«, die 1997 eine Zwischenbilanz der Erfahrungen mit »Exerzitien im Alltag« ziehen.[854]

III. 1. 1. 2 *Erste Ausbildungen in geistlicher Begleitung*

Karin Johne war an den beiden ersten Kursen zur Ausbildung in geistlicher Begleitung beteiligt, die in den 80er Jahren im Süden der DDR stattfanden. Diese Ausbildungen dürften – abgesehen von Kursen innerhalb der Michaelsbruderschaft und in evangelischen Kommunitäten – zu den ersten im evangelischen Bereich gehören. Wesentliche Elemente der auf mehrere Jahre angelegten Ausbildungen waren 1. die Ausübung und Reflexion eigener geistlicher Übungspraxis, 2. die Fähigkeit geistliche Übungen anzuleiten, 3. der Erwerb psychologischer Grundkenntnisse und 4. begleitete Einzelexerzitien. Ein wesentlicher Akzent der Ausbildung war für Karin Johne 5. der Austausch *innerhalb* der Ausbildungsgruppe und in Regionalgruppen, der für fremde Erfahrungswege öffnet und so zum notwendigen Respekt vor unterschiedlichen Glaubenswegen führt. Die Ausbildungen waren 6. ökumenisch verantwortet und wurden auch von Be-

---

Loyola mit Wort- und Bildmeditationen kombiniert (Josef SUDBRACK und Sigmunda MAY, Daß ich nicht taub sei für deinen Ruf. Wort und Bild zu den Geistlichen Übungen des Ignatius von Loyola, Würzburg 1980) oder den theologisch anspruchsvollen Entwurf von Paul IMHOF, Gott glauben/Christus erleben/Geist erfahren. Grundkurs Ignatianischer Spiritualität mit Werken von Max Faller, Bd. 1–3, St. Ottilien 1992. Franz Jalics‹ Buch »Kontemplative Exerzitien«, das 1994 in der Erstauflage erschien, ähnelt im Aufbau stark Karin Johnes »Geistlicher Übungsweg«, bleibt aber ausschließlich, wie der Titel es ankündigt, bei kontemplativen Übungen.

[852] Eine umfangreiche Liste bietet HARMS, Glauben üben, 286f.

[853] GUENTHER, Margaret, Holy Listening. The Art of Spiritual Direction, Lanham/Chicago/New York/Toronto/Plymouth UK 1992. Klemens Schaupp stellt neben dieser Konzeption auch die von Tilden Edwards vor. (SCHAUPP, Konzeptionen Geistlicher Begleitung, 102–117)

[854] Vgl. Korrespondenz zur Spiritualität der Exerzitien Hefte 70/71 »Exerzitien im Alltag – Eine Zwischenbilanz I/II« 47 (1997).

gleiterinnen und Begleitern evangelischer, katholischer und anglikanischer Konfession durchgeführt.

Die Elemente 1–5 zählen auch heute zu den üblichen Standards in der Ausbildung zu geistlicher Begleitung.[855]

Bemerkenswert ist sowohl die ökumenische Orientierung, wie auch die bewusste Beteiligung von Laiinnen und Laien an der Ausbildung. Die ökumenische Form der Ausbildung hat sich in Sachsen bis heute erhalten.[856]

III. 1. 1. 3 *Geistliche Begleitung und Gender-Frage*

Neben persönlichen Charismen, die für die Entwicklung ihrer Arbeit notwendig waren, ist Karin Johnes Rolle als Pionierin in der Landschaft evangelischer, geistlicher Begleitung auch auf den Gender-Aspekt hin zu befragen. Dabei ist eine vergleichende Analyse noch nicht möglich, weil keine entsprechenden Studien über im Bereich der geistlichen Begleitung aktive, evangelische Frauen und Männer vorliegen.

Für Karin Johne lässt sich sagen:

Ihr individuelles Engagement ist mit verursacht durch den – aus ihrer Sicht – gender-bedingten Ausschluss von den Anfängen der Exerzitien- und Retraiten-Erfahrung in Sachsen.[857] Sie war daher gezwungen, sich zunächst als Autodidaktin eine im evangelischen Bereich ungewöhnliche Kompetenz in Fragen der Meditation anzueignen. Ihre theologische Bildung war dafür eine wichtige Grundlage. Ab den 70er Jahren erweist sich ihre Qualifikation als Theologin im evangelischen Kontext als wichtige Bedingung für die Förderung durch die Landeskirche und für die kollegiale Zusammenarbeit.

Karin Johne bemühte sich intensiv um die Einbindung im landeskirchlichen Rahmen und den Austausch mit Kolleginnen und Kollegen und ist damit auch beispielhaft für die brückenbauende Funktion, die Frauen in vielen Kontexten einnehmen.

Der Lebensalltag als Haus- und Pfarrfrau in der DDR hatte erheblichen Einfluss auf Karin Johnes Entwicklung.[858] Sie nutzte den – in der DDR ungewöhnlichen – Freiraum als nicht-berufstätige Ehefrau zur eigenen Fort-

---

[855] Vgl. die Sammlung »übereinstimmender Merkmale« von REICHEL/SCHEMANN, Ausbildungen, 244–246 und die Angaben zu den Ausbildungen im gesamten Aufsatz.

[856] A.a.O., 256f. Auch für 2011/2012 planen das evangelische »Haus der Stille« in Grumbach bei Dresden und das Exerzitienhaus der Jesuiten in Hoheneichen bei Dresden einen gemeinsam verantworteten Ausbildungskurs.

[857] Vgl. Teil I, 1.2.

[858] Eine wissenschaftliche Aufarbeitung zu besonderen Rolle der Pfarrfrauen im evangelischen Pfarrhaus und in der speziellen Situation der DDR steht noch aus.

bildung. Gleichzeitig stellte sie ihre erworbenen Kompetenzen selbstverständlich zunächst ehrenamtlich in den Dienst der Gemeinde.

In Karin Johnes Übungsanleitungen waren immer wieder Tätigkeiten wie z.B. das Geschirrspülen im Blick, mit denen Männer und speziell Theologen ihrer Generation in der Regel wenig befasst waren. Sie bezieht diese Alltagstätigkeiten bewusst in ihre Meditationen ein. Ohne es ausdrückliche zu benennen, gibt sie damit den oft als sinnlos empfundenen und wenig geschätzten Tätigkeiten einer Hausfrau einen eigenen Wert und eine tiefere Bedeutung. Dies ermöglicht es Frauen (und im heutigen Kontext auch Männern) ihre alltägliche Arbeit im doppelten Sinn selbstbewusst zu gestalten: Einerseits sich des eigenen Handelns in einer tiefen Dimension bewusst zu sein und andererseits diese ungeschätzten Tätigkeiten selbstbewusst als wertvoll wahrzunehmen und zu vertreten.

Zu Beginn ihrer Arbeit bezog sie sich auf »Kranke« oder – aus heutiger Sicht gesprochen – Menschen mit Behinderung, eine Gruppe, von der sie einen wichtigen, eigenständigen, geistlichen Beitrag erwartete, im Unterschied zu vielen auf Betreuung und Assistenz angelegten Angeboten. Dieser Aspekt ist in der später an ein möglichst breites Publikum gerichteten Arbeit nicht mehr sichtbar. Indem Karin Johne bei dieser Zielgruppe und in dieser Weise ansetzt, arbeitet sie ressourcen-, nicht defizit-orientiert. Ob dieser Ansatz aus Bescheidenheit gewählt wurde oder aus Solidarität, die aus der eigenen Erfahrung der Ausgrenzung andere Ausgegrenzte einbezieht, lässt sich aus den gegebenen Quellen nicht entscheiden. Beide Motivationen sind mit gender-spezifischen Erfahrungen und Rollenzuschreibungen zu begründen.

Karin Johne hat sich nicht ordinieren lassen. Die Gründe für diese Entscheidung waren nicht eindeutig zu erfassen. Sie ist sicher mitbedingt durch die genderspezifische Situation der Theologin, Pfarrfrau und Mutter *und* durch den intensiven Kontakt mit der katholischen Kirche, die Frauen in priesterlichen Funktionen aufgrund ihres biologischen Geschlechtes nach wie vor ablehnt. Für die Begleitungsarbeit Karin Johnes gilt, dass sie – als nicht-ordinierte Theologin – Laiinnen und Laien in ihrem Alltag auch deshalb bewusst im Blick behielt, weil sie sich selbst als eine solche verstand.

Zusammenfassend lässt sich sagen, dass Karin Johne selbst zwar die Bedeutung ihrer Gender-Zugehörigkeit nicht reflektiert, dass die so bedingten Erfahrungen in ihrer Arbeit aber eine wesentliche Rolle spielten: Karin Johne erlebte gender-bedingte Ausgrenzung, nutzte gender-bedingte Freiräume, solidarisierte sich mit anderen Ausgegrenzten und wertete die eigene, gender-bedingte Rolle auf. Wie viele Frauen übernahm sie eine aktive Rolle als Brückenbauerin.

III. 1. 2 Geistliche Begleitung als Transformation theologischer Tradition in aszetischer Lektüreperspektive

Karin Johne bezieht sich in ihrer geistlichen Begleitung auf unterschiedliche theologische Traditionen. In zentralen Gedankenfeldern lässt sich als Hintergrund die Theologie Paul Tillichs entdecken. Am Beispiel des Gebets soll gezeigt werden, dass und wie Karin Johne seine Theologie, nicht nur im speziellen Bereich der Symboltheorie, sondern wesentlich grundsätzlicher in aszetischer Perspektive aufnimmt und transformiert.[859]

III. 1. 2. 1 *Paul Tillichs Gebetstheologie*

Paul Tillichs Theologie ist für Karin Johne nicht nur im Bereich des Symbolverständnisses grundlegend.[860] Die theologische Gedankenwelt Paul Tillichs prägt auch insgesamt Karin Johnes Begleitungspraxis. Aufbauend auf Paul Tillichs Theologie entwirft Karin Johne ihre Anleitungen. Die Beziehung verwundert nicht, insofern Paul Tillichs Theologie das Christentum aus einem existentiellen und mystischen[861] Verständnis heraus beschreibt. Die aszetische Transformation durch Karin Johne wird am Beispiel des Gebets erläutert.

Das Gebet ist für Tillich Teil der religiösen Kultur, sowohl innerhalb der »organisierten Religion in den Kirchen«, wie in der »personale[n] Religion, wie sie in einem personalen Gottesverhältnis Ausdruck findet«.[862] Auf die Frage eines Studenten in seiner Zeit am Union Theological Seminary in New York, ob er denn auch bete, kann er höchst ambivalent antworten: »Always and never.«[863] Nicht nur Paul Tillich war sparsam darin, Einblicke in die eigene Gebetspraxis zu geben, obwohl das Thema »Gebet« in seinen

---

[859] So wie Klaus Raschzok Wilhelm Löhes Verhältnis zur altlutherischen Orthodoxie als »kreative Transformation« im Unterschied zur »Repristination« beschreibt, kann hier analog von kreativ transformierender Aufnahme theologischer Tradition durch Karin Johne gesprochen werden. (Klaus Raschzok, Das geistliche Amt nach Wilhelm Löhe. Impuls in eine amtsvergessene Kirche, in: Dietrich Blaufuss (Hg.), Wilhelm Löhe. Erbe und Vision, Gütersloh 2009, 80-109, 99). Die Aufnahme psychologischer Theorien, die Karin Johne für ihre Arbeit nutzt, ist bereits in Teil II, 1.3 beschrieben.

[860] Zur Rezeption der Symboltheorie Paul Tillichs vgl. Teil II, 1.2.

[861] Tillichs Verständnis von Mystik wird im Folgenden im Zusammenhang mit dem Gebet präzisiert.

[862] Zitiert nach Schüssler, Werner und Erdmann Sturm, Paul Tillich. Leben – Werk – Wirkung, Darmstadt 2007, 58f. (Dort zitiert aus Paul Tillich, Kunst und Gesellschaft. Drei Vorlesungen (1952). Aus dem Englischen übersetzt und mit einem Nachwort über die Bedeutung der Kunst für das Denken Paul Tillichs von W. Schüßler, Münster 2004, 37)

[863] Zitiert nach Schüssler/Sturm, Tillich, 58. (Dort zitiert aus P. John, Tillich: The Words I Recorded, the Man I Knew, in: Newsletter of the North American Paul Tillich Society Vol. 29/1, Winter 2003, 4-11, 5)

Veröffentlichungen durchaus eine Rolle spielt.[864] Nur wenige namhafte evangelische Theologinnen und Theologen im 20. Jahrhundert haben eigene Gebete veröffentlicht, obwohl z.B. für Karl Barth das Gebet den konstitutiven Rahmen allen Theologie-Treibens darstellt.[865]

So hoch persönliche Gebetspraxis und Gebetstheologie geschätzt werden, so selten sind Einblicke, die ein mitgehendes Lernen ermöglichen. Im Folgenden werden die theologischen Grundsätze der Gebetstheologie Paul Tillichs umrissen,[866] um dann zu zeigen, wie Karin Johne die theologischen Vorgaben aszetisch transformiert.

Kontemplation, Ekstase, Mystik, lenkendes Schaffen als Gebet. Paul Tillich behandelt die Frage des Gebets nicht gesondert, sondern im Zusammenhang mit anderen für ihn zentralen theologischen Themen.[867] Inner-

---

[864] »Ein Blick in die Werke Tillichs kann diese Vermutung [dass das Thema »Gebet« bei Tillich selbst zu kurz käme] kaum bestätigen. Denn liest man beispielsweise seine frühen Predigten, und hier sind besonders die Feldpredigten aus dem Ersten Weltkrieg zu nennen, so ist hier das Thema ›Gebet‹ ein zentrales Anliegen. Und in der ›Systematischen Theologie‹ und besonders auch in den ›Religiösen Reden‹ kommt Tillich immer wieder auf das Gebet zu sprechen.« konstatieren Schüßler und Reimer im Vorwort zu »Das Gebet als Grundakt des Glaubens«. (A. James REIMER und Werner SCHÜSSLER (Hg.), Das Gebet als Grundakt des Glaubens, Münster 2004, 7f).

[865] »... wir wiederholen nur den Satz, daß Dogmatik nur als Glaubensakt möglich ist, wenn wir auf das G e b e t verweisen als auf die Haltung außerhalb derer dogmatische Arbeit nicht möglich ist.« (Karl BARTH, Kirchliche Dogmatik I/1, Zollikon-Zürich 1947, 23). Eine wesentliche Ausnahme bildet der Praktische Theologe Rudolf Bohren, der mehrere Gebetsbände veröffentlichte.

[866] Ich beziehe mich dabei, neben den Texten Tillichs, vor allem auf die Aufsätze von S. Painadath SJ »Gott als Subjekt des Betens« und Peter Haigis »Beten – über Worte hinaus. Überlegungen zu Paul Tillichs Gebetstheologie« und A. James Reimer »Prayer as *Unio Mystica:* Tillich's Concept of Prayer in Contrast to Barth's Christological Realism and Hirsch's Pietistic Personalism«, alle zu finden in: REIMER/SCHÜSSLER (Hg.), Gebet. In diesem Band auf S. 7 findet sich auch eine gute Übersicht über die zum Thema »Gebet und Paul Tillich« erschienene Literatur bis 2004.

[867] Painadath unterstreicht die Bedeutung der Gebetsthematik bei Paul Tillich, wenn er darauf hinweist, dass Tillich in vielen Schnittpunkten seiner theologischen Reflexion den Sinn des Gebetes als Grundakt der Religion erwähne. So wertet Tillich das Gebet hoch, wenn er sagt, kein religiöser Akt drücke die Wechselbeziehung zwischen Gott und dem Menschen klarer aus (GW V, 181). Tillich bezeichnet das Gebet als das »beste und universalste Beispiel« der »ekstatischen Einung« (TILLICH, Systematische Theologie III, 143) und nennt es als eine zentrale »Funktion der Begründung« in den Kirchen (TILLICH, Systematische Theologie III, 219, 222f). Painadath zitiert Tillich zur Form des Gebets mit den Worten: »›Ein Protestantismus, in dem Meditation und Kontemplation, Ekstase und »mystische Vereinigung« keinen Raum mehr haben, hat aufgehört, Religion zu sein; er ist zu einem intellektuellen und moralischen System in traditionellen religiösen Begriffen geworden‹ (GW VII, 131)«. Painadath sieht insofern das Gebet bei Paul Tillich als einen *»articulus stantis et cadentis ecclesiae«*

halb seines Hauptwerks »Systematische Theologie I-III« erörtert er in verschiedenen Feldern die Thematik, besonders in den Teilen I und III.[868]

In einer Universitätspredigt beschreibt Paul Tillich das Gebet so: »Es ist Gott selbst, der durch uns betet, wenn wir zu ihm beten ... Etwas in uns, das nicht wir selbst sind, vertritt uns vor Gott.«[869] Er legt dabei eine zentrale neutestamentliche Stelle zum Gebet, Röm 8, 26f, aus. Den paulinischen Gedanken, dass der »Geist uns vertritt mit unaussprechlichem Seufzen«, auf den sich Karl Barth und viele andere Theologen im Zusammenhang mit dem Gebet beziehen, nimmt Paul Tillich theologisch in besonderer Weise ernst. Aufgrund der ontologischen Beziehung zwischen Gott als dem Urgrund des Seins und den unterschiedlichen Formen des Seins in der Welt, zu denen der Mensch gehört, kann Gott nicht »Objekt« des Gebets sein, zu dem der Mensch als personales, gleichwertiges Gegenüber spricht. Das Gespräch zwischen Gott und Mensch fußt nach Tillich vielmehr auf der Grundlage der Partizipation, die Gott ermöglicht: Weil das Sein-Selbst, Gott, dem Menschen in der Schöpfung Anteil am Sein gegeben und ihn mit »Geist« begabt hat, ist es möglich, dass trotz der Unterschiedenheit von Sein-Selbst und menschlichem Sein eine partizipative Kommunikation stattfindet. Das geschieht, indem der menschliche Geist und mit ihm das ganze menschliche Sein ergriffen werden vom Geist Gottes. So entsteht im eigentlichen Sinn nach Tillich Gebet: »Es ist der Geist Gottes, der Gott anruft, wie es umgekehrt Gott ist, der den Geist Gottes im Menschen erkennt und versteht. In all diesen Fällen ist das Subjekt-Objekt-Schema, das ›Sprechen zu jemand anderem‹, überwunden: der, der durch uns spricht, ist der, zu dem wir sprechen.«[870]

---

und die Frage des Gebets als eine, die »nicht am Rande, sondern im Zentrum des theologischen Systems von Paul Tillich, d.h. im Rahmen der geistgetragenen Dialektik zwischen Gott und dem Menschen« behandelt werden muss. (Sebastian Painadath SJ, Gott als Subjekt des Betens, in: Reimer/Schüssler, Gebet, 29–47, 29).

[868] Um die Themenfelder zu orten, genügt ein Blick ins Register unter dem Stichwort »Gebet«. Grundlegend sind dabei die Gedanken in Bezug auf »Gottes lenkendes Schaffen« (Systematische Theologie I, 303ff, besonders 307f) und im Zusammenhang mit dem Gebet als »Funktion der Begründung in den Kirchen« (Systematische Theologie III, 219, 222–224). Peter Haigis legt dar, dass die Frage nach der Gebetstheologie die systematischen Topoi der Gotteslehre, von Erkenntnis und Offenbarung und von der möglichen Rede von Gott voraussetzt und erschließt und tut dies mit Blick auf Paul Tillich. (Peter Haigis, Beten – über Worte hinaus. Überlegungen zu Paul Tillichs Gebetstheologie, in: Reimer/Schüssler, Gebet, 49–76, hier: 50; die Entfaltung folgt auf den Seiten 50-76).

[869] Zitiert nach Haigis, Tillichs Gebetstheologie, 49.

[870] Tillich, Systematische Theologie III, 223.

Dieses partizipative Gespräch bedeutet nicht eine verschmelzende Identität von Gott und Mensch, sondern wahrt den Abstand zwischen dem Sein-Selbst und dem geschaffenen Sein, zeigt aber auch die grundsätzlich mögliche und in Freiheit aktualisierbare Teilhabe auf, die der Geist Gottes wirkt.[871] An anderer Stelle beschreibt Paul Tillich dieses Geschehen so: »Jedes ernsthafte und ›erfolgreiche‹ Gebet – bei dem Gott nicht wie ein beliebiger Gesprächspartner behandelt wird, wie es in vielen Gebeten der Fall ist – ist ein Sprechen zu Gott in dem Sinne, daß Gott zwar logisches Objekt ist für den, der betet. Doch kann Gott niemals zum Objekt werden, es sei denn, daß er gleichzeitig Subjekt ist. Die Paradoxie dieses Gedankens löst sich auf, wenn man sich klar macht, daß der göttliche Geist, der den Betenden ergreift, Gott selbst ist, so daß man sagen kann: Gott spricht durch uns zu sich selbst. Das Gebet ist eine ›unmögliche Möglichkeit‹. Nur insofern als in ihm die Subjekt-Objekt-Struktur überwunden wird, ist es eine Möglichkeit, d.h. eine ekstatische Möglichkeit.«[872]

Diese Form des Gebets bezeichnet Paul Tillich auch als »Kontemplation«: »Kontemplation ist die Teilnahme an dem, was das Subjekt-Objekt-Schema überwindet und mit ihm die objektivierende und subjektivierende Sprache [...].«[873]

Insofern ist für Paul Tillich eine notwendige Konsequenz die Aussage, »daß jedes ernsthafte Gebet zur Kontemplation führen muß, denn in der Kontemplation ist das Paradox des Gebetes offenbar: die Identität und Nicht-Identität dessen, der betet, mit dem, zu dem gebetet wird – Gott als Geist.«[874]

Damit kritisiert Paul Tillich zugleich das Verständnis der Kontemplation als eine methodisch zu erreichende Stufe auf dem Weg der Einung mit Gott und präzisiert stattdessen: »Nach dem protestantischen Prinzip ist Gottes Hingabe das erste, eine Gabe seiner Freiheit, durch die er die Entfremdung zwischen sich und dem Menschen in dem einen unbedingten und totalen Akt der vergebenden Gnade überwindet. Alle Schritte, in denen die Gnade angeeignet wird, folgen dem göttlichen Akt, wie Wachstum der Geburt folgt. Kontemplation ist im Protestantismus nicht eine Stufe, sondern eine Qualität, nämlich eine Qualität des Gebetes, in der sich der

---

[871] Vgl. hierzu Haigis‹ Erläuterungen zur »erkenntnistheoretische[n] Beziehung von Mensch und Gott« in: Tillichs Gebetstheologie, 55–59.

[872] Tillich, Systematische Theologie III, 143.

[873] A.a.O., 223.

[874] A.a.O., 223f.

Betende bewußt ist, daß das Gebet an den gerichtet ist, der das rechte Gebet in ihm schafft.«[875]

Kontemplation bezeichnet also für Paul Tillich eine Qualität des Gebetes, die es zum wirklichen Gebet macht, insofern der oder die Betende um die eigene Unfähigkeit zu beten weiß und auf das Wirken des göttlichen Geistes im eigenen, menschlichen Sein vertraut.

Personale Gottesanreden, wie »Vater« oder »Herr« sind nach Paul Tillich dabei möglich und sinnvoll, weil er sie als »zentrale Symbole für die Ich-Du-Beziehung zu Gott« versteht. Sie führen aber in die Irre, wenn sie nicht als symbolische Rede verstanden werden.[876]

Gebet als Kontemplation ist für Paul Tillich dabei eine »ekstatische« Erfahrung. »Ekstase« bezeichnet für Tillich keinen enthusiastischen Zustand, sondern einen »Bewußtseinszustand, in dem die Vernunft jenseits ihrer selbst ist, d.h. jenseits ihrer Subjekt-Objekt-Struktur. Wenn die Vernunft jenseits ihrer selbst ist, so bedeutet das nicht, daß sie sich verneint. Ekstatische Vernunft bleibt Vernunft; sie empfängt nichts Irrationales oder Antirationales – was nicht ohne Selbstzerstörung möglich wäre –, aber sie transzendiert die Grundbedingung der endlichen Rationalität, die Subjekt-Objekt-Struktur.«[877] Dieser besondere Zustand der Ekstase lässt sich nicht herbeiführen, obwohl ihn »die Mystiker durch Askese und Meditation zu erreichen [versuchen]. Aber sie wissen, daß diese nur Vorbereitung sind und daß die ekstatische Erfahrung ausschließlich durch die Manifestation des Mysteriums in einer Offenbarungssituation geschieht.«[878]

Meditation ist also für Tillich, ebenso wie die Askese, eine mögliche Form der Vorbereitung des Gebets, sofern sie sich bewusst bleibt, dass alle Vorbereitung vergeblich ist, wenn nicht Gottes Geist wirkt. Dass Meditation und Gebet dabei für Tillich sehr nahe beieinander liegen, verdeutlicht er in der Beschreibung der Erfahrung »abhängiger Offenbarung«[879]:

> »In diesem Sinn ist jedes Gebet und jede Meditation, wenn sie ihren eigentlichen Sinn erfüllen, nämlich das Geschöpf mit seinem Schöpfungsgrund wieder zu vereinen, ein Stück Offenbarung. [...] Mit Gott zu reden und eine Antwort

---

[875] A.a.O., 224.

[876] Tillich, Systematische Theologie I, 329–332, Zitat: 331.

[877] Tillich, Systematische Theologie I, 135. Zum Unterschied zum Begriff »Enthusiasmus«, der nicht mehr »die Bedeutung einer Beziehung zum Göttlichen« hat, vgl. a.a.O., 136.

[878] A.a.O., 135f.

[879] Mit dem Begriff »abhängige Offenbarung« unterscheidet Tillich die »originale« Offenbarung in Christus von der von dieser abhängigen Offenbarung in der Kirchengeschichte. (A.a.O., 151ff).

> zu empfangen, ist ein ekstatisches und wunderbares Erlebnis; es transzendiert alle gewöhnlichen Strukturen der subjektiven und objektiven Vernunft. Es ist die Gegenwart des Mysteriums des Seins und eine Manifestation dessen, was uns unbedingt angeht. Wenn es auf die Ebene einer Zwiesprache zwischen zwei Wesen herabgezogen wird, ist es blasphemisch und lächerlich. Wenn es dagegen als ›Erhebung des Herzens‹ verstanden wird, nämlich als Erhebung des personalen Zentrums zu Gott, dann ist es ein Offenbarungsereignis.«[880]

Das wesentliche Kennzeichen des Gebets nach Paul Tillich ist also der Zustand des »Ergriffen-Seins« vom Geist Gottes, durch den erst das »Gespräch« mit Gott möglich wird. In diesem Gespräch bleibt der Mensch, trotz der Transzendierung der Subjekt-Objekt-Struktur, unter den Bedingungen der Existenz, auch in seiner Vernunft, obwohl er durch den Geist Gottes so verwandelt wird, dass ein Reden mit Gott möglich wird.

Seine ontologischen Grundannahmen bedingen Paul Tillichs Nähe zur Mystik.[881] Das ist richtig, wenn das »Mystische als ›erlebte Gegenwart Gottes‹«[882] verstanden wird, wie sie in jeder Religion gesucht und erwartet wird. »Mystik« bezeichnet nicht eine selbst-erlösende Technik, die ein mystisches Erlebnis erzeugt, sondern eine Erfahrung, die in Christus immer wieder möglich wird. Für Paul Tillich ist in diesem positiven Sinn »die mystische Erfahrung eine Konsequenz der Erscheinung des Neuen Seins [...] und nicht eine Methode, es zu produzieren. [...] Sie liegt in der paulinischen Erfahrung des ›Seins in Christo‹, d.h. der Teilnahme an der geistlichen Kraft des Neuen Seins in Christus.«[883]

Mystische Erfahrung ist für Paul Tillich eben die Subjekt-Objekt-Transzendierung, wie sie im Gebet als Kontemplation im Ergriffen-Werden durch den Geist Gottes geschieht. Wie das Gebet selbst, ist sie keine Leistung des oder der Glaubenden, sondern eine unverdiente Wirkung des Seins-Selbst.

Den Zusammenhang von Mystik und Glauben fasst Paul Tillich folgendermaßen: »Es gibt keinen Glauben (sondern nur ein Für-wahr-Halten), wenn nicht der göttliche Geist das personale Zentrum dessen, der im Glauben steht, ergriffen hat. Gerade das aber ist die mystische Erfahrung, nämlich die Erfahrung der Gegenwart des Ewigen im Zeitlichen. Als ekstati-

---

880 A.a.O., 153.

881 So verweist Hartmut Rosenau auf Paul Tillich als Beispiel für die »argumentativ-geschlossen auftretende onto-theologische Durchführung« der Mystik (Hartmut ROSENAU, Art. Mystik III. Systematisch-theologisch, in: TRE Bd. 23, Berlin/New York 1994, 581–589, 588).

882 TILLICH, Systematische Theologie II, 92.

883 A.a.O., 93.

sche Erfahrung ist der Glaube mystisch, obwohl er nicht zur Mystik im Sinne einer besonderen Form des religiösen Lebens führt. [...] Jede Erfahrung des Göttlichen ist mystisch, weil sie den Zwiespalt zwischen Subjekt und Objekt transzendiert; und wo immer das geschieht, ist das Mystische als Kategorie vorhanden.«[884] Glauben und mystische Erfahrung unterscheiden sich insofern, als der Glaube sich in der Existenz bewährt, während die mystische Erfahrung das Neue Sein in Christus spürbar macht: »Im Glauben ist Mut und Wagnis enthalten, während diese Elemente, die durch die Trennung von Subjekt und Objekt bedingt sind, in der mystischen Erfahrung transzendiert werden. [...] Die wirkliche Frage ist, ob das Transzendieren der Subjekt-Objekt-Spaltung in der existentiellen Situation des Menschen möglich ist. Die Antwort lautet, daß es in jeder Begegnung mit dem göttlichen Grund des Seins Wirklichkeit ist, wenn auch in den Grenzen menschlicher Endlichkeit und Entfremdung, d.h. fragmentarisch, antizipatorisch und bedroht durch die Zweideutigkeiten der Religion.«[885]

Glauben ist bei Tillich das Leben aus der geschenkten, mystischen Erfahrung und in der Erwartung der Wiederholung dieser Erfahrung. Wer in diesem Bewusstsein betet, hat nach Paul Tillich Anteil am lenkenden Schaffen Gottes, denn: »Gottes lenkendes Schaffen ist die Antwort auf die Frage nach dem Sinn des Gebets, besonders des Bitt- und Fürbittgebets. Keines dieser Gebete kann bedeuten, daß man von Gott erwartet, er solle bereit sein, in existentielle Gegebenheiten einzugreifen. Beide bedeuten, daß man Gott bittet, die gegebene Situation in Richtung ihrer Erfüllung zu lenken. Die Gebete sind ein Element in dieser Situation, ein sehr machtvoller Faktor, wenn es echte Gebete sind. Als ein Element der Gesamtsituation des Menschen gehört das Gebet zu den Bedingungen, die Gottes lenkendes Schaffen benutzt, aber die Art, wie er es benutzt, kann die völlige Verwerfung des Gebetswunsches sein. Der verborgene Gehalt jedes Gebets ist die Hingabe an Gott, und dieser Gehalt ist immer entscheidend. Jedes ernste Gebet hat Macht, nicht wegen der Intensität, mit der eine Bitte darin geäußert wird, sondern wegen des Glaubens, den ein Mensch an Gottes lenkendes Schaffen hat – ein Glaube, der die existentielle Situation verwandelt.«[886]

Paul Tillich deutet hier an, dass ein Beitrag des Menschen zum Gelingen des Gebetes die Bereitschaft ist, Gottes lenkendem Schaffen in der Existenz Raum zu geben. Der Mensch, der sein Anliegen im Gebet Gott

[884] Tillich, Systematische Theologie III, 278.
[885] Ebd.
[886] Tillich, Systematische Theologie I, 307f.

anvertraut, öffnet sich vertrauend für das Wirken Gottes, auch wenn dessen Auswirkungen dem Erbetenen widersprechen.

Zusammenfassend ist festzuhalten: Echtes Gebet ist für Paul Tillich immer das Beten des Geistes Gottes im Menschen, d.h. das Ergriffen-Sein des menschlichen Geistes durch Gottes Geist, das auf besondere Weise die partizipative Kommunikation zwischen Gott und Mensch ermöglicht. Diese Gebetserfahrung bezeichnet Paul Tillich als Kontemplation. Kontemplation ist für ihn nicht eine Stufe auf der Leiter mystischer Einung, sondern qualifiziert das Gebet als Wirken von Gottes Geist im Menschen. Dieses Wirken ist nicht machbar, sondern unverfügbares Geschenk Gottes. Kontemplatives Gebet hat daher für Tillich ekstatischen Charakter, weil es die Subjekt-Objekt-Struktur des Daseins überwindet, nicht etwa weil es eine enthusiastische Erfahrung bezeichnet. Die kontemplative oder mystische Erfahrung bildet den Hintergrund, auf dem der glaubende Mensch das eigene Leben gestaltet. Zur Gestaltung des Lebens können auch meditative oder asketische Übungen gehören, die Vorbereitung, nicht Verwirklichung des Gebets sind. Das Gebet ist in der Partizipation von menschlichem und göttlichem Geist wirksam im Sinn Gottes, dem der Mensch seine Bitte anvertraut.

III. 1. 2. 2 *Karin Johnes aszetische Transformation der Gebetstheologie Paul Tillichs*

Paul Tillichs Gebetstheologie nimmt Karin Johne in aszetischer Lektüreperspektive auf. Im Rückblick lässt sich ihre Arbeit als Versuch der Transformation der Theologie Paul Tillichs interpretieren.

Dabei bleibt Karin Johne – bis auf die Bestimmung der Symboltheorie – außerhalb der Tillich'schen Begriffe. Ihre Sprache orientiert sich an den Leserinnen und Lesern ohne theologische Vorbildung. So gebraucht sie den Begriff »Gebet« im landläufigen Sinn für das Reden des Menschen mit Gott. Ein Gebrauch, den Tillich kritisiert, weil er nicht der Ontologie entspricht und daher die Größe Gottes blasphemisch untergräbt. Einige Begriffe Tillichs bestimmt Karin Johne für ihre Arbeit in eigener Weise. Das gilt besonders für den Begriff »Meditation«. Während Paul Tillich »Meditation« in »Systematische Theologie« wenig und ausschließlich als überreligiösen, methodischen Terminus ohne nähere Erläuterung verwendet, spezifiziert Karin Johne »Meditation« in ihren Anleitungen als christliche »Meditation«: eine Haltung, die mit Gottes Gegenwart und Wirken rechnet. Konkret beschreibt sie »Meditation« z.B. als »eigenes, regelmäßiges Üben in einem betenden Vor-Gott-Verweilen«[887] und geht davon aus, dass das

887 Geistlicher Übungsweg, 19.

»Entscheidende« in diesem »Verweilen« oder »liebenden Anschauen« geschieht. »Meditation« ist in Karin Johnes Sinn ein aufmerksames Warten darauf, dass Gottes Geist wirkt und der Mensch von diesem Geist ergriffen wird.

Karin Johnes »Meditation« beschreibt also konkret die meditativen oder asketischen Übungen, die Tillich für möglich, aber nicht für notwendig hält.

Während Tillich in theologisch-philosophischer Begrifflichkeit Grenzen und Möglichkeiten des Gebets konturiert, transformiert Karin Johne die Möglichkeit der Partizipation in praktisches Üben. Die Übungen werden zur Hör- und Sprachschule, weil sie die Aufmerksamkeit für das »Ergriffen-Werden« vom Geist Gottes schärfen und für die Reaktion des Menschen im Glauben und Handeln konkrete Formen vorschlagen bzw. zu deren Suche anregen.

Sie stützt mit ihrer Anleitung die empfangende, menschliche Seite, indem sie Menschen, die sie schriftlich begleitet, die *Haltung* nahe bringt, die sie dem Wirken Gottes gegenüber einnehmen können. Obwohl es nicht möglich ist, mystische Erfahrung zur produzieren, ist es nach Karin Johne sinnvoll, für diese Erfahrung aufmerksam zu sein und sie mit Geist und Vernunft wahrzunehmen und zu deuten. Dieser Möglichkeit gilt Karin Johnes Begleitungsarbeit.

Karin Johne transformiert also Tillich'sche Theologie in sprachlich nicht-theologisch gefasste aszetische Übungspraxis. Wesentlich deutlicher als Paul Tillich weist Karin Johne darauf hin, dass es ein Wachsen im Glauben gibt, insofern die gemachten Gebetserfahrungen, die im Tillich'schen Sinn kontemplativ oder mystisch waren, reflektiert und so bewusst erfasst, gedeutet und mit ihrer Auswirkung ins Leben aus dem Glauben integriert werden.

Was Paul Tillich mit »Ekstase« als Zustand der Transzendierung der Subjekt-Objekt-Relation unter Beibehaltung der Verstandesstruktur bezeichnet, nimmt Karin Johne auf, indem sie den Übenden die unspektakuläre Weise der Gottesoffenbarung in Erinnerung ruft. Gottes wirksame Gegenwart geschieht »in, mit und unter« den alltäglichen Begebenheiten, die den Verstand nicht *ad absurdum* führen, sondern ihn aufmerksam machen auf das, wo und wie Gott sich zeigt. Wo der Verstand dessen gewahr wird, ist er bereits ergriffen vom Geist Gottes, der dieses Erkennen schenkt.

Karin Johne nimmt Paul Tillichs theologischen Grundsatz der Partizipation ohne Identifikation auf, indem sie in ihrer Anleitung die Begrenztheit der je eigenen Gotteserfahrung bewusst macht, wenn sie die Übenden auf ihren unersetzlichen, individuellen Beitrag, aber auch auf die notwendige Verbindung zur Gemeinschaft verweist. Dieser theologische Grundsatz liegt auch Karin Johnes effektivem Sakramentsverständnis zugrunde. Fürbitte ist für Karin Johne eine wesentliche Aufgabe christlicher Existenz. Die Art, wie sie zur Fürbitte anleitet, zeigt den theologischen Hintergrund, wie Paul Tillich ihn formuliert: die Fürbitte darf nicht von sichtbarer Erhörung als notwendiger Konsequenz echten Betens ausgehen, sondern sie wirkt auf die Weise, die Gott ihr verleiht. Die Haltung, in der Fürbitte geschieht, ist die Haltung des Vertrauens, das sich an Christus orientiert. Fürbitte ist in diesem Sinn Teilhabe an Gottes lenkendem Handeln.

Karin Johne transformiert Tillich'sche Theologie aszetisch, insofern Aszetik nicht nur theologische Reflexion der Übung, sondern auch »Einübung« oder »Lehre von der Einübung in die christliche Frömmigkeit« bezeichnen kann.[888] Trotz der äußerst unterschiedlichen Begrifflichkeit folgt Karin Johne Tillichs gebetstheologischem Ansatz einer partizipativen Kommunikation, den sie aufgreift und hierin die menschlichen Möglichkeiten expliziert, die bei Tillichs *theologischer* Formulierung *keine* Rolle spielen.

III. 1. 3 Geistliche Begleitung mit theologischen Akzenten

III. 1. 3. 1 *Reformatorische Akzente*

Karin Johnes Begleitung zeigt Akzente, die Grundanliegen reformatorischer Theologie aufnehmen. Obwohl sich diese Akzente auch in anderen Konfessionen und Religionen finden lassen, prägen sie doch in besonderer Weise das reformatorische und lutherische Erbe, in dem Karin Johne als Theologin aus der sächsischen Landeskirche, bei aller Offenheit für ökumenische Anregungen, steht.

Freiheit als pneumatologisch-anthropologisches Vorzeichen. Karin Johnes geistliche Begleitung beachtet in Form und Inhalt die unbedingte Freiheit Gottes und der Menschen. Sie entwirft einen Rahmen, in den sich zu stellen und den zu gestalten jede und jeder sich frei fühlen soll. Karin Johne erinnert an die Unverfügbarkeit und die gleichzeitige, beständige Verheißung der Gegenwart Gottes und der Wirksamkeit seines Geistes, wenn darum gebetet wird. Ihre Grundhaltung ist es, sich weder Gottes noch der Menschen zu bemächtigen, sondern das Lebens-Gespräch in Freiheit zu entwickeln.

---

888 Vgl. Seitz, Art. Askese, 251.

Karin Johne setzt ihre geistliche Begleitungsarbeit damit unter ein »pneumatologisches Vorzeichen«[889]: Nicht Karin Johne, sondern Gottes Geist im Menschen wird zum eigentlichen Begleiter. Um diese Geistkraft ist zu bitten, nach ihrem Wirken ist zu fragen. Auf ihre Gegenwart und Wirkung aufmerksam zu machen, ist die eigentliche Aufgabe der geistlichen Begleitung.

Das »anthropologische Vorzeichen« zeigt sich in Karin Johnes Ermutigung zur Selbstkompetenz des oder der Begleiteten, das letztlich ihre Briefkurse und Bücher ermöglicht. Weil Karin Johne von der wirklichen Führung durch den Geist Gottes überzeugt ist, mutet sie den Begleiteten die Kompetenz zur jeweils eigenen Entscheidung zu. Der Geist Gottes führt für Karin Johne nicht in enge Regeln, sondern in die Freiheit der Kinder Gottes.

In »Kreuz als Erlösung« gibt Karin Johne den Teilnehmenden am zweiten Tag die Ermahnung mit:

> »Entscheidend wichtig ist [...], daß Sie mehr und mehr lernen, sich von innen her, durch den Heiligen Geist leiten zu lassen! Und der führt manchmal anders, als es ›vor-geschrieben‹ ist! Je offener Sie dafür sind, desto leichter werden Sie auch seine leisen inneren Impulse wahrnehmen, durch die Sie geführt werden.«[890]

Auf die Rückmeldung einer Teilnehmerin oder eines Teilnehmers innerhalb des laufenden Kurses: »Ich habe Angst, es nicht richtig zu machen«, antwortet Karin Johne:

> »Spüren Sie allein in sich hinein, ob Ihnen etwas wahrhaft guttut oder nicht – das ist der Maßstab. Und wagen Sie es einfach, dazu zu stehen! Dies ist immer wieder ein neues Wagnis, wir alle – auch ich – wollen uns so gern ›absichern‹, aber was andere schon in jungen Jahren lernen, müssen wir – besser: dürfen wir auch noch in späterem Alter lernen: wirklich auch vor Gott eigenverantwortlich zu sein in dem, was wir tun. Das gilt gerade auch für jede Art des Betens ...«[891]

Zwischen diesen beiden Polen, dem Vertrauen in die Führung des Heiligen Geistes und dem Vertrauen in die Selbstkompetenz des oder der Einzelnen, oszilliert Karin Johnes Begleitungsarbeit.

---

[889] Den Begriff verdanke ich meinem Promotionsbegleiter Klaus Raschzok in einem Gespräch im Frühjahr 2010.

[890] Kreuz als Erlösung, 32.

[891] A.a.O., 150.

Wertschätzung des Individuums und Unmittelbarkeit der Gottesbegegnung. Für Karin Johne ist – ganz entsprechend der lutherischen Frömmigkeit – der oder die Einzelne als individuelle Person im Blick, die in Freiheit Gott unmittelbar gegenüber treten will und darf.

Das persönliche Lebens-Gespräch mit Gott, die Umsetzung und Anwendung des Glaubens auf das eigene Leben, die Martin Luther im *pro me* zusammenfasst, sind Ziel aller geistlichen Übung bei Karin Johne. Diesem Weg der einzelnen Person gilt ihre Aufmerksamkeit und Unterstützung in deren Lebens-Gespräch mit Gott. Dem oder der Begleiteten werden Wege angeboten und Impulse weitergegeben, er oder sie trifft aber die Entscheidung über den je eigenen Weg in eigener, direkter Verantwortung vor Gott und wird dazu ermutigt, diese Verantwortung zu übernehmen und sich ihr zu stellen. Da Karin Johne aber gleichzeitig wichtig ist, dass Glaube die Gemeinschaft in Christus braucht und geistliche Begleitung für sie innerhalb der Kirche gedacht ist, weist sie den einzelnen Menschen auch auf die eigene Verantwortung gegenüber und die Abhängigkeit von der Gemeinschaft hin.

Allgemeines Priestertum der Glaubenden.[892] Karin Johnes geistliche Begleitung ermutigt und befähigt zu einer intensiven Auseinandersetzung mit biblischen Texten, übt in die Sprachfähigkeit des Glaubens ein, öffnet die Aufmerksamkeit für den anderen Menschen in inneren und äußeren Nöten und weckt und fördert ein Bewusstsein für die Gegenwart Christi im eigenen Leben. Sie tut das besonders im Blick auf Laiinnen und Laien. Mit ihrer Arbeit unterstützt sie so, ohne es zu nennen, das allgemeine Priestertum der Glaubenden. Nach reformatorischem Verständnis ist das Priesteramt nicht durch Weihe oder Sukzession hervorgehoben. Durch Glauben und Taufe werden Christinnen und Christen hineingenommen in die Gemeinschaft der Heiligen und treten Gott unmittelbar mit allen priesterlichen Rechten und Pflichten füreinander gegenüber. Das heißt, sie treten priesterlich füreinander ein in Lehre, Seelsorge, Gebet und Lebensführung, so z.B. indem Eltern ihre Kinder im Glauben und Bibelverständnis anleiten, indem einer die Beichte der anderen hört, indem füreinander gebetet wird und indem jede das eigene Leben so gestaltet, dass sie dem anderen »zum Christus« wird.

Alltag als Ort der Gottesbegegnung in der tentatio. Karin Johne wendet sich in ihrer geistlichen Begleitung den Menschen in ihrem Alltag zu. Sie nimmt ein tief reformatorisches Anliegen auf, indem sie bewusst die Berührungspunkte zwischen Alltagserfahrung und Glaubenswirklichkeit

[892] Zur Bedeutung des allgemeinen Priestertums bei Martin Luther vgl. BARTH, Theologie Luthers, 395–400, hier besonders 397–399; Zitat 399.

sucht und beide ins Gespräch miteinander bringt. Der Alltag soll vom Glauben durchdrungen werden, so dass im Alltag Gottes Gegenwart entdeckt werden kann. Der Alltag wird zur Aufgabe und zum Beispiel für das Glaubensverstehen des Menschen. Nach reformatorischem Verständnis gibt es keine besondere, geistliche Weise des Lebens. Jeder Mensch ist in seinem Alltag gerufen als Christ oder Christin zu leben.[893] Das Leben im Kloster ist nicht gottgefälliger als der weltliche Alltag. Für Martin Luther wachsen Theologie und Glaube und werden geprüft in der *tentatio*, in der Anfechtung, die in der realen Existenz, im Alltag und im Gottesdienst, stattfindet und in Frage stellt, was Vernunft und Glaube festhalten wollen.[894]

Solus Christus. Christologie ist für Karin Johne ein explizites und zentrales Thema. In zwei Kursen bringt sie die Teilnehmenden ins Gespräch mit dem Christus-Ereignis anhand der Weihnachts- und der Passions- und Ostergeschichte.[895] Eine lebensbezogene Christologie ist für sie auch das entscheidende Kriterium der *discretio*, der Unterscheidung der Geister, insofern die Christusähnlichkeit für Karin Johne das Kriterium aller Entscheidungen und Unterscheidungen ist.[896] Auch in Bezug auf die Theodizee ist der Christusbezug für Karin Johne der entscheidende Schlüssel, weil das, was an Gottes Wirken unverständlich scheint, im Blick auf den liebenden Christus durchbrochen wird im Vertrauen auf die in Christus wirkende Liebe.

---

[893] Karin Johnes Anliegen des Lebens-Gesprächs im Alltag findet sich in Hans-Martin Barths »kritischer Würdigung« des »vom Katechismus geprägten Lebensstils« nach Martin Luther: »Luther hat sich geweigert, christliche Existenz auf eine säkulare und eine spirituelle Seite aufzuteilen. Durch den Glauben ist der ganze Mensch neu qualifiziert, in allem seinem Tun und Lassen. [...] In seinem jeweiligen Stand sollte der Christ für seine Mitmenschen tätig werden und dadurch auch dem Gesamt der Gesellschaft dienen. [...] Wir wissen natürlich nicht, wie viele den Stall auskehrende Mägde und wie viele Mist ausfahrende Knechte im 16. Jahrhundert ihre Tätigkeit wirklich als Gottesdienst verstanden haben.« Barth, Theologie Luthers, 481.

[894] Barth, Theologie Luthers, 122f; ähnlich auch Reiner Preul, Die soziale Gestalt des Glaubens. Aufsätze zur Kirchentheorie, Leipzig 2008, 235.

[895] Vgl. Auf dem Weg zum Licht und Kreuz als Erlösung.

[896] Vgl. Teil II, 4.1.5 und 5.2.4. Knodt sieht diesen Grundsatz ähnlich bei den Wüstenvätern und Müttern: »Die Väter fragen immer wieder nach der Herkunft der Gedanken und akzentuieren den Bezug auf Christus. Christsein ist Christusnachfolge. Er in Person ist der Grund der Unterscheidung. Cassian prägte für seine Leser das Bild von den tüchtigen Geldwechslern: Diese prüfen, welches Herrscherbild die Münze (i.e. der Gedanke) zeigt, ob also Christus hinter den Überlegungen steht und ob er in der Prägung mit der kirchlichen Tradition [...] übereinstimmt.« (Knodt, Geistliches Leben einüben, 271f)

Die Christologie begründet bei Karin Johne die bleibende Verbindung der Menschen untereinander.[897] In diesem Christusbezug wird deutlich, was gemeint ist, wenn Karin Johne – wie viele andere geistliche Begleiterinnen und Begleiter – betont, dass der eigentliche Begleiter der Heilige Geist sei.[898]

Die Rechtfertigungsbotschaft als Frage nach der persönlichen Rechtfertigung, wie sie Martin Luther zum Dreh- und Angelpunkt seiner Theologie gemacht hat, begegnet in dieser Form bei Karin Johne nicht. Karin Johne unterstreicht den Rechtfertigungsgedanken allerdings im Sinn der Gnade ohne Verdienst und des »Geschehen-Lassens«. Nach ihrer geistlichen Begleitung geht es nicht darum sich zu verwandeln, sondern sich der Verwandlung durch Gottes Geistkraft zu öffnen und sie zuzulassen. Das »liebende Anschauen« der Person Jesus Christus verwandelt in »sein Bild«, d.h. Christus verwirklicht sich in den Glaubenden, soweit sie bereit sind, ihm dazu Raum zu geben.[899] Ohne dass der Bezug von Karin Johne formuliert wird, legt sich der Bezug zu Dietrich Bonhoeffer nahe. Im Schlusskapitel der »Nachfolge« entfaltet Bonhoeffer die »unfaßlich große Verheißung«, die denen gegeben ist, die vom Ruf in die Nachfolge Jesu Christi getroffen wurden, daß sie Christus gleich werden sollen.«[900] Diese Umgestaltung geschieht durch das beständige Betrachten des Bildes Christi. »Das Bild Jesu Christi, das der Nachfolgende immer vor Augen hat [...] dringt in ihn ein, erfüllt ihn, gestaltet ihn um, daß der Jünger dem Meister ähnlich, ja gleich wird.«[901] Klaus Raschzok hat herausgearbeitet, dass diese Nachfolge-Vorstellung bei Bonhoeffer keine »traditionelle ›imitatio Christi‹« ist, um die der Nachfolger sich bemüht.[902] Vielmehr wird »durch die von Christus beim Nachfolgenden gewirkte Umgestaltung in sein Bild [...] eine wirkliche Nachahmung Gottes überhaupt erst möglich.«[903] Als »personales Geschehen, das von ihm [Bonhoeffer] als Teilhabe am stellvertretenden Leiden Christi bestimmt wird« gliedert die Nachfolge den und die Ein-

---

897 Vgl. Teil II, 4.3.

898 Vgl. z.B. Geistlicher Übungsweg, 20 und 21.

899 Vgl. z.B. a.a.O., 79f; Teil II, 4.1.5; 4.3.2 und 4.3.3, sowie 5.2.3 und 5.2.4.

900 Bonhoeffer, Dietrich, Nachfolge (DBW 4), hg. von Martin Kuske und Ilse Tödt, München 1994, 297.

901 Ebd.

902 Klaus Raschzok, Christuserfahrung und künstlerische Existenz. Praktisch-Theologische Studien zum christomorphen Künstlerselbstbildnis, Frankfurt a.M./Berlin/Bern/New York/Paris/Wien 1999, 309f.

903 A.a.O., 310.

zelne in den Leib Christi ein und führt damit aus der Vereinzelung in die Gemeinschaft der Glaubenden und in die Weltzugewandtheit.[904]

Das *solus christus* der reformatorischen Theologie spiegelt sich in Karin Johnes christologischer Fokussierung, wobei sie die von Gott geschenkte und im Geist Gottes gewirkte zunehmende Christus-Ähnlichkeit betont.

Sola scriptura. Karin Johnes »Meditation« kreist immer wieder um biblische Texte. Sie schätzt die Bibel als konzentrierte Erscheinungsform der Gottesoffenbarung hoch, ohne eine bestimmte methodische Form des Umgangs mit biblischen Texten absolut zu setzen. Wesentlich ist für sie, dass es nicht um eine rein rationale, sondern um eine existentielle Aneignung der Texte geht. Das mit dem christologischen Kriterium auf den Alltag hin gelesene biblische Wort steht für Karin Johne reformatorisch über kirchlicher Tradition. Insofern folgt sie dem reformatorischen *sola scriptura.*

III. 1. 3. 2 *Ökumenische Akzente*

Aufnahme unterschiedlicher geistlicher Traditionen aus der Ökumene. Karin Johnes geistliche Begleitung geht vorurteilsfrei auf die ignatianische Überlieferung zu, sucht aber auch darüber hinaus nach altkirchlichen und mittelalterlichen Quellen für die verantwortliche Gestaltung der eigenen aszetischen Arbeit. Karin Johne übernimmt viele ignatianische Anregungen und Traditionen, wie die Schriftbetrachtung und das Gebet der liebenden Aufmerksamkeit, ergänzt sie aber z.B. mit dem Jesus-Gebet und weiteren Formen der ruminatio durch altkirchliche und orthodoxe Elemente, auch z.B. in der Ikonenbetrachtung. Sie nimmt ursprünglich nicht-christliche Formen der Körper- oder Symbolarbeit auf und nutzt sie für ihre geistliche Begleitung als Unterstützung des Lebens-Gesprächs.

Kriterium ihrer Auswahl ist das Vertrauen in die Führung des Geistes Gottes und die damit gegebene Selbstkompetenz der begleiteten Person kombiniert mit dem christologischen Kriterium der Christusähnlichkeit.

Ekklesiologische und sakramentale Einbindung. Sehr deutlich formuliert Karin Johne die Notwendigkeit, den geistlichen Weg des und der Einzelnen in die Gemeinschaft der Glaubenden in der Kirche einzubinden. Biografisch begründet ist diese Haltung mit dem kirchenkritischen und -feindlichen Kontext der Gesellschaft in der DDR, in dem ein isolierter Glaubensweg unrealistisch war. Theologisch begründet Karin Johne die Gemeinschaft innerhalb der Kirche und – an einigen Stellen – mit allen Menschen durch die Verbindung mit Jesus Christus.

Entsprechend spielen die Sakramente, als sichtbare und wirksame Zeichen der Gegenwart Gottes und des Seins in Christus für Karin Johnes

---

[904] Vgl. ebd.

geistliche Begleitung eine große Rolle. Grund dafür ist einerseits ihr Symbolverständnis, das einen direkten Bezug auf symbolische Handlung und Teilhabe, wie sie im sakramentalen Geschehen vorliegt, nahe legt. Andererseits zeigt sich auch hier Karin Johnes biografische Prägung im Luthertum und im ökumenisch grundsätzlich offenen DDR-Kontext. Dass Karin Johne die Sakramente hoch schätzt, entspricht zwar auch der Grundintention Martin Luthers, aber nicht unbedingt der theologischen und kirchlichen Wirklichkeit der reformatorischen Kirchen des ausgehenden 20. Jahrhunderts. Entsprechend dem lutherischen Sakramentsverständnis nennt Karin Johne ausschließlich Taufe und Abendmahl als Sakramente, die in der »Meditation« betrachtet und aufgenommen werden.

Aus biografischen und theologischen Gründen betont Karin Johne sowohl die ekklesiologische Einbindung wie deren sakramentale Erfahrung.

III. 2 Kritische Würdigung im und Impulse für den gegenwärtigen Kontext

Karin Johnes Werk wird in vierfacher Hinsicht im gegenwärtigen Kontext kritisch gewürdigt und auf seine Impulse hin befragt: Zum einen im Blick auf die Methodik geistlicher Begleitung, zum anderen hinsichtlich der ekklesiologischen Verortung, zum dritten in Bezug auf die ökumenischen Möglichkeiten und Grenzen und zuletzt mit der Frage, wo geistliche Begleitung innerhalb der Praktischen Theologie einzuordnen sei.

III. 2. 1 Methodischer Aspekt

Die Methodik geistlicher Begleitung wird unter vier Aspekten diskutiert. Untersucht wird zunächst die Bedeutung der *schriftlichen* geistlichen Begleitung in Briefen und Büchern seit 1970 bzw. im Internet seit Anfang der 90er Jahre. Eine zweite Blickrichtung fragt nach dem Verhältnis von göttlichem und menschlichem Handeln im Bereich geistlicher Übung und parallelisiert Martin Nicols Verständnis des Gottesdienstes als »Weg im Geheimnis«[905] dem Verständnis geistlicher Übung und deren Begleitung als alltäglichen Weg im Lebens-Gespräch. Drittens wird der Umgang mit nichttheologischen Disziplinen in der geistlichen Begleitung bei Karin Johne und im heutigen Kontext diskutiert. Zuletzt wird reflektiert, wie Karin Johne in der geistlichen Begleitung mit der theologischen Figur des *deus absconditus* und mit hermeneutischen Differenzen umgeht.

[905] Vgl. Martin NICOL, Weg im Geheimnis. Plädoyer für den Evangelischen Gottesdienst, Göttingen [2]2010.

III. 2. 1. 1 *Bücher und Briefe. Heilsame Distanz und überbrückbare Ferne*

»Ich glaube, Seelsorge ist lehrbar und lernbar am besten an Briefen: Ein Brief bedeutet in gewisser Weise mehr als ein Gespräch.«[906] schreibt Rudolf Bohren und unterstreicht damit die Bedeutung von Briefen für den Glaubens- und Lebensweg *und* für die Theologie. Ähnlich schätzt Gerhard Ebeling die Bedeutung von Briefen ein, wenn er Grundzüge von Luthers Seelsorge und Theologie anhand seiner Briefe entfaltet.[907] Karin Johnes Bücher und Briefe bieten insofern für weitere Forschungen zur geistlichen Begleitung reichhaltiges Material. Sie können – was in dieser Arbeit nur sehr beschränkt möglich war – theologisch und methodisch analysiert und mit anderen Seelsorge- oder Begleitungsangeboten verglichen werden.

In der Bundesrepublik gab es parallel zur Entwicklung der Briefkurse Karin Johnes ebenfalls Briefprojekte. Auf evangelischer Seite sind zwischen 1970 und 1980 drei Aktionen zu nennen: Die Glaubensbriefe der »Projektgruppe Glaubensinformation«, die Katechismusbriefe »Glaube konkret« und die Bekenntnisbriefe »Bekenntnis aktuell« zum Jubiläum der *Confessio Augustana*.[908]

Das erste Briefkursangebot, »Wer glaubt, denkt weiter. Briefkurs für fragende Menschen«, machte um 1970 die »Projektgruppe Glaubensinformation«, die sich 1969 oder 1970 in Hamburg um den Theologieprofessor Helmut Thielicke gegründet hatte. Ab Herbst 1973 verschickte die Projektgruppe monatlich tausende von Briefen an Interessenten, die sich nach einer Werbekampagne u.a. in großen Zeitungen (Bildzeitung, ZEIT) gemeldet hatten. Die Briefe wurden ab 1976 als Sammlung veröffentlicht. Die Impulse regten »Einzelbezieher« und Gruppen zum Nachdenken über Glaubensfragen an und sorgten für Diskussionen und Rückmeldungen. Der Briefkurs war in großen Medien beworben worden und hatte eine beachtliche Resonanz vor allem unter männlichen Akademikern. Zielgruppe waren sowohl »Randsiedler« der Kirche als auch kirchlich stark Gebundene mit ihren Zweifeln und Anfragen an Glaube und Kirche. Ziel war es, einerseits das »Interesse der Zeitgenossen an Informationen und Gesprächen über Gott« zu beantworten und andererseits die »Leser zu gegenseitiger Kontaktaufnahme und zur Gruppenbildung zu ermutigen«. Rückmeldungen

---

[906] BOHREN, Große Seelsorger – große Heilige, 266.

[907] Vgl. Gerhard EBELING, Luthers Seelsorge, Theologie in der Vielfalt der Lebenssituationen an seinen Briefen dargestellt, Tübingen 1997.
Zur Bedeutung der Seelsorge in Briefen vgl. auch die Briefseelsorge der beiden Blumhardts. (ISING, Johann Christoph Blumhardt,127; MOHR, Christoph Friedrich Blumhardt, 139)

[908] Alle drei Projekte nennt und beschreibt Werner JENTSCH, Der Seelsorger. Beraten. Bezeugen. Befreien. Grundzüge biblischer Seelsorge, Moers ^{3}1984, 234f.

wurden auch individuell beantwortet, was die Leserinnen und Leser positiv überraschte. Der Projektgruppe war bewusst, »daß auch diese Art der Glaubensinformation kaum den ganzen Menschen erfassen kann, sondern sich vornehmlich auf der geistigen Ebene abspielt.«[909] Der Gründer der »Katholischen Glaubensinformation (kgi)«, Pfarrer Krenzer, hat die Kursentwicklung in Hamburg mit beraten.[910]

Die 1977 veröffentlichte Serie »Glaube konkret« mit Katechismusbriefen, die als Lehrbriefe zum Evangelischen Erwachsenenkatechismus konzipiert waren, wollte die Inhalte des Katechismus erschließen, zur gedanklichen Auseinandersetzung mit ihnen anregen und bot seelsorgerliche Beratung in persönlichen Fragen an.[911] Ebenso wurde auch die *Confessio Augustana* für »Glaube konkret« in Briefform erschlossen. An die Briefseelsorge, die für Rückmeldungen jeweils als seelsorgerliches Angebot genannt war, wurden nach Werner Jentsch vor allem Glaubens- und Lebensfragen gerichtet.[912] Die Korrespondenz hat für Jentsch den Charakter der »Begleitung«, weil sie in der Regel über mehrere Briefwechsel und damit einen längeren Zeitraum hin erfolgt.[913]

Alle drei genannten Projekte sprachen auf intellektueller Ebene an und richteten sich an einen möglichst großen Kreis von Adressatinnen und Adressaten. Zur Umsetzung standen umfangreiche Möglichkeiten für Werbung und Technik zur Verfügung. Vor allem die »Projektgruppe Glaubensinformation« verfolgte das Ziel zur Vernetzung und zum Gespräch über den Glauben anzuregen. Die beiden Folgeangebote eröffneten über die Briefseelsorge auch die Möglichkeit zur längerfristigen, individuellen Korrespondenz. Geistliche Begleitung im Sinn einer Begleitung auf dem Weg

---

[909] Siegried Scharrer und Hinrich C.G. Westphal, »Projektgruppe Glaubensinformation«: Entstehung, Echo, Zukunftspläne, in: Projektgruppe Glaubensinformation, Wer glaubt, denkt weiter, 163–175; Zitate 167 und 170.

[910] Information von Manfred Lay, Leiter der kgi bis 31.12.2009, Vgl. das Kapitel: Zeugnisse über Karin Johne.

[911] Vgl. Johannes Hanselmann und Werner Jentsch (Hg.), Glaube konkret. Katechismusbriefe und Briefseelsorge, o.O. 1977. Die Briefe hatten mit drei Auflagen in drei Jahren eine sehr gute Resonanz (300 000 Briefmappen mit jeweils zwölf Themenbriefen; Zahlenangabe nach Angabe der Herausgeber in: Glaube konkret, 2. Reihe). 1980 wurde daher eine »2. Reihe« wiederum mit zwölf Themenbriefen von den gleichen Herausgebern veröffentlicht.

[912] Jentsch, Seelsorger, 237f.

[913] A.a.O., 245.

der Glaubens*übung* oder Anleitung zur Meditation als nicht-intellektueller Form des Zugangs zu Glaubensinhalten sind sie nicht.[914]

Im Unterschied zu den hier genannten Projekten richteten sich Karin Johnes Angebote in der DDR an eine kleine Gruppe von Menschen, die zumeist bereits Kontakt zur Retraitenarbeit hatten und wurden unter großen technischen Schwierigkeiten weitergegeben. Ziel war die Begleitung im persönlichen Leben mit Gott, in dem der oder die Übende sich – trotz der räumlichen Entfernung – als Teil einer größeren Gruppe erleben konnte.

Diesem Anliegen entsprach in der Bundesrepublik seit 1960 das Angebot der Katholischen Glaubensinformation, kgi.[915] Manfred Lay, der die kgi bis zu ihrer Auflösung Ende 2009 leitete, schreibt über die Arbeit seiner Dienststelle:

> »Von Anfang an spielten die individuelle, persönliche Glaubensbegleitung per Briefkorrespondenz d i e entscheidende Rolle. Die Informationsbriefe waren nur Andockmittel, Vehikel um mit Menschen ins persönliche Gespräch zu kommen. Insofern war die kgi-Glaubensinformation strukturell eigentlich bereits so etwas wie ›Alltagsexerzitien‹. Von Anfang an gab es als integrales Angebot der kgi an die Kursbezieher immer auch sogenannte ›Gesprächswochenenden‹, ›Glaubenswochenenden‹, in denen geistlicher Austausch, Gebet, Gottesdienst, gemeinsames Tun und Erleben im Mittelpunkt standen.
> Es war ein eher historischer Zufall, dass wir in den ersten Sekunden des Internet bereits mit einem relativ kompletten Angebot im neuen www präsent sein konnten. Wir waren einer der ersten – zumindest katholischen Anbieter im Internet. In dieses Medium haben wir unser bisheriges Konzept nahezu 1:1 übertragen können, vor allem die starke Betonung spirituell-geistlicher Angebote und die Kopplung des Internetangebotes an ein persönliches Gesprächs(Mail)angebot. Dass dabei Frau Johne und wir uns irgendwann über den Weg laufen würden, war im Nachhinein fast abzusehen.«[916]

Exerzitien im Alltag als Briefkursangebote entwickelten sich auf katholischer Seite erst im Anschluss an Karin Johnes als Buch veröffentlichten Briefkurs.[917]

---

[914] Zum Teil vermitteln sie einen eher moralisierenden Charakter, vgl. die als Beispiel abgedruckte Anfrage an Christa Meves und ihre Antwort in: JENTSCH, Seelsorger, 252f.

[915] Geschichte, Erfahrungen und Perspektiven der kgi hat 2002 Michael Belzer wissenschaftlich erschlossen. Vgl. BELZER, komm@sieh.

[916] E-Mail vom 9.12.2009, vgl. das Kapitel: Zeugnisse über Karin Johne.

[917] Vgl. Teil III, 1.1.1.

Was die unkomplizierte Zusammenarbeit über die Konfessionsgrenzen hinweg ermöglicht, ist das gemeinsame Interesse am Angebot einer schriftlichen Begleitung für einen geistlichen Übungsweg im Alltag von Laiinnen und Laien, das gleichzeitig einen Bezug zur kirchlichen Gemeinschaft bewusst macht. Die kgi konnte zusätzlich *persönliche,* schriftliche Begleitung anbieten, was Karin Johne als Einzelperson überfordert hätte.

Dass eine schriftliche Anleitung zur geistlichen Übung bis heute gefragt ist, zeigt die unüberschaubare Fülle christlicher, geistlicher Ratgeber- und Wegführer-Literatur. Neben Angeboten, die für gemeinsam übende Gruppen gedacht sind, findet sich eine Fülle von Kursen, die sich an Einzelpersonen in ihrem jeweils individuellen Alltag richten.[918] Auch die Literatur, die zum persönlichen Gebet einlädt, weist in diese Richtung. Klaus Raschzok hat 2008 hierzu einen Literatur- und Forschungsbericht vorgelegt. Besonders die »Breviere für den Alltagsgebrauch« nehmen dabei Karin Johnes Anliegen der alltäglichen Übung der Laiin oder des Laien auf.[919]

Die geistliche Adventskalender-Literatur erlebt in den letzten Jahren einen wahren Boom. Exemplarisch dafür steht der »Andere Zeiten«-Adventskalender aus Hamburg, erstmals 1995 in einer Auflage von 4000 Stück erschienen, inzwischen getragen vom 1997 gegründeten Verein »Andere Zeiten e.V.«[920]. Nach eigenen Angaben lesen inzwischen ca. 800 000 Menschen den Kalender, dessen Team mithilfe des Magazins und des Angebots von »Fastenbriefen« durch das ganze Kirchenjahr begleitet. Die vorgeschlagene, geistliche Übung im Advent beinhaltet hier »12 Minuten Stille« und eine Beschäftigung mit dem vorgegebenen Text, der mal mehr, mal weniger intensiv ins Nachdenken, Meditieren und Reden mit Gott führt. Ein reflektierendes Nachdenken über das Erlebte oder eine Vernetzung mit anderen Lesenden oder Übenden wird nicht explizit angeregt.

---

[918] Im Sinn klassischer Exerzitien im Alltag beispielsweise Anselm GRÜN, Exerzitien für den Alltag, Münsterschwarzach [8]2006 ([1]1997); Willi LAMBERT, Zeiten zum Aufatmen. Seelsorge und christliche Lebenskultur, Ostfildern 2008 (auch mit einem ausführlichen Theorieteil für selbst Anleitende) oder Katharina Klara SCHRIDDE, Begegnung mit Dir. Ein Exerzitienbuch, München 2009, Bücher von Pierre Stutz und vielen anderen Autorinnen und Autoren.

[919] Klaus RASCHZOK, *»... dass mein Gebet schwach und hilflos sein darf«* (Antje S. Naegeli). Zur neueren Gebetsliteratur, in: ThLZ 133 (2008), 713–736, hier: 716–729; besonders 727–729. In die Reihe der Alltags-Breviere gehört auch das »Rummelsberger Brevier«, (hg. von Helmut MILLAUER) das 2008 neu aufgelegt wurde.

[920] Wesentlich initiiert von Pastor Hinrich G. Westphal, der auch am Briefprojekt der »PROJEKTGRUPPE GLAUBENSINFORMATION« mit Professor Helmut Thielicke beteiligt war.

Das Team gibt aber die Möglichkeit zur Rückmeldung per E-Mail oder Brief.[921]

Unterschiedlich ausführliche geistliche Begleitungsliteratur wird intensiv nachgefragt.[922] Sie ermöglicht dem oder der Begleiteten eine von den institutionellen Kirchen unabhängige, eigene geistliche Wegführung. Kritisch zu fragen ist, ob die hier angebotene, z.T. stark auf »Wellness« abzielende Form der Begleitungsliteratur ohne persönlichen Kontakt – und z.T. auch ohne Hinweis auf den Sinn und die Möglichkeit der persönlichen Begleitung oder der, die Individualisierung aufbrechende Gruppe – nicht den gegenwärtigen gesellschaftlichen Trend zur Individualisierung und zur Abkehr von den Kirchen unterstützt und verschärft.[923]

Derzeit bietet keine der großen Kirchen kontinuierlich schriftliche, geistliche Begleitung an. Einzelprojekte auf evangelischer und katholischer Seite, wie die »Exerzitien Online«,[924] die nach Schließung der kgi geplante Fortsetzung der begleiteten Alltagsexerzitien per Mail innerhalb der Frauenseelsorge und durch Pater Pirk, von denen Manfred Lay berichtet,[925] oder die geplanten evangelischen Exerzitien per Mail, initiiert von Matthias Jacob[926] sind Einzelprojekte, die mit guter Resonanz arbeiten.

Schriftliche, persönliche Begleitungsangebote wie die Briefkurse sind aufwändig. Sie erfordern Erfahrung und Qualität in der Erstellung der Begleitungsimpulse wie der begleitenden Briefe. Sie haben auch eine wichtige Brückenfunktion: Schriftliche, persönliche geistliche Begleitung ermöglicht auch distanzierten oder in der Kommunikation ungeübten oder durch ihren Alltag zeitlich stark eingeschränkten oder körperlich behinderten Menschen eine individuelle, geistliche Begleitung und damit Entwicklung auf ihrem eigenen Weg.

Die Zahl potentieller geistlicher Begleiterinnen und Begleiter ist durch die in vielen Landeskirchen durchgeführten Ausbildungskurse deutlich

---

921 Angaben von der Projektwebsite [ohne Autor und ohne Datum]: »Über uns«, <www.anderezeiten.de/ueber-uns/> und »12 Minuten Stille«, <www.anderezeiten.de/unsere-aktionen/ der-andere-advent/12-minuten-stille/> (12.10.2010).

922 Sabine Bobert weist darauf hin, dass Spiritualität ein Wirtschaftsfaktor ist. (Bobert, Mystagogik, 15)

923 Dazu mehr unter Teil III, 2.2.

924 Wiedenhaus, Exerzitien Online. Vgl. [ohne Autor und ohne Datum]: »Exerzitien online«, <www.jesuiten.org/sonderseiten/online-exerzitien.html> (24.11.2010).

925 Vgl. E-Mail vom 09.12.2009; vgl. das Kapitel: Zeugnisse über Karin Johne.

926 Vgl. Andreas Götze [ohne Datum]: »Exerzitien im Alltag«, <www.haus-der-stille.net/Angebote/ex-im-all.html>, (24.11.2010).

gestiegen.[927] Exerzitien im Alltag in einzelnen Gemeinden oder als ökumenisches Angebot ermöglichen Erstkontakt und Vertiefung für Menschen, die auf der Suche nach einem christlichen Angebot zur individuellen Gestaltung geistlichen Lebens sind. Trotzdem ist zu fragen, ob hier nicht eine Lücke klafft, die – jedenfalls im evangelischen Bereich – darauf wartet, geschlossen zu werden. Die Brief- und Internet-Seelsorge bietet zwar Hilfestellung für eigene Glaubensfragen, in der Regel aber keine Anleitung zur eigenen Übung und zur längeren Begleitung an. Ein entsprechendes Angebot könnte Menschen ansprechen, die aus einem der oben genannten Gründe nicht an Exerzitien im Alltag oder einem Glaubenskurs[928] in der Gemeinde vor Ort teilnehmen können oder wollen.

Karin Johnes schriftliche Begleitungsarbeit in Briefen und E-mails weist auf eine Fehlstelle im reichhaltigen Angebot von Begleitung und Seelsorge hin.

III. 2. 1. 2 *Alltäglicher Weg im Lebens-Gespräch*

Eine zentrale Frage an die evangelische Aszetik ist die nach dem Verhältnis des Wirkens Gottes und des Menschen. Welche Funktion haben geistliche Übungen? Wird hier der »Weg zu Gott« propagiert anstelle der evangelischen Verkündigung des Weges Gottes zu uns, wie Dietrich Stollberg vermutet?[929]

Glaubensübung braucht eine Anleitung, die einerseits praktische Hinweise gibt, andererseits den Bezug zur Bibel wahrt und zu einer bewussten Wahrnehmung und Deutung des meditativen – wie des alltäglichen – Lebens anregt. Dieser Form der Glaubensübung dient Karin Johnes schriftliche geistliche Begleitung als *ein* mögliches Angebot. Sie begegnet dem Vorwurf der impliziten Werkgerechtigkeit geistlicher Übung mit dem Bild

---

[927] Vgl. die Fülle der Ausbildungen, die Reichel/Schemann, Ausbildungen auflisten. Der jeweils eineinhalb bis zweijährige CCB-Kurs zur geistlichen Begleitung in der Christusbruderschaft Selbitz findet 2011/2012 zum neunten Mal statt.

[928] Glaubenskurse und Exerzitien im Alltag unterscheiden sich u.a. in ihrer Methodik und in ihrem Ziel. So liegt bei Exerzitien im Alltag der Schwerpunkt auf der individuellen Übung im Alltag des oder der Teilnehmenden, also zu Hause. Der Austausch in der Gruppe dient v.a. der Reflexion. Bei Glaubenskursen liegt dagegen der Akzent auf den Gruppenabenden, den dort erhaltenen Informationen und dem Austausch darüber.
Glaubenskurse verfolgen kybernetische Ziele, Exerzitien im Alltag dienen vor allem dem individuellen Glaubens-Weg.

[929] So z.B. Stollberg, Zwischenruf, 45 und 51: »Das ist eben jene christliche Besserwisserei, die ›den Weg zu Gott‹ kennt und missionarisch, wenn auch einfühlsam vermitteln will. Es hat seinen guten Sinn, dass in der protestantischen Theologie vom Weg *Gottes zu uns*, nicht umgekehrt, die Rede ist«.

vom Acker, der bestellt und vorbereitet und gepflegt wird, in dem aber Gott das Leben schafft und für das Wachsen der Saat sorgt. Ein anderes von Karin Johne genutztes Bild ist das der Vorbereitungen für einen Gast – ob dieser kommt oder nicht, ist von den Vorbereitungen unabhängig.

Die Teilnahme am Gottesdienst ist eine Form der *praxis pietatis*, deren Sinn in der Praktischen Theologie nicht in Frage gestellt wird. Natürlich ist der Gottesdienstbesuch nicht heilsnotwendig, aber über die Gestaltung des Gottesdienstes nachzudenken ist eine unbestrittene Aufgabe der Praktischen Theologie. Die individuelle Glaubensübung im Alltag ist dagegen ein wenig beackertes Feld.

Martin Nicol wählt den »Weg im Geheimnis« als Leitbild für sein Gottesdienstverständnis. »Gottesdienst erscheint nicht als Veranstaltung zur Belehrung oder Unterrichtung über die christliche Wahrheit, sondern als eine Wegstrecke in der Gotteswirklichkeit. Gottesdienst ist, so sage ich, Weg im Geheimnis.«[930] Die Präposition »im« ist aus theologischem und liturgischem Grund bewusst gewählt.[931]

> »Theologisch ist davon auszugehen, dass der Mensch schon immer im Geheimnis lebt. Warum? Weil er in Gott lebt. Gott ist nicht erst dort, wo man um ihn weiß. Niemand muss erst ins Geheimnis kommen. Alles Leben spielt sich im Geheimnis Gottes ab. Es gehört zur Weltwirklichkeit Gottes, dass er immer ist und überall. Alle Wirklichkeit hat in ihm, dem Schöpfer, ihren Bestand. Wer aber Erfahrungen machen will im Geheimnis, wer sein Leben aus dem Geheimnis gestalten will, der wird Wege im Geheimnis aufsuchen. Nach dem Glauben ist der Lebensweg des Menschen schon immer und in Ewigkeit ein Weg im Geheimnis. Nach der Erfahrung gibt es Wege im Geheimnis, die ihre Zeit haben, ihren Anfang, ihr Ende, ihre Gestalt. Dazu gehört der gottesdienstliche Weg im Geheimnis. Mag also die Liturgie Hinweise enthalten, dass man erst in ihrem Verlauf ›ins‹ Geheimnis kommt, so bewegt sich der Mensch doch ›im‹ Geheimnis, längst bevor ein Gottesdienst im Gemeindebrief angezeigt wird.«[932]

---

[930] Der Name als Programm findet sich bereits im Titel und wird entfaltet in: Nicol, Weg im Geheimnis, 19–42; Zitat a.a.O., 27.

[931] Alfred Ehrensperger führt die aus der liturgischen Diskussion stammenden Begriffe »anabatisch« (aufsteigend) und »katabatisch« (absteigend) zusammen zum »diabatischen« Geschehen des Gottesdienstes, in dem anabatisches Handeln der Menschen und katabatisches Handeln Gottes einander durchdringen und nicht voneinander getrennt werden können. (Alfred Ehrensperger, Von Gott zum Menschen – vom Menschen zu Gott, www.liturgiekommission.ch (II. B 02), 1–4)

[932] Nicol, Weg im Geheimnis, 30.

Nicol fährt fort, liturgisch signalisiere der Weg »im« Geheimnis, dass der Gottesdienst nicht einer Dramaturgie der Spannungssteigerung und der Höhepunkte folgen müsse. Anfang und Schluss, Salutation und Segen seien in gleicher Weise Schritte auf dem Weg »im« Geheimnis wie die großen Sequenzen von Kyrie und Gloria bis zum Agnus Dei oder auch Predigt, Fürbitten oder Abkündigungen.[933]

Martin Nicol unterscheidet sich hier inhaltlich und daher auch in der Formulierung vom »Weg *in* das Leben«[934], wie ihn Manfred Josuttis beschreibt. Die Dramaturgie des Gottesdienstes, die Josuttis entwirft, beruht auf der Theorie einer stufenweisen Annäherung an das Heilige bis zur Einung in der Eucharistie. Nicol charakterisiert Josuttis, Theorie in seinem Bild so, »dass das Geheimnis erst das Ziel des Weges ist, nicht bereits die Luft, die wir atmen, längst bevor wir uns auf den Weg machen.«[935]

Das von Nicol für den Gottesdienst gewählte Bild vom »Weg im Geheimnis« lässt sich auch auf den Gottesdienst des oder der Einzelnen übertragen. Auch für die einzelne Person geht es nicht darum, den Weg zu Gott *zu* finden, sondern es geht um die Wahrnehmung der »Luft, die wir atmen« und das beschreiten des »Weges im Geheimnis« im eigenen Alltag.

Karin Johnes Beitrag zur geistlichen Begleitung kann verstanden werden als Bereitstellung von Elementen für den Gottesdienst des oder der Einzelnen im Alltag. Sie tut dies, indem sie Menschen Wege zur Meditation zeigt, mit denen sie sich im Alltag für Gottes Gegenwart öffnen und seinem Wirken in ihrem Alltagsleben Raum geben können. Die Einführung in die Zeit persönlicher Stille, der Bezug zum *verbum externum* in der Betrachtung biblischer Texte, die Aufmerksamkeit für das Wirken Gottes im Alltag und auch in Anfechtungen sind konstitutiv für ihre Arbeit.

Die Stärke von Karin Johnes schriftlicher geistlicher Begleitung ist die enge Verknüpfung von *praxis pietatis* im engeren und weiteren Sinn,[936] weil sie die Reflexion des Alltagslebens und die Übung der »Meditation« in der Stille aufeinander bezieht.

---

[933] A.a.O., 30f.

[934] Hervorhebung B.Z.

[935] NICOL, Weg im Geheimnis, 31.

[936] Preul spricht von »*praxis pietatis* im engeren Sinne, zu der der liturgische Gottesdienst und die Sakramente gehören sowie alle weiteren Formen expliziter Religionsausübung, die die Reformation installiert hat [...]: private Bibellese, Andacht, Gebet, Katechismuspraxis, Gesang« und kennzeichnet andererseits als *praxis pietatis* im weiteren Sinn »das ganze Leben in seiner Buntheit und Dramatik«, also den Alltag. »Wer im Lichte des Gottesverhältnisses, wie es durch das Evangelium erschlossen ist, die Wechselfälle und Schicksalsschläge des Lebens [...] bewältigt, der macht religiöse Erfahrungen.« (PREUL, Gestalt des Glaubens, 234f)

Karin Johne ist in ihrer schriftlichen geistlichen Begleitung auf die Methodik der »Meditation« fixiert. Viele andere Möglichkeiten der individuellen *praxis pietatis*, der Glaubens-Übung des und der Einzelnen sind im evangelischen Bereich praktiziert worden.[937] Die Begründung und Praxis der Glaubensübung bei Martin Luther und Friedrich Daniel Ernst Schleiermacher hat Silke Harms dargestellt.[938] Geistliche Begleitung nach Karin Johne in schriftlicher Form ist *eine* Möglichkeit. Viele andere sind möglich. Unterschiede in der *praxis pietatis* sind dabei kein Hinweis auf die Qualität des Glaubens oder den Grad der Rechtfertigung. Die jahrelange, tägliche »Meditation« rechtfertigt nach reformatorischem Verständnis nicht mehr und nicht weniger, als der sporadische oder gar kein Gottesdienstbesuch. Rechtfertigung als Gottesgeschenk wird im durch den Geist gewirkten Glauben ergriffen und nicht erworben. Die jeweils eigene *praxis pietatis* in der einen oder anderen engeren Form und im mehr oder weniger erkannten weiteren Sinn ist eine Folge der wahrgenommenen Anrede Gottes. Wie diese Antwort aussieht, ist je individuell zu entscheiden. Persönlicher geistlicher Begleitung ist es möglich, auf diese je individuelle *praxis pietatis* einzugehen, sie zu reflektieren und gegebenenfalls bewusst weiter zu gestalten.

Schriftliche geistliche Begleitung nach Karin Johne unterstützt dagegen das Lebens-Gespräch in *einer* spezifischen Form ohne die anderen Möglichkeiten zu thematisieren und so die eigene Arbeit zu relativieren. Das ist verständlich, weil sie sich als Übungsanleitung für Interessierte, nicht als Reflexion der *praxis pietatis* versteht.

Sabine Bayreuther hat herausgearbeitet, dass Meditation sich unter semiotische Perspektive sich »erweist [...] als eine religiöse Praxis, die voraussetzungsarm und von geringer Komplexität ist.«[939] Das heißt, Meditation ist leicht zugänglich, weil ihre Grundtätigkeit, wie sitzen, atmen und wahrnehmen unkompliziert ausführbar sind. Im Unterschied dazu verlangt die Teilnahme an einem Gottesdienst wesentlich mehr Kenntnisse und Fähigkeiten. Die »Meditation« nach Karin Johne gehört im Vergleich mit den von Bayreuther untersuchten Meditationsformen[940] zu den komplexeren, sie ist aber immer noch einfacher nachvollziehbar als die Liturgie eines Gottesdienstes. Bayreuther sieht die Chance, quantitativ und qualita-

---

937 Vgl. z.B. ZIMMERLING zur Spiritualität Luthers, Evangelische Spiritualität, 49–73; zu Zinzendorf, a.a.O., 93–109; zu Bonhoeffer a.a.O., 109–125.

938 Vgl. HARMS, Glauben üben, 89–213.

939 BAYREUTHER, Meditation, 299.

940 Bayreuther untersuchte Schriftmeditation, Herzensgebet und Zen.

tiv »mit dem Trend zu wachsen«, indem Meditation innerhalb der Kirchen kultiviert wird.[941] Karin Johnes Anleitungen bieten dazu eine Möglichkeit.

III. 2. 1. 3 *Einbeziehung anderer Disziplinen*

Karin Johne erhielt ihre theologische Grundbildung in der Zeit vor der Empirischen Wende in der Praktischen Theologie. Für die Methodik der Humanwissenschaften wurde damals noch »weltanschauliche Neutralität« angenommen und die Psychologie konnte im Sinn einer »relationalen nicht wertenden Zuordnung« als »Hilfswissenschaft« der Theologie bezeichnet werden.[942] Als Kind ihrer Zeit greift Karin Johne entsprechend unkritisch auf unterschiedliche, psychologische Theorien zu und nutzt sie zur Begründung ihrer Methodik. Entsprechend ihrer Herangehensweise hält Karin Johne Grundkenntnisse zur Wirkungsweise von Symbolen und zur Archetypenlehre für sinnvoll. Gleichzeitig gibt sie stark vereinfachte, praktische Hinweise, die eine Anwendung ihrer Arbeitsweise auch für Menschen ohne psychologisches Wissen ermöglicht.[943] Darin wird einerseits Karin Johnes Vorordnung des durch Erfahrung erworbenen Übungswissens vor der Kenntnis psychologischer oder theologischer Theorie sichtbar, andererseits ihre Hochschätzung der Arbeit von Laiinnen und Laien.

Eine ähnliche Umgangsweise lässt sich auch bei Alfred Dedo Müller beobachten. Otto Haendler dagegen referiert kritisch und differenzierter verschiedene Positionen psychologischer Schulen und setzt sie auch theoretisch ins Verhältnis zu seiner Arbeit als Theologe und Seelsorger.[944]

Die inzwischen weit differenziertere Wahrnehmung der Psychologie und ihres Verhältnisses zur Theologie verdankt die Praktische Theologie wesentlich der Seelsorgebewegung, die in der DDR zwar etwa zeitgleich mit den Wurzeln der Retraitenarbeit begann und sich – ebenfalls angeregt

---

941 Bayreuther, Meditation, 306–308. Sie wendet sich damit gegen das in »Kirche der Freiheit« anvisierte »Wachsen gegen den Trend« und kritisiert, dass Meditation dort als »Angebot sog. ›kleiner Transzendenzen‹« (306) abqualifiziert wird, statt das Interesse an Meditation, den Trend, ernst zu nehmen und als Chance zu begreifen. »Meditation als kirchliches Angebot gibt Kirche die wirksame Chance, eine gesellschaftliche Entwicklung mitzugestalten und über die Mitgestaltung dieser Entwicklung selbst zu wachsen, sowohl im neuen Wahrnehmen eigener Tradition und Geschichte, also der eigenen Herkunft, als auch im Blick auf die eigene Zukunft, dies wäre eine Form des Wachsens ›mit dem Trend‹.« (a.a.O., 307)

942 Mit den zitierten Begriffen beschreibt Raschzok die Sichtweisen Thurneysens. Vgl. Klaus Raschzok, Art. Thurneysen, Eduard (1888–1974), in: TRE Bd. 33, Berlin/New York 2002, 524–527, 525.

943 Vgl. die »Hilfskonstruktion« in: Teil II, 6.1.4.

944 Vgl. seine Ausführungen zu Freud, Daim und Jung in: Haendler, Wandlung, 29–33.

von ökumenischen Begegnungen[945] – auch hier profilierte, in Karin Johnes Arbeit und deren Reflexion aber keinen Eingang fand.

Im Diskurs der heutigen Praktischen Theologie gehören Psychologie, aber auch Pädagogik, Soziologie, Philosophie und Ästhetik zu den wesentlichen Bezugswissenschaften.[946] Die jeweils aktuelle fachliche Diskussion wird dabei in sehr speziellen Ausschnitten und zeitverzögert in der Praktischen Theologie aufgenommen. So ist die poimenische Theorie noch wesentlich von der psychologischen Arbeit des ausgehenden 20. Jahrhunderts bestimmt. Auch in der geistlichen Begleitung spielt mit dem Enneagramm ein in der Psychologie wenig beachtetes Modell eine große Rolle.[947] Die in der Psychologie derzeit diskutierte Gehirnforschung wird dagegen in der Debatte um geistliche Begleitung und geistliche Übungen kaum rezipiert.[948]

Der unkritische Umgang, den Karin Johne mit der psychologischen Theorie gepflegt hat, darf sich in der geistlichen Begleitung nicht prolongieren. Andererseits ist eine gewisse pragmatische Begrenzung bei der Wahrnehmung fachfremder, wissenschaftlicher Erkenntnisse nicht zu vermeiden. Für die Praxis gilt, dass sich auch in Zukunft sicher nicht alle, die geistliche Begleitung geben, umfassend mit psychologischen oder anderen wissenschaftlichen Hintergründen ihrer Arbeit beschäftigen werden. Allerdings besteht der Anspruch an die aszetische Theologie, den Kontakt mit anderen Wissenschaften zu suchen und die dort vorliegenden Methoden und Ergebnisse zu prüfen, um sich einerseits in den gesellschaftlichen Dialog einzubringen und andererseits die eigene Arbeit kritisch zu hinter-

---

[945] Karl-Heinz Bieritz berichtet von Erich Hertzschs praktisch-theologischer Übung zur Seelsorge, in der er – selbst bei einem Besuch in Schweden darauf aufmerksam geworden – mit den Studierenden 1961 oder 1962 Übungen zur Gesprächsführung nach Carl R. Rogers praktizierte, weist aber auch darauf hin, dass diese – möglicherweise ersten Versuche in dieser Richtung in West- und Ostdeutschland – in der Fachwelt keine Beachtung fanden. Die Impulse der Seelsorgebewegung kamen dann erst »mit gehöriger Verzögerung« (BIERITZ, Erich Hertzsch als Praktischer Theologe, 81) in der DDR an. (Vgl. a.a.O., 79–81)

[946] Vgl. die unter der Überschrift »Diskurse« versammelten Wissenschaftsgebiete in: GRÄB/WEYEL, Handbuch Praktische Theologie, 9f.

[947] Das Enneagramm wird z.B. in der Ausbildung zur geistlichen Begleitung in Selbitz verwendet. (Anna-Maria aus der WIESCHE, Die Ausbildung zur Geistlichen Begleitung in der Communität Christusbruderschaft, in: GREINER u.a., Wenn die Seele, 261–267, 262)

[948] Eine Ausnahme bildet Sabine Bobert mit einem Kapitel zu »Neurotheologie: Aufmerksamkeitssteuerung als spirituelles Werkzeug« und entsprechender Literatur. Bobert stützt sich auf naturwissenschaftliche Versuche und Theorien, die auf die Möglichkeit des Menschen zur selbstbestimmten Veränderung von Gehirnstrukturen z.B. durch Meditationsübungen hinweisen und deren heilsame Wirkung dokumentieren. (BOBERT, Mystagogik, 267–294)

fragen. Weil es in einer Zeit exponentiell wachsender Forschung in den unterschiedlichsten Bereichen immer schwieriger wird, den eigenen Zugang präzise zu bestimmen und in ein je größeres einzuordnen, ist das interdisziplinäre Gespräch notwendig. Notwendig bleibt es, die Relativität und Begrenztheit der eigenen Theorie innerhalb der Forschung wahrzunehmen und zu formulieren.

Einen beispielhaften, interdisziplinären Zugang bietet die Arbeit von Ariane Martin »Sehnsucht – der Anfang von allem. Dimensionen zeitgenössischer Spiritualität«.[949] Sie skizziert eine Phänomenologie der vielfältigen Spielarten des Spirituellen. Diese Vielfalt wahrzunehmen sensibilisiert für unterschiedliche Ausdrucksformen der Sehnsucht, die der christlichen Tradition fremd sind und macht aufmerksam auf den Grad der »Privatisierung«, der von der Theologie nicht ignoriert werden kann. Geistliche Begleitung kann eine Form sein, die vorhandene und sich individuell ausdrückende Sehnsucht ernst zu nehmen und ihr die Wahrnehmung der Anrede Gottes im Lebens-Gespräch und mögliche Antworten darauf nahe zu bringen.

III. 2. 1. 4 *Gottesbild und Hermeneutik*

Vertrauendes Gottesbild und deus absconditus. Karin Johnes schriftliche Anleitung zur geistlichen Begleitung bleibt an vielen Stellen theologisch vage. Sie entfaltet keine theologischen Positionen und macht wenig dezidiert theologische Aussagen. Diese Zurückhaltung entspricht der Intention der Anleitung zum je eigenen Weg zu einem – mit Klaus Winkler gesprochen – »persönlichkeitsspezifischen Credo«. Sie vermeidet die Gefahr einer moralisierenden Ethik[950] und wertende Vorgaben. Ausgenommen ist eine dezidierte Einübung in ein grundsätzlich vertrauendes Gottesbild. »Nichts Negatives meditieren« ist ein Grundsatz, den Karin Johne zu beherzigen ermahnt, *auch* wenn das Kreuz meditiert wird.[951] Das vertrauende Gottesbild ist für sie die notwendige Grundlage für das Lebens-Gespräch. Mit dieser Grundhaltung entspricht sie dem Anspruch Luthers, die *tentatio* als »Prüfstein« dafür zu begreifen, wie tröstlich Gottes Wort sei. An der liebenden Zuwendung Gottes ist für Karin Johne in aller Not und Verzweiflung nicht zu zweifeln. Die Gebetsform der Klage findet sich nicht in Karin Johnes schriftlicher Begleitungsarbeit. Karin Johne geht zwar davon aus, dass alle Empfindungen ins Gespräch mit Gott eingebracht werden können

---

[949] Ariane Martin, Sehnsucht – der Anfang von allem. Dimensionen zeitgenössischer Spiritualität, Ostfildern 2005.

[950] Wie Stollberg sie befürchtet, vgl. Stollberg, Zwischenruf, 44 und 49f.

[951] Vgl. Teil II, 5.2.4 Unterabschnitt: Christus-zentriert und befreiend.

und dass durch das Ausdrücken eigener Verletzung in Gegenwart Gottes auch Heilung stattfinden kann, die Form der Klage wird aber von ihr nicht entfaltet und bedacht. Als ein Grund für diese Engführung, die auch ein Rezensent kritisch anmerkt,[952] kann die schriftliche und unpersönliche Form der Begleitungsarbeit angenommen werden. Es ist in dieser Begleitungsform unmöglich, die aktuelle Situation der einzelnen, begleiteten Person wirklich aufzunehmen. Die Einübung eines vertrauenden Gottesbildes soll verhindern, dass sich der oder die Begleitete in ein Gottesbild vertieft, das Verzweiflung verfestigt oder Abkehr von Glauben und Kirche erzwingt.

Damit wird ein Defizit oder mindestens ein Wagnis der schriftlichen, geistlichen Begleitung sichtbar: Ob es möglich ist, sich ohne korrespondierendes Gegenüber aus einer Zweifelssituation in die von Karin Johne angezielte Haltung des Vertrauens einzufinden, ist fraglich. Ein aufmerksames seelsorgerliches Gegenüber kann sowohl direkt intervenieren, als auch dazu ermutigen, Gottesferne und Zweifel auszudrücken und nicht zu unterdrücken.

Karin Johnes pneumatologisches Vorzeichen[953] und ihr Vertrauen auf die Selbstkompetenz des oder der Begleiteten überlässt die Lösung dieses Problems der Führung des Heiligen Geistes und der Entscheidung der Übenden. An dieser Stelle sieht auch Karin Johne die Begrenzung schriftlicher geistlicher Begleitung.[954]

Theologisch ist anzumerken, dass Karin Johne bewusst nicht die Freiheit Gottes und den von Luther konstatierten *deus absconditus* diskutiert, sondern aufgrund der Christologie und der Rechtfertigung aus Gnade im Glauben bewusst das vertrauende Gottesbild akzentuiert.

Hermeneutische Distanzen überbrücken. Karin Johne versucht mit ihrem Ansatz theologische und methodische Distanzen zu überbrücken, indem sie ein symbolisches Schriftverständnis anstelle einer Auseinandersetzung zwischen wissenschaftlich-exegetischem und wörtlichem Schriftverständnis propagiert. Auf der Erfahrungsebene sind nach Karin Johnes Überzeugung Gespräch und Verstehen möglich, ohne ein Aufgeben der

---

[952] Schulz, Rezension, 60.

[953] Teil II, 5.1.1.

[954] Wo Störungen andauern, kann ein Gespräch hilfreich sein: »Daß Dunkelheiten ans Licht kommen, ist eine große Chance christlichen Meditierens, denn nur so können sie geheilt werden. Aber es gibt auch negative Inhalte, die bei jeder Meditation wiederkehren und alles andere verdrängen möchten. Diese negativen Bilder wollen nicht meditiert, sondern im Gespräch verarbeitet werden. Nur so werde ich frei von ihnen und damit frei für die echte Meditation.« (Geistlicher Übungsweg, 33) Ähnlich in: Einübung in christliche Mystik, 34f und 65.

hermeneutisch diametralen Positionen zu verlangen. Dieser Ansatz ist soweit vielversprechend, wie sich die hermeneutisch unterschiedlich geprägten Glaubenden darauf einlassen, das dann sichtbar werdende, immer noch unterschiedliche, symbolische Verständnis des oder der anderen zu hören und zu akzeptieren. Aus dem Aufeinanderhören und Miteinanderaustauschen kann Respekt wachsen, weil die Wahrnehmung des Gegenübers nicht grundsätzlich in Frage gestellt wird. Der Ansatz ist problembearbeitend, weil er die Gesprächs- und Verständnisfähigkeit unterschiedlicher Gruppen fördern kann. Er ist nicht problemlösend, weil er an seine Grenze kommt, wenn auf seiner Basis kirchenpolitische Auseinandersetzungen geführt und Entscheidungen getroffen werden sollen. Angesichts der Grenzen von Wahrnehmungs- und Kommunikationsfähigkeit, die zwar geweitet, aber nicht aufgehoben werden können, bleiben theologische Argumentation und das Bewusstsein für hermeneutische Unterschiede unverzichtbar.

III. 2. 2 Ekklesiologischer Aspekt

Die Frage nach der Verhältnisbestimmung von einzelner Person und Kirche ist eine »Gretchenfrage« evangelischer Theologie. Wie hält die geistliche Begleitung es mit der Verbindung der begleiteten Person zur Gemeinschaft der Kirche? Unterstützt sie Individualisierungstendenzen oder bringt sie die Kirchenfernen wieder ins Kirchen-Schiff? Karin Johnes Beitrag zur geistlichen Begleitung wird im Blick auf zwei Fragestellungen diskutiert: Zum einen wird die Bedeutung der Einbindung in eine Gemeinschaft aus Sicht der Begleitenden und der Begleiteten geprüft, zum anderen wird nach der Bedeutung des Priestertums aller Gläubigen für die geistliche Begleitung gefragt.

III. 2. 2. 1 *Sanctorum communio und Individualisierung*

Die Sorge, dass die individuelle geistliche Begleitung den Hang zur Individualisierung[955] innerhalb des Christentums verstärken kann, wird heute in der Diskussion um geistliche Begleitung vereinzelt angesprochen.[956] In der

---

[955] Zum Stichwort »Individualisierung« vgl. z.B. Preul, Gestalt des Glaubens, 331-333 und die dort angegebene soziologische Literatur.

[956] Sie war auch Gesprächsthema beim Symposion »Geistliche Begleitung« vom 13.-16. Januar 2010 in Selbitz, obwohl ihr keine eigene Themeneinheit gewidmet war. Gestreift wird die Frage von »Individualität und Sozialität« z.B. von Silke Harms: »Die geistliche Begleitung will helfen, dass die begleitete Person ihren geistlichen Weg in der Spannung von Individualität und Gemeinschaft geht. Die geistliche Übung sollte so gestaltet sein, dass sie einen Individuationsprozess des Einzelnen unterstützt und fördert, diesen aber in die Gemeinschaft der Heiligen einbindet.« Vgl. Silke Harms

persönlichen geistlichen Begleitung kann durch die begleitende Person die grundsätzliche Beziehung zur Gemeinschaft der Glaubenden sichtbar werden. Ob das geschieht, lässt eine erste empirische Untersuchung bezweifeln, die diese Frage allerdings nur am Rand berührt. In der qualitativ-empirischen Studie von Klaus Kießling und Hermann-Josef Wagener wird über die Verbindung zur Kirche nicht explizit gesprochen.[957] Trotzdem halten die Autoren im Rahmen ihrer ersten, auswertenden These fest, dass für die befragten Begleiterinnen und Begleiter ihre geistliche Begleitung einen »Grunddienst der Kirche« darstelle.[958] Der Bezug auf die Kirche findet in dieser Befragung im Bereich der Reflexion der »Selbsterfahrung Geistlicher Begleiterinnen und Begleiter« keine Erwähnung.[959] In einer quantitativ-empirischen Studie mit *begleiteten* Personen belegen die genannten Autoren, dass ein Viertel der Probandinnen und Probanden es ablehnte, Geistliche Begleitung als einen Grunddienst der Kirche anzusehen. Etwa ebenso viele (25,2%) stimmten der Aussage, dass geistliche Begleitung ein Grunddienst der Kirche sei, nur sehr verhalten zu. Daraus wird deutlich, dass die Aussage über den grundsätzlichen Zusammenhang von Begleitung und Kirche, die für die befragten geistlichen Begleiter zur Grundüberzeugung gehört, im Gegensatz dazu von mindestens der Hälfte der Begleiteten in Frage gestellt wird.[960] Die Rückmeldungen der Begleiteten auf die Frage, ob ihre geistlichen Begleiterinnen und Begleiter Kirchlichkeit differenziert reflektieren können, fallen nach Kießling und Wagener »sehr uneins und unschlüssig« aus.[961]

Die Wertschätzung des Individuums hat in Karin Johnes Begleitungsarbeit einen hohen Stellenwert. In ihren Übungsanleitungen wendet sie sich an einzelne Menschen und ermutigt zu je eigenen Entscheidungen. Sie betont die Notwendigkeit, einen eigenen, individuellen Weg zu *gehen* und nicht nur zu betrachten, also das eigene Leben aktiv zu gestalten und dabei eigenverantwortlich über die Art der Gestaltung der Meditation im

---

und Anna-Maria aus der Wiesche, »Das christliche Leben ist eine Übung« (Martin Luther). Die Bedeutung der Übung für die Geistliche Begleitung, in: Dorothea Greiner/Klaus Raschzok/Matthias Rost (Hg.), Geistlich begleiten. Eine Bestandsaufnahme evangelischer Praxis, Leipzig 2011, 131-143, Zitat: 135.

[957] Vgl. das Frageraster in: Klaus Kiessling und Hermann Josef Wagener, Qualitatv-empirischer Zugang zu Geistlicher Begleitung. Forschungsergebnisse, in: Kiessling, Geistliche Begleitung, 63-104, hier: 64-66.

[958] A.a.O., 86.

[959] A.a.O., 96.

[960] Kiessling, Klaus und Hermann Josef Wagener, Quantitativ-empirischer Zugang zu geistlicher Begleitung. Forschungsergebnisse, in: Kiessling, Geistliche Begleitung, 105-169, 108f.

[961] A.a.O., 121.

Vertrauen auf die Führung des Heiligen Geistes zu entscheiden. Sie fördert die Formulierung der je eigenen Erfahrung und Situation im Gegenüber zu einer Gruppe oder zu einer begleitenden Person.

Diese Betonung der Individualität wird in Karin Johnes Begleitungsarbeit ergänzt von der Aufmerksamkeit für die ökumenische Gemeinschaft, die zu wecken oder wach zu halten Aufgabe der geistlichen Begleitung ist – gerade in der schriftlichen Begleitung, mit der die begleitete Person sich ganz zurückziehen kann. Geistliche Begleitung nach Karin Johne fördert das Bewusstsein für das Einbezogensein in eine ökumenische Gemeinschaft mit unterschiedlichen Mitteln. Erstens bindet sie die begleitete Person ein in die biblische Überlieferungsgemeinschaft. Zweitens ermutigt sie zum Austausch mit anderen und erleichtert diesen Austausch über unterschiedliche Sichtweisen durch die symbolische Hermeneutik, die eine offene Auseinandersetzung jenseits von wissenschaftlich-exegetischem oder wörtlichem Verständnis ermöglichen will. Zu dieser Art des Bewusstmachens der eigenen Erfahrung und Deutung ermutigt Karin Johne mehr als zur schriftlichen, wiederum ganz individuellen Reflexion. Gerade für die ohne Gruppe und Einzelbegleitung Übenden kann der Austausch vor einem Kreisen um sich selbst bewahren.[962]

Drittens fördert sie die Wahrnehmung der Sakramente, die in der Gemeinschaft der Kirche gelebt werden. Dabei rekurriert sie als evangelische Theologin auf die beiden in der evangelischen Kirche gebrauchten Sakramente Taufe und Abendmahl.[963]

Viertens motiviert Karin Johne die begleitete Person dazu, sich in die Gemeinschaft der Glaubenden mit ihrem persönlichen, unverzichtbaren Beitrag ins Gespräch einzubringen.[964]

Dieser ekklesiologische Akzent in Karin Johnes Begleitungsarbeit ist christologisch begründet: Die Verbindung aller Christinnen und Christen besteht in Christus. Karin Johnes geistliche Begleitung unterstützt – in der individuellen Begleitung – die kommunikative Gemeinschaft der Glaubenden. Indem sie einerseits die Glaubenden zur Kommunikation ermutigt und andererseits die vorhandene Kommunikations-Gemeinschaft in Christus sichtbar macht, dient Karin Johne bewusst der *communio sanctorum*.[965]

---

[962] Vgl. Teil II, 4.3.

[963] Vgl. z.B. Teil II, 4.3.2.

[964] Vgl. z.B. Teil II, 5.2.3 Unterabschnitt: Konstruktive und korrektive Funktion der Gemeinschaft.

[965] Diese ist nach Reiner Preul *das* wesentliche Kennzeichen der Kirche nach reformatorischem Verständnis, zugespitzt im Zitat: »Wohl [...] muss nach evangelischem Verständnis, [...] jede Präzisierung der klassischen Kennzeichen [der Kirche aus dem Nizänum – Einheit, Heiligkeit, Katholizität, Apostolizität] vom Verständnis der Kirche

Welche Auswirkungen diese Herangehensweise Karin Johnes für die von ihr Begleiteten hatte und hat, ist mangels empirischer Untersuchungen nicht zu erheben. Ihre Arbeit bietet für geistliche Begleitung heute Ansatzpunkte zur Diskussion.

Theologisch nimmt Karin Johne das neutestamentliche Bild der Kirche als Leib Christi auf, das nach Reiner Preul »dem dogmatischen Wesensbegriff *communio sanctorum* [im Vergleich zu den Bildern von Kirche als Volk oder Haus Gottes] am nächsten« ist.[966] Das Bild vom Leib Christi für die Kirche sagt über die Gemeinde nach Preul dreierlei aus: a) Die Taufe und der sie annehmende Glaube fügen durch das Wirken des Geistes zu einer Einheit in Christus zusammen. b) Diese Einheit wird sichtbar in der »Empathie und Sympathie«, im Mit-Leiden und Mit-Freuen der Glieder untereinander. c) Dabei sind alle Glieder einander gleichwertig und unentbehrlich.[967] In Karin Johnes Begleitungspraxis finden sich diese Elemente z.B. wenn sie a) zur Deutung des eigenen Lebens auf der Grundlage der vertrauenden Verbindung mit Gott in Christus ermutigt,[968] b) durch den Bezug auf Christus die Verbindung zu anderen Glaubenden z.B. in der Fürbitte bewusst macht[969] und c) immer wieder auf den unersetzbaren Wert jedes einzelnen Beitrags verweist.[970] In der »Meditation« wirkt nach Karin Johnes Überzeugung die Geistkraft Gottes grenzöffnend. Das zeigt sich bei der Teilnahme an der Feier der sakramentalen Gemeinschaft[971]

als *sanctorum communio* aus unternommen werden.« (Reiner Preul, Kirchentheorie. Wesen, Gestalt und Funktionen der Evangelischen Kirche, Berlin/New York 1997, 50-56; Zitat: 56) Die Gemeinschaft der Heiligen, die »vere credentes«, also *alle* wahren Christen oder Gläubigen, »käme dann durch wechselseitige Kommunikation der Gläubigen (communio im Sinne von communicatio) zum Ausdruck oder – nach einem engeren Verständnis – insbesondere in der Abendmahlsgemeinschaft (communio eucharistica).« (Preul, Kirchentheorie, 52f)

966 A.a.O., 64.

967 Vgl. a.a.O., 65f.

968 Vgl. Teil II, 5.2.2.

969 Vgl. Teil II, 5.2.3.

970 Vgl. Teil II, 5.2.3 Unterabschnitt: Konstruktive und korrektive Funktion der Gemeinschaft.

971 Vgl. Teil II, 4.3.2 Unterabschnitt: Sakramente als Verbindung zum »Leib Christi«. Zwei Wegweiser durch Exerzitien im Alltag aus dem katholischen Kontext betonen in ähnlicher Weise die Ekklesiologie. Anselm Grün weist in seinen »Exerzitien für den Alltag« auf Gemeindegruppen in Pfarreien hin, die sich in Gruppen zu einem Exerzitienweg aufmachen (Grün, Exerzitien für den Alltag, 7). Das von ihm vorgelegte Buch versteht sich als dieses Angebot ergänzende Antwort für Menschen, die Einzelexerzitien machen möchten, aber keine Person zur geistlichen Begleitung finden. Die Taufe wird bei Grün sehr knapp, die Eucharistie etwas ausführlicher angesprochen, letztere

oder real darin, dass Karin Johne Menschen mit und ohne Behinderung und aus unterschiedlichen Lebensaltern in ihre Arbeit einbezieht.[972]

Karin Johnes schriftliche Begleitung hält praktische und theologische Anregungen für die Einbeziehung ekklesiologischer Verbindungen in die geistliche Begleitungen bereit. Eine Verbindung zur kirchlichen Gemeinschaft, die allein *qua persona* durch die begleitende Person, z.B. die Pfarrerin oder den Diakon, hergestellt wird, genügt für Karin Johne in der schriftlichen geistlichen Begleitung nicht. Darum verbalisiert sie die möglichen Brücken in die Gemeinschaft auch.

Neben der christologischen Begründung der Verbindung untereinander ist zu fragen, wie der Beitrag jeder *begleiteten* Person für die Gemeinschaft in der geistlichen Begleitung gewürdigt werden kann.

Deutlich wird auch, dass für Begleiterinnen und Begleiter ein gut reflektiertes Verhältnis zur sichtbaren und unsichtbaren Kirche Voraussetzung dafür ist, die ekklesiologische Verbundenheit und Verantwortung des und der Einzelnen angemessen zu thematisieren. In der Ausbildung zur geistlichen Begleitung sind beide Lernschritte notwendig, sowohl die Einübung in den konstruktiven und korrigierenden Beitrag im Austausch in der Gruppe als auch die Reflexion des eigenen Verhältnisses zur Kirche.

III. 2. 2. 2 *Geistliche Begleitung als Einübung ins Priestertum aller Gläubigen*

Im 2007 von Wilhelm Gräb und Birgit Weyel herausgegebenen »Handbuch Praktische Theologie« erscheint das Stichwort »Geistliche Begleitung« nur in Verbindung mit »Hauptamtlichen«. Uta Pohl-Patalong stellt dort fest: »Gegenwärtig ist zu beobachten, dass *kirchliche Hauptamtliche* nur selten selbst Seelsorge in Anspruch nehmen, obgleich dies immer institutionell vorgesehen war [...]. Es ist jedoch ein zunehmender Bedarf an geistlicher Begleitung und Supervision zu verzeichnen, der sowohl die Berufs- als auch die Lebensgestaltung begleitet [und] unterstützt, und nicht selten den Zusammenhang zwischen beiden, der für den kirchlichen Kontext typisch ist. Neben ausgebildeten Supervisorinnen und Supervisoren suchen

---

vor allem unter dem Aspekt der Verbindung mit Christus (GRÜN, Exerzitien für den Alltag, 74 bzw. 95-100).
Dr. Paul Imhof widmet in seinem dreibändigen »Grundkurs Ignatianischer Spiritualität« den dritten Band, »Geist erfahren«, dem Wirken des Heiligen Geistes in der Gemeinschaft der Kirche und damit auch den sieben, in der katholischen Kirche praktizierten Sakramenten sowie den evangelischen Räten. In diesem theologisch und sprachlich herausfordernden Kurs wird die Situation des oder der Einzelnen im Bezug zum Leib Christi, zur Kirche bewusst reflektiert und eingeübt. Imhof ordnet die ekklesiologischen Fragen im Unterschied zu Johne und Grün damit explizit der Pneumatologie zu. (IMHOF, Geist erfahren)

[972] Vgl. Teil II, 3.1.1 und Teil I, 1.2. und 4.2.2.

Hauptamtliche diese Unterstützung seit einigen Jahren zunehmend in Kommunitäten, die insofern zu besonderen seelsorgerlichen Orten werden. Inwieweit dies Seelsorge ist, Seelsorge ersetzt oder unterstützt und was diese Entwicklung für die Seelsorge aussagt und für sie bedeutet, ist bislang erst ansatzweise abzusehen.«[973]

Im Unterschied zu dieser Sichtweise sind in Karin Johnes Texten Laiinnen und Laien als Begleitung Gebende[974] *und* Empfangende präsent. Weil für Karin Johne die eigene Erfahrung eines geistlichen Weges in Kombination mit der Reflexion dieser Erfahrung als Qualifikation des oder der geistlich Begleitenden genügt,[975] ist es für sie selbstverständlich, dass »Laien« diese Aufgabe übernehmen können. Dabei denkt sie nicht nur an einzelne qualifizierte Personen, sondern ermutigt die von ihrer schriftlichen, geistlichen Begleitung Angesprochenen nachdrücklich dazu, sich in einer kleinen Gruppe zusammen zu schließen. Eine Gruppe, auch wenn sie aus zwei nicht weiter qualifizierten Personen besteht, bietet nach Karin Johne wichtige Möglichkeiten: Erstens sich auszudrücken und so etwas vom Geschehenen bewusst festzuhalten und zu verarbeiten, zweitens zu erleben, dass die eigene Erfahrung verstanden und wertgeschätzt wird, drittens den eigenen Blick zu weiten durch die Erfahrungen anderer.[976] Damit wird in einer solchen Kleingruppe ein Mensch dem anderen zur Begleitung.

Für die evangelischen Kirchen gehört der Bezug auf die Laien und das allgemeine Priestertum aller Glaubenden zu den wenigen ekklesiologischen Essentials. In der praktisch-theologischen Diskussion ist der Blick dagegen stark auf Pfarrerinnen und Pfarrer fokussiert.[977]

---

[973] Pohl-Patalong, Art. Seelsorge, 684; Hervorhebung im Text sowie Einfügung der im Satzbau wohl vergessenen Konjunktion: B.Z.

[974] Bei Uta Pohl-Patalong sind Laien als Begleitung Gebende in Kommunitäten im Blick.

[975] Vgl. Teil II, 6.1.1 und 6.1.2.

[976] Vgl. Teil II, 4.3.1 und 6.2.

[977] Vgl. z.B. Manfred Josuttis, Der Pfarrer ist anders (München 1982) und ders., Einführung in das Leben. Pastoraltheologie zwischen Phänomenologie und Spiritualität (Gütersloh ²2004), aber auch Dietrich Rössler, der in seinem dreigliedrigen Grundriß die Praktische Theologie in Bezug auf den Einzelnen, die Kirche und die Gesellschaft durchführt. In Bezug auf den Einzelnen werden die Fragen zur Person dann ausschließlich im Blick auf die »Person des Pfarrers« bearbeitet. Das »Priestertum aller Gläubigen« erscheint unter den Betrachtungen des evangelischen Amtsbegriffs und erklärt: »Der Grundsatz vom allgemeinen Priestertum besagt also gerade nicht, daß jeder Christ als Pfarrer tätig sein soll. Er besagt vielmehr, daß jeder, der zum allgemeinen Priestertum gehört, auf die eigene Ausübung des öffentlichen Priesterdienstes verzichtet bei der Berufung eines anderen in das Amt.« (Dietrich Rössler, Grundriß der Praktischen Theologie, Berlin/New York ²1994, 284) Die Kehrseite der

Dabei ist die Bestimmung der je besonderen Aufgaben von ordinierten und nicht-ordinierten Priesterinnen und Priestern im Sinn des allgemeinen Priestertums zu beachten. Gunter Wenz konkretisiert die Aufgabe des ordinationsgebundenen Amtes in der Sorge dafür, »daß in der je besonderen Wahrnehmung des Priestertums aller Gläubigen [...] dessen Allgemeinheit nicht verlorengeht. Die Besonderheit des ordinationsgebundenen Amtes erfüllt sich [...] im Dienst an der Allgemeinheit des Priestertums aller.«[978]

Klaus Raschzok präzisiert im Sinn der *Confessio Augustana*[979] die Aufgabe des oder der Ordinierten als Wortverkündigung und Sakramentsverwaltung »in publice« folgendermaßen: »Dabei ist [...] der spezifische Öffentlichkeitsbegriff der *Confessio Augustana* zu beachten: *publice* ist der Gemeinde als Ganzem gegenüber zu verstehen, d.h. es geht um eine spezifische Verantwortung für die Gemeinde in ihrer Gesamtheit, die immer noch im Gottesdienst zum Ausdruck kommt [...]. Und *publice* meint: an die Gemeinde als Ganzes gerichtet! Also ein Einheitsdienst, der separierende Trennungen der Gemeinde zu verhindern oder aufzuheben sucht.«[980]

Im Umkehrschluss ist es die Aufgabe des und der Nicht-Ordinierten, wie bei Wenz formuliert, die je eigene Sichtweise und Glaubenserfahrungen *non publice* ins Gespräch zu bringen und aufeinander zu hören. In diesem Sinn des allgemeinen Priestertums übernehmen z.B. Eltern, Großeltern und Patinnen und Paten priesterliche Aufgaben in der Begleitung ihrer Kinder und Patenkinder. Silke Harms verweist auf die »familiäre Katechismusübung« bei Martin Luther.[981] »Die Unterweisung der Kinder ist für Luther das praktische Übungsfeld, auf dem sich für Vater und Mutter,

---

nichtöffentlichen Verantwortung aller Christinnen und Christen wird dagegen nicht ausgeführt.

Den oder die Einzelne hat dagegen Henning Luther als das Subjekt beschrieben, dem sich die Aufmerksamkeit der Praktischen Theologie zuzuwenden habe. (LUTHER, Schmerz und Sehnsucht, bes. 248–256)

[978] Gunter WENZ, Er wirkt allein durch das Wort. Vom Amt eines evangelischen Bischofs, in: Nachrichten der Evangelisch-Lutherischen Kirche in Bayern 49 (1994), 121–123, 122 (zitiert nach Klaus RASCHZOK, Ordination als Berufung und Lebensarbeit. Zu einem vernachlässigten Aspekt gelebter Spiritualität im Pfarrberuf, in: ThBeitr 33 (2002), 138–154, 148).

[979] Vgl. Art. 14 der *Confessio Augustana*: »quod nemo debeat in ecclesia publice docere aut sacramenta administrare, nisi rite vocatus«. (DIE BEKENNTNISSCHRIFTEN, 69)

[980] RASCHZOK, Ordination, 148.

[981] HARMS, Glauben üben, 104-106.

die der Reformator als ›Apostel, Bischof und Pfarrer‹ der Kinder versteht, das Priestertum aller Gläubigen realisiert.«[982]

Die geistliche Begleitung nach Karin Johne regt in diesem Sinn dazu an, Laiinnen und Laien als Subjekte ihres aszetischen Weges *und* als geistliche Begleiterinnen und Begleiter, z.B. in ihren Familien, aber auch in Kleingruppen ernst zu nehmen. Ein wichtiger Impuls der geistlichen Begleitung nach Karin Johne ist es, die Ausbildungsangebote zur geistlichen Begleitung für Nicht-Ordinierte offen zu halten und dieses Charisma bei allen Glaubenden zu fördern.

III. 2. 3 Ökumenischer Aspekt

III. 2. 3. 1 *Vom interkonfessionellen zum transkonfessionellen Austausch*

Der ökumenische Aspekt in Karin Johnes Werden, Wirken und Werk ist nicht zu übersehen. In der Drucksituation für Christinnen und Christen in der DDR hat sie sich in ein ökumenisches Lernen und Leben begeben. Ihre evangelische Prägung fand in biblischer Orientierung, in der geförderten Gottesunmittelbarkeit des und der Einzelnen und in einer kriteriologischen Christologie ihren Ausdruck. Bis zu ihren letzten Kursen hat sie die ökumenische Ausrichtung der geistlichen Begleitungsarbeit gesucht und gefördert. Ihr Werk wird auch im katholischen, theologischen Kontext wahrgenommen.[983]

Der unkomplizierte Austausch zwischen der evangelischen und der katholischen Konfession im Bereich der geistlichen Begleitung lässt sich damit begründen, dass hier keine Fragen der Theologie des Amtes berührt werden. Auch in der katholischen Kirche können Laiinnen und Laien, wie z.B. in der Gemeinschaft Christlichen Lebens, als geistliche Begleiterinnen und Begleiter oder in der Ausbildung zur geistlichen Begleitung anerkannt und aktiv sein, weil dieser Arbeitsbereich nicht an ein geistliches Amt gebunden ist.

---

[982] A.a.O., 104. Dort zitiert sie Luther, der ausdrücklich Aufgaben, die seit Augustin auf den Hausvater beschränkt waren, auch auf die Haus*mutter* überträgt. »Denn gewißlich ist vater und mutter der kinder Apostel, Bischoff, pfarrer, ynn dem sie das euangelion ihn kundt machen.« (Luther, Vom ehelichen Leben, WA 10, 2, 301, 23f)

[983] Viele katholische Gesprächspartnerinnen und -partner reagierten bei der Nennung meines Promotionsthemas mit einem wiedererkennenden »Ach, Karin Johne!« Zur schriftlichen Rezeption vgl. Baier, Meditation und Moderne Bd. 2, 793; Hettich, Glauben im Alltag einüben, 175, 241, 301, 303, 307; sowie die Aufnahme von Karin Johnes Beitrag »Geistlicher Übungsweg für den Alltag. Erfahrungen mit Briefkursen« im Themenheft »Exerzitien im Alltag – Informationen und Modelle II« in: Korrespondenz zur Spiritualität der Exerzitien 39 (1989).

Das ökumenische Miteinander ist dennoch nicht ganz so unkompliziert, wie es im ersten Moment scheint. Im Bereich der individuellen, geistlichen Begleitung über einen längeren Zeitraum hinweg, deren seelsorgerliche und theologische Aspekte derzeit hauptsächlich diskutiert werden, ist die interkonfessionelle Verständigung unkompliziert möglich. Ökumenisch durchgeführte Einzelexerzitien oder Exerzitien im Alltag stellen dagegen vor praktische Fragen, wie z.B. die gemeinsame oder getrennte Feier der Eucharistie und das unterschiedliche Verständnis der Beichte, die in der katholischen Tradition als Sakrament nur vom Priester gespendet werden kann. Karin Johnes geistliche Begleitung nimmt diese, ihr aus der Praxis vertraute Problematik[984] auch theologisch auf.[985] Zwei Punkte sind für sie dabei wesentlich: Erstens ist es das respektvolle Ernstnehmen der Gotteserfahrungen, die der oder die jeweils Andere macht, in der Bereitschaft, die eigene Erfahrung ergänzen zu lassen.[986] Zum anderen ist es der Rückbezug auf Christus, durch den und in dem alle Beteiligten zum Leib Christi verbunden werden.[987]

Karin Johnes Umgang mit dem Thema der Interkonfessionalität kann als doppelten Impuls im Kontext der heutigen Diskussion verstanden werden: Zum einen darf die geistliche Begleitung bei aller ökumenischen Offenheit und Nähe die vorhandenen kirchenpolitischen und theologischen Unterschiede zwischen den Kirchen, aber auch zwischen einzelnen Perso-

---

[984] Als nicht-ordinierte Theologin musste Karin Johne bei ökumenischen Exerzitien, bei denen sie die evangelische, geistliche Begleiterin war, dafür Sorge tragen, dass die evangelischen Teilnehmenden Abendmahl feiern konnten, auch wenn sie es nicht einsetzen konnte. In der Regel wurden Pfarrer, die an den Kursen teilnahmen, gebeten dann die evangelische Abendmahlsfeier zu leiten. Heute wäre auch die Teilnahme am katholischen Abendmahl unter bestimmten Voraussetzungen möglich. Johannes Paul II. hat sie so formuliert: »Ein Grund zur Freude ist [...], daran zu erinnern, daß die katholischen Priester in bestimmten Einzelfällen die Sakramente der Eucharistie, der Buße und der Krankensalbung anderen Christen spenden können, die zwar noch nicht in voller Gemeinschaft mit der katholischen Kirche stehen, aber sehnlich den Empfang der Sakramente wünschen, von sich aus darum bitten und den Glauben bezeugen, den die katholische Kirche in diesen Sakramenten bekennt.« (Enzyklika »Ut unum sint«, 1995, Nr. 46;) Bestätigt wurde der Sachverhalt in der Enzyklika »Ecclesia in Eucharistia«, 2003, Nr. 34 bis 46, besonders 45 und 46. Sehr erhellend dazu ist der Abschnit VI im Vortrag von Kardinal Walter Kasper »Eucharistie – Sakrament der Einheit« auf dem Theologischen Symposium vor dem 48. Internationalen eucharistischen Kongress in Guadalajara. (Alle Dokumente: [ohne Autor und ohne Datum]: <www.vatican.va.HTM> (20.11.2010)) Den Hinweis auf die Dokumente verdanke ich Pfarrer Gregor Giele.

[985] Vgl. grundsätzlich Teil II, 3.3.1 und konkret Teil II, 4.3.

[986] Vgl. Teil II, 4.3.1 Gemeinschaft im persönlichen Austausch.

[987] Vgl. Teil II, 4.3.2.

nen, die in der geistlichen Begleitung aktiv sind, nicht verwischen. Zum Austausch im Sinn Karin Johnes gehört es, sich darum zu bemühen, die eigene Sicht verständlich auszudrücken und die andere Sicht aufmerksam wahrzunehmen. Die Differenz darf dabei bestehen bleiben. Wer sie im persönlichen Austausch ernst nimmt, sollte sie auch den Kirchen zugestehen. Wer geneigt ist, sie im ökumenischen Miteinander zu verwischen, steht in der Gefahr, sie auch im persönlichen Austausch zu übergehen.

Zum anderen weist Karin Johnes Christozentrik über die binnen- und interkonfessionelle Genügsamkeit hinaus. Weil die Verbindung mit Christus letztlich eine Verbindung zu allen Menschen schafft, kann geistliche Begleitung nach Karin Johne nicht selbstreferentiell bleiben. Die Akzentuierung der Fürbitte[988] in Karin Johnes geistlicher Begleitung deutet in diese Richtung.

Wenn geistliche Begleitung den Blick für andere Menschen durch die in Christus gegebene Verbindung öffnet, gilt das auch über Religionsgrenzen hinaus. Karin Johne beschreibt die Meditation als mögliche Grundlage für den transkonfessionellen Austausch, obwohl dieser Gedanke in ihrer geistlichen Begleitung nur eine kleine Rolle spielt.[989] Ein Grund dafür, dass sie diesen Gedankengang nicht vertieft, liegt in den fehlenden Berührungspunkten mit nicht-christlichen Religionen innerhalb der DDR, wo sich Karin Johnes Arbeit formte.[990]

III. 2. 3. 2 *Aktion und Kontemplation – Gerechtigkeit, Frieden und Bewahrung der Schöpfung*

Karin Johne ermutigt dazu, sich nicht im privaten Raum der Meditation zu isolieren, sondern die Meditation auf den öffentlichen Raum des Alltags ausstrahlen zu lassen. Die Verbindung entsteht einerseits durch konkrete Antworten im Alltag auf Gottes Anrede und andererseits durch den Austausch mit anderen über die gemachten Erfahrungen, so dass ein ökumenischer Raum der Gemeinschaft entsteht.[991]

Obwohl Karin Johne die von ihr begleiteten Menschen ermutigt, ihre Antwort auf Gottes Anrede im Alltag konkret zu leben, verzichtet sie vollständig auf die Einbeziehung der politischen Dimension in ihrer Begleitungsarbeit. Die Friedensbewegung in der DDR und der konziliare Prozess für »Gerechtigkeit, Frieden und Bewahrung der Schöpfung« spielen in ihren Veröffentlichungen ebenso wenig eine Rolle, wie die politischen

---

[988] Vgl. Teil II, 4.1.8 und Teil II 4.3.3.

[989] Vgl. Teil II, 3.3.2.

[990] Vgl. Teil I, 2.1.2.

[991] Vgl. Teil II, 3.4.

Umwälzungen nach der Friedlichen Revolution. Karin Johnes Aufmerksamkeit in der geistlichen Begleitung richtet sich auf das menschliche Miteinander im privaten Umfeld. Weder die Mit-Geschöpfe in ihrem Wert als Symbole für die Gottesoffenbarung und in ihrer Bedrohung durch die Missachtung durch die Menschen, noch die Gesellschaft als politisch mitverantworteten Raum nimmt sie in den Blick. Persönliche Zurückhaltung und biografische Prägung in der DDR können diese Beschränkung begründen. Befreiungstheologen und -theologinnen wie z.B. Dorothee Sölle[992] und Ivone Gebara[993] gehen einen anderen Weg. Auch Dietrich Bonhoeffers aszetische Grundlinien behalten die Ethik, auch im politischen Rahmen, im Blick.[994]

Ohne ethisch-moralisierende Verengung gehört auch die politische Dimension des Glaubens in die geistliche Begleitung und ihre aszetische Reflexion. Dies ist heute – wie bei Karin Johne – noch ein wenig diskutierter Aspekt.[995]

III. 2. 4 Praktisch-theologischer Aspekt

Karin Johne verwendet den Terminus »geistliche Begleitung« für das persönliche Begleitungsgeschehen im schriftlichen oder mündlichen Austausch zwischen Begleiterin und Begleiter, nicht für ihre schriftliche Anleitungen zur Übung auf dem geistlichen Weg.[996] Sie folgt damit dem auch heute üblichen Begriffsgebrauch.

---

[992] Vgl. SÖLLE, Wege der Mystik.

[993] Vgl. Ivone GEBARA, Feministische Spiritualität. Wagnis und Widerstand, in: Conc(D) 36 (2000), 506–516. Gebara berichtet von ihrer eigenen, zunächst ausschließlich ethischen Spiritualität, die sich durch die Begegnung mit dem Feminismus für den Aspekt der Selbstliebe öffnete. (GEBARA, Feministische Spiritualität, 507–510) Sie plädiert für einen »Moment des Innehaltens wie auch des persönlichen und bis zu einem gewissen Punkt auch kollektiven Schweigens« (a.a.O., 514), in dem zwar der Protest gegen die »Massenzerstörung« (a.a.O., 515) seinen Platz behält, aber nicht bestimmend ist: »Nichts als Zweckfreiheit und Verdanktheit umhüllt uns. Wir liebkosen unsere Töchter und Söhne und Enkel, in der Hoffnung, dass unser Wunsch nach Liebe und Solidarität zur Nahrung wird, die wir ihnen heute anbieten können. Doch fehlen uns die Worte, die neuen Formen der keimenden Hoffnung auch nur stammelnd zu beschreiben.« (a.a.O., 515f)

[994] Albrecht Schödl entfaltet die politische Dimension bei Bonhoeffer nicht, spricht sie aber an. Vgl. SCHÖDL, Unsere Augen, 175f. Zur ethischen Implikation vgl. auch a.a.O., 282f und 285f.

[995] Erste Ansätze in diese Richtung formuliert Klaus Kießling in: KIESSLING, Klaus, Weltwärts. Plädoyer für eine Geistliche Begleitung, die verändernd wirkt, in: DERS., Geistliche Begleitung, 277–284.

[996] Vgl. Geistlicher Übungsweg, 21; Kreuz als Erlösung, 10 (»Begleitbriefe«); Exerzitien im Alltag, 31 u.ö.

In ihrer eigenen Definition und in ihrer Praxis deutet sie aber ein Verständnis an, das die vorliegende Arbeit aufgenommen hat. Ziel der geistlichen Begleitung ist nach Karin Johnes Definition »daß ein Begleiter dem Begleiteten Hilfen zu zeigen und zu geben vermag, durch die er selbst seinen ureigenen Weg erspüren und gehen kann«.[997] Solche Hilfen geben zu können, setzt nicht nur reflektierte eigene Übungserfahrung des oder der Begleitenden, Kompetenzen in der Gesprächsführung und eigene Erfahrung in der »Unterscheidung der Geister« voraus,[998] sondern auch die Fähigkeit des oder der Begleitenden, andere zur Übung anzuleiten.

Während die Praktikerin Elisabeth Häfner »Einzelexerzitien – Alltagsexerzitien – Lebensbegleitung« als »drei exemplarische Gestalten Geistlicher Begleitung« vorstellt[999] und damit die unterschiedlichen Aspekte geistlicher Begleitung von Gesprächsführung bis Übungsanleitung aufzeigt, liegt in der derzeitigen theologischen Diskussion um geistliche Begleitung der Fokus immer wieder auf dem persönlichen Gesprächsgeschehen zwischen begleitender und begleiteter Person.

Die von Klemens Schaupp übernommene Definition[1000] geistlicher Begleitung als »ein von Gott geschenktes Charisma, wodurch ein Mensch von Gott befähigt wird, andere zu unterstützen, die Gnade ihrer Taufe neu zu entdecken und ihr entsprechend zu leben«[1001] sagt über die zugehörige Methodik sehr allgemein: »Gewöhnlich erstreckt sie [die geistliche Begleitung] sich über einen längeren Zeitraum und ist gekennzeichnet durch einen vereinbarten Rahmen, ein methodisches Vorgehen und ein gewisses Maß an Verbindlichkeit.«[1002] Konkret denkt Schaupp aber an ein regelmäßiges Gesprächsgeschehen und nimmt nicht Bezug auf geistliche Übung und ihre Anleitung.

Während in den Ausbildungen zur geistlichen Begleitung die eigene, geistliche Übung und ihre Reflexion eine zentrale Rolle spielen,[1003] tritt im theologischen Gespräch die aszetische Kompetenz, also die vorausgesetzte, reflektierte, geistliche Übung und die Fähigkeit sie anzuleiten, in den Hin-

---

[997] Die Suche nach dem ›Meister‹, 11.

[998] A.a.O., 12f.

[999] In: GREINER u.a., Wenn die Seele, 216.

[1000] Vgl. Einleitung, S. 8f.

[1001] SCHAUPP, Was ist ›Geistliche Begleitung‹?, 19.

[1002] A.a.O., 19.

[1003] Vgl. REICHEL/SCHEMANN, Ausbildungen, 244f; auffallend sind die Stichworte »im Kontext von Stille, Meditation und Gebet«, »Elemente der Exerzitien«, »Stille und Gebet«, »Verbindlichkeit«, »Bereitschaft zur persönlichen Übung«, »Arbeit an der eigenen Person«, »Regionalgruppen mit supervisorischem Charakter«.

tergrund. Dabei bleibt offen, ob sie als unnötig gesehen oder als vorhanden vorausgesetzt wird.[1004]

Hier liegt der Schwerpunkt von Karin Johnes dargestelltem Werk. Ihre Methodik schriftlicher geistlicher Begleitung ist es, unabhängig vom persönlichen Gespräch, zur »Meditation« anzuleiten. Aus der Stille heraus ermöglicht sie es, eine geistliche Praxis einzuüben, die den Alltag erfasst und verändert und das Bewusstsein für die überindividuelle Verankerung dieser geistlichen Übung in der Gemeinschaft der Glaubenden und über sie hinaus schafft.

Karin Johnes schriftliche geistliche Begleitung ist charakterisiert durch aszetische und katechetisch-pädagogische Elemente, die – unter dem pneumatischen Vorzeichen der Führung durch den Heiligen Geist und in der Selbstkompetenz der Übenden – miteinander kombiniert werden.

Die Praxis schriftlicher geistlicher Begleitung nach Karin Johne richtet die Aufmerksamkeit also auf den katechetisch-pädagogischen Aspekt innerhalb der Aszetik, der in der theologischen Diskussion allmählich an Bedeutung gewinnt.[1005]

Dagegen wird in der persönlichen, geistlichen Begleitung Karin Johnes, wie sie in »Kreuz als Erlösung« z.T. dokumentiert ist,[1006] auch der seelsorgerliche Aspekt ihrer geistlichen Begleitung deutlich, wenn sie auf je individuelle Fragen der Briefkurs-Teilnehmenden eingeht, durch Nachfragen zur Klärung ermutigt,[1007] etwas zu Bedenken gibt[1008] oder empfiehlt, die Frage oder Situation im Gebet zu Gott hin zu öffnen.[1009]

[1004] So formuliert Klaus Raschzok: »Eine sachgerechte Profilierung der Geistlichen Begleitung könnte gerade ihren Kritikern gegenüber darin bestehen, dass der Zusammenhang von Begleitung und Geistlicher Übung als konstitutiv betrachtet wird.« (Vgl. Klaus Raschzok, Am Ende einer Bestandsaufnahme. Schlussfolgerungen und Konsequenzen für die evangelische Praxis Geistlicher Begleitung, in: Greiner u.a., Geistlich begleiten, 202.

[1005] Raschzok verweist auf den spiritualitiätsdidaktischen Ansatz Bitters und auf Reinhold Boschki und Jan Woppowa. (A.a.O., Anm. 3; dort auch weitere Literatur)

[1006] Kreuz als Erlösung, 149–177. Die Auswahl an Fragen und Antworten aus der den Briefkurs begleitenden Korrespondenz hat Karin Johne getroffen. Sie formuliert als Anliegen den Wunsch zu zeigen, »wie intensiv die Teilnehmer/innen mitgegangen sind und sich auf diesen Weg eingelassen haben; es sollen einige ihrer wertvollen und wichtigen Erfahrungen auf diesem Weg zur Sprache kommen, und deshalb soll auch der Weg aufgezeigt werden, der zu solchen Erfahrungen geführt hat.« (Kreuz als Erlösung, 10) Viele Auslassungszeichen machen deutlich, dass große Teile der Briefe gekürzt sind und nur Einblicke gegeben werden.

[1007] Auf die Frage »Wie gehe ich mit ständigen inneren Störungen um?« antwortet Karin Johne: »Ihre Frage nach den Störungen ist eine wichtige Frage – die aber eigentlich nur Sie selbst wirklich beantworten können. Meine vorsichtige Frage wäre: Prüfen Sie einmal, ob Sie beim Meditieren wirklich Gott suchen (der Ihnen auch

Karin Johne setzt ihre Arbeit nicht ins Verhältnis zur etwa zeitgleich entstehenden Seelsorgebewegung. Dietrich Stollberg erhebt den Anspruch, die geistliche Begleitung nicht als neuen Weg, sondern als natürlichen Teil der pastoralpsychologischen Seelsorge zu verorten.[1010] Er kann sich mit Recht auf die Nähe der Ziele berufen, die die geistliche Begleitung und der pastoralpsychologische Ansatz formulieren, wie ihn z.B. Klaus Winkler mit dem »persönlichkeitsspezifischen Credo« vertritt.[1011] Dieser Ansatz wird im Folgenden genauer dargestellt und mit Karin Johnes Praxis ins Gespräch gebracht.

Winkler geht es um die »seelsorgerliche Ermöglichung«[1012] des persönlichkeitsspezfischen Credos. Der und die einzelne Glaubende soll dazu befähigt werden, die für ihn oder sie persönlich aktuell bedeutsamen Glaubensinhalte wahrnehmen und ausdrücken zu können und im Kontext des gemeinsamen Glaubens zu sehen. Die Pastoralpsychologie fördert dieses Anliegen, weil es ihr für den einzelnen Menschen nach Winkler einerseits darum geht, »christlichen Glauben nicht nur abstrakt, kognitiv und in seiner allgemeingültigen Form, sondern auf seine individuelle Ausprägungs- und Wirkungsgeschichte bezogen erleben zu können«[1013] und andererseits »die individuellen Erlebensformen im Glaubensbereich und damit eben die jeweils persönlichkeitsspezifische Ausbildung eines tragfä-

---

gerade in einer Störung begegnen kann) oder Ihr eigenes Wohlbefinden. Auch das ist wichtig - aber es kann zum Selbstzweck werden - und dann ist es gefährlich.« (Kreuz als Erlösung, 149f)

[1008] »Du schreibst: ›*Eine Hilfe zum Finden des Kriteriums zur Unterscheidungen von berechtigten und vorschnell gezogenen Grenzen fehlt mir.*‹ Ist das überhaupt ein Entweder-Oder? Wenn ich meine Grenzen annehme, werde ich doch erst fähig, sie auch zu übersteigen ...« (Kreuz als Erlösung, 151)

[1009] Auf die Frage »Weshalb reagiert Jesus so scharf auf Petrus, den ›Versucher‹?« antwortet Karin Johne: »Schauen Sie doch einfach in Ruhe diese Situation an und fragen Sie Jesus danach - und warten Sie geduldig auf eine Antwort. Ich bin fast sicher, Sie bekommen die Antwort, die für Sie richtig ist. Das ist besser, als wenn ich Ihnen jetzt meine Meinung dazu schreibe ...« (Kreuz als Erlösung, 156)

[1010] »Stecken in dem ›Pastoral-‹ der Pastoralpsychologie nicht mehr der geistliche Hirte und die spirituelle Aufgabe?«, so Stollberg, Zwischenruf, 39.

[1011] Sabine Bobert-Stützel, die das Konzept Winklers weitgehend positiv rezipiert, kritisiert die allzu statische »Typeneinteilung von ›persönlichkeitsspezifischen Credo‹-Formen« zunächst mit schizoidem, depressivem, zwanghaftem, hysterischem, später auch narzißtischem oder gender-spezifischem Hintergrund. (Bobert-Stützel, Frömmigkeit und Symbolspiel, 257-273, bes. 263f und 271-273)

[1012] Klaus Winkler, Das persönlichkeitsspezifische Credo, in: WzM 34 (1982), 159-163, 160.

[1013] A.a.O., 162.

higen Bekenntnisses je länger desto mehr *kommunikabel* zu machen.«[1014] Um diese Entwicklung zu fördern, ist für Winkler das seelsorgerliche Gespräch grundsätzlich darauf ausgerichtet, »über die bloße Mitteilung einer allgemeinen christlichen Lebensperspektive hinaus mit der individuellen *Glaubensfrage* zu verbinden«.[1015] Dabei wird ein sehr intimer Bereich des Menschseins berührt, der nur offenbart werden kann, wenn ein »angstfreier Raum« und ein partnerschaftliches Verhältnis gegeben sind,[1016] in dem Seelsorgerin bzw. Seelsorger und Gegenüber ihr jeweiliges »Glaubensbekenntnis ›zur Sprache kommen‹« lassen.[1017] Ist eine solche Gesprächssituation gegeben, kann nach Winkler seelsorgerlich mit dem persönlichkeitsspezifischen Credo gearbeitet werden. Vier Aspekte sind für ihn dabei wesentlich.[1018] Erstens erleben die Beteiligten im Aussprechen und Hören des jeweils persönlichkeitsspezifischen Credos, dass es hierfür kein allgemeines »Richtig« oder »Falsch« gibt und dass es möglich ist, die eigene, besondere Glaubensweise und z.B. das aktuelle Gottesbild zu beschreiben und im Kontext der eigenen Biografie zu sehen. Zweitens fördert und vertieft die Formulierung eines persönlichkeitsspezifischen Credos und seines Kontextes Kommunikationsfähigkeit und bringt die unterschiedlichen Aussagen in ein konstruktiv-kritisches Spannungsverhältnis. Dabei kann und soll auch die kirchliche Dimension einbezogen werden. Drittens entsteht aus dieser Spannung ein fortdauernder Klärungsprozess, der immer

---

[1014] A.a.O., 162f.

[1015] Klaus WINKLER, Seelsorge, Berlin/New York ²2000, 274.

[1016] Während für die geistliche Begleitung diese Form des gleichrangigen Verhältnisses immer wieder betont wird, zitiert Stollberg: »Winkler spricht [...] von einer ›Partnerschaft in gleichberechtigter Gegenseitigkeit zwischen Seelsorger/Seelsorgerin einerseits und dem Ratsuchenden andererseits‹« und fährt kritisch fort: »Mir will scheinen, daß Winkler hier an die Grenze dessen geht, was in der Seelsorge möglich ist und was gerade er als distanzierter Psychoanalytiker praktiziert hat. In der Realität besteht *immer* eine Asymmetrie zwischen jemandem, der Hilfe sucht, und demjenigen, der sie gewähren soll. Freilich geht es nicht in jeglicher Seelsorge darum, Hilfe zu gewähren bzw. zu empfangen. Dennoch wird das Glaubensgespräch auf ganz gleicher Ebene unter Freunden in der normalen Gemeindeseelsorge eher die Ausnahme bleiben« (STOLLBERG, Credo, 402) Tatsächlich unterscheidet Winkler in dem zitierten Abschnitt, »Seelsorge ist glaubensbezogenes Geschehen« (WINKLER, Seelsorge, 274-278), in der Wirkung des Gesprächs über das persönlichkeitsspezifische Credo nicht zwischen »Seelsorger/Seelsorgerin« und »Ratsuchenden«. Seelsorger oder Seelsorgerin sollten sich, möglicherweise im Unterschied zu den Ratsuchenden, über die Situation, ihre Chancen und Gefahren im Klaren sein. Von den Implikationen, die durch das Gespräch über das jeweilige persönlichkeitsspezifische Credo angestoßen werden, sind sie ebenso betroffen, wie der oder die Ratsuchende.

[1017] WINKLER, Seelsorge, 275.

[1018] Zum Folgenden vgl. WINKLER, Seelsorge, 276-278.

wieder den persönlichen und den auf Gott bezogenen Aspekt des persönlichkeitsspezifischen Credos schärft. Viertens kann aus der Wahrnehmung des persönlichkeitsspezifischen Credos in seiner Beziehung zur Fülle der Tradition und Gemeinschaft spezifischer Trost für die einzelne Person erwachsen.

Neben dem ins Bewusstsein hebenden und klärenden Aspekt seelsorgerlicher Gesprächsführung, den Klaus Winkler hier beschreibt, ist für die geistliche Begleitung zusätzlich die Fähigkeit, geistliche Übung zu entdecken, zu kultivieren und die gemachten Erfahrungen zu reflektieren ein notwendiges und in der Seelsorgetheorie bisher vernachlässigtes Element.

Winkler bezieht sich in den Ansätzen seiner Arbeit zum persönlichkeitsspezifischen Credo bewusst auf seinen Lehrer Otto Haendler,[1019] an dessen Hochschätzung des Subjekts und Einbeziehung psychologischer Einsichten in die Theologie er anknüpft. Interessanterweise verzichtet Winkler im Zusammenhang mit Haendler auf jeden Bezug zu dessen intensiver Meditationspraxis,[1020] die für dessen Lebenswerk ebenso prägend war, wie die beiden von Winkler genannten Impulse.

Karin Johnes Praxis stellt in die Diskussion um geistliche Begleitung und Seelsorge die Frage nach dem Anlass für Seelsorge oder Begleitung und die Frage nach deren jeweiligen methodischen Möglichkeiten: Auf welche Erfahrung beziehen sich jeweils die Reflexion oder der Impuls im seelsorgerlichen Gespräch oder in der geistlichen Begleitung? Und welche Handlungsmöglichkeiten eröffnen sie?

Seelsorge kann überall ansetzen, an einer individuell-aktuellen Lebenssituation, bei einer theologischen oder einer geistlichen Frage, bei einem Bibelwort oder bei einer gesellschaftlichen oder persönlichen Krise. In der Regel ist es der Ansatz bei der Erfahrung brüchigen oder – etwas seltener – gelingenden Lebens. Aus dem seelsorgerlichen Gespräch entwickeln sich Handlungs- und deutende Lebensperspektiven.

Die geistliche Begleitung nach Karin Johne knüpft am Bedürfnis nach einer bewussteren Wahrnehmung und Gestaltung der Gottesbeziehung an. Ihr geht es um die bewusste Reflexion des Lebens-Gesprächs mit Gott, wie

---

[1019] »Wir glauben, daß wir mit der Herausstellung eines persönlichkeitsspezifischen Credos ein Anliegen O. Haendlers aufnehmen und weiterführen.« (WINKLER, Das persönlichkeitsspezifische Credo, 163)

[1020] Vgl. WINKLER, Das persönlichkeitsspezifische Credo, 159f und 163 und Winklers Darstellung von Otto Haendler in: WINKLER, Seelsorge, 166f. Andere Beiträge zu Haendler beziehen diesen Aspekt von Haendlers Arbeit selbstverständlich ein. Vgl. z.B. Hans-Joachim THILO, Zum Schauen bestellt. Begegnungen mit Otto Haendler, in: WzM 34 (1982), 163–168, 166f und Adolf KÖBERLE, Ein sensationelles Buch. Zu O. Haendlers »Die Predigt«, in: WzM 34 (1982), 168–170, 170.

es in alltäglicher Lebenserfahrung als einer geistlichen Übung im öffentlichen Raum des Alltags geführt wird, ergänzt mit der bewusst gesuchten Erfahrung auch aus den anderen Räumen des Lebens. Geistliche Begleitung setzt ein Minimum an Bewusstsein für den Zusammenhang von Lebens-Gespräch mit Gott und eigenem Leben voraus und mündet häufig in ein, auf eine bestimmte Zeit festgelegtes Begleitungsgeschehen, in dem auch die Anleitung zu und die Reflexion von geistlicher Übung im Raum der Stille eine Rolle spielt.

Diese unterschiedlichen Anknüpfungspunkte machen Unterschiede im pastoralpsychologischen Seelsorgeansatz, wie ihn Winkler vertritt, und in der geistlichen Begleitung nach Karin Johne deutlich.

Für Winkler entwickelt das »persönlichkeitsspezifische Credo« im seelsorgerlichen Gespräch, das Lebenspraxis auf dem Hintergrund des Glaubnes reflektiert. Seine Theorie sieht keinerlei Anleitung zu geistlicher Übung vor und ignoriert deren – möglichen – Bedarf, wie ihn sein Lehrer, Otto Haendler noch ausdrücklich sah.

Andererseits muss die geistliche Begleitung sich kritisch fragen lassen, ob die begleitende Person über ausreichende selbstreflexive und psychologische Fachkompetenz verfügt, um auch in Krisensituationen mit der begleiteten Person angemessen umzugehen.

Deutlich wird, dass geistliche Begleitung nach Karin Johne weder im Bereich der Seelsorge noch in der Religionspädagogik oder Katechetik zu verorten ist. Aszetik als Querschnittstheologie, die Katechetik, Poimenik und Spiritualität verbindet, ist dieser Praxis angemessener.

III. 2. 5 Ausblick

Nachdem wesentliche Aspekte aus der Verknüpfung von Karin Johnes Begleitungsarbeit und dem derzeitigen Kontext ausgeführt sind, sollen noch einige weitere Themen kurz benannt werden.

Der »Trialog« zwischen Begleitenden, Begleiteten und Gott ist nach Klemens Schaupp ein Kennzeichen der Gesprächsführung geistlicher Begleitung.[1021] Bei Karin Johne spiegelt sich das trialogische Verständnis im pneumatologisch-anthropologischen Vorzeichen, auch wenn in der schriftlichen Begleitung kein »Dreiergespräch« möglich ist.

Den Aspekt des Trialogs nimmt der Ansatz von Hans Ulrich Keßler und Burkhardt Nolte für die Konfirmationsvorbereitung auf. In der »Gottesmethode«[1022] gehen sie davon aus, dass der Konfirmationsunterricht

[1021] Vgl. Schaupp, Was ist Geistliche Begleitung?, 21, erläutert 22–24.

[1022] Hans-Ulrich Kessler und Burkhardt Nolte, Konfis auf Gottsuche. Praxismodelle für eine handlungsorientierte Konfirmandenarbeit, Gütersloh 2003.

nicht zum Lernen *über* Gott, sondern zum Selbst-Wahrnehmen in der und Austauschen über die »wirklich wirkende Wirklichkeit« Gottes anregen soll.[1023] Dabei nehmen sie die Konfirmandinnen und Konfirmanden als Menschen ernst, die bereits im Lebens-Gespräch mit Gott stehen und diese Erfahrung einerseits reflektieren, andererseits durch bestimmte praktische Übungen weiter vertiefen können. Die Position der Unterrichtenden im Verhältnis zu Gott und den Unterrichteten beschreiben Nolte und Keßler mit einem Bild, das ganz ähnlich auch für den Trialog verwendet wird.[1024] In diesem Bild wird, entsprechend diesem Konzept, eine andere Schwerpunktsetzung, nämlich bei der Katechese deutlich. Im Vergleich zeichnet sich der aszetische Schnittpunkt von Katechese, Seelsorge und Spiritualität ab, der typisch für geistliche Begleitung ist.[1025]

Umstritten ist nicht nur der praktisch-theologische Ort der geistlichen Begleitung, sondern auch die treffende Benennung. Sabine Bobert wählt die Bezeichnung »christliche Mystagogik« um ihr Konzept der Führung des oder der Einzelnen auf dem »mystischen Weg mit Christus«[1026] zu beschreiben.[1027] Es geht ihr, im Anschluss an Dietrich Bonhoeffer, um »Mystagogie, verstanden als stufenweises Hineinführen von Menschen in die Geheimnisse des christlichen Glaubens«.[1028]

Corinna Dahlgrün plädiert für den Begriff »geistliche Führung«, um – in einer Linie mit der von ihr genannten Tradition[1029] – deutlich zu machen, dass es in dieser Art der Beziehung um freiwilligen Gehorsam gegenüber dem geistlichen Ratgeber geht, der wiederum »Gott untersteht und seiner-

---

1023 A.a.O., 27–31.

1024 Vgl. A.a.O., 28 und Schaupp, Was ist ›Geistliche Begleitung‹?, 21. Dargestellt ist jeweils ein Dreieck, an dessen Ecken Gott/Konfi/Lehrende bzw. Gott/Begleiteter/Begleiter stehen. Akzentuiert ist jeweils die Beziehung Gott/Konfi bzw. Gott/Begleiteter. Der Schwerpunkt bei der Katechese im Konfiunterricht wird verdeutlicht durch einen Wirkpfeil von Lehrende zu Konfi.

1025 Interessant wäre hier auch eine Untersuchung der Aszetik als Querschnitt von Katechese, Spiritualität und Seelsorge im Blick auf die performative Religionspädagogik. (Vgl. Silke Leonhard und Thomas Klie, Performative Religionspädagogik. Religion leiblich und räumlich in Szene setzen, in: Dies. (Hg.): Schauplatz Religion. Grundzüge einer Performativen Religionspädagogik, Leipzig 2003, 7–16)

1026 Bobert, Mystagogik, 103.

1027 Zum Konzept und Ziel vgl. Bobert, Mystagogik, 95–103. Zur geistlichen Begleitung als »individuelle Mystagogik« in der Gegenwart und exemplarischen historischen Ausschnitten vgl. a.a.O., 213–385.

1028 Bobert, a.a.O., 100. Zu meiner Skepsis gegenüber dem Begriff vgl. Einleitung, Anm. 11.

1029 Dahlgrün bezieht sich auf Dorotheus von Gaza, Franz von Sales und die Philokalie (Dahlgrün, Spiritualität, 416, Anm. 94).

seits Gott in allem gehorcht«[1030]. Jeder vom geistlichen Führer gegebene Rat ist aber nach ihrer Überzeugung doch auch durch die begleitete Person in eigener Verantwortung vor Gott zu prüfen.[1031]

Obwohl Karin Johne den Begriff der »Seelenführung« und den Zusammenhang zur geistlichen Begleitung kennt, nutzt sie ihn nicht.[1032] Trotz der intensiven und präzisen Anleitung und der klaren Rollenverteilung zwischen Autorin und Lesenden oder Übenden, bzw. im Briefkurs zwischen Anleiterin und Übenden, ist aus meiner Sicht der Begriff der »Begleitung« für Karin Johnes Arbeit zutreffender, weil ihr Ansatz schriftlicher geistlicher Begleitung durch die zeitliche und räumliche Distanz zur begleiteten Person immer ein hohes Maß an Unabhängigkeit wahrt. Der Begriff »Führung« behält im deutschen Sprachgebrauch durch die NS-Geschichte einen deutlichen Anklang an die autoritäre Dominanz des oder der Führenden, der dem Geist der Begleitung widerspricht.

Interessant wäre auch eine genauere Verhältnisbestimmung von »geistlichem Mentoring« und geistlicher Begleitung. »Mentoring« ist ein aus den USA eingewanderter Begriff. Einige praktische Anleitungen zum »Mentoring« deuten darauf hin, dass es hier nicht um eine Begleitung auf dem eigenen geistlichen Weg, sondern um eine sehr zielorientierte, persönliche Begleitung innerhalb einer christlichen Gruppe oder Gemeinschaft geht.[1033] Gefragt wird nicht nach der Sehnsucht des oder der Begleiteten, sondern nach dem Ziel, das zu erreichen gewünscht wird, also z.B. nach der bestmöglichen Verwendung von Mitarbeitenden im Gemeindeaufbau. Andere Modelle[1034] stehen der geistlichen Begleitung näher und akzentuieren den Aspekt der Laienbeteiligung und -verantwortung.[1035]

[1030] A.a.O., 418.

[1031] Zum Ganzen vgl. A.a.O., 408–420.

[1032] Die Suche nach dem ›Meister‹, 10. Im römisch-katholischen Sprachgebrauch (vgl. EISENSTEIN, Art. Geistliche Begleitung) wird hier nicht unterschieden. Die dort angegebene Literatur im Vergleich mit dem Schlagwort zeigt die tendentielle Entwicklung vom Begriff »Seelenführung« zur »geistlichen Begleitung«.

[1033] Vgl. RIEWESELL, Mentoring, 39 oder »99 ausgezeichnete Mentoring-Fragen« in: FAIX, Mentoring, 107–111.

[1034] KREIDER, Mentoring und ANDERSON /REESE, Mentoring.

[1035] »Vergessen Sie nicht: Ob Sie nun derzeit in irgendeiner Art von Leiterschaftsverantwortung stehen oder nicht, jeder Gläubige ist zu geistlichem Mentoring welcher Art auch immer berufen.« (KREIDER, Mentoring, 229)

IV. Zusammenfassung und Ertrag

In Teil I wurde zunächst Karin Johnes Biografie skizziert und anschließend dargestellt, in welchem kirchlichen und theologischen Kontext sich ihre Arbeit vollzogt. Dabei zeigte sich, dass es in den 80er Jahren des 20. Jahrhunderts in der DDR in Sachsen eine aus persönlichem Engagement gewachsene, ökumenisch verwurzelte, innerhalb der Landeskirchen und von der Evangelisch-Lutherischen Landeskirche Sachsens unterstützte Arbeit zur geistlichen Begleitung gab. Neben Retraiten, Vorträgen und Informationen wurden auch zwei ökumenische Ausbildungen für geistliche Begleitung angeboten.

Persönlich engagiert waren im Bereich der Retraiten-Arbeit in Sachsen neben Karin Johne, geb. Mogk, vor allem die Pfarrer Christian Schreier und Dr. Gottfried Wolff. Karin Johnes spezifischer Beitrag ist die Entwicklung der schriftlichen, geistlichen Begleitung in Briefkursen, Büchern und via Internet.

Grundbedingung für diese Entwicklung waren die spezifischen ökumenische Verbindungen. Neben den allgemein öffnenden Folgen des Zweiten Vatikanums, öffneten sich die Konfessionen unter dem staatlichen Druck in der DDR in besonderer Weise füreinander. Ökumenische Kontakte innerhalb der DDR und der Bundesrepublik, sowie zur anglikanischen bzw. zur schwedischen lutherischen Kirche unterstützten die Retraiten-Arbeit wesentlich. Die Vernetzung innerhalb der DDR in der »Arbeitsgemeinschaft für Evangelische Einkehrtage« unter der Leitung von Dr. Dr. Paul Toaspern ermöglichte fachlichen Austausch, ökumenische Kontakte und gemeinsame Öffentlichkeitsarbeit. Die Evangelisch-Lutherische Landeskirche Sachsens unterstützte die Arbeit strukturell und finanziell u.a. mit der Einrichtung von Stellen, der Übernahme von Ausbildungs- und Bezuschussung von Kurskosten und dem Aufbau des Hauses der Stille in Grumbach. Sie sorgte für Austauschmöglichkeiten, indem sie den Retraiten-Arbeitskreis in Sachsen und die Reisen nach und aus dem westeuropäischen Ausland unterstützte. Überraschend ist, dass sich zeitgenössische Praktische Theologie und Retraiten-Arbeit weitgehend ignorieren.

Teil II entfaltete Karin Johnes Ansatz der schriftlichen geistlichen Begleitung. Dabei wurde deutlich, dass Paul Tillichs theologische, sowie Carl Gustav Jungs und Erich Fromms psychologische Symboltheorien grundlegend für Karin Johnes Symbol- und Meditationsverständnis und ihre biblische Hermeneutik sind. Ziel der geistlichen Begleitung nach Karin Johne ist die »Unterstützung der einzelnen Menschen im Lebens-Gespräch mit Gott«, das in allen Bereichen des Lebens geführt werden kann und für das Karin Johne die »Meditation« als Kommunikationsübung anbietet. Die unterschiedlichen Bereiche werden in drei Lebens-Räumen gefasst, die miteinander verbunden sind: Der private Raum der Stille, der öffentliche Raum des Alltags und der gemeinschaftliche Raum des ökumenischen Austauschs. Für diese drei Räume schlägt Karin Johne eine Vielzahl unterschiedlicher methodischer Übungen zur Unterstützung des Lebens-Gesprächs vor. Wesentlich ist dabei für sie, trotz der individuellen Übung, die Verbindung in der Gemeinschaft. Die theologischen Voraussetzungen und Implikationen dieses Übungsansatzes lassen sich zusammenfassen als geistliche Theologie. Sie fußt auf dem Vertrauen in die Wirksamkeit des Heiligen Geistes in Korrespondenz zur Individualität des einzelnen Menschen, macht Gestaltungsmöglichkeiten des Lebens-Gesprächs bewusst, begleitet die Deutung der eigenen Lebensgeschichte, knüpft Verbindungen und übt in die Hermeneutik alltäglicher und besonderer Entscheidungen ein. Die Voraussetzungen einer begleitenden Person bilden für Karin Johne die aktuellen, eigenen Erfahrungen auf einem geistlichen Weg, die Fähigkeit, diesen Weg – auch mit Begleitung – zu reflektieren, methodische Anleitungen zur Meditation weitergeben zu können und über psychologische Grundkenntnisse z.B. zum Symbolverständnis zu verfügen. Die Fürbitte für die Begleiteten ist kein explizites Thema in Karin Johnes Raster einer geistlichen Begleiterin oder eines geistlichen Begleiters. Konstitutiv für die Ausbildung sind für Karin Johne Elemente des Austauschs in der Gruppe.

Teil III kennzeichnete den Standort von Karin Johnes Werk im Kontext gegenwärtiger geistlicher Begleitung. Zunächst war Karin Johnes Leistung als evangelischer Pionierin der geistlichen Begleitung in dreifacher Hinsicht zu würdigen: In ihrer spezifischen Methodik, in der aszetischen Transformation traditioneller Theologie und in der Kombination reformatorischer und ökumenischer Akzente der Begleitung. Methodisch hat sie mit ihrer schriftlichen Begleitungsarbeit in Briefen und Büchern die Möglichkeit eines laien-freundlichen, von persönlicher Begleitung unabhängigen geistlichen Weges im Alltag eröffnet, die ersten Ausbildungen zur geistlichen Begleitung im evangelischen Bereich mitverantwortet und sich als Theologin und geistliche Begleiterin einen eigenen Weg erschlossen. In aszetischer Perspektive transformiert Karin Johne Tillich'sche Theologie, wie sich am Beispiel der Gebetstheologie Paul Tillichs zeigt. Typisch reformatorische, aber auch ökumenische Akzente charakterisieren theologisch Karin Johnes schriftliche geistliche Begleitung.

Die kritische Würdigung von Karin Johnes Werk im gegenwärtigen Kontext erfolgte unter vier Aspekten. In methodischer Hinsicht macht Karin Johnes Begleitungsarbeit – im Kontext der Briefseelsorge und Gebetsliteratur – den Bedarf, die Chancen und die Risiken schriftlicher Aszetik sichtbar. Karin Johnes Begleitung im Alltag kann analog zu Martin Nicols Gottesdienst-Plädoyer verstanden werden, die geistliche Übung der und des Einzelnen als »Weg im Geheimnis«, nicht als »Führung ins Geheimnis« sieht. Funktionalistisch bestimmt und damit sehr eingeschränkt ist Karin Johnes Umgang mit Psychologie als Bezugswissenschaft; sie muss im wissenschaftlich-theologischen Kontext deutlicher reflektiert werden als Karin Johne es im geistlich-theologischen tut. Auch die Grenzen von Karin Johnes hermeneutischer Herangehensweise als Element geistlicher Theologie werden deutlich.

In ekklesiologischer Perspektive vertritt Karin Johne einen Ansatz geistlicher Begleitung, der Individualisierungstendenzen entgegen wirkt und das reformatorische Erbe des Priestertums aller Gläubigen berücksichtigt.

In ökumenischer Hinsicht deutet sich in Karin Johnes Begleitungsarbeit der Perspektivwechsel von einem interkonfessionellen zu einem transkonfessionellen Austausch an. Der Aspekt der Ethik und die politische Dimension geistlichen Lebens wird bei ihr dagegen nicht ausgeführt.

In der praktisch-theologischen Diskussion um geistliche Begleitung profiliert Karin Johnes schriftliche Begleitungsarbeit den aszetisch-katechetischen Aspekt der geistlichen Begleitung in Ergänzung zum seelsorgerlichen Aspekt.

»Meditation« als Hör- und Sprachschule im Lebens-Gespräch mit Gott ist Karin Johnes Weg der geistlichen Begleitung. Die »Schule« ist ein Ort der Vorbereitung. Der Mensch übt sich in der Haltung des Hörens auf Gott in der Erwartung, in der Kraft des Heiligen Geistes ergriffen zu werden, im biblischen Wort, im alltäglichen Leben, in der ökumenischen Gemeinschaft. Mögliche Weisen des individuellen Antwortens werden angeboten, angedacht und geprüft.

Der Übungsweg wird beschritten in der zugesagten Gegenwart Gottes, die trennende Grenzen verwandelt. Ganz am Anfang ihrer Veröffentlichungen skizziert Karin Johne dieses Geschehen für sie charakteristisch einmal mit den folgenden Worten, die wie eine Zusammenfassung ihres Lebenswerkes verstanden werden können:

»Worum geht es bei der Meditation? Bitte, erwarten Sie hier keine erschöpfende Antwort [...] Nur einige Hinweise auf das Wesentliche kann ich hier geben. Beim Meditieren geht es darum, Grenzen zu durchbrechen, die wir uns selbst aufgebaut haben: Grenzen zum eigenen Ich – Grenzen zum anderen Menschen hin – Grenzen zur Wirklichkeit Gottes hin. Aber dieses Überschreiten der Grenzen ist in der Meditation gerade kein aktives Geschehen, sondern ein stilles Warten, bis ›es‹ geschieht.«[1036]

[1036] Ökumenische Meditationsbriefe, 12.

Werkverzeichnis von Karin Johnes Schriften

Innerhalb der ersten beiden Werkgrupppen, Bücher bzw. Ausätze und kleinere Beiträge, sind die Veröffentlichungen *alphabetisch* geordnet. Die Anordnung der Meditations- und Predigtanregungen folgt der Reihenfolge der bearbeiteten *Bibelstellen*. Der in den Anmerkungen zitierte Kurztitel ist kursiv gesetzt. Eine chronologische Ordnung erschien wegen mehrerer Mehrfachauflagen unter geändertem Titel, aber in weitestgehend unveränderter Textgestalt und wegen fehlender Zeitangaben in einigen nur im Internet veröffentlichten Beiträgen nicht sinnvoll. Das nachgestellte Kürzel »(www)« kennzeichnet ausschließlich im Internet Veröffentlichtes. Für das Werkverzeichnis wurden alle gedruckten Titel mit Ausnahme von »Sinnvoll leben – mit Höhen und Tiefen« eingesehen und die bibliografischen Angaben überprüft.

In den Anmerkungen wird auf Karin Johnes Arbeiten in der Erstveröffentlichung mit Kurztitel und Seitenangabe, bei nur im Internet veröffentlichten Texten auf Kurztitel und, soweit sinnvoll und möglich, auf den zitierten Abschnitt verwiesen.

1. Bücher

Auf dem Weg zum Licht. Exerzitien im Advent, St. Benno-Verlag Leipzig 2002. Entspricht im Wesentlichen: Karin Johne [2003 – Angabe am Ende der 4. Woche]: »Adventsmeditationen. Ein meditativer Weg durch die Adventszeit«, <www.karin-johne.de/meditationskurse/advent/adm-inh.htm#anfang> (30.03.2009).

Dein Wort wird mich verwandeln. Das Matthäusevangelium meditieren, Verlag Herder Freiburg/Basel/Wien 1991. (Neuausgabe von: Meditieren mit dem Mattäusevangelium; mit diesem Werk bis zur Seitenzahl identisch mit Ausnahme von Titel und Vorwort zur Neuausgabe, sowie der zu Grunde liegenden Übersetzung, nicht mehr die Einheitsübersetzung, sondern die Übersetzung von Joachim Gnilkas Kommentar, der ebenfalls bei Herder erschienen ist.)

Die Kraft des Glaubens. Meditationen zum Lukasevangelium, Verlag Styria Graz/Wien/Köln 2000. Entspricht im Wesentlichen: Karin Johne [ohne Datum]: »Meditationsanregungen zu Texten des Lukasevangeliums«, <www.karin-johne.de/bibel/lukas/index.html> (19.10.2009).

Einübung in christliche Mystik. Ein Kursus mit Meister Eckehart, Verlag Styria Graz/Wien/Köln 1991. Entspricht im Wesentlichen: Karin Johne [ohne Datum]: »Einübung in christliche Mystik von Karin Johne. Ein Meditations-Kursus mit und über Meister Eckehart«, <www.karin-johne.de/meditationskurse/mebk/mb_i.html> (19.10.2009).

Geistlicher Übungsweg für den Alltag, Evangelische Verlagsanstalt Berlin 1986 und ^{2}1989; Verlag Styria Graz/Wien/Köln 1987 (1.-3. Tsd.), ^{2}1989 (4. Tsd.), ^{3}1993; als Topos-plus Taschenbuch ^{4}1999 und ^{5}2003. Entspricht im Wesentlichen: Karin Johne [ohne Datum]: »Geistlicher Übungsweg für den Alltag von Karin Johne. Angebot eines Lehr- und Übungskurses nach den 30-tägigen Exerzitien des Ignatius von Loyola«, <www.karin-johne.de/meditationskurse/gwd/gd-tit.htm> (19.10.2009). Englische Übersetzung: Karin Johne [ohne Datum]: »Spiritual Practises for the Everyday«, <www.karin-johne.de/meditationskurse/gwe/hw-tit.htm> (21.05.2010).

Kreuz als Erlösung. Ein Briefkurs des Glaubens, Verlag Styria Graz/Wien/Köln 1993. Neuauflage: Das Kreuz als Erlösung. Ein Meditationsweg zum Ostergeheimnis, Evangelische Verlagsanstalt Leipzig 2000. Entspricht im Wesentlichen (ohne den »Teil 2: Briefwechsel und Auswertung des Briefkurses«): Karin Johne [ohne Datum]: »Sieben Wochen mit ... (... Gebet und Meditation) von Karin Johne«, <www.karin-johne.de/meditationskurse/kae/kae-tit.htm> (19.10.2009).

Ökumenische Meditationsbriefe für Kranke und Körperbehinderte und für Gesunde, Berlin 1977 (mit einem Vorwort von Helmut Geiger). 2. Auflage 1982 (Der Text blieb unverändert, wurde aber durch Absätze lesefreundlicher gemacht. BZ). Beide Auflagen: Evangelische Verlagsanstalt.

Meditation für Kranke. Eine Anleitung, Zürich/Einsiedeln/Köln Benziger Verlag 1979 (Lizenzausgabe von: »Ökumenische Meditationsbriefe«, Berlin 1978); die Ausgabe ergänzt sinngebende Überschriften und gibt ein anderes Erscheinungsjahr (1978) für die Erstausgabe an, als die Erstausgabe selbst (1977).

Meditieren mit dem *Mattäusevangelium*, Benziger Verlag Zürich/Einsiedeln/Köln und Calwer Verlag Stuttgart 1981. Entspricht im Wesentlichen: Karin Johne [ohne Datum]: »Das Matthäusevangelium meditieren. Meditationshilfen zum Matthäusevangelium.«, <www.karin-johne.de/bibel/matthaeus/mt-index.html> (19.10.2009).

Meister Eckhart. Ewigkeit inmitten dieser Zeit. Ausgewählt, eingeleitet und kommentiert von Karin Johne, Benziger Verlag Zürich/Einsiedeln/Köln 1983, (Reihe Klassiker der Meditation).

Wege zum Wesentlichen. Grundkurs Meditation, Verlag Herder Freiburg i. Br/Basel/Wien. 1992 (Neuausgabe von: »Ökumenische Meditationsbriefe«). Entspricht im Wesentlichen: Karin Johne [ohne Datum]: »Grundkurs Meditation. Wege zum Wesentlichen«, <www.karin-johne.de/meditationskurse/wzw_d/index.htm> (19.10.2009).

Wege zum Wesentlichen. Grundkurs Meditation, Blindenschrift-Verlag P.v.M., Paderborn 1993.

Wortgebet und Schweigegebet. Einige persönliche Gedanken und Erfahrungen, Vier-Türme-Verlag Münsterschwarzach 1996. Tschechische Übersetzung unter dem Titel: Modlitba Mlčení. Malá škola meditace, Kostelní Vydří 2000.

2. Aufsätze und kleinere Beiträge

Ars moriendi. Die Kunst des Sterbenlernens, in: Meditation. Anstöße für den christlichen Vollzug, 19 (1993/2), 44–48. Entspricht (mit Ergänzung einiger Gliederungspunkte und Anmerkungen, sowie Anpassung an die neue Rechtschreibung): Karin

Johne [ohne Datum]: »Ars moriendi – die Kunst des Sterbenlernens«,<www.karin-johne.de/artikel/93_2esg.html#anfang> (25.03.2009).

Begegnung mit Meister Eckehart, Karin Johne [nach 1991]: »Begegnung mit Meister Eckehart. Was hat uns dieser große deutsche Mystiker heute zu sagen?«,<www.karin-johne.de/artikel/92_11ic.html#anfang> (15.10.2009). (www)

Buße – »Verändert euch durch Erneuerung eures Sinnes (Röm 12, 2)«, in: Meditation. Anstösse für den christlichen Vollzug, 14 (1988/4), 137–140. Entspricht im Wesentlichen: Karin Johne [ohne Datum]: »Meditation und Buße«,<www.karin-johne.de/artikel/88_4met.html#1> (15.10.2009).

Das Kreuz als Lebensbaum – Einübung geistlichen Lebens, in: Erneuerung in Kirche und Gesellschaft. Ökumenische Zeitschrift für Glaubenserneuerung und Evangelisierung o.Jg. (1994/4), 23f. Entspricht im Wesentlichen: Karin Johne [ohne Datum]: »Das Kreuz als Lebensbaum – Einübung geistlichen Lebens«, <http://karin-johne.de/artikel/94_6vie.html#1> (15.10.2009).

Der besondere Weg – Brief-Kurse als ›At-home-retreats‹, in: Leitungskreis der »Arbeitsgemeinschaft für Evangelische Einkehrtage«. Fachverband im Diakonischen Werk der Evangelischen Kirche in Deutschland (Hg.): Herr komm in mir wohnen. Erinnerungen und Berichte aus der »Arbeitsgemeinschaft für Evangelische Einkehrtage« bis 1989. Eine Dokumentation, als Manuskript gedruckt, Reutlingen 1996, 34–37, verändert und deutlich länger auch unter: Arbeit der Stille in der ehemaligen DDR (Meditationstage, Exerzitien, Retraiten), Karin Johne [1994]: »Einkehrtage/Arbeit der Stille in der ehemaligen DDR – Erfahrungen mit Meditationstagen und Exerzitien«, <www.karin-johne.de/artikel/94_4als.html#anfang> (21.09.2010).

Die Bibel meditieren, Karin Johne [nach 1989]: »Die Bibel meditieren«, <www.karin-johne.de/vortrag/1989_bibel.htm#6> (02.03.2010). (www)

Die Ikone »Der Evangelist Johannes und Prochoros« (Meditation), in: Erbe und Auftrag. Benediktinische Monatsschrift 65 (1989/8), 318f. Entspricht im Wesentlichen: Karin Johne [ohne Datum]: »Die Ikone ›Der Evangelist Johannes und Prochoros‹. Bildmeditation«,<www.karin-johne.de/artikel/89_4sin.html#1> (15.10.2009).

Die Kirche in der DDR. Bilder um die »Wende«, in: Meditation. Anstösse für den christlichen Vollzug, 16 (1990/3), 77–80. Entspricht (mit Ergänzung eines »Bildes«, sowie unter Auslassung des Bezugs auf ein Radiointerview mit Hans Modrow und unter Anpassung an die neue Rechtschreibung): Karin Johne [ohne Datum]: »Die Kirche in der DDR – Kirchliche Bilder um die ›Wende‹«, <www.karin-johne.de/artikel/90_3esi.html#anfang> (25.03.2009).

Die meditative Dimension des Märchens, in: Meditation. Anstöße für den christlichen Vollzug, 20 (1994/3), 113–116. Entspricht (mit Ergänzung einiger Zwischenüberschriften und Anmerkungen, sowie Anpassung an die neue Rechtschreibung): Karin Johne [ohne Datum]: »Die meditative Dimension des Märchens«, <www.karin-johne.de/artikel/94_4noc.html#anfang> (16.10.2009).

Die Suche nach dem ›Meister‹. Ausbildung zur geistlichen Begleitung, in: Meditation. Anstöße für den christlichen Vollzug, 19 (1993/1), 10-14. Entspricht (mit Ergänzung der Zwischenüberschriften und einiger Anmerkungen, sowie Anpassung an die neue Rechtschreibung): Karin Johne [ohne Datum]: »Der Ruf nach dem ›Meister‹ - Ausbildung zur geistlichen Begleitung«, <www.karin-johne.de/artikel/93_1gei .html#anfang> (25.03.2009).

Einführung in die Meditation. Handreichung für die Arbeit mit Konfirmanden, in: Amtsblatt der Evangelisch-Lutherischen Landeskirche Sachsens o.Jg. (1975/6-8), B22–

32. Entspricht (mit leichten Veränderungen und Anpassung an die neue Rechtschreibung): Karin Johne [ohne Datum]: »Einführung in die Meditation mit Schülern des 8.-10. Schuljahres«, <www.karin-johne.de/schueler/index.htm> (12.10.2009).

Einkehrtage/Arbeit der Stille in der ehemaligen DDR (Meditationstage, Exerzitien, Retraiten), Karin Johne [1994]: »Einkehrtage/Arbeit der Stille in der ehemaligen DDR – Erfahrungen mit Meditationstagen und Exerzitien«, <www.karin-johne.de /artikel/94_4als.html#anfang> (14.10.2009). Der Text findet sich unter dem Titel: »Karin Johne: Der besondere Weg – Brief-Kurse als ›At-home-retreats‹«deutlich gekürzt und z.T. verändert in: Leitungskreis der »Arbeitsgemeinschaft für Evangelische Einkehrtage«. Fachverband im Diakonischen Werk der Evangelischen Kirche in Deutschland (Hg.): Herr komm in mir wohnen. Erinnerungen und Berichte aus der »Arbeitsgemeinschaft für Evangelische Einkehrtage« bis 1989. Eine Dokumentation, als Manuskript gedruckt, Reutlingen 1996, 34–37. (www)

Exerzitien im Alltag: Erfahrungen aus der Briefkursarbeit, in: entschluss, 49 (1994/5), 31–33. Wiederabdruck als: Exerzitien im Alltag. Briefkursarbeit in: Meditation 21 (1995/3), 89–94. Entspricht (mit leichten Veränderungen sowie Anpassung an die neue Rechtschreibung): Karin Johne [ohne Datum]: »Exerzitien im Alltag – Bericht über Briefkursarbeit«,<www.karin-johne.de/artikel/94_5inu.html> (25.03.2009).

Exerzitien mit der Heiligen Schrift, in: Jetzt: Frauen auf dem Weg des Evangeliums. Ordensfrauen, Ordensleben, Kirche, Information, Konfrontation 25. Jg. (1992/1), 15-19. Entspricht im Wesentlichen: Karin Johne [ohne Datum]: »Exerzitien mit der Heiligen Schrift«,<www.karin-johne.de/artikel/92_2ame.html#17> (15.10.2009).

»Folge mir nach«, in: Meditation. Anstösse für den christlichen Vollzug, 23 (1997/3), 85–89. Entspricht im Wesentlichen: Karin Johne [ohne Datum]: »›Folge mir nach‹«, <www.karin-johne.de/artikel/97_3nic.html#1> (15.10.2009).

Gebet und Meditation, in: Quatember. Vierteljahreshefte für Erneuerung und Einheit der Kirche, 61. Jg. (1997/1), 3–7. Entspricht (mit Ergänzung einiger Überschriften, sowie Anpassung an die neue Rechtschreibung): Karin Johne [ohne Datum]: »Gebet und Meditation«, <www.karin-johne.de/artikel/97_1etw.html#anfang> (07.04.2009).

Gefüllte Stille. Gebet, Wort Gottes, meditatives Gestalten, in: Ruf an den Bruder o.Jg. (1981/39), 6–8. Entspricht (mit Ergänzung einiger Überschriften, sowie Anpassung an die neue Rechtschreibung): Karin Johne [2001]: »Gefüllte Stille: Gebet, Wort Gottes, meditatives Gestalten«, <www.karin-johne.de/artikel/81_esg.html#anfang> (16.04.2009)

Geistliche Begleitung in einer Gruppe üben, Karin Johne [06.10.1994]: »Geistliche Begleitung – Übungsmöglichkeiten: Geistliche Begleitung mit Hilfe einer Gruppe«, <www.karin-johne.de/artikel/94_10re.html#anfang> (14.10.2009). (www)

Geistlicher Übungsweg für den Alltag. Erfahrungen mit Briefkursen, in: Korrespondenz zur Spiritualität der Exerzitien 39 (1989) Heft 55/2, 52–61.

Geistliches Wachsen im Alltag, in: Meditation. Anstöße für den christlichen Vollzug, 20 (1994/4), 129–133. Entspricht (mit Ergänzung einiger Gliederungspunkte und Anmerkungen, sowie Anpassung an die neue Rechtschreibung): Karin Johne [ohne Datum]: »Geistliches Wachstum im Alltag – ein Wort, was zur Nahrung werden kann«, <www.karin-johne.de/artikel/94_4esg.html#anfang> (25.03.2009).

Helmut Mogk. Ein kurzer Blick in sein Leben, Karin Johne [ohne Datum]: »Helmut Mogk – Ein kurzer Blick in sein Leben«, <www.karin-johne.de/mogk/helmutmogk.html> (29.11.2010). (www)

Helmut Mogk. Gedichte eines jungen Mystikers, Karin Johne [ohne Datum]: »Helmut Mogk – Ein kurzer Blick in sein Leben«, <www.karin-johne.de/mogk/gottesring_0_inhalt.html> (29.11.2010). (www)

Helmut Mogk. Späte Gedichte, Karin Johne [ohne Datum]: »Helmut Mogk – Späte Gedichte«, <www.karin-johne.de/mogk/helmut_mogk_spaet.html> (29.11.2010). (www)

Kontemplation im Alltag. Üben, die Dinge zu durchbrechen und meinen Gott darin zu ergreifen, in: Meditation. Zeitschrift für christliche Spiritualität und Lebensgestaltung 24 (1998/3), 4–7. Entspricht im Wesentlichen: Karin Johne [ohne Datum]: »Kontemplation im Alltag. Üben, die Dinge zu durchbrechen und meinen Gott darin zu ergreifen«, <www.karin-johne.de/artikel/98_3sei.html#1> (14.10.2009).

Kontemplation – Weg zur inneren Freiheit, Karin Johne [11/1989]: »Kontemplation – Weg zur inneren Freiheit«, <www.karin-johne.de/artikel/89_11we.html#anfang> (07.04.2009). (www)

Kreuz als Erlösung, Karin Johne [9/1999]: »Kreuz als Erlösung«, <www.karin-johne.de /artikel/99_9wen.html#1> (15.10.2009). (www)

Märchen – Meditation und Märchen, Karin Johne [nach 1989]: »Mit Märchen meditieren«, <www.karin-johne.de/vortrag/1989_maerchen.htm#1> oder unter: <www.archiv.internetseelsorge.de/spirit-container/special/maerchen-med.html#1> (15.10.2009). (www)

Meditation als Hilfe für Körperbehinderte, in: Fröhlich helfen. Handreichung von Innere Mission und Hilfswerk der Evangelischen Kirchen in der DDR, o.Jg. (1976), 32–37. Entspricht im Wesentlichen: Karin Johne [nach 1996]: »Meditation als Hilfe für körperbehinderte Menschen«, <www.karin-johne.de/artikel/76_koe.html#anm1> (14.10.2009).

Meditation des Kreuzes – Meditation des menschlichen Lebens, in: Meditation. Anstöße für den christlichen Vollzug, 15 (1989/2), 47–49. Entspricht (mit Ergänzung einiger Gliederungspunkte und einiger Anmerkungen, sowie Anpassung an die neue Rechtschreibung): Karin Johne [ohne Datum]: »Meditation des Kreuzes – Meditation menschlichen Lebens«, <www.karin-johne.de/artikel/89_das.html#anfang> (25.03.2009).

Meditation in ihrem ökumenischen Aspekt. Einige Anregungen zum Weiterdenken, in: Meditation. Anstöße für den christlichen Vollzug, 6 (1980/4), 103–106. Entspricht im Wesentlichen: Karin Johne [ohne Datum]: »Meditation in ihrem ökumenischen Aspekt – (Einige Anregungen zum Weiterdenken)«, <www.karin-johne.de/artikel /80_4ino.html#anfang> (15.10.2009).

Meditation und Entscheidung, in: Meditation. Anstöße für den christlichen Vollzug, 14 (1988/1), 6–8. Entspricht im Wesentlichen: Karin Johne [ohne Datum], »Meditation und Entscheidung«, <www.karin-johne.de/artikel/88_1hab.html#1> (15.10.2009).

Meditation und Nachfolge Jesu Christi, in: Fröhlich helfen. Handreichung von Innere Mission und Hilfswerk der Evangelischen Kirchen in der DDR, o.Jg. (1977), 35–38. Entspricht im Wesentlichen: Karin Johne [ohne Datum]: »Meditation und Nachfolge Jesu Christi«, <www.karin-johne.de/artikel/77_wol.html#anfang> (13.10.2009).

Meditieren als geistliche Hilfe für Mitarbeiter der Diakonie in ihrem seelsorgerlichen Auftrag, in: Der Mitarbeiter, Berlin 1977, 56–70. Entspricht im Wesentlichen: Karin Johne [ohne Datum]: »Meditation als geistliche Hilfe [für] den diakonischen-caritativen Auftrag des Christen«, <www.karin-johne.de/artikel/77_wer.html#1> (14.10.2009).

Meditieren als Lebens- und Glaubenshilfe für den heutigen Menschen, in: ZdZ 28 (1974/11), 419–427. Entspricht: Karin Johne [ohne Datum]: »Meditieren als Lebens- und Glaubenshilfe für den heutigen Menschen«, <www.karin-johne.de /artikel/74_11_gla.html> (06.03.2009).

Meditieren öffnet mich dem Wirken des Heiligen Geistes, in: Meditation. Anstösse für den christlichen Vollzug, 6 (1980/3), 76–78.

Meine Grundanliegen. Karin Johne [ohne Datum]: »Meine Grundanliegen«, <www.karin-johne.de/index-1.html> (22.02.2010)

Mensch als Bild Gottes. Gedanken zu Jesaja 55, 8–11, in: Meditation. Anstösse für den christlichen Vollzug 17 (1991/4), 139–142. Entspricht im Wesentlichen: Karin Johne: »Der Mensch als Bild Gottes – Gedanken zur Entscheidungsfindung«, <www.karin-johne.de/artikel/91_4wen.html#anfang> (25.03.2009).

Mitarbeit an der Schöpfung Gottes in der alltäglichen Hausarbeit, in: Ursula von Mangoldt (Hg.): Lichtspuren des Glaubens, Freiburg/Basel/Wien 1984, 145–156. Entspricht im Wesentlichen: Karin Johne [ohne Datum]: »Mitarbeit an der Schöpfung Gottes im Alltag«, <www.karin-johne.de/artikel/84_als.html#1> (14.10.2009).

Rückblick auf unsere ersten Dienstjahre in Rüsseina (1953–1961), Karin Johne [1999]: »Rückblick auf unsere ersten Dienstjahre in Rüsseina 1953–1961«, <www.karin-johne.de/artikel/54_rue.html> (14.10.2009). (www)

Sehnsucht nach Gott. Spiritualität als Übungsweg, in: Unser Auftrag. Magazin für alle, die in der Kirche mitarbeiten. Spiritualität heute o.Jg. (1994/4), 4–7. Entspricht im Wesentlichen (ergänzt mit Einfügung von Überschriften und Anmerkungen, sowie der Anpassung an die neue Rechtschreibung): Karin Johne [ohne Datum]: »Sehnsucht nach Gott - Wege in die Stille«, <www.karin-johne.de/artikel/94_4das.html# anfang> (16.04.2009)

Sinkender Petrus [Bildbetrachtung], in: Meditation. Anstöße für den christlichen Vollzug, 18 (1992/4), 142f.

Sinnvoll leben – mit Höhen und Tiefen, Karin Johne [9/1999]: »Sinnvoll leben – mit Höhen und Tiefen«, <www.karin-johne.de/artikel/97_6imm.html#1> (15.10.2009). Entspricht nach den Angaben am Ende des Artikels »Leben und Beten – ein tiefer Zusammenhang«, in: »Zentrum« Salzburg 1997. Die gedruckte Version konnte mit den gegebenen bibliografischen Angaben nicht ermittelt und eingesehen werden.

Sturmstillung [Bildbetrachtung], in: Meditation. Anstöße für den christlichen Vollzug, 15 (1989/3), 93–95.

Tief ist die Sehnsucht nach einer heilen Welt. Meditative Besinnung zur Adventszeit, in: Der Sonntag. Wochenzeitung der Evangelisch-Lutherischen Landeskirche Sachsens 51 (1996/48), 7. Entspricht im Wesentlichen: Karin Johne [ohne Datum]: »Advent – Meditative Besinnung zur Adventszeit«, <www.karin-johne.de/artikel/96_1sel. html> (14.10.2009).

Überlegungen zum Meditieren christlicher Inhalte, in: Meditation. Anstöße für den christlichen Vollzug, 17 (1991/3), 100-102. Entspricht im Wesentlichen: Karin Johne

[ohne Datum]: »Überlegungen zum Meditieren christlicher Inhalte«, <www.karin-johne.de/artikel/91_3wen.html#anfang> (25.03.2009).

Vom Umgang mit der Angst. Vortrag gehalten in Meißen, Akademie, Karin Johne [nach 1982]: »Vom Umgang mit der Angst«, <www.karin-johne.de/artikel/82_her.html #1> (14.10.2009). (www)

Vorgestellt. Karin Johne, in: Glauben leben. Zeitschrift für Frauen in Kirche und Orden, o. Jg. (2000/11), 335f. Entspricht im Wesentlichen: Karin Johne [ohne Datum]: »Kurzangaben zur Person«, <www.karin-johne.de/artikel/00_11ku.html> (25.03.2009).

Was Menschen heute glauben. Karin Johne [ohne Datum]: »Was Menschen heute glauben. Metaphern aus Kursen und Meditationstagen, von Schülern, Jugendlichen und Erwachsenen. Gesammelt von Karin Johne«, <http://www.karin-johne.de/metapher /metapher.htm> (29.11.2010). (www)

Wegweisung im Alltag durch Meister Eckeharts Mystik, in: Meditation. Anstöße für den christlichen Vollzug, 20 (1994/1), 8–12. Entspricht (mit Ergänzung einiger Zwischenüberschriften und Anmerkungen, sowie Anpassung an die neue Rechtschreibung): Karin Johne [ohne Datum]: »Meditatives Morgengebet – Meister Eckeharts Mystik als Wegweisung im Alltag«, <www.karin-johne.de/artikel/94_1ein.html #anfang> (25.03.2009).

Yoga im Dienst christlicher Fürbitte, in: Meditation. Anstöße für den christlichen Vollzug, 16 (1990/1), 22–25. Entspricht (mit Anpassung an die neue Rechtschreibung und leichten Umstellungen): Karin Johne [ohne Datum]: »Yoga im Dienst christlicher Fürbitte«, <www.karin-johne.de/artikel/90_1esg.html> (15.10.2009).

Zum Gebrauch biblischer Meditationsanregungen, [Ohne Autor] 22.11.2003: »Karin Johne. Zum Gebrauch biblischer Meditationsanregungen. Meditationsanregungen zu biblischen Büchern«, <www.karin-johne.de/bibel_e.html> (29.11.2010). (www)

Zum Umgang mit ›dunklen Mächten‹. Einige Gedanken zu Luk 11, 14–23 in: Meditation. Anstöße für den christlichen Vollzug, 18 (1992/3), 114–119. Entspricht (mit Ergänzung der Zwischenüberschriften und Anmerkungen, sowie Anpassung an die neue Rechtschreibung): Karin Johne [ohne Datum]: »Zum Umgang mit Dunkelheiten«, <www.karin-johne.de/artikel/92_2esg.html#anfang> (15.10.2009).

3. Meditations- und Predigtanregungen

Meditationsanregungen zu ausgewählten Texten von Genesis und Exodus, Karin Johne [ohne Datum]: »Meditationsanregungen zu ausgewählten Texten von Genesis und Exodus von Karin Johne«, <www.karin-johne.de/bibel/gen_ex/index.html> (29.11.2010). (www)

15. Sonntag nach Trinitatis (15.9.96). 1 Mose 2, 4b-15, in: Lesepredigten. Textreihe VI. Er ist unser Friede. Trinitatis bis Letzter Sonntag des Kirchenjahres 1996, 76–80. Entspricht im Wesentlichen: Karin Johne [ohne Datum]: »Genesis 2, V. 4b-9; 15. Thema: Sehnsucht nach einer heilen Welt«, <www.karin-johne.de/predigten /gen2_4.htm#anfang> (13.10.2009).

Gott kennt unsere Sehnsucht (Predigt zu Jesaja 25, 8.9), in: In ihm ist das Heil. Zwei Predigten von Karin Johne und Walther-Hartmut Stier, Evangelische Verlagsanstalt Berlin 1986.

Wort Gottes, Karin Johne [ohne Datum]:«Jesaja 55, V. 10-12a und Matthäus 13, V. 3-8. Thema: Wort Gottes«, <www.karin-johne.de/predigten/js55_10.htm#anfang> (16.10.2009). (www)

Meditationsanregungen zu Jona, Karin Johne 06.06.2006: »Karin Johne. Meditationsanregungen zu Jona«, <http://karin-johne.de/bibel/jona/index.htm> (29.11.2010). (www)

9. Sonntag nach Trinitatis (16.8.87). Matthäus 7, 24-27, in: Lesepredigten. Textreihe III. Er ist unser Friede. Trinitatis bis Letzter Sonntag des Kirchenjahres 1987, 41-45. Entspricht im Wesentlichen: Karin Johne [ohne Datum]: »Matthäus 7, 24-27. Thema: Grund unter den Füßen haben«, <www.karin-johne.de/predigten/mt07_24.htm#anfang> (13.10.2009).

24. Sonntag nach Trinitatis. Matthäus 9, 18-26*, in: Ruhbach, Gerhard, Anselm Grün und Ulrich Wilckens (Hg.): Meditative Zugänge zu Gottesdienst und Predigt, Predigttext-Reihe I, 2. Rogate bis Ewigkeitssonntag, Göttingen 1990, 313-317. Entspricht im Wesentlichen: Karin Johne [ohne Datum]:«Matthäus 9, V. 18-26. Thema: Als Frau leben dürfen«, <www.karin-johne.de/predigten/mt09_18.htm#anfang> (16.10.2009).

Der »Schatz« meines Lebens, Karin Johne [ohne Datum]:«Matthäus 13, V. 44. Thema: Der ›Schatz‹ im Acker. (Exerzitienpredigt)«, <www.karin-johne.de/predigten/mt13_44.htm#anfang> (16.10.2009). (www)

Karin Johne [ohne Datum]: »Matthäus 26, 26-30. Thema: Eucharistie - Symbol unserer Verwandlung«, <www.karin-johne.de/predigten/mt26_26> (16.10.2009). (www)

19. Sonntag nach Trinitatis (17.10.93). Markus 1, 32-39, in: Lesepredigten. Textreihe III. Er ist unser Friede. Trinitatis bis Letzter Sonntag des Kirchenjahres 1993, 81-84. Entspricht im Wesentlichen: Karin Johne [ohne Datum]: »Markus 1, 32-39. Thema: Was fehlt uns? Äußere und innere Behinderungen«, <www.karin-johne.de/predigten/mk01_32.htm#anfang> (13.10.2009).

16. Sonntag im Jahreskreis (B). Markus 6, 30-34*, in: Ruhbach, Gerhard, Anselm Grün und Ulrich Wilckens (Hg.): Meditative Zugänge zu Gottesdienst und Predigt, Predigttext-Reihe VII, 2: Marginaltexte (LPO)/Evangelientexte (OLM). Rogate bis Ewigkeitssonntag, Göttingen 1997, 255-259. Entspricht im Wesentlichen: Karin Johne [ohne Datum]:«Markus 6, V. 30-34. Thema: Ausruhen vor und nach missionarischen Aufgaben«, <www.karin-johne.de/predigten/mk06_30.htm#anfang> (16.10.2009).

Christvesper. Lukas 2,1-14(15-20)*, in: Ruhbach, Gerhard, Anselm Grün und Ulrich Wilckens (Hg.): Meditative Zugänge zu Gottesdienst und Predigt, Predigttext-Reihe I, 1. Advent bis Kantate, Göttingen 1990, 29-33. Entspricht im Wesentlichen: Karin Johne [ohne Datum]:«Lukas 2, V. 1-14. Thema: Weihnachtliche Urbilder«, <www.karin-johne.de/predigten/lk02_01.htm#anfang> (16.10.2009).

Karin Johne [ohne Datum]: »Johannes 10, 10 und Lukas 6, 38. Thema: Leben in Fülle (Exerzitienpredigt)«, <www.karin-johne.de/predigten/jh10_10.htm#anfang> (16.10.2009). (www)

Drittletzter Sonntag des Kirchenjahres. Lukas 11, 14-23*, in: Ruhbach, Gerhard, Anselm Grün und Ulrich Wilckens (Hg.): Meditative Zugänge zu Gottesdienst und Predigt, Predigttext-Reihe III, 2. Rogate bis Ewigkeitssonntag, Göttingen 1993, 303-307. Entspricht im Wesentlichen: Karin Johne [ohne Datum]:«Lukas 11, V. 14-23. Thema: Umgang mit den dunklen Mächten«, <www.karin-johne.de/predigten/lk11_14.htm#anfang> (13.10.2009).

Altjahrsabend (31.12.90). Lukas 12, 35–40, in: Lesepredigten. Textreihe I. Er ist unser Friede. 1. Advent 1990 bis Pfingstmontag 1991, 34–37. Entspricht im Wesentlichen: Karin Johne [ohne Datum]: »Lukas 12, V. 35–40. Thema: Ende und Beginn Neujahr«, <www.karin-johne.de/predigten/lk12_35.htm'anfang> (13.10.2009).

5. Sonntag nach Trinitatis. Lukas 14, 25–33*, in: Ruhbach, Gerhard, Anselm Grün und Ulrich Wilckens (Hg.): Meditative Zugänge zu Gottesdienst und Predigt, Predigttext-Reihe V, 2. Rogate bis Ewigkeitssonntag, Göttingen 1995, 215–219. Entspricht im Wesentlichen: Karin Johne [ohne Datum]:«Lukas 14, 25–33. Thema: Sein und Bleiben in der Nähe Jesu«, <www.karin-johne.de/predigten/lk14_25.htm#anfang> (13.10.2009).

1. Sonntag nach Trinitatis (1991). Lukas 16, 19–31, in: Lesepredigten. Textreihe I. Er ist unser Friede. Trinitatis bis Letzter Sonntag des Kirchenjahres 1991, ohne Seitenangabe [da dieser Band in der Deutschen Nationalbibliothek Leipzig fehlt]. Der Text liegt vor unter: Karin Johne [ohne Datum]: »Lukas 16, V. 19–31. Thema: Arme und Reiche«, <www.karin-johne.de/predigten/lk16_19.htm#anfang> (13.10.2009).

Karin Johne [nach 1999]: »Lukas 17, 20-21. Thema: Das Reich Gottes in uns (Exerzitienpredigt)«, <www.karin-johne.de/predigten/lk17_20.htm#anfang> (16.10.2009). (www)

1. Sonntag nach Epiphanias. Johannes 1, 29–34*, in: Ruhbach, Gerhard, Anselm Grün und Ulrich Wilckens (Hg.): Meditative Zugänge zu Gottesdienst und Predigt, Predigttext-Reihe V, 1. Advent bis Kantate, Göttingen 1994, 59–63. Entspricht im Wesentlichen: Karin Johne [ohne Datum]:«Joh 1, 29–33. Thema: Lamm Gottes, Träger unserer Schuld«, <www.karin-johne.de/predigten/jh01_29.htm#anfang> (13.10.2009).

1. Christtag (25.12.88). Johannes 3, 31–36, in: Lesepredigten. Textreihe V. Er ist unser Friede. 1. Advent 1988 bis Pfingstmontag 1989, 20-25. Entspricht im Wesentlichen: Karin Johne [ohne Datum]: »Johannes 3, V. 31–36. Thema: Das Geheimnis des göttlichen Kindes«, <www.karin-johne.de/predigten/jh03_31.htm#anfang> (13.10.2009).

Lätare. Johannes 6, 55–65*, in: Ruhbach, Gerhard, Anselm Grün und Ulrich Wilckens (Hg.): Meditative Zugänge zu Gottesdienst und Predigt, Predigttext-Reihe III, 1. Advent bis Kantate, Göttingen 1992, 115–119. Entspricht im Wesentlichen: Karin Johne [ohne Datum]: »Joh 6, 55–65. Thema: Wahres Lebensbrot«, <www.karin-johne.de/predigten/jh06_55.htm#anfang> (13.10.2009).

Karin Johne [ohne Datum]: »Johannes 10, 10 und Lukas 6, 38. Thema: Leben in Fülle (Exerzitienpredigt)«, <www.karin-johne.de/predigten/jh10_10.htm#anfang> (16.10.2009). (www)

Jubilate. Johannes 15, 1–8*, in: Ruhbach, Gerhard, Anselm Grün und Ulrich Wilckens (Hg.): Meditative Zugänge zu Gottesdienst und Predigt, Predigttext-Reihe I, 1. Advent bis Kantate, Göttingen 1990, 173–177. Entspricht im Wesentlichen: Karin Johne [ohne Datum]:«Johannes 15, V. 1–8. Thema: Weinstock und Reben«, <www.karin-johne.de/predigten/jh15_01.htm#anfang> (16.10.2009).

Christnacht. Röm 1, 1–7*, in: Ruhbach, Gerhard, Anselm Grün und Ulrich Wilckens (Hg.): Meditative Zugänge zu Gottesdienst und Predigt, Predigttext-Reihe II, 1. Advent bis Kantate, Göttingen 1991, 21–25. Entspricht im Wesentlichen: Karin Johne [ohne Datum]: »Röm 1, V. 1–7. Thema: Geheimnis des Kindes«, <www.karin-johne.de/predigten/roe01_01.htm#anfang> (13.10.2009).

Den 1. Korintherbrief meditieren, Karin Johne [ohne Datum]: »Den 1. Korintherbrief meditieren. Meditationshilfen zu allen Texten dieses Briefes des Apostels Paulus unter Einbeziehung des Enneagramms (besonders für kirchliche Mitarbeiter und kirchlich engagierte Laien«, <www.karin-johne.de/bibel/1kor/1k_index.html> (29.11.2010). (www)

8. Sonntag nach Trinitatis (24.7.94). 1. Korinther 6, 9-14.18-20, in: Lesepredigten. Textreihe IV. Er ist unser Friede. Trinitatis bis Letzter Sonntag des Kirchenjahres 1994, 47-50. Entspricht im Wesentlichen: Karin Johne [ohne Datum]: »1. Kor 6, V. 9-14;18-20. Thema: Sexualität des Menschen«, <www.karin-johne.de/predigten /1k06_09.htm#anfang> (13.10.2009).

2. Sonntag nach Trinitatis. 1. Korinther 9, 16-23*, in: Ruhbach, Gerhard, Anselm Grün und Ulrich Wilckens (Hg.): Meditative Zugänge zu Gottesdienst und Predigt, Predigttext-Reihe VI, 2. Rogate bis Ewigkeitssonntag, Göttingen 1996, 203-207. Entspricht im Wesentlichen: Karin Johne [ohne Datum]: »1. Korinther 9, V. 16-23. Thema: Allen alles werden«, <www.karin-johne.de/predigten/1k09_16.htm#anfang> (13.10.2009).

4. Sonntag im Advent. 2. Korinther 1, 18-22*, in: Ruhbach, Gerhard, Anselm Grün und Ulrich Wilckens (Hg.): Meditative Zugänge zu Gottesdienst und Predigt, Predigttext-Reihe IV, 1. Advent bis Kantate, Göttingen 1993, 15-19. Entspricht im Wesentlichen: Karin Johne [ohne Datum]: »2. Korinther 1, V. 18-22. Thema: Das Geheimnis des ›Ja‹«, <www.karin-johne.de/predigten/2kr01_18.htm#anfang> (13.10.2009).

Rogate. 1. Timotheus 2, 1-6a*, in: Ruhbach, Gerhard, Anselm Grün und Ulrich Wilckens (Hg.): Meditative Zugänge zu Gottesdienst und Predigt, Predigttext-Reihe II, 2. Rogate bis Ewigkeitssonntag, Göttingen 1992, 177-181. Entspricht im Wesentlichen: Karin Johne [ohne Datum]: »1. Timotheus 2, V. 1-6a(8). Thema: Träume - die sich erfüllen können«, <www.karin-johne.de/predigten/1tim02_01.htm#anfang> (13.10.2009).

Tag der Geburt Johannes des Täufers - 24. Juni. 1. Petrus 1, 8-12*, in: Ruhbach, Gerhard, Anselm Grün und Ulrich Wilckens (Hg.): Meditative Zugänge zu Gottesdienst und Predigt, Predigttext-Reihe IV, 2. Rogate bis Ewigkeitssonntag, Göttingen 1994, 324-328. Entspricht im Wesentlichen: Karin Johne [ohne Datum]: »1. Petrus 1, V. 8-12. Thema: Geheimnis unserer Taufe«www.karin-johne.de/predigten/1pt01_08.htm#anfang> (13.10.2009).

Meditationsanleitungen zum Hebräerbrief, [Ohne Autor und ohne Datum]: »Karin Johne. Meditationsanleitungen zum Hebräerbrief«, <http://karin-johne.de/bibel/hebr/ Hebr_index. htm> (29.11.2010). (www)

Meditationsanregungen zum Jakobusbrief, [Ohne Autor] 22.11.2003: »Meditationsanregungen zum Jakobusbrief von Karin Johne«, <www.karin-johne.de/bibel /jakobus/index.htm> (29.11.2010). (www)

Invokavit. Jakobus 1, 12-18*, in: Ruhbach, Gerhard, Anselm Grün und Ulrich Wilckens (Hg.): Meditative Zugänge zu Gottesdienst und Predigt, Predigttext-Reihe VI, 1. Advent bis Kantate, Göttingen 1995, 98-102. Entspricht im Wesentlichen: Karin Johne [ohne Datum]: »jakobus 1, 12-18. Thema: Freude in Bedrängnis«, <karin-johne.de/predigten/jk01_12.htm#anfang> (13.10.2009).

Sekundärliteratur

Die Abkürzungen folgen dem Abkürzungsverzeichnis der Theologischen Realenzyklopädie, zusammen-gestellt von Siegfried M. Schwertner, in der 2. Auflage von 1994, erschienen bei Walter de Gruyter, Berlin/New York 1994. Die verwendeten Kurztitel sind im Gesamttitel *kursiv* gesetzt.

ALBRECHT, Christian: *Spiritualisierung und Professionalisierung*. Die Geistliche Begleitung zeigt Strukturparallelen zur Seelsorgebewegung, in: Nachrichten der Evangelisch-Lutherischen Kirche in Bayern 63 (2008), 330f.

ANDERSON, Keith und Randy REESE: Geistliches *Mentoring*. Geistliche Patenschaften entwickeln, die persönliches Wachstum fördern, Asslar 2000.

ARING, Paul Gerhard: *Art. Müller, Johannes*, in: BBKL Bd. 6, 271.

BACH, Heide-Linde: *Art. Jung*, Carl Gustav, in: TRE Bd. 17, Berlin/New York 1988, 449-453.

BACKHAUS, Knut und Georg FISCHER: *Beten*, Würzburg 2009.

BAIER, Karl: *Meditation und Moderne*. Erster Band (*1*) und zweiter Band (*2*), Würzburg 2009.

BARRY, William A. und William J. CONOLLY: The Practice of Spiritual Direction, New York [2]2009.

BARTH, Hans-Martin: *Art. Gebet*. 2. Systematisch-theologisch, in: EKL Bd. 2, Göttingen [3]1989.

– : »Betet ohne Unterlaß!« Das *Herzensgebet* der Ostkirche für Protestanten entdeckt, in: RIESS, Wenn der Dornbusch brennt, 219-231.

– : Die *Theologie* Martin *Luthers*. Eine kritische Würdigung, Gütersloh 2009.

BARTH, Karl: *Kirchliche Dogmatik I/1*, Zollikon-Zürich 1947.

BAYER, Oswald: *Oratio, Meditatio, Tentatio*. Eine Besinnung auf Luthers Theologieverständnis, in: LuJ 55 (1988), 7-59.

– : *Monastische und scholastische Theologie*, in: LANDAU/SCHMIDT: »Daß allen Menschen geholfen werde ...«, 11-15.

BAYREUTHER, Sabine: *Meditation*. Konturen einer spirituellen Praxis in semiotischer Perspektive, Leipzig 2010.

BECKER, Sybille: *Praxisbezug und Interdisziplinarität*. Feminismus und Gender-Forschung in der Praktischen Theologie, in: Irene DINGEL (Hg.): Feministische Theologie, 123-136.

BEGEL, Vera: *Leidenschaft für die Wahrheit*. Ursula von Mangoldt (1904-1987), in: Sigrid SCHNEIDER-GRUBE/Irene STUIBER/Andrea K. THURNWALD: fromm- politisch- unbequem. Evangelische Frauen des 20. Jahrhunderts in Bayern, Bad Windsheim 2008, 120-129.

BELZER, Michael: Glaube als Lebenshilfe. Aus den *Erfahrungen der kgi*, der Katholischen Glaubensinformation, in: Lebendige Seelsorge 51 (2000), 47-49.

–: *komm@sieh*. Die Katholische Glaubensinformation - ein pastorales Angebot zwischen Distanz und Nähe, Stuttgart 2003.

BENZ, Ernst: Die Wiederentdeckung der Meditation in der modernen Religionswissenschaft und Theologie, in: Zeitschrift für Religions- und Geistesgeschichte, 11 (1959), 258-267.

BERTINETTI, Ilse: *Frauen im geistlichen Amt*, Berlin 1965.

BESIER, Gerhard, Armin BOYENS und Gerhard LINDEMANN: *Nationaler Protestantismus und Ökumenische Bewegung*, Berlin 1999.

BIERITZ, Karl-Heinz: Sola autem experientia facit theologum. *Erich Hertzsch als Praktischer Theologe*, in: RASCHZOK, Erich Hertzsch, 63-84.

BIRMELE, André: *Art. Ökumene*, in: EKL Bd. 3, Göttingen [3]1992, 825f.

BITTER, Wilhelm (Hg.): *Vorträge* über die Wandlung des Menschen in Seelsorge und Psychotherapie, 4. Arbeitstagung 1955 der Gemeinschaft »Arzt und Seelsorger« Stuttgart, Göttingen 1956.

BLAUFUSS, Dietrich (Hg.): Wilhelm *Löhe*. Erbe und Vision, Gütersloh 2009.

BLISCHKE, Dieter: *Das »Schniewind-Haus«* in Schönebeck, in: LEITUNGSKREIS, Herr komm in mir wohnen, 22-24.

BOBERT, Sabine: Jesus-Gebet und neue Mystik. Grundlagen einer christlichen *Mystagogik*, Kiel 2010.

BOBERT-STÜTZEL, Sabine: *Frömmigkeit und Symbolspiel*. Ein pastoralpsychologischer Beitrag zu einer evangelischen Frömmigkeitstheorie, Göttingen 2000.

BOER, Theo A.: *Alfred Dedo Müllers Ethik*. Zwischen Radikalität und Gleichschaltung, in: KZG/Contemporary Church History 19 (2006), 389-413.

–: *Protokolle einer Tragödie*. Alfred Dedo Müller und der Nationalsozialismus 1933-1936, in: KZG/Contemporary Church History 21 (2008), 373-391.

BOHREN, Rudolf: Der *Seelsorgebrief*, in: LANDAU/SCHMIDT: »Daß allen Menschen geholfen werde ...«, 17-21.

–: *Große Seelsorger - große Heilige*. edition bohren Bd. 6, hg. von Dietrich Stollberg. Von Jesus von Nazareth bis Hildegard von Bingen, Waltrop 2006.

–: *Praktische Theologie*, in: DERS. (Hg.): Einführung in das Studium der evangelischen Theologie, München 1964, 9-32.

BONHOEFFER, Dietrich: *Gemeinsames Leben*, München [21]1986.

–: Illegale Theologen-Ausbildung: Finkenwalde 1935-1937 (*DBW 14)*, hg. von Otto Dudzus und Jürgen Henkys, München 1996.

–: Nachfolge (*DBW 4)*, hg. von Martin Kuske und Ilse Tödt, München 1994.

BOURS, Johannes: Das *Jesusgebet*. Eine Hinführung, Emmerich 1962.

BOYENS, Armin: *Ökumenischer Rat der Kirchen* und Evangelische Kirche in Deutschland zwischen West und Ost, in: BESIER/BOYENS/LINDEMANN, Nationaler Protestantismus und Ökumenische Bewegung, 27–321.

BRÄNDLE, Werner: *Art. Symbol. III. Systematisch-theologisch*, in: TRE Bd. 32, Berlin/New York 2001, 487–491.

BRÄUER, Siegfried und Clemens Vollnhals (Hg.): *»In der DDR gibt es keine Zensur«*. Die Evangelische Verlagsanstalt und die Praxis der Druckgenehmigung 1954–1989, Leipzig 1995.

BRANSCH, Günter: Retraiten im *Nathan-Söderblom-Haus* in Bad Saarow, in: LEITUNGSKREIS, Herr komm in mir wohnen, 17–19.

BRUNNER, Peter: Zur *Lehre vom Gottesdienst* der im Namen Jesu versammelten Gemeinde. Neudruck mit einem Vorwort von Joachim Stalmann, Hannover 1993. (Erstdruck 1954)

BUDDE, Gunilla-Friederike (Hg.): *Paradefrauen*. Akademikerinnen in Ost- und Westdeutschland, in: DIES. (Hg.): Frauen arbeiten. Weibliche Erwerbstätigkeit in Ost- und Westdeutschland nach 1945, Göttingen 1997, 183–211.

BURBACH, Christiane: *Dimensionen* des Gender Begriffes, in: WzM 56 (2004), 291–297.

BURKHARDT, Helmut und Uwe SWARAT (Hg.): *Evangelisches Lexikon* für Theologie und Gemeinde, Bd. 3, Wuppertal/Zürich 1994.

DÄHN, Horst: Die *Kirchen in der SBZ/DDR* (1945–1989), in: EPPELMANN/FAULENBACH/MÄHLERT, DDR-Forschung, 205–216.

DAHLGRÜN, Corinna: Christliche *Spiritualität*. Formen und Traditionen der Suche nach Gott. Mit einem Nachwort von Ludwig Mödl, Berlin/New York 2009.

DAIBER, Karl-Fritz: *Art. Bruderschaften III. Gegenwart*, in: RGG Bd. 1, Tübingen ^{4}1998, 1786–1789.

DANZ, Christian, Werner SCHÜSSLER und Erdmann STURM (Hg.): *Das Symbol als Sprache* der Religion, Wien/Berlin/Münster 2007.

– : *Symbolische Form* und die Erfassung des Geistes im Gottesverhältnis. Anmerkungen zur Genese des Symbolbegriffs von Paul Tillich, in: DANZ/SCHÜSSLER/STURM, Das Symbol als Sprache, 59–75.

DETMERS, Achim und Magdalene FRETTLÖH (Hg.): *Schätze* zum Glänzen bringen. Der Kirchliche Fernunterricht 1960-2010: Evangelische Theologie für den ehrenamtlichen Verkündigungsdienst und die alltägliche Kommunikation des Glaubens, Leipzig 2010.

DIE BEKENNTNISSCHRIFTEN der evangelisch-lutherischen Kirche. Hg. im Gedenkjahr der Augsburgischen Konfession 1930, Göttingen ^{10}1986.

DIEDERICH, Andrea: Evangelische Exerzitien. Anleitung – Bausteine – Anwendung, Göttingen 2009.

DIETRICH, Stefanie: Das schweigende Gebet. Zur Grundlage des Verständnisses von schweigendem Gebet in ökumenischem Blickwinkel, Leipzig 2000.

DILLING, Irene: Das *Kirchenjahr* als geistlicher Übungsweg, in: MÜNDERLEIN, Aufmerksame Wege, 159–166.

DINGEL, Irene (Hg.): *Feministische Theologie* und Gender-Forschung, Leipzig 2003.

DINZELBACHER, Peter (Hg.): Wörterbuch der Mystik, Stuttgart [2]1998.

DOORMANN, Ulrike und Silke HARMS: Ich höre den, der mit mir redet. Geistliche Übungen im Alltag, Neukirchen-Vluyn 2006.

DORGERLOH, Fritz: *Geschichte der evangelischen Jugendarbeit.* Teil 1. Junge Gemeinde in der DDR, Hannover 1999.

EBELING, Gerhard: *Luthers Seelsorge:* Theologie in der Vielfalt der Lebenssituationen an seinen Briefen dargestellt, Tübingen 1997.

EGGENBERGER, Oswald: *Art. Neue geistliche Bewegungen und Gemeinschaften*, in: EKL Bd. 3, Göttingen [3]1992, 669–672.

EHM, Martin: *Die kleine Herde* – die katholische Kirche in der SBZ und im sozialistischen Staat, Berlin 2007.

EHRENSPERGER, Alfred: Von Gott zum Menschen – vom Menschen zu Gott, www.liturgiekommission.ch (II. B 02).

EICHER, Peter (Hg.): *Neues Handbuch Theologischer Grundbegriffe* Bd. 4 (Neuausgabe), München 2005.

EISENSTEIN, Georg M.: *Art. Geistliche Begleitung* (GB.) (auch geistl. Führung, Seelenführung), in: LThK Bd. 4, Freiburg/Basel/Rom/Wien [3]1995, 385.

EPPELMANN, Rainer, Bernd FAULENBACH und Ulrich MÄHLERT (Hg.): Bilanz und Perspektiven der *DDR-Forschung*, Paderborn 2003.

ESCAFFIT, Jean-Claude und Moïz RASIWALA: Die *Geschichte von Taizé*, Freiburg i. Br. 2009.

EVAGRIUS PONTICUS, *Über das Gebet*, Münsterschwarzach 1986.

FAIX, Tobias: *Mentoring.* Chancen für geistliches Leben und Persönlichkeitsprägung, Neukirchen-Vluyn 2000.

FALKNER, Andreas SJ: Ignatianische *Exerzitien im Leben der evangelischen Kirche*, in: MÜNDERLEIN, Aufmerksame Wege, 57–81.

FENSKE, Wolfgang: *Innerung und Ahmung.* Meditation und Liturgie in der Hermetischen Theologie Karl Bernhard Ritters, Frankfurt/Main 2009.

FIDELIS, Ruppert und Anselm GRÜN: Bete und arbeite, Münsterschwarzach 1982.

FITSCHEN, Klaus: *Säkulares Reformationsland?* Kirche, Religion und Gesellschaft in Sachsen, in: HERMANN, Sachsen, 199–209.

FOELZ, Siegfried: *Art. Oratorium III*, in: LThK Bd. 7, Freiburg/Basel/Rom/Wien [3]1998, 1088f.

FORUM SEELSORGE in Bayern: Info 2007. Thema: Geistliche Begleitung und Seelsorge; auch zum Download auf <www.forum-seelsorge.de> (27.01.2009).

FRANKE, Ulrike: ›*Ich weiß* doch, dass Jesus mich liebt!‹ Warum eine fundierte theologische Ausbildung dieser Gewissheit nicht schaden kann, in: DETMERS/FRETTLÖH, Schätze, 396f.

FRICK, Heinrich (Hg.): *Einführung* in das Studium der Evangelischen Theologie, Gießen 1947.

FRITSCH-OPPERMANN, Sybille: *Art. Symbol* I. Feministische Theologie, in: GÖSSMANN u.a., Wörterbuch der Feministischen Theologie 1991, 390-392.

FROMM, Erich: *Märchen, Mythen, Träume.* Eine Einführung in das Verständnis einer vergessenen Sprache, Reinbek 1987.

FUNKE, Anja: Kanzelstürmerinnen. Die Geschichte der *Frauenordination* in der Ev.-Luth. Landeskriche Sachsens von 1945 bis 1970, Leipzig/Berlin 2011.

GAUSE, Ute: *Kirchengeschichte und Genderforschung,* Tübingen 2006.

GEBARA, Ivone: *Feministische Spiritualität.* Wagnis und Widerstand, in: Conc(D) 36 (2000), 506-516.

GERLITZ, Peter: *Art. Symbol. II. Religionsgeschichtlich,* in: TRE Bd. 32, Berlin/New York 2001, 481-487.

GEYER, Hermann: *Nikolaikirche,* montags um fünf. Die politischen Gottesdienste der Wendezeit in Leipzig, Darmstadt 2007.

GLOBIG, Christine: *Frauenordination* im Kontext lutherischer Ekklesiologie. Ein Beitrag zum ökumenischen Gespräch, Göttingen 1994.

GÖCKEL, Robert F.: *Die evangelische Kirche und die DDR.* Konflikte, Gespräche, Vereinbarungen unter Ulbricht und Honecker, Leipzig 1995.

GÖSSMANN, Elisabeth, Elisabeth MOLTMANN-WENDEL, Herlinde PISSAREK-HUDELIST, Ina PRAETORIUS, Luise SCHOTTROFF, Helen SCHÜNGEL-STRAUMANN (Hg.): *Wörterbuch der Feministischen Theologie,* Gütersloh *1991.*

GÖSSMANN, Elisabeth, Helga KUHLMANN, Elisabeth MOLTMANN-WENDEL, Ina PRAETORIUS, Luise SCHOTTROFF, Helen SCHÜNGEL-STRAUMANN, Doris STRAHM, Agnes WUCKELT (Hg.): *Wörterbuch der Feministischen Theologie,* Gütersloh ^{2}*2002.*

GÖßNER, Andreas (Hg.): *Die Theologische Fakultät der Universität Leipzig.* Personen, Profile und Perspektiven aus sechs Jahrhunderten Fakultätsgeschichte, Leipzig 2005.

GRÄB, Wilhelm: *Der hermeneutische Imperativ,* in: SPARN, Wer schreibt meine Lebensgeschichte?, 79-89.

GRÄB, Wilhelm und Birgit WEYEL (Hg.): *Handbuch Praktische Theologie,* Gütersloh 2007.

GRAF, Fritz: *Art. Arkandisziplin* I. Relgionswissenschaftlich, in: RGG Bd. 1, Tübingen ^{4}1998, 743f.

GRANDE, Dieter und Bernd SCHÄFER: *Kirche im Visier.* SED, Staatssicherheit und katholische Kirche in der DDR, Leipzig 1998.

GREINER, Dorothea, Erich NOVENTA, Klaus RASCHZOK und Albrecht SCHÖDL (Hg.): *Wenn die Seele* zu atmen beginnt ... . Geistliche Begleitung in evangelischer Perspektive, Leipzig 2007.

–, Klaus RASCHZOK und Matthias ROST (Hg.): *Geistlich begleiten.* Eine Bestandsaufnahme evangelischer Praxis, Leipzig 2011

GRÜN, Anselm: *Exerzitien für den Alltag,* Münsterschwarzach ^{8}2006 (^{1}1997).

– : *Der Umgang mit dem Bösen*, Münsterschwarzach 1980.

GRÜTZ, Reinhard: *Katholizismus in der DDR-Gesellschaft* 1960-1990. Kirchliche Leitbilder, theologische Deutungen und lebensweltliche Praxis im Wandel, Paderborn 2004.

GUARDINI, Romano: Fünfzehn *Gesätze* zur stillen Anbetung, in: GÜLDEN, Lehre uns beten, 445f.

– : Der *Rosenkranz*, in: GÜLDEN, Lehre uns beten, 371f.

– : Das Gute, das Gewissen und die Sammlung, Mainz [4]1953.

GUENTHER, Margaret: *Holy Listening*. The Art of Spiritual Direction, Lanham/Chicago/New York/Toronto/Plymouth UK 1992.

GUIGO der Kartäuser: Scala Claustralium - Die Leiter der Mönche zu Gott. Eine Hinführung zur Lectio divina. Übersetzt und eingeleitet von Daniel Tibi, Nordhausen 2008.

GÜLDEN, Josef (Hg.): *Lehre uns beten*. Lehr- und Gebetbuch für das persönliche Gebet des Christen in der Welt, Leipzig 1963.

HAENDLER, Gert: Erinnerungen an die Arbeitsgruppe *Ökumenische Kirchengeschichte* im Osten Deutschlands: 1983–2000, in: Günther WARTENBERG (Hg.): Herbergen der Christenheit. Jahrbuch für deutsche Kirchengeschichte Bd. 25 (2001), Leipzig 2002, 73–92.

HAENDLER, Otto: Die *Predigt*, Berlin *[1]1941/[2]1949/[3]1960.*

– : *Grundriss* der Praktischen Theologie, Berlin 1957.

– : *Meditation als Lebenspraxis*, Göttingen 1977.

– : *Wandlung* durch den Glauben, in: BITTER, Vorträge, 13–42.

HAGE, Gerhard (Hg.): Die *Evangelische Michaelsbruderschaft*. Fünfzig Jahre im Dienste an der Kirche, Kassel 1981.

– : Joachim Graf FINCKENSTEIN und Gerhard KRAUSE: *Art. Bruderschaften*/Schwesternschaften/Kommunitäten, 7. 20. Jahrhundert in: TRE Bd. 7, Berlin/New York 1981, 207–212.

HAIGIS, Peter: Beten - über Worte hinaus. Überlegungen zu Paul *Tillichs Gebetstheologie*, in: REIMER/SCHÜSSLER, Gebet, 49–76.

HAMM, Berndt: *Wie mystisch war der Glaube Luthers?* in: HAMM/LEPPIN: Gottes Nähe unmittelbar erfahren, 237–287.

HAMM, Berndt und Volker LEPPIN (Hg.): *Gottes Nähe unmittelbar erfahren*. Mystik im Mittelalter und bei Martin Luther, Tübingen 2007.

HANSELMANN, Johannes und Werner JENTSCH (Hg.): *Glaube konkret*. Katechismusbriefe und Briefseelsorge, o.O. 1977.

– : *Glaube konkret*. Katechismusbriefe, *2. Reihe*, o.O. 1980.

HAPPICH, Carl: Das *Bildbewußtsein* als Ansatzstelle psychischer Behandlung, in: Zentralblatt für Psychotherapie und ihre Grenzgebiete einschließlich der medizinischen Psychologie und psychischen Hygiene. Organ der Allgemeinen Ärztlichen Gesellschaft für Psychotherapie o.Jg. (1932), 663–677.

– : Anleitung zur Meditation, Darmstadt [3]1948.

HARMS, Silke: *Glauben üben. [Typoskript]* Grundlinien einer evangelischen Theologie der geistlichen Übung (Aszetik) und ihre praktische Entfaltung am Beispiel der »Exerzitien im Alltag«, unveröffentlichtes Typoskript einer Inaugural-Dissertation, Tübingen/Zürich/Bursfelde 2010.

– : *Glauben üben.* Grundlinien einer evangelischen Theologie der geistlichen Übung und ihre praktische Entfaltung am Beispiel der »Exerzitien im Alltag«, Göttingen 2011.

– und Anna-Maria aus der WIESCHE: »Das christliche Leben ist eine Übung« (Martin Luther). Die Bedeutung der Übung für die Geistliche Begleitung, in: GREINER u.a.: Geistlich begleiten, 131-143.

HEIN, Markus und Helmar JUNGHANS (Hg.): Die *Professoren* und Dozenten der theologischen Fakultät der Universität Leipzig von 1409 bis 2009, Leipzig 2009.

HEINECKE, Herbert: *Konfession und Politik in der DDR.* Das Wechselverhältnis von Kirche und Staat im Vergleich zwischen evangelischer und katholischer Kirche, Leipzig 2002.

HENCHE, Heinz: *Art. Michaelsbruderschaft*, in: TRE Bd. 22, Berlin/New York 1992, 714-717.

HENKEL, Annegret: Geistliche Erfahrung und Geistliche Übungen bei Ignatius von Loyola und Martin Luther. Die ignatianischen Exerzitien in ökumenischer Relevanz, Frankfurt/Main 1995.

HENKYS, Reinhard: Die *DDR-Kirchen als ökumenische Partner*, in: Reinhard HENKYS (Hg.): Die evangelische Kirche in der DDR. Beiträge zu einer Bestandsaufnahme, München 1982, 11-61.

HERMANN, Konstantin (Hg.): *Sachsen* seit der Friedlichen Revolution. Tradition, Wandel, Perspektiven, Beucha 2010.

HERTZSCH, Erich: *Das Problem der Ordination der Frau* in der evangelischen Kirche, ThLZ 81 (1956), 379-382.

– : Die *Wirklichkeit der Kirche.* Kompendium der Praktischen Theologie. Erster Teil: Die Liturgie, Halle 1956.

– : *Evangelisches Brevier.* Zusammengestellt von Erich Hertzsch, Berlin *[1]1959/[3]1981.*

– : *Exercitia spiritualia* in der evangelischen Kirche. Otto Haendler zum 70. Geburtstage, in: ThLZ 86 (1961), 81-94.

– : *Meditation in der Kirche.* Ernst Sommerlath zum 90. Geburtstag, in: ThLZ 104 (1979), 553-559.

HERTZSCH, Klaus-Peter: *Biblisches Brevier.* Zusammengestellt von Erich Hertzsch, mit einem Vorwort von Klaus-Peter Hertzsch, 5. bearb. Auflage des Evangelischen Breviers, Leipzig 2001.

– : *Persönliche Erinnerungen* an den Vater, in: RASCHZOK, Erich Hertzsch, 101-117.

HETTICH, Michael: Den *Glauben im Alltag einüben.* Genese und Kriterien der ignatianischen Exerzitien im Alltag, Würzburg 2007.

HILDEBRANDT, Jörg und Christine MÜLLER (Hg.): *Taizé.* Wege der Versöhnung. Gegenwart einer Gemeinschaft, Berlin 1984.

HÖSER, Wolfgang: *Retraiten-Angebote in Thüringen*, in: LEITUNGSKREIS, Herr komm in mir wohnen, 30f.

HORNEBER, Markus, Peter HELBICH und Klaus RASCHZOK (Hg.): *Dynamisch Leben gestalten*. Perspektiven zukunftsorientierter Unternehmen in der Sozial- und Gesundheitswirtschaft, Stuttgart 2010, 49–78.

HUECK, Nikolaus: *Lerngemeinschaft im Erziehungsstaat*. Religion und Bildung in den evangelischen Kirchen in der DDR, Gütersloh 2000.

HUMMEL, Gert und Doris LAX (Hg.): *Trinität und/oder Quaternität* – Tillichs Neuerschließung der trinitarischen Problematik. Trinity and/or Quaternitiy – Tillich's Reopening of the Trintiarian Problem, Münster 2004.

–: Mystisches Erbe in Tillichs philosophischer Theologie/Mystical Heritage in Tillich's Philosophical Theology, Münster/Hamburg/London 2000.

HUNTER, Rodney J. (General Editor)/H. Newton MALONY/Liston O. MILLS/John PATTON: *Dictionary of Pastoral Care and Counseling*, Nashville 1990.

HYBELS, Bill: *Aufbruch zur Stille*. Von der Lebenskunst, Zeit für das Gebet zu haben, München 2009.

IGNATIUS VON LOYOLA: *Geistliche Übungen* und erläuternde Texte. Übersetzt und erklärt von Peter Knauer, Leipzig 1978.

IMHOF, Paul: Gott glauben. Grundkurs Ignatianischer Spiritualität mit Werken von Max Faller, Bd. 1, St. Ottilien 1992.

– : Christus erleben. Grundkurs Ignatianischer Spiritualität mit Werken von Max Faller, Bd. 2, St. Ottilien 1992.

– : Geist erfahren. Grundkurs Ignatianischer Spiritualität mit Werken von Max Faller, Bd. 3, St. Ottilien 1992.

ISING, Dieter: *Johann Christoph Blumhardt*, in: MÖLLER, Seelsorge in Einzelporträts, 119–136.

JALICS, Franz: *Kontemplative Exerzitien*. Eine Einführung in die kontemplative Lebenshaltung und in das Jesusgebet, Würzburg [12]2009.

JANSEN, Ernst: Die Evangelische *Michaelsbruderschaft*. Ein Bericht im Auftrage der Evangelischen Michaelsbruderschaft, Kassel 1949.

JENTSCH, Werner: Der *Seelsorger*. Beraten. Bezeugen. Befreien. Grundzüge biblischer Seelsorge, Moers [3]1984.

JOEST, Christoph: *Manfred Seitz und die Entwicklung einer evangelischen Aszetik*, in: Geist und Leben 68 (1995), 196–212.

JONAS, Hans: Der Gottesbegriff nach Auschwitz. Eine jüdische Stimme, Frankfurt/Main 1984.

JONES, Alan: Art. Spiritual Direction and Pastoral Care, in: HUNTER, *Dictionary of Pastoral Care and Counseling*, 1213–1215.

JOSUTTIS, Manfred: Der Pfarrer ist anders, München 1982.

– : Einführung in das Leben. Pastoraltheologie zwischen Phänomenologie und Spiritualität, Gütersloh [2]2004.

JUNG, Carl Gustav: *Gesammelte Werke, Bd. 9/1*, Olten/Freiburg i. Br. [8]1992.

– : *Gesammelte Werke, Bd. 15*, Olten/Freiburg i.Br. [5]1990.

JUNG, Martin H.: Der *Protestantismus* in Deutschland von 1870 bis 1945, Leipzig 2002.

JUNGCLAUSSEN, Emmanuel (Hg.): *Aufrichtige Erzählungen* eines russischen Pilgers. Die vollständige Ausgabe, Freiburg i. Br. [15]2008.

KAELBLE, Hartmut, Jürgen KOCKA und Hartmut ZWAHR (Hg.): *Sozialgeschichte der DDR*, Stuttgart 1994.

KAY, Warren A.: *Paul Tillich's Hermeneutic of Religious Symbols*. A Theological-Philosophical Investigaton, o. O. 1992.

KERN, Udo: Wort und Worterkennen bei Meister Eckhart, in: ZKG Bd.116 (2005), 297-326.

KESSLER, Hans-Ulrich und Burkhardt NOLTE: *Konfis auf Gottsuche*. Praxismodelle für eine handlungsorientierte Konfirmandenarbeit, Gütersloh 2003.

KIESSLING, Klaus (Hg.): *Geistliche Begleitung*. Beiträge aus Pastoralpsychologie und Spiritualität, Göttingen 2010.

– : *Konzeptioneller Zugang* zu Geistlicher Begleitung, in: WzM 60 (2008), 313-322.

– : Weltwärts. Plädoyer für eine Geistliche Begleitung, die verändernd wirkt, in: DERS., Geistliche Begleitung, 277-284.

KIESSLING, Klaus und Hermann-Josef WAGENER, *Empirischer Zugang* zu Geistlicher Begleitung. Erste Ergebnisse qualitativer Forschung, in: WzM 60 (2008), 323-333.

– : *Qualitatv-empirischer Zugang zu Geistlicher Begleitung*. Forschungsergebnisse, in: KIESSLING, Geistliche Begleitung, 63-104.

– : *Quantitativ-empirischer Zugang zu geistlicher Begleitung*. Forschungsergebnisse, in: KIESSLING, Geistliche Begleitung, 105-169.

[Die] KIRCHE. Evangelische Wochenzeitung. Allgemeine Ausgabe 36-55 (1981-2000).

KLESSMANN, Michael: *Seelsorge*. Begleitung, Begegnung, Lebensdeutung im Horizont des christlichen Glaubens. Ein Lehrbuch, Neukirchen-Vluyn 2008.

KLESSMANN, Christoph: *Einleitung*, in: DERS., Kinder der Opposition. Berichte aus Pfarrhäusern in der DDR, Gütersloh 1993, 7-26.

KNODT, Gerhard: *Geistliches Leben einüben*. Von »Unterscheidungsgabe« und »Praxis« bei den Wüstenvätern und heute, in: ThBeitr 40 (2009), 255-272.

KOCH, Christine: *Die Junge Gemeinde* der evangelischen Landeskirchen in Sachsen und Thüringen 1945-1953. Dargestellt unter der besonderen Berücksichtigung des Konfliktes zwischen Staat und kirchlicher Jugendarbeit, Regensburg 2000.

KÖBERLE, Adolf: *Ein sensationelles Buch*. Zu O. Haendlers »Die Predigt«, in: WzM 34 (1982), 168-170.

KÖPF, Ulrich: *Art. Mystik, 3.* Christliche Mystik *b)* Mittelalter bis Neuzeit, in: RGG Bd. 5, Tübingen [4]2002, 1663-1671.

KOHLER, Günter: Hart an der Grenze. *Anfragen* an das Konzept der ›geistlichen Begleitung‹, in: Nachrichten der Evangelisch-Lutherischen Kirche in Bayern, München 2008, 135f.

KOHLI REICHENBACH, Claudia, Umgekehrte Vorzeichen in der geistlichen Begleitung. Der Religionskritiker Bonhoeffer als Zwischenrufer, in: PTh 99 (2010), 316–327.

KRECH, Hans und Matthias KLEIMINGER (Hg. im Auftrag der Kirchenleitung der VELKD): *Handbuch* Religiöse Gemeinschaften und Weltanschauungsfragen, Gütersloh [6]2006.

KREIDER, Larry: Authentisches geistliches *Mentoring*. Anderen helfen im Glauben zu reifen, Bruchsal 2009.

KRÜGER-HAYE, Horst: Das Einkehrhaus in *Hirschluch*, in: LEITUNGSKREIS, Herr komm in mir wohnen, 14–16.

KUNTER, Katharina: *Erfüllte Hoffnungen* und zerbrochene Träume. Evangelische Kirchen in Deutschland im Spannungsfeld von Demokratie und Sozialismus (1980-1993), Göttingen 2006.

LAMBERT, Willi: *Gebet* der liebenden Aufmerksamkeit, in: Korrespondenz zur Spiritualität der Exerzitien, 38 (1978), 35–41.

– : Geistliche Begleitung in der kirchlichen Tradition – Geschichte und Sinn einer *Weggefährtenschaft,* in: FORUM SEELSORGE in Bayern, 3–15.

– : »Wie eine Waage in der Mitte«. *Ignatianische Perspektiven* für geistliche Begleitung, in: SEKRETARIAT DER DEUTSCHEN BISCHOFSKONFERENZ, »Da kam Jesus hinzu ...«, 126–131.

– : *Zeiten zum Aufatmen.* Seelsorge und christliche Lebenskultur, Ostfildern 2008.

LANDAU, Rudolf und Günter R. SCHMIDT: *»Daß allen Menschen geholfen werde ...«.* Theologische und anthropologische Beiträge für Manfred Seitz zum 65. Geburtstag, Stuttgart 1993.

LEFRANK, Alex: *Art. Exerzitien.* III. Exerzitienbewegung, in: LThK Bd. 3, Freiburg/Basel/Rom/Wien [3]1995, 1109f.

LEISCH-KIESL, Monika: *Art. Symbol/Symbolik,* in: GÖSSMANN u.a., Wörterbuch der Feministischen Theologie [2]2002, 528–531.

LEITUNGSKREIS der »Arbeitsgemeinschaft für Evangelische Einkehrtage«. Fachverband im Diakonischen Werk der Evangelischen Kirche in Deutschland (Hg.): *Herr komm in mir wohnen.* Erinnerungen und Berichte aus der »Arbeitsgemeinschaft für Evangelische Einkehrtage« bis 1989. Eine Dokumentation, als Manuskript gedruckt, Reutlingen 1996.

LEONHARD, Silke und Thomas KLIE (Hg.): *Schauplatz Religion.* Grundzüge einer Performativen Religionspädagogik, Leipzig 2003.

– : *Performative Religionspädagogik.* Religion leiblich und räumlich in Szene setzen, in: LEONHARD/KLIE, Schauplatz Religion, 7–16.

LEONHARDT, Rochus: *Grundinformation Dogmatik.* Ein Lehr- und Arbeitsbuch für das Studium der Theologie, Göttingen [3]2008.

LOWE, Christopher CR: *Brüderlicher Dienst* in ökumenischem Geist, in: LEITUNGSKREIS, Herr komm in mir wohnen, 41f.

LÜCKING-MICHEL, Claudia und Josef WOHLMUTH (Hg.): *Inspirationen*. Beiträge zu Wissenschaft, Kunst, Gesellschaft und Spiritualität, Paderborn u.a. 2006

LUIBL, Hans Jürgen: *Des Fremden Sprachgestalt*. Beobachtungen zum Bedeutungswandel des Gebets in der Geschichte der Neuzeit, Tübingen 1993.

LUTHER, Henning: *Religion und Alltag*. Bausteine zu einer Praktischen Theologie des Subjekts, Stuttgart 1992.

– : *Schmerz und Sehnsucht*. Praktische Theologie in der Mehrdeutigkeit des Alltags [1987], in: DERS. Religion und Alltag, 239–256 und 306–315.

LUTHER, Martin: *Ausgewählte Schriften, Bde. 1-6*, hg. von Karin Bornkamm und Gerhard Ebeling, Frankfurt ^{2}1983.

– : [WA] Dr. Martin Luthers Werke, Kritische Gesamtausgabe, Weimar 1883ff.

MAASSEN, Monika: *Biographie und Erfahrung* von Frauen. Ein feministisch-theologischer Beitrag zur Relevanz der Biographieforschung für die Wiedergewinnung der Kategorie Erfahrung, Münster 1993.

MAU, Rudolf: Der *Protestantismus* im Osten Deutschlands (1945–1990), Leipzig 2005.

– : Eingebunden in den *Realsozialismus?* Die Evangelische Kirche als Problem der SED, Göttingen1994.

MARKERT-WIZISLA, Christiane: *Art. Theologinnen*. 19. und 20. Jahrhundert (Moderne). a) Evangelisch, in: GÖSSMANN u.a., Wörterbuch der Feministischen Theologie ^{2}2002, 551–553.

MARTIN, Ariane: *Sehnsucht* – der Anfang von allem. Dimensionen zeitgenössischer Spiritualität, Ostfildern 2005.

MASER, Peter: *Die evangelischen Kirchen in der SBZ/DDR* in der Phase der Errichtung der kommunistischen Herrschaft, in: MASER/SCHJ¢RRING, Zwischen den Mühlsteinen, 271–302.

MASER, Peter und Jens Holger SCHJ¢RRING (Hg.): *Zwischen den Mühlsteinen*. Protestantische Kirchen in der Phase der Errichtung der kommunistischen Herrschaft im östlichen Europa, Erlangen 2002.

MATTHIAE, Gisela: Art. Spiritualität. B.Theologisch, in: EICHER, Neues Handbuch Theologischer Grundbegriffe, 181–193.

MEIER, Kurt: *Die theologischen Fakultäten im Dritten Reich*, Berlin/New York 1996.

MEISTER ECKEHART: *Deutsche Predigten und Traktate*, herausgegeben und übersetzt von Josef Quint, München 1963.

MERKEL, Ina: *Leitbilder und Lebensweisen von Frauen in der DDR*, in: KAELBLE/KOCKA/ZWAHR, Sozialgeschichte der DDR, 359–382.

MEYER, Gerhard: *Einkehrarbeit im Alltag des Gemeindepfarramtes*, in: LEITUNGSKREIS, Herr komm in mir wohnen, 32f.

MEYER-BLANCK, Michael: *Semiotik und Praktische Theologie*, International Journal of Practical Theology 5 (2001), 94–133.

MILLAUER, Helmut (Hg.): Du bist mir täglich nahe. Rummelsberger Brevier Bde. 1–3, Gütersloh 2008.

MÖLLER, Christian (Hg.): Geschichte der *Seelsorge in Einzelporträts* Bd. 3, Göttingen 1996.

MOHR, Jürgen: *Christoph Friedrich Blumhardt*, in: MÖLLER, Seelsorge in Einzelporträts, 137–152.

MÜNDERLEIN, Gerhard (Hg.): *Aufmerksame Wege* – Erfahrungen evangelischer Christen mit den Exerzitien des Ignatius von Loyola, München 1999.

MÜLLER, Alfred Dedo: »*Dämonische Wirklichkeit und Trinität*. Der Atomkrieg als Problem. Meditation und Strukturanalyse«, Gütersloh 1963.

– : *Ethik*. Der evangelische Weg der Verwirklichung des Guten, Berlin 1937.

– : *Grundriß* der Praktischen Theologie, Gütersloh 1950.

– : *Praktische Theologie*, in: FRICK, Einführung, 122–157.

MÜLLER, Peter: *Schlüssel zur Bibel*. Eine Einführung in die Bibeldidaktik, Stuttgart 2009.

MUMM, Reinhard: *Art. II. Hochkirchliche Bewegung* in Deutschland, in: TRE Bd. 15, Berlin/New York 1986, 420f.

NIEBERGALL, D.: *Art. Katechetik* (Katechisation), in: RGG Bd. 3, Tübingen [1]1912, 974–982.

NICOL, Martin: *Meditation bei Luther*, Göttingen [2]1990.

– : *Weg im Geheimnis*. Plädoyer für den Evangelischen Gottesdienst, Göttingen [2]2010.

NÖRENBERG, Klaus-Dieter: *Analogia imaginis*. Der Symbolbegriff in der Theologie Paul Tillichs, Gütersloh 1966.

NÜTZEL, Gerda: *Die Kontextualität der Theologinnenarbeit* - dargestellt am Beispiel der Entwicklung in den lutherischen Kirchen Bayerns, Mecklenburgs und Brasiliens, Berlin 1997; veröffentlicht unter <http://edoc.hu-berlin.de/docviews/abstract.php?id=10140> (04.10.2010).

PAINADATH, Sebastian SJ: *Gott als Subjekt* des Betens, in: REIMER/SCHÜSSLER, Gebet, 29–47.

PATER GORDIAN LANDWEHR OP: Was ich erleben durfte. *Autobiographie*, Graz/Wien/Köln 1995.

PETZOLD, Martin (Hg.): *St. Thomas* zu Leipzig, Leipzig 2000.

PILVOUSEK, Josef: Zehn Jahre danach – Reflexionen zur historischen Aufarbeitung der DDR-Kirchengeschichte, in: SCHLUCHTER, Kolloquien, 193–208 und <www.db-thueringen.de/servlets/DerivateServlet/Derivate-1345/pilvousek.pdf> (10.11.2009).

– : *Die katholische Kirche in der DDR*, in: Erwin GATZ (Hg.): Kirche und Katholizismus seit 1945, Band 1 Mittel-, West- und Nordeuropa, Paderborn/München/Wien/Zürich 1998, 132–150.

PLANCK, Oskar: Die *Evangelische Michaelsbruderschaft*, in: HAGE, Evangelische Michaelsbruderschaft, 23–36.

PLATTIG, Michael OC: Geistliche Begleitung. Versuch einer *Grundorientierung* in: LÜCKING-MICHEL/WOHLMUTH, Inspirationen, 293–304.

PLATTIG, Michael OC und Ralf STOLINA (Hg.): *Das Geheimnis Gottes und die Würde des Menschen.* Spiritualität zu Beginn des Dritten Jahrtausends, Ostfildern 2008.

PÖHLMANN, Horst Georg: Abriß der Dogmatik. Ein Kompendium, Gütersloh [4]1985.

POHL-PATALONG, Uta: *Art. Seelsorge.* Konzeptionen/Kontexte/Lebensgestaltung/Seelsorgegespräch, in: GRÄB/WEYEL, Handbuch Praktische Theologie, 675–686.

POLLACK, Detlef: Kirche in der *Organisationsgesellschaft,* Stuttgart 1994.

POLZIN, Heinz und Wolfgang BREITHAUPT: Das »Haus der Stille« in *Weitenhagen,* in: LEITUNGSKREIS, Herr komm in mir wohnen, 10-13.

POSCHMANN, Andreas: Das *Leipziger Oratorium.* Liturgie als Mitte einer lebendigen Gemeinde, Leipzig 2001.

POTTMEYER, Hermann J.: *Art. Vatikanum* I und II, in: EKL Bd. 4, Göttingen [3]1996, 1100-1109.

PREUL, Reiner: Die soziale *Gestalt des Glaubens.* Aufsätze zur Kirchentheorie, Leipzig 2008.

– : *Kirchentheorie.* Wesen, Gestalt und Funktionen der Evangelischen Kirche, Berlin/New York 1997.

PROJEKTGRUPPE GLAUBENSINFORMATION (Hg.): *Wer glaubt,* denkt weiter. Briefkurs für fragende Menschen, Freiburg [4]1978.

RAABE, Gerson: Ein *Sonderweg* für eine kleine Schar, in: Nachrichten der Evangelisch-Lutherischen Kirche in Bayern 63 (2008), 327–329.

RAEHLMANN, Irene, Birgit MEINERS, Alexander GLANZ und Maria FUNDER (Hg.): *Alles unter einen Hut?* Arbeits- und Lebenszeit von Frauen in der ›Dienstleistungsgesellschaft‹, Hamburg 1992.

RASCHZOK, Klaus: Am Ende einer Bestandsaufnahme. Schlussfolgerungen und Konsequenzen für die evangelische Praxis Geistlicher Begleitung, in: GREINER u.a., *Geistlich begleiten,* 199-227.

– : *Art. Thurneysen,* Eduard (1888–1974), in: TRE Bd. 33, Berlin/New York 2002, 524-527.

– : *Christuserfahrung* und künstlerische Existenz. Praktisch-Theologische Studien zum christomorphen Künstlerselbstbildnis, Frankfurt a.M./Berlin/Bern/New York/Paris/Wien 1999.

– : Das geistliche Amt nach Wilhelm *Löhe.* Impuls in eine amtsvergessene Kirche, in: BLAUFUSS, Löhe, 80-109.

– : *»... dass mein Gebet schwach und hilflos sein darf«* (Antje S. Naegeli). Zur neueren Gebetsliteratur, in: ThLZ 133 (2008), 713–736.

– : Die *Theologie mit dem Herzen verbinden.* Eine Annäherung an die Voraussetzungen der Geistlichen Begleitung, in: GREINER u.a., Wenn die Seele, 179–214.

– : *Hanna Jursch* (1902–1972). Seelsorge im akademischen Kontext, in: ZIMMERLING, Seelsorgerinnen, 298–313.

– (Hg.): Praktische Theologie als Selbsterkenntnis der Kirche. *Erich Hertzsch.* 1902-1995, Leipzig 2003.

– : *Praktische Theologie als Selbsterkenntnis der Kirche*. Eine Einführung, in: DERS., Erich Hertzsch, 9–14.

– : *Ordination* als Berufung und Lebensarbeit. Zu einem vernachlässigten Aspekt gelebter Spiritualität im Pfarrberuf, in: ThBeitr 33 (2002), 138–154.

– : *Spiritualität als christliche Kernkompetenz* im sozialen Unternehmen, in: HORNEBER/HELBICH/RASCHZOK, Dynamisch Leben gestalten, 49–78.

REBELL, Walter: *Psychologisches Grundwissen* für Theologen. Ein Handbuch, München 1988.

REICHEL, Maria und Hansjörg SCHEMANN: *Ausbildungen* zur Geistlichen Begleitung im Bereich der Evangelischen Kirche in Deutschland, in: GREINER u.a., Wenn die Seele, 243–260.

REIMER, A. James und Werner SCHÜSSLER (Hg.): Das *Gebet* als Grundakt des Glaubens, Münster 2004.

RIESS, Richard (Hg.): *Wenn der Dornbusch brennt*: Beiträge zum Pfarrerberuf, zur Praxis geistlichen Lebens und zum Weg der Kirche. Eine Festgabe für Dieter Voll, München 1989.

RIEWESELL, Thorsten: *Mentoring*. Geistlich wachsen und vorankommen, Kassel 2003.

RINGLEBEN, Joachim: *Art. Christengemeinschaft*, in: RGG Bd. 2, Tübingen [4]1999, 178–180.

RÖHLIN, Karl-Heinz: Das *Pastoralkolleg* als Ort Geistlicher Begleitung, in: GREINER u.a., Wenn die Seele, 287–298.

ROSENAU, Hartmut: *Art. Mystik III. Systematisch-theologisch*, in: TRE Bd. 23, Berlin/New York 1994, 581–589.

ROSENBERG, Alfons: *Christliche Bildmeditation*, München 1975.

RÖSSLER, Dietrich: *Grundriß* der Praktischen Theologie, Berlin/New York [2]1994.

ROTZETTER, Anton: *Lexikon* christlicher Spiritualität, Darmstadt 2008.

RUHBACH, Gerhard (Hg.): *Meditation*. Versuche – Wege – Erfahrungen, Göttingen/Regensburg 1975.

RUPPEL, Helmut und Ingrid SCHMIDT: Von Angesicht zu Angesicht. Aufmerksamkeit für Ernst Barlachs Bilder vom Menschen, Neukirchen-Vluyn 1984.

SAMMET, Kornelia: *Frauen im Pfarramt*: Berufliche Praxis und Geschlechterkonstruktion, Würzburg 2005.

SCHÄFER, Bernd: *Staat und katholische Kirche in der DDR*, Köln/Weimar/Wien 1998.

SCHÄFFER, Wilhelm: Meinen Glauben erneuern. Ein Glaubenskurs für Einzelne und Gruppen, Würzburg 1988.

SCHARRER, Siegried und Hinrich C.G. WESTPHAL: »Projektgruppe Glaubensinformation«: Entstehung, Echo, Zukunftspläne, in: PROJEKTGRUPPE GLAUBENSINFORMATION, Wer glaubt, denkt weiter, 163–175.

SCHAUPP, Klemens: Gott im Leben entdecken. Einführung in die geistliche Begleitung, Kevelaer 2006.

– : *Konzeptionen Geistlicher Begleitung*, in: GREINER u.a., Wenn die Seele, 101–127.

– : *Was ist ›Geistliche Begleitung‹?* in: GREINER u.a., Wenn die Seele, 12–31.

SCHLUCHTER, Wolfgang (Hg.): *Kolloquien* des Max-Weber-Kollegs 15/23 (o.O. 2001).

SCHMIDL, Kurt und Christoph BENKE: *Briefkurse bauen auf*, in: Korrespondenz zur Spiritualität der Exerzitien 47(1997), Heft 70. Exerzitien im Alltag – eine Zwischenbilanz. Teil I, 60-64.

SCHMIDT, Günter, R.: *Art. Gebet.* IX. Praktisch-theologisch, in: RGG Bd. 3, Tübingen [4]2000, 501f.

SCHNEIDER-FLUME, Gunda: Grundkurs *Dogmatik*. Nachdenken über Gottes Geschichte, Göttingen 2004.

SCHÖDL, Albrecht: ›*Unsere Augen* sehen nach dir‹. Dietrich Bonhoeffer im Kontext einer aszetischen Theologie, Leipzig 2006.

SCHREIER, Christian: *Erinnerungen* an die Anfänge. Festvortrag zum 10. Jahrestag der Einweihung des Hauses der Stille in Grumbach. Typoskript liegt in Kopie der Verfasserin vor.

SCHRIDDE, Katharina Klara: *Begegnung* mit Dir. Ein Exerzitienbuch, München 2009.

SCHRÖER, Henning: *Art. Symbol. IV. Praktisch-theologisch*, in: TRE Bd. 32, Berlin/New York 2001, 491–496.

– : *Inventur der Praktischen Theologie,* zuerst veröffentlicht in: Deutsches Pfarrerblatt 69 (1969), 720-723, zitiert und ergänzt in: Gerhard KRAUSE (Hg.): Praktische Theologie. Texte zum Werden und Selbstverständnis der Praktischen Disziplin der Evangelischen Theologie, Darmstadt 1972.

SCHUCHARDT, Erika: *Warum gerade ich?* Leben lernen in Krisen, Göttingen [9]1996.

SCHÜSSLER, Werner und Erdmann STURM: Paul *Tillich*. Leben – Werk – Wirkung, Darmstadt 2007.

SCHULZ, Hansjürgen: Geistlicher Übungsweg *(Rezension)*, in: Die Christenlehre 42 (1989), 59–61.

SCHULZ, Günther und Jürgen ZIEMER: *Mit Wüstenvätern und Wüstenmüttern* im Gespräch. Zugänge zur Welt des frühen Mönchtums in Ägypten, Göttingen 2010.

SCHWAB, Ulrich: *Art. Rittelmeyer*, Friedrich, in: BBKL Bd. 8, Herzberg 1994, 407–410.

SCHWARZ, Franz und Reinhard SANDER: Die Evangelisch-Lutherische *St. Wigberti-Bruderschaft* in Werningshausen bei Sömmerda, in: LEITUNGSKREIS, Herr komm in mir wohnen, 38–40.

SEEGER, Joachim: *Glaubensmut* unter den Bedingungen des Sozialismus anhand der Predigten des Paters Gordian Landwehr, Frankfurt/Main 2001.

– (Hg.): *Pater Gordian Landwehr*. Ein unermüdlicher Verfechter des Glaubens in der Auseinandersetzung mit dem Sozialismus, Aachen 2006.

SEIFERT, Theodor: *Art. Archetyp*, EKL Bd. 1, Göttingen [3]1986, 258–260.

SEILS, Martin: *Erich Hertzsch* zum 85. Geburtstag am 31. März 1987, in: ThLZ 112 (1987) 238f.

SEITZ, Manfred: *Art. Askese* IX. Praktisch-theologisch, in: TRE Bd. 4, Berlin/New York 1979, 250-259.

Sekretariat der Deutschen Bischofskonferenz, »Da kam Jesus hinzu ...« (Lk 24, 15). Handreichung für geistliche Begleitung auf dem Glaubensweg. Arbeitshilfen 158, o.O. 2001.

Senghaas-Knobloch, Eva: *Die Theologin im Beruf.* Zumutung. Selbstverständnis. Praxis, München 1969.

Sens, Matthias und Roswitha Bodenstein (hrsg. im Auftrag der Arbeitsgemeinschaft Christlicher Kirchen): Über Grenzen hinweg zu wachsender Gemeinschaft. Ökumene in der DDR in den achtziger Jahren, Frankfurt/Main 1991.

Simon, Josef: *Art. Symbol. I. Philosphisch*, in: TRE Bd. 32, Berlin/New York 2001, 479-481.

Sölle, Dorothee: Gesammelte Werke Bd. 6, »Du stilles Geschrei. *Wege der Mystik*«, Stuttgart o.J.

[Der] Sonntag. Gemeindeblatt der Ev.-Luth. Landeskirche Sachsens, 30-58 (1975-2003).

Sparn, Walter (Hg.): *Wer schreibt meine Lebensgeschichte?* Biographie, Autobiographie, Hagiographie und ihre Entstehungszusammenhänge, Gütersloh 1990.

Stählin, Wilhelm: *Via Vitae.* Lebenserinnerungen von Wilhelm Stählin, Kassel 1968.

Stanke, Brigitte: Einkehrtage im Pfarrhaus in *Schlöben,* in: Leitungskreis, Herr komm in mir wohnen, 25f.

Steffensky, Fulbert: Schwarzbrot-Spiritualität, Stuttgart 2005.

Stengel, Friedemann: *Die Theologischen Fakultäten* in der DDR als Problem der Kirchen- und Hochschulpolitik des SED-Staates bis zu ihrer Umwandlung in Sektionen 1970/71, Leipzig 1998.

Stevens, Anthony: *Jung,* Freiburg/Breisgau 1999.

Stökl, Andreas: Taizé. Geschichte und Leben der Brüder von Taizé, Gütersloh [3]1977.

Stolina, Ralf: *Das Geheimnis Gottes und die Würde des Menschen,* in: Plattig/Stolina, Das Geheimnis Gottes, 10-37.

– : Das *Lebens-Gespräch* mit Gott. Zur theologischen Grundlegung geistlicher Begleitung, in: PTh 99 (2010), 288–305.

– : *Niemand hat Gott je gesehen.* Traktat über negative Theologie, Berlin/New York 2000.

Stollberg, Dietrich: Das persönlichkeitsspezifische *Credo.* Aspekte künftiger Seelsorge nach Klaus Winkler, in: Wort und Dienst 27 (2003), 397–406.

– : Was ist die theologische Basis geistlicher Begleitung? Ein kritischer *Zwischenruf*«, in: PTh 99 (2010), 39–57.

Stoodt, Dieter: *Art. Religionsunterricht,* in: TRE Bd. 29, Berlin/New York 1998, 33–49.

Sudbrack, Josef: *Art. Kontemplation,* in: EKL Bd. 2, Göttingen [3]1989, 1415–1418.

– : *Das spirituelle Proprium des evangelischen Glaubens.* Anfrage von einem Katholiken, in: Riess, Wenn der Dornbusch brennt, 123–136.

SUDBRACK, Josef und Sigmunda MAY: *Daß ich nicht taub sei für deinen Ruf*. Wort und Bild zu den Geistlichen Übungen des Ignatius von Loyola, Würzburg 1980.

TEBARTZ-VAN ELST, Franz-Peter: *Art. Mystagogie/Mystagogische Theologie III. Praktisch-theologisch,* in: RGG Bd. 5 Tübingen [4]2002, 1636f.

THIESEN, Erik und Dietrich STOLLBERG: Seelsorge und Geistliche Begleitung. Eine Diskussion, in: PTh 99 (2010), 306–315.

THILO, Hans-Joachim: Zum Schauen bestellt. *Begegnungen mit Otto Haendler*, in: WzM 34 (1982), 163–168.

THORNTON, Martin: Art. Spiritual Direction, History and Traditions of, in: HUNTER, Dictionary of Pastoral Care and Counseling, 1210–1213.

– : Art. Spiritual Director, in: HUNTER, Dictionary of Pastoral Care and Counseling, 1215.

– : Art. Spiritual Theology and Pastoral Care, in: HUNTER, Dictionary of Pastoral Care and Counseling, 1218–1220.

TILMANN, Klemens: *Führung zur Meditation*, Zürich [9]1992.

TILLICH, Paul: *[GW V]* Gesammelte Werke. Bd. V. Die Frage nach dem Unbedingten. Schriften zur Religionsphilosophie, Stuttgart 1964.

– : *[GW VII]* Gesammelte Werke. Bd. VII. Der Protestantismus als Kritik und Gestaltung. Schriften zur Theologie I, Stuttgart 1962.

– : *Symbol und Wirklichkeit,* Göttingen 1963.

– : *Systematische Theologie I/II,* Berlin/New York [8]1987.

– : *Systematische Theologie III,* Berlin/New York [4]1987.

TOASPERN, Paul: Die missionarischen *Dienste* in der ehemaligen DDR seit dem letzten Kriege, vor allem in den Jahren 1959–1989, Typoskript von 1991.

TOASPERN Paul und Gottfried WOLFF: *Stille vor Gott*. Eine Einführung in evangelische Einkehrtage, hg. durch Innere Mission und Hilfswerk der Evangelischen Kirchen in der DDR von Gerhard Bosinski, Berlin 1977.

UEBERSCHÄR, Ellen: *Junge Gemeinde im Konflikt*. Evangelische Jugendarbeit in SBZ und DDR 1945–1961, Stuttgart 2003.

ULLRICH, Lothar: *Das evangelisch-katholische Gespräch* und seine theologischen Themen, in: SENS/BODENSTEIN, 32–37.

VOGLER, Werner, Hans SEIDEL und Ulrich KÜHN (Hg.): *Vier Jahrzehnte kirchlich-theologische Ausbildung in Leipzig*. Das Theologische Seminar. Die kirchliche Hochschule, Leipzig 1993.

VOIGT, Kerstin: Otto *Haendler* - Leben und Werk, Frankfurt am Main 1993.

VOSS, Gerhard: *Art. Una-Sancta-Bewegung,* in: TRE Bd.34, Berlin/New York 2002, 265–267.

WATZLAWICK, Paul, Janet H. BEAVIN und Don D. JACKSON: Menschliche *Kommunikation*: Formen, Störungen, Paradoxien, Bern/Stuttgart/Wien [5]1980.

WEISMANN, Eberhard: *Art. Alpirsbach*, in: TRE Bd. 2, Berlin/New York 1978, 295–299.

WEIZSÄCKER, Carl Friedrich von: Zum *Weltbild der Physik*, Leipzig [3]1945.

WENZ, Gunter: Er wirkt allein durch das Wort. Vom Amt eines evangelischen Bischofs, in: Nachrichten der Evangelisch-Lutherischen Kirche in Bayern 49 (1994), 121-123.

WIEDENHAUS, Ansgar SJ: Gott in der Mailbox finden. Die *Exerzitien Online* als Einführung ins Gespräch mit Gott, in: KIESSLING, Geistliche Begleitung, 252-262.

WIESCHE, Anna-Maria aus der: Die *Ausbildung* zur Geistlichen Begleitung in der Communität Christusbruderschaft, in: GREINER u.a., Wenn die Seele, 261-267.

WINKLER, Klaus: *Das persönlichkeitsspezifische Credo*, in: WzM 34 (1982), 159-163.

– : *Seelsorge*, Berlin/New York ²2000.

WINTZER, Friedrich: *Frömmigkeit* als eine Grundperspektive der Praktischen Theologie, in: DERS.: Frömmigkeit und Freiheit, Rheinbach-Merzbach 1995, 13-21.

WISCHMEYER, Wolfgang: *Art. Arkandisziplin*, II. Christentum, in: RGG Bd. 1, Tübingen ⁴1998, 744-746.

WOLFF, Gottfried: *Im Schatten* der atheistischen Macht. Exerzitien in der ehemaligen Deutschen Demokratischen Republik, in: MÜNDERLEIN, Aufmerksame Wege, 167-177.

– : Solus Christus. Wurzeln der *Christusmystik bei Gerhard Tersteegen*, Gießen 1989.

– : *Zeiten mit Gott*. Evangelische Exerzitien, Stuttgart 1980.

ZIERKE, Irene: *Veränderte Frauenzeiten* in Ostdeutschland, in: RAEHLMANN, Alles unter einen Hut?, 94-104.

ZILLEßEN, Dietrich: *Art. Symbol*/Symbole/Symboltheorien *IX. Didaktisch*, in: RGG Bd. 7, Tübingen ⁴2007, 1930.

ZIMMERLING, Peter: *Art. Stille Zeit*, in: BURKHARDT/SWARAT, Evangelisches Lexikon, 1909.

– : *Bonhoeffer* als Praktischer Theologe, Göttingen 2006.

– (Hg.): Evangelische *Seelsorgerinnen*. Biografische Skizzen, Texte und Programme, Göttingen 2005.

– : *Evangelische Spiritualität*. Wurzeln und Zugänge, Göttingen 2003.

– : *Überlegungen* zu ›Gottes Nähe unmittelbar erfahren: Mystik im Mittelalter und bei Martin Luther/hrsg. von Berndt Hamm; Volker Leppin. Tübingen 2007‹, in: LuJ 75 (2008), 203-208.

ZINK, Jörg: *Die goldene Schnur*. Anleitung zu einem inneren Weg, Stuttgart o.J.

Biogramme

Die Biogramme ermöglichen die Orientierung über einige im Text genannte Personen aus dem Umfeld Karin Johnes. Die Biogramme sind unterschiedlich gestaltet, abhängig von den zur Verfügung stehenden Informationen und der Bedeutung der Person in der Zusammenarbeit mit Karin Johne. Soweit die Genannten sich im Gespräch als Zeitzeugen zur Verfügung stellten, sind die Daten der Gespräche mit mir genannt. Die Personen sind gemäß der alphabetischer Reihenfolge ihres Nachnamens geordnet.

Reinhold Fritz,

geb. 1930; Studium in Leipzig; 1955 Gemeindepfarrer in Kleinröhrsdorf und Leppersdorf (Oberlausitz); ab 1965 Landesjugendpfarrer in Sachsen, erste Begegnungen mit Taizé; ab 1973 Superintendent in Karl-Marx-Stadt; ab 1978 Oberlandeskirchenrat als Ausbildungsdezernent im Landeskirchenamt der Evang.-Luth. Kirche Sachsens, in dieser Funktion auch verantwortlich für die Retraitenarbeit; vor der Wiedervereinigung 14 Jahre Kurator der Michaelsbruderschaft in der DDR; 1995 Eintritt in den Ruhestand. Gespräch am 22.10.2008.

Helmut Geiger,

verstorben am 24.12.2005; Mitgründer der Oratorianer-Kongregation in Pirna und Dresden 1961; katholischer Priester; aktiv u.a. in der Kursarbeit mit Schülerinnen und Schülern und Menschen mit Behinderung; in der Meditations- und Kursarbeit ein wesentlicher Lehrer Karin Johnes.

Andreas Götze,

mit Karin Johne durch eine Reihe von Kursen bekannt, an denen er – auch schon vor 1989 – teilnahm. Freund der Familie Johne und seit Mai 2007 Betreuer der Website Karin Johnes. Er lebt in Dresden und ist als Ehrenamtlicher auch dem Haus der Stille in Grumbach verbunden.

Gerhard Hartmann, Dr.

ehemaliger Mitarbeiter des Verlags Styria Graz/Wien/Köln bis 1999, sowie danach als Geschäftsführer des Lahn-Verlags und der Topos Taschenbücher mit Karin Johnes Werk befasst.

Walter Heck SJ, Pater

geb. 1950; Mitglied des Jesuitenordens; von 1991 bis 2003 als Priester und Seelsorger zunächst für die Krankenhäuser in der Stadt Leipzig und ab 1996 nur noch für das Elisabeth-Krankenhaus in Leipzig tätig; vier bis fünf mal als Exerzitienleiter zusammen mit Karin Johne bei Ökumenischen Einzelexerzitien an unterschiedlichen Orten; derzeit Spiritual im Priesterseminar Erfurt; Gespräch am 15.07.2008 in Erfurt.

Klaus-Peter Hertzsch, Prof. Dr. (em.)

Sohn von Erich Hertzsch, bis 1995 Ordinarius für Praktische Theologie an der Theologischen Fakultät der Friedrich-Schiller-Universität Jena. Gespräch am 20.05.2008.

Bernward Jensch SJ, Pater

Mitglied des Jesuitenordens; Kontakt zu Karin Johne ab Anfang oder Mitte der 80er Jahre; in der Exerzitienarbeit in Hoheneichen und bei den Ausbildungen zur geistlichen Begleitung aktiv; übernahm von Pfarrer Geiger die Schülerarbeit; seit 1995 in Trier.

Ernst Koch, Prof. Dr.

geb. 1930; in Niederschlesien; Schulzeit in Görlitz; Studium in Halle (1949–1951) und Leipzig (1951–1954); Stipendiat des LWB in Zürich und anschließende Promotion in Leipzig; 1959–1961 Vikar in Eisenach; 1961–1969 Pfarrer in Nordthüringen im Kreis Mühlhausen; 1969–1976 Rektor des Predigerseminars in Eisenach; 1976–1992 Dozent am Theologischen Seminar/Kirchlichen Hochschule Leipzig; 1992–1996 Ausbildung und Fortbildung von Pfarrvikaren in Thüringen; ab 1996 Ruhestand, lebt in Leipzig. Gespräch am 27.08.2008.

Gerrit König SJ, Pater

geb. 1923; Schulzeit großteils im Kloster Ettal, Soldat im 2. Weltkrieg; Verwundung mit Verlust eines Auges; kaufmännische Lehre in Hamburg; 1946 Entscheidung für das Priesteramt; Studium in München und St. Georgen/Frankfurt; Ausbildung im Priestersemnianr Osnabrück, Entscheidung für den Dienst in der »Ostzone«. Priesterweihe 1952, als Kaplan in Rostock bis etwa 1957, Eintritt in den Jesuitenorden; bis 1965 Kaplan in Dresden, anschließend Studentenpfarrer in Rostock in enger Zusammenarbeit mit der ESG; 1972–1977 Leiter des Exerzitienhauses in Parchim; etwa ab 1980 Leiter des Exerzitienhauses der Jesuiten in Hoheneichen bei Dresden, zusammen mit Pater Meixner und Pater Bischorna; von 1982–1987 Regionalsuperior der Jesuiten in der DDR, zuletzt als Spiritual der Nazareth-Schwestern in Goppeln. Ruhestand in Berlin. Gespräch am 14.07.2008 in Berlin, Am Schwemmhorn 3a.

Ulrich Kühn, Prof. Dr. (em.)

geb. 1932; (etwa 1950-1955) Studium in Leipzig, in dieser Zeit von Alpirsbach geprägtes, gregorianisches Singen im Kontakt mit Kantor Dr. E. Paul; wichtiger Lehrer war Ernst Sommerlath (ST); Kühn beschreibt für diesen ein stetes Bemühen um die Verbindung von Theologie und geistlichem Leben, das ihm selbst als Hochschullehrer ebenfalls wichtig war und ist; Anfang der 60ger Jahre im Kontakt mit Pater Gordian OP, der mehrfach Exerzitien für die Gruppe hält; mit dabei auch Pfarrer Gottfried Wolff.

Gordian Landwehr OP, Pater

geb. 1912; Mitglied des Dominikanerordens; seit 1951 in Leipzig-Wahren; sehr bekannter Prediger; ab Mitte der 60er Jahre immer wieder als Exerzitienleiter in der evangelischen Kirche tätig; unterstützte Karin Johne theoretisch und praktisch in ihrer Arbeit;

ermöglichte Karin Johne u.a. im Notfall die Nutzung der OrMiG-Vervielfältigung im Kloster in Wahren für ihre Briefkurse; verstorben 1998.

Manfred Lay

Mitarbeiter und später Leiter der Katholischen Glaubensinformation (kgi) in Frankfurt am Main. Die kgi wurde zum 31.12.2009 auf Beschluß der Bischofskonferenz aufgelöst und alle Mitarbeiter entlassen.

Christopher Lowe CR, Pater

Mitglied der Community of Resurrection, Mirfield, England; alljährlich ab etwa 1970 zunächst auf Einladung von Dr. Gottfried Wolff für ca. einen Monat in der DDR, um Retreat-Tage anzubieten und die Vernetzung zwischen Kommunitäten, Ost und West, evangelischen und katholischen Christinnen und Christen zu fördern. Er sprach deutsch, weil er ein Jahr in Münster studiert hatte. Wichtiger anglikanischer Unterstützer der Retraite-Arbeit in der DDR, für Karin Johne besonders als Anreger der Briefkurse; verstorben 2001.

Hartmut Mai, Prof. Dr. (em.)

geb. 1937; Studium der Evangelischen Theologie in Leipzig 1955–1960 u.a. bei Alfred Dedo Müller (PT), Ernst Sommerlath (ST); ab 1981 Hochschuldozent für Kirchliche Kunst und Konfessionskunde; 1992 Professor für Christliche Archäologie und Kirchliche Kunst, außerdem Lehre in Ökumenik und Konfessionskunde. Emeritiert 2002. Gespräch am 07.04.2008.

Norbert Müller, Prof. Dr. (em.)

geb. 1925; Sohn von Alfred Dedo Müller; Studium von 1946–50 in Leipzig, Zürich und Tübingen; Vikariat in der Evangelisch-Lutherischen Kirche in Bayern; 1951–1966 zunächst Wiss. Assistent, dann Pfarrer in Leipzig, in dieser Zeit Promotion und Habilitation in Halle bei Professor Hans Urner; 1966 Ruf nach Rostock; 1968–1990 Professor für Systematische Theologie in Halle; wohnt in seinem Elternhaus in Leipzig. Gespräch am 27.05.2008.

Wolfgang Ratzmann, Prof. Dr. (em.)

geb. 1947; ab 1988 Dozent für Praktische Theologie am Theologischen Seminar bzw. 1990 an der Kirchlichen Hochschule in Leipzig, ab 1.10.1992 Professor für Praktische Theologie an der Universität Leipzig. Emeritiert 2010.

Hermann Schleinitz,

geb. 1938; von etwa 1980 bis 1986 als theologischer Oberkirchenrat im Landeskirchenamt der Evang.-Luth. Landeskirche Sachsens mit Schwerpunkt »Seelsorge« u.a. zuständig für die Retraitenarbeit. Strukturelle Begleitung des Aufbaus des Hauses der Stille in Grumbach in Kooperation mit Oberlandeskirchenrat Reinhold Fritz; Schleinitz betont die Bedeutung der Zusammenarbeit mit Pater Christopher Lowe CR. Gespräch am 29.09.2008.

Christian Schreier,

geb. 1938, 1956–1962 Theologiestudium in Greifswald, Halle und Leipzig; 1961–1962 Predigercolleg St. Pauli Leipzig; 1962–1963 Vikariat in Moritzburg; 1963–1971 Gemeindepfarramt in Euba (Kirchenbezirk Karl-Marx-Stadt II); 1971–1980 Gemeindepfarramt Peterskirche Leipzig; 1980-1984 Ephoralvikar im Kirchenbezirk Rochlitz und Retraitenarbeit im landeskirchlichen Auftrag; 1984–2000 Gemeindepfarramt in Grumbach (Kirchenbezirk Meißen) und Retraitenarbeit, Aufbau und Leitung des Hauses der Stille in Grumbach. Gespräch am 20.04.2008 und Schreiben vom 31.07.2008.

Paul Toaspern, Dr. Dr.

geb. 1924; ab 1959 Hauptgeschäftsführer in der Arbeitsgemeinschaft missionarische Dienste und Abteilungsleiter im Diakonischen Werk in Ost-Berlin; Initiator und Leiter der Arbeitsgemeinschaft für Geistliche Einkehrtage in der DDR. Gespräch am 17.12.2008 in Berlin.

Gottfried Wolff, Dr.

geb. 1930 in Leipzig, Theologiestudium in Leipzig von 1948–1954; wichtige Lehrer: Albrecht Alt (AT), Alfred Dedo Müller (PT) und Kirchengeschichte: Franz Lau (KG); 1955 Predigerseminar in Lückendorf unter Gottfried Voigt anschließend Vikariat und Pfarrstellen in Chemnitz und Holzhausen bei Leipzig (Ordination 1956); eigenständige Fortbildung im Bereich Exerzitien; Kontakt zu und Einladung an den anglikanischen Pater Christopher Lowe und die schwedischen, lutherischen Geistlichen Ahlstedt; bis zu 8 mal jährlich Exerzitienangebote in verschiedenen Häusern; regelmäßig Teilnahme an Arbeitstreffen im katholischen, evangelischen, ökumenischen Bereich in diesem Bereich. Promotion (Zeiten mit Gott: evangelische Exerzitien) und Habilitation (Tersteegen und die Mystik); 1987 Wechsel nach Möser bei Magdeburg als Leiter des Hauses der Stille der Kirchenprovinz Sachsen; 1993 Eintritt in den Ruhestand. Gespräche am 24.04.2008 und 12.01.2009.

Godehard Wolpers, Bruder

geb. 1939; seit 1960 Mitglied der Brüdergemeinschaft der Canisianer in Münster ein, Pädagoge, in der Diözese Hildesheim u.a. in der Jugendarbeit tätig. Theologiestudium; Priesterweihe 1979; Leiter der Diözesanstelle Berufe der Kirche, später zusätzlich Leiter des Exerzitienreferates im Bistum Hildesheim, seit 1993 Gemeindepfarrer in Hildesheim, inzwischen in Ruhestand, als Subsidiar in zwei Stadtgemeinden; bot im Januar 1989 in einem Briefkurs Exerzitien im Alltag an, nachdem er Karin Johnes Buch »Geistlicher Übungsweg« durchgearbeitet hatte.

Jürgen Ziemer, Prof. Dr. (em.)

geb. 1937; 1955–1960 Studium in Greifswald und Halle, 1960-1963: Studieninspektor im Theologenkonvikt in Halle, zeitgleich Promotion; 1963–1965 Vikariat an der Thomaskirche in Leipzig in Vertretung einer Pfarrstelle; 1965–1968 Gemeindepfarrer in Leipzig; 1968–1972 Studieninspektor am Predigerseminar in Leipzig; 1972–1976 Studentenpfarrer in Dresden; 1976–1980 Studiendirektor am Predigerseminar in Leipzig; 1980-1992: Vertreter der Praktischen Theologie am Theologischen Seminar in Leipzig; 1992–2002 Professor für Praktische Theologie an der Theologischen Fakultät der Universität Leipzig. Gespräch am 15.04.2008.

Zeugnisse über Karin Johne

Im Zusammenhang der Recherchen über Karin Johnes Arbeit liegen vier aufschlussreiche E-mails an die Verfasserin vor, die die Einordnung der Arbeit Karin Johnes in ihren historischen und ökumenischen Kontext ermöglichen. Sie werden hier veröffentlicht.

Godehard Wolpers, Hildesheim, 21.10.2010

[...] heute möchte ich nun meinem Versprechen nachkommen und Ihnen auf Ihre Fragen bezüglich der Exerzitien im Alltag berichten, die ich als Briefkurs im Jahre 1989 durchgeführt habe. Zunächst ein paar Worte zu meiner Person.

Ich bin Jahrgang 1939 und trat im Jahre 1960 nach einer Lehre als Verwaltungsangestellter in die Brüdergemeinschaft der Canisianer in Münster ein. Dort bekam ich nach dem Noviziat die Möglichkeit über den Weg der »Begabtensonderprüfung« ein Studium an der Pädagogischen Hochschule zu absolvieren. Nach der 2. Lehramtsprüfung arbeitete ich in der Jugendarbeit in der Diözese Hildesheim, dann an einer Sonderschule für verhaltensauffällige Kinder, bevor ich an der Ordenshochschule der Franziskaner und Kapuziner ein Studium der Theologie begann. 1979 wurde ich zum Priester geweiht. Nach meiner Kaplanszeit übernahm ich die Leitung der Diözesanstelle Berufe der Kirche, später auch noch die Leitung des Exerzitienreferates in unserem Bistum, bevor ich 1993 eine Pfarrstelle in Hildesheim übernahm. Inzwischen bin ich im Ruhestand, helfe aber als Subsidiar noch in zwei Stadtgemeinden aus.

Nun zu dem Briefkurs der Exerzitien im Alltag, zu der ich zu dem Thema »Die Freundschaft mit Jesus leben«, im Januar 1989 eingeladen hatte. Die Idee dazu hatte ich bekommen, nach dem ich selber den von Karin Johne in ihrem Buch vorgeschlagenen Weg gegangen war.

Im Laufe der Jahre waren in der Diözesanstelle Berufe der Kirche über 500 Anfragen von jungen Menschen nach einem kirchlichen Beruf eingegangen. Auf ein Anschreiben, in dem ich kurz skizziert hatte, was Exerzitien sind, meldete sich 80 Jugendliche, die bereit waren, den Weg der gehen. Als Zeitraum für den Weg hatte ich die 6 Wochen vom Weißen Sonntag bis zum Pfingstfest gewählt. Jeweils in der Woche davor bekamen dann die Teilnehmer von mir einen Brief und dazu Anregungen für die einzelnen Tage der Wochen, die unter folgenden Themen standen:

1. Woche: Lobe den Herrn meine Seele unde vergiss nicht, was er dir Gutes getan hat.
2. Woche: Fortsetzung des Lobes im Wissen eigener Schuld
3. Woche: »Ihr seid meine Freunde«
4. Woche: Mit Jesus auf dem Weg
5. Woche: Der Ruf in die Nachfolge
6. Woche: Was er euch sagt, da tut

Mit mir standen etwa 15 Priester und Ordensleute den Teilnehmern bereit zu persönlichen Gesprächen und Briefkontakten. Ich selber habe damals einen regen Briefverkehr gepflegt und mich auch mit einzelnen, wenn es der Wunsch war, persönlich getroffen. Mit einigen der Teilnehmer stehe ich noch heute in Kontakt. Es gab auch die Möglichkeit, an Reflexionstreffen teilzunehmen. Wenn auch nicht alle Teilnehmer den Weg zu Ende mitgegangen sind, ist das Unternehmen doch als positiv zu bewerten. So habe ich dann speziell für Jugendliche im Jahr 1992 einen weiteren Kurs geplant und durchgeführt, der unter dem Thema »Auf dem Weg« stand.

Nun hoffe ich, dass ich Ihre Fragen beantwortet habe. Falls Sie noch nähere Angaben wünschen, werde ich diese Ihnen so gut es geht gern beantworten. Manches ist in meiner Erinnerung nämlich schon verblasst, obwohl ich täglich durch zwei Bilder an den ersten Kurs erinnert werde. Eine der Teilnehmerinnen, damals noch Studentin für Grafik und Design, später Meisterschülerin für Malerei hat Ihren Exerzitienweg in einer Radierung festgehalten und einen Lobpsalm, zu dem ich am Ende eingeladen hatte, als Aquarell gemalt.

Manfred Lay, Frankfurt 09.12.2009

[...] ich bin zwar der »richtige Ansprechpartner«, aber eigentlich schon nicht mehr im Dienst, da dieser am 31.12. mit der Schließung der kgi und der Entlassung aller Mitarbeiter endet und ich nun noch Resturlaubstage nehmen muss, bzw. darf :-)

Unser Arbeiten in der kgi war immer sehr kreativ, unbürokratisch, spontan. Schriftliche Unterlagen über das Meiste gibt es gar nicht, sondern nur mündliche Absprachen, formlose Zusammenarbeit, gegenseitiges Helfen jenseits ökumenischer Scheuklappen (Prof. Tillich[1037], Hamburg, hatte damals beispielsweise das Modell Glaubensbriefe von der kgi übernommen und sich damals mit Pfr. Krenzer, dem Gründer der kgi, getroffen und besprochen), gegenseitiges Motivieren und Befeuern mit Ideen. Diese Art zu arbeiten hat wohl einen großen Teil unseres Erfolges ausgemacht; andererseits muss man sagen, passt es heute nicht mehr den Mainstream kirchlichen Arbeitens, wo unter dem Diktat, bzw. wohl zutreffender hinter dem Feigenblatt wirtschaftlicher Denkmuster und Begrifflichkeiten im Grunde ein uraltes hierarchisch-klerikales Denken mit streng dienstwegfixiertem und weisungsbetonten Arbeiten fröhlich Urstände feiert. Wäre das damals schon allgemein üblich gewesen, hätten wir heute vermutlich ein paar schriftlich dokumentierte Unterlagen mehr. Andererseits: vielleicht hätte es dann gar nicht erst das gegeben, wofür mir heute die Unterlagen fehlen :-)

Ich will versuchen, aus der Erinnerung ihre Fragen zu beantworten.

Ich beginne mit der 2. Frage. Der Bereich Spirituaität gehörte von Anfang an zum Selbstverständnis einer Fernstehendenpastoral, so wie sie die kgi für sich definiert hat. Sehr früh hatten wir erkannt, dass das Bedürfnis und das Interesse der Menschen weniger einer Dogmatik, einem Katechismus galt, sondern lebbarem Glauben. Insofern war der Name »katholische GlaubensINFORMATION« immer schon eher irreführend und ist es immer noch. Der »Firmen-Name« war mehr dem damaligen Zeitgeist der 60-iger Jahre (Gründungsjahr) geschuldet, denn der Eigenart Ihres Arbeitens. Von Anfang an spielten die individuelle, persönliche Glaubensbegleitung per Briefkorrespondenz d i e entscheidende Rolle. Die Informationsbriefe waren nur Andockmittel, Vehikel um mit Menschen ins persönliche Gespräch zu kommen. Insofern war die kgi-Glaubensinformation strukturell eigentlich bereits so etwas wie »Alltagsexerzitien«.

[1037] Gemeint ist das Projekt »Wer glaubt, denkt weiter. Briefkurs für fragende Menschen« der Projektgruppe Glaubensinformation, wesentlich mitgetragen von Professor Helmut Thielicke. (Vgl. Projektgruppe Glaubensinformation (Hg.), Wer glaubt, denkt weiter. Briefkurs für fragende Menschen, Freiburg [4]1978).

Von Anfang an gab es als integrales Angebot der kgi an die Kursbezieher immer auch sogenannte »Gesprächswochenenden«, »Glaubenswochenenden«, in denen geistlicher Austausch, Gebet, Gottesdienst, gemeinsames Tun und Erleben im Mittelpunkt standen.

Es war ein eher historischer Zufall, dass wir in den ersten Sekunden des Internet bereits mit einem relativ kompletten Angebot im neuen www präsent sein konnten. Wir waren einer der ersten -zumindest katholischen Anbieter im Internet. In dieses Medium haben wir unser bisheriges Konzept nahezu 1:1 übertragen können, vor allem die starke Betonung spirituell-geistlicher Angebote und die Kopplung des Internetangebotes an ein persönliches Gesprächs(Mail)angebot. Dass dabei Frau Johne und wir uns irgendwann über den Weg laufen würden, war im Nachhinein fast abzusehen. Es war um 1995, 1996.

Frau Johne war damals einige Tage in Frankfurt in St. Georgen (Jesuitenhochschule); ich erinnere ich nicht mehr, ob als Teilnehmerin einer geistlichen Zeit oder als Anbieterin; ich weiß auch nicht mehr, ob sie aus eigenem Antrieb oder in Folge eines zufälligen »Tips« in St. Georgen die kgi kontaktierte; jedenfalls ging die Initiative von ihr aus. Sie bat mich telefonisch um ein Gespräch während dieses Frankfurtaufenthaltes. Was Frau Johne anbieten konnte, war für uns ein Schatz: Das richtige Thema (Meditationskurse, Betrachtungen, meditative Exegesen), in Tagesrationen und damit in kleinen, aufteilbaren Leseeinheiten, eine Textfülle, die es erlaubt, damit gleich eine ganze »Kategorie« zu bestücken, relativ einfach und in Eigenleistung (der kgi) in html umzusetzen (später fand Frau Johne dann selbst so viel Spaß am Medium, dass sie ihre Arbeiten selbst auf eigenen Seiten noch einmal veröffentlichte und die kgi später anlässlich eines Relaunches aus dem Projekt aussteigen konnte; die Mitnahme der vielen Johne-Seiten in ein aufwändigeres Layoutkonzept konnten wir nicht mehr leisten.) Ich meine mich auch zu erinnern, dass Frau Johne vor uns im evangelischen Raum ein Forum für ihre Texte gesucht hatte, dort aber wohl nicht auf eine ausreichend Gegenliebe gestoßen war. Ich bin mir meiner Erinnerung hier aber nicht sicher. Ihr Anliegen war es gewesen, den Inhalt ihrer seit Längerem bereits publizierten Bücher sozusagen »zweitzuverwerten« und einem breiteren Publikum kostenlos zur Verfügung zu stellen. Ihr Wunsch, den Glauben in seiner mystischen Prägung und mit einem weithin vergessenen Reichtum »unter das Volk zu bringen« traf sich mit unserem Wunsch, den Glauben vor allem als Erfahrung zu präsentieren. Die kgi war nicht auf die Idee gekommen, Frau Johne zu suchen. Sie aber hatte uns gefunden. Für uns war es ein Glücksfall.

Wir waren uns sofort einig. Innerhalb weniger Wochen war der Grundkurs in Deutsch eingestellt, Frau Johne besorgte über eine Freundin wenig später eine englische Version. Im Laufe der folgenden beiden Jahre war dann fast das komplette geeignete Schriftwerk umgesetzt: Grundsatzthemen, Bibelmeditationen, Predigten, Meditationen, als Datenbank die Metaphernmeditationen, die sie aus ihren Kursen als Ertrag mitgebracht und verwertet hatte ...

Das Thema und auch der Name der Autorin haben über Jahre hohe Zugriffe generiert. Genaue Zahlen habe ich nicht in Erinnerung; aber 10% des Gesamt-Abruf-Volumens dürften es schon gewesen sein.

Fast parallel zum Kontakt mit Frau Johne, bot uns damals Frau Schubert, eine Kollegin beim Bistum Limburg, Alltagsexerzitien an, die aus ihren Kursen und »geistlichen Auszeiten« für Mitarbeiter/innen im kirchlichen Dienst entstanden waren. Stärker als noch bei Frau Johne waren diese Texte bereits bei der Entstehung auf Kurse, Gespräche angelegt. Über Frau Schubert erfuhr ich, dass der Gedanke von Alltagsexerzitien und geistlichen Begleitungen sich im (katholischen) kirchlichen Raum stark etablierten, dass es entsprechende Ausbildungsgänge für »geistliche Begleitung« gab. Diese Entwicklung führte zuletzt dazu, dass wir »begleitete Alltagsexerzitien« seit Beginn des Jahrtausends fest in unserem Angebot hatten: In der Fastenzeit organisiert von dem Kapuzinerpater Erich Purk, im November - bewusst für Frauen vor die Stresszeit Advent vorgezogen - das Angebot der Frauenseelsorge. Rund 20-30 Begleiter stehen dabei zur Verfügung, von denen jede(r) 2-3 Personen begleiten kann. An jedem dieser einzelnen Exerzitienzeiten werden rund 20-30 000 Besuche(r/innen) gezählt. Plus/Minus 100 lassen sich jeweils begleiten. Sowohl Pater Purk als auch die Frauenseelsorge wollen diese Angebote auch nach dem Ende der kgi fortführen. Noch sind sie auf der Suche nach einem Kooperationspartner. Das ist heute aber etwas umständlicher als damals (siehe 1. Absatz) Bis jetzt ist ein solcher noch nicht gefunden.

[...]

damit habe ich meine Gehirnlappen auf Erinnerungen ausgewrungen. Ich hoffe, Sie können damit etwas anfangen.

Wenn Sie Kontakt mit Frau Johne haben, grüßen Sie sie ganz herzlich von mir. Ich danke Ihr auch heute noch für Ihr Engagement damals bei uns. Sie hat den Charakter unserer Site stark mitgeprägt. Ich habe das dankbar angenommen. Über die Jahre hat sie sicherlich über das Internet ein paar Hunderttausend Leser/innen gefunden - und vielen dabei in ihrem Glauben geholfen.

[...]

Gerhard Hartmann, Kevelaer 07.09.2010, 09.35 Uhr

[...]

gerne beantworte ich Ihre Fragen, soweit ich Sie als ehemaliger Mitarbeiter des Verlags Styria Graz-Wien-Köln bis 1999 sowie danach als Geschäftsführer des Lahn-Verlags und der Topos Taschenbücher beantworten kann.

1. Der »Geistliche Übungsweg für den Alltag« erschien erstmals im Verlag Styria 1987 als Coproduktion mit dem damaligen Benno-Verlag Leipzig. Das war vor der Wende. Es waren damals solche Coproduktionen zwischen unterschiedlichen Systemen aus zweierlei Gründen üblich. Erstens waren die Bezugskosten für den westlichen Verlag wesentlich billiger, zweitens wurde dem Coproduktionspartner Benno Verlag insofern geholfen, weil er damit »Devisenbringer« war. Das Angebot für eine solche Coproduktion kam vom damaligen Leiter des Benno-Verlages, Pfarrer Bockisch.

Von diesem Titel wurden bis zum Vergriffensein bei Styria 1997 an die 8.000 Exemplare verkauft.

1999 wurden die Rechte vom Lahn-Verlag übernommen, der Titel wurde dann in der Taschenbuchreihe veröffentlicht, ist noch lieferbar, steht in der 2. Auflage, bis dato wurden ca. 4.500 Exemplare verkauft.

2. Nach der Wende brachte die Styria ohne Beteiligung von Benno zwei Titel heraus:

»Einführung in die christliche Mystik. Ein Kurs mit Meister Eckehart«, erschienen 1991, vergriffen 1997, Verkauf ca. 5.000.

»Kreuzweg als Erlösung. Ein Briefkurs des Glaubens«, erschienen 1993, vergriffen 1997, Verkauf ca. 2.500.

3. Die Styria war anfänglich bei den Topos Taschenbüchern beteiligt. Sie brachte im Jahr 2000 von Johne den Titel »Die Kraft des Glaubens. Meditationen zum Lukasevangelium« ein. Nach Auflösung des Vertragsverhältnisses zwischen Styria und Topos im Jahr 2002 übernahm die Verlagsgemeinschaft Topos selbst die Rechte an diesem Band. Diese ist lieferbar, es wurden bislang 2.000 Ex. verkauft.

Gerhard Hartmann, Kevelaer 07.09.2010, 10.32 Uhr

[...]

zu Ihren Nachfragen.

Bezüglich »Bezugskosten« habe ich mich nicht präzise ausgedrückt. Gemeint war folgendes: Die Herstellungskosten (Satz, Druck etc.) pro Exemplar wären damals in Deutschland bzw. Österreich bei der bezogenen Auflage deutlich höher gewesen, als dem Benno Verlag dafür bezahlt wurde. Eine Coproduktion mit einem DDR-Verlag hatte damals für westliche Verlage ökonomische Vorteile.

Der Styria Verlag hatte damals in den achtziger Jahren diesbezüglich Kontakte zum katholischen Benno-Verlag, was nahe liegend war, aber auch zum Union-Verlag und dem Verlag Koehler & Amelang, die der Ost-CDU gehörten.

Sie bemerken richtig, daß der Kontakt zu Frau Johne ohne die damalige Coproduktion mit dem Benno-Verlag nicht zustande gekommen wäre.

Die genannten Zahlen basieren auf Auswertungen entsprechender EDV-Unterlagen und sind - abgesehen von den Aufrundungen - präzise.

[...]